W9-BNT-640

¿Sabías que...?

Bill VanPatten
University of Illinois
Urbana-Champaign, Illinois

James F. Lee
University of Illinois
Urbana-Champaign, Illinois

Terry L. Ballman
University of Northern Colorado
Greeley, Colorado

¿Sabías que...?

SECOND EDITION

BEGINNING SPANISH

The McGraw-Hill Companies, Inc.

New York   St. Louis   San Francisco   Auckland   Bogotá   Caracas
Lisbon   London   Madrid   Mexico   Milan   Montreal   New Delhi
San Juan   Singapore   Sydney   Tokyo   Toronto

This is an ⌐B| book.

¿Sabías que... ?
Beginning Spanish

Copyright © 1996, 1992 by The McGraw-Hill Companies, Inc. All rights reserved.
Printed in the United States of America. Except as permitted under the United States
Copyright Act of 1976, no part of this publication may be reproduced in any form or
by any means, or stored in a data base or retrieval system, without the prior written
permission of the publisher.

This book is printed on acid-free paper.

6 7 8 9 0   VNH   VNH   9 0 9 8 7

ISBN 0-07-067232-6 (Student Edition)
ISBN 0-07-067233-4 (Instructor's Edition)

Library of Congress Cataloging-in-Publication Data

¿Sabías que... ? : Beginning Spanish / Bill VanPatten... [et al.]. — 2nd ed.
   p. cm.
   Includes index.
   ISBN 0-07-067232-6 (stud. ed.). — ISBN 0-07-067233-4 (teach. ed.)
   1. Spanish language—Textbooks for foreign speakers—English.
  I. VanPatten, Bill.
  PC4128.S23   1995
  468.2'421—dc20

95-10696
CIP

This book was set in New Aster and ITC Kabel by York Graphic Services, Inc.
The editors were Thalia Dorwick, Gregory Trauth, Scott Tinetti, and Richard Mason.
The art editor was Deborah Bruce.
The text and cover design was by Juan Vargas.
The cover illustrator was Iikka Valli.
The production supervisor was Diane Renda.
Photo research was by Stephen Forsling, Monica Suder, and Cindy Robinson.
Permissions research was by David Sweet.
Maps and diagrams were by Lori Heckelman.
Illustrators: Units I and VI, Stephanie O'Shaughnessy; Unit II, Eldon Doty and Randy
Verougstraete; Unit III, George Ulrich; Units IV and V, Eldon Doty.
Von Hoffmann Press, Inc., was printer and binder.

Grateful acknowledgment is made for use of the following cover photographs: clock
face © Ray Massey/Tony Stone Images; food plate © 1994 Paul Aresu/FPG; woman
and dog © 1992 Stephen Simpson; father and sons © 1993 Stephen Simpson; lab re-
searcher © 1994 Stephen Simpson; biker and mural © 1993 Stephen Simpson.

Grateful acknowledgment is made for use of the following materials:

Photographs: Page 27 Collection Dolores Olmedo Patiño, Mexico City. Photo courtesy
Salomon Grimberg, Dallas, Texas; *28 (left)* Peter Menzel/Stock, Boston; *28 (top right)*
Stuart Cohen; *28 (bottom right)* Pablo Picasso, *Three Musicians*, Fontainebleau, sum-
mer 1921. Oil on canvas, 6 ft. 7 in. × 7 ft. 3 3/4 in. The Museum of Modern Art, New
York. Mrs. Simon Guggenheim Fund. Photograph © 1995 The Museum of Modern
Art, New York. © 1995 Artists Rights Society (ARS), New York/SPADEM Paris; *45*
Reuters-Bettmann; *70* Ulrike Welsch; *76 (left)* Frida Kahlo, *The Earth Itself (Two Nudes
in the Jungle)*, 1939. Oil on sheet metal, 9 × 12 in. Collection Dolores del Rio, Mexico
City; *76 (right)* El Greco, *Vista de Toledo*. The Metropolitan Museum of Art, New York.

(continued at back)

Contents

uno   ENTRE NOSOTROS

	ENFOQUE LÉXICO	ENFOQUE LINGÜÍSTICO

UNIDAD
cuatro EL BIENESTAR

UNIDAD
seis HACIA EL FUTURO

Preface

When we wrote the first edition of *¿Sabías que... ?*, our goal was to create a package of instructional materials that would truly make a difference in the classroom to instructors frustrated with grammar-based approaches. Our thought was simply this: without a change in approach, there can be no change in classroom instruction.

Now, four years later, we find that the description of the first edition of *¿Sabías que... ?* is still appropriate for this second edition.

Are you looking for a Spanish textbook that

- encourages students to concentrate on exchanging real-life information about each other and the world around them?
- makes as much use of class time as possible to communicate ideas?
- is at times provocative?
- is filled with engaging activities?

Are you looking for a textbook that is all those things but doesn't sacrifice basic grammar? Then welcome to *¿Sabías que... ?* and the world of information-based instruction! *¿Sabías que... ?* is an innovative package of materials for introductory Spanish courses. It weaves together content language learning and interactive tasks in which information is exchanged—and it gives a complete package to instructors who want to develop students' communicative proficiency in all four skills from the first day of instruction.

Above all, you and your students will find *¿Sabías que... ?* to be a *real* book. It contains universal topics and contemporary themes that are meaningful to students. Its readings were culled from magazines that were written for Spanish speakers and not contrived for grammar or vocabulary practice. Spanish is actually used, not just talked about. We hope that you'll share our enthusiasm for these materials, and that you and your class will enjoy many hours of both learning Spanish and learning about each other.

THE INFORMATION-BASED TASK APPROACH

The information-based task approach is a communicative approach: It springs from the idea that languages are best learned when real-world information becomes the focus of student activities. The organization of an information-based approach is simple: 1. Formulate a question or set of questions for the student to answer. 2. Give the student the linguistic tools necessary to get the answer. 3. Provide the student with a source or sources for the information. For more on this unique and innovative approach, please consult the *Instructor's Manual*.

ORGANIZATION OF THE TEXT

¿Sabías que... ?, second edition, consists of a preliminary lesson (**Lección preliminar**) and six units of three lessons each. Each unit presents a general theme that is explored in its three lessons.

The new organization of the major sections of each lesson allows instructors to organize class meetings better and develop course syllabi (see the *Instructor's Manual* for ideas on lesson and syllabus planning). Each of these major sections is described in the Guided Tour Through *¿Sabías que... ?* that follows. The first two lessons of every unit include:

- three **Ideas para explorar** sections
- vocabulary (**Enfoque léxico**) and grammar (**Enfoque lingüístico**) presentations within each **Ideas para explorar** section
- **Intercambio**
- **Vistazos**

The third lesson of most units includes:

- two **Ideas para explorar** sections
- **Enfoque léxico** and **Enfoque lingüístico** presentations
- **Vamos a ver**
- **Composición**
- **Vistazos**

Lección 3 contains an **Intercambio** activity instead of **Composición**.

Unidades cinco and **seis** have one **Ideas para explorar** section and two **Vamos a ver** sections.

A Guided Tour Through

¿Sabías que...?

Ideas para explorar Each **Ideas para explorar** section introduces a subtopic of the lesson theme through the **Enfoque léxico** (vocabulary) and **Enfoque lingüístico** (grammar) presentations.

In lessons that end with an **Intercambio** activity, a reference indicates the page of the activity and asks students to look ahead at it. This offers a "preview" of what they will learn in the lesson and gives them a task to work toward.

Enfoque léxico Each **Enfoque léxico** presents new active vocabulary related to the lesson theme and is followed by activities that encourage students to use the new vocabulary in context.

Some **Enfoque léxico** sections include **Vocabulario útil** boxes. These boxes highlight additional active vocabulary that students can use in the activities of the lesson.

Enfoque lingüístico A highlighted box accompanying each **Enfoque lingüístico** section focuses on the presentation material in an easy-to-follow format. Grammar explanations are succinct and the activities that follow allow students to use the grammar in meaning-based exchanges.

¿Sabías que... ? does not offer purely mechanical grammar practice, such as transformation and substitution drills. Grammar is presented bit by bit, with points explained only as necessary for students to perform the various tasks in the lesson.

Vamos a ver All reading selections in **Vamos a ver** are authentic materials. Some have been edited for length, but none have been edited for language.

Pre- and postreading activities help students learn such strategies as reading for content, summarizing information, and guessing contextually. Practice in recognizing cognates is often an important part of these activities.

In **Anticipación** students think about the topic they are to read, make predictions about the content of the reading, preview vocabulary, and perform other activities that will help maximize their comprehension.

In **Exploración** students read and gather information—a process accomplished by scanning for specific information, verifying predictions from the **Anticipación** section, skimming for general meaning,

and so forth. Students also begin to read for detail, usually by tackling the reading a section at a time.

In **Síntesis** students pull together the information that they have gathered from the reading. Typical activities include completing information grids, creating outlines, creating semantic maps, and writing compositions.

In **Trabajando con el texto** (not included in every **Vamos a ver** section) students are directed back to the reading to examine features of language or discourse, such as recurring grammatical forms or structures, the organizational structure of the text, or the author's purpose in writing the text.

In **¡Sigamos!**, which concludes **Vamos a ver**, students work further with the themes and topics of the reading.

Intercambio **Intercambio** is the culminating activity found in most lessons. Designed for partner/pair or small group work, **Intercambio** draws upon the vocabulary and grammar structures presented within the lesson to summarize the material in an exciting and engaging lesson-ending task.

intercambio

Para mi profesor(a)

Propósito (*Purpose*): to provide your instructor with some basic information on a classmate.

Papeles (*Roles*): two people, the interviewer and one who is interviewed.

Paso 1 Look over the chart below. A little later you will fill in a similar chart with information about a classmate (**un compañero [una compañera] de clase**).

Paso 2 Before you begin, think about the questions you will need to ask your classmate. How do you ask in Spanish what a person's major is? How do you find out how many credits someone is taking? Think through all of your questions before you interview your partner.

Paso 3 Pair up with someone. As you conduct the interview, jot down all the information you receive.

Me llamo _____

Mi compañero/a de clase

Mi compañero/a de clase se llama _____ (*place*).

Es de _____

Especialización: _____

Clases que tiene este semestre (trimestre): _____
_____
_____
_____
_____
_____

Créditos en total este semestre (trimestre): _____

Materia favorita: _____

Paso 4 Turn in the chart to your instructor. You have just done your instructor a big favor—you've helped him or her get to know the members of the class!

Icons Icons identify listening comprehension activities and features as well as activities requiring a separate sheet of paper.

Composición The third lesson of most units culminates in **Composición**, a guided writing assignment that targets vocabulary and grammatical structures of the lesson.

In **Antes de escribir**, students think about the writing topic through brainstorming and organize the information in their composition.

Al escribir helps students draft their compositions. In this section, students not only write, but they also reflect upon what they have written and seek feedback from peers.

In **Después de escribir**, students edit their final draft for vocabulary and grammar, and they create a clean, final version to hand in to their instructor.

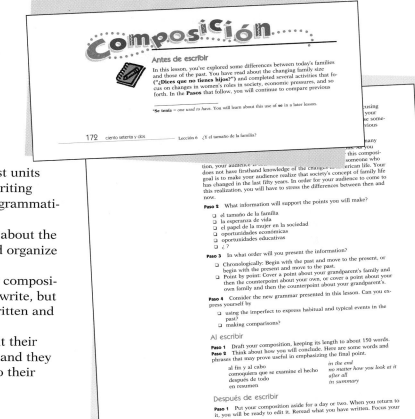

Composición

Antes de escribir

In this lesson, you've explored some differences between today's families and those of the past. You have read about the changing family size ("**¿Dices que no tienes hijos?**") and completed several activities that focus on changes in women's roles in society, economic pressures, and so forth. In the **Pasos** that follow, you will continue to compare previous

*Se tenía = one used to have. You will learn about this use of **se** in a later lesson.

172 ciento setenta y dos   Lección 6 ¿Y el tamaño de la familia?

...cusing your se some- vious

...any ...ns. As you ...this composi- ...someone who does not have firsthand knowledge of the changes in ...erican life. Your goal is to make your audience realize that society's concept of family life has changed in the last fifty years. In order for your audience to come to this realization, you will have to stress the differences between then and now.

Paso 2 What information will support the points you will make?
- ❏ el tamaño de la familia
- ❏ la esperanza de vida
- ❏ el papel de la mujer en la sociedad
- ❏ oportunidades económicas
- ❏ oportunidades educativas
- ❏ ¿ ?

Paso 3 In what order will you present the information?
- ❏ Chronologically: Begin with the past and move to the present, or begin with the present and move to the past.
- ❏ Point by point: Cover a point about your grandparent's family and then the counterpoint about your own, or cover a point about your own family and then the counterpoint about your grandparent's.

Paso 4 Consider the new grammar presented in this lesson. Can you express yourself by
- ❏ using the imperfect to express habitual and typical events in the past?
- ❏ making comparisons?

Al escribir

Paso 1 Draft your composition, keeping its length to about 150 words.
Paso 2 Think about how you will conclude. Here are some words and phrases that may prove useful in emphasizing the final point.

al fin y al cabo	in the end
comoquiera que se examine el hecho	no matter how you look at it
después de todo	after all
en resumen	in summary

Después de escribir

Paso 1 Put your composition aside for a day or two. When you return to it, you will be ready to edit it. Reread what you have written. Focus your

Composición   ciento setenta y tres 173

COMUNICACIÓN **Actividad D** Los compañeros de clase

Paso 1 Mira a las personas de la clase y observa algunas de sus características físicas. Luego cierra (*close*) los ojos y escucha la descripción que da el profesor (la profesora).

Paso 2 Escribe los nombres de todas las personas en la clase que tienen los rasgos físicos que el profesor (la profesora) describe.

Paso 3 Compara tu lista con las listas de tus compañeros de clase. La clase debe eliminar los nombres que no deben estar en la lista y preparar una lista de finalistas.

Comunicación These activities are done with a partner or in small groups. Although all activities in *¿Sabías que... ?* are meaning-based in nature, **Comunicación** activities involve more interaction with classmates.

¿Sabías que... ? *¿Sabías que... ?* boxes highlight facts about Hispanic cultures as well as the world around us. All **¿Sabías que... ?** boxes are accompanied by an activity, and selected ones can be heard on the *Student Tape* that accompanies the text.

¿SABÍAS QUE...

...el tamaño de la familia varía según la cultura y el país? Aquí están las cifras del promedio de personas por casa en algunos países.*

la Argentina	3,9%
Colombia	5,4%
los Estados Unidos	2,6%
Francia	2,7%
Indonesia	4,9%
el Perú	5,2%
Suecia	2,2%

El tamaño promedio de la familia es mayor en los países de habla española que en los Estados Unidos.

LOS HISPANOS HABLAN

En general, ¿qué diferencias has notado entre^a las actividades favoritas de los hispanos y las de los norteamericanos?

NOMBRE: Ana Vargas
EDAD: 20 años
PAÍS: la Argentina

«Los norteamericanos tienen que tener todo programado en los calendarios. En la Argentina, por ejemplo, se improvisa mucho más. Es común decidir con un día de anticipación qué se va a hacer^b... »

_ahas... have you noticed between   _bqué... what one is going to do

Los hispanos hablan **Los hispanos hablan** sections present answers to questions asked of native speakers of Spanish. Questions concern aspects of daily life in Hispanic countries, and many involve comparisons of United States culture with that of the speaker's native country. Most **Los hispanos hablan** boxes present partial listening texts. The complete texts appear in the *Instructor's Edition* and can be heard on the *Student Tape* that accompanies the text.

ASÍ SE DICE

Did you notice the **a** before names or the mention of specific people in the sentences with **gustar?** Since **gustar** actually means *to please* or *be pleasing*, the **a** is used to mark *to whom* or *to what* something is pleasing.

A los profesores les gusta explicar la gramática.

¿**A** quiénes les gusta no hacer nada por la noche?

A nosotros nos gusta lavar la ropa los sábados.

¿**A** Uds. les gusta limpiar la casa?

Así se dice **Así se dice** provides students with information about grammar and vocabulary usage.

NOTA COMUNICATIVA

Here are two expressions you may find useful in the classroom. To ask a question, you can say

Tengo una pregunta, por favor.
I have a question, please.

To ask how to say a particular word in Spanish, you can ask

¿Cómo se dice _____ en español?
How do you say _____ in Spanish?

Nota comunicativa **Nota comunicativa** provides strategies to help students manage conversations in Spanish.

CONSEJO PRÁCTICO

Why are the verb presentations in ¿*Sabías que...* ? broken up? Why do you only learn one piece of the verb (e.g., third person singular) at a time? In this part of the lesson, you are focusing on hearing, reading, and talking about someone else's daily routine (e.g., that of Alicia or Ramón). Later in this lesson you will talk about your own daily routine, and will then learn the first person, or **yo,** verb forms. By focusing your attention on one verb form at a time, your chances of learning the verb forms and the context in which they are used are greatly increased!

Consejo práctico **Consejo práctico** offers students useful study tips on learning vocabulary and grammar, as well as developing reading, writing, and academic skills in Spanish.

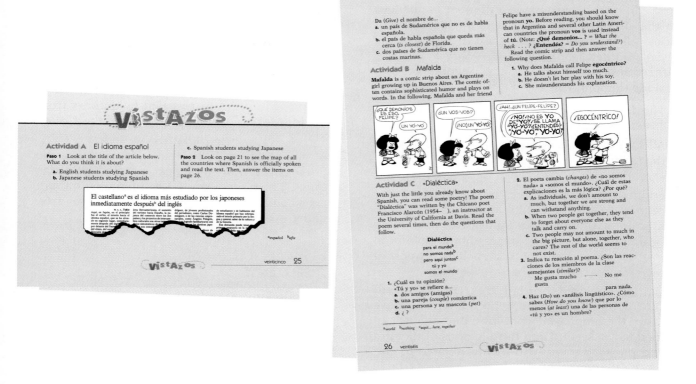

(Sample page — veinticinco 25)

Vistazos

Actividad A El idioma español

Paso 1 Look at the title of the article below. What do you think it is about?

a. English students studying Japanese
b. Japanese students studying Spanish

c. Spanish students studying Japanese

Paso 2 Look on page 21 to see the map of all the countries where Spanish is officially spoken and read the text. Then, answer the items on page 26.

> El castellano* es el idioma más estudiado por los japoneses inmediatamente después* del inglés

*español *after*

veinticinco **25**

(Sample page — 26 veintiséis)

Da (*Give*) el nombre de...
a. un país de Sudamérica que no es de habla española.
b. el país de habla española que queda más cerca (*is closest*) de Florida.
c. dos países de Sudamérica que no tienen costas marinas.

Actividad B Mafalda

Mafalda is a comic strip about an Argentine girl growing up in Buenos Aires. The comic often contains sophisticated humor and plays on words. In the following, Mafalda and her friend Felipe have a misunderstanding based on the pronoun **yo.** Before reading, you should know that in Argentina and several other Latin American countries the pronoun **vos** is used instead of **tú.** (Note: **¿Qué demonios... ?** = *What the heck . . . ?* **¿Entendés?** = *Do you understand?*)

Read the comic strip and then answer the following question.

1. Why does Mafalda call Felipe **egocéntrico**?
   a. He talks about himself too much.
   b. He doesn't let her play with his toy.
   c. She misunderstands his explanation.

Actividad C «Dialéctica»

With just the little you already know about Spanish, you can read some poetry! The poem "Dialéctica" was written by the Chicano poet Francisco Alarcón (1954–), an instructor at the University of California at Davis. Read the poem several times, then do the questions that follow.

Dialéctica
para el mundo*
no somos nada*
pero aquí juntos*
tú y yo
somos el mundo

1. ¿Cuál es tu opinión?
   «Tú y yo» se refiere a...
   a. dos amigos (amigas)
   b. una pareja (*couple*) romántica
   c. una persona y su mascota (*pet*)
   d. ¿ ?

*world *nothing *aquí... here, together*

2. El poeta cambia (*changes*) de «no somos nada» a «somos el mundo». ¿Cuál de estas explicaciones es la más lógica? ¿Por qué?
   a. As individuals, we don't amount to much, but together we are strong and can withstand anything.
   b. When two people get together, they tend to forget about everyone else as they talk and carry on.
   c. Two people may not amount to much in the big picture, but alone, together, who cares? The rest of the world seems to not exist.
3. Indica tu reacción al poema. ¿Son las reacciones de los miembros de la clase semejantes (*similar*)?
   Me gusta mucho _____ No me gusta _____ para nada.
4. Haz (*Do*) un «análisis lingüístico». ¿Cómo sabes (*How do you know*) que por lo menos (*at least*) una de las personas de «tú y yo» es un hombre?

26 veintiséis

Vistazos Every lesson is followed by an optional activities section that may include realia, cartoons, fine art, and literary readings. (The readings can be heard on the *Student Tape* that accompanies the text.) **Vistazos** offers interesting discussion and insight into the lesson theme.

(Sample page — 102 ciento dos)

UNIDAD uno

GRAMMAR SUMMARY FOR LECCIÓN PRELIMINAR–LECCIÓN 3

The Verb ser

(yo)	soy	(nosotros/as)	somos
(tú)	eres	(vosotros/as)	sois
(Ud.)	es	(Uds.)	son
(él/ella)	es	(ellos/as)	son

The verb **ser** is used to express the following:

1. origin with **de:** **¿De dónde eres?**
2. describing a person's qualities: **Ramón es muy inteligente, ¿no?**
3. stating who or what a person is: **Es profesor. Soy estudiante.**
4. telling time: **Es la 1.00. / Son las 2.00.**

Remember that subject pronouns are not always required in Spanish. It is fine to say **soy estudiante.** If you say **yo soy estudiante,** you are adding emphasis or making a contrast.

The Verb gustar

me		nos	
te	gusta(n)	os	gusta(n)
le		les	
le		les	

1. **Gustar** does not mean *to like*. It is closest in meaning to the verb *to please*. Thus **me gusta** actually means (*something) pleases me.*
2. Since **gustar** means *to please*, the verb must agree in number with the thing doing the pleasing: **Me gusta esta clase. Me gustan todas las clases.**
3. A phrase with **a** can be used with this construction.
   A mí me gustan las matemáticas.
   ¿A ti te gustan también?
   A los profesores no les gusta corregir exámenes.

Present Tense Regular Verbs

	-ar	-er	-ir
(yo)	me levanto	como	asisto
(tú)	te levantas	comes	asistes
(Ud.)	se levanta	come	asiste
(él/ella)	se levanta	come	asiste
(nosotros/as)	nos levantamos	comemos	asistimos
(vosotros/as)	os levantáis	coméis	asistís
(Uds.)	se levantan	comen	asisten
(ellos/ellas)	se levantan	comen	asisten

Remember that even though **Ud.** and **él/ella** share the same verb forms, **Ud.** means *you* singular (formal, socially distant) and **él/ella** refer to a third person (*he/she*). Likewise, **Uds.** means *you* plural (formal, socially distant) and **ellos/ellas** refer to some other persons (*they*).

102 ciento dos

Grammar Summary for Lección preliminar–Lección 3

Grammar Summary A grammar summary concluding each unit highlights the major grammar points presented in the preceding lessons and offers students a handy summary guide to help them improve upon their knowledge of grammatical structures in Spanish.

WHAT'S NEW IN THE SECOND EDITION?

In response to instructors' feedback about the first edition, we have made a number of changes in the structure and content of the second edition. All the major features are included in the visual Guided Tour Through *¿Sabías que... ?* Other enhancements to the second edition include the following:

- The lesson structure has been simplified for easier navigation through the text.

- All grammar presentations are now found in the main text.

- New Grammar Summaries present the active grammar points covered in each unit. Since *¿Sabías que... ?* presents and practices grammar in a unique and innovative way, these "grammar at a glance" pages should help both instructors and students keep better track of the grammar that has been presented.

- We have revised **Unidad tres** (**En la mesa**) considerably. In this second edition, we have taken the emphasis off of food and analysis of food in the second and third lessons of the unit and replaced them with themes related to cultural differences at mealtimes, such as table manners, dining out, refreshments and drinking, and so forth. The result is a much more lively and engaging unit that invites students to ponder and discuss certain assumptions and practices of their own cultures.

- We have included three new boxed features (**Así se dice, Nota comunicativa,** and **Consejo práctico**) that help students with vocabulary and grammar, and offer tips on better reading, writing, and communication skills in Spanish.

- We have substantially reduced the amount of reading material by making the second lesson of each unit (the second and third lessons of **Unidades cinco** and **seis**) an oral/interactive lesson. For those who enjoyed the strong focus on the development of reading skills in the first edition, you will be delighted to know that *¿Sabías que... ?*, second edition, still provides far more opportunities to read for meaning and to develop reading strategies than any other first-year Spanish textbook.

- **¿Sabías que... ?** and **Los hispanos hablan** boxes are now accompanied by activities that have been integrated into the lesson.

- We have replaced the **Otras ideas** section of the first edition with a new optional section called **Vistazos**. Each **Vistazos** section contains one to three activities accompanied by realia, fine art, and/or other visual materials. It also contains a short literary selection (usually a poem) that relates to the lesson theme and that is read on the *Student Tape*. Classes that explore **Vistazos** will be exposed to the richness of Hispanic cultures as revealed by authors from Spain, Mexico, Chile, Puerto Rico, the United States, and other countries.

- A new *Student Tape* that accompanies the *Student Edition* includes selected **¿Sabías que... ?** boxes, complete **Los hispanos hablan** texts, and the **Vistazos** readings, all read by native speakers of Spanish.

SUPPLEMENTS

The following supplements may accompany *¿Sabías que... ?*, second edition. Please contact your local McGraw-Hill representative for details on policies, prices, and availability.

- The *Manual que acompaña ¿Sabías que... ?*, *Primera parte* and *Segunda parte* offers additional outside practice in vocabulary, grammar, and listening comprehension. Two new added features of the second edition of the *Manual* are a **Vistazos** section and a **Prueba de práctica**. The **Vistazos** section is thematically related to the corresponding **Vistazos** section of the student text, and contains realia-based activities without answers that students can do on their own to hand in later. The **Prueba de práctica** is a practice lesson quiz that students may complete to measure what they have learned and retained from the lesson.

- The *Audiocassette Program* to accompany the *Manual* provides further listening comprehension practice outside of the classroom.

- The annotated *Instructor's Edition* contains detailed suggestions for carrying out activities in class. It also offers options for expansion and follow-up.

- The combined *Instructor's Manual and Testing Program* expands on the methodology of *¿Sabías que... ?* Among other things, it offers suggestions for carrying out the activities in the text and suggests ways to provide students with appropriate feedback on their compositions. The *Testing Program* includes sample quizzes for each lesson as well as unit tests.

- The *Tapescript*, available to instructors only, contains the material on the audiocassettes that accompany the *Manual*. There is no tapescript for the *Student Tape*; **¿Sabías que... ?** boxes and **Vistazos** readings are printed in the *Student Edition*, and **Los hispanos hablan** texts are included in the annotated *Instructor's Edition*.

- The *McGraw-Hill Electronic Language Tutor* (MHELT 2.0), available in Macintosh and IBM formats, is an exciting, text-specific software program that contains single-response exercises from the main text.

- *Color Slides* of the Spanish-speaking world, included with activities for classroom use, are available to each adopting institution.

- A *Video Program* is available that consists of authentic video segments coordinated with the unit themes of the student text. The *Instructor's Manual* contains pre- and post-viewing activities to accompany the program.

- In addition to the *Video Program*, adopters of *¿Sabías que... ?* may purchase the *Destinos Video Modules*, developed by Bill VanPatten. This set of four modules (Vocabulary, Situations, Functional Language, Culture), accompanied by supplementary activities, can be used to increase student proficiency.

- A *Training/Orientation Manual* by James F. Lee offers practical advice for beginning language instructors and coordinators.

- A *Practical Guide to Language Learning: A Fifteen-Week Program of Strategies for Success,* by H. Douglas Brown (San Francisco State University), is a brief introduction to the language-learning process for beginning language students. It is available for student purchase.

ACKNOWLEDGMENTS

We would like to thank the following instructors, who participated in a series of surveys and reviews that were indispensable in the development of *¿Sabías que... ?*, second edition. The appearance of their names does not necessarily constitute an endorsement of the text or its methodology.

Rick Arons, *St. John's University*
Donna Deans Binkowski, *Kansas State University*
Rodney Bransdorfer, *University of Illinois, Chicago*
Stanley Clark, *High Point University*
Olga Gallego de Blibeche, *University of Michigan*
Patricia S. Finch, *Centre College*
Jauwiece Flanagin, *East Arkansas Community College*
Ronald P. Leow, *Georgetown University*
Kathleen McGregor, *Colombia Gorge Community College*
Carmen Urioste, *Arizona State University*

Many other individuals deserve our thanks and appreciation for their help and support. First, we would like to thank our colleague Trisha Dvorak, co-author of the first edition, who helped provide structure and content to the program that has continued through to this second edition. Thanks also go to Laura Chastain, whose careful reading of manuscript for details of style, clarity, and language added considerably to the quality of the final version. And as for the people who generously gave time to be interviewed for the **Los hispanos hablan** sections, we very much appreciate their thoughts on a wide range of topics.

Thanks are also due to Karen Judd and the editorial/production team at McGraw-Hill in San Francisco, especially Richard Mason, Diane Renda, Deborah Bruce, Pam Webster, Jude Levinson, Michelle Lyon, and Mark Porter. Many thanks go to Juan Vargas and Francis Owens, whose design has made this second edition easier to follow and more visually pleasing.

We are also grateful to our publisher, Thalia Dorwick, for her continued support of *¿Sabías que... ?* throughout the years, and to Gregory Trauth, who oversaw the editing of the book. A very special thank you goes to Scott Tinetti for a wonderful editing job and for helping the second edition move so smoothly on its path from manuscript to final publication.

Last, but not least, we would like to thank our family and friends who have given us a great deal of support over the years. You know who you are and we care a great deal about you all!

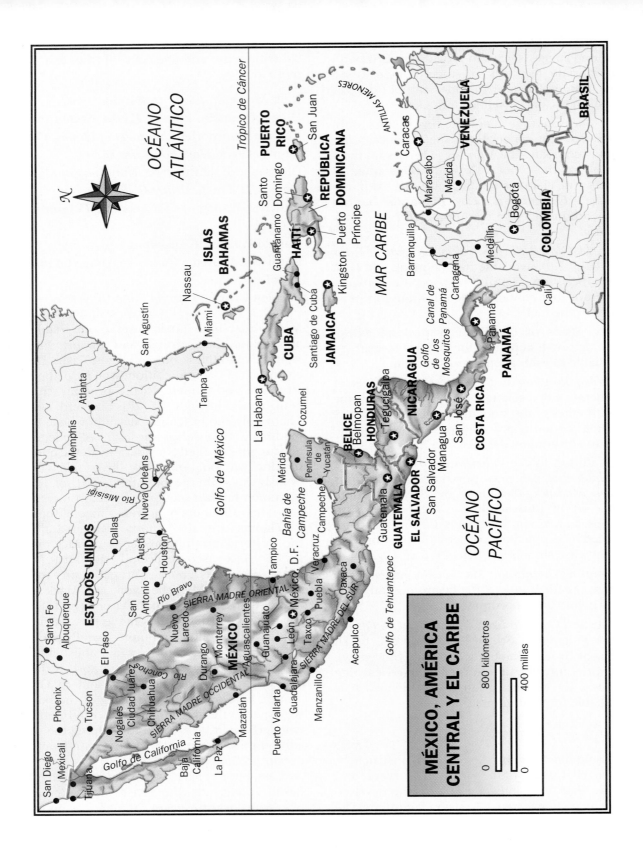

MÉXICO, AMÉRICA CENTRAL Y EL CARIBE

0   800 kilómetros
0   400 millas

OCÉANO ATLÁNTICO

Trópico de Cáncer

OCÉANO PACÍFICO

MAR CARIBE

Golfo de México

Golfo de California

Golfo de Tehuantepec

Bahía de Campeche

Golfo de los Mosquitos

Canal de Panamá

ESTADOS UNIDOS

MÉXICO

ISLAS BAHAMAS

CUBA

HAITÍ

REPÚBLICA DOMINICANA

PUERTO RICO

JAMAICA

BELICE

GUATEMALA

HONDURAS

EL SALVADOR

NICARAGUA

COSTA RICA

PANAMÁ

COLOMBIA

VENEZUELA

BRASIL

SIERRA MADRE ORIENTAL

SIERRA MADRE OCCIDENTAL

SIERRA MADRE DEL SUR

ANTILLAS MENORES

Península de Yucatán

Baja California

Río Misisipí

Río Bravo

Río Conchos

San Diego, Mexicali, Tijuana, Phoenix, Tucson, Nogales, Santa Fe, Albuquerque, El Paso, Ciudad Juárez, Chihuahua, Durango, Mazatlán, La Paz, Puerto Vallarta, Guadalajara, Manzanillo, León, Taxco, Guanajuato, Aguascalientes, Monterrey, Nuevo Laredo, San Antonio, Austin, Houston, Dallas, Nueva Orleáns, Memphis, Atlanta, San Agustín, Tampa, Miami, Nassau, Acapulco, Oaxaca, Puebla, México, D.F., Veracruz, Tampico, Mérida, Cozumel, Belmopan, Guatemala, San Salvador, Tegucigalpa, Managua, San José, Panamá, La Habana, Santiago de Cuba, Guantánamo, Kingston, Puerto Príncipe, Santo Domingo, San Juan, Barranquilla, Cartagena, Maracaibo, Mérida, Medellín, Bogotá, Cali, Caracas

MAR CARIBE

OCÉANO ATLÁNTICO

Barranquilla
Maracaibo
PANAMÁ
Caracas
GUYANA
Medellín
VENEZUELA
Georgetown
Paramaribo
Panamá
Río Orinoco
Cayena
Bogotá
SURINAME
GUYANA FRANCESA
Cali
COLOMBIA
Quito
Ecuador
Río Amazonas
ECUADOR
Belém
Guayaquil
Manaus
PERÚ
CORDILLERA DE LOS ANDES
BRASIL
Recife
Cuzco
Lima
La Paz
Brasília
Arequipa
BOLIVIA
Sucre
PARAGUAY
Antofagasta
Rio de Janeiro
CHILE
Asunción
Trópico de Capricornio
San Miguel de Tucumán
São Paulo
La Serena
OCÉANO PACÍFICO
Córdoba
Rosario
OCÉANO ATLÁNTICO
Valparaíso
URUGUAY
Santiago
ARGENTINA
Montevideo
Concepción
Buenos Aires
Río de la Plata
N
Bahía Blanca
Puerto Montt
Bariloche
Chiloé

AMÉRICA DEL SUR

Islas Malvinas
0   1500 kilómetros
Estrecho de Magallanes
Punta Arenas
0   1000 millas
Tierra del Fuego
Cabo de Hornos

PRELIMINAR

¿QUIÉN ERES?

In this lesson, as you get to know your class-mates, you will share infor-mation about yourself and

- ask your classmates their names and where they are from
- ask about their majors, what classes they are tak-ing, and which subjects they especially like or dislike
- learn the forms and uses of the verb **ser**
- learn the subject-pronoun system in Spanish
- learn to use the verb **gustar** to talk about your-self and someone you know
- learn about gender and number of articles and adjectives
- learn the numbers 0–30
- learn the verb **hay**

1

IDEAS PARA EXPLORAR

Look over the **Intercambio** activity on page 22. This is the activity you will be working toward throughout this lesson.

¿Quién eres?

ENFOQUE LÉXICO

¿Cómo te llamas?

Introducing Yourself

In Spanish, you can use the following expressions to introduce yourself to others.

> ¡Hola! Soy _____
> or Me llamo _____
> or Mi nombre es _____

To find out another person's name, you can ask

> ¿Cómo te llamas?
> ¿Cómo se llama usted?

¿Cómo te llamas? is used with a person your own age or with a friend or someone with whom you are on close terms. **¿Cómo se llama?** is generally used with someone older than yourself or when there is a bit of formality or social distance between you and the other person. (You will learn more about this in **Lección 1.**)

To respond to an introduction you can say

> Mucho gusto.
> Encantado. (*if you're a man*)
> or Encantada. (*if you're a woman*)

—**Hola. Me llamo** Carlos. **¿Cómo te llamas?**
—**Soy** María.
—**Mucho gusto.**
—**Encantada.**

Actividad A ¡Hola!

Below you will find the beginnings of two conversations. Choose the expression that would most likely follow each one.

1. E1:* ¿Cómo te llamas?
   E2: _____
   ❑ Mi nombre es Juan.
   ❑ Mucho gusto.
   ❑ Encantada.
2. E1: ¡Hola! Soy Adriana.
   E2: _____
   ❑ Encantado. ¿Cómo te llamas?
   ❑ Mucho gusto. Soy Daniel.
   ❑ ¡Hola! ¿Cómo te llamas?

---

*E1 and E2 will be used throughout *¿Sabías que... ?* as abbreviations for **Estudiante 1** and **Estudiante 2.**

NOTA COMUNICATIVA

You know how to say *hello* to a friend, but there are a variety of other greetings that you will find useful in Spanish. Here are some very common ones.

Hola. ¿Qué tal?	Hi. What's up? (*How's it going?*)
Buenos días.	Good morning.
Buenas tardes.	Good afternoon.
Buenas noches.	Good evening.

To say good-bye, there are a number of leave-taking expressions that you can use, depending on the situation. Here are some frequently used ones.

Adiós. Hasta pronto.	Good-bye. See you soon.
Hasta mañana.	See you tomorrow.
Chau. Nos vemos.	Ciao. We'll be seeing each other.

ASÍ SE DICE

Me llamo literally means *I call myself*. (Don't make the mistake of thinking **me** = *my* and **llamo** = *name!*) **Mi nombre es,** literally translated, means *My name is*. Study the following expressions.

Me llamo...
I call myself . . .

Mi nombre es...
My name is . . .

¿Cómo te llamas?
What do you call yourself?

¿Cuál es tu nombre?
What is your name?

Se llama...
He/She calls himself/herself . . .

Su nombre es...
His/Her name is . . .

Actividad B La revista°

°magazine

Look at the subscription form below for a Spanish-language magazine circulated in the United States. Team up with a partner and answer the following questions.

1. What is the name of the magazine?
2. Where do you write your name on the form?

¡SÍ, QUIERO SUSCRIBIRME!

Y RECIBIR EN MI CASA **12** EJEMPLARES DE

GeoMundo POR SÓLO $26⁹⁷

AHORRE UN **25%** DEL PRECIO DE PORTADA

OFERTA ESPECIAL

Nombre _____
Dirección _____
Ciudad _____ Estado _____ Z. Postal _____
Incluyo mi ☐ CHEQUE o ☐ GIRO POSTAL
Cargar a mi ☐ VISA ☐ MASTERCARD ☐ AMERICAN EXPRESS
Tarjeta Nº _____
Vence _____   _____
       Mes/Año   Firma Autorizada

Hacer cheque o giro postal a nombre de: EDITORIAL AMERICA, S.A.
Esta oferta es válida SÓLO PARA NUEVAS SUSCRIPCIONES en Estados Unidos y Puerto Rico.
Su primer ejemplar será puesto al correo dentro de seis a ocho semanas.

K1106

Actividad C   ¿Cómo te llamas?

Now that you are familiar with several expressions used to introduce yourself and meet others, get up and circulate through the classroom and meet as many people as you can! Write down their names.

1...   2...   3...   4...   etcétera

ENFOQUE LÉXICO

¿De dónde eres?

Telling Where You Are From

—¿**De dónde eres,** Luis?

—**Soy de** San Antonio. ¿Y tú?

—**De** San Francisco.
—Ah, **de** California. ¡Fenomenal!

To find out where someone is from you say

> ¿De dónde eres? *or* ¿De dónde es usted?

¿De dónde eres? is used with the same people as **¿Cómo te llamas?** **¿De dónde es usted?** is used with the same people as **¿Cómo se llama usted?** Which question would you use to address one of your classmates? You're correct if you said **¿De dónde eres?** Which question would you use to address your professor? (Yes, you would say **¿De dónde es usted?**)

To respond to these questions, say

> **Soy de** (*place*).

or simply

> **De** (*place*).

To report someone else's information, you can say

> **Se llama** (*name*).
> **Es de** (*place*).

---

*This notepad icon signals that the accompanying activity should be done on a separate sheet of paper. It will be for your instructor to decide whether you should hand in the completed activity or not.

Actividad D   ¿Qué sigue?°

¿Qué... *What follows?*

Match each expression from column A with a logical response from column B.

A		B	
1. ____ ¡Hola! ¿Cómo te llamas?		**a.**	De Nueva York.
2. ____ ¿De dónde eres?		**b.**	Mucho gusto.
3. ____ Soy de Honolulú.		**c.**	Soy Rodrigo.
4. ____ Mi nombre es Teresa.		**d.**	Ah, de Hawai.

Actividad E   ¿Qué sigue ahora°?

now

Your instructor will read the first part of several conversations. Choose the letter of the most logical response for each.

1. a. De Texas. **b.** Mucho gusto. **c.** Se llama Rafael.

2. a. ¡Hola! **b.** Soy del Canadá. **c.** Mi amigo se llama Jorge.

3. a. ¿Cuál es tu nombre? **b.** Encantado. **c.** Soy el profesor Ruiz.

COMUNICACIÓN

Actividad F   ¿Cómo te llamas? ¿De dónde eres?

Paso 1   Introduce yourself to three people you don't know in your class, and find out where each is from. Write down their names and hometowns.

1...   2...   3...

Paso 2   Now be prepared to introduce one or two of your classmates to everyone else. Follow the model.

MODELO   Clase, les presento a (*I'd like to introduce you to*) un amigo (una amiga). Se llama ____ y es de ____.

ENFOQUE LINGÜÍSTICO

¿Ser o no ser?

Forms and Uses of **ser**

yo (*I*)	soy	nosotros/nosotras (*we*)	somos
tú (*you*)	eres	vosotros/vosotras (*you* [*pl.*])	sois
usted (*you*)	es	ustedes (*you* [*pl.*])	son
él (*he*) / ella (*she*)	es	ellos/ellas (*they*)	son

The verb **ser** generally translates into English as *to be*. (Another verb, **estar,** also translates as *to be*. You will learn the differences between the two in later lessons.) In this lesson you have already seen some forms of **ser.** See the shaded box above for all of its forms.

—¡Ramón! ¿**Eres** tú?
—Sí, **soy** yo.

Ser is a common verb in Spanish and serves to express a variety of concepts.

1. to tell what someone or something is

    María **es** estudiante.

2. to say where someone or something comes from

    Soy de California. ¿De dónde **eres** tú?

3. to indicate possession

    ¿Las fotografías? **Son** de Carmen.

4. to describe what someone or something is like

    Ana Alicia **es** inteligente.

By now, you have noticed subject pronouns such as **tú** (*you*). The complete list of subject pronouns in Spanish is provided on page 5. In contrast to English, Spanish allows for the deletion of subject pronouns. In many instances, subject pronouns are used only to emphasize or clarify to whom the speaker is referring. Compare the following

Soy estudiante.	*I am a student.* (It is obvious from the verb that you are only talking about yourself.)
Yo soy estudiante pero **él** es profesor.	*I am a student but he is a professor.* (Here you are emphasizing the differences.)

Actividad G   ¿Sí o no?

Do you agree or disagree? Check each statement accordingly. As you do the activity, take note of the forms and uses of **ser.**

	SÍ	NO
1. Mis amigos y yo somos conservadores.	❑	❑
2. Soy una persona introvertida (no extrovertida).	❑	❑
3. Mis clases son interesantes.	❑	❑
4. Mi clase de español es fácil (*easy*).	❑	❑
5. Mis profesores son justos (*fair*).	❑	❑
6. El *campus* de la universidad es atractivo.	❑	❑

Actividad H   ¿Qué opinas?°

¿Qué... What do you think?

Paso 1   Tell how you feel about each item or person listed. Choose from the list of adjectives provided. Use the correct form of **ser** in your responses.

MODELO   el presidente
a. tonto (*foolish*)   b. inteligente   c. sincero →
El presidente es inteligente.

1. mis clases
   a. interesantes   b. buenas (*good*)   c. aburridas (*boring*)
2. Nueva York
   a. atractiva   b. cosmopolita   c. espantosa (*scary*)
3. mi familia
   a. aburrida   b. atractiva   c. simpática (*nice*)
4. el vicepresidente
   a. insincero   b. cómico   c. sincero
5. yo
   a. una persona   b. una persona   c. una persona
      optimista   pesimista   realista

Paso 2 Compare your opinions with those of two classmates. How many opinions do you have in common?

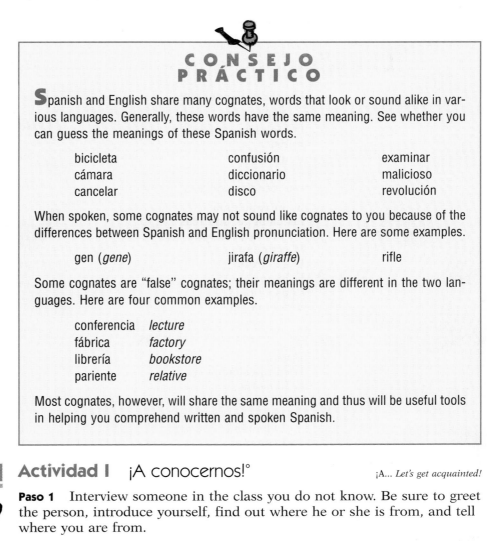

CONSEJO PRÁCTICO

Spanish and English share many cognates, words that look or sound alike in various languages. Generally, these words have the same meaning. See whether you can guess the meanings of these Spanish words.

bicicleta	confusión	examinar
cámara	diccionario	malicioso
cancelar	disco	revolución

When spoken, some cognates may not sound like cognates to you because of the differences between Spanish and English pronunciation. Here are some examples.

gen (*gene*)   jirafa (*giraffe*)   rifle

Some cognates are "false" cognates; their meanings are different in the two languages. Here are four common examples.

conferencia	*lecture*
fábrica	*factory*
librería	*bookstore*
pariente	*relative*

Most cognates, however, will share the same meaning and thus will be useful tools in helping you comprehend written and spoken Spanish.

COMUNICACIÓN

Actividad I ¡A conocernos!°

°*A... Let's get acquainted!*

Paso 1 Interview someone in the class you do not know. Be sure to greet the person, introduce yourself, find out where he or she is from, and tell where you are from.

Paso 2 With the information you obtained in **Paso 1,** complete the paragraph below.

Mi nombre es _____ y mi compañero/a de clase se llama _____. Él (Ella) es de _____ y yo soy de _____.

Las carreras y las materias

¿Qué estudias?

Courses of Study and School Subjects

Here is a list of courses of study and subjects in Spanish.

Las ciencias naturales

la astronomía
la biología
la física
la química

Las ciencias sociales

la antropología
las ciencias políticas
las comunicaciones
la economía
la geografía
la historia
la psicología
la sociología

Las humanidades (Las letras)

el arte
la composición
la filosofía
los idiomas, las lenguas extranjeras
  (*foreign languages*)
  el alemán (*German*)
  el español
  el francés
  el inglés
  el italiano
  el japonés
  el portugués

la literatura
la música
la oratoria (*speech*)
la religión
el teatro

Otras materias y especializaciones

la administración de empresas (*business administration*)
la agricultura, la agronomía
el cálculo
la computación (*computer science*)

la educación física
la ingeniería
las matemáticas
el periodismo (*journalism*)

Actividad A   ¿Quién?°

Who?

Listen as your instructor names a subject or field of study. Can you identify who in the following list is most closely associated with each subject named?

1. Albert Einstein
2. Picasso
3. Galileo
4. Margaret Mead

5. Mozart
6. Marie Curie
7. Sigmund Freud
8. Cervantes

Actividad B   ¿Qué materia?

Looking at the following lists, make logical associations by matching the items in column A with the subjects in column B.

A	B
1. _____ un mapa	a. las matemáticas
2. _____ fórmulas y ecuaciones	b. la psicología
3. _____ IBM o Macintosh	c. la astronomía
4. _____ un telescopio	d. la geografía
5. _____ el psicoanálisis	e. la computación
6. _____ el *Washington Post*	f. el periodismo

NOTA COMUNICATIVA

Here are several expressions you will find useful when you simply don't understand what someone says to you, and you would like clarification.

No entiendo.
No comprendo. } *I don't understand.*

If you understand what's been said, but don't know the answer, you can simply say

No sé.   *I don't know.*

COMUNICACIÓN

Actividad C   Firma aquí, por favor°

Firma... *Sign here, please*

Think of a particular subject. Then survey your classmates to find five who are taking this subject this semester. Proceed as follows: Number a sheet of paper from 1 to 5. Then walk around the room and interview your classmates.

MODELO   —¿Tienes clase de _____ este semestre (trimestre)?
—¿Sí, tengo clase de _____. *o* —No, no tengo.

If a person answers **Sí,** say **Firma aquí, por favor,** and have him or her sign your sheet. If a person answers **No,** ask someone else. Be sure to thank each classmate (**Gracias.**). Do not return to your seat until you have at least five signatures.

ENFOQUE LINGÜÍSTICO

¿Te gusta?

Discussing Likes and Dislikes

me gusta(n)	nos gusta(n)
te gusta(n)	os gusta(n)
le gusta(n)	les gusta(n)
le gusta(n)	les gusta(n)

—¿Qué materias **te gustan**?
—Pues, **me gusta** mucho la sociología y...

—¿Y **te gustan** las matemáticas?

—¡Huy, no! **¡No me gustan para nada!**

Spanish has no exact equivalent for the English verb *to like*. Instead, the verb **gustar** (literally: *to please* or *to be pleasing*) is used. For example, to say that you like history, you would say

> **Me gusta** la historia.   *History is pleasing to me.*

If more than one thing pleases you, the verb takes the plural form **gustan.**

> **Me gustan** las ciencias.   *Sciences are pleasing to me.*

To ask another person about his or her likes, you can say

> ¿**Te gusta** la clase de español?
> ¿**Te gustan** las matemáticas?

To report on what he or she says, you can say

> **Le gusta** la clase de español.   *Spanish class pleases him/her.*
> **Le gustan** las matemáticas.   *Math pleases him/her.*

If you mention the person's name, you must place an **a** before the name.

> **A** Roberto **le gustan** las ciencias.
> **A** Ricardo y **a** Felipe **les gusta** la clase de oratoria.

Me, te, and **le** are called indirect object pronouns. As you can see, they precede the verb forms **gusta** or **gustan.** You will learn more about indirect object pronouns in later lessons.

Actividad D   Una encuesta°

survey

On page 12 you will find a rating scale for your likes and dislikes regarding subjects of study. Circle a number to indicate how you feel about each subject. Fill in the blank with any other subject you may be taking.

	5 (CINCO) Me gusta(n) mucho.	4 (CUATRO) Me gusta(n).	3 (TRES) Me da igual. (It's all the same to me.)	2 (DOS) No me gusta(n).	1 (UNO) No me gusta(n) para nada.
Administración de empresas	5	4	3	2	1
Computación	5	4	3	2	1
Física	5	4	3	2	1
Historia	5	4	3	2	1
Idiomas	5	4	3	2	1
Inglés	5	4	3	2	1
Matemáticas	5	4	3	2	1
Química	5	4	3	2	1
_____	5	4	3	2	1

Actividad E   Me gusta...

Paso 1   Based on your responses in **Actividad D,** complete the following sentences. Make sure one of your answers is *not* true!

- **a.** Me gusta(n) mucho...
- **b.** Me gusta(n)...
- **c.** No me gusta(n) para nada...

Paso 2   Read your statements to a partner. Can he or she guess which statement is false?

> MODELO   E1: Me gusta mucho la física.
> E2: Sí. Eso es cierto. (*That's true.*)
> o ¡Eso es falso! (*That's false!*)

Actividad F   ¿Te gusta... ?

Paso 1   Pair up with a classmate to ask about his or her likes or dislikes with regard to the subjects in the survey in **Actividad D.** Be sure to introduce yourself if you haven't already done so.

> MODELO   E1: ¿Te gusta(n)... ?
> E2: Sí, mucho. (No, para nada. / Sí, me gusta[n], pero no mucho.)

Paso 2   Based on your classmate's responses in **Paso 1,** report to the class how he or she feels about the following subjects.

- **a.** los idiomas
- **b.** la física
- **c.** la historia
- **d.** las matemáticas

> MODELO   A Tatiana le gusta(n) mucho...

¿Qué carrera haces?

To inquire about a classmate's major, you can ask

¿Qué estudias?	*What are you studying?*
¿Qué carrera haces?	*What's your major? (Lit.: What career are you doing?)*

To tell what your major is, you can use either of the following expressions.

Estudio biología.	*I'm studying biology.*
Soy estudiante de historia.	*I'm a history student.*

If you don't have a major yet, you can say

No lo sé todavía.	*I don't know yet. (I still don't know.)*

—Mamá, quiero presentarte aª Segismundo, mi **compañero de cuarto.**

—Mucho gusto, Segismundo.

—Igualmente, señora Méndez.

—**¿Qué carrera haces,** Segismundo?

—**Estudio** ingeniería.

—**¡Qué bien!**

ªquiero... *I want to introduce you to*

Actividad G ¿Cómo respondes?°

¿Cómo... *How do you answer?*

Give a logical response based on the contexts provided.

1. —¿Qué estudias?
    —_____. (*You're a history major.*)
2. —¿Qué carrera haces?
    —_____. (*You haven't declared a major.*)
3. —¿Estudias psicología?
    —_____. (*No, you're studying journalism.*)

Actividad H ¿Sabías que... ?

Read the **¿Sabías que... ?** selection on page 14. Then answer the following questions.

1. ¿Es la administración de empresas la carrera más popular en tu universidad?
2. ¿Es posible tomar (*to take*) «cursos electivos» en tu carrera? Si existe un requisito (*requirement*), ¿es posible seleccionar entre (*among*) varios cursos diferentes?

COMUNICACIÓN

Actividad I ¡A conocernos mejor!°

¡A... *Let's get better acquainted!*

Using everything you now know how to say in Spanish, introduce yourself to three people in the class whom you haven't met yet. Ask them for the information requested in the chart and fill it in.

NOMBRE	DE...	CARRERA
_____	_____	_____
_____	_____	_____
_____	_____	_____

...la carrera más popular entre los estudiantes universitarios de Hispanoamérica es derecho[a]? En los Estados Unidos,[b] la carrera más popular es administración de empresas.

En muchos países de habla española,[c] un estudiante escoge[d] la carrera al comienzo[e] de los estudios universitarios. En esta situación, el plan de estudios es predeterminado y el estudiante no tiene muchas oportunidades para explorar «cursos electivos». No existe el concepto de «educación general».

___

[a]*law*   [b]Estados... *United States*   [c]países... *Spanish-speaking countries*   [d]*chooses*   [e]al... *at the beginning*

Actividad J   Los hispanos hablan

Paso 1   Read the selection **Los hispanos hablan** below. Then answer the following questions.

1. Antonio probablemente (*probably*) es un hombre _____.
   a. cínico   **b.** cómico   **c.** sentimental
2. La personalidad de Catalina es lógicamente (*logically*) muy _____.
   a. cómica   **b.** extrovertida   **c.** introvertida
3. ¿Qué dice, probablemente, Catalina al final?

«Obviamente _____ con los cálculos aritméticos porque todo eso es muy mecánico.»

Paso 2   Now listen to the tape. After listening, choose the statement that best fits you.

❑ Soy similar a Antonio.
❑ Soy similar a Catalina.
❑ Soy diferente de los dos.

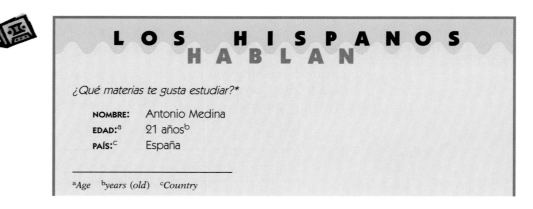

L O S   H I S P A N O S   H A B L A N

¿Qué materias te gusta estudiar?*

NOMBRE: Antonio Medina
EDAD:[a]   21 años[b]
PAÍS:[c]   España

___

[a]*Age*   [b]*years (old)*   [c]*Country*

___

*The Hispanics featured in the **Los hispanos hablan** sections will be introduced on tape in an informal manner throughout *¿Sabías que... ?*

Lección preliminar   ¿Quién eres?

«Pues, me gusta todo lo relacionado con[d] la literatura. Me gusta la novela, pero más que nada[e] tengo una obsesión por la poesía... Para mí la poesía describe claramente los sentimientos y las emociones del ser humano.[f]»

NOMBRE:	Catalina Riveros
EDAD:	18 años
PAÍS:	la Argentina

«¿Qué me gusta estudiar? A mí me gusta comunicarme, pensar,[g] rozarme con la gente;[h] es decir, tener mucho contacto humano. Por eso[i] me gustan las comunicaciones. ¿Y qué materias no me gustan? Obviamente _____ con los cálculos aritméticos porque todo eso es muy mecánico.»

---

[d]todo... *everything related to* [e]más... *more than anything* [f]ser... *human being* [g]*to think* [h]rozarme... *to mingle with people* [i]Por... *For that reason*

¡IDEAS PARA EXPLORAR

Más sobre las clases

¿Clases buenas?

Gender and Number with Adjectives

sincer**o**	interesant**e**
sincer**a**	interesant**e**
sincer**os**	interesant**es**
sincer**as**	interesant**es**

As you have probably noticed, Spanish nouns (for example, **la historia, los idiomas**) show gender and number. Similarly, descriptive adjectives, which are words that describe someone or something (for example, **interesante, sincero, optimista**), also show gender and number.

	MASCULINE	FEMININE
Singular	un amigo sincero	una clase buena
Plural	unos amigos sinceros	unas clases buenas

Adjectives that end in **-e** and most that end in consonants only show number.

	MASCULINE	FEMININE
Singular	un amigo inteligente	una clase difícil
Plural	unos amigos inteligentes	unas clases difíciles

Have you noticed that these descriptive adjectives tend to follow the noun rather than precede it?

Actividad A   ¿Cuál es tu opinión?

Indicate your opinion by checking each statement as true (**cierto**) or false (**falso**). As you do the activity, notice the form and placement of the adjectives.

		CIERTO	FALSO
1.	La música clásica es bonita (*pretty*).	❑	❑
2.	Las ciencias naturales son interesantes.	❑	❑
3.	El béisbol no es aburrido (*boring*).	❑	❑
4.	Los libros de texto (*textbooks*) son baratos (*inexpensive*).	❑	❑
5.	La cafetería de la universidad es buena.	❑	❑
6.	Los amigos sinceros son raros.	❑	❑

Actividad B   ¿De qué habla tu profesor(a)?° ¿De... *What is your professor talking about?*

Listen as your instructor makes a statement. Based on what you know about descriptive adjectives, decide which of the choices given refers to what the statement is talking about.

MODELO   PROFESOR(A): Son muy serios.
          ESTUDIANTE: **a.** la profesora
                      b. las enciclopedias
                      c. el libro
                      d. los profesores

1. a. la historia **b.** las comunicaciones **c.** el arte **d.** los idiomas
2. a. la profesora **b.** las profesoras **c.** el profesor **d.** los profesores
3. a. la estudiante **b.** las profesionales **c.** el estudiante **d.** los actores
4. a. la clase **b.** las computadoras **c.** el inglés **d.** los estudiantes
5. a. la música **b.** las ciencias políticas **c.** el cálculo **d.** los estudios
6. a. la clase **b.** las clases **c.** el béisbol **d.** los libros

Lección preliminar   ¿Quién eres?

Actividad C Entrevista

Interview two classmates to find out how they feel about each item or person listed. The people interviewed can choose an adjective from the list provided. Make sure your classmates use logical adjectives in their correct form. Jot down each person's responses. Remember to greet each person before asking him or her the question below.

MODELO   E1: ¡Hola! ¿Qué opinas de... ?
              E2: Es/Son...

Adjetivos

aburrido
bueno
divertido (*fun*)
inteligente
interesante
malo (*bad*)
regular (*so-so*)
tonto

	E1	E2
1. las ciencias políticas	_____	_____
2. la pizza de (nombre de un restaurante)	_____	_____
3. los senadores en Washington, D.C.	_____	_____
4. la MTV	_____	_____

ASÍ SE DICE

Not all adjectives in Spanish follow a noun. Here are some adjectives that generally precede nouns.

poco/a (*little*)	Juan tiene poco tiempo (*time*) para estudiar.
pocos/as (*few*)	Hay pocas profesoras de ingeniería.
mucho/a (*much*)	El chico (*boy*) tiene mucha paciencia.
muchos/as (*many*)	Muchos estudiantes son de California.
algunos/as (*some*)	Algunos estudiantes son de Colorado.
este/a (*this*)	Este libro es interesante.
ese/a (*that*)	Esa materia es fascinante.
estos/as (*these*)	Estos estudiantes son de China.
esos/as (*those*)	Esas chicas son de Bolivia.

ASÍ SE DICE

You may have noticed that certain possessive adjectives, those that indicate "ownership," show number (singular or plural) only.

Mi clase es interesante.
My class is interesting.

¿Son aburridas tus clases?
Are your classes boring?

Su libro es bueno.
Their book is good.

Sus libros son buenos.
Her books are good.

Notice that **su(s)** can be used to describe what belongs to *him, her,* or *them*. You will learn more about the possessive adjective **su(s)** in later lessons.

ENFOQUE LÉXICO

¿Cuántos créditos?

Numbers 0–30

—¿**Cuántas** clases **tienes** este semestre, Rodrigo?
—**Cinco. Tengo dieciséis** créditos en total.

—Pues yo **tengo dieciocho.** ¡Mucho trabajo!

—¡Pobrecita!

Knowing the numbers zero through thirty will enable you to talk about the number of classes and credits you are taking this term.

0 cero	5 cinco	10 diez	15 quince
1 uno	6 seis	11 once	16 dieciséis
2 dos	7 siete	12 doce	17 diecisiete
3 tres	8 ocho	13 trece	18 dieciocho
4 cuatro	9 nueve	14 catorce	19 diecinueve

Lección preliminar ¿Quién eres?

20 veinte	23 veintitrés	26 veintiséis	29 veintinueve
21 veintiuno*	24 veinticuatro	27 veintisiete	30 treinta
22 veintidós	25 veinticinco	28 veintiocho	

Actividad D ¿Cuántos créditos?

Your instructor will read a series of questions. Base your answer on the courses and credit systems at your institution.

MODELO PROFESOR(A): Si un estudiante tiene una clase de matemáticas, una de biología y una de alemán, ¿cuántos créditos tiene?
ESTUDIANTE: Tiene doce.

1... 2... 3... 4... 5... 6... 7... 8...

Actividad E ¿Qué número?

Divide into pairs. **Estudiante 1** chooses five numbers from the list on this and the previous page and says them aloud. **Estudiante 2** writes down the numbers he or she hears. Are the numbers correct? Then, switch roles.

1... 2... 3... 4... 5...

Actividad F ¿Cuántas clases?

¿Cuántas? is used to express *How many?* when the item in question is feminine plural (**las clases, las ciencias**). **¿Cuántos?** is used with masculine plural items (**los estudiantes, los números**). Following the model, interview as many classmates as possible and fill in the chart. Don't forget to introduce yourself if you haven't met the person yet!

MODELO E1
Hola. Me llamo _____.
¿Cómo te llamas?
¿Cuántas clases tienes?
¿Y cuántos créditos?

E2
Me llamo _____.
Tengo _____.
_____ créditos.

NOMBRE DEL ESTUDIANTE (DE LA ESTUDIANTE)	NÚMERO DE CLASES	NÚMERO DE CRÉDITOS
_____	_____	_____
_____	_____	_____
_____	_____	_____
_____	_____	_____
_____	_____	_____
_____	_____	_____
_____	_____	_____

---

*_____

*Veintiuno** becomes **veintiún** when used with masculine nouns (**veintiún profesores**) and **veintiuna** when used with feminine nouns (**veintiuna profesoras**).

¿Hay muchos estudiantes en tu universidad?

The Verb Form **hay**

To express the concept *there is* or *there are*, Spanish uses the verb **hay** (pronounced like English *eye*). **Hay** is used for both singular (*there is*) and plural (*there are*). In Spanish, **h** is silent, so do not pronounce it when you say the word **hay.**

—¿Cuántos estudiantes **hay** en tu clase de inglés?
—**Hay** veintiocho.

Actividad G   ¿Cierto o falso?

Is each statement about your Spanish class true (**cierto**) or false (**falso**)?

	CIERTO	FALSO
1. Hay treinta estudiantes en mi clase de español.	❑	❑
2. Hay más hombres (*men*) que mujeres (*women*) en esta clase.	❑	❑
3. Hay en total tres exámenes (*tests*) en esta clase.	❑	❑
4. Hay estudiantes que tienen seis clases este semestre (trimestre).	❑	❑
5. Hay estudiantes que tienen diecinueve créditos este semestre (trimestre).	❑	❑
6. Hay estudiantes que tienen sólo (*only*) dos clases este semestre (trimestre).	❑	❑

Actividad H   ¿Sabías que... ?

Listen to and read the **¿Sabías que... ?** selection on page 21. Then, answer the following questions.

1. ¿En cuántos países es español el idioma oficial?
   a. 10 **b.** 15 **c.** 20 **d.** 25
2. If you are not familiar with geography, consult the map on page 21. Then answer the following questions with a partner.
   ¿Cómo se llama...
   a. un país de habla española en Europa?
   b. una isla (*island*) de habla española en el Caribe?
   c. una isla de habla española asociada con los Estados Unidos?
   d. un país de habla española que tiene un canal importante?
3. Think about the town or city you are from. Which statement best describes it?
   a. ❑ No hay personas de habla española.
   b. ❑ Hay pocas personas de habla española.
   c. ❑ Hay muchas personas de habla española.

COMUNICACIÓN

Actividad I   ¿Dónde hay... ?

Interview a classmate to find out his or her responses to the following questions. Jot down your partner's answers. Then, switch roles. Do you agree?

1. ¿En qué clases hay muchos estudiantes?
2. ¿En qué clases hay pocos estudiantes?
3. ¿Dónde hay mucha acción en el *campus*?
4. ¿Dónde hay poca acción en el *campus*?
5. ¿ ?

¿SABÍAS QUE...

...en el mundo hay aproximadamente 320 millones de personas de habla española? Una de las razones[a] de la popularidad del idioma español en los Estados Unidos es el número elevado de países donde el idioma oficial es el español.

Claro que[b] otra razón es la presencia de muchas personas de habla española en los Estados Unidos. Es posible oír[c] español en las calles[d] de varias ciudades[e] grandes y también[f] en zonas rurales del Oeste y Suroeste de los Estados Unidos.

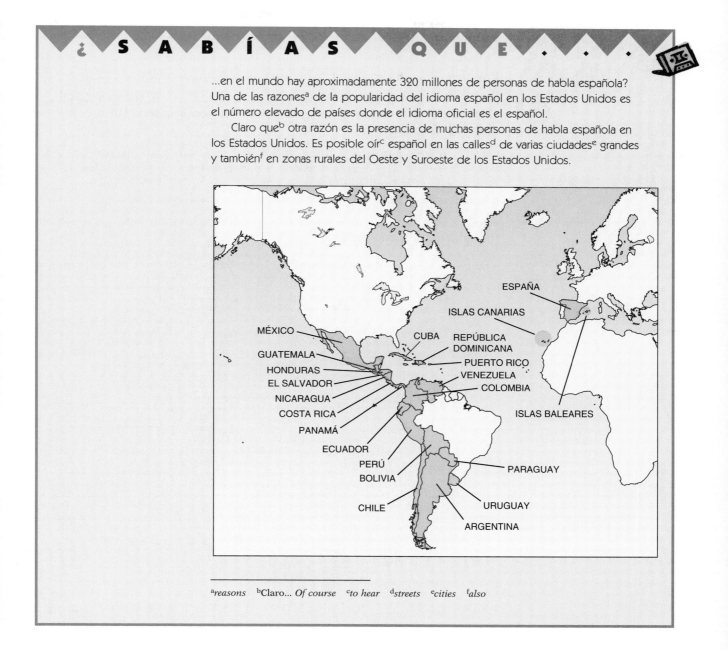

[a]*reasons*   [b]Claro... *Of course*   [c]*to hear*   [d]*streets*   [e]*cities*   [f]*also*

íntercambio

Para mi profesor(a)

Propósito (*Purpose*): to provide your instructor with some basic information on a classmate.

Papeles (*Roles*): two people, the interviewer and one who is interviewed.

Paso 1   Look over the chart below. A little later you will fill in a similar chart with information about a classmate (**un compañero [una compañera] de clase**).

Paso 2   Before you begin, think about the questions you will need to ask your classmate. How do you ask in Spanish what a person's major is? How do you find out how many credits someone is taking? Think through all of your questions before you interview your partner.

Paso 3   Pair up with someone. As you conduct the interview, jot down all the information you receive.

Me llamo _____

Mi compañero/a de clase

Mi compañero/a de clase se llama _____

Es de _____ (*place*).

Especialización: _____

Clases que tiene este semestre (trimestre): _____

_____

_____

_____

_____

_____

Créditos en total este semestre (trimestre): _____

Materia favorita: _____

Paso 4   Turn in the chart to your instructor. You have just done your instructor a big favor—you've helped him or her get to know the members of the class!

ASÍ SE DICE

Written accent marks in Spanish usually show a shift from normal patterns of stress in spoken words and tell you on which vowel to place stress if a word does not follow these patterns. However, a handful of words are pronounced the same whether they carry a written accent or not. The words are different in meaning, so the written accent is a spelling device. Have you noticed any of the following in **Lección preliminar?**

sí (*yes*)	si (*if*)
tú (*you*)	tu (*your*)
qué (*what*)	que (*that* [*conjunction*])
cómo (*how*)	como (*like, as*)

See whether you can spot others like this as you learn Spanish.

Vocabulario

¡Hola! — Hello!

¿Cómo te llamas?
¿Cómo se llama usted? — What's your name?
¿Cuál es tu nombre?

Me llamo _____.
Mi nombre es _____. — My name is _____.

Soy _____. — I'm _____.

Se llama _____.
Su nombre es _____. — His/Her name is _____.

Mucho gusto.
Encantado/a. — Pleased to meet you.

Igualmente. — Likewise.

¿De dónde eres?
¿De dónde es usted? — Where are you from?

Soy de _____. — I'm from _____.

¿Y tú?
¿Y usted? — And you?

Saludos y despedidas — Greetings and Leave-takings

Buenos días. — Good morning.
Buenas tardes. — Good afternoon.
Buenas noches. — Good evening.
¿Qué tal? — What's up? How's it going?

Adiós. — Good-bye.
Chau. — Ciao.
Hasta mañana. — See you tomorrow.
Hasta pronto. — See you soon.
Nos vemos. — We'll be seeing each other.

En la clase — In Class

¿Cómo se dice _____ en español? — How do you say _____ in Spanish?
¿Cómo? — Pardon me?
¿Cómo dice? — What did you say?
No comprendo.
No entiendo. — I don't understand.
No sé. — I don't know.
Otra vez, por favor. — Again, please.
Repita, por favor. — Repeat, please.
Tengo una pregunta, por favor. — I have a question, please.

Los verbos — Verbs

hay — there is, there are
ser — to be
tengo — I have
tienes — you have

Las carreras y las materias — Majors and Subjects

Las ciencias naturales	Natural Sciences
la astronomía	astronomy
la biología	biology
la física	physics
la química	chemistry

Las ciencias sociales	Social Sciences
la antropología	anthropology
las ciencias políticas	political science
las comunicaciones	communications
la economía	economics
la geografía	geography
la historia	history
la psicología	psychology
la sociología	sociology

Las humanidades (las letras)	Humanities (Letters)
el arte	art
la composición	writing
la filosofía	philosophy
los idiomas / las lenguas extranjeras	foreign languages
el alemán	German
el español	Spanish
el francés	French
el inglés	English
el italiano	Italian
el japonés	Japanese
el portugués	Portuguese
la literatura	literature
la música	music
la oratoria	speech
la religión	religion
el teatro	theater

Otras materias y especializaciones	Other Subjects and Majors
la administración de empresas	business administration
la agricultura / la agronomía	agriculture
el cálculo	calculus
la computación	computer science
la educación física	physical education
la ingeniería	engineering
las matemáticas	mathematics
el periodismo	journalism

Más sobre las clases — More About Classes

el/la compañero/a de clase	classmate
el/la estudiante	student
el libro	book
el/la profesor(a)	professor

¿Qué carrera haces?	What is your major?
¿Qué estudias?	What are you studying?
Estudio _____.	I am studying _____.
Soy estudiante de _____.	I am a(n) _____ student.
No lo sé todavía.	I don't know yet.

Preferencias — Preferences

¿Te gusta(n) _____?	Do you like _____?
Sí, me gusta(n) _____.	Yes, I like _____.
No me gusta(n) _____.	I don't like _____.
No me gusta(n) para nada.	I don't like it (them) at all.

Los números 0 a 30 — Numbers 0–30

cero	ocho	dieciséis	veinticuatro
uno	nueve	diecisiete	veinticinco
dos	diez	dieciocho	veintiséis
tres	once	diecinueve	veintisiete
cuatro	doce	veinte	veintiocho
cinco	trece	veintiuno	veintinueve
seis	catorce	veintidós	treinta
siete	quince	veintitrés	

Pronombres de sujeto — Subject Pronouns

yo	I
tú	you (*fam. s.*)
usted, Ud.	you (*form. s.*)
él, ella	he, she
nosotros/as	we
vosotros/as	you (*fam. pl. Sp.*)
ustedes, Uds.	you (*form. pl.*)
ellos, ellas	they

Los adjetivos descriptivos — Descriptive Adjectives

aburrido/a	boring
barato/a	inexpensive
bonito/a	pretty
bueno/a	good
espantoso/a	scary
malo/a	bad
tonto/a	foolish

Cognados: atractivo/a, cómico/a, cosmopolita, famoso/a, favorito/a, insincero/a, inteligente, interesante, optimista, pesimista, raro/a, realista, serio/a, sincero/a

Adjetivos de posesión	Possessive Adjectives
mi(s)	my
tu(s)	your (*fam. s.*)
su(s)	your (*form. s., pl.*), his, her, their

Adjetivos de cantidad	Quantifying Adjectives
algunos/as	some
mucho/a	much
muchos/as	many
poco/a	little
pocos/as	few

Adjetivos demostrativos	Demonstrative Adjectives
este/a	this
estos/as	these
ese/a	that
esos/as	those

Artículos indefinidos	Indefinite Articles
un(a)	a, an
unos/as	some

Artículos definidos	Definite Articles
el, la **los, las**	the

Otras palabras y expresiones útiles	Other Useful Words and Expressions
el/la amigo/a	friend
el/la chico/a	boy, girl
el/la compañero/a de cuarto	roommate
el examen	test
el país	country
aquí	here
¿cuántos/as?	how many?
de	of; from
gracias	thank you, thanks
mucho	a lot, very much
muy	very
no	no
o	or
por favor	please
que	that, when
¿qué?	what?
¿quién?	who?, whom?
sí	yes
y	and

Actividad A   El idioma español

Paso 1   Look at the title of the article below. What do you think it is about?

a. English students studying Japanese
b. Japanese students studying Spanish
c. Spanish students studying Japanese

Paso 2   Look on page 21 to see the map of all the countries where Spanish is officially spoken and read the text. Then, answer the items on page 26.

El castellano[a] es el idioma más estudiado por los japoneses inmediatamente después[b] del inglés

M. A. A., **Tokio**
Aquí, en Japón, en el principio fue el verbo, el interés hacia el idioma español, que se ha situa-do en segundo lugar, inmediata-mente después del inglés ... por delante del franc... del chino, del core... Dieciséis de...

área iberoamericana, el aumento del turismo hacia España, la pu-janza del comercio entre los dos países y los proyectos de intercam-bios culturales son otros tan... ...icios sintomáticos de l... ...e nos conced...

dríguez, de jóvenes profesionales del periodismo, como Carlos Do-mínguez, o de las ciencias empre-sariales, como Ángeles Pelegrín, han logrado familiarizarse con ...con las técnicas japo-

...fesor de ...tra-

de estudiantes y de hablantes del idioma español que han sobrepa-sado el interés primario por la len-gua y quieren saber de la cultura y de la historia.
    Esa demanda puede tener ... primera respuesta en la s... cul... ñola que se...

[a]español   [b]after

Da (*Give*) el nombre de...
a. un país de Sudamérica que no es de habla española.
b. el país de habla española que queda más cerca (*is closest*) de Florida.
c. dos países de Sudamérica que no tienen costas marinas.

Actividad B Mafalda

Mafalda is a comic strip about an Argentine girl growing up in Buenos Aires. The comic often contains sophisticated humor and plays on words. In the following, Mafalda and her friend Felipe have a misunderstanding based on the pronoun **yo.** Before reading, you should know that in Argentina and several other Latin American countries the pronoun **vos** is used instead of **tú.** (Note: **¿Qué demonios... ?** = *What the heck . . . ?* **¿Entendés?** = *Do you understand?*)

Read the comic strip and then answer the following question.

1. Why does Mafalda call Felipe **egocéntrico?**
   a. He talks about himself too much.
   b. He doesn't let her play with his toy.
   c. She misunderstands his explanation.

Actividad C «Dialéctica»

With just the little you already know about Spanish, you can read some poetry! The poem "Dialéctica" was written by the Chicano poet Francisco Alarcón (1954–   ), an instructor at the University of California at Davis. Read the poem several times, then do the questions that follow.

Dialéctica

para el mundo[a]
no somos nada[b]
pero aquí juntos[c]
tú y yo
somos el mundo

1. ¿Cuál es tu opinión?
   «Tú y yo» se refiere a...
   a. dos amigos (amigas)
   b. una pareja (*couple*) romántica
   c. una persona y su mascota (*pet*)
   d. ¿ ?

---

[a]*world* [b]*nothing* [c]*aquí... here, together*

2. El poeta cambia (*changes*) de «no somos nada» a «somos el mundo». ¿Cuál de estas explicaciones es la más lógica? ¿Por qué?
   a. As individuals, we don't amount to much, but together we are strong and can withstand anything.
   b. When two people get together, they tend to forget about everyone else as they talk and carry on.
   c. Two people may not amount to much in the big picture, but alone, together, who cares? The rest of the world seems to not exist.

3. Indica tu reacción al poema. ¿Son las reacciones de los miembros de la clase semejantes (*similar*)?

   Me gusta mucho ⟵⟶ No me gusta para nada.

4. Haz (*Do*) un «análisis lingüístico». ¿Cómo sabes (*How do you know*) que por lo menos (*at least*) una de las personas de «tú y yo» es un hombre?

VISTAZOS

uno

El camión (1929) por Frida Kahlo (mexicana, 1907–1954)

ENTRE NOSOTROS

entre nosotros means both *between us* and *among us*. In the first unit of *¿Sabías que... ?* you and your classmates will begin to get to know each other. You'll find out about each other's activities, likes and dislikes, pastimes, and other things.

Before you begin, take a glance at the photos that introduce **Entre nosotros.** Read the captions and think about them. What ideas occur to you as you look at the photos?

The tower clock (University of Puerto Rico, Río Piedras) says 12:00. Where are you and what do you normally do at noon during the week?

When you see people you know, how do you greet them?

Is music a part of your life? Do you play an instrument? Do you go to many musical events? (*Tres músicos* [1921] por Pablo Picasso [español, 1881–1973])

¿CÓMO ES TU HORARIO?

Programa para todos los públicos.

Cada semana, Diario 16 le ofrece una programación muy completa. Una programación para todos los públicos. A gusto de todos. Con suplementos sobre toros, deportes, negocios del automóvil, libros, educación... Cada día, un suplemento. Y los domingos, además, le entregamos la revista Gente del Fin de Semana. Sí, sobre todo, quiere estar bien informado, durante toda la semana, cuente con el programa más completo. Los suplementos diarios de Diario 16.

Diario 16
Cada día más cerca.

n this lesson, you'll focus on daily routines and schedules. You will also

■ describe, ask, and answer questions and make comparisons related to people's daily routines
■ talk about time and the days of the week
■ learn how to form the singular forms of present-tense verbs
■ learn to express when and how often you do something

¡IDEAS PARA EXPLORAR

Look over the **Intercambio** activity on pages 48–49. This is the activity you will be working toward throughout this lesson.

ENFOQUE LÉXICO

La vida de todos los días

¿Cómo es una rutina?

Talking About Daily Routines

El horario de Alicia Soto, estudiante de ecología en la Universidad de Texas

1. Alicia **se levanta** temprano.

2. **Hace** ejercicio aeróbico.

3. **Desayuna** café con leche.

4. **Asiste** a clase.

5. **Lee** un libro en la biblioteca.

6. **Trabaja** en un laboratorio por la tarde.

7. **Regresa** a casa.

8. **Come** en casa.

9. **Escribe** la tarea.

10. **Estudia** en su cuarto.

11. **Juega** con los gatos.

12. **Se acuesta** a las once.

El horario de Ramón Menéndez, vendedor de libros y estudiante de noche en la Universidad de Puerto Rico

1. Ramón **se despierta** tarde.

2. **Lee** el periódico.

3. **Va** en carro a la oficina de *La Hispánica*.

4. **Habla** por teléfono.

5. **Almuerza** con una amiga.

6. **Sale** de la oficina.

7. **Asiste** a una clase.

8. **Duerme** en clase.

9. **Cena** solo en casa.

10. **Toca** la guitarra.

11. **Escucha** música y estudia.

12. **Se acuesta** muy tarde.

VOCABULARIO ÚTIL

¿Cuándo?	When?		
por la mañana	in the morning	**temprano**	early
por la tarde	in the afternoon	**tarde**	afternoon; late
por la noche	in the evening, at night		

Note in the **Vocabulario útil** box on the previous page that the word **tarde** as a noun means *afternoon* **(la tarde),** and as an adverb means *late.* **(Ramón se levanta tarde.)**

Actividad A   El horario de Alicia

Look at the drawings of Alicia on page 30. As your instructor describes each one, give the number of the drawing.

> MODELO   PROFESOR(A): Alicia hace ejercicio.
> ESTUDIANTE: Número dos.

1...   2...   3...   4...   5...   6...   7...   8...   9...   10...   11...   12...

Actividad B   El horario de Ramón

Look at the drawings of Ramón on page 31. As your instructor describes each one, give the number of the drawing.

1...   2...   3...   4...   5...   6...   7...   8...   9...   10...   11...   12...

Actividad C   ¿Cierto o falso?

Look again at the pictures of Alicia and Ramón on pages 30–31 and listen as your instructor reads statements about them. Is each statement **cierto** or **falso?** Correct the false statements.

> MODELOS   PROFESOR(A): En el número ocho, Ramón duerme en clase.
> ESTUDIANTE: Cierto.
>
> PROFESOR(A): En el diez, Alicia come.
> ESTUDIANTE: Falso. Alicia estudia en su cuarto.

1...   2...   3...   4...   5...   6...   7...   8...

COMUNICACIÓN

Actividad D   ¿Y otra persona?

With what you know now, how many things can you say about another person's daily routine? Using the vocabulary for daily routines, present five statements to the class about someone you all know. The class will decide if you are correct or not. Here are some suggestions, but feel free to use other people.

> el presidente de los Estados Unidos
> la primera dama (*First Lady*)
> un actor o una actriz
> el profesor (la profesora)
> un(a) estudiante de esta clase

> MODELO   El presidente de los Estados Unidos se levanta temprano todos los días.

1...   2...   3...   4...   5...

¿Trabaja o no?

(yo)	-o		(nosotros/as)	-amos, -emos, -imos
(tú)	-as, -es		(vosotros/as)	-áis, -éis, -ís
(Ud.)	-a, -e		(Uds.)	-an, -en
(él/ella)	trabaj**a**		(ellos/ellas)	-an, -en
	se acuest**a**			
	com**e**			
	escrib**e**			

As in many languages, Spanish verbs (words that express actions, states, processes, and other events) consist of a stem (the part that indicates the action, state, or event) and an ending. In the verb form **trabaja, trabaj-** is the stem (it means *work*) and **-a** is the ending that tells you several things: present tense, third person singular (some other person is doing the working).

Verbs can be conjugated, that is, they can indicate who or what the subject is (as in **trabaja**) or they can be in the infinitive. Infinitives in English are usually indicated with *to: to run, to get up, to sleep.* Spanish infinitives end in **-r** and belong to one of three classes: **-ar (trabajar), -er (leer),** or **-ir (salir).**

To talk about someone else, a conjugated verb is used. It is called *third person singular.* Take the stem and add **-a** or **-e** as shown in the shaded box. (Note that **-er** and **-ir** verbs share the same ending in this case.)

Some Spanish verbs have stem vowel changes. You will simply have to memorize these.

o → ue
acostarse → se ac**ue**sta
dormir → d**ue**rme

e → ie
tener (*to have*) → t**ie**ne

e → i
pedir (*to ask for, request*) → p**i**de

If you see a third person singular verb form that has a **ue, ie,** or **i** in the stem, chances are that in the stem of the infinitive there is an **o, e,** or **e,** respectively!

A S Í   S E   D I C E

Why are some verbs preceded by **se?** Such verbs are called reflexive verbs, and you will learn about them in **Lección 5.** For now, take note of which verbs are used with **se.** ¡OJO! **Se** does not mean *he* or *she.* **Él** and **ella** mean *he* and *she.*

(Ella) Se levanta.
She gets up.

(Él) Se acuesta.
He goes to bed.

Here are other stem-changing verbs you will find useful.

o → ue
jugar* (*to play*)
poder (*to be able to, can*)
volver (*to return*)

e → ie
pensar (*to think*)
entender (*to understand*)
querer (*to want*)
preferir (*to prefer*)
venir (*to come*)

e → i
vestirse (*to get dressed*)

Notice that the present tense in Spanish is used to talk about (1) habitual actions and (2) things that are happening *right now*.

ASÍ SE DICE

Do you remember the irregular verb **ser** from **Lección preliminar (soy, eres, es, es, somos, sois, son, son)**? Another highly irregular verb is **ir** (*to go*).

(yo)	voy	(nosotros/as)	vamos
(tú)	vas	(vosotros/as)	vais
(Ud.)	va	(Uds.)	van
(él/ella)	va	(ellos/ellas)	van

Actividad E ¿Son típicos o no?

Based on your general assumptions about professors and students, decide if each of the following statements relates more to a typical professor or a typical student. Which statements apply to both? (Note that all verbs in the following statements are stem-changers.)

P = El profesor típico (La profesora típica)...
E = El estudiante típico (La estudiante típica)...

1. _____ se acuesta temprano.
2. _____ se viste de manera (*manner*) informal.
3. _____ prefiere la música *rock* a (*to*) la música clásica.
4. _____ almuerza en la cafetería.
5. _____ juega al tenis.
6. _____ pide explicación cuando no entiende la lección.
7. _____ piensa en (*thinks about*) su futuro.

***Jugar** follows the pattern of **o → ue** verbs although its stem vowel is **u.** It is the only verb in Spanish that does so.

8. _____ no duerme lo suficiente (*enough*).*
9. _____ se despierta, toma café y lee el periódico.
10. _____ viene a clase a tiempo (*on time*) y preparado.

Actividad F   ¿Y los perros°?   *dogs*

See whether you can talk about the daily life of a dog by using correct verb forms in logical sentences. While you may use any of the daily activities and verbs you have learned so far, below are some new verbs and words that may be useful. Afterwards, decide if the same is true for a cat **(un gato).**

Vocabulario útil

beber	to drink	**el agua**	water
correr	to run	**el cartero**	mailman
ladrar	to bark	**la pelota**	ball

Durante la semana

¿Con qué frecuencia? (I)   Talking About How Often You Do Things

You have learned how to say whether an event takes place in the morning, afternoon, or evening. To talk about routine activities that occur every day (night, and so forth) you can use either **todos los _____** or **todas las _____.**†

Ramón...

se levanta tarde **todas las mañanas.**
almuerza en un café **todas las tardes.**
se acuesta tarde **todas las noches.**
escucha música **todos los días.**

To refer to a frequent activity, you can use the words **frecuentemente, generalmente, regularmente,** and **normalmente.**

Ramón come pizza frecuentemente.

Ramón lee el periódico **todas las mañanas.**

---

*Negative sentences are formed by placing **no** before the conjugated verb. If there is a reflexive verb like **se levanta** or **se acuesta,** the **no** precedes the **se.** Notice that Spanish does not have a support verb equivalent to *does* or *do.*
    Ramón no se acuesta temprano. *Ramón doesn't go to bed early.*
    Alicia no trabaja por la mañana. *Alicia doesn't work mornings.*

†**Todos** and **todas** are equivalent to *every* in English.

Actividad A   ¿Cierto o falso?

Read the following statements about a typical week in the life of a student at your institution. Are they **cierto** or **falso**?

El estudiante norteamericano
(La estudiante norteamericana)...

		C	F
1.	se levanta temprano todos los días.	❑	❑
2.	no va a clases regularmente y está* ausente (*is absent*) frecuentemente.	❑	❑
3.	duerme ocho horas todas las noches.	❑	❑
4.	escribe sus composiciones a computadora normalmente.	❑	❑
5.	mira (*watches*) la televisión todas las tardes.	❑	❑
6.	lee novelas cuando (*when*) no estudia.	❑	❑
7.	almuerza en McDonald's todas las semanas.	❑	❑
8.	normalmente maneja su propio (*own*) carro para ir a la universidad.	❑	❑
9.	frecuentemente escucha música cuando estudia.	❑	❑
10.	se acuesta muy tarde todas las noches.	❑	❑

COMUNICACIÓN

Actividad B   Mi profesor(a) de español

Paso 1   Interview a classmate to find out how often he or she thinks your Spanish instructor does the following activities. Use one of the following expressions in each question and answer.

> todos los días
> todas las mañanas/tardes/noches
> frecuentemente, regularmente, generalmente

MODELO   mira la televisión
   E1: ¿Mira la televisión frecuentemente el profesor (la profesora)?
   E2: Sí, todos los días.
        (No, no mira la televisión frecuentemente.)

1. mira la televisión en español
2. come chocolate
3. hace ejercicio aeróbico
4. habla por teléfono
5. se acuesta temprano
6. va a la biblioteca

Paso 2   Be prepared to read aloud to the class your questions and answers from **Paso 1.** After your classmates share their opinions about the instructor's routine, he or she will say if you were right!

---

*Estar is another verb that translates as *to be* with uses and functions different from those of **ser.** You will learn about **estar** at various points in *¿Sabías que... ?*

Lección 1   ¿Cómo es tu horario?

¿Qué día de la semana?

Days of the Week

LOS **DÍAS DE TRABAJO** (*WORKDAYS*)

lunes   martes   miércoles   jueves   viernes

LOS DÍAS DEL **FIN DE SEMANA** (*WEEKEND DAYS*)

sábado   domingo

To ask what day it is, you say

¿Qué día es hoy?

To respond, say

Hoy es domingo.
(**Mañana es** lunes.)

Actividad C   Las clases de Alicia

Your instructor will make a series of statements about Alicia's class schedule. Indicate whether they are **cierto** or **falso**, according to the schedule below.

1...   2...   3...   4...   5...   6...

LUNES	MARTES	MIÉRCOLES	JUEVES	VIERNES
Biología II	Biología II	Biología II	Biología II	
	Cálculo avanzado		Cálculo avanzado	
Entomología		Entomología		Entomología
Introducción a la ingeniería civil		Introducción a la ingeniería civil	La destrucción del planeta	Introducción a la ingeniería civil

Actividad D   ¿Sabías que... ?

Paso 1   Read the **¿Sabías que... ?** selection on page 38. Then answer the following questions.

1. ¿En qué lengua hay días de la semana cuyos (*whose*) nombres tienen origen en la mitología nórdica? ¿Y en la mitología romana?
2. Nombra (*Name*) los días en español cuyos nombres están relacionados con dioses romanos.
3. ¿Cuáles son los días en español cuyos nombres tienen origen judeocristiano?

Paso 2 (Optativo) See whether you can explain to a partner the origin of the names of one or two days in Spanish.

MODELO El nombre *martes* es de origen romano. Quiere decir (*It means*) «día de Marte».

¿ S A B Í A S Q U E . . .

...los nombres de algunos días de la semana en el idioma inglés y en el español tienen orígenes diferentes pero de cierta forma similares? En la siguiente tabla hay una comparación. Tyr, Woden, Thor y Friggen son dioses[a] de la mitología nórdica. Marte, Mercurio, Júpiter y Venus son dioses romanos.

ORIGEN	NOMBRE EN INGLÉS	NOMBRE EN ESPAÑOL	ORIGEN
moon day	Monday	lunes	día de la luna[b]
Tyr's day	Tuesday	martes	día de Marte
Woden's day	Wednesday	miércoles	día de Mercurio
Thor's day	Thursday	jueves	día de Júpiter
Friggen's day	Friday	viernes	día de Venus
Saturn's day	Saturday	sábado	el sábado[c] judío
sun day	Sunday	domingo	día del Señor[d]

[a]*gods and goddesses*   [b]*moon*   [c]*Sabbath (from Hebrew)*   [d]del Señor = dominicus (*from Latin*)

COMUNICACIÓN

Actividad E La semana del profesor (de la profesora)

As a class, see whether you can piece together your instructor's weekly schedule by asking only yes/no questions. Several examples are provided for you. As you get information, write it into a calendar like the one below. See how much the class can find out in ten minutes.

MODELOS ¿Tiene Ud. / Tienes una clase los lunes por la mañana?

¿Tiene Ud. / Tienes horas de oficina los lunes? ¿los martes?

	LUNES	MARTES	MIÉRCOLES	JUEVES	VIERNES
Por la mañana					
Por la tarde					
Por la noche					

ENFOQUE LINGÜÍSTICO

(yo)	trabaj**o**	(nosotros/as)	-amos, -emos, -imos
	me acuest**o**		
	com**o**		
	escrib**o**		

(tú)	-as, -es	(vosotros/as)	-áis, -éis, -ís
(Ud.)	-a, -e	(Uds.)	-an, -en
(él/ella)	-a, -e	(ellos/ellas)	-an, -en

You have already learned to form verbs ending in **-a** and **-e** to talk about someone else's daily activities. To talk about what *you* do, most verbs will end in **-o**, as illustrated in the shaded box. Note that stem vowel changes also appear in the **yo** form of the verb, also called *first person singular.*

> Normalmente, **estudio** por la noche.
> **Duermo** una hora todas las tardes.
> **Me levanto** temprano los sábados.

—Los viernes por la noche **salgo** con mis amigos.

—**Estudio** por la noche. No **salgo** porque **me levanto** muy temprano por la mañana.

Did you catch that a verb that takes **se** in the third person form will take **me** in the first person singular form? Here is another example.

> Normalmente, **me acuesto** a las 11.30.

Several of the verbs with which you are familiar have slightly altered stems.

> **Hago** ejercicio con frecuencia.
> No **salgo** mucho con mis amigos.
> **Tengo** mucho trabajo esta semana.

Remember the irregularity of **ir?**

Voy al laboratorio para practicar el español.

Another common verb, **decir** (*to say, tell*) is also highly irregular. It
has more than one kind of change!

—¿Qué **dices**?
—¿Yo? Yo no **digo** nada.

Actividad F   ¿En qué orden?

Paso 1 Number these activities in the order in which *you* would do them.

_____ Me acuesto.
_____ Voy en carro para ir a la universidad.
_____ Ceno.
_____ Regreso a casa (al apartamento, a la residencia [*dormitory*]).
_____ Leo el periódico.
_____ Estudio.
_____ Almuerzo.
_____ Desayuno.
_____ Voy a la biblioteca.
_____ Hago ejercicio por quince minutos.

Paso 2 Tell the class the order you decided on. Did many of your classmates put the activities in a similar order? Is there a more logical order
than the one you came up with?

Paso 3 Given the information you received from your classmates, which
statement applies to you?

❑ Mi horario es un horario típico.
❑ Mi horario no es un horario típico.

Actividad G   Mis actividades

Paso 1 Decide whether each statement is **cierto** or **falso** for you.

		C	F
1.	Voy a clase los lunes, miércoles y viernes.	❑	❑
2.	Duermo cinco horas por la noche regularmente.	❑	❑
3.	Puedo levantarme muy tarde los martes.	❑	❑
4.	Compro revistas (*I buy magazines*) todas las semanas.	❑	❑
5.	Estudio en la biblioteca porque necesito (*I need*) silencio.	❑	❑
6.	Me acuesto temprano los días de clase.	❑	❑
7.	No hago ejercicio frecuentemente.	❑	❑
8.	Almuerzo con mis amigos todos los días.	❑	❑
9.	Como pizza para el desayuno frecuentemente.	❑	❑
10.	Escucho y tomo apuntes (*I take notes*) en mis clases.	❑	❑

Paso 2 Read the statements to a classmate. Your classmate will guess
whether the statement is **cierto** or **falso** for you. Then trade places and
you do the guessing.

COMUNICACIÓN

Actividad H Tú y yo

Paso 1 Following is a list of typical daily activities. See if you can find someone in the class who matches you on at least four of the activities. Follow the model.

caminar (*to walk*) a la
   universidad
dormir en una clase
escuchar la radio por la
   mañana
estudiar mucho para los
   exámenes

llegar (*to arrive*) tarde al
   trabajo (a una clase)
soñar (ue) despierto (*to
   daydream*)
tomar (*to drink*) café

MODELO E1: Siempre tomo café por la mañana. ¿Y tú?
        E2: Yo también. / Yo no.
        E1: No duermo en la clase de español.
        E3: Yo sí. / Yo tampoco. (*Neither do I.*)

Paso 2 When you have found someone with whom you share four activities, report to the class.

MODELO Yo siempre tomo café. Roberto también.

PARA EXPLORAR

Más sobre las rutinas

ENFOQUE LÉXICO

¿A qué hora... ?

Telling When Something
Happens

To express what time of day you do something, use the expressions **a la** and **a las.**

—Como un sandwich **a la una.**

—Almuerzo con una amiga **a las dos.**

Use **cuarto** and **media** to express *quarter hour* and *half hour.*

y cuarto
y media
menos cuarto

—Voy a la biblioteca **a las ocho menos cuarto.**

—Toco la guitarra con Macanudo **a las nueve y media.**

To express other times, add the number of minutes to the hour or subtract the number of minutes from the next hour.

—Me acuesto **a las diez menos diez.**

—Regreso a casa **a las doce y veinte.**

Actividad A ¿A qué hora?

Alicia mentions at what time she does certain activities. How does she logically complete each statement? Match the time to the appropriate activity. (See the drawings on page 30 for reference.)

1. _____ Hago ejercicio aeróbico...
2. _____ Trabajo en el laboratorio...
3. _____ Prefiero levantarme...
4. _____ Escribo la tarea...
5. _____ Me acuesto...

a. a las once de la noche.
b. a las nueve de la noche.
c. a las cinco de la mañana.
d. a las dos de la tarde.
e. a las seis de la mañana.

Actividad B   Tu primera° clase

first

Get into pairs. In two minutes, ask your partner when his or her first class is on each day of the week. Jot down his or her responses. Be prepared to report the results to the class.

> MODELO   E1: ¿A qué hora es tu primera clase los lunes?
> E2: A las nueve.

Actividad C   El horario ideal

Invent an ideal class schedule for Mondays and Fridays. When would the classes be? Present the schedule to the class. How does it compare with the schedules your classmates invented?

> MODELOS   En mi horario ideal, la primera clase los lunes es a las _____.
> La última (*last*) clase es a las _____.
> Los lunes (Los viernes) no hay clases por la _____.

¿Y tú? ¿Y usted?

ENFOQUE LINGÜÍSTICO

Present Tense of Second Person
Singular Verb Forms

(yo)	-o	(nosotros/as)	-amos, -emos, -imos
(tú)	estudi**as**	(vosotros/as)	-áis, -éis, -ís
	te levant**as**		
	le**es**		
	asist**es**		
(Ud.)	estudi**a**	(Uds.)	-an, -en
	se levant**a**		
	le**e**		
	asist**e**		
(él/ella)	-a, -e	(ellos/ellas)	-an, -en

—Clara, **tú vas** a la universidad a
   las dos, ¿no?
—Sí. ¿Por qué **preguntas**?

—Señora, ¿**es usted** del Perú?
—No, Paco. Soy de Venezuela.
   ¿Y **tú**?

You may have noticed that Spanish has several ways of expressing *you*. **Tú** implies less social distance between the speakers. **Usted** (generally abbreviated **Ud.**) indicates a more formal relationship and more social distance. The rules of usage vary from country to country and even within countries, but you can follow this rule of thumb: Use **tú** with your family, friends, anyone close to your own age—and with your pets. Use **Ud.** with everyone else.

For example, to ask a classmate about something, use **tú.** To get the **tú** verb form, add an **-s** to the final vowels **-a** or **-e** of the third person forms.

> ¿**Miras** la televisión todas las noches?
> ¿**Cenas** en restaurantes frecuentemente?

Certain verbs are used with **te.**

> ¿A qué hora **te levantas**?
> ¿**Te acuestas** tarde o temprano?

When speaking with someone whom you address as **Ud.,** use the same verb form as with **él** or **ella.**

> ¿**Trabaja** Ud. en la biblioteca?
> Ud. **sale** con los amigos todos los días.

Note the use of **se** with some verbs in the **Ud.** form.

> ¿**Se levanta** Ud. tarde frecuentemente?
> ¿A qué hora **se acuesta** Ud.?

C O N S E J O
P R Á C T I C O

Are you speaking Spanish with anyone outside of class? If not, get the phone numbers of three or four of your classmates. Then, call one and do any one of the activities that asks you to interview someone. You might be asked to do this at times in your Manual. This is a good habit to get into. Ten minutes on the phone once a day and you've added significant practice over the course of your language study!

Actividad D   ¿Y tú? ¿Y usted?

Paso 1   Look at the questions below. Check the box that indicates whether each question is appropriate to ask a friend **(Para un amigo [una amiga])** or your instructor **(Para mi profesor[a])**

	PARA UN AMIGO (UNA AMIGA)	PARA MI PROFESOR(A)
1. ¿Te levantas temprano los lunes?	❑	❑
2. ¿Habla varios idiomas?	❑	❑
3. ¿Va frecuentemente al cine (*movies*)?	❑	❑
4. ¿Miras la televisión todos los días?	❑	❑
5. ¿Haces ejercicio regularmente?	❑	❑
6. ¿Empiezas (*Do you begin*) todas las mañanas de buen humor (*in a good mood*)?	❑	❑
7. ¿Almuerza solo/a, generalmente?	❑	❑
8. ¿Lees el periódico todos los días?	❑	❑

Paso 2   Choose two of the questions from **Paso 1** that you checked as being appropriate to ask a friend. Pose these two questions to a classmate.

Paso 3   Now, choose two of the questions from **Paso 1** that you checked as being appropriate to ask your professor. Be ready to ask these questions if called on.

COMUNICACIÓN

Actividad E   ¿A qué hora?

Pair up with a classmate you haven't already interviewed to find out at what time **(a qué hora)** he or she does the following things. Write down the information. Then switch roles.

MODELO   E1: ¿A qué hora almuerzas?
         E2: A las doce.

¿A qué hora...

1. te levantas los lunes?
2. vas a tu clase favorita?
3. te acuestas los jueves?
4. vas a la universidad los miércoles?
5. regresas a casa los viernes?

6. miras la televisión, generalmente?
7. estudias español?
8. lees el periódico, generalmente?
9. ¿ ?

ENFOQUE LÉXICO

¿Qué sueles hacer?

Talking About What You Do Regularly

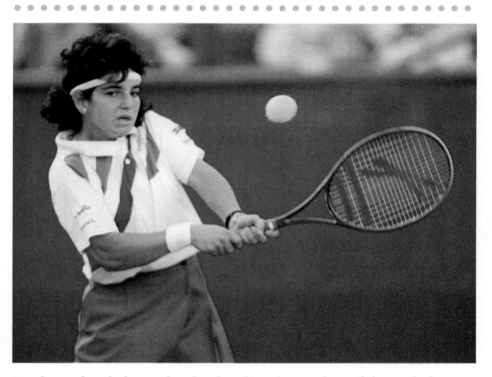

Arantxa Sánchez Vicario **suele** jugar al tenis varias horas todos los días. ¿Qué **sueles** hacer tú todos los días?

You have already learned **todos los días, los** + *days of the week,* **frecuentemente, regularmente, generalmente,** and **normalmente** to express habitual or recurring actions. Another way to express actions you perform regularly is to use a form of the verb **soler** plus an infinitive. **Soler** has several English equivalents.

Suelo estudiar por la mañana.

I generally study in the morning.

Suelo dormir seis horas por la noche.

I usually sleep six hours at night.

¿Cuántas horas **sueles** dormir por la noche?

How many hours do you normally sleep at night?

Ideas para explorar

Actividad F ¿Quién?

For each statement below, decide for whom the statement might be true selecting from among the people listed. **¡OJO!** (Watch out!) In some cases, the statement could be true for more than one person.

1. _____ Suele trabajar ocho horas al día.
2. _____ Suele leer mucho.
3. _____ Suele dormir durante (*during*) el día.
4. _____ Suele salir a almorzar.
5. _____ Suele mirar la televisión durante el día.
6. _____ Suele levantarse a las 6.30 durante la semana.
7. _____ Suele comer una vez (*once*), posiblemente dos veces (*twice*), al día.

a. un bebé de tres meses (*three months old*)
b. una estudiante de veinte años
c. un perro
d. una persona jubilada (*retired*)
e. una profesora
f. una secretaria

ASÍ SE DICE

Soler + *infinitive* is useful for talking about what you normally do, but how do you talk about things you *need to do, have to do, ought to do, prefer to do,* and so on? Here is a useful list with examples!

tener que (*to have to*)	Tengo que estudiar.
necesitar (*to need*)	Necesito dormir más.
deber (*should, ought to, must*)	Debo leer más.
preferir (ie) (*to prefer*)	Prefiero mirar la televisión.
querer (ie) (*to want*)	Quiero ser profesor.
poder (ue) (*to be able, can*)	¡No puedo levantarme temprano!

COMUNICACIÓN

Actividad G ¿Qué sueles hacer?

Paso 1 Write four sentences about things you generally do every day.

MODELOS Suelo trabajar cinco horas por la tarde.
Suelo estudiar en la biblioteca.

Paso 2 Find people in the class who do the things you listed in **Paso 1.** Jot down their names.

MODELOS ¿Sueles trabajar cinco horas por la tarde?
¿Sueles estudiar en la biblioteca?

Actividad H   Los hispanos hablan

Paso 1   Read the selection **Los hispanos hablan** below. The first two blanks represent deleted verbs. What do you think each verb is?

1. _____   2. _____

Paso 2   Now listen to the tape. Are your answers in **Paso 1** correct? What else did you learn about Ricardo Camacho? Indicate whether the following sentences are true or not.

Vocabulario útil

de buen humor   in a good mood

Ricardo...

1. suele dormir mucho todas las noches.
2. suele hablar mucho por la mañana.
3. suele funcionar mejor de noche.
4. es adicto a la cafeína.

Paso 3 (Optativo)   Compare yourself with Ricardo Camacho. Tell your classmates in what ways you are alike and in what ways you are different.

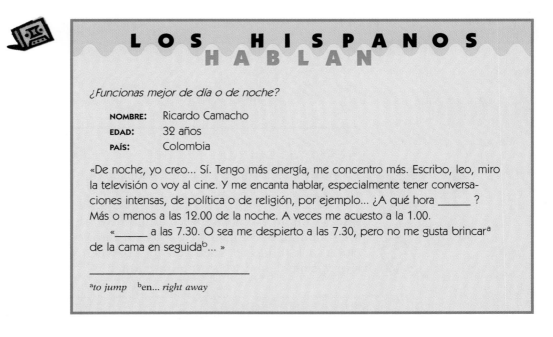

L O S   H I S P A N O S
H A B L A N

¿Funcionas mejor de día o de noche?

NOMBRE: Ricardo Camacho
EDAD: 32 años
PAÍS: Colombia

«De noche, yo creo... Sí. Tengo más energía, me concentro más. Escribo, leo, miro la televisión o voy al cine. Y me encanta hablar, especialmente tener conversaciones intensas, de política o de religión, por ejemplo... ¿A qué hora _____ ? Más o menos a las 12.00 de la noche. A veces me acuesto a la 1.00.

«_____ a las 7.30. O sea me despierto a las 7.30, pero no me gusta brincarª de la cama en seguidaᵇ... »

_____

ªto jump   ᵇen... right away

Actividad I   ¿Sabías que... ?

Paso 1   Listen to and read the **¿Sabías que... ?** selection on page 48. Then answer the following questions.

1. ¿Quién suele tener una vida «más activa» por la noche, el español o el norteamericano?
2. ¿Quién suele cenar temprano y quién suele cenar tarde?
3. ¿Quién suele pasar (*spends*) todo el día en el trabajo sin salir?

Paso 2 Using the question below, see whether you can find five people in class who prefer the Spanish schedule.

MODELO ¿Cuál de los dos horarios prefieres, el horario español o el norteamericano?

¿ S A B Í A S   Q U E . . .

...el horario de actividades diarias de un individuo varía de cultura a cultura?

En España y otros países hispanos, por ejemplo, generalmente uno se levanta por la mañana, trabaja hasta[a] la 1.00 o las 2.00 y va a almorzar a casa. Después, descansa[b] hasta las 4.00 y regresa al trabajo. No termina de trabajar hasta las 8.00 ó 9.00 de la noche. Cena tarde, normalmente a las 10.00, y frecuentemente sale después con sus amigos.

En los Estados Unidos, en cambio,[c] una persona generalmente se levanta por la mañana, pasa ocho horas en el trabajo, regresa a casa a las 5.00, cena a las 6.00 ó 6.30, mira la televisión y se acuesta a las 11.00.

¿Cuál de los dos horarios prefieres?

_____

[a]*until* [b]Después... *Afterward, he or she rests* [c]en... *on the other hand*

Preguntas para un examen

Propósito: to form series of questions about two schedules.

Papeles: two people, the interviewer and one who is interviewed.

Paso 1 Fill in a schedule with at least two things you do in the morning, afternoon, or evening any two days of the week (except weekends). Include such things as when you get up, when you go to bed, when you arrive at school, and when you have lunch.

	LUNES	MARTES	MIÉRCOLES	JUEVES	VIERNES
Por la mañana					
Por la tarde					
Por la noche					

Paso 2 Interview someone with whom you have not worked in this lesson. Find out when he or she does the same things as you on the same two days. Jot down the information. Then make clean copies of your schedule and the schedule of the person you have just interviewed. They should look the same except for the time of day things get done. (Don't forget to use **yo** forms of the verb for yourself and **él/ella** forms for your partner.)

Paso 3 Using the two schedules, make up the following test items.

❑ Three true/false statements of a comparative nature.

MODELOS Yo me levanto muy temprano por la mañana, pero Juan se levanta tarde.

Yo suelo trabajar todos los días, pero Ana suele trabajar sólo los jueves y viernes.

❑ Two questions that require an answer with a specific activity.

MODELO Yo suelo hacer esta actividad por la mañana, pero Juan suele hacer esto por la tarde. ¿Qué es? (estudiar)

Paso 4 Turn in both the schedules and the test items to your instructor.

La vida de todos los días	Everyday Life		
acostarse (ue)	to go to bed	**hacer ejercicio**	to exercise
almorzar (ue)	to have lunch	**hacer ejercicio aeróbico**	to do aerobics
asistir (a)	to attend	**ir** (*irreg.*)	to go
cenar	to have dinner	**jugar (ue)**	to play (*sports*)
comer	to eat	**leer**	to read
conducir (conduzco)	to drive	**levantarse**	to get up
conocer (conozco)	to know (*someone*)	**manejar**	to drive
deber + *inf.*	ought to, should, must (*do something*)	**mirar (la televisión)**	to look at, watch (TV)
		necesitar	to need
desayunar	to have breakfast	**pasar**	to spend (*time*)
despertarse (ie)	to wake up	**pedir (i)**	to ask for, request
dormir (ue)	to sleep	**pensar (ie) (en)**	to think (about)
entender (ie)	to understand	**poder (ue)**	to be able, can
escribir	to write	**preferir (ie)**	to prefer
escuchar	to listen to	**preguntar**	to ask (*a question*)
estudiar (R)*	to study	**querer (ie)**	to want
hablar	to speak	**regresar**	to return (*to a place*)
hablar por teléfono	to talk on the phone	**salir** (*irreg.*)	to go out, leave
hacer (*irreg.*)	to do; to make	**soler (ue)** + *inf.*	to be in the habit of (*doing something*)

*Words that appear with an (R) in a lesson vocabulary list are review **(Repaso)** words that were active in a previous lesson. They are included in these lists when they thematically fit the lesson.

tener (*irreg.*)	to have
tener que + *inf.*	to have to (*do something*)
tocar (la guitarra)	to play (the guitar)
trabajar	to work
venir (*irreg.*)	to come
vestirse (i)	to get dressed
volver (ue)	to return (*to a place*)

¿Cuándo?	When?
durante	during
mañana	tomorrow
(muy) tarde	(very) late
(muy) temprano	(very) early
por la mañana	in the morning
por la tarde	in the afternoon
por la noche	in the evening, at night

¿Con qué frecuencia?	How Often?
frecuentemente	frequently
generalmente	generally
normalmente	normally
regularmente	usually
todas las mañanas / tardes / noches	every morning / afternoon / night
todos los días	every day

¿Qué día es hoy?	What Day Is It Today?
lunes	Monday
martes	Tuesday
miércoles	Wednesday
jueves	Thursday
viernes	Friday
sábado	Saturday
domingo	Sunday
el día de trabajo	workday
el fin de semana	weekend

Hoy es...	Today is . . .
Mañana es...	Tomorrow is . . .

¿Qué hora es?	What Time Is It?
Es la una.	It's one o'clock.
Son las (dos, tres).	It's (two, three) o'clock.
menos cuarto	quarter to
y cuarto	quarter past
y media	half past

¿A qué hora?	At What Time?
A la una.	At one o'clock.
A las (dos, tres).	At (two, three) o'clock.

Otras palabras y expresiones útiles

la biblioteca	library
el cuarto	room
el laboratorio	laboratory
el periódico	newspaper
la rutina	routine
la tarea	homework
bueno/a (buen) (R)	good
en casa	at home
solo/a	alone
con	with
en	in; at
más	more
menos	less
para	for
pero	but
porque	because

Actividad A   «Todo»

Paso 1   Read the poem "Todo," written by Luis Maguregui, a Chicano poet born in El Paso, Texas, in 1951. As you read it, make sure you understand all the verbs, most of which appear in the **yo** form.

Vocabulario útil

lo que	that, which
andar	to walk
romper	to break
maldecir	to curse
sufrir	to suffer

VÍSTAZOS

ganar	to earn
soñar	to dream
amar	to love
valer	to be worth
frente a	compared with (Lit.: facing)

Paso 2 Do you understand Maguregui's point at the end? What would you need to know in order to understand why going to Chicago is so important?

Paso 3 See whether you can adapt the poem to your own situation. What verbs might you change? What would the last line be? Prepare your poem and read it to the class.

Todo

Todo lo que tengo

todo lo que digo

todo lo que ando

todo lo que rompo

todo lo que maldigo

todo lo que sufro

todo lo que gano

todo lo que sueño

todo lo que amo

todo lo que veo

todo lo que entiendo

todo lo que soy

no vale nada

frente a la luminosa posibilidad

de irme a trabajar a Chicago

Actividad B   ¿Funcionas mejor de día o de noche?

Paso 1 As you heard in **Los hispanos hablan,** another aspect of daily routines is whether someone is a morning person or a night person.

To express this concept in Spanish, one says **funcionar de día / de noche.** Interview a classmate to find out whether he or she is a morning or night person. Remember to phrase your questions correctly using **tú** forms of the verb. You may use the following to guide you.

Nombre de la persona: _____
Especialización: _____

Pregunta...

1. si se levanta con mucha energía.
2. si pasa la mañana como un sonámbulo (*sleepwalker*).
3. si necesita despertador (*alarm clock*).
4. si se levanta sin (*without*) despertador.
5. a qué hora se debe levantar normalmente.
6. si se levanta de malas pulgas (*grouchy*).
7. si a las 10.30 de la noche tiene sueño (*feels sleepy*).
8. a qué hora se acuesta normalmente.

Paso 2 Now complete the first paragraph that follows with the correct information about the classmate you just interviewed. Show it to that person before turning it in to your instructor. Complete the second paragraph with information about yourself.

_____ funciona mejor de _____. Normalmente se levanta a las _____ y se acuesta a las _____. Cuando se levanta, (no) tiene mucha energía.

Yo _____* funciono mejor de _____. Me levanto a las _____ y me acuesto a las _____. Cuando me levanto, (no) tengo mucha energía.

_____

*Insert either **también** (*also*) or **en cambio** (*on the other hand*).

¿QUÉ HACES LOS FINES DE SEMANA?

TIEMPO QUE DEDICAN A SUS AFICIONES	
(Media de minutos diarios)	
Ver la televisión	**120**
Tomar copas	**60**
Pasear	**22**
Leer libros	**15**
Escuchar música	**15**
Oír la radio	**8**
Hacer deporte	**9**
Practicar *hobbies*	**8**
Leer la prensa	**6**
«Juegos»	**4**

*t*he focus of this lesson is weekend activities. In exploring this topic, you will

■ learn how to talk about weekend activities
■ describe your ideal weekend and make comparisons about how people spend their leisure time
■ learn words of negation and how to use them
■ learn more about the verb **gustar** and how to talk about likes/dislikes
■ talk about the weather and discuss how it affects your free time
■ learn more present-tense verb forms as well as the present progressive
■ talk about the seasons and months

íDEAS **PARA EXPLORAR**

Look over the **Intercambio** activity on pages 72–73. This is the activity you will be working toward throughout this lesson.

Actividades para el fin de semana

¿Qué hace una persona los sábados?

Talking About Someone's Weekend Routine

El sábado de Alicia

Por la mañana, Alicia **corre** dos millas.

Limpia su apartamento.

Por la tarde, **va** de compras.

Por la noche, **se queda** en casa. (No **sale.**)

El sábado de Ramón

Por la mañana, Ramón **lava** su ropa.

Luego **saca** vídeos.

Por la tarde, **da un paseo** con una amiga.

Por la noche, **baila** en una fiesta.

El domingo de Alicia

Alicia **charla** con su vecino.

Va a la iglesia.

Por la tarde, **nada** en el mar.

Toma café con su amiga.

El domingo de Ramón

Por la mañana, Ramón **no hace nada.**

Por la tarde, **juega** al fútbol americano con sus amigos.

Más tarde, **limpia** su carro.

Por la noche **va** al cine.

Actividad A   ¿Qué día es?

Listen as your instructor reads statements about the typical weekend activities of Alicia and Ramón. Then identify which day each statement refers to, according to the information in the drawings.

MODELO   PROFESOR(A): Alicia limpia su apartamento.
         ESTUDIANTE: Es sábado.

1...   2...   3...   4...   5...   6...

Actividad B   ¿Quién es?

Look again at the drawings on page 53 and above. Your instructor will read several statements. Give the name of the person doing the activities described in each statement.

1...   2...   3...   4...   5...   6...

Actividad C ¿Alicia o Ramón?

Look again at the pictures on pages 53 and 54. Decide on two or three activities you have in common with either Alicia or Ramón and two or three you don't have in common. Write your activities down, using the following models. Remember to put the verbs in the correct **yo** form. In class, compare your activities to those of your classmates.

MODELOS Yo también corro los sábados.

Normalmente no limpio mi carro los domingos.

Actividad D Mis fines de semana

This activity is a version of **Veinte preguntas.** Think of something that you normally do on the weekends. (If you do not know the Spanish expression for it, ask your instructor for help.) Your classmates will try to guess what the activity is by asking you yes/no questions.

MODELOS ¿Haces la actividad con un amigo? ¿con una amiga? ¿solo/a?

¿Haces la actividad en casa? ¿en la universidad? ¿en un café? ¿en la playa (*beach*)?

¿Haces la actividad por la mañana, normalmente? ¿por la tarde? ¿por la noche? ¿a cualquier hora?

¿Haces la actividad los sábados? ¿los domingos?

¿Con qué frecuencia? (II)

More About Discussing Frequency of Activities

—¿**Siempre** te quedas en casa los sábados por la noche?
—**Con frecuencia,** pero **a veces** voy al cine si estoy aburrida (*I am bored*).

To talk about how often you do an activity, you may use the following expressions.

siempre	*always*
con frecuencia	*frequently*
a veces	*sometimes*
de vez en cuando	*from time to time*
pocas (raras) veces	*rarely*
nunca	*never*

Actividad E   ¿Con qué frecuencia?

How often do you do certain weekend activities? Check off the items to indicate what is true for you.

	SIEMPRE	CON FRECUEN-CIA	DE VEZ EN CUANDO	RARAS VECES	NUNCA
1. Estudio.	❑	❑	❑	❑	❑
2. Me quedo en casa.	❑	❑	❑	❑	❑
3. Me acuesto a las 2.00 de la mañana.	❑	❑	❑	❑	❑
4. Duermo ocho horas.	❑	❑	❑	❑	❑
5. Voy al cine.	❑	❑	❑	❑	❑
6. Bailo en una discoteca.	❑	❑	❑	❑	❑
7. Doy un paseo con un amigo (una amiga) especial.	❑	❑	❑	❑	❑
8. Lavo la ropa.	❑	❑	❑	❑	❑
9. Limpio la casa.	❑	❑	❑	❑	❑

Actividad F   Entrevista

Paso 1   Using the items from **Actividad E** and adding at least three of your own, interview a partner in class. Alternatively, the entire class can interview the instructor. Be sure to use appropriate forms (**tú** or **Ud.**) in your questions.

> MODELO   E1: ¿Estudias los fines de semana?
> E2: Sí, con frecuencia.

Paso 2   (Optativo)   As a class, share responses for several of the items and see whether there is a noticeable trend. Is there something that everyone seems to do a lot on the weekends? hardly ever?

¿No haces nada?

Negation and Negative Words

You know that the word **nunca** means *never*. A synonym of **nunca** is **jamás.** Note that **nunca** or **jamás** can precede a verb or follow it. If they follow a verb, then a **no** is required before the verb.

> **Nunca** puedo dormir bien. / **No** puedo dormir bien **nunca.**
> **Jamás** me quedo en casa los sábados. / **No** me quedo en casa los sábados **jamás.**

Here are some other negative words that function like **nunca** and **jamás.** Note how in English some of these words have several translations.

nada	*nothing, not anything*
nadie	*no one, not anyone*
ninguno/a	*none, not any*
tampoco	*neither, not either*

—Esto **no me gusta nada.**
No quiero hacer nada
esta noche.
—Ay, eres imposible.
No hay nadie como tú.

No quiero hacer nada.	*I don't want to do anything.*
¿Quién se levanta temprano? ¿Nadie? ¿Nadie se levanta temprano?/¿No se levanta nadie temprano?	*Who gets up early? No one? Doesn't anyone get up early?*
No voy a ningún* lugar este fin de semana.	*I'm not going anywhere this weekend.*
Yo (no voy a ningún lugar) tampoco.	*I'm not (going anywhere) either.*

Actividad G   Mis fines de semana

Indicate whether each statement is true or false according to your weekend routines.

		C	F
1.	Nunca me acuesto antes de (*before*) la 1.00 de la mañana los sábados.	❑	❑
2.	No limpio la casa los fines de semana.	❑	❑
3.	Nunca me quedo en casa los viernes por la noche.	❑	❑
4.	Tampoco me quedo en casa los sábados por la noche.	❑	❑
5.	No saco vídeos con mucha frecuencia.	❑	❑
6.	Tampoco veo la televisión mucho.	❑	❑
7.	No hago ejercicio nunca los domingos.	❑	❑
8.	Jamás voy a la biblioteca los sábados.	❑	❑

*****Ninguno** is shortened to **ningún** before singular masculine nouns.

Actividad H   Los hispanos hablan

Paso 1   Read the selection **Los hispanos hablan** below. Then answer the following questions.

1. ¿Para quién es el fin de semana un tiempo para descansar (*rest*)? ¿Para Isabel o para Nicolás?
2. ¿Quién suele pasar más tiempo con su familia los fines de semana?

Paso 2   Now listen to the tape, paying particular attention to the information that is not printed in your textbook. Based on what you have heard, decide whether each statement refers to Isabel or to Nicolás.

1. No suele salir durante el día.
2. Se queda mucho en casa.
3. Lo que hace depende de (*depends on*) sus amigos.

Paso 3   Now listen again to what Nicolás says about his friends. Write down what he says.

«Mis amigos no tienen auto ni _____.»

Does this mean that Nicolás is also "without wheels" or does he drive his friends around?

Paso 4   Use **nunca, casi nunca, mucho, también** (*also*) or **tampoco** to compare your normal weekend to that of Isabel or Nicolás. Try to say something about the following activities.

ir a cenar	quedarme en casa	salir durante el día
jugar al billar	por la noche	tener auto

MODELO   Como Nicolás, yo tampoco tengo auto.

L O S   H I S P A N O S
H A B L A N

¿Qué te gusta hacer los fines de semana?

NOMBRE: Isabel Molina   **EDAD:** 23 años   **PAÍS:** la Argentina

«Ante todoᵃ dormir, porque siempre me tengo que levantar muy temprano para ir al trabajo. Y despuésᵇ depende, porque los horarios de mis amigos no coinciden con el míoᶜ... »

NOMBRE: Nicolás Delgado   **EDAD:** 18 años   **PAÍS:** Panamá

«Depende. Siempre que puedoᵈ voy a jugar al fútbol. Salgo poco y casi siempre con mis hermanosᵉ a bailar o a jugar al billarᶠ... »

_____

ᵃAnte... *Above all*   ᵇ*afterward*   ᶜel... *mine*   ᵈSiempre... *Every chance I get*   ᵉ*brothers*
ᶠ*billiards (pool)*

COMUNICACIÓN

Actividad I Los fines de semana del profesor (de la profesora)

Paso 1 What are your instructor's weekends like? With two other people, make up four statements using some negative expressions (**nada, nadie, nunca,** and so forth) to describe your instructor's typical weekend.

Paso 2 Each group should present its statements to the rest of the class who then decide if each statement is true or not. Your instructor will react. Who knows him or her the best?

ÍDEAS PARA EXPLORAR

Las otras personas

¿Qué hacen?

Talking About the Activities of Two or More People

(yo)	-o	(nosotros/as)	-amos, -emos, -imos
(tú)	-as, -es	(vosotros/as)	-áis, -éis, -ís
(Ud.)	-a, -e	(Uds.)	-an, -en
(él/ella)	-a, -e	(ellos/ellas)	limpi**an** se qued**an** corr**en** asist**en**

ASÍ SE DICE

Don't confuse **ellos/ellas** with **Uds.** just because they share the same verb form! **Ellos/Ellas** is used to talk *about* two or more people, while **Uds.** is equivalent to *you all* and is used to talk *to* two or more people.*

¿Qué hacen tus amigos?
What are your friends doing?

¿Qué hacen Uds.?
What are you all doing?

Se quedan en casa.
They're staying home.

Uds. se quedan en casa, ¿no?
You all are staying home, right?

When your instructor describes the actions of two or more people, you may have noticed that a particular verb form is used. That is, if more than one person is the subject of the sentence, an **-n** is added to the final vowel of the verb. For example, **estudia** → **estudian; come** → **comen.** This is known as the *third person plural* or **ellos/ellas** form.

> Los domingos por la tarde, Ramón y sus amigos siempre **juegan** al fútbol americano.
> Alicia y sus amigos **nadan.**
> Los domingos por la noche, Ramón y un amigo **van** al cine; Alicia y su amiga **toman** café y **charlan.**

---

*In Spanish America **Uds.** is used for *you all*. In Spain **vosotros/as** is used for two or more people singularly addressed as **tú; Uds.** is used for two or more people singularly addressed as **Ud.**

Note that **se** is used before the third person plural form of verbs like **acostarse.**

> El sábado, Ramón y sus amigos **sacan** vídeos y **se quedan** en casa por la tarde.

Actividad A   ¿Qué hacen y por qué?

Ramón and his friend from work have lots of weekend plans. Match their activity in column A with a logical reason in column B.

Ramón y un compañero de trabajo...

A	B
1. _____ sacan un vídeo porque...	**a.** necesitan ropa nueva (*new*).
2. _____ van al cine porque...	**b.** quieren ver la nueva película (*film*) de Spike Lee.
3. _____ van de compras porque...	**c.** necesitan hacer ejercicio.
4. _____ corren porque...	**d.** quieren ver una película en casa.
5. _____ se levantan tarde porque...	**e.** no tienen que trabajar por la mañana.

Actividad B   ¿Quiénes?

For each statement, decide whether the weekend activity is typical of students, of people who work full-time, or could easily refer to both groups.

1. Juegan a los videojuegos.
2. Limpian la casa.
3. Se quedan en casa y miran la televisión por la noche.
4. Lavan la ropa.
5. Visitan a parientes (*relatives*).
6. Trabajan en el jardín (*yard*).
7. Duermen más que (*more than*) durante la semana y se levantan más tarde.
8. Van de compras.
9. Dan un paseo con su perro.
10. Salen a bailar.

Actividad C   ¿Sabías que... ?

Paso 1   Listen to and read the selection **¿Sabías que... ?** on page 61. Then answer the following questions.

1. Los españoles suelen regresar a casa _____ que los norteamericanos.
   a. más temprano   **b.** más tarde   **c.** a la misma (*same*) hora
2. Cenan _____ en comparación con los norteamericanos.
   a. muy temprano   **b.** muy tarde

Paso 2   Imagine that you are writing a blurb in Spanish for a tourist brochure. Your job is to inform Spaniards about the differences in Spanish and American daily schedules. Rewrite the **¿Sabías que... ?** selection from the point of view of the Spaniard.

CONSEJO PRÁCTICO

As you do the activities in *¿Sabías que... ?* try to concentrate on the meaning of the sentences and the forms of the verbs. For example, in **Actividad A** you should focus on the meanings of the sentences and the conjugation of the verbs in the third person plural. By doing this, you will then "kill two birds with one stone" (**matar dos pájaros de un tiro**) by learning both meaning and form at the same time!

Lección 2   ¿Qué haces los fines de semana?

¿ S A B Í A S Q U E . . .

SALSA

■ **CANAYON.** Música caribeña. En la Sala Elígeme, calle San Vicente Ferrer, 23. Del 11 al 14 de julio, a partir de las 23,30 h.
■ **MINGO DA COSTA.** Música del Brasil. En la Sala Elígeme, calle San Vicente Ferrer, 23. Del 17 al 19 de julio, a partir de las 23,30 h.
■ **EL CONGO BELGA Y HOHNNY PACHECO.** En la Muralla Arabe (Cuesta de la Vega). Día 19, a partir de las 22 h. El precio de la entrada será de 1.000 pesetas.

FLAMENCO

■ **LOS CABALES.** Al cante: José Martín «Niño del Gastor» y Rafael Moreno «El Inglés». A la guitarra: José L. Teruel, con Manuel Palacín y cuadro de baile. En el Auditorio de Entrevías. Día 8, a partir de las 21,30 h. Entrada gratuita.
■ **CANTORES DE HISPALIS.** En el Auditorio del Parque de Atracciones. Día 8, a las 19,30 y 22 h.
■ **LA CHUNGA.** En el Café de Chinitas, calle Torija, 7. Durante toda la semana, a partir de las 23,30 h.
■ **LOS CORALES, RAICES DEL SUR Y MACARENA.** En Faralaes, calle

Orense, 68. Durante toda la semana, a partir de las 24 h.
■ **NIÑO GERONIMO, CHANO LOBATO Y TOMATITO.** En los Jardines de Cecilio Rodríguez, del Parque del Retiro, entrada por Menéndez Pelayo. Día 16 de julio, a partir de las 23 h.

CLASICA

■ **ALEJANDRO DE RACO.** Concierto de instrumentos hispanoamericanos y orientales. En el Salón de Actos del Ateneo de Madrid, calle Prado, 21. Día 8, a las 20 h.
■ **DANIEL ZELAYA COTO.** Concierto de guitarra. En el Salón de Actos del Ateneo de Madrid, calle Prado, 21. Día 9, a las 20 h.
■ **ORQUESTA DE CAMARA DE LA VILLA DE MADRID.** En los Jardines de Cecilio Rodríguez, del Parque del Retiro, entrada por Menéndez Pelayo. Día 13, a las 23 h.
■ **JORGE CARDOSO.** Recital de guitarra. En los Jardines de Cecilio Rodríguez, del Parque del Retiro. Día 14, a las 23 h.
■ **CUARTETO SOLER.** En el Patio de Santo Tomás de Villanueva, Universidad Cisneriana de Alcalá de Henares. Día 14, a las 22,30 h.

...el horario de muchas actividades sociales en los países hispanos es muy diferente en comparación con lo que ocurre en los Estados Unidos? Por la noche, por ejemplo, los españoles suelen regresar a casa más tarde que los norteamericanos. Generalmente cenan a las 10.00 de la noche en casa o en un restaurante. Los conciertos, funciones teatrales[a] y películas suelen comenzar[b] más tarde en la mayoría de los países hispanos que en los Estados Unidos y muchos bares y discotecas no cierran[c] hasta[d] las 4.00 ó 5.00 de la mañana.

---

[a]funciones... *theater performances* [b]*begin* [c]*close* [d]*until*

COMUNICACIÓN

Actividad D ¿Qué actividades tienen en común°?

en... *in common*

Paso 1 Here is a list of activities that some people do on weekends. Read the list and make sure you understand each item before going on to **Paso 2.**

1. Sacan muchos vídeos del videoclub y se quedan enfrente del televisor (*in front of the TV set*) todo el fin de semana.
2. Limpian la casa, lavan la ropa y van al supermercado (*supermarket*) porque no tienen tiempo durante la semana.
3. Se quedan en casa, escuchan la radio y leen sin parar (*without stopping*).
4. Pasan mucho tiempo en la playa.
5. Practican un deporte (*sport*) o hacen algún tipo de ejercicio.
6. No hacen absolutamente nada. Son perezosos (*lazy*).
7. Van de compras y gastan (*spend*) mucho dinero.
8. Van al cine.

Ideas para explorar

Paso 2   Make a list of eight questions to ask classmates about their weekend activities, based on the preceding statements.

> MODELOS   ¿Practicas algún deporte los fines de semana?
>
> ¿Haces ejercicio?

Leave space for two people's names after each question.

Paso 3   For each question on your list, find two people who answer **Sí** to that question and write down their names.

Paso 4   The first person who finds two people who answer **Sí** for each of the eight questions shouts **"¡Ya lo tengo! ¡Ya lo tengo!"** and presents the findings to the class, following the model.

> MODELO   _____ y _____ sacan vídeos del videoclub y se quedan enfrente del televisor todo el fin de semana.

¿Qué hacemos nosotros?

Talking About Activities That You and Others Do

(yo)	-o	(nosotros/as)	limpi**amos**
			nos qued**amos**
			corr**emos**
			asist**imos**
(tú)	-as, -es	(vosotros/as)	-áis, -éis, -ís
(Ud.)	-a, -e	(Uds.)	-an, -en
(él/ella)	-a, -e	(ellos/ellas)	-an, -en

When talking about the actions of a group of people that includes yourself, use the following verb forms.

> For **-ar** verbs, add **-amos** to the stem.
> For **-er** verbs, add **-emos** to the stem.
> For **-ir** verbs, add **-imos** to the stem.

For example:

> gastar → **gastamos**
> leer → **leemos**
> salir → **salimos**

SECRETARIA DE EDUCACION, CULTURA Y RECREACION

MUSEO Y CASA

"DIEGO RIVERA"

GUANAJUATO, GTO.

COOPERACION $ 700.00

Nº 41179

This is known as the first person plural or **nosotros/nosotras** form of the verb.

> Todos los sábados, mi compañera de cuarto y yo **vamos*** de compras y **gastamos** mucho dinero.
> Luego **almorzamos** en un restaurante.
> Frecuentemente, por la tarde **asistimos** a una conferencia (*lecture*) en el museo de arte.
> Cuando **salimos** del museo, **regresamos** al apartamento.

Verbs with a vowel change in the stem, such as **me acuesto** and **suelo,** don't have a vowel change in the **nosotros/as** form.

> **Nos acostamos** muy tarde todos los sábados porque **solemos** salir con los amigos.

Actividad E   Dos estudiantes argentinos

Paso 1   In a recent interview, two brothers, both Argentine college students, described their typical weekend activities. But the activities they mentioned are not in logical order. Assign each of the following a number from 1 to 6, with 1 being the first activity and 6 being the last activity they do.

_____ Dormimos hasta muy tarde el domingo.
_____ Damos un paseo por las calles (*streets*) el viernes por la noche. Siempre hay muchas personas allí.
_____ Leemos y estudiamos el domingo por la noche.
_____ Regresamos a la universidad el domingo por la tarde.
_____ El viernes por la tarde salimos de la universidad y vamos a visitar a la familia.
_____ Salimos a bailar el sábado. Volvemos a casa a las 4.00 ó 5.00 de la mañana.

Paso 2   Now, analyze the activities in **Paso 1** from the perspective of yourself and your friends. Which activities do you and your friends tend to do? Which do you tend not to do? Make two lists.

Nosotros también...	Nosotros no...
_____	_____
_____	_____
_____	_____
_____	_____

COMUNICACIÓN   Actividad F   ¿Qué hacemos los fines de semana?

Paso 1   Write three statements that describe what you and your friends or family tend to do on weekends.

MODELO   Practicamos un deporte los fines de semana.

---

*Note the **nosotros/as** forms for two irregular verbs you know: **vamos (ir)** and **somos (ser).**

Paso 2 Now, search for at least one classmate with whom you have in common two activities from **Paso 1.** Ask questions using **Uds.**

MODELO Tus amigos y tú, ¿practican un deporte los fines de semana?

Paso 3 Now share your information with the class. What activities do *most* people have in common?

¿A quién le gusta... ?

More About Likes and Dislikes

To talk about another person's likes or dislikes in Spanish is to talk about what pleases him or her. To do this, use **le gusta** or **le gustan.**

> A Alicia **le gusta** hacer ejercicio temprano.
> A mi compañero de cuarto **no le gustan** los lunes.

Note that in the first example, **gustar** is in the singular form **(gusta)** because **hacer ejercicio** is singular and is the subject of the sentence. Translated literally, the sentence means *Exercising early is pleasing to Alicia.*

To talk about what is pleasing to two or more people, you can use **les gusta** or **les gustan.**

> A mis amigos **no les gusta** levantarse temprano los sábados.
> A muchos argentinos **les gustan** las películas norteamericanas.

To express what is pleasing to you and someone else (pleasing to us), you should use **nos gusta** or **nos gustan.**

> **Nos gusta** mucho pasar tiempo con la familia los fines de semana.
> **No nos gustan** los quehaceres domésticos (*household chores*).

A Ramón y a sus amigos **les gusta** ir al cine.

Remember that **gustar** does not mean *to like,* although it is often translated that way. Remember that **le, les** or **nos** is used depending on to whom something is pleasing, and **gusta** or **gustan** is used depending on who or what is doing the pleasing.

Actividad G   Estudiantes y profesores

The following are five statements that you might make as students. First decide in groups of three or as a class if they are true. Make any changes necessary. Then complete the second sentence in a logical manner and see how your instructor responds. (¡OJO! Be sure to pay attention to how **gustar** is used in each sentence and what the word order looks like!)

1. A nosotros los estudiantes no nos gusta tomar (*to take*) exámenes finales. No sabemos (*We don't know*) si a los profesores les gusta...
2. A nosotros los estudiantes no nos gusta levantarnos temprano para ir a clases. No sabemos si a los profesores les gusta...
3. A nosotros los estudiantes no nos gusta tener clases los viernes por la tarde. No sabemos si a los profesores les gusta...

Did you notice the **a** before names or the mention of specific people in the sentences with **gustar?** Since **gustar** actually means *to please* or *be pleasing*, the **a** is used to mark *to whom* or *to what* something is pleasing.

> **A** los profesores les gusta explicar la gramática.
>
> ¿**A** quiénes les gusta no hacer nada por la noche?
>
> **A** nosotros nos gusta lavar la ropa los sábados.
>
> ¿**A** Uds. les gusta limpiar la casa?

4. A nosotros los estudiantes no nos gusta estudiar los sábados. Probablemente a los profesores no les gusta...

5. A nosotros los estudiantes nos gustan las actividades en *¿Sabías que... ?* Queremos saber si a los profesores les gustan...

Actividad H   Los hispanos hablan

Paso 1   Read the selection **Los hispanos hablan** below. Then select the statement that best summarizes what Ana Vargas says.

Según Ana...

1. a los norteamericanos les gusta tener su día programado.
2. a los argentinos les gusta tener su día programado.

Paso 2   Now listen to the tape, being sure to pay extra attention to the missing information. Then answer the questions that follow.

Vocabulario útil

en cambio	on the other hand
compromiso	engagement

1. ¿Qué hace Ana en la segunda (*second*) parte de su explicación?
   a. Ana da un ejemplo de las semejanzas (*similarities*).
   b. Ana hace un contraste.
2. Según Ana, si quieres hacer algo con una persona norteamericana...
   a. puedes llamarla (*call him or her*) al último momento (*at the last minute*).
   b. es necesario llamarla el día anterior.
   c. debes llamarla una o dos semanas antes.

Paso 3   What is your reaction as an American? Is the following true for you and your friends?

> MODELO   «Nos gusta tener nuestras vidas bien programadas.»

LOS HISPANOS HABLAN

En general, ¿qué diferencias has notado entre[a] las actividades favoritas de los hispanos y las de los norteamericanos?

> **NOMBRE:**   Ana Vargas
> **EDAD:**   20 años
> **PAÍS:**   la Argentina

«Los norteamericanos tienen que tener todo programado en los calendarios. En la Argentina, por ejemplo, se improvisa mucho más. Es común decidir con un día de anticipación qué se va a hacer[b]... »

_____

[a]has... *have you noticed between*   [b]qué... *what one is going to do*

Actividad I   Una encuesta

Paso 1   Find two people who say **sí** to each of the following questions.

1. ¿Te gusta levantarte muy tarde los sábados?
2. ¿Te gusta quedarte en casa los fines de semana?
3. ¿Te gustan los conciertos de música *rock*?
4. ¿Te gusta ir a los partidos (*games*) de fútbol americano?

Paso 2   Report your findings to the class.

MODELO   A Matt y a Rebecca les gusta...

Paso 3   How would you and your friends respond to the questions in **Paso 1?**

MODELOS   Sí, nos gustan los conciertos de música *rock*.

No nos gusta quedarnos en casa los fines de semana.

¡IDEAS PARA EXPLORAR

El tiempo y las estaciones

¿Qué tiempo hace?

Talking About the Weather

To talk about the weather and how it affects what people do, the following expressions are used in Spanish.

Hace sol. Hace buen tiempo.

Llueve. (Está lloviendo.) Hace mal* tiempo. Está nublado.

***Malo/a** (*Bad*) is shortened to **mal** before a masculine singular noun: **un mal día, una mala semana.**

La temperatura | El tiempo

Hace mucho calor.

Hace calor.

Hace fresco.

Hace frío.

Hace mucho frío.

Grados centigrados | Fahrenheit

Hace viento.

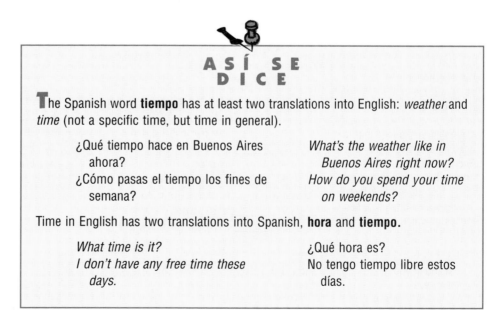

Nieva. (Está nevando.)

Note that the verbs **hacer** and **estar** are both translated as *to be* in these expressions. You will learn more about **estar** later in this lesson.

ASÍ SE DICE

The Spanish word **tiempo** has at least two translations into English: *weather* and *time* (not a specific time, but time in general).

¿Qué tiempo hace en Buenos Aires ahora?

¿Cómo pasas el tiempo los fines de semana?

What's the weather like in Buenos Aires right now?

How do you spend your time on weekends?

Time in English has two translations into Spanish, **hora** and **tiempo.**

What time is it?

I don't have any free time these days.

¿Qué hora es?

No tengo tiempo libre estos días.

Actividad A   El tiempo

Listen as your instructor describes the weather conditions in the following pictures. Give the number of each picture being described.

1.

2.

3.

4.

5.

6.

7.

8.

Actividad B   Asociaciones

¿Qué asocias con el tiempo? Haz las correspondencias y luego compara tus respuestas con las de otra persona. ¿Son iguales las respuestas de Uds.?

A
1. _____ quedarse en casa (no salir)
2. _____ los juegos (*games*)
3. _____ practicar un pasatiempo
4. _____ correr
5. _____ dar un paseo
6. _____ nadar o ir a la playa
7. _____ ir al cine
8. _____ limpiar la casa (el apartamento)

B
a. Hace mucho calor.
b. Hace mucho frío.
c. Está nevando.
d. Está lloviendo.
e. Hace fresco.

Actividad C   El pronóstico de tiempo

Look over the weather information on page 69 taken from a newspaper in San Juan, Puerto Rico. See whether you can guess the meaning of the words **soleado** and **lluvias.** Then answer each question below.

□ MAREAS
BAJA: 7:16 a.m.
6:13 p.m.
ALTA: 0:39 a.m.
11:51 p.m.

Luna
llena

TEMPERATURAS

★ Soleado ■ Nublado □ Lluvia Nieve

		MIN.	MAX.			MIN.	MAX.
ATLANTA	□	53°	72°	MADRID	★	37	68°
BOSTON	□	42°	51°	MEXICO	■	48°	80°
CARACAS	■	63°	81°	MIAMI	□	70°	81°
CHICAGO	□	40°	46°	NUEVA YORK	■	49°	54°
FILADELFIA	□	50°	63°	SAN JUAN	□	70°	90°
LOS ANGELES	■	55°	71°	WASHINGTON	□	51°	61°

San Juan 85° ■

■ Mayagüez 90°

■ Ponce 87°

EL TIEMPO

□ **MARITIMO:** Vientos del Este de diez a 15 nudos. Marejadas del Este de dos a cuatro pies. Oleaje de tres a cinco pies.

□ **SAN JUAN Y ARECIBO:** Parcialmente soleado con 20% de probabilidad de lluvias.

□ **PONCE Y MAYAGUEZ:** Mayormente soleado con 20% de probabilidad de lluvias.

1. ¿Dónde hace más calor en Puerto Rico?
2. ¿Va a llover...
   a. en San Juan? □ sí □ no □ posiblemente
   b. en Ponce?   □ sí □ no □ posiblemente
3. ¿En qué ciudad del mundo hace más frío?
4. ¿Dónde hace sol?
5. ¿Está nevando en Boston ahora? ¿Dónde está lloviendo?

COMUNICACIÓN

Actividad D   ¿Qué te gusta hacer los fines de semana?

Paso 1   Take the following survey yourself. Then interview someone else and note his or her responses.

MODELO   ¿Te gusta estudiar hasta muy tarde los sábados si hace buen tiempo? ¿y si hace mal tiempo?

	Si hace buen tiempo		Si hace mal tiempo	
	SÍ	NO	SÍ	NO
Los sábados				
1. Me gusta estudiar hasta muy tarde.	□	□	□	□
2. Me gusta ir al cine.	□	□	□	□
3. Me gusta hacer ejercicios aeróbicos.	□	□	□	□
4. Me gusta lavar la ropa.	□	□	□	□
5. Me gusta dormir mucho.	□	□	□	□
6. Me gusta ir de compras y gastar dinero.	□	□	□	□
7. Me gusta _____.	□	□	□	□
Los domingos				
1. Me gusta ir a la playa.	□	□	□	□
2. Me gusta charlar con mis amigos.	□	□	□	□
3. Me gusta sacar vídeos.	□	□	□	□
4. Me gusta no hacer nada.	□	□	□	□
5. Me gusta practicar un deporte.	□	□	□	□
6. Me gusta escuchar música *rock*.	□	□	□	□
7. Me gusta _____.	□	□	□	□

You have learned that **está lloviendo** means *it's raining.* The **-ndo** forms of many verbs can be used with **estar** to express something that is occurring *right now.* Some **-ndo** forms have slight irregularities. See if you can determine the meaning of the sentences below.

¿Qué estás haciendo?
What are you doing?

Estoy leyendo el periódico.

Estoy viendo la televisión.

Paso 2 Now decide where you fall on the following scale.

NUESTRA REACCIÓN AL TIEMPO Y LAS ACTIVIDADES QUE HACEMOS ES IGUAL.			NUESTRA REACCIÓN AL TIEMPO Y LAS ACTIVIDADES QUE HACEMOS ES MUY DIFERENTE.	
5	4	3	2	1

Cuando hace buen tiempo, los mercados al aire libre (*outdoor markets*), como éste en Chile, son preferibles a las tiendas (*stores*).

**C O N S E J O
P R Á C T I C O**

Are you worried that you won't learn all the verb forms? Are you concerned that the verbs **ser** and **estar** both mean *to be* and that it will be difficult to keep these and other verbs straight in your mind? Don't be. The acquisition of grammar is a slow and somewhat piecemeal process. Errors in speaking are natural and even expected. In fact, errors can be a sign of progress! The best thing you can do, as suggested earlier, is to work at linking meaning with form. Thus, don't memorize a verb paradigm, simply memorize that **dormimos** means *we sleep* or *we're sleeping* while **duerme** means *someone else sleeps.* And don't practice speaking by reciting verb forms. Instead, look at pictures and see whether you can say what someone is doing. As you go to sleep at night, say to yourself **Ahora me acuesto.** In this way you will be using grammar to express meaning.

¿Cuándo comienza el verano?

To talk about the months and seasons of the year, you can use these terms.

Los meses y las estaciones del año

el otoño

septiembre, octubre, noviembre

el invierno

diciembre, enero, febrero

la primavera

marzo, abril, mayo

el verano

junio, julio, agosto

Actividad E   ¿Qué estación es?

Read over the following statements and decide which season is being described.

1. En los meses de junio, julio y agosto, suele hacer mucho calor. En esta estación, muchos estudiantes están de vacaciones.
2. Esta estación se asocia con la lluvia, las flores y el amor. Comprende los meses de marzo, abril y mayo.
3. En esta estación hay viento y las hojas (*leaves*) cambian (*change*) de color. Incluye los meses de septiembre, octubre y noviembre.
4. Los meses de esta estación son diciembre, enero y febrero, y hace mucho frío.

Actividad F   ¿Sabías que... ?

Read the **¿Sabías que... ?** selection found on page 72. Then listen to the statements your instructor reads. Say whether each statement refers to **España** or **la Argentina.**

MODELO   PROFESOR(A): Es enero y hace calor.
ESTUDIANTE: Estamos en la Argentina.

COMUNICACIÓN

Actividad G   Encuesta

Using the table below as a guide, find out from two people about their favorite and least favorite seasons and weather. Then fill in the same information for yourself. How do the three of you compare? Write up a

MODELOS   ¿Cuál es tu estación preferida?

¿Qué estación prefieres más?

¿Te gusta el invierno?

¿...?

	E1	E2	YO
nombre	_____	_____	
estación preferida	_____	_____	_____
tiempo preferido	_____	_____	_____
estación menos preferida	_____	_____	_____
tiempo menos preferido	_____	_____	_____

¿SABÍAS QUE...

...en lugares como la Argentina las estaciones están invertidas en relación con la época en que ocurren en países como España y México? El mundo está dividido en dos hemisferios: el hemisferio norte y el hemisferio sur. Cuando es verano en el hemisferio norte, es invierno en el hemisferio sur. Y cuando es invierno en el hemisferio norte, es verano en el hemisferio sur. Durante las Navidades (25 de diciembre), por ejemplo, en Buenos Aires hace mucho calor y los estudiantes tienen las vacaciones de verano. ¡No hay clases y todos van a la playa!

íntercambío

¡Un fin de semana ideal!

Propósito: to guess the authorship of various descriptions of an ideal weekend.

Papeles: everyone writes something and the entire class guesses.

Paso 1 Sit back and visualize yourself spending an ideal weekend. What are you doing? For how long? With whom? What is the weather like? What month is it? Are you imagining a Saturday or Sunday?

Paso 2 Write a paragraph describing a day of your ideal weekend. Include all the information suggested in **Paso 1.** Then place your composition face down on your instructor's desk. Do not write your name on it.

Paso 3 One by one, each person in the class goes up to the instructor's desk and selects a composition other than his or her own. Read the one you have chosen and try to find the person in the class who wrote it.

1. First, think of all the questions you can ask to find the author. The only question you cannot ask is **¿Qué te gusta hacer los fines de semana?** It may help to write out some of the questions. You can begin the process of elimination by asking people whether they prefer Saturday or Sunday.
2. Do not show the composition to anyone.
3. When you think you have found the author, write that person's name at the top of the composition and write your name underneath it. Do not tell the author that you think you have found him or her. Place the composition face down on the instructor's desk.

Paso 4 When all compositions have been returned to the instructor, he or she will call on you to announce the author of the composition and to tell the clues that led you to your decision (for example, **porque le gusta practicar deportes los sábados**). Your instructor will then ask that person if he or she is the author.

Vocabulario

Actividades para el fin de semana	Weekend Activities
bailar	to dance
correr	to run
charlar	to chat
dar (*irreg.*) **un paseo**	to take a walk
gastar (dinero)	to spend (money)
ir (R)	to go
a la iglesia	to church
al cine	to the movies
de compras	shopping
jugar (R)	to play
al fútbol	soccer
al fútbol americano	football
lavar (la ropa)	to wash (clothes)
limpiar (el apartamento)	to clean (the apartment)
nadar	to swim
no hacer nada	to do nothing
practicar un deporte	to practice, play a sport

quedarse (en casa)	to stay (at home)
sacar vídeos	to rent videos
tomar (un café)	to drink (a cup of coffee)
ver (*irreg.*) **la televisión**	to watch television

¿Con qué frecuencia?	How Often?
siempre	always
con frecuencia	often
a veces	sometimes
de vez en cuando	from time to time
pocas (raras) veces	rarely
jamás	never
nunca	

Palabras de negación	Words of Negation
nada	nothing, not anything
nadie	no one, not anyone
ninguno/a	none, not any
tampoco	neither, not either

¿Qué tiempo hace?	What's the Weather Like?
Hace (mucho) calor.	It's (very) hot.
Hace fresco.	It's cool.
Hace (mucho) frío.	It's (very) cold.
Hace sol.	It's sunny.
Hace viento.	It's windy.
Hace buen tiempo.	The weather's good.
Hace mal tiempo.	The weather's bad.
Está despejado.	It's clear.
Está nublado.	It's cloudy.
Llueve. (Está lloviendo.)	It's raining.
Nieva. (Está nevando.)	It's snowing.
la temperatura	temperature

Los meses y las estaciones del año — Months and Seasons of the Year

enero, febrero, marzo, abril, mayo, junio, julio, agosto, septiembre, octubre, noviembre, diciembre

la primavera	spring
el verano	summer
el otoño	fall, autumn
el invierno	winter

Otras palabras y expresiones útiles

la discoteca	discotheque
la fiesta	party
el pasatiempo	pastime, hobby
el/la vecino/a	neighbor
cada	each
después	after
hasta (muy) tarde	until (very) late
luego	then; therefore
también	also

VÍSTAZOS

Actividad A   Tiempo libre

In Spanish-speaking countries, people frequently attend theater and concert performances. All major urban areas of Spain and Spanish America, for example, have a theater district, concert halls, and opera houses. On page 75 are some theater items from Mexico. Skim each one quickly and see whether you can give the following information.

1. a. ¿Cuál de los dos se refiere a un espectáculo (*performance*) determinado? ¿Es para un espectáculo de teatro, cine o música? Escribe aquí el título del espectáculo.

«_____»

b. A base del título, ¿cuál es tu opinión?
❑ Es una comedia.
❑ Es una obra (*work*) dramática.

c. ¿Cómo se llama el teatro y cuál es su dirección (*address*)?

El teatro se llama _____ y la dirección es _____.
(Have you noticed something about the way addresses are written in Spanish-speaking countries?)

2. a. El otro artículo no es para un espectáculo determinado. ¿ A qué se refiere entonces?

Vocabulario útil

nace	is born
colonia	district (*Mexico and Central America*)

❑ Anuncia una serie de espectáculos.
❑ Anuncia la apertura (*opening*) de un centro cultural.

b. Lee la oración «El tiempo libre es tiempo de cultura». Entrevista a varias personas en tu clase para ver cuánto tiempo libre dedican a actividades culturales. Anota la información y preséntala a la clase. En general, ¿es el tiempo libre de la clase tiempo de cultura?

MODELOS ¿Dedicas unas horas a leer novelas?

¿Escuchas música clásica?

¿Asistes a conciertos?

¿Asistes a obras de teatro?

¿ ?

Actividad B El tiempo y la pintura

Artists often depict weather to give a mood to their paintings. On page 76 are two paintings from the Spanish-speaking world. Look them over, then do the activities that follow.

Paso 1 Haz la correspondencia entre cada descripción y los cuadros (*paintings*).

1. Está nublado.
2. Hace buen tiempo.
3. Hace frío.
4. Hace mal tiempo.
5. Hace sol.
6. Hace viento.
7. Parece (*It seems*) que va a llover.
8. Probablemente es invierno.
9. Probablemente es verano.

Paso 2 Usando las expresiones del **Paso 1,** trata de describir el tiempo en cada cuadro.

MODELO En el cuadro de El Greco hace muy mal tiempo. Hace mucho viento y parece que va a llover... .

Paso 3 Ahora piensa en el sentimiento (*feeling*) y tono que el tiempo ayuda (*helps*) a dar en cada cuadro. Haz la correspondencia entre cada sentimiento a continuación y el cuadro que lo evoca. Compara tu trabajo con el de otra persona o personas.

MODELO Para mí, el cuadro evoca el/la _____. ¿Y para ti?

Sentimientos

el pesimismo	la tristeza (*sadness*)
la alegría (*happiness*)	el optimismo
un sentimiento ominoso	el aislamiento
la soledad (*solitude*)	(*isolation*)
el placer (*pleasure*)	

Actividad C ¿Quién lee?

Paso 1 Although Spain enjoys a high literacy rate, this does not mean that its inhabitants spend a lot of time reading. Look at the headline of the article fragment that appears on page 76. Which of the following best summarizes the title?

1. Sólo un tercio (1/3) de los españoles suele leer.
2. Casi (*Almost*) la mitad (1/2) de los españoles no suele leer.
3. La mayoría de la población española no suele leer.

LA CULTURA   EL PAÍS, lunes 9 de noviembre de 1987

■■■ LAS LETRAS EN ESPAÑA ■■■

Las últimas encuestas demuestran que en España el 45% de la población no lee nunca. La razón de esto habría que buscarla en que el pueblo español es callejero y poco dado al ocio en casa. La televisión es, según algunos escritores, otra de las causas de la poca lectura. Sin embargo, desde 1982, el Ministerio de Cultura, preocupado por este tema, está promoviendo la creación de bibliotecas escolares de ocio. En los cinco últimos años se han distribuido colecciones de 1.000 libros en 2.300 escuelas; asimismo, se han realizado exposiciones

El 45% de los españoles no lee nunca

PEDRO SORELA, Madrid

El español es "un pueblo callejero", más dado al ocio en... piensa

Paso 2 In your opinion, why don't more Spaniards read?

- ❑ Pasan más tiempo viendo la tele.
- ❑ Trabajan mucho y no tienen tiempo.
- ❑ No les gusta.
- ❑ No hay buenos libros.
- ❑ Prefieren pasar el tiempo dando paseos y charlando con los amigos.
- ❑ ¿ ?

Paso 3 Find out how important reading as a leisure activity is among your classmates. Interview someone and then rate him or her on the following scale. Everyone's reading habits should be reported so that the habits of the whole class may be seen on the board. Be prepared to offer evidence for your ranking!

LEER ES MUY IMPORTANTE.				LEER NO ES NADA IMPORTANTE.
5	4	3	2	1

Here are some sample questions to help you get started.

¿Cuántas horas al día pasas leyendo?
¿Qué tipo de cosas lees? ¿O no lees?
Si hace mal tiempo y te quedas en casa, ¿qué prefieres hacer?

- **a.** ver la televisión
- **b.** mirar un vídeo
- **c.** leer
- **d.** ¿ ?

¿Tienes tiempo para leer?

Paso 4 (Optativo) Different people in class should research the literacy rates on the following Hispanic countries and report to the class tomorrow. Then as a class, and with the help of your instructor, decide what factors might influence literacy rates.

España
La República Dominicana
Costa Rica

Colombia
México
Chile

La tierra misma (*Dos desnudos en la jungla*) (1939) por Frida Kahlo (mexicana, 1907–1954)

Vista de Toledo (1600) por El Greco (español, 1541–1614)

¿QUÉ HICISTE AYER?

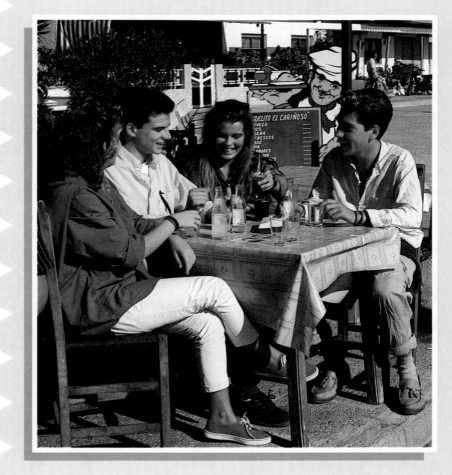

i

n this lesson you will look into what you and your classmates did in the recent past. As part of this lesson, you will

■ ask and answer questions about last night's activities

■ ask and answer questions about last weekend's activities

■ talk about some special events from the past

■ learn how to use a past tense called the preterite to ask questions and to talk about yourself and others

¡DEAS PARA EXPLORAR

Look over the **Intercambio** activity on page 98. This is the activity you will be working toward throughout this lesson.

Ayer y anoche (I)

ENFOQUE LÉXICO

¿Qué hizo Alicia ayer?

Talking About Activities in the Past

Ayer Alicia...

...**se levantó** temprano.

...**hizo** ejercicio aeróbico.

...**fue** a la biblioteca.

...**se quedó** en la biblioteca por dos horas.

...**habló** con el profesor.

...**trabajó** en el laboratorio por la tarde.

...**volvió** a casa a las 7.30.

...**llamó** a una amiga.

...**pagó** unas cuentas.

...**preparó** la cena.

...**comió** tarde.

...**se acostó** temprano.

Ayer Ramón...

...**se despertó** tarde.

...**leyó** el periódico.

...**fue en** carro a la oficina.

...**habló** mucho por teléfono.

...**almorzó** con un cliente en un restaurante.

...**salió** de la oficina.

...**asistió** a una clase.

...**se durmió** en clase.

...**sacó** un vídeo.

...**miró** el vídeo por un rato.

...**escuchó** música y estudió.

...**se acostó** muy tarde.

VOCABULARIO ÚTIL

ayer	yesterday	**la semana pasada**	last week
anoche	last night	**el fin de semana pasado**	last weekend

Actividad A   ¿Alicia o Ramón?

Paso 1   Following is a list of things that either Alicia or Ramón did yesterday. According to the drawings on pages 78–79 and what you know from previous lessons, was it Alicia or Ramón who did each activity?

	ALICIA	RAMÓN
1. Trabajó varias horas en el laboratorio.	❑	❑
2. Hizo ejercicio.	❑	❑
3. Se durmió en clase.	❑	❑
4. Sacó un vídeo.	❑	❑
5. Estudió unas horas en la biblioteca.	❑	❑
6. No salió con los amigos.	❑	❑
7. Se levantó temprano por la mañana.	❑	❑
8. Se acostó tarde por la noche.	❑	❑
9. Almorzó en un restaurante.	❑	❑
10. Trabajó muchas horas en la oficina.	❑	❑

Paso 2   Ahora explica tus respuestas utilizando el siguiente modelo.

MODELO   Creo que (*I think that*) _____ hizo ejercicio porque suele hacer ejercicio todos los días.

A S Í   S E
D I C E

As you may have noticed, **fue** is the past tense of **va** (*he or she goes*).

Ayer Alicia **fue** a la biblioteca.
Ramón **fue** a la oficina ayer por la mañana.

You have also seen **hizo** in the expression **hizo ejercicio.** Because **hacer** often means *to do,* the form **hizo** can be used to ask what someone *did.*

¿Qué **hizo** Alicia ayer?
¿Qué **hizo** la profesora anoche?

Actividad B   ¿En qué orden?

Read over the list of activities that Ramón did yesterday. Number each item from 1 to 8, with 1 being the first activity Ramón did in the day, and 8 as the last activity he did.

Ramón...

_____ fue a la oficina.   _____ almorzó con un cliente.
_____ se acostó.   _____ se levantó.
_____ salió de la oficina.   _____ se durmió en clase.
_____ miró un vídeo.   _____ estudió.

Actividad C   En tu clase

Your instructor will select a student to come to the front of the class. Last night, did he or she do anything similar to Alicia or Ramón in the drawings?

> MODELO   E1: Creo que Roberto vio la televisión anoche.
> PROFESOR(A): Roberto, ¿es verdad?
> ROBERTO: No, no es verdad.

¿Salió o se quedó en casa?

Talking About What Someone Else Did Recently

—¿**Salió** Alicia anoche?
—No, pero sí **estudió** hasta muy tarde.

(yo)	-é, -í	(nosotros/as)	-amos, -imos
(tú)	-aste, -iste	(vosotros/as)	-asteis, -isteis
(Ud.)	-ó, -ió	(Uds.)	-aron, -ieron
(él/ella)	habl**ó**	(ellos/ellas)	-aron, -ieron
	se levant**ó**		
	com**ió**		
	sal**ió**		

Spanish has a past tense called the preterite (**el pretérito**), which has different forms from those of the present tense.

The preterite has several equivalents in English. For example, **se acostó** can either mean *he went to bed* or *he did go to bed*. Normally the preterite is used to report actions, events, and states that are viewed as having been completed in the past. You will learn other meanings of the preterite in subsequent lessons. For now, you only need to know how to talk about what another person did last night, last weekend, or last week; that is, to express actions completed at some point in the past.

As you have seen, most third person preterite verbs end in a stressed or accented vowel, with **-ar** verbs ending in **-ó**, and **-er** and **-ir** verbs ending in **-ió**. (That's right, **-er** and **-ir** verbs share the same endings, making it easier for you to remember them!)

> El estudiante **se levantó** tarde, **comió** en la cafetería y **salió**.

When talking about Ramón's activities, did you happen to notice that the verb **leyó** has a **y** in it? This is a spelling convention used to keep from having three consecutive vowels (**le-** + **-ió** = **leyó**).

Another aspect of the preterite is that no stem vowel changes are carried over from the present tense for **-ar** and **-er** verbs. However, **-ir** verbs with stem changes do have a vowel shift in the third person preterite

In the **Enfoque lingüístico** section on page 81, you learned about third person singular **-ir** preterite verbs that have a stem vowel change. Here are several verbs that experience this change.

ASÍ SE DICE

durmió (dormir)
pidió (pedir)
sirvió (servir = *to serve*)
corrigió (corregir = *to correct*)
se vistió (vestirse)

forms. Two examples are **durmió** (**u** instead of **o** in the stem), and **pidió** (**i** instead of **e** in the stem).

You have already learned two irregular preterite forms, **hizo** (**hacer**) and **fue** (**ir**). Note that **ser** has the same forms as **ir** in the preterite; context will help you understand the meaning (**Ana fue al cine** vs. **José fue estudiante**). Although regular third person preterite forms have a stressed vowel at the end, most irregular verbs do not. You will learn other irregular preterite forms as you go along.

Here is a list of verbs you will find useful. They are organized by infinitive endings, **-ar, -er,** and **-ir.**

	-ó (-ar)	-ió (-er)	-ió (-ir)
él/ella	almorzó	comió	asistió
	charló	leyó	salió
	escuchó	vio	
	estudió	volvió	
	manejó		
	sacó		
	se despertó		
	se quedó		

If you're wondering why **vio** doesn't have a written accent, it's because it's a one-syllable word and doesn't need one.

Actividad D ¿Cómo fue la noche del profesor (de la profesora)?

Paso 1 In groups of three, guess what your instructor did last night. Here are some possibilities. Your instructor may add to the list! (Make sure to pay close attention to the verb forms.)

❑ Corrigió (*He/She corrected*) unas composiciones.
❑ Preparó un examen.
❑ Salió con unos amigos (unas amigas).
❑ Charló con los vecinos.
❑ Preparó la cena.
❑ Leyó un libro interesante.
❑ Leyó un periódico o una revista (*magazine*) de noticias internacionales.
❑ Practicó un deporte (*sport*).
❑ Habló con un(a) colega (*colleague*) por teléfono.
❑ Pagó unas cuentas.

Paso 2 A person from one group stands up and presents that group's list of possibilities to the class. Does everyone agree with that list?

Paso 3 Once you have identified the correct activities, put them in the order in which your instructor most likely did them.

Actividad E ¡Pobre° Juanito!

Poor

Read about what happened to Juanito last night.

Paso 1 Form groups of three and read **"Una historia verdadera"** quickly. Your instructor will set a time limit for the reading (three minutes maximum).

Una historia verdadera (*true*)

Pobre Juanito. Anoche se quedó en casa sin tener mucho que hacer. Preparó su cena (un sandwich y una ensalada), comió y después estudió unas cuantas (*a few*) horas. A las 10.00 fue al café Casablanca, pero no encontró a ninguno de sus amigos. Después de quince minutos, volvió a casa. Miró las noticias en el canal 4 (cree que los reporteros de ese canal son muy buenos) y luego se acostó.

Pero Juanito no se durmió inmediatamente. Se levantó, buscó entre sus libros una novela de Stephen King y comenzó a leer. Gracias al insomnio y a una novela muy interesante, se pasó toda la noche leyendo. Leyó hasta la última página del libro.

Cuando miró el despertador, exclamó: «¡Ay no! ¡Es hora de ir a la clase de química!». Se tomó tres tazas de café (para no dormirse en clase) y corrió al edificio de Ciencias Naturales. Cuando llegó, notó algo raro: «¿Dónde están los otros estudiantes? ¿Por qué no hay nadie aquí?». Entonces recordó la fecha (*date*) y pensó: «¡Rayas! Hoy es día de fiesta. ¡No hay clases!».

Paso 2 After reading the story, close your book and list as many actions and details as you can recall. The group with the longest list wins!

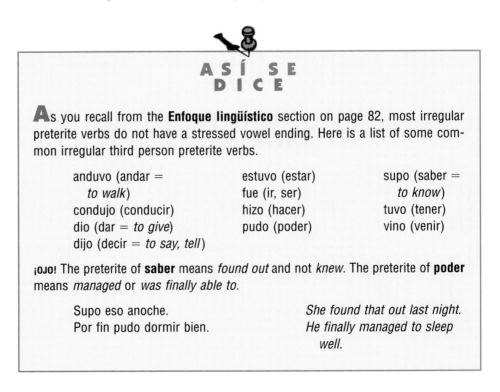

ASÍ SE DICE

As you recall from the **Enfoque lingüístico** section on page 82, most irregular preterite verbs do not have a stressed vowel ending. Here is a list of some common irregular third person preterite verbs.

anduvo (andar = *to walk*) estuvo (estar) supo (saber = *to know*)

condujo (conducir) fue (ir, ser) tuvo (tener)

dio (dar = *to give*) hizo (hacer) vino (venir)

dijo (decir = *to say, tell*) pudo (poder)

¡OJO! The preterite of **saber** means *found out* and not *knew*. The preterite of **poder** means *managed* or *was finally able to*.

Supo eso anoche. *She found that out last night.*

Por fin pudo dormir bien. *He finally managed to sleep well.*

Actividad F ¿Quién hizo qué?

Match the event in column A to the person in column B. (Be sure to pay special attention to the verb forms as you do the activity!)

A

1. _____ Fue el primer hombre que anduvo en la Luna.
2. _____ Dijo: «Yo tengo un sueño (*dream*)... »
3. _____ Pudo convencer a Fernando e Isabel de su plan.
4. _____ Fue actor. Trabajó en programas de televisión con Lucy.
5. _____ Tuvo mucha influencia en la política de la Argentina.
6. _____ Hizo mucho por defender los derechos (*rights*) de los obreros de la tierra (*farmworkers*).

B

a. Cristóbol Colón
b. Desi Arnaz
c. Eva Perón
d. Neil Armstrong
e. César Chávez
f. Martin Luther King

COMUNICACIÓN

Actividad G ¿Qué hizo el fin de semana?

You have investigated what people did last night, but what about last weekend? In groups of four, create a list of twelve activities that a typical student from your university did last Saturday and Sunday. Divide your list as follows, putting two activities in each box.

	EL SÁBADO	EL DOMINGO
Por la mañana		
Por la tarde		
Por la noche	Salió con los amigos.	

Afterward, compare your list with that of another group. Did you list similar activities?

¿Salí o me quedé en casa?

(yo)	hablé		(nosotros/as)	-amos, -imos
	me quedé			
	comí			
	salí			
(tú)	-aste, -iste		(vosotros/as)	-asteis, -isteis
(Ud.)	-ó, -ió		(Uds.)	-aron, -ieron
(él/ella)	-ó, -ió		(ellos/ellas)	-aron, -ieron

—Mire Ud., profesor, no **escribí** mi composición por muy buenas razones. Ayer **trabajé** cuatro horas en el Café San Francisco. Y anoche **toqué** mi guitarra en un club, pues me gustaría ser músico, ¿sabe? Cuando **llegué** a casa, mi mamá llamó con unas noticias muy importantes y...

ASÍ SE DICE

You have probably noticed that the verbs that undergo spelling changes in the first person preterite like **saqué** and **jugué** are **-ar** verbs that take the **-é** ending. Here are some common verbs that undergo spelling changes in the **yo** form of the preterite.

busqué (buscar = *to look for*)
practiqué (practicar)
saqué (sacar)

jugué (jugar)
llegué (llegar = *to arrive*)

empecé (empezar = *to begin*)

To talk about things you did in the past, use the first person singular (**yo**) preterite verb forms. The verb endings are **-é** for **-ar** verbs (**hablar → hablé**), and **-í** for **-er** and **-ir** verbs (**comer → comí** and **salir → salí**).

> Anoche no **hice** nada especial. **Me quedé** en casa sin tener nada que hacer. **Miré** la televisión un rato y **leí** el periódico. **Me acosté** temprano y **dormí** unas siete horas.

As you probably noticed, **hice** is the preterite **yo** form of **hacer**. To talk about where you went, use **fui**, a form of **ir**. Note that **ser** has the same forms as **ir** in the preterite, so **fui** can mean *I went* or *I was*. Context will determine the meaning.

> Anoche **fui** a un concierto de música andina.
> En el pasado (*past*) **fui** estudiante de francés.

Note that irregular verbs like **hice** and **fui** have no written accent. You will become familiar with other irregular preterite verbs in this lesson.

You will notice that some verb stems undergo spelling changes in the **yo** form. Among these are **saqué, jugué,** and **llegué.** You will soon learn the reasons for these spelling changes.

You should be delighted to know that there are no stem vowel changes of any sort with preterite **yo** forms!

Here is a list of a few useful regular verbs.

-é (-ar)	-í (-er)	-í (-ir)
hablé	comí	asistí
llamé	leí	dormí
trabajé	corrí	salí
estudié	volví	
me desperté	vi	
me quedé		

Vi, because it is a one-syllable verb, does not have a written accent.

Actividad H   Yo también...

Here is a list of things done yesterday by a student who attends the same university as Alicia. For each of his statements, write whether or not you did the same thing.

MODELO   Asistí a una clase de lenguas extranjeras. →
Yo también asistí a una clase de lenguas extranjeras. Asistí a la clase de español.

1. Estudié un poco en la biblioteca.
2. Durante el día, comí en un restaurante de comida rápida.
3. Asistí a cuatro clases.
4. Fui a una conferencia pública en la universidad.
5. Llamé a un amigo y hablé con él por quince minutos.
6. Jugué a los videojuegos y gasté mucho dinero.
7. Hice ejercicio.
8. Saqué un vídeo y lo vi (*I watched it*).
9. Me acosté a las 12.00.
10. Vi un programa de noticias en la televisión.

ASÍ SE DICE

Here are the **yo** forms for some common verbs that are irregular in the preterite.

anduve (andar)
conduje (conducir)
di (dar)
dije (decir)
estuve (estar)
fui (ir, ser)
hice (hacer)
pude (poder)
supe (saber)
tuve (tener)
vine (venir)

Actividad I   ¿Sabías que... ?

Paso 1   Listen to and read the **¿Sabías que... ?** box found on page 87. After reading the brief selection, circle all the preterite **yo** forms that you can find. Do you know what each one means?

Paso 2   How would you begin a novel in the first person? Create a sentence based on this excerpt from *El túnel.* Then, as a class, vote on which sentence is most likely to grab a reader's attention.

MODELO   Todos saben que...

Actividad J   Una vez...

With a partner, describe three or four activities from the following list that you have (supposedly) done in the past. Make sure at least one of the activities you describe is *not* true! It will be up to your partner to decide if each activity is true or not. The last one is for you to invent.

MODELO   Una vez yo...

1. conocer (*to meet*) a una persona famosa.
2. ir a la Serie Mundial (*World Series*) de béisbol.
3. hacer un viaje (*to take a trip*) a un país de habla española.
4. escribir un poema de amor (*love*).
5. recibir un poema de amor.
6. levantarme tarde y llegar tarde a un examen.
7. mentirle* (*to lie*) a un profesor (una profesora).
8. ¿ ?

¿ S A B Í A S   Q U E . . .

... muchos escritores usan la primera persona al narrar una historia en vez de usar la tercera[a] persona? El uso de la primera persona ayuda[b] al escritor a «entrar» más en la personalidad de los personajes y a darle otra perspectiva del mundo.[c] En *El túnel,* una novela muy conocida,[d] el escritor argentino Ernesto Sábato usa esta técnica, como se puede ver en el ejemplo a continuación.

Todos saben que maté[e] a María Iribarne Hunter. Pero nadie sabe cómo la conocí, qué relaciones hubo[f] exactamente entre nosotros y cómo fui haciéndome[g] a la idea de matarla. Trataré[h] de relatar todo imparcialmente porque, aunque sufrí mucho por su culpa,[i] no tengo la necia[j] pretensión de ser perfecto...

¿Te llamó la atención? ¿Crees que te gustaría leer esta novela?

[a]*third* [b]*helps* [c]*world* [d]muy... *very well-known* [e]*I killed* [f]pasado de **hay** [g]*creating* [h]*I'll try* [i]*fault* [j]*foolish*

Vamos a ver

You will be pleasantly surprised to see how much of a magazine article in Spanish you can already understand. In this lesson, with the help of a few simple reading strategies, you will learn how to orient yourself to the content of a reading; that is, how to make use of clues to familiarize yourself with a reading's content even before you begin to read. You will also gather specific information from the article and summarize it.

You are not expected to read the article word for word. You are, however, expected to do the activities step by step!

****Le** is an indirect-object pronoun that means *to, for,* or *from him* (*her*). In Spanish it is usually obligatory with **entregar** (*to turn in, hand over*), **dar,** and certain other verbs. **Le mentí** = *I lied to him* (*her*).

Anticipación

CONSEJO PRÁCTICO

When you're presented with a reading in Spanish, do the following steps *before* you begin to read.

- look at the title
- look at the subtitles
- look at pictures and captions

By using these reading strategies, you can increase your understanding of the content of the reading.

Paso 1   The following reading comes from a section called **"Encuesta"** in a Hispanic TV magazine. Look at the title and accompanying photos and glance over pages 90–91.

Based on these clues, which of the two statements best describes the reading?

   a.   The article contains movie reviews.
   b.   The article contains short interviews with people.

Compare your choice with that of a partner and briefly discuss which clues helped you formulate your answer.

Paso 2   Look at the title again. The word **sueldo** means *salary,* and you already know the word **gastar** means *to spend.* Do you think the verb form **gastaste** is a past-tense form or a future-tense form?

Paso 3   If you identified **gastaste** as a past form, you are correct. It is a **tú** form. Conduct a quick survey to find out what your classmates may have spent money on recently. Ask the following questions of at least two people and note their responses. (**Note:** You will become familiar with some important vocabulary as you do this **Paso.**)

   1.   ¿Gastaste dinero en ropa?
   2.   ¿Gastaste dinero en alguna cita (*date*)?
   3.   ¿Gastaste dinero en comida (*food*)?
   4.   ¿Gastaste dinero en algún equipo (*equipment*) especial (por ejemplo, equipo fotográfico, equipo de música)?
   5.   ¿Gastaste dinero en cosas para tu familia?
   6.   ¿Gastaste dinero en el auto?
   7.   ¿Gastaste dinero en pagar cuentas?

Paso 4   Read over the boldface paragraphs that immediately follow the title. Have you confirmed your answer from **Paso 1**? Did you happen to catch the number of people interviewed?

Vocabulario útil

ganaron	they earned
entrevistamos	we interviewed
nos dijeron	they told us

Exploración

Paso 1   Quickly skim the article. There are many words you still don't know! Don't worry. Pay attention only to what you can understand. Here are some important words.

     zapatos: dos artículos de ropa
       Unos zapatos famosos son los zapatos rojos (*red*) que llevaba Judy Garland en la película *El mago de Oz.*
     entregar: sinónimo de *dar* (lo opuesto de *recibir*)
       Siempre le entrego las tareas al profesor.

Paso 2   What things are mentioned in the article that also appear in **Paso 3** of **Anticipación?**

❑ auto   ❑ cuentas   ❑ la familia
❑ una cita   ❑ equipo especial ❑ ropa
❑ comida

Paso 3   Who spent money on what? Indicate the correspondence between the two columns.

¿QUIÉN?	¿QUÉ?
1. _____ Carlos Montilla	**a.** auto
2. _____ Evelio Taillacq	**b.** equipo especial
3. _____ Fernando Carrillo	**c.** comida
4. _____ Rubén Ballester	**d.** algo para un miembro de la
5. _____ Félix Guillermo Sánchez	familia
6. _____ Braulio	**e.** ropa
7. _____ Graciela Baduan	**f.** objetos personales
8. _____ Gabriel Traversari	**g.** cuentas

Paso 4   A couple of people in the article don't quite remember what they spent their first paycheck on. Write down their names.

1. _____   2. _____

Paso 5   To whom can these words be attributed?

«Toma, mamá. Aquí tienes el dinero que gané.»

CONSEJO PRÁCTICO

When working with a reading text in *¿Sabías que... ?,* don't read word for word. Instead, *read only what the **Paso** asks you to read for.* For example, in **Pasos 2** and **3,** you only need to know how people spent their first paychecks. Skim over what Evelio Taillacq says. All you need to really understand here is what he bought. You can simply zero in on the phrase **le compré un regalo a mi mamá** and know that he bought a gift for his mom. The rest of what he says is not important at the moment! Try this now with Alma Muriel. Here you should zero in on **gasté** and **chocolate.** You will not understand **paleta de helado** (which is an ice-cream bar, by the way) but you should be able to deduce from the context that it is some kind of food item. Remember: you should be able to complete a **Paso** if you follow the instructions. You do not need to understand word for word and at times it will be perfectly fine to skip whole phrases and sentences! In this way, you are practicing the important reading skills of skimming, skipping unfamiliar words, and deducing unfamiliar words from context.

Encuesta

¿En qué gastaste tu primer sueldo?

- -

Hay artistas que ganaron su primer sueldo siendo sólo unos niños; y otros, ya de adultos...

¡Entrevistamos a quince artistas y he aquí lo que nos dijeron!

Por Yoly Arocha

Gloria Estefan

Gloria Estefan

«Gané mi primer sueldo trabajando para la disquera BMI. Me dieron un cheque por doscientos cincuenta dólares. Yo se lo di a mi mamá para ayudar en la casa, y a ella le dio tanto sentimiento por ser mi primer cobro que no lo cambió. Lo mandó enmarcar como recuerdo.»

Fernando Carrillo

«Fui a comer a un restaurante chino con una amiga y me compré una cámara fotográfica.»

Evelio Taillacq

Evelio Taillacq

«Con mi primer pago le compré un regalo a mi mamá. Y por puro sentimentalismo todavía conservo el comprobante de pago del cheque donde escribí: Ya me pagan por actuar.»

Gabriel Traversari

«Casi sin hacer memoria, te puedo decir en lo que me lo gasté. Como siempre he coleccionado revistas, libros y discos sobre películas, te aseguro que completito lo empleé en eso.»

Alma Muriel

«Tenía dieciséis años cuando gané mi primer salario, y me lo gasté comprándome una paleta de helado de chocolate.»

Graciela Baduan

«Fue tan pequeño que sólo me alcanzó para una hamburguesa y un par de zapatos.»

Carlos Montilla

«Me compré un par de zapatos y tuve que pagar unas cuantas cuentas pendientes que tenía.»

Andrea Barbieri

«El primero exactamente, no recuerdo en qué lo gasté. Generalmente lo que hacía, era destinar la mitad para mí y la otra mitad para regalarle algo a mi madre o a algún familiar. La primera cosa importante que recuerdo haberme comprado con mi sueldo, fue una bicicleta de media carrera.»

Rubén Ballester

«Yo me compré un fabuloso equipo de música.»

Angela Carrasco

«Con lo que me pagaron en mi primer trabajo y la ayuda de mis hermanos, le regalamos un juego de sala a mi mamá.»

Braulio

«Mi primer sueldo como cantante lo gané en Canarias en un concurso, y lo invertí en pagar la primera cuota del seguro de un cochecito SEAT 1600 que había comprado.»

Braulio

Letitia Callava

«Se lo entregué completo a mi mamá para ayudar en los gastos de la casa, porque la situación económica que atravesábamos no era muy buena que digamos.»

Salvador Pineda

Salvador Pineda

«Creo que me lo gasté en alguna diversión. La verdad es que no recuerdo bien.»

Félix Guillermo Sánchez

«Cobré mi primer sueldo cuando tenía dieciséis años, y me lo gasté completico en una cena romántica con mi primera novia.»

Laura Fabián

«Era muy jovencita, y creo que me lo gasté comprándome ropa para ir a una fiestecita.»

Laura Fabián

Síntesis

Paso 1 Make a list of all the artists that appear in the article. To the right of each name, write what he or she spent his or her first paycheck on (for example, **ropa, equipo**). If the person doesn't remember, write **No lo recuerda.**

Paso 2 Using the list as a guide and without looking at the article, write one or two sentences related to each artist, using the following words: **comprar, gastar en, entregar.**

MODELO   Gloria Estefan no compró nada. Le entregó el dinero a su madre.

Trabajando con el texto

Paso 1 Go through the article and circle all the past-tense verbs that are in the **yo** form. How many did you circle? Do you recognize all of them?

Paso 2 An essential skill in reading for general meaning is to skip words or to deduce their meaning. In the quote from Andrea Barbieri, find

1. a cognate
2. a word related to a word you already know in Spanish
3. a new word that is neither a cognate nor a related word but that you can deduce from context

CONSEJO PRÁCTICO

You may remember that cognates are words that look or sound similar to words in another language. Some words are close cognates and look or sound almost exactly alike, such as *independence* and **independencia,** for example. Others are more distant from each other, such as *to desire* and **desear.** See whether you can guess the English equivalents of the following cognates.

corrección	lámpara	resolver
cromosoma	ordenar	tomate
dinosaurio	prestigioso	volumen

At first, you may have to work hard to recognize the more distant cognates. But as you progress, you will begin to read cognates in Spanish and know what they mean without even thinking about it!

¡Sigamos!

Los hispanos hablan

Paso 1 Read the selection **Los hispanos hablan** on page 93. Then answer the following question.

> ¿Qué compró Elena?

Paso 2 Now listen to the tape. Then answer the following questions.

Vocabulario útil

cortes de tela	cuts of fabric
vestido	dress
caro	expensive

1. ¿Qué hizo la mamá de Elena?
2. ¿Cuántas cosas compró Elena en total?

Paso 3 Ask five classmates the question: **¿En qué gastaste tu primer sueldo?** Jot down what each person says. Then check the appropriate box.

En sus respuestas...

- ❑ mis compañeros son como Elena.
- ❑ mis compañeros son más o menos como Elena.
- ❑ mis compañeros son diferentes de Elena.

L O S   H I S P A N O S
H A B L A N

¿En qué gastaste tu primer sueldo?

NOMBRE: Elena López Ruiz
EDAD: 23 años
PAÍS: Colombia

«Con mi primer sueldo me fui y me lo gasté en ropa y zapatos. Recuerdo muy bien que me fui y compré dos cortes de tela y mi mamá... »

ÍDEAS PARA EXPLORAR

Ayer y anoche (II)

¿Qué hiciste anoche?

Talking to a Friend About What He or She Did Recently

(yo)	-é, -í	(nosotros/as)	-amos, -imos
(tú)	trabaj**aste** te qued**aste** com**iste** sal**iste**	(vosotros/as)	-asteis, -isteis
(Ud.) (él/ella)	-ó, -ió -ó, -ió	(Uds.) (ellos/ellas)	-aron, -ieron -aron, -ieron

—Sí, sí. Y la última vez que no **hiciste** la tarea fue porque **trabajaste** cinco horas la noche anterior...

To ask a classmate what he or she did in the past, use the **tú** form of the preterite. **Tú** forms end in **-aste** for **-ar** verbs and **-iste** for **-er** and **-ir** verbs. **Fuiste** and **hiciste** are useful irregular **tú** forms for you to know.

¿Qué **hiciste** anoche? ¿Te **quedaste** en casa o **saliste**? ¿**Fuiste** a alguna fiesta?

Actividad A ¿Y qué más?

Imagine that someone makes the following statements to you. What follow-up question would you logically ask after each statement?

1. _____ Fui al cine anoche.
2. _____ Tuve un examen esta mañana.
3. _____ Hice ejercicio esta mañana.
4. _____ Anoche comí en un restaurante elegante.
5. _____ Anoche llamé a mis padres por teléfono.
6. _____ La semana pasada no asistí a clases.
7. _____ Fui a una fiesta anoche.
8. _____ Recibí mi sueldo ayer.
9. _____ Decidí salir anoche para escapar de la monotonía.

a. ¿Estuvo buena la comida?
b. ¿Hablaste mucho tiempo con ellos?
c. ¿Por qué? ¿Estuviste enfermo/a?
d. ¿Qué viste?
e. ¿Estudiaste mucho?
f. ¿Corriste o nadaste?
g. ¿Y ya gastaste mucho dinero?
h. ¿Te quedaste hasta muy tarde?
i. ¿Adónde fuiste?

ASÍ SE DICE

Remember that when talking to someone with whom you have some social distance, you use **Ud.** The **Ud.** form in all tenses is the same as the **él/ella** verb form.

¿A qué hora salió Ud. de casa?

¿Manejó el carro o caminó al trabajo?

COMUNICACIÓN

Actividad B   Tú y yo

Paso 1   Write four sentences about things you did yesterday.

1...   2...   3...   4...

Paso 2   Find different people in the class who did the things you listed in **Paso 1**.

ACTIVIDAD	OTRA PERSONA QUE TAMBIÉN HIZO LA ACTIVIDAD
1. _____	_____
2. _____	_____
3. _____	_____
4. _____	_____

ENFOQUE LINGÜÍSTICO

¿Salieron ellos anoche?

Talking About What Two or More People Did Recently

(yo)	-é, -í		(nosotros/as)	-amos, -imos
(tú)	-aste, -iste		(vosotros/as)	-asteis, -isteis
(Ud.)	-ó, -ió		(Uds.)	-aron, -ieron
(él/ella)	-ó, -ió		(ellos/ellas)	trabaj**aron**
				com**ieron**
				sal**ieron**
				se vist**ieron**

—¿**Salieron** ellos anoche?
—¡Sí! Y no **regresaron** a casa
hasta las 3.00 de la mañana.

When you describe what two or more people did in the past, you use the **ellos/ellas** form of the preterite. All regular preterites end in **-aron** for **-ar** verbs, and **-ieron** for **-er** and **-ir** verbs.

> —¿**Salieron** Rodrigo y Sonia anoche?
> —No, **se quedaron** en casa y **estudiaron.**

The same stem vowel and spelling changes that occur in the third person singular also occur in the third person plural of the preterite.

> Anoche los estudiantes **leyeron** mucho y **durmieron** poco.

Most irregular preterites end in **-ieron,** but there are some exceptions. Two of these are **ir** and **decir.**

> Ayer mis compañeros hicieron todos los ejercicios y después **fueron** al cine.
> ¿**Dijeron** la verdad (*truth*) los estudiantes que estuvieron ausentes (*absent*)?

ASÍ SE DICE

Remember that stem changes in the preterite that occur in third person singular (**él/ella**) forms also occur in third person plural (**ellos/ellas**) forms. This is also true of irregular preterite verbs. Here are third person plural preterite forms of common stem-changing and irregular verbs.

anduvieron	estuvieron	pudieron
dieron	fueron	supieron
dijeron	hicieron	tuvieron
durmieron	pidieron	vinieron

ASÍ SE DICE

You may remember from **Lección 1** that when you want to ask a question of more than one person, you need to use the second person plural or **Uds.** forms. The **Uds.** forms are identical to the third person plural (**ellos/ellas**) forms.

> ¿Salieron Uds. o se quedaron en casa?
> ¿Fueron Uds. al cine o miraron un vídeo en casa?

Actividad C ¿Qué hicieron ayer?

Read each of the following statements and decide which group(s) probably did each activity yesterday.

	ESTUDIANTES	PROFESORES	SECRETARIOS
1. Se acostaron tarde.	❏	❏	❏
2. Miraron una telenovela (*soap opera*).	❏	❏	❏
3. Durmieron mucho.	❏	❏	❏
4. Fueron a la biblioteca.	❏	❏	❏
5. Hablaron por teléfono.	❏	❏	❏
6. Escribieron en la computadora.	❏	❏	❏

Actividad D   ¿Qué hicieron anoche?

Paso 1   Get into groups of four. Take out one sheet of paper to be shared in the group. Everyone in the group will take turns writing a sentence describing an activity some friends did last night. Each person will have 30 seconds to write a sentence. After writing a sentence, each person will fold the page so that others cannot read what has been written. After writing a sentence, that person will pass the folded paper to the person on his or her left (in a clockwise direction).

MODELO   Anoche mis amigos...

Paso 2   When your instructor indicates, one member of your group should open the sheet of paper and read the sentences. As a group, put the sentences in logical order, and delete or modify sentences that do not make sense. Be ready to read your list to the class.

Paso 3   Listen to the lists written by the other groups. Be prepared to vote for

la lista más completa
la lista más cómica

¿Qué hicimos nosotros?

Talking About What You and Someone Else Did Recently

(yo)	-é, -í		(nosotros/as)	almorz**amos**
				volv**imos**
				asist**imos**
				nos vest**imos**
(tú)	-aste, -iste		(vosotros/as)	-asteis, -isteis
(Ud.)	-ó, -ió		(Uds.)	-aron, -ieron
(él/ella)	-ó, -ió		(ellos/ellas)	-aron, -ieron

—¿Recuerdas cuando **fuimos** a España? Ay, ¡qué recuerdos! **Comimos** bien, **conocimos** a tantas personas interesantes, ¡y los lugares que **vimos**! ¡Quiero volver!

When you talk about what you and another person did, you use the **nosotros/as** form of the preterite. All regular **-ar** preterites end in **-amos** (just like the present tense). All regular **-er** and **-ir nosotros/as** forms end in **-imos.** There are no stem vowel or other changes for these verb forms!

Ayer Pepe y yo **almorzamos** en la cafetería.
Mi compañera de cuarto y yo no **salimos** anoche.

Irregular preterite verbs end in **-imos.**

Fuimos al cine el sábado pasado.
Tuvimos un examen en la clase de química la semana pasada.

Actividad E   Todos nosotros...

Paso 1   Decide which of the following activities you think every student in the class did yesterday and/or last night.

Todos nosotros...

❑ estudiamos.
❑ fuimos a un bar.
❑ miramos una telenovela.
❑ gastamos dinero en ropa.
❑ tuvimos un examen.
❑ comimos en un restaurante de comida rápida.
❑ fuimos a la biblioteca.

❑ hablamos por teléfono.
❑ nos acostamos antes de las 12.00.
❑ hicimos ejercicio.
❑ leímos el periódico.
❑ asistimos a dos clases (por lo menos).

Paso 2   One of you should volunteer to read out loud the list of items you checked. After each statement, those who did the activities should raise their hands. Was the volunteer correct?

Paso 3   Repeat **Pasos 1** and **2,** this time including your instructor as one of the group!

COMUNICACIÓN

Actividad F   ¿Qué actividades hicimos?

Paso 1   Read the following activities and indicate whether you did each during the past week, checking each appropriate box under **yo.**

	YO	MI COMPAÑERO/A
bailar en una fiesta	❑	❑
correr cinco millas	❑	❑
caminar (*to walk*) a la universidad	❑	❑
jugar a los videojuegos	❑	❑
estudiar para un examen	❑	❑
dormir en el sofá	❑	❑
hacer ejercicio	❑	❑
practicar un deporte	❑	❑
ver una telenovela	❑	❑
salir a un restaurante	❑	❑
tener un examen	❑	❑
asistir a una conferencia pública	❑	❑
tomar un café	❑	❑

Paso 2   Interview a classmate and find out whether he or she did each activity during the past week, checking each appropriate box under **Mi compañero/a.**

MODELO   La semana pasada, ¿bailaste en una fiesta? ¿Corriste cinco millas?

Paso 3   With the same partner, make a list of the activities that you both did last week.

Paso 4 Now you and your partner need to find two other people who did at least two of the same activities that the two of you did.

MODELO E1: Nosotros estudiamos para un examen, practicamos un deporte, vimos una telenovela y salimos a un restaurante.

E2: Nosotros también estudiamos para un examen y practicamos un deporte, pero no vimos ninguna telenovela ni salimos a un restaurante.

¿Es típico esto?

Propósito: to write a paragraph on what a classmate did and decide whether it's typical.

Papeles: two students, interviewer and person interviewed.

Paso 1 Look over the following paragraph. Imagine that you are going to fill it in with information about one of your classmates.

Ayer mi compañero/a de clase _____, _____ y _____. También _____, _____ y _____. Mi compañero/a de clase no _____ o _____ ayer. Anoche él (ella) _____ y después _____. ¿Es típico esto? ¡Creo que sí (no)!

Paso 2 Now interview a person you do not know well. Before starting the interview, think of questions that will provide the information you will need to fill in and expand on the model paragraph in **Paso 1.** As you formulate your questions, remember to find out when your partner did the activity, whether he or she did it alone, and other similar details.

Paso 3 Use the paragraph in **Paso 1** as a guide to write up the information you have gathered. Make any adjustments to the format of the paragraph that you feel are necessary.

Paso 4 Before turning in your paragraph, let your partner read it. Does he or she agree with your final sentence (that is, **¿Es típico esto? ¡Creo que sí [no]!**)?

Ayer y anoche	Yesterday and Last Night	decir (*irreg.*)	to say, tell
andar (*irreg.*)	to walk	**dormirse (ue, u)**	to fall asleep
buscar	to look for	**empezar (ie)**	to begin
dar (*irreg.*)	to give	**estar** (*irreg.*)	to be

jugar a los videojuegos	to play video games	**¿Cuándo?**	When?
llamar (por teléfono)	to call (on the phone)	**anoche**	last night
llegar	to arrive	**ayer**	yesterday
pagar (la cuenta)	to pay (the bill)	**el fin de semana pasado**	last weekend
practicar un deporte (R)	to practice, play a sport	**un rato**	little while, short time
preparar (la cena)	to prepare (dinner)	**la semana pasada**	last week
recibir	to receive	**la última vez**	last time
recordar (ue)	to remember	**una vez**	once
saber (*irreg.*)	to know		
tener un examen	to take a test	**hace** + *time*	_____ ago
ver (*irreg.*) **una telenovela**	to watch a soap opera		

Actividad A Los viajes de Colón

Read the selection **Los viajes de Colón** and then answer the following questions.

1. ¿Adónde arribó (*did he land*) en su primer viaje a América?
2. ¿Qué lugares exploró en su segundo viaje a América?
3. ¿Volvió a Cuba después de 1502?

¿Sabías que Cristóbal Colón hizo cuatro viajes a América? Muchos creen que sólo hizo uno, el famoso viaje de 1492. Pero en realidad hizo cuatro, como se indica en el mapa.

Los viajes de Colón

Primer viaje (1492-1493): Puerto de Palos en España, Islas Canarias, cruce del Atlántico, Guanahaní (San Salvador), Cuba, Haití, Azores, Lisboa, Puerto de Palos.

Segundo viaje (1493-1495): Cádiz, Canarias, Guadalupe, Marigalante, Haití, Jamaica, Cuba, Puerto Rico.

Tercer viaje (1498-1499): Sanlúcar, Madera, Canarias, Cabo Verde, costa norte de América del Sur, Trinidad, costa de Paria, Haití.

Cuarto viaje (1502-1503): Canarias, Haití, costas de América Central, Jamaica.

Actividad B   Un poco de historia

Read the short selection on Simón Bolívar titled **Un poco de historia.** Based on what you read, which of the following could you conclude? (Note: you should be able to guess the meaning of **luchar** from context.)

1. Simón Bolívar es un héroe nacional.
2. Bolívar y San Martín fueron militares.
3. Bolívar murió en una batalla. (*Guess! This is a cognate.*)
4. San Martín no participó en la lucha por la independencia de México.

Un poco de historia

Simón Bolívar es llamado padre de la patria en varios países de Sudamérica. Así como George Washington en los Estados Unidos, Simón Bolívar luchó por la independencia de varios países sudamericanos: Venezuela, Colombia, el Ecuador, el Perú y Bolivia. Otra figura importante en las luchas por la independencia de Sudamérica fue José de San Martín, un héroe nativo de la Argentina. San Martín ayudó a liberar no sólo la Argentina sino[a] también Chile y el Perú.

Simón Bolívar, militar y político venezolano

---

[a]*but* (**Sino** rather than **pero** is used after a negative sentence; for example, **No sólo la Argentina sino..., No salió con sus amigos sino con sus padres.**)

Estatua de José de San Martín en Buenos Aires, Argentina

Actividad C   Examen de historia

You know a little about Bolívar and San Martín, but what else do you know about the history of the Spanish-speaking world? Take the test titled **Examen de historia** and see what your score is.

PUNTAJE

6–10 puntos: ¡Eres profesor(a) de historia! Sabes mucha más historia de la que sabe la mayoría de las personas.

3–5: Este examen es difícil y la persona típica sabe menos de la mitad de las respuestas.

0–2: Debes leer más sobre la historia del mundo hispano.

VISTAZOS

Examen de historia

1. ¿Quién inició la revolución en México en 1810 con el «Grito de Dolores»?
   a. Pancho Villa
   b. Benito Juárez
   c. el padre Hidalgo

2. ¿De qué país obtuvo Cuba su independencia en 1902?
   a. España
   b. Francia
   c. los Estados Unidos

3. ¿Qué país invadieron los Estados Unidos dos veces este siglo?
   a. Colombia
   b. Costa Rica
   c. Nicaragua

4. ¿Qué país pasó de manos españolas a manos norteamericanas sin obtener su independencia?
   a. la República Dominicana
   b. Panamá
   c. Puerto Rico

5. ¿Qué famoso guerrillero ayudó a Fidel Castro en la Revolución cubana de 1959?
   a. Che Guevara
   b. Daniel Ortega
   c. Emiliano Zapata

6. ¿Qué estado de los Estados Unidos formó parte del imperio español, del imperio francés, de la república mexicana y fue también una república independiente?
   a. California
   b. Arizona
   c. Texas

7. ¿Quién llegó a México con la intención de conquistar a los aztecas?
   a. Hernán Cortés
   b. Francisco Pizarro
   c. Juan Ponce de León

8. ¿De qué país llegó la familia de Gloria Estefan, la cantante popular?
   a. Venezuela
   b. Cuba
   c. Panamá

9. ¿Contra qué país luchó México por su independencia en 1867?
   a. los Estados Unidos
   b. España
   c. Francia

10. ¿Quién recibió el Premio Nobel de la Paz en 1987 y de qué país es esta persona?
    a. Oscar Arias, Costa Rica
    b. Benito Juárez, México
    c. Salvador Allende, Chile

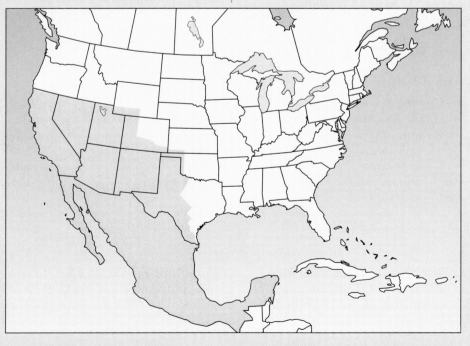

El área asombrada (*shaded*) incluye una porción de los Estados Unidos que antes pertenecía a (*belonged to*) México.

VíSTAzos

GRAMMAR SUMMARY FOR LECCIÓN PRELIMINAR- LECCIÓN 3

The Verb **ser**

(yo)	soy	(nosotros/as)	somos
(tú)	eres	(vosotros/as)	sois
(Ud.)	es	(Uds.)	son
(él/ella)	es	(ellos/as)	son

The verb **ser** is used to express the following:

1. origin with **de: ¿De dónde eres?**
2. describing a person's qualities: **Ramón es muy inteligente, ¿no?**
3. stating who or what a person is: **Es profesor. Soy estudiante.**
4. telling time: **Es la 1.00. / Son las 2.00.**

Remember that subject pronouns are not always required in Spanish. It is fine to say **soy estudiante.** If you say **yo soy estudiante,** you are adding emphasis or making a contrast.

The Verb **gustar**

me			nos		
te	}	gusta(n)	os	}	gusta(n)
le			les		
le			les		

1. **Gustar** does not mean *to like*. It is closest in meaning to the verb *to please*. Thus **me gusta** actually means (*something*) *pleases me*.
2. Since **gustar** means *to please,* then the verb must agree in number with the thing doing the pleasing: **Me gusta esta clase. Me gustan todas las clases.**
3. A phrase with **a** can be used with this construction.

> A mí me gustan las matemáticas.
> ¿A ti te gustan también?
> A los profesores no les gusta corregir exámenes.

Present Tense Regular Verbs

	-ar	**-er**	**-ir**
(yo)	me levanto	como	asisto
(tú)	te levantas	comes	asistes
(Ud.)	se levanta	come	asiste
(él/ella)	se levanta	come	asiste
(nosotros/as)	nos levantamos	comemos	asistimos
(vosotros/as)	os levantáis	coméis	asistís
(Uds.)	se levantan	comen	asisten
(ellos/ellas)	se levantan	comen	asisten

Remember that even though **Ud.** and **él/ella** share the same verb forms, **Ud.** means *you* singular (formal, socially distant) and **él/ella** refer to a third person (*he/she*). Likewise, **Uds.** means *you* plural (formal, socially distant) and **ellos/ellas** refer to some other persons (*they*).

Grammar Summary for Lección preliminar–Lección 3

Verbs in the present tense can refer to daily or habitual actions

> Todos los días me levanto a las 6.00.

but can also be used to refer to an action in progress.

> —¿Qué haces?
> —Preparo la cena. ¿Por qué preguntas?

Verbs with Stem Vowel Changes

Verbs with stem vowel changes are changed in those forms in which the pronounced accent falls on the stem: **yo, tú, Ud., él/ella, Uds., ellos/ellas.** They do not have the change in those forms where the pronounced accent falls on the ending: **nosotros/as, vosotros/as.**

o → ue

dormir {
duerme
dormimos
dormís
}

e → ie

tener {
tiene
tenemos
tenéis
}

e → i

vestirse {
se viste
nos vestimos
os vestís
}

Verbs with Irregularities

Some verbs have irregularities in the **yo** form.

conduzco (conducir)	hago (hacer)
conozco (conocer)	sé (saber)
doy (dar)	tengo (tener)
estoy (estar)	vengo (venir)

Two verbs don't follow predicted patterns.

> ir: voy, vas, va, va,
>   vamos, vais, van, van
> estar: estoy, estás, está, está,
>   estamos, estáis, están, están

Negation

Certain negative words like **tampoco, nunca,** and **nadie** can be placed before a verb or after. In the latter case, a **no** is required.

> Yo no me levanto temprano.
>   Yo tampoco me levanto temprano.
>   Yo no me levanto temprano tampoco.
> ¿Quién se levanta temprano?
>   ¿Nadie se levanta temprano?
>   ¿No se levanta nadie temprano?
> ¿Cuándo haces ejercicio?
>   Nunca hago ejercicio.
>   No hago ejercicio nunca.

The negative word **nada** normally follows a verb and will always be accompanied by **no.**

> No hay nada.
> No tengo nada.

Preterite Tense: Regular Forms

	-ar	**-er**	**-ir**
(yo)	me levanté	comí	salí
(tú)	te levantaste	comiste	saliste
(Ud.)	se levantó	comió	salió
(él/ella)	se levantó	comió	salió
(nosotros/as)	nos levantamos	comimos	salimos
(vosotros/as)	os levantasteis	comisteis	salisteis
(Uds.)	se levantaron	comieron	salieron
(ellos/ellas)	se levantaron	comieron	salieron

The preterite tense is used to talk about simple actions and events in the past that are viewed as completed. It is useful when talking about events that happened yesterday, last night, and so forth.

Preterite Tense: Irregular Verbs

Some common verbs do not have the characteristic stress on the verb ending in the preterite. These irregular verbs all share the same endings, regardless of whether they are **-ar, -er,** or **-ir** verbs.

andar:	anduv-		-e (yo)
estar:	estuv-		-iste (tú)
hacer:	hic-		-o (Ud.)
poder:	pud-	+	-o (él/ella)
saber:	sup-		-imos (nosotros/as)
tener:	tuv-		-isteis (vosotros/as)
venir:	vin-		-ieron (Uds.)
			-ieron (ellos/ellas)

Two other irregular verbs share a common ending in the **Uds.** and **ellos/ellas** form.

> conducir → condujeron
> decir → dijeron

Saber in the preterite means *to find out* (*Lit.: at a point in time, to begin to know*)

> Entonces supe la verdad.
> *Then I found out the truth.*

Poder in the preterite means *to manage to, succeed in* (*doing something*)

> Por fin pude manejar el carro de mi papá.
> *I was finally able to drive my dad's car. (I had tried before, but had always failed.)*

The verbs **ser** and **ir** share the same forms in the preterite: **fui, fuiste, fue, fue, fuimos, fuisteis, fueron, fueron.** Context will determine meaning.

> Lincoln fue presidente entre 1861 y 1865.
> Lincoln fue al teatro.

The Verb **hay**

The verb **hay** can mean *there is* and *there are.*

> ¿Hay café?
> No, no hay café. Pero sí hay chocolate.

Soler + *verb*

The verb **soler (o → ue)** is often used to express the concept of regularly doing something.

> Suelo estudiar por la mañana.

"Do"

English requires the support verb *do* to make negatives, ask questions, and to emphasize. Spanish has no such verb and you should not equate the English *do* with **hacer.**

> No sabes la respuesta.
> *You don't know the answer.*

> ¿Sueles levantarte tarde?
> *Do you normally get up late?*

> ¿Dormiste bien?
> *Did you sleep well?*

> ¡Tú sí saliste anoche!
> *You did go out last night!*

"It"

Keep in mind that the subject *it* is not expressed in Spanish as it is in English. English is a language that requires sentences to have subjects, but Spanish does not. English requires "dummy" subjects such as *it*, where Spanish needs no expressed subject.

> Llueve.
> *It's raining.*

> Hace frío.
> *It's cold.*

> Son las dos y media.
> *It's two-thirty.*

> Es imposible.
> *It's impossible.*

Grammar Summary for Lección preliminar–Lección 3

Las hermanas (1969) por Fernando Botero (colombiano, 1932–   )

LO QUE NOS FORMA

What shapes a person? In this unit you will examine certain aspects of life that help to shape and define human beings: family, "nature vs. nurture," social change, and other factors. As you look at the paintings on this page, ask yourself why family members often resemble each other. And what do the following photos and paintings suggest to you?

Muchos abuelos (*grandparents*) pasan mucho tiempo con sus nietos (*grandchildren*). ¿Ves a tus abuelos con frecuencia?

Una familia peruana en una reunión familiar. ¿Cuántas personas hay en tu familia «extendida»?

Las escenas familiares figuran mucho en el arte de Carmen Lomas Garza. ¿Ocurren escenas como ésta en tu familia? (*Sandía* [1986] por Carmen Lomas Garza)

¿Cómo son tus relaciones con tu padre? ¿con tu mamá? ¿y con tus otros parientes (*relatives*)?

¿CÓMO ES TU FAMILIA?

*i*n this lesson you will explore the topic of families. In the process, you will

■ describe your family (size, members, names)
■ ask your classmates about their families
■ find out why speakers of Spanish often use two last names
■ learn about Spanish superlative and diminutive forms and review interrogatives
■ learn to use direct object pronouns

107

¡IDEAS PARA EXPLORAR

La familia nuclear

ENFOQUE LÉXICO

¿Cómo es tu familia?

Talking About Your Immediate Family

Look over the **Intercambio** activity on pages 127–128. This is the activity you will be working toward throughout this lesson.

La familia de José Luis Gómez

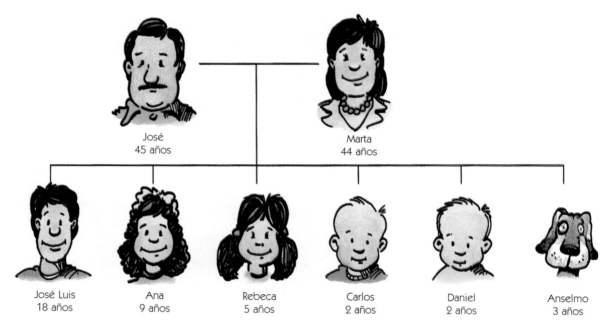

José
45 años

Marta
44 años

José Luis
18 años

Ana
9 años

Rebeca
5 años

Carlos
2 años

Daniel
2 años

Anselmo
3 años

gemelos

José es **el padre** de José Luis.
Marta es **la madre** de José Luis.
José y Marta son **los padres.**
Ana es **una hermana** de José Luis.
Carlos es **un hermano** de José Luis.
Anselmo es **el perro** de José Luis.

José Luis tiene cuatro **hermanos.**
No tiene **hermanastros.**

José Luis, Ana, Rebeca, Carlos y Daniel son **los hijos** de Marta y
José. (Ana es **una hija;** Carlos es **un hijo.**)

Las familias de Cheryl Fuller

```
                    divorciados
   Jane              Paul              Laura
  42 años          49 años          38 años

  Cheryl        Christopher      Brian           Russ
  20 años        17 años        6 años          3 años
```

Paul es **el padre** de Cheryl.
Jane es **la madre** de Cheryl. Es una **madre soltera.**
Paul y Jane son **los padres.**
Cheryl no tiene **hermanas.**
Christopher es **el hermano** de Cheryl.

Cheryl tiene **un hermano** y dos **medio hermanos,** Russ y Brian.
También tiene **una madrastra,** Laura.

Cheryl y Christopher son **los hijos** de Paul y Jane.
Russ y Brian son **los hijos** de Paul y Laura.

VOCABULARIO ÚTIL

la esposa, la mujer	wife	**el padre soltero**	single father
el esposo, el marido	husband		
los esposos	husband and wife	**mayor**	older
		menor	younger
los gemelos	twins	**el/la mayor**	the oldest
		el/la menor	the youngest
la hermanastra	stepsister		
el hermanastro	stepbrother	**tiene... años**	he/she is . . . years old.
el padrastro	stepfather		

Actividad A   ¿Cierto o falso?

Your instructor will make a series of statements about the Gómez family (p.108). According to their family tree, is each statement **cierto** or **falso?**

1... 2... 3... 4... 5... 6... 7...

Actividad B   ¿Quién es?

Listen as your instructor makes a statement or says a phrase. Relying only on the drawing of Cheryl Fuller's family tree on page 109, can you name the person(s) described by your instructor?

1... 2... 3... 4... 5... 6... 7... 8...

Actividad C   ¿Los Gómez o los Fuller?°

°¿Los... *The Gómez family or the Fullers?*

According to what you know about the Gómez and Fuller families, indicate which is being referred to in each statement you hear. See if you can do this activity from memory without looking at the family trees. (Note: **Se refiere a [referirse a]** means *it refers to.*)

MODELO   En esta familia hay cuatro hijos. → Se refiere a los Fuller.

1... 2... 3... 4... 5... 6...

Actividad D   La familia de Alfredo

Alfredo, a friend of José Luis, has written a description of his family. Read the description and then draw his family tree, using the Gómez family tree as a guide. Be sure to include everyone's name and age.

Hola. Me llamo Alfredo García Pérez. En mi familia somos seis hermanos, tres chicos y tres chicas. Yo soy el mayor y tengo 18 años. Mis hermanas son Ángela (que tiene 12 años), Dolores (que tiene 15) y Gloria (que tiene sólo 5). Mis hermanos se llaman Roberto y Julio. Roberto, el menor de la familia, tiene 3 años. Julio tiene 17. Mis padres son Lilián y Rodolfo. Mi papá tiene 42 años y mi mamá tiene 40.

Actividad E   En mi familia...

Prepare a brief oral description of your own family using Alfredo's description in **Actividad D** as a guide. Include all the members of your family and their ages.

Actividad F   ¿Conoces bien al profesor (a la profesora)?

Paso 1   Indica si conoces bien o no al profesor (a la profesora). Si quieres, puedes sustituir (*replace*) al profesor (a la profesora) por otra persona en la clase.

CONOZCO MUY BIEN AL PROFESOR (A LA PROFESORA).		NO CONOZCO NADA BIEN AL PROFESOR (A LA PROFESORA).		
5	4	3	2	1

Paso 2 Escribe tres cosas que sabes sobre el profesor (la profesora). Trata de (*Try to*) escribir tres cosas que tú crees que las demás personas de la clase no saben. ¿Sabes algo sobre su familia?

> MODELO   Sé que...

Paso 3 Todos deben presentar sus oraciones del **Paso 2** al resto de la clase. ¿Quién conoce mejor (*best*) al profesor (a la profesora)? ¿Está bien la autoevaluación que hiciste en el **Paso 1?**

¿Cuántas hijas... ?

Question Words: A Summary

¿cuántos/as?
¿cómo?
¿dónde?
¿cuál(es)?
¿qué?
¿quién(es)?
¿cuándo?

—¿Y **cuántos** hermanos tienes, José Luis?
—Tengo cuatro: dos hermanas y dos hermanitos gemelos.

Interrogatives, or question words, are used to obtain information from others. You have already been introduced to the main question words in Spanish. Here is a summary of them.

¿Cuántos?	¿Cuántos hijos tienes?
¿Cuántas?	¿Cuántas hijas tienes?
¿Cómo?	¿Cómo se llama tu madre?
¿Dónde?	¿Dónde viven tus padres?
¿Cuál?	¿Cuál es tu apellido (*last name*)?
¿Cuáles?	¿Cuáles son los nombres de tus hijos?
¿Qué?	¿Qué familia es más grande, la de los Fuller o la de los Gómez?
¿Quién?	¿Quién es esa chica? ¿Es tu hermana?
¿Quiénes?	¿Quiénes son los padres de José Luis?
¿Cuándo?	¿Cuándo llamas a tu familia?

Note that both **¿qué?** and **¿cuál?** can mean *which?* You will learn more about these words in another lesson.

Actividad G   ¿Qué familia?

Silently choose one of the photos on page 106. Then team up with a partner, who will try to guess which one you chose by asking questions.

MODELOS   ¿Cuántas personas hay en la familia, en total?
¿Cuántos hijos (Cuántas hijas) hay?
¿Cuántos años tiene el hijo (la hija) mayor?

Once your partner guesses, switch roles and try to guess which photo he or she has chosen.

¿Cuantos miembros hay en tu familia?

Actividad H   Un breve ensayo°

Un... *A brief essay*

Pair up with someone whom you do not know well to find out about his or her family.

Paso 1   Read the following paragraphs. Make a note of the type of information that is missing in each blank.

La familia de _____

La familia de mi compañero/a es _____.* En total son _____ personas: _____ padres y _____ hijo(s) (hija[s]). Toda la familia vive en (Los padres viven en)† _____. Su padre tiene _____ años y su madre tiene _____.

Sus hermanos asisten a _____. Se llaman _____ y _____ y tienen _____ y _____ años, respectivamente. _____ es el (la) mayor de la familia y _____ es el (la) menor.

_____

*Choose the appropriate word: **pequeña** (*small*), **mediana** (*medium*), **grande.**
†The family may not all live together, so choose accordingly.

Paso 2   Make up a series of questions to obtain all the missing information needed to construct a composite of your partner's family. It may help to write out the questions first. As you interview, jot down all the information your partner gives.

Actividad I   ¿Sabías que... ?

Listen to and read the **¿Sabías que... ?** selection below. Report to the class what your name would be if you used the system found in Spanish-speaking countries. From now on, use this name on all your assignments in Spanish!

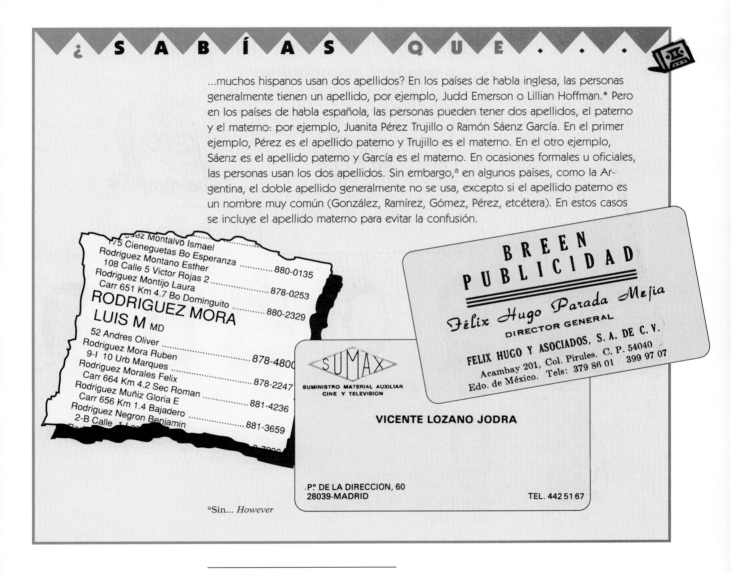

¿ S A B Í A S   Q U E . . .

...muchos hispanos usan dos apellidos? En los países de habla inglesa, las personas generalmente tienen un apellido, por ejemplo, Judd Emerson o Lillian Hoffman.* Pero en los países de habla española, las personas pueden tener dos apellidos, el paterno y el materno: por ejemplo, Juanita Pérez Trujillo o Ramón Sáenz García. En el primer ejemplo, Pérez es el apellido paterno y Trujillo es el materno. En el otro ejemplo, Sáenz es el apellido paterno y García es el materno. En ocasiones formales u oficiales, las personas usan los dos apellidos. Sin embargo,[a] en algunos países, como la Argentina, el doble apellido generalmente no se usa, excepto si el apellido paterno es un nombre muy común (González, Ramírez, Gómez, Pérez, etcétera). En estos casos se incluye el apellido materno para evitar la confusión.

...ez Montalvo Ismael
75 Cieneguetas Bo Esperanza ....
Rodriguez Montano Esther
108 Calle 5 Victor Rojas 2 880-0135
Rodriguez Montijo Laura
Carr 651 Km 4.7 Bo Dominguito 878-0253

RODRIGUEZ MORA
LUIS M MD
52 Andres Oliver 880-2329
Rodriguez Mora Ruben
9-I 10 Urb Marques 878-4800
Rodriguez Morales Felix
Carr 664 Km 4.2 Sec Roman 878-2247
Rodriguez Muñiz Gloria E
Carr 656 Km 1.4 Bajadero 881-4236
Rodriguez Negron Benjamin
2-B Calle 1 881-3659

BREEN PUBLICIDAD

Félix Hugo Parada Mejía
DIRECTOR GENERAL
FELIX HUGO Y ASOCIADOS, S. A. DE C. V.
Acambay 201, Col. Pirules. C. P. 54040
Edo. de México.   Tels: 379 86 01   399 97 07

SUMAX
SUMINISTRO MATERIAL AUXILIAR
CINE Y TELEVISION

VICENTE LOZANO JODRA

P.º DE LA DIRECCION, 60
28039-MADRID

TEL. 442 51 67

[a]Sin... *However*

*También es frecuente en los Estados Unidos ver apellidos «compuestos» (Robert Bley-Vroman, Mary Smith-González). ¿Es este sistema similar o diferente al sistema hispano?

¡IDEAS PARA EXPLORAR

La familia «extendida»

ENFOQUE LÉXICO

¿Y los otros parientes?

Talking About Your
Extended Family

You have already learned vocabulary related to immediate or nuclear families. Here is a summary of some of the expressions related to extended families.

La familia «extendida» de los Gómez

Lección 4   ¿Cómo es tu familia?

Enrique y Teresa y Roberto y Antonia son **los abuelos** de José Luis.

Roberto y Antonia son sus **abuelos paternos.**

Enrique y Teresa son sus **abuelos maternos.**

Antonia es su **abuela paterna** y Teresa su **abuela materna.**

Antonia, su abuela paterna, **ya murió.**

Enrique, su **abuelo materno, ya murió.**

José Luis tiene varios **tíos:** Gonzalo, Luisa, Jaime, Juan Manuel y Virginia.

Su **tía** favorita es Luisa. No tiene un **tío** favorito.

Su tío Jaime y su tía Virginia tienen dos hijos, Rosa y Martín. Ellos son **los primos** de José Luis.

Actividad A   La familia «extendida»

Lee las oraciones en el **Enfoque léxico.** Después, en el dibujo (*drawing*) de la familia Gómez, busca a las personas mencionadas en las oraciones. ¿Puedes deducir el significado de todas las palabras nuevas?

Actividad B   Los parientes de José Luis

Estudia el dibujo de la familia Gómez y las palabras. Luego, identifica a los miembros de la familia que están en la columna A. Contesta en oraciones completas, según (*according to*) el modelo.

MODELO   Rosa y Martín son los primos de José Luis.

A		B	
1. _____ Rosa		**a.** una tía	
2. _____ Roberto		**b.** una prima	
3. _____ Enrique		**c.** un tío	
4. _____ Teresa	es/son	**d.** la abuela materna	
5. _____ Juan Manuel		**e.** el abuelo paterno	de José Luis.
6. _____ Rosa y Martín		**f.** el abuelo materno	
7. _____ Virginia		**g.** los tíos	
		h. los primos	

COMUNICACIÓN

Actividad C   El profesor (La profesora)

Usando el nuevo vocabulario y el vocabulario que ya sabes, hazle preguntas (*ask questions*) al profesor (a la profesora). ¿Cuántos datos (*information*) pueden Uds. obtener en sólo cuatro minutos?

MODELOS   ¿Tiene Ud. abuelos?
¿Cómo se llaman?

¿Tienes sobrinos?

Additional Vocabulary Related to Family Members

Here are some other words related to families. Read each Spanish definition and example. Do you know what each word means?

sobrino/a: hijo o hija de tu hermano/a

José Luis es **el sobrino** de Luisa (la hermana de su padre José).

nieto/a: hijo o hija de tu hijo/a

José Luis es **el nieto** de Enrique y Teresa.

cuñado/a: esposo o esposa de tu hermano/a

Virginia es **la cuñada** de Gonzalo.

suegro/a: padre o madre de tu esposo/a

>Roberto es **el suegro** de Marta.

casado/a: cuando una persona tiene esposo/a

>Marta está **casada.**

divorciado/a: cuando un esposo y una esposa se separan legalmente

>Gonzalo está **divorciado.**

soltero/a: una persona que no tiene esposo/a

>José Luis es **soltero.**

ya murió (pasado de **morir**): sin vida

>El abuelo materno de José Luis **ya murió.**

viudo/a: cuando el esposo (la esposa) ya murió

>Roberto es **viudo.**

vivo/a: que tiene vida

>El abuelo paterno de José Luis está **vivo.**

Actividad D Más sobre los Gómez

Tu profesor(a) va a leer una serie de preguntas sobre la familia Gómez. Para contestar, puedes consultar el dibujo de las páginas 114–115.

>1... 2... 3... 4... 5... 6... 7...

Actividad E ¿Cierto o falso?

Estudia otra vez el dibujo de la familia «extendida» de José Luis. Luego escucha las afirmaciones del profesor (de la profesora). ¿Son ciertas o falsas?

>1... 2... 3... 4... 5... 6... 7... 8... 9... 10...

COMUNICACIÓN

Actividad F Firma aquí, por favor

¿Cómo es tu familia «extendida»? Pregúntaselo a tus compañeros de clase.

1. ¿Tienes un cuñado?
2. ¿Están vivos todos tus abuelos?
3. ¿Tienes un tío soltero?
4. ¿Tienes un sobrino (una sobrina)?
5. ¿Hay más de treinta personas en tu familia «extendida»?
6. ¿Hay una persona divorciada en tu familia?
7. ¿Tienes primos que no conoces?
8. ¿Tienes un suegro?

Actividad G ¿Sabías que... ?

Lee la selección **¿Sabías que... ?** que aparece abajo. Luego, forma diminutivos de las siguientes palabras y nombres.

amigo/a	Jaime	pequeño/a
casa	libro	perro o gato
Guillermo	Luz	Rosa

¿Puedes «españolizar» tu nombre y ponerlo en forma diminutiva?

MODELOS Michael → Miguel → Miguelito

Shelley → Chela → Chelita

¿ S A B Í A S Q U E . . .

...en algunas lenguas es posible cambiar[a] una palabra para darle[b] una connotación cariñosa[c]? En inglés, por ejemplo, entre los miembros de una familia es posible decir *dad* o *daddy*. (Compara estas palabras con *father*.) Pero, ¿es posible cambiar las palabras *brother* o *cousin* en inglés para demostrar cariño? ¡En español es muy fácil! Se usan los diminutivos.

mamá	mamita o mamacita*
papá	papito o papacito*
hermano	hermanito
prima	primita
abuela	abuelita

¡OJO! Hay mucha variación regional en el uso de los diminutivos. Pregúntale a tu profesor o profesora cómo se dice **mamita** en su dialecto.

[a]*to change* [b]*para... to give it* [c]*affectionate*

Actividad H Los hispanos hablan

Paso 1 Read the selection **Los hispanos hablan** on page 119. Then answer the following questions.

1. Trata de anticipar cómo Martín Solano va a terminar su oración. «...mientras que _____.»
2. ¿Sí o no? Según Cristina Murillo, los españoles tienen ideas diferentes de los norteamericanos con respecto a la «independencia de los padres».

Paso 2 Now listen to the tape. Was your prediction from **Paso 1** correct?

Vocabulario útil

no tanto	not as much
aunque	although

*En Latinoamérica **mami** y **papi** son muy comunes.

Paso 3 In class, conduct a brief survey to find out in what way students spend time with their family members. (If you live away from your family, assume the survey is about the time when you actually visit your family.) Here are some questions to get you started.

1. ¿Comen Uds. juntos (*together*) siempre?
2. ¿Miran la televisión juntos?
3. ¿Van al cine juntos? etcétera

LOS HISPANOS HABLAN

En general, ¿qué diferencias has notado[a] entre las actividades favoritas de los hispanos y las de los norteamericanos?

NOMBRE: Martín Luis Solano Aguirre
EDAD: 21 años
PAÍS: Costa Rica

«La diferencia básica es que a los norteamericanos les gusta emplear su tiempo libre con sus amigos o trabajando, mientras que[b]... »

NOMBRE: Cristina Murillo
EDAD: 20 años
PAÍS: España

«Los norteamericanos trabajan para ser independientes desde pequeños[c] y los españoles no.»

---

[a]has... *have you noted*   [b]mientras... *while*   [c]desde... *from an early age*

Los miembros de una familia española almuerzan juntos.

Mis relaciones con la familia

ENFOQUE LINGÜÍSTICO

¿Te conocen bien?

First and Second Person
Direct Object Pronouns

me	nos
te	os*
lo/la	los/las
lo/la	los/las

In addition to having a subject, a verb in a sentence will also often have an object. An object is generally defined as a thing or person on which an action or process is performed. Thus, in the sentence *John writes letters, John* is the subject and *letters* is the object (the action of writing is performed on the letters). In the sentence *She has an idea, She* is the subject (pronoun) and *an idea* is the object (the thing on which the process of having is performed). What is the subject and what is the object of the verb **miran** in the following sentence?

Los padres miran a los hijos.

If you said **padres** is the subject (parents are the ones doing the watching) and **hijos** is the object (the things being watched), you were correct. Did you notice that **los hijos** is preceded by **a**? This **a** is called *personal* **a** and must be used in Spanish before human objects of a verb. You will learn more about it later. What is the subject pronoun that corresponds to **padres: ellos, él,** or **nosotros?**

_____ miran a los hijos.

If you said **ellos,** you were correct again. **Los padres** is the subject noun and **ellos** is the subject pronoun. Subject pronouns are already familiar to you.

yo	nosotros/as
tú	vosotros/as
usted (Ud.)	ustedes (Uds.)
él/ella	ellos/ellas

***Vosotros** forms are not actively used in *¿Sabías que... ?* They are provided for recognition only. It will be for your instructor to decide whether he or she wishes for you to learn these forms.

In Spanish (and English), not only are there subject pronouns, but there are also object pronouns.

| Los padres **los** miran (es decir, a los hijos). | The parents watch **them** (that is, the kids). |

Here is the first set of subject and object pronouns in Spanish with which you will become familiar.

	PRONOUNS	
	SUBJECT	OBJECT
1st person singular	yo	**me**
	Yo comprendo (*understand*) a mi hermano.	Mi hermano **me** comprende.
2nd person singular	tú	**te**
	Tú comprendes a los abuelos.	Los abuelos **te** comprenden.
1st person plural	nosotros/as	**nos**
	Nosotros comprendemos a los parientes.	Los parientes **nos** comprenden.

Me, te, and **nos** are objects of the verb. Can you figure out who is being understood in the first example in the righthand column? *Me.* In the second, who is being understood? *You.* And in the third, who is being understood? *Us.* Keep in mind the following two facts about object pronouns.

1. They are placed in front of conjugated verbs.
2. They indicate on whom or what the action or process is performed, not who or what performed the action or process.

It's also important to keep in mind Spanish word order. In Spanish subjects can come before or after the verb.

> **Juan** no viene. No viene **Juan.**

Objects marked with **a** generally follow the verb.

> María visita **a su hermano.**

Object pronouns must always precede a conjugated verb.

> Mis tíos **me fascinan.**

However, they can be attached to the end of an infinitive or a present participle. Note that when a pronoun is attached to a participle, a written accent mark is added to maintain the original pronunciation of the participle.

| Mis primos van a **visitarme** en junio. | *or* | Mis primos **me** van a visitar en junio. |
| Mi abuela está **escuchándome.** | | Mi abuela **me** está escuchando. |

Spanish also uses the pronouns **me, te,** and **nos** as indirect objects: *to whom, from whom,* and *for whom.*

Mis hermanos **me** escriben cartas muy largas.

To whom are the letters being written? To me.

¿Y **te** dan dinero tus padres?

To whom is money given? To you—or at least that's what is being asked.

You already know how to use indirect objects with the verb **gustar.**

| **Me** gusta recibir cartas de mi familia. | *Receiving letters from my family is pleasing to me.* |
| ¿**Te** gusta escribir cartas? | *Is writing letters pleasing to you?* |

What can get tricky in correctly interpreting a sentence is that often you will see or hear a sentence in which the order is object pronoun-verb-subject, just the opposite of English!

| Nos invitan a cenar las chicas. | *The girls are inviting us to eat dinner.* |
| No te comprende el profesor. | *The professor doesn't understand you.* |

Actividad A   Pronombres

Select the correct interpretation of the sentence. Keep in mind that Spanish has flexible word order and doesn't necessarily follow subject-verb-object order as English does.

1. Mi hermana me llama frecuentemente.
   a. I call my sister frequently.
   b. My sister calls me frequently.
2. ¿Te escriben tus padres?
   a. Do you write to your parents?
   b. Do your parents write to you?
3. No nos escuchan los padres.
   a. Parents don't listen to us.
   b. We don't listen to parents.
4. Me conocen bien mis hermanos.
   a. My siblings know me well.
   b. I know my siblings well.

NOTA COMUNICATIVA

Here are some ways of saying what you do without using complete sentences. Note: Spanish does not have a "support verb" equivalent to English *do.*

SOMEONE SAYS	YOU CAN SAY	
No comprendo a mis padres.	Yo sí.	*I do.*
	Yo tampoco.	*Neither do I.*
		Me neither.
Veo a mi familia con frecuencia.	Yo también.	*I do, too.*
	Yo no.	*I don't.*

Actividad B   ¿Objeto o sujeto?

Your instructor will say a series of sentences. Match each sentence you hear with one of the statements below. Remember that Spanish does not always follow subject-verb-object word order!

1. **a.** ❑ A man is calling me.
   b. ❑ I am calling a man.
2. **a.** ❑ My parents visit me.
   b. ❑ I visit my parents.
3. **a.** ❑ I follow others.
   b. ❑ Others follow me.
4. **a.** ❑ We are greeting a friend.
   b. ❑ A friend is greeting us.
5. **a.** ❑ Our relatives don't understand us.
   b. ❑ We don't understand our relatives.

6. **a.** ❑ A friend is inviting you to dinner.
   b. ❑ You are inviting a friend to dinner.
7. **a.** ❑ The professor is watching us.
   b. ❑ We are watching the professor.
8. **a.** ❑ María is looking for you.
   b. ❑ You are looking for María.
9. **a.** ❑ Juan believes us.
   b. ❑ We believe Juan.

COMUNICACIÓN

Actividad C   Los parientes

What are things that relatives do to us? They can bother us, visit us, criticize us, love us, and so forth.

Paso 1   Read each statement and select the ones that you think are typical.

Los parientes...

a. ❑ nos molestan (*bother*).
b. ❑ nos critican.
c. ❑ nos ayudan (*help*).
d. ❑ nos visitan.
e. ❑ nos quieren (*love*).
f. ❑ nos _____.

Actividad G   Mis parientes

Select a female relative of yours (**madre, hermana, tía, abuela, esposa,** and so forth) and write her name below. Which of the statements describes how you feel about her?

Nombre del pariente: _____   Relación: _____

❏ La admiro.   ❏ Trato de (*I try to*) imitarla.
❏ La respeto.   ❏ La detesto.
❏ La quiero mucho.   ❏ La...

Now select a male relative and do the same!

Nombre del pariente: _____   Relación: _____

❏ Lo admiro.   ❏ Trato de imitarlo.
❏ Lo respeto.   ❏ Lo detesto.
❏ Lo quiero mucho.   ❏ Lo...

Compare your responses with those of two other people. Did you select the same relatives? Did you mark the same feelings?

ENFOQUE LINGÜÍSTICO

Llamo a mis padres

The Personal **a**

Recall that Spanish uses the object marker **a.**

> Los padres miran **a** los hijos.
> Llamo **a** mis padres.

This object marker has no equivalent in English, but it's important in Spanish because it provides an extra clue about who did what to whom in the sentence. Because Spanish has flexible word order, the **a** reminds you that even if a noun appears before the verb it may not be the subject!

> Juan llama **a** María. ⎫
> **A** María la llama Juan. ⎬ *Juan calls María.*

Note that when an object appears before the verb, the corresponding object pronoun must also be used. If you think that this is redundant, it is! But redundancy is a natural feature of languages. For example, we put past-tense endings on verbs even if we also say *yesterday* or *last night*. What does the following sentence mean? Who is doing what to whom?

> **A** la chica la busca el chico.

You were correct if you said *The boy is looking for the girl.*

Actividad H   ¿Quién?

Select the correct English version of each sentence.

1. A mi mamá la besa mucho mi papá.
   a. My mom kisses my dad a lot.
   b. My dad kisses my mom a lot.

2. A mi papá no lo comprendo yo.
  a. I don't understand my father.
  b. My father doesn't understand me.
3. A la señora la saluda el señor.
  a. The woman greets the man.
  b. The man greets the woman.
4. A los chicos los sorprende la profesora.
  a. The professor surprises the boys.
  b. The boys surprise the professor.

COMUNICACIÓN   **Actividad I**   ¿A quién?

Paso 1   Contesta las siguientes preguntas. Si no quieres hablar de tu familia, puedes hablar de amigos y otras personas que no son de tu familia.

MODELO   E1: ¿A quién de tu familia admiras?
         E2: A mi madre.
          o Admiro a mi madre.
              Admiro a varias personas: a mi padre, a mi madre...

1. ¿A quién de tu familia admiras?
2. ¿A quién de tu familia comprendes mejor?
3. ¿A quién de tu familia no comprendes para nada?

Paso 2   Habla con otra persona en la clase para ver si contestan igual que tú. ¿Hay ciertos sentimientos comunes a la clase, por ejemplo, admiran todos a su abuela? ¿a un tío en particular?

¿Cómo es la familia de... ?

Propósito: dibujar (*to draw*) el árbol genealógico de alguna persona en la clase.
Papeles: una persona entrevistada; el resto de la clase dividido en cinco grupos.

Paso 1   El profesor (La profesora) le va a asignar a cada grupo una de las categorías de la lista a continuación.

Categoría 1: miembros de la familia nuclear
Categoría 2: abuelos
Categoría 3: tíos, incluyendo sus esposos y esposas
Categoría 4: primos
Categoría 5: características particulares de cada uno de los diferentes parientes (por ejemplo, la persona más loca [*craziest*]; ver **Así se dice,** página 117), y sus pasatiempos especiales

Cada grupo debe hacer las preguntas necesarias para obtener toda la información sobre su categoría. Por ejemplo, se puede preguntar sobre los nombres de los parientes, su edad, dónde viven, etcétera.

Paso 2 Los grupos deben entrevistar a la persona seleccionada. Toda la clase debe escuchar sus respuestas y apuntar (*jot down*) toda la información. ¡**OJO!** Si no entiendes algo, debes pedir aclaración (*clarification*).

Paso 3 En casa, dibuja el árbol genealógico de la persona entrevistada. Incluye todos los detalles. A continuación hay un ejemplo de cómo se puede poner el nombre de un pariente en el árbol genealógico.

Si hay tiempo, uno o dos voluntarios debe(n) presentar su dibujo a la clase y dar una descripción de dos o tres minutos de varios miembros de la familia.

María Shay, tía, divorciada. Vive en Florida. Es la más cómica de la familia.

Vocabulario

La familia nuclear	The Nuclear Family
la esposa/mujer	wife
el esposo/marido	husband
los esposos	married couple
el/la hermanastro/a	stepbrother, stepsister
el/la hermano/a	brother, sister
los hermanos	brothers and sisters; siblings
el/la hijo/a	son, daughter
los hijos	children
la madrastra	stepmother
la madre	mother
la madre soltera	single mother
el/la medio/a hermano/a	half brother, half sister
el padrastro	stepfather
el padre	father
el padre soltero	single father
los padres	parents

La familia «extendida»	The "Extended" Family
el/la abuelo/a	grandfather, grandmother

los abuelos	grandparents
el/la cuñado/a	brother-in-law, sister-in-law
el/la nieto/a	grandson, granddaughter
los nietos	grandchildren
el/la primo/a	cousin
el/la sobrino/a	nephew, niece
el/la suegro/a	father-in-law, mother-in-law
los suegros	in-laws
el/la tío/a	uncle, aunt
los tíos	aunts and uncles

Para describir a los parientes	Describing Relatives
es...	he/she is...
soltero/a	single
viudo/a	a widower, widow
está...	he/she is...
casado/a	married
divorciado/a	divorced
vivo/a	alive

ya murió	he/she already died
mayor	older
el/la mayor	oldest
menor	younger
el/la menor	youngest

Para hacer preguntas — Asking Questions

¿cómo?	how?
¿cuál?, ¿cuáles?	which?, what?
¿cuándo? (R)	when?
¿cuántos/as? (R)	how many?
¿dónde?	where?
¿qué? (R)	what?, which?
¿quién?, ¿quiénes? (R)	who?

Otras palabras y expresiones útiles

el apellido	last name
los gemelos	twins
el pariente	relative
el perro	dog
nuevo/a	new
pequeño/a	small
simpático/a	nice, pleasant
tener... años	to be... years old

Actividad A   Imagen° poética   *Image*

Paso 1   Mira el fragmento de un poema que aparece a la derecha. En este poema, el gran escritor español Juan Ramón Jiménez (1881–1958) usa la figura de un miembro de la familia para personificar la muerte. ¿Puedes adivinar qué miembro de la familia usó el poeta en este poema?

Vocabulario útil

la muerte	death
a través de	through
siglo	century
nos olvida	forgets us

Paso 2 (Optativo)   ¿En qué contextos se usan los nombres de los miembros de la familia para referirse a un concepto o a una persona? La clase debe tratar de formular una lista. ¿Hay algunos que se repiten más? ¿Se usan más los nombres del sexo masculino que los del sexo femenino?

MODELOS   Se dice «el padre tiempo» o *father time* en inglés.

Se dice «una ciudad hermana» o *sister city* en inglés.

 La muerte

La muerte es una _____ nuestra antigua,
nuestra primera _____, que nos quiere
a través de las otras, siglo a siglo,
y nunca, nunca nos olvida...

Actividad B   Otra imagen

El dibujo que aparece en la página 130 es del caricaturista (*cartoonist*) argentino contemporáneo Quino. Aunque (*Although*) Quino y Juan Ramón Jiménez son de diferentes épocas y diferentes países, usaron (*they used*) la misma imagen. Mira el dibujo y contesta las siguientes preguntas.

1. ¿Cómo sabemos que el señor está a punto de morir (*is about to die*)? Indica las respuestas más apropiadas.

   ❑ Es muy joven.
   ❑ Está enfermo (*ill*). Hay medicinas al lado de la cama (*next to the bed*).
   ❑ La figura de la muerte viene a buscarlo.

2. ¿Es la idea de Quino semejante (*similar*) a la idea de Juan Ramón Jiménez ¿Por qué (no)?

Actividad C ¿A quién quieres?

Paso 1 Mira la tira cómica de Mafalda que aparece abajo. ¿Cuál crees que es la respuesta «standard» a que se refiere Mafalda?

Paso 2 ¿A quién quieres más tú? Responde a este autoexamen. Si prefieres, puedes cambiar (*change*) las personas de acuerdo con tu situación personal. Si hay tiempo, comparte (*share*) la información con la clase. ¿Cuál es la respuesta más común entre los estudiantes de la clase?

Los padres

- ❏ Quiero más a mi mamá.
- ❏ Quiero más a mi papá.
- ❏ Quiero a mis padres por igual.
- ❏ No quiero a ninguno de mis padres.
- ❏ Otro comentario _____
  _____

Los abuelos

- ❏ Quiero más a mis abuelos paternos.
- ❏ Quiero más a mis abuelos maternos.
- ❏ Quiero a todos mis abuelos por igual.
- ❏ No conozco muy bien a mis abuelos.
- ❏ Otro comentario _____
  _____

Los hermanos

- ❏ Quiero más a un hermano (una hermana) que a otro/a.
- ❏ Quiero a todos/as mis hermanos (hermanas) por igual.
- ❏ No quiero a ninguno/a de mis hermanos (hermanas).
- ❏ No tengo hermanos/as.
- ❏ Otro comentario _____
  _____

Los hijos

- ❏ Quiero más a un hijo que a otro.
- ❏ Quiero a mis hijos por igual.
- ❏ No tengo hijos.
- ❏ Otro comentario _____
  _____

[a]*baby*   [b]«quieres» en el dialecto argentino   [c]*I feel*

5

¿A QUIÉN TE PARECES?

 n this lesson you will explore the topic of resemblance in families. As you do so, you will

■ learn to describe people's physical appearance and to understand descriptions given by others

■ talk about family resemblances

■ learn to talk about some personality traits and to relate these to family characteristics

■ learn about true reflexives and reciprocal reflexive constructions and to use these to talk about relationships among family members and friends

■ continue to use adjectives

Las Cuatas Diego (1980) por Cecilia Concepción Álvarez (estadounidense, 1950–   )

131

Look over the **Intercambio** activity on pages 151–152. This is the activity you will be working toward throughout this lesson.

ENFOQUE LÉXICO

Características físicas

¿Cómo es?

Describing People's Physical Features

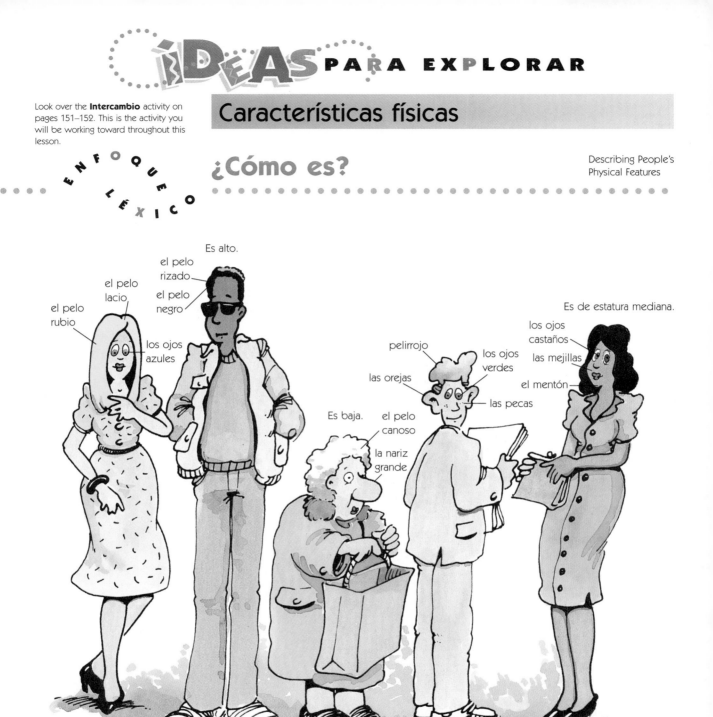

Es alto.

el pelo rizado

el pelo negro

el pelo lacio

el pelo rubio

los ojos azules

Es de estatura mediana.

los ojos castaños

las mejillas

el mentón

pelirrojo

los ojos verdes

las orejas

las pecas

Es baja.

el pelo canoso

la nariz grande

Rosario Maira   Heriberto Rodríguez   Evelyn Roman   Bobby Feldman   Marisela González

VOCABULARIO ÚTIL

la cara	face	**¿Cómo es?**	What does he/she look like?
la característica física	physical characteristic, trait		
los rasgos	traits (*usually facial features*)	**más alto/a (que)**	taller (than)
		menos grande (que)	smaller (than)
		el/la más alto/a (de)	the tallest
calvo/a	bald	**el/la menos grande (de)**	the smallest
moreno/a	dark-haired		
describir	to describe		

ASÍ SE DICE

When asking about someone's hair color or eye color, use **de qué color.** This differs from English in which we commonly say, *What color... ?*

¿De qué color es el pelo?
¿De qué color son los ojos?

When inquiring about height, one uses **de qué estatura.**

¿De qué estatura es?

Actividad A ¿Quién es?

Da el nombre de la persona que ves en los dibujos en el **Enfoque léxico.**

1. ¿Quién tiene los ojos castaños?
2. ¿Quién es pelirrojo?
3. ¿Quién tiene el pelo rubio?
4. ¿Quién es moreno?
5. ¿Quién tiene las orejas grandes?
6. ¿Quién es baja?
7. ¿Quién tiene el pelo rizado?
8. ¿Quién tiene el pelo lacio?

Actividad B Descripciones

Tu profesor(a) va a describir a una persona que está en los mismos dibujos. ¿A quién describe?

Actividad C Otras personas

Escucha lo que dice el profesor (la profesora). Para cada característica física, da el nombre de una persona famosa que la tiene o que es así (*that way*) o que la tenía (*had it*) o era (*was*) así si ya murió.

1... 2... 3... 4... 5... 6... 7... 8...

Actividad D Los compañeros de clase

Paso 1 Mira a las personas de la clase y observa algunas de sus características físicas. Luego cierra (*close*) los ojos y escucha la descripción que da el profesor (la profesora).

Paso 2 Escribe los nombres de todas las personas en la clase que tienen los rasgos físicos que el profesor (la profesora) describe.

Paso 3 Compara tu lista con las listas de tus compañeros de clase. La clase debe eliminar los nombres que no deben estar en la lista y preparar una lista de finalistas.

Paso 4 Escucha mientras (*while*) el profesor (la profesora) da más información sobre la persona. De las personas que están en la lista de finalistas, ¿a quién describe?

Actividad E ¿Sabías que... ?

Paso 1 Escucha y lee la selección **¿Sabías que... ?** Luego indica cuál de las siguientes oraciones capta mejor la idea principal.

1. Los hispanos son morenos y tienen los ojos castaños.
2. En cuanto a las características físicas, hay bastante variación regional en el mundo hispánico.

Paso 2 En varias partes del mundo, se cree que todos los norteamericanos son rubios y de ojos claros. Claro que esto no es verdad. Escribe uno o dos párrafos con el título «¿Sabías que... ?» sobre los norteamericanos semejante al (*similar to the one*) que aparece en esta página. Incluye fotos o imágenes de revistas para ilustrar lo que escribes.

¿ S A B Í A S Q U E . . .

Un chico puertorriqueño de San Juan

...en realidad las características físicas de los hispanos varían mucho de país en país y de región en región? Es una generalización decir que todos los españoles y los latinoamericanos son morenos. Por ejemplo, en ciertas regiones de España, como Asturias y el País Vasco, se encuentran muchas personas rubias de ojos azules. En Andalucía, en el sur de España, la gente tiende a ser morena.[a]

La población de Latinoamérica también presenta una variedad de rasgos físicos. La gente del Caribe (Cuba, Puerto Rico, la República Dominicana) tiene mucha influencia africana. En la Argentina, por otra parte, es posible encontrar rubios de ojos azules como en Europa. Y en muchos países latinoamericanos, especialmente en México, Centroamérica y la región andina, se ve la influencia indígena.

Una joven mujer española

Un estudiante mexicano de la capital

[a]tiende... *tends to be dark-skinned and dark-haired*

Una mujer de veintitrés años de México

¿Nos parecemos?

Talking About Family Resemblances

Twins and triplets may be identical, but most of the time brothers and sisters have only some similar physical characteristics. To talk about whether two people resemble each other, the verb **parecerse** is used.

Juan y Roberto **se parecen.**	*Juan and Roberto look like each other.*
Mi hermana y yo **nos parecemos.**	*My sister and I look like each other.*
Me parezco a mi padre.	*I look like my father.*

You can also use the adjective **parecido/a** with the verb **ser** to describe resemblances and similarities.

Mi hermana y mi madre **son** muy **parecidas.**	*My sister and my mother are very similar (much alike).*
Soy muy **parecido** a mi padre.	*I'm very much like my father.*

El rey Juan Carlos I de España y su hijo el Príncipe de Asturias, Felipe. ¿Se parecen mucho padre e hijo?

ASÍ SE DICE

Remember, don't mistake the pronouns **me, te, se,** and **nos** as subject pronouns! For example, the **nos** of **nos parecemos** does not mean *we;* rather, **nosotros** means *we* as does the ending **-mos** on the verb. Likewise, **me** does not mean *I,* **se** does not mean *he/she,* and so on. Compare

(Nosotros) Nos parecemos.
We look alike.

(Él) Se parece a su madre.
He looks like his mother.

Actividad F ¿Es verdad?

¿Cuál de las siguientes oraciones describe tu situación?

Sobre tus hermanos

1. ❑ Mi(s) hermano(s) (hermana[s]) y yo nos parecemos.
2. ❑ Me parezco sólo a uno de mis hermanos (una de mis hermanas).
3. ❑ Soy idéntico/a a uno de mis hermanos (una de mis hermanas).
4. ❑ No me parezco a ninguno de mis hermanos (ninguna de mis hermanas).
5. ❑ Mis hermanos se parecen.
6. ❑ Soy hijo adoptivo (hija adoptiva) y no me parezco a mis hermanos/as.
7. ❑ No tengo hermanos.

Sobre tus padres

8. ❑ Me parezco a mi padre.
9. ❑ Me parezco a mi madre.
10. ❑ Tengo algunas características de mi padre y otras de mi madre.
11. ❑ No me parezco ni a mi madre ni a mi padre.
12. ❑ Soy hijo adoptivo (hija adoptiva) y no me parezco a mi familia.

Sobre tus otros parientes (hijos, abuelos, etcétera)

13. Mi _____ y yo nos parecemos.
14. Mi _____ se parece más a _____.

José Canseco y su hermano
gemelo Ozzie

La familia de Carlos IV (1800)
por Francisco de Goya
(español, 1746–1828)

Actividad G Los hispanos hablan

Paso 1 Lee la selección **Los hispanos hablan.** Luego contesta las siguientes preguntas.

1. ¿Tiene Catalina hermanos o sólo hermanas?
2. ¿Es Verónica mayor o menor que Catalina?
3. ¿Qué características comparten (*share*) las tres hermanas?

Paso 2 Ahora escucha la cinta (*tape*). Después, contesta las siguientes preguntas.

Vocabulario útil

más chica	menor
marrones	dark brown
flaca	skinny
confundir	to confuse, mix up

1. ¿Se parecen Adriana y Catalina?
2. Escribe por lo menos tres características que tienen en común.

Paso 3 Escribe un párrafo corto en el que describes uno de tus parientes. ¿Se parecen Uds.? (Nota: Menciona sólo las características físicas, no la personalidad.)

LOS HISPANOS HABLAN

¿Cuántos hermanos tienes? ¿Cómo son tus hermanos? ¿Te pareces a ellos? ¿En qué se parecen y en qué se diferencian, tanto en la parte física como en la personalidad?

NOMBRE: Catalina Riveros
EDAD: 19 años
PAÍS: la Argentina

«Tengo dos hermanas. La mayor se llama Verónica y tiene veinte años. Es rubia y de ojos verdes. Está estudiando psicología y vive en mi casa. En la Argentina no es común cambiarse de lugar al empezar[a] la facultad. Las universidades no tienen dormitorios. Por esa razón, Verónica todavía vive con nosotros.»

«...»

«En cuanto a la personalidad, las tres somos bastante parecidas: tenemos carácter fuerte,[b] buen humor y nos gusta probar[c] cosas distintas.»

---

[a]cambiarse... *to move when you begin*   [b]*strong*   [c]*to try*

Ideas para explorar

Actividad H   ¿Se parecen?

Di (*Tell*) si los siguientes parientes se parecen o no físicamente. Explica tus opiniones. Para el número cinco, menciona los nombres de por lo menos dos personas que los demás miembros de la clase reconocerán (*will recognize*).

MODELO   Shirley MacLaine y Warren Beatty, hermanos →
No se parecen. (No son muy parecidos.) Shirley es pelirroja pero Warren tiene el pelo negro...

1. Michael y Janet Jackson, hermanos
2. Charlie Sheen y Emilio Estévez, hermanos
3. Hillary Rodham Clinton y Chelsea Clinton, madre e hija
4. Henry Fonda* y Jane Fonda, padre e hija
5. ¿ ?

Actividad I   Mi familia y yo

Trae (*Bring*) a la clase una fotografía de un miembro de tu familia. No la muestres (*Don't show it*) a tus compañeros de clase; el profesor (la profesora) lo hará (*will do it*). ¿Pueden identificar a la persona de tu fotografía tus compañeros de clase?

MODELO   ESTUDIANTE: La persona de la foto es el padre (el hermano, la madre, etcétera) de Jane porque se parecen.
PROFESOR(A):   ¿En qué se parecen?
ESTUDIANTE: Tienen los ojos del mismo color (Los dos tienen los ojos azules) y...

ÍDEAS PARA EXPLORAR

Más sobre las relaciones familiares

ENFOQUE LINGÜÍSTICO

¿Te conoces bien?

True Reflexive Constructions

me	despierto	nos	despertamos
te	despiertas	os	despertáis
se	despierta	se	despiertan
se	despierta	se	despiertan

---

*Henry ya murió. Así que para hablar de sus características físicas, debes usar **tenía** (*he had*) o **era** (*he was*).

Cuando un perro **se mira** en el espejo (*mirror*), ¿comprende que no es otro perro?

In **Lección 4,** you learned about objects and object pronouns. These are relatively easy concepts to understand, and objects and object pronouns aren't difficult to distinguish from subjects. But what if subjects and objects refer to the same person or persons? For example, with the verb *to see,* a person can either *see someone else* or can go to a mirror and *see himself or herself* in the reflection. The second type of construction is called a true reflexive.

Any verb that can have an object can be reflexive. To make a verb reflexive, English often uses a pronoun with *-self* or *-selves* (*myself, yourselves,* and so forth). Spanish simply uses the regular object pronouns for first and second person (singular and plural), and the special pronoun **se** for third person.

Comprendo a mi hermanito.	*I understand my little brother.*
Me comprendo.	*I understand myself.*
Juan mira a María.	*Juan looks at María.*
Juan **se** mira.	*Juan looks at himself.*

In **Unidad 1,** you learned some reflexive verbs including **levantarse** and **despertarse.**

(Yo) **Me levanto** muy temprano.
(Tú) **Te despiertas** a las seis todos los días.
(Ud.) **Se levanta** temprano los fines de semana.
(Él/Ella) **Se acuesta** tarde.
(Nosotros/as) **Nos despertamos** a las siete y media.
(Uds.) **Se acuestan** bastante temprano.
(Ellos/Ellas) **Se levantan** rápidamente.

Levantar literally means *to raise,* so when you say **Me levanto temprano** you are literally saying *I raise me* (i.e., *myself*) *early.* **Acostar** actually means *to put to bed.* When you say **María se acuesta** you are in fact saying *María puts herself to bed.* Knowing that **despertar** means *to awaken* or *to wake up,* how does **Nos despertamos a las siete y media** literally translate in English? You're right if you said *We wake ourselves up at 7:30.*

The reflexive verbs you learned in **Unidad 1** can also be used nonreflexively when the subject and object are not the same. For example, María can wake (herself) up or she can wake up her mother.

María **se despierta.**
María **despierta a su mamá.**

María can also wake (herself) up or someone else can wake her up.

María **se despierta.**
El papá **despierta a María.**

In the activities that follow, pay attention to how the **se** (**me,** etc.) indicates a reflexive action or event.

Actividad A ¿Acciones reflexivas?

Indica cuál de las opciones capta mejor la idea principal, en cada caso.

1. Marcos tiene muy buena opinión de su primo Roberto. Considera que Roberto es un joven modelo.
   Marcos...
   a. ❑ admira a otra persona.
   b. ❑ se admira.
2. Dolores es una persona interesante. Sabe muy bien cuáles son sus puntos fuertes y cuáles son sus puntos vulnerables. Sabe lo que quiere de la vida y cómo lograrlo (*to achieve it*).
   Dolores...
   a. ❑ conoce bien a otra persona.
   b. ❑ se conoce bien.
3. A Federico no le gusta su compañero de cuarto Rodolfo. Según Federico, Rodolfo no tiene ninguna cualidad buena.
   Federico...
   a. ❑ detesta a otra persona.
   b. ❑ se detesta.
4. A Elena le gusta leer los libros de Carl Sagan. Cree que es un hombre muy inteligente y que sus ideas son muy interesantes.
   Elena...
   a. ❑ respeta a otra persona.
   b. ❑ se respeta.
5. Mi tío Gregorio siempre habla solo. Y lo más interesante es que contesta sus propias preguntas.
   Mi tío...
   a. ❑ habla con otra persona.
   b. ❑ se habla.

Actividad B Correspondencias

Paso 1 Indica si las siguientes oraciones son ciertas o falsas para ti.

	C	F
1. Me miro mucho en el espejo.	❑	❑
2. Me escribo notas para recordar cosas.	❑	❑
3. Me hablo constantemente.	❑	❑
4. Me adapto fácilmente a situaciones nuevas.	❑	❑
5. Me ofrezco (*offer*) como voluntario para todo.	❑	❑
6. Me expreso bien.	❑	❑
7. Me acuesto siempre a las 3.00 de la madrugada (*early morning*).	❑	❑
8. Me impongo (*impose*) límites en cuanto a (*regarding*) lo que gasto cada mes.	❑	❑
9. Me mantengo (*support*) sin la ayuda (*help*) de otra persona.	❑	❑

Paso 2 Con un compañero (una compañera), haz la correspondencia de cada acción reflexiva de la columna A con una conclusión de la columna B.

**A S Í   S E
D I C E**

Many typical daily actions, such as **acostar, afeitar** (*to shave*), **levantar** and **despertar,** are reflexive constructions in Spanish. In English they are usually expressed without the *-self* or *-selves*. Note the contrastive situations below.

bañar (*to bathe*)

Me baño todos los días.
I bathe (*take a bath*) *every day.*

Baño a mi perro una vez al mes.
I bathe my dog (*give my dog a bath*) *once a month.*

Lección 5   ¿A quién te pareces?

	A		B
	Si alguien...		...podemos concluir que...
1.	se habla constantemente	**a.**	está loco (*crazy*).
2.	se mira mucho en el espejo	**b.**	tiene mucho tiempo libre (*free*).
3.	se escribe notas todo el tiempo	**c.**	es flexible.
4.	se mantiene sin la ayuda de otra persona	**d.**	es responsable.
5.	se ofrece como voluntario para todo	**e.**	es independiente.
6.	se acuesta siempre a las 3.00 de la madrugada	**f.**	maneja muy bien el lenguaje.
7.	se adapta fácilmente a situaciones nuevas	**g.**	es narcisista.
8.	se expresa bien	**h.**	funciona mejor de noche.
9.	se impone límites en cuanto a lo que gasta cada mes	**i.**	tiene mala memoria.

Paso 3 Compara lo que indicaste en el **Paso 1** con las acciones y las conclusiones del **Paso 2.** ¿Crees que las conclusiones reflejan bien algo de tu personalidad?

Actividad C   ¿Se parecen?

Paso 1 Los estudiantes de la clase van a elegir (*choose*) a una persona que quieren entrevistar. Luego, van a decidir con cuál de los parientes de esa persona lo/la quieren comparar. Por ejemplo, pueden compararlo/la con su hermano, su hijo, su madre, etcétera. Utilizando cinco o más de las acciones reflexivas de la **Actividad B,** deben hacerle preguntas y notar las respuestas. (Si quieren, pueden utilizar otras acciones reflexivas.)

MODELOS   ¿A qué hora te acuestas normalmente?
Y ¿a qué hora se acuesta _____?
¿Te adaptas fácilmente a... ?
Y ¿se adapta fácilmente a... _____?

Paso 2 ¿A qué conclusión llegan Uds. sobre su compañero/a y su pariente? ¿Se parecen mucho? ¿poco? ¿Se parecen en ciertas cosas y no en otras?

Actividad D   Los hispanos hablan

Paso 1 Lee la selección **Los hispanos hablan** que aparece en la página 142. Luego, sin volver a leer (*reading again*) llena (*fill in*) el siguiente párrafo con la información correcta. ¿Recuerdas bien lo que lees?

Gloria tiene _____ hermanos. _____ estudian mientras que _____ no. Dice Gloria que _____ físicamente. Son de la misma estatura, tienen el pelo parecido, y también tienen el mismo color de _____.

Paso 2 Ahora escucha el resto de lo que dice Gloria. Luego, contesta las siguientes preguntas.

Vocabulario útil

apegadas	attached	**tiene mucha**	he is very
cuidadosa	careful	**suerte**	lucky
llena de alegría	full of happiness	**sensible**	sensitive

1. En cuanto a la personalidad, Gloria y sus hermanos no se parecen. ¿Sí o no?
2. Haz la correspondencia entre la persona y la característica que menciona Gloria.

Ceci	problemático
Laura	difícil de entender
Monse	ordenada
Diana	delicada
Jorge	el mejor de todos
Moy	muy alegre
Robertito	tiene mucha suerte

Paso 3 Repasa las características de los hermanos de Gloria. ¿Quién o quiénes en *tu* familia tiene(n) las mismas características? Si nadie en tu familia las tiene, habla de un amigo o de una amiga.

LOS HISPANOS HABLAN

¿Cuántos hermanos tienes? ¿Cómo son? ¿Te pareces a ellos? ¿En qué se parecen y en qué se diferencian, tanto en la parte física como en la personalidad?

NOMBRE: Gloria González   **EDAD:** 19 años   **PAÍS:** México

«Tengo siete hermanos. Todos estudian, es decir, los más grandes. Los más pequeños se quedan en casa. Nos parecemos un poco en lo físico. Todos somos más o menos altos, con tez[a] morena, cabello quebrado[b] y ojos color café... »

[a]*complexion*   [b]*wavy*

Mis abuelos, mis padres y yo (árbol genealógico) (1936) por Frida Kahlo (mexicana, 1907–1954)

¿Se abrazan Uds.?

Reciprocal Reflexives

(nosotros/as)	**nos comprendemos**
(Uds.)	**se comprenden**
(ellos/ellas)	**se comprenden**

ASÍ SE DICE

Although the verb **llevar** usually means *to carry*, the reflexive form of **llevar** is used to express the concept of getting along with someone.

Me llevo bien con toda mi familia.
I get along well with everyone in my family.

Mi padre no se lleva bien con su padre, mi abuelo.
My father doesn't get along well with his father, my grandfather.

Llevarse bien/mal can also be used to express a reciprocal action.

Mis padres y yo nos llevamos muy bien.
My parents and I get along well (with each other).

In addition to Spanish reflexive constructions that have English equivalents with -*self* or -*selves*, reflexive constructions in Spanish can express a reciprocal action; that is, when two or more people do something *to each other*.

Los niños **se miran.**	*The children look at each other.*
Los hombres no **se escuchan.**	*The men don't listen to each other.*
¿Nos conocemos?	*Do we know each other?*

What do you think the underlined portion of the following sentence means?

Mi hija y mi esposa <u>no se comprenden</u>. ¿Qué voy a hacer?

The underlined part of the sentence expresses that the speaker's daughter and wife do not understand each other.

Context will usually help you determine whether a third person plural reflexive construction is reciprocal or means -*selves*.

Actividad E   ¿En qué orden?

Indica el orden (1 a 6) en que pasan las acciones en cada situación. Compara lo que escribiste con lo que escribió otro compañero (otra compañera).

María y Silvia son dos amigas. Hace varias semanas que no tienen contacto la una con la otra. Pero un día...

_____ se abrazan (*hug*).
_____ se despiden (*say good-bye*).
_____ se hablan un rato.
_____ se llaman al día siguiente.
_____ se saludan.
_____ se ven.

Actividad F   ¿Sabías que... ?

Paso 1   Lee la selección **¿Sabías que... ?** que aparece en la página 144. ¿Es la costumbre descrita (*described*) típica de los Estados Unidos? ¿Cómo se saludan los amigos de tu edad en tu grupo?

Paso 2 Lee la selección de nuevo y subraya (*underline*) todos los verbos que representan acciones «recíprocas». Compara tu trabajo con el de un compañero (una compañera) o con la clase. Luego di cuál sería (*would be*) la frase que le corresponde en inglés a cada frase subrayada. ¿Siempre se dice *each other* en inglés al referirse a una acción recíproca?

¿ S A B Í A S   Q U E . . .

Dos estudiantes se saludan en Madrid, España.

...el contacto corporal entre los hispanos es mayor que entre los de ascendencia anglosajona? En España, por ejemplo, al saludarse y al despedirse dos personas, frecuentemente se besan ligeramente[a] en las mejillas. Esto es típico sobre todo[b] entre dos mujeres y entre una mujer y un hombre pero no es costumbre entre los hombres. El beso es doble; es decir, las dos personas se besan en las dos mejillas. Frecuentemente, cuando se besan, las dos personas también se abrazan. Además, las dos personas no tienen que ser parientes ni amigos íntimos para besarse cuando se saludan.

En otras partes del mundo hispánico, es más común darse un solo beso. Abrazarse o no es cuestión de preferencia individual. Si visitas un país de habla española, deberías[c] observar cómo se saludan y se despiden las personas cuando se encuentran en la calle. Si no comprendes o no tienes oportunidad de observar estas costumbres, ¡pregúntaselo a una persona nativa[d] del lugar que visitas!

[a]*lightly* [b]*sobre... especially* [c]*you should* [d]*pregúntaselo... ask a native resident about it*

COMUNICACIÓN

Actividad G   Una comparación

Paso 1 Indica si cada acción es típica o no en tu familia. Puedes añadir (*add*) otra acción si quieres.

En mi familia...

	SÍ	NO
1. nos abrazamos cuando nos vemos.	❏	❏
2. nos besamos (*kiss*) cuando nos vemos.	❏	❏
3. nos saludamos por la mañana.	❏	❏
4. nos llamamos mucho por teléfono.	❏	❏
5. nos apoyamos (*support*).	❏	❏
6. nos comprendemos bien.	❏	❏
7. ¿ ?	❏	❏

Paso 2 Utilizando las ideas del **Paso 1,** formula preguntas para hacerle una entrevista a un compañero (una compañera). Luego entrevista a esa persona.

MODELO   En tu familia, ¿se abrazan Uds. cuando se ven?

Paso 3 Escribe un breve párrafo en el que comparas a tu familia y la de tu compañero/a.

Actividad H ¿Se llevan bien?

Paso 1 Lee la explicación **Así se dice** que aparece en la página 143. Luego indica si estás de acuerdo con cada declaración a continuación.

	SÍ	NO
1. Las madres y las hijas se llevan mejor que (*better than*) los padres y las hijas.	❏	❏
2. Los padres y los hijos se llevan mejor que las madres y los hijos.	❏	❏
3. Los hermanos se llevan mejor cuando son pocos, por ejemplo, dos o tres.	❏	❏

Paso 2 Toda la clase va a compartir sus experiencias personales. Alguien debe tomar apuntes en la pizarra (*chalkboard*).

> MODELO En mi familia, todos se llevan bien. Mi madre y mis hermanos se llevan bien...

Paso 3 Ahora, ¿qué cree la clase en cuanto a las afirmaciones del **Paso 1**? ¿Estás tú de acuerdo con tus compañeros/as?

ÍDEAS **PARA EXPLORAR**

La herencia genética frente al medio ambiente

ENFOQUE LÉXICO

¿Cómo eres?

Describing Personalities*

Cualidades

el afán de realización	eagerness to get things done
el don de mando	talent for leadership
la tendencia a evitar riesgos	tendency to avoid risks

Adjetivos

capaz de dirigir (a otros)	able to direct (others)
perezoso/a	lazy
retraído/a	solitary, reclusive

Todos saben que Carlitos es muy **imaginativo.**

---

*You will learn many more expressions and words for describing people's personalities more fully in a later lesson.

Griselda, una mujer **aventurera,** hace una de sus actividades favoritas.

¿Te gusta quedarte en casa en vez de salir? ¿Prefieres estar sola más que con otras personas? Entonces eres **retraída** como Wanda.

Cognados

agresivo/a
aventurero/a
extrovertido/a
gregario/a
imaginativo/a
impulsivo/a
introvertido/a
reservado/a
serio/a
tímido/a
vulnerable al estrés (a la tensión)

VOCABULARIO ÚTIL

el medio ambiente	environment, surroundings
la herencia genética	genetic inheritance
poseer	to possess

ASÍ SE DICE

Many adjectives in Spanish, like other languages, have corresponding nouns. Here are nouns that go with some of the adjectives you are learning in this lesson.

la agresividad
la aventura
la capacidad para
la extroversión
la imaginación
el retraimiento
la timidez

Actividad A   ¿Semejante u opuesto?

Escucha mientras el profesor (la profesora) dice una de las palabras o expresiones nuevas. Di si las palabras o expresiones a continuación representan un concepto semejante u opuesto.

1. retraído
2. la tendencia a evitar riesgos
3. el don de mando
4. cómico
5. introvertido
6. gregario

Actividad B   ¡Bingo!

Escucha las instrucciones que da el profesor (la profesora) para jugar al Bingo.

Actividad C ¿Lógica o no?

Indica si cada oración es lógica o no (¡en tu opinión!). Si dices que no, ¿puedes explicar por qué?

	ES LÓGICA.	NO ES LÓGICA.
1. Una persona gregaria no habla mucho.	❏	❏
2. Para ser presidente, es bueno tener el don de mando.	❏	❏
3. Las personas retraídas tienden a evitar los riesgos.	❏	❏
4. Una persona agresiva no es tímida.	❏	❏
5. Si alguien es vulnerable al estrés, es muy capaz de dirigir a otros.	❏	❏
6. Una persona imaginativa tiene mucha creatividad.	❏	❏
7. Las personas perezosas y las que tienen el afán de realización pueden llevarse muy bien en el trabajo.	❏	❏

COMUNICACIÓN

Actividad D ¿Qué es?

El profesor (La profesora) va a darle a una persona de la clase uno de los atributos de las páginas 145–146. Todos de la clase deben hacerle preguntas a esa persona para averiguar (*find out*) el nombre de ese atributo.

MODELO E1: ¿Te gusta estar solo?
E2: No. Me gusta estar con otras personas.
E3: Si tienes un conflicto con alguien, ¿hablas con esa persona?
E2: Sí.
E4: ¿Eres capaz de dirigir a otros?
E2: ¡Sí!

Actividad E ¿Sabías que... ?

Paso 1 Lee la selección **¿Sabías que... ?** que aparece en la página 148. Luego contesta las siguientes preguntas.

1. La timidez es producto del medio ambiente. ¿Sí o no?
2. Si una persona es muy tímida, probablemente es consecuencia de la falta (*lack*) de protección durante su niñez (*childhood*). ¿Sí o no?

Paso 2 Todos de la clase van a hacer una lista de las características que pueden indicar timidez. Por ejemplo, la persona tímida casi no habla en un grupo. Traten de hacer una lista de por lo menos cinco características.

Paso 3 Fuera (*Outside*) de clase, entrevista a una persona que admite ser tímida. Hazle preguntas para averiguar si tiene las características del **Paso 2**. Luego, hazle preguntas para saber si otros miembros de su familia son también tímidos, por ejemplo, sus padres, sus abuelos, sus hermanos, etcétera. Escribe un breve párrafo en el que indicas si tienes evidencia de que su timidez es hereditaria o adquirida.

SÓLO PARA TÍMIDOS

Los sicólogos y siquiatras distinguen dos tipos de timidez, aunque por lo general, ninguna se encuentra en estado puro. Una de ellas es la timidez innata: una disposición de carácter que en muchos casos es hereditaria. La otra timidez es la adquirida, normalmente a causa de una educación protectora en exceso o, por el contrario, sin ninguna protección.

...no hay sólo un tipo de timidez? Según los expertos, la timidez puede ser o hereditaria o adquirida. Para informarte mejor, lee la selección «Sólo para tímidos».

ENFOQUE LINGÜÍSTICO

Parece que...

Making Assertions and Expressing Your Opinions; Use of **que**

When we assert something, we say that something is true. Assertions are often introduced by verbs of belief, knowing, and so forth. Note that in English, the word *that* can often be omitted. In Spanish, **que** is always required.

Sé **que** eres reservado.	*I know (that) you are reserved.*
Creo **que** es capaz de dirigir a otros.	*I think (that) she is able to direct others.*

Here are some verbs and phrases useful for indicating degree of assertion.

ASÍ SE DICE

With expressions that use **está** or **es (está claro, es obvio)** you can indicate for whom the strong assertion applies by using **para mí, para ti,** and so forth. (Note that **mí** carries a written accent.)

> Para mí está claro que...
> ¡Para ti está claro, pero para mí no!

To talk about others, use subject pronouns **(para él, para ellos). Yo** and **tú** normally don't follow prepositions in Spanish (an exception is **entre tú y yo).**

VERBS AND PHRASES OF ASSERTION

STRONG	←————————————→	NOT SO STRONG
es cierto		
está claro (*it's clear*)	creer (*to think, believe*)	parecer/me parece (*to seem/it seems to me*)
es evidente	pensar (ie)	
es obvio	opinar (*to think, have the opinion*)	
es indudable (*it's without a doubt*)		
asegurar/te aseguro (*to assure/I assure you*)		
saber		
es cosa sabida (*it's a known fact*)		

The opposite of an assertion is a denial or a negation of the truth, for example, **No creo que...** or **No me parece que....** Denials and non-assertions require a special verb form called the subjunctive in the second part of the sentence. For now, limit yourself to making assertions. Remember: you can always disagree or show a lack of belief by saying **No (lo) creo. / No es cierto. / No me parece así.**

Actividad F   ¿Estás de acuerdo?

Escucha las oraciones que dice tu profesor(a). Indica si la oración representa una aseveración fuerte (*strong assertion*), débil (*weak*) o ninguno de los dos. Luego, di si estás de acuerdo o no con lo que dice.

	FUERTE	DÉBIL	NINGUNO DE LOS DOS	ESTOY DE ACUERDO.	NO ESTOY DE ACUERDO.
1.	❑	❑	❑	❑	❑
2.	❑	❑	❑	❑	❑
3.	❑	❑	❑	❑	❑
4.	❑	❑	❑	❑	❑
5.	❑	❑	❑	❑	❑

Actividad G   Para completar

Completa cada oración y léela a la clase. ¿Han terminado (*Have you ended*) tú y tus compañeros cada oración con las mismas ideas o con ideas distintas?

1. Creo que las personas extrovertidas...
2. Me parece que la tendencia a evitar riesgos...
3. Para mí, está claro que si uno es impulsivo...
4. Yo digo que las personas agresivas...
5. Es cosa sabida que la imaginación...

¿Cómo son las personas que se ven en las fotos? ¿Qué cualidades poseen?

Evita Perón (argentina)

Emiliano Zapata (mexicano)

Rigoberta Menchú (guatemalteca)

Actividad H   ¿Qué crees?

Ya sabes que los expertos dicen que la timidez puede ser hereditaria o adquirida (ver **¿Sabías que... ?,** página 148). ¿Qué otras características de la personalidad crees tú que son hereditarias? Con un compañero (una compañera) de clase, expresa tu opinión sobre las siguientes características. Apunta sus opiniones.

MODELO   E1: Creo que la extroversión es hereditaria.
E2: Estoy de acuerdo. (No estoy de acuerdo. Yo opino que es producto del medio ambiente.)

CARACTERÍSTICAS	MIS OPINIONES	LAS OPINIONES DE MI COMPAÑERO/A
la imaginación	¿ ?	¿ ?
el retraimiento		
el don de mando		
la tendencia a evitar riesgos		
la agresividad		
la vulnerabilidad al estrés		
la impulsividad		
la pereza		

ASÍ SE DICE

Note in the model for **Actividad H** that **yo** is used in the instance where the speaker is making a contrast. In English we would use acoustic stress: *Well, I think that...* In Spanish, acoustic stress adds extra emphasis. Here are some examples.

¿Qué opinas?
What do you think?

¿Qué opinas tú?
*What do **you** think?*

¿Qué opinas *tú*?
*What do **YOU** think?*

Actividad I   ¿Sabías que... ?

Paso 1   Lee la selección **¿Sabías que... ?** que aparece en la página 151. Luego, contesta las siguientes preguntas.

1. ¿A quiénes estudiaron en Minnesota, a los gemelos idénticos o a los fraternos?
2. En comparación con los gemelos que fueron criados en la misma familia, ¿cuál era (*was*) la situación de los gemelos del estudio?
3. De las siguientes oraciones, ¿cuál capta mejor (*best captures*) la conclusión del estudio?
   a. La personalidad es producto del medio ambiente.
   b. La personalidad es producto de la herencia genética.
   c. La personalidad es producto de los dos factores: la herencia genética y el medio ambiente.

Paso 2   Repasa las opiniones que expresaste en la **Actividad H.** ¿Qué piensas ahora de esas opiniones? ¿Tenías razón? (*Were you right?*) ¿Han cambiado tus ideas? (*Have your ideas changed?*)

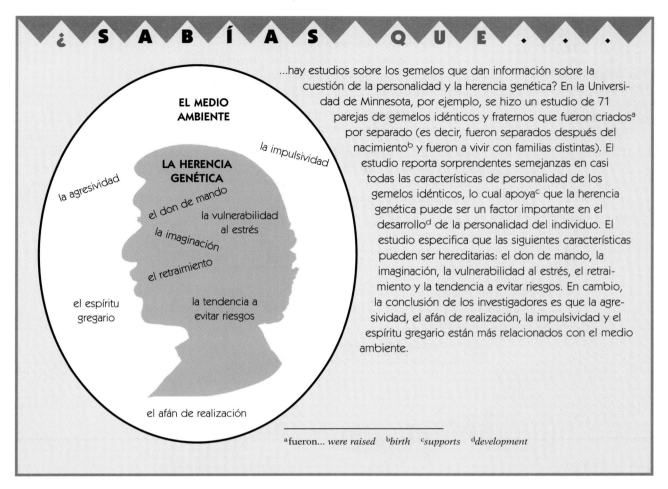

¿SABÍAS QUE...

EL MEDIO
AMBIENTE

la impulsividad

LA HERENCIA
GENÉTICA

la agresividad

el don de mando

la vulnerabilidad
al estrés

la imaginación

el retraimiento

el espíritu
gregario

la tendencia a
evitar riesgos

el afán de realización

...hay estudios sobre los gemelos que dan información sobre la cuestión de la personalidad y la herencia genética? En la Universidad de Minnesota, por ejemplo, se hizo un estudio de 71 parejas de gemelos idénticos y fraternos que fueron criados[a] por separado (es decir, fueron separados después del nacimiento[b] y fueron a vivir con familias distintas). El estudio reporta sorprendentes semejanzas en casi todas las características de personalidad de los gemelos idénticos, lo cual apoya[c] que la herencia genética puede ser un factor importante en el desarrollo[d] de la personalidad del individuo. El estudio especifica que las siguientes características pueden ser hereditarias: el don de mando, la imaginación, la vulnerabilidad al estrés, el retraimiento y la tendencia a evitar riesgos. En cambio, la conclusión de los investigadores es que la agresividad, el afán de realización, la impulsividad y el espíritu gregario están más relacionados con el medio ambiente.

[a]fueron... *were raised* [b]*birth* [c]*supports* [d]*development*

¿Una familia típica?

Propósito: escribir una composición en la que expresas tu opinión sobre si la familia de un compañero (una compañera) es típica o no.

Papeles: las dos personas hablan y escuchan.

Paso 1 Elige una de las categorías a continuación e indica cuál es la opción que mejor describe tu situación personal.

Categoría 1. Las características familiares

Me parezco mucho a _____.
Realmente no me parezco a nadie en mi familia.
En mi familia, todos nos parecemos mucho.
Otra idea: _____.

NOTA COMUNICATIVA

You can get someone else to reveal more details about a particular subject by following up with some simple questions.

¿Cómo?
How so?

¿En qué sentido?
In what sense?

¿De qué manera?
In what way?

Categoría 2. Las relaciones familiares

> Me llevo muy bien con _____.
> No me llevo bien con nadie en mi familia.
> Todos nos llevamos muy bien.
> Otra idea: _____.

Luego, prepara un breve párrafo de cinco a ocho oraciones para leerle a un compañero (una compañera).

Paso 2   En grupos de dos, cada persona debe leer su composición a la otra persona. Si no entiendes algo o quieres aclarar (*clarify*) cierta cosa, pídele explicaciones a tu compañero/a. La idea es obtener toda la información posible sobre el tema en preparación para el **Paso 3.**

Paso 3   ¿Crees que es típica la familia de tu compañero/a, basándote en las respuestas que dio en el **Paso 1**? Formula una opinión sobre lo que supiste en el **Paso 2** y escribe una breve comparación de dos párrafos. Puedes comenzar tu composición de la siguiente manera.

> _____(1)_____ la familia de _____(2)_____ (no) es típica respecto a las características físicas / las relaciones familiares porque...

> **1.** Escoge una expresión de aseveración (creo que, me parece que, es evidente que, etcétera).
> **2.** Nombre de tu compañero/a.

Características físicas	Physical Characteristics
la cara	face
las mejillas	cheeks
el mentón	chin
la nariz	nose
las orejas	ears
las pecas	freckles
la estatura	height
alto/a	tall
bajo/a	short
de estatura mediana	of medium height
los ojos	eyes
azules	blue
castaños	brown
verdes	green
el pelo	hair
calvo	bald
canoso	gray
lacio	straight
moreno	dark
negro	black

pelirrojo	red headed
rizado	curly
rubio	blond
los rasgos	traits (*usually facial features*)
¿De qué color es/son... ?	What color is/are . . . ?
¿De qué estatura es?	What height is he/she?

Características de la personalidad	Personality Traits
el afán de realización	eagerness to get things done
capaz de dirigir (a otros)	able to direct (others)
el don de mando	talent for leadership
perezoso/a	lazy
retraído/a	solitary, reclusive
la tendencia a evitar riesgos	tendency to avoid risks

Cognados: agresivo/a, aventurero/a, extrovertido/a, gregario/a, imaginativo/a, impulsivo/a, introvertido/a, reservado/a, serio/a (R), tímido/a, vulnerable al estrés (a la tensión)

Para dar opiniones	Giving Opinions
asegurar	to assure
creer	to believe
opinar	to think, have the opinion
parecer	to seem
pensar (ie) (R)	to think
saber (*irreg.*) (R)	to know
es...	it is . . .
cierto	certain
cosa sabida	a known fact
evidente	evident
indudable	without a doubt
obvio	obvious
está claro	it's clear

Otras palabras y expresiones útiles

la agresividad	aggressiveness
la capacidad para...	the ability to . . .
la extroversión	extroversion
la herencia genética	genetic inheritance
la imaginación	imagination
el medio ambiente	environment, surroundings
la pereza	laziness
el retraimiento	reclusiveness

la timidez	timidity
la vulnerabilidad	vulnerability
grande	big
hereditario/a	hereditary
parecido/a	similar
abrazar	to hug
adaptar	to adapt, adjust
afeitar	to shave (*someone*)
apoyar	to support (*emotionally*)
bañar	to bathe (*someone or something*)
besar	to kiss
comprender	to understand
describir (R)	to describe
despedir (i, i)	to say goodbye
imponer (*irreg.*)	to impose
llevar	to carry
llevarse bien/mal	to get along well/poorly
mantener (*irreg.*)	to support (*financially*)
parecerse	to resemble, look like
poseer	to possess
saludar	to greet

¿Cómo es?	What Does He/She Look Like?
más alto/a (que)	taller (than)
menos grande (que)	smaller (than)
el/la más alto/a (de)	the tallest
el/la menos grande (de)	the smallest

Actividad A Imagen doble

Paso 1 Lee rápidamente el artículo «Imagen doble» que aparece en la página 154. Luego, contesta las preguntas a la derecha.

Vocabulario útil

derecha	right
izquierda	left
han gozado	have enjoyed
su propia ropa	their own clothes
sentirnos felices	feel happy
enamoradas	in love

1. Asistes a una fiesta con las hermanas Scull. ¿Puedes decir quién es Haydée y quién es Sahara? Explica tu respuesta.
2. ¿Cuál(es) de los adjetivos que has aprendido (*you have learned*) en esta lección puede(n) aplicarse a estas dos hermanas?
3. Repasando la lectura, ¿puedes deducir el significado de las siguientes palabras?
   éxito _____ (¡OJO! Es un cognado falso.)
   mezcla _____
   diseñan _____

4. Busca los siguientes usos de **nos** en la lectura: **nos ponemos, nos hace.** ¿En cuál de los dos casos se trata de una acción «reflexiva»?

Paso 2   ¿Conoces tú a algunos gemelos idénticos? ¿Actúan igual o de manera diferente de las hermanas Scull?

Las hermanas Scull

Imagen doble

Son originales. Son idénticas. La de la derecha es Haydée y la de la izquierda es Sahara. O viceversa. Desde que terminaron sus estudios de arte en La Habana en 1952, las hermanas Scull han gozado de un gran éxito con sus «cuadros en tercera dimensión», una mezcla de pintura y escultura que trata temas folklóricos con humor. Su vestuario también es un arte. Diseñan y hacen su propia ropa —siempre idéntica— incluso los aretes, zapatos y sombreros. «Nos ponemos lo que nos hace sentirnos felices. Estamos enamoradas de la vida.» Esto lo dijo Sahara. O Haydée.

Actividad B   Ventajas y desventajas

Paso 1   ¿Qué te parece la idea de tener un hermano idéntico o una hermana idéntica? En general, ¿es bueno tener hermanos? Con otra persona de la clase, escribe una ventaja y una desventaja para una de las categorías a continuación.

Categoría 1: tener hermanos
    ventaja
    desventaja

Categoría 2: tener un hermano gemelo idéntico (una hermana gemela idéntica)
    ventaja
    desventaja

Paso 2   Todos los estudiantes en la clase deben compartir sus ideas. Según la clase, ¿hay más ventajas que desventajas en tener hermanos? ¿Cuáles son las ventajas y desventajas de los hermanos gemelos (las hermanas gemelas)?

Actividad C   Coplas

La copla es una composición poética breve, generalmente formada de cuatro versos. En la cultura popular, se usa muchas veces para las adivinanzas (*riddles*). La idea es tratar de adivinar (*guess*) qué persona, animal, objeto o idea se describe en la copla. Por ejemplo:

> Ayer vinieron
> hoy han salido;[a]
> vendrán[b] mañana
> con mucho ruido.[c]

¿Puedes adivinar a qué se refiere la copla? (Clave: piensa en el mar, el océano...) ¿No? La respuesta es «las olas» (*waves*).

Paso 1   En la página 155 aparecen dos coplas. En la primera hay una serie de actividades «reflexivas» que sirven de clave. Fíjate en estas actividades. ¿Entiendes la diferencia entre **sentar a una persona** y **sentarse**? ¿entre **estirar algo** y **estirarse**?

---

[a]han... *they have left*   [b]*they will come*   [c]*noise*

Ahora léela. ¿Puedes adivinar a qué se refiere? Si no, aquí hay unas claves más. Trata de deducir qué cosa es, usando lo menos que puedes las siguientes claves. La respuesta se da al final pero escrita al revés (*written backwards*).

1. No es una persona.
2. No es un animal ni nada vivo.
3. Es algo que todos proyectamos, excepto en la oscuridad (*darkness*).
4. El famoso Peter Pan tiene problemas con esto.

La respuesta: arbmos al (*wodahs*)

Paso 2 Ahora lee la segunda copla. Contiene las palabras **acuesta** y **levanta** pero nota que no son acciones reflexivas. Es decir, algo acuesta a algo más, algo levanta a algo más. A diferencia de la primera copla, ésta se refiere a dos cosas. Si necesitas ayuda, las siguientes te pueden servir de clave.

1. No se refiere a nada vivo.
2. ¿Qué conceptos asocias con los colores negro y blanco?

3. ¿Qué concepto asocias normalmente con la acción de acostar?

La respuesta: aíd le y ehcon al (*yad dna thgin*)

Coplas

Estas coplas son de autor anónimo. Fueron recopiladas por Horacio Jorge Becco (1924–   ), poeta y literato argentino.

> Cuando me siento,[a] me estiro,[b]
> cuando me paro,[c] me encojo;[d]
> entro al fuego[e] y no me quemo[f]
> entro al agua y no me mojo.[g]
>
> ❖   ❖   ❖
>
> Viene un toro[h] negro
> y me acuesta;
> viene un toro blanco
> y me levanta.

---

[a]me... *I sit down*   [b]me... *I stretch*   [c]me... *I stand up*   [d]me... *I shrink*
[e]*fire*   [f]*burn*   [g]no... *I don't get wet*   [h]*bull*

6

¿Y EL TAMAÑO DE LA FAMILIA?

Y después, un poco más para Harvard...

El promedio del costo de la crianza de un hijo (una hija) hasta la edad de 18 años en los Estados Unidos

el oeste medio	el nordeste	el sur	el oeste
$129.507	$136.742	$141.180	$144.197

i

n this lesson, you'll explore how families used to be and how they are now. You will

■ read about the changing size of families

■ consider how things used to be compared to how they are now

■ learn numbers 30–99 in order to talk about ages and decades

■ learn numbers 200–1999 in order to talk about dates and centuries

■ begin to use the imperfect tense

■ learn to make comparisons of equality

156

¡IDEAS PARA EXPLORAR

Años y épocas

ENFOQUE LÉXICO

¿Qué edad?

Numbers 30–199 and Talking About People's Age

30	**treinta**
40	**cuarenta**
50	**cincuenta**
60	**sesenta**
70	**setenta**
80	**ochenta**
90	**noventa**
100	**cien**

31	**treinta y uno**
32	**treinta y dos**
101	**ciento uno**
102	**ciento dos**
120	**ciento veinte**

¿Quién **tiene** más o menos **cuarenta años** en la fotografía? ¿Quién **tiene sesenta años** o más?

tener... años to be . . . years old

Actividad A ¿Qué número?

Escucha los números que dice el profesor (la profesora). Escribe las cifras (*numbers*) apropiadas.

> MODELO PROFESOR(A): Treinta y cinco
> ESTUDIANTE: *35*

1... 2... 3... **etcétera**

Actividad B Más números

Sin mirar los números de arriba lee cada número abajo y escribe las cifras correctas. Compáralas con las de otra persona en la clase.

1. _____ cincuenta y cinco
2. _____ noventa y ocho
3. _____ setenta y seis
4. _____ cuarenta y nueve
5. _____ ciento cincuenta y cuatro

COMUNICACIÓN

Actividad C Edades

Paso 1 Entrevista a otra persona de la clase para saber la edad de sus padres. Si la persona indicada ya murió, escribe **ya murió.**

**A S Í S E
D I C E**

When 31, 41, 51, and so
forth are followed by a noun,
the number must end in **un**
or **una** to show gender
agreement.

treinta y **un** años
treinta y **una** familias
cincuenta y **un** números
cincuenta y **una** casas

Did you note that the number
is not pluralized, that is, no
-s is added?

Paso 2 Comparen los resultados obtenidos por todos los estudiantes de
la clase.

1. ¿Quién tiene el padre más viejo de la clase?
2. ¿Quién tiene la madre más vieja de la clase?
3. ¿Quién tiene la madre más joven?
4. ¿Quién tiene el padre más joven?

Actividad D   ¿Sabías que... ?

Paso 1   Escucha y lee la selección **¿Sabías que... ?** Después, el profesor
(la profesora) va a decir el nombre de un país o de un área geográfica.
Indica la esperanza de vida que tienen las personas en ese país. ¿Recuerdas todos los datos (*information*)?

Paso 2   ¿Quiénes viven más, los hombres o las mujeres? Escucha cuál
es la esperanza de vida en algunos países que menciona el profesor (la
profesora) y anota la información.

	HOMBRES	MUJERES
España	_____	_____
México	_____	_____
Bolivia	_____	_____

Paso 3   ¿Sabes cuál es la esperanza de vida en los Estados Unidos en
comparación con los países de arriba? Por ejemplo, ¿crees que los españoles viven más que los norteamericanos o menos? Escribe unas tres
oraciones que dan tu opinión y compártelas con la clase. Luego, escucha
los datos que da el profesor (la profesora).

¿ S A B Í A S   Q U E · · ·

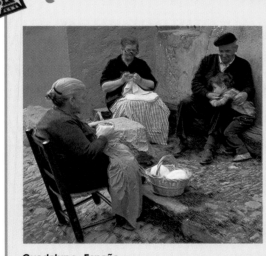

Guadalupe, España

...en España se vive más? Según las últimas publicaciones de la
Organización Mundial de la Salud,[a] la esperanza de vida[b] en España es de 77 años,* lo mismo que en Australia y el Canadá. En
Alemania, Bélgica, Dinamarca, Finlandia e Israel, 75 años. En Latinoamérica y las Filipinas es de 63 años y en la India, 51 años. Muchos países de África cuentan con medias inferiores a los 50 años.
Ya muy por debajo están Sierra Leona y Guinea-Conakry, con 38
años y Afganistán con sólo 36 años. Aunque la esperanza de vida
en el Ecuador es de unos 65 años, ¡hay un pueblo remoto donde
la gente suele vivir hasta los 110 años! Nadie sabe exactamente
qué factores contribuyen a esta longevidad excepcional.

_____

[a]Organización... *World Health Organization*   [b]esperanza... *life expectancy*

_____

*Datos obtenidos de *La Hispánica: Datapedia* (1992–1993)

¿En qué año... ?

ENFOQUE LÉXICO

200	**doscientos**
300	**trescientos**
400	**cuatrocientos**
500	**quinientos**
600	**seiscientos**
700	**setecientos**
800	**ochocientos**
900	**novecientos**
1000	**mil**
1850	**mil ochocientos cincuenta**
1996	**mil novecientos noventa y seis**

INSTANTÁNEA DE LOS EE.UU.

Un vistazo a las estadísticas que forman la nación

Disminución del tamaño de los hogares

El tamaño medio de los hogares ha disminuido constantemente durante décadas. Número promedio de personas en cada hogar a través de los años:

3,5 — 1940
3,1 — 1970
2,7 — 1987
2,5 — 2000

Fuente: Oficina del Censo

VOCABULARIO ÚTIL

la época	**el siglo** *century*
una época anterior	el siglo pasado
la década	el siglo XX
la década de los 50	

Actividad E   ¿Qué siglo?

Escribe el año que oyes. Luego, indica a qué siglo le corresponde.

1. _____   **a.** el siglo XV   **b.** el siglo XVI
2. _____   **a.** el siglo XVIII   **b.** el siglo XVII
3. _____   **a.** el siglo XIII   **b.** el siglo XIV
4. _____   **a.** el siglo XIX   **b.** el siglo XX
5. _____   **a.** el siglo XVII   **b.** el siglo XVI

Actividad F   Fechas° históricas

Dates

Paso 1   ¿Qué sabes o recuerdas de la historia del mundo hispánico? Escribe los años que te recita el profesor (la profesora).

1. _____   4. _____
2. _____   5. _____
3. _____   6. _____

Paso 2 Haz la correspondencia entre los años del **Paso 1** y los acontecimientos (*events*) históricos a continuación.

a. Cristóbal Colón llegó a América.

b. Guerra entre México y los Estados Unidos. El territorio desde Texas hasta California pasó a manos (*hands*) norteamericanas.

c. Empezó la Revolución mexicana.

d. Los moros (*Moors*) invadieron España donde permanecieron (*they remained*) hasta el siglo XV.

e. Guerra entre España y los Estados Unidos. Cuba, Puerto Rico, las Islas Filipinas y otros territorios pasaron a manos norteamericanas.

f. Se publicó la primera parte de la novela de Miguel de Cervantes *El ingenioso hidalgo don Quijote de la Mancha.*

Actividad G   Disminución° de tamaño

°*Decrease*

Vuelve a ver (*Take another look at*) el gráfico en la página 159. ¿Puedes describir oralmente la información que contiene?

MODELO   En el año _____ el promedio (*average*) de personas por hogar (*home*) era (*was*) _____. En el año _____ el promedio será (*will be*) _____ personas por hogar.

CONSEJO PRÁCTICO

Numbers are often difficult to learn in another language. For added practice, you might consider the following ideas.

- Write out in Spanish telephone numbers you frequently call (**tres, cincuenta y cinco, sesenta y uno, noventa y cuatro** for 355-6194) and keep these by your phone.
- Every time you dial a number on the phone, try to say it in Spanish as you dial.
- Before doing homework, write out or say out loud in Spanish the number of pages you have to read, what pages you have read, and so forth.
- If you are a sports fan, keep track of players' numbers, final scores of a game, and so forth, in Spanish.

Doing this will greatly improve your ability to learn numbers in Spanish!

COMUNICACIÓN

Actividad H   Datos biográficos

Algunas personas (voluntarias) les dicen a los miembros de la clase cuántos años tienen. La clase debe decir en qué año nació (*was born*) cada persona. ¿Pueden Uds. adivinar en qué año nació el profesor (la profesora)?

Lección 6   ¿Y el tamaño de la familia?

Vamos a ver

Anticipación

Paso 1 The article on page 162, written for this book, is based on information that appeared in several newspapers. Read the title and the statement below it. You should then have a good idea of the content of the article.

Paso 2 What do you think is the source of the author's information?

❑ El autor informa sobre los resultados de un censo del gobierno.
❑ El autor informa sobre los resultados de un cuestionario independiente.

Paso 3 Before you read the article for information, you need to know three important words. Can you determine what they mean using the following definitions?

> **vivienda:** lugar donde se vive (una casa o un apartamento)
> **hogar:** domicilio o casa
> **cifras:** números

Paso 4 What kind of information would a census reveal about the shrinking size of American families? With a partner, formulate a list of at least three facts from the census that you expect this article to cover.

CONSEJO PRÁCTICO

Reading comprehension is increased when readers have an idea of what they are going to read. For this reason, you should always: (1) know what the title and subtitle, if included, mean and (2) before reading, think about the information the article might contain, based on the title and any visuals.

Exploración

Paso 1 Scan the text to see whether your three facts are mentioned. How did you do?

Paso 2 If you did not think of the following facts and subsequently found them in the text, indicate where the information appears by underlining it.

1. average family size per household
2. ages at which people are getting married

Vamos a ver ——————— ciento sesenta y uno **161**

Paso 3 Read the article at your own pace. Guess words that you don't know and skip over those you can't guess.

Paso 4 Aside from statistics, which of the following are mentioned in the article?

❑ una comparación entre la realidad y lo que se presenta en las familias representadas en la televisión
❑ razones (*reasons*) para explicar las cifras del censo
❑ comentarios de expertos en demografía

Paso 5 The reading mentions three reasons why household size is down. What are they?

¿Dices que no tienes hijos? Bueno, eres típico ahora.*

Los hogares norteamericanos están cambiando en los últimos años. Según un informe reciente de la Oficina del Censo, de los 65 millones de familias en el país, la mayoría ya no tiene hijos. El informe incluye las siguientes cifras.

El tamaño de la familia norteamericana va disminuyendo según el censo de 1988.

- En el 71,5% de las viviendas viven familias (compárese con 90,3% en 1948) y en 51% de esas familias no hay hijos menores de 18 años (compárese con 44% en 1970).

- El tamaño promedio de la familia típica norteamericana es 2,7 personas por hogar.

- La imagen tradicional de un matrimonio con hijos viviendo en una casa se aplica a sólo el 27% de los hogares mientras que en 1970 era el 40%.

———
*Basado en un artículo del *Press-Telegram*, Long Beach, California.

La explicación de estas nuevas cifras ya se conoce desde hace muchos años. En primer lugar, los matrimonios ya no tienen tantos hijos como antes y en muchos casos, optan por no tener ningún hijo. En segundo lugar, muchos hogares pertenecen a hombres y mujeres que son solteros o que se casan tarde o no se casan. La edad media en la que los hombres contraen su primer matrimonio es ahora de 25 años, un récord desde 1900. Mientras tanto, las mujeres contraen su primer matrimonio a la edad media de 24 años, otro récord. En tercer lugar, los padres de las décadas de los 50 y 60 que tenían grandes familias (lo que los demógrafos llaman la explosión demográfica de la posguerra o el «baby boom») ahora viven solos en casa. Sus hijos se han establecido en sus propias casas, así que lo que en los años 60 era un solo hogar con varias personas ahora son varios hogares independientes.

Síntesis

Paso 1 This article can be divided into two sections. With a classmate, decide what these sections are. Share your conclusions with the rest of the class.

Paso 2 The two sections can be the main points in a short outline to summarize the information. Using key words or expressions from the article, write an outline. Make the outline short, but use words that help you recall as much information as possible.

¡Sigamos!

Actividad A   ¿Sabías que... ?

Paso 1 Lee la selección **¿Sabías que... ?** que aparece abajo. Luego contesta las siguientes preguntas.

1. El país con menos personas por casa es _____.
2. El país que tiene el mayor número de personas por casa es _____.
3. De los países de la lista que no son de habla española, Suecia tiene el mayor número de personas por casa. ¿Cierto o falso?
4. Las cifras de los tres países hispanos de la lista muestran que en ellos el número de personas por casa es menor que en los Estados Unidos. ¿Cierto o falso?

Paso 2 Para hablar del tamaño de tu familia puedes usar **ser** + *número*.

En mi familia somos cinco en total.
Somos tres hermanos en mi familia.
¿Cuántos son Uds. en tu familia?

Pregúntale a la persona que tienes a la izquierda (*left*) sobre el tamaño de su familia. (Se puede incluir padres y hermanos o esposos e hijos; depende de la situación personal de cada persona.) Luego informa a la clase cuántas personas hay en la familia de tu compañero/a. Alguien debe escribir las cifras en la pizarra para poder calcular el tamaño promedio de familia con relación a la clase. ¿Cómo se compara el promedio de la clase con el que se reporta en la selección **¿Sabías que... ?**

¿ S A B Í A S   Q U E . . .

El tamaño promedio de la familia es mayor en los países de habla española que en los Estados Unidos.

...el tamaño de la familia varía según la cultura y el país? Aquí están las cifras del promedio de personas por casa en algunos países.*

la Argentina	3,9%
Colombia	5,4%
los Estados Unidos	2,6%
Francia	2,7%
Indonesia	4,9%
el Perú	5,2%
Suecia	2,2%

*Datos obtenidos de *La Hispánica: Datapedia* (1992–1993).

Actividad B   Los hispanos hablan

Paso 1   Escucha y lee la selección **Los hispanos hablan** que aparece a continuación. Luego contesta las siguientes preguntas.

Vocabulario útil

peso	burden	**se da cuenta**	he/she realizes
crece	grows up	**madura**	mature

1. ¿Cuántos son en la familia de Alberto, en total?
2. Según las cifras de la selección **¿Sabías que... ?** en la página 163, ¿crees que la situación de Alberto es típica o no?

LOS HISPANOS HABLAN

¿Es grande o pequeña tu familia?

NOMBRE: Alberto Maira   **EDAD:** 44 años   **PAÍS:** la Argentina

«Soy único hijo. O sea que mi familia está compuesta por mis padres... No es una familia muy grande... »

¡IDEAS PARA EXPLORAR

Épocas anteriores

ENFOQUE LINGÜÍSTICO

¿Era diferente la vida? (I)

Introduction to the Imperfect Tense: Singular Forms

(yo)	me acost**aba** comí**a** escrib**ía**	(nosotros/as)	-ábamos -íamos
(tú)	te acost**abas** comí**as** escrib**ías**	(vosotros/as)	-abais -íais
(Ud.)	se acost**aba** comí**a** escrib**ía**	(Uds.)	-aban -ían
(él/ella)	se acost**aba** comí**a** escrib**ía**	(ellos/as)	-aban -ían

Sí, cuando yo **tenía** su edad, las cosas **eran** bien diferentes. Yo no **asistía** a la escuela como Uds. **Trabajaba** en el campo con mis padres.

When we discuss events, actions, and states of being, we can refer to *when* they occur: this is called *tense.* You already know how to express basic present, past, and future events.

> **Hablé** con mi tío soltero por teléfono. (*past*)
> **Hablo** con mi abuelo materno ahora. (*present*)
> **Voy a hablar** con mi prima favorita pronto. (*future*)

But we can also include information on the status of the event, action, or state. Was it, is it, or will it be *in progress* at the time we refer to it? When we include information about the *progress* of the event, we refer to *aspect.* Can you tell which of these encodes tense and which encodes aspect in an English verb?

> *will* as in "He *will do* it."
> *-ed* as in "He *finished.*"
> *-ing* as in "She *was talking.*"

If you said the first two encode tense and only the third encodes aspect, you were correct. *Will* encodes future and *-ed* encodes past, but *-ing* encodes that an action was, is, or will be in progress. For example, *He was talking, He is talking,* and *He will be talking.* The tense changes, but the aspect does not: the use of the verb form *talking* encodes the meaning "in progress at the time referred to."

An important feature of Spanish *past-tense* verbs is that they encode aspect. The use of **-aba-** and **-ía-,** for example, indicates *in progress at the time,* while the preterite forms (**-é, -aste, -ó, í, iste, ió,** etc.) do not.

> **Hablaba** con mis abuelos ayer. (*past, but in progress*)
> *I was talking with my grandparents yesterday.*

> **Salía** con mis tíos cuando... (*past, but in progress*)
> *I was leaving with my aunt and uncle when . . .*

This is called the *past imperfect indicative* or simply the *imperfect.*

Spanish also uses the imperfect to refer to actions and events that *occurred repeatedly* in the past, without reference to exactly how often. This corresponds roughly to English *used to* or *would* as in *They used to (would) make fun of me as a child.*

> **Comíamos** en muchos restaurantes diferentes.
> *We used to (We would) eat in many different restaurants.*

> Mis hermanos y yo **nos llevábamos** bien.
> *My siblings and I used to get along well.*

Imperfect verb forms are signaled by **-aba-** (for **-ar** verbs) and **-ía-** (for both **-er** and **-ir** verbs). Examples are given in the shaded box on page 164.

Ir and **ser** have irregular imperfect stems and unexpected forms but are easy to memorize.

ASÍ SE DICE

Although the imperfect in Spanish often translates as *used to* or *would*, it can also be rendered by a simple English verb form, depending on the context.

Iba y venía a cualquier hora.
I came and went at any hour.
(*I used to come and go at any hour.*)

Estudiaba por la tarde y trabajaba por la noche.
I studied in the afternoons and worked at night.
(*I would study in the afternoons and work at night.*)

ir	ser
iba	era
ibas	eras
iba	era

In the activities that follow, you will concentrate on using the imperfect when speaking about the way things *used to be* and about actions that *have taken place repeatedly* in the past.

Actividad A ¿Sí o no?

Escucha lo que dice tu profesor (profesora) y apúntalo. Después indica lo que crees. Todas las oraciones tienen que ver con (*deal with*) la vida de tu profesor(a) durante la década anterior.

Yo...

		C	F			C	F
1.	_____	☐	☐	**4.**	_____	☐	☐
2.	_____	☐	☐	**5.**	_____	☐	☐
3.	_____	☐	☐	**6.**	_____	☐	☐

Actividad B Entrevista

Paso 1 Hazle las siguientes preguntas a un compañero (una compañera) de clase. Anota sus respuestas. Todas las preguntas tienen que ver con la década anterior.

1. ¿Leías menos o más?
2. ¿Mirabas la televisión menos o más?
3. ¿Te acostabas más temprano que ahora?
4. ¿Te levantabas más temprano que ahora?
5. ¿Salías mucho con tus amigos? ¿más que ahora o menos?

Paso 2 Usando la información del **Paso 1** junto con (*as well as*) la información de la **Actividad A,** haz comparaciones entre el profesor (la profesora) y tu compañero/a.

MODELOS El profesor (La profesora) leía más y Jorge leía más también.
El profesor (La profesora) comía menos pero Jorge no.

Actividad C Antes y ahora

Paso 1 ¿Qué cosas hacías tú de niño/a (*as a child*) que no haces de adulto? ¿Qué cosas hacías de niño/a que todavía haces de adulto? ¿Qué cosas no hacías de niño/a pero que ahora sí de adulto haces? ¿Y qué cosas ni hacías de niño/a ni haces ahora de adulto? Escoge cinco de las situaciones a continuación (puedes añadir cualquier otra si quieres) y escribe unas oraciones para leer a un grupo de otras tres personas.

dormir con la luz prendida (*light turned on*)
tenerles miedo* a los perros grandes
ir al centro comercial (*mall*)
pasar tiempo solo/a
mirar los dibujos animados (*cartoons*) en la televisión

---

*__Tener miedo__ = *to be afraid of* (Lit. *to have fear of*). **Les tengo miedo a los perros grandes.** = *I am afraid of big dogs.*

odiar (*to hate*) ciertas verduras (*vegetables*)
montar en bicicleta (*to ride a bike*)
jugar a los videojuegos
hacer la cama (*bed*)
lavar la ropa

Paso 2 Después de leer sus oraciones individuales, los miembros del grupo deben pensar en las siguientes preguntas y luego presentar sus respuestas a la clase.

¿Hay cierto tipo (o categoría) de actividad o cosa que la persona típica...

hacía de niño pero no hace de adulto?
no hacía de niño pero hace de adulto?
hacía de niño y todavía hace de adulto?
ni hacía de niño ni hace ahora de adulto?

¿Era diferente la vida? (II)

More on the Imperfect
Tense: Plural Forms

(yo)	-aba	(nosotros/as)	nos acost**ábamos**
	-ía		com**íamos**
			escrib**íamos**
(tú)	-abas	(vosotros/as)	os acost**abais**
	-ías		com**íais**
			escrib**íais**
(Ud.)	-aba	(Uds.)	se acost**aban**
	-ía		com**ían**
			escrib**ían**
(él/ella)	-aba	(ellos/ellas)	se acost**aban**
	-ía		com**ían**
			escrib**ían**

—Abuelita, ¿**te llevabas bien** con tus padres?
—¡Hijo, claro! **Hacíamos** todo lo que nos **decían** nuestros padres porque si no, ¡qué palizas (*beatings*) **recibíamos**!

The **-aba-** and **-ía-** markers of the imperfect tense carry over into all forms of the verbs, as you can see in the shaded box above. Remember that with **-ar** verbs, a written accent needs to be placed on the ending for the first person plural **(nosotros)** form (e.g., **-ábamos**) to indicate that the stress falls on the accented vowel and not the one that follows.

The plural forms for **ir** and **ser** follow the same patterns as for the singular forms.

ir	**ser**
íbamos	éramos
ibais	erais
iban	eran

Remember that the imperfect, as we are using it here, refers to events, actions and other "processes" in the past that were habitual and repetitive in nature, things that people would usually do, used to do, generally did, and so on.

Actividad D   En las épocas primitivas

Paso 1   Escoge la mejor manera para completar cada oración.

Cuando éramos seres primitivos...

1. no _____ dentistas ni médicos.
   - **a.** teníamos
   - **b.** practicábamos
   - **c.** salíamos
2. _____ carne cruda (*raw meat*).
   - **a.** vivíamos
   - **b.** comíamos
   - **c.** jugábamos
3. _____ semierectos.
   - **a.** mirábamos
   - **b.** tomábamos
   - **c.** caminábamos
4. _____ con gestos y con las manos (*hands*) porque no teníamos un idioma oral.
   - **a.** nos comunicábamos
   - **b.** nos acostábamos
   - **c.** dormíamos
5. _____ mucho de los animales para comer, vestirnos y para muchas otras cosas importantes.
   - **a.** comíamos
   - **b.** comprábamos
   - **c.** dependíamos
6. no _____ con mucha frecuencia.
   - **a.** podíamos
   - **b.** mirábamos
   - **c.** nos bañábamos

Paso 2   Ahora escucha al profesor (a la profesora) leer las oraciones completas. ¿Las tienes todas correctas?

Actividad E   Las mujeres en el siglo XIX

Paso 1   Haz la correspondencia entre cada frase de la columna a la izquierda con la más apropiada de la columna a la derecha para formar oraciones completas.

Las mujeres en el siglo XIX...
1. enseñaban (*taught*)
2. no entraban
3. no llevaban*
4. no tenían

Si estas mujeres...
5. se casaban (*got married*), tomaban
6. trabajaban fuera (*outside*) de casa, ganaban
7. trabajaban fuera de casa, no hacían

   - **a.** a las fuerzas armadas (*armed services*).
   - **b.** el derecho al voto en las elecciones.
   - **c.** el apellido de su esposo.
   - **d.** en las escuelas, pero no en las universidades.
   - **e.** los mismos trabajos que los hombres.
   - **f.** menos que los hombres.
   - **g.** pantalones.

Paso 2   ¿Cuántas situaciones del **Paso 1** ya no son verdaderas? ¿Crees que estos cambios reflejan un cambio grande en cuanto al papel (*role*) de la mujer en nuestra sociedad? En grupos de tres o cuatro, formen unas

---

***Llevar** is often used in Spanish as *to wear*.

oraciones con el imperfecto para describir el papel social de la mujer en el siglo XIX. Luego compartan sus oraciones con la clase y determinen si las mujeres han avanzado (*have advanced*) mucho, poco, nada, o sólo en ciertos campos (*fields*).

MODELO   El trabajo principal de mujer era cuidar a los niños.

COMUNICACIÓN

Actividad F ¡A la biblioteca!

Paso 1   Divídanse en cinco grupos. Cada grupo debe buscar en la biblioteca las respuestas a uno de los siguientes grupos de preguntas y traerlas (*bring them*) a clase mañana. Todas las preguntas están relacionadas con la cuestión del tamaño de las familias.

Grupo 1. ¿Cuál era el ingreso (*income*) promedio familiar durante la década de los 50? ¿Cuál es el ingreso promedio hoy día?

Grupo 2. ¿Cuál era el costo de la vida para una persona típica durante la década de los 50? ¿Y cuál era la tasa (*rate*) de inflación? ¿Cuál es el costo de la vida hoy día? ¿Y cuál es la tasa de inflación?

Grupo 3. ¿Qué porcentaje (%) de madres trabajaba fuera de casa durante los años 50? ¿Cuántas trabajan ahora fuera de casa?

Grupo 4. En la década de los 50, ¿qué porcentaje de hombres tenía trabajos de tipo *blue collar* (incluso trabajos agrícolas) y qué porcentaje tenía trabajos en el área de servicios? ¿Y hoy día?

Grupo 5. ¿A qué edad se casaban los hombres en la década de los 50? ¿A qué edad se casaban las mujeres? Hoy día, ¿cuál es la edad promedio para el primer matrimonio?

Paso 2   Cuando tus compañeros compartan la información con la clase, llena el siguiente cuadro. Si no entiendes algo, pide aclaración o repetición.

	LOS AÑOS 50	HOY DÍA	AUMENTO (+) DISMINUCIÓN (−)
1. ingreso			
2. a. costo de la vida b. tasa de inflación			
3. % de madres trabajadoras			
4. a. % de hombres *blue collar* b. % de hombres en servicios			

5. edad de matrimonio
   a. hombres
   b. mujeres			

Ideas para explorar

¿Tienes tantos hermanos como yo?

Comparisons of Equality

> tanto/a/os/as + *noun* + como
>
> tan + *adjective/adverb* + como
>
> } *as . . . as*

In readings and in activities you may have noticed the use of **tan... como** and **tanto... como** to express similarities and differences.

> Las familias de hoy no son **tan** grandes **como** las de épocas anteriores.

Use a form of **tanto** when the comparison involves nouns. The form of **tanto** must agree in number and gender with the noun.

tanto dinero como	**tantos hijos** como
tanta imaginación como	**tantas familias** como

Use **tan** when the comparison involves adjectives (words that modify or describe nouns) or adverbs (words that modify or describe verbs).

ADJETIVOS	ADVERBIOS
tan grande como	**tan rápido** como
tan altas como	**tan frecuentemente** como

Tanto como is used when no noun, adjective, or adverb is explicitly mentioned. It means *as much as*.

> Los padres se ocupan de (*look after*) los niños **tanto como** las mujeres.

Un matrimonio español de los años noventa no tiene una familia tan grande como la que tenían sus abuelos.

Actividad G Familias de ayer, familias de hoy

Paso 1 Para cada oración, indica si se requiere **tan** o una forma de **tanto** según la estructura de la oración. Compara tus respuestas con las de otra persona.

1. La calidad de la vida familiar no es _____ buena hoy día como en la década de los años 50.
2. Las madres modernas no pasan _____ tiempo con sus hijos como las madres de otras épocas.
3. Los hijos de hoy no se adaptan _____ bien como los de épocas anteriores.
4. Las madres que trabajan fuera de casa no son _____ respetadas como las madres «tradicionales».
5. En la década de los años 50, las madres no trabajaban fuera de casa _____ como las madres de hoy.
6. En la década de los años 50, no había _____ divorcios como ahora.
7. En la década de los años 50, los padres no eran _____ permisivos con sus hijos como los padres de hoy.
8. En la década de los años 50, los hijos no tenían _____ problemas sociales y psicológicos que resolver como los hijos de hoy.

Paso 2 Ahora los miembros de la clase van a decidir cuáles de las oraciones son ciertas, cuáles son falsas y de cuáles no están seguros.

Actividad H Sobre el tamaño de la familia

Repasa rápidamente la lectura «¿Dices que no tienes hijos?» que está en la página 162 y, con un compañero (una compañera), formula tres oraciones con **tanto/tan... como,** a base de la información incluida. ¿Cuántas oraciones diferentes puede inventar la clase o escriben todos las mismas oraciones?

Y después, un poco más para Harvard...

El promedio del costo de la crianza de un hijo (una hija) hasta la edad de 18 años en los Estados Unidos

el oeste medio	el nordeste	el sur	el oeste
$129.507	$136.742	$141.180	$144.197

Actividad I   Los hispanos hablan

Paso 1   Lee la selección **Los hispanos hablan** que aparece abajo. Luego contesta la siguiente pregunta.

Roberto piensa que puede tener tantos hijos como los que se tenía* en épocas anteriores. ¿Sí o no?

Paso 2   Ahora escucha la cinta. Luego contesta las siguientes preguntas.

1. ¿Cuáles pueden ser los motivos de Roberto para tener sólo un hijo? ¿Son motivos personales, religiosos o económicos?
2. ¿Con qué declaración estaría de acuerdo (*would agree*) Roberto?
   a. Cualquier persona puede tener tantos hijos como antes.
   b. Sólo una persona que está bien económicamente puede tener tantos hijos como antes.

Paso 3   ¿A ti te gustaría tener hijos? ¿Cuántos? ¿Cuáles son tus motivos? ¿Ya tienes hijos? ¿Cuántos? Compara tus ideas con las de otra persona de la clase. ¿Cuántos piensan de una manera igual?

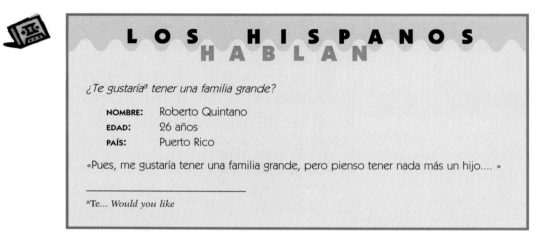

L O S   H I S P A N O S   H A B L A N

*¿Te gustaría*ª *tener una familia grande?*

NOMBRE: Roberto Quintano
EDAD: 26 años
PAÍS: Puerto Rico

«Pues, me gustaría tener una familia grande, pero pienso tener nada más un hijo.... »

ªTe... *Would you like*

Composición

Antes de escribir

In this lesson, you've explored some differences between today's families and those of the past. You have read about the changing family size (**"¿Dices que no tienes hijos?"**) and completed several activities that focus on changes in women's roles in society, economic pressures, and so forth. In the **Pasos** that follow, you will continue to compare previous

Se tenía = *one used to have.* You will learn about this use of **se in a later lesson.

time periods to the present but in a more personal manner by focusing on the differences (and similarities) between the family of one of your grandparents and that of your own. (If you prefer, you may choose someone other than a grandparent, as long as the person is of two previous generations.)

Paso 1   Your purpose in writing is to inform your reader of the many changes that have occurred across the last three generations. As you write and revise, keep in mind who your audience is. For this composition, your audience is someone who is not an American, someone who does not have firsthand knowledge of the changes in American life. Your goal is to make your audience realize that society's concept of family life has changed in the last fifty years. In order for your audience to come to this realization, you will have to stress the differences between then and now.

Paso 2   What information will support the points you will make?

- ❏ el tamaño de la familia
- ❏ la esperanza de vida
- ❏ el papel de la mujer en la sociedad
- ❏ oportunidades económicas
- ❏ oportunidades educativas
- ❏ ¿ ?

Paso 3   In what order will you present the information?

- ❏ Chronologically: Begin with the past and move to the present, or begin with the present and move to the past.
- ❏ Point by point: Cover a point about your grandparent's family and then the counterpoint about your own, or cover a point about your own family and then the counterpoint about your grandparent's.

Paso 4   Consider the new grammar presented in this lesson. Can you express yourself by

- ❏ using the imperfect to express habitual and typical events in the past?
- ❏ making comparisons?

Al escribir

Paso 1   Draft your composition, keeping its length to about 150 words.
Paso 2   Think about how you will conclude. Here are some words and phrases that may prove useful in emphasizing the final point.

al fin y al cabo	*in the end*
comoquiera que se examine el hecho	*no matter how you look at it*
después de todo	*after all*
en resumen	*in summary*

Después de escribir

Paso 1   Put your composition aside for a day or two. When you return to it, you will be ready to edit it. Reread what you have written. Focus your editing on specific aspects of the composition. Use the following list as a guide.

1. Information conveyed
   ❑ Number each contrast you make between the two families. Does your wording stress the differences?
2. Language
   ❑ Put a check mark over every verb in the composition. Is the ending on each verb correct?
   ❑ Underline each verb you use to talk about the past. Are the verb tenses correct?
   ❑ Edit your composition for adjective agreement.

Paso 2 Rewrite your composition and make any necessary changes. Before you hand it in, ask someone in class to read it and decide which of the following sums up the central idea.

a. La familia de tu abuelo/a y tu familia tienen mucho en común.
b. Hay diferencias y también semejanzas entre la familia de tu abuelo/a y tu familia.
c. Las diferencias son impresionantes entre la familia de tu abuelo/a y tu familia.

If the third statement is not selected, try to determine where you have not stressed the differences clearly or emphatically enough and modify those places. Once you have done so, hand in your composition.

Vocabulario

Las edades	Ages
veinte (R)	twenty
treinta (R)	thirty
cuarenta	forty
cincuenta	fifty
sesenta	sixty
setenta	seventy
ochenta	eighty
noventa	ninety
tener... años (R)	to be . . . years old

Los años y las épocas	Years and Time Periods
cien(to)	one hundred
doscientos	two hundred
trescientos	three hundred
cuatrocientos	four hundred
quinientos	five hundred
seiscientos	six hundred
setecientos	seven hundred
ochocientos	eight hundred

novecientos	nine hundred
mil	one thousand
los años 20	the twenties
la década	decade
el siglo (pasado)	(last) century

Comparaciones	Comparisons
tan... como	as . . . as
tanto/a... como	as much . . . as
tantos/as... como	as many . . . as

Otras palabras y expresiones útiles	
la cifra	number
la gente	people
el promedio	average
el tamaño	size
joven	young
viejo/a	old

Actividad A   La vida de Lazarillo de Tormes

La vida de Lazarillo de Tormes es una obra clave en la literatura española. Fue publicada en el año 1554 (o posiblemente en 1553). Su autor es anónimo, es decir, no se sabe exactamente quién la escribió. Sin embargo (*Nevertheless*), hasta hoy día es una obra que se estudia y se comenta con mucho interés. El libro está escrito en primera persona y trata de la vida de un chico sin familia, que anda de amo en amo (*goes from master to master*). Uno de los grandes valores de este libro es la visión crítica que presenta del mundo español del siglo XVI. En el fragmento que sigue, Lazarillo se despide de su madre.

Paso 1   Lee el fragmento que aparece a la derecha. Luego contesta las siguientes preguntas.

1. ¿Cómo fue la despedida entre Lazarillo y su madre, contenta, triste o no se sabe?
2. ¿Por qué crees que Lazarillo se fue con un amo? ¿Por qué no se quedó con su madre?

Paso 2   Como sabes, Lazarillo no pasó la vida con su propia familia y vivió con una serie de amos. Esto ocurrió en el siglo XVI, en España. ¿Con qué afirmación estás de acuerdo?

1. Las familias del siglo XVI eran más unidas que las familias de hoy en día.
2. Los hijos eran propiedad de los padres. No tenían sus propios derechos (*rights*) civiles.
3. En el siglo XVI, los hijos tenían que trabajar para ganarse la vida. No asistían a la escuela.
4. Lo que le pasó a Lazarillo les pasaba a las hijas tanto como a los hijos.

Paso 3   Lee la selección de nuevo y comparte con la clase tu reacción. ¿Qué te parece la escena? ¿Te parece triste? ¿normal? ¿Crees que Lazarillo va a tener muchas aventuras divertidas? ¿O crees que Lazarillo va a sufrir mucho en la vida?

Cuando estuvimos en Salamanca algunos días, paresciéndole[a] a mi amo que no era la ganancia a su contento,[b] determinó irse de allí, y cuando nos hubimos de partir[c] yo fui a ver a mi madre, y ambos llorando,[d] me dio su bendición y dijo:

—Hijo, ya sé que no te veré[e] más; procura de ser bueno, y Dios te guíe[f]; criado te he y con buen amo te he puesto,[g] válete por ti.[h] Y así, me fui para mi amo, que esperándome estaba...

Actividad B   ¿Debes independizarte° de tus padres?

become independent

Paso 1   Usando el siguiente cuestionario o inventando tus propias preguntas, averigua (*find out*) cómo piensan varios miembros de tu clase sobre la idea de independizarse de los padres.

1. ¿Hay una edad específica en que los hijos deben independizarse de los padres?
   ❏ sí   ❏ no
   Si la persona responde que sí, hazle esta pregunta:
   ¿A qué edad deben independizarse?
   ❏ a los 18 años   ❏ a los 25 años
   ❏ a los 21 años   ❏ _____

2. ¿Es necesario considerar el sexo del hijo en cuanto a la independencia de los padres?
   ❏ sí   ❏ no
   Si la persona dice que sí, hazle estas preguntas:
   ¿Deben los chicos independizarse antes que las chicas?
   ❏ sí   ❏ no

---

[a]*antiquated form of* **parecer**   [b]*no... the earnings weren't to his liking*   [c]*nos... we were about to leave*   [d]*ambos... both (of us) crying*   [e]*el futuro de* **veo**   [f]*Dios... may God lead you*   [g]*criado... I have raised you well and placed you with a good master*   [h]*válete... look after yourself*

¿Deben las chicas independizarse antes que los chicos?

❑ sí   ❑ no

3. ¿Tienen los padres la obligación de ayudar económicamente a sus hijos hasta que terminen sus estudios universitarios?

❑ sí   ❑ no

4. ¿Deben los hijos pedir ayuda (*help*) a sus padres durante los estudios universitarios?

❑ sí   ❑ no

5. ¿Deben los hijos mantener a sus padres cuando éstos (es decir, cuando los padres) sean viejos?

❑ sí   ❑ no

Comentarios _____

Paso 2   Ahora lee algunas de las reacciones de lectoras de la revista *Tú* que aparecen abajo. ¿Estás de acuerdo con lo que dicen?

En la edición del mes de octubre de *TU* revista, en la sección *Las lectoras opinan*, el argumento fue un tema super-interesante, pues refleja una situación que están viviendo las chicas de hoy: «¿Estás a favor o en contra de independizarte de tus padres, cuando ya has terminado de estudiar, pero aún no te has casado?». Al final del artículo pedimos tu opinión, y aquí la tienes. Descubre lo que piensan al respecto, las chicas como TU.

¿Debes independizarte de tus padres?

«Cuando mis padres murieron trágicamente en un accidente, el mundo se derrumbó para mí. Esto no fue sólo en el aspecto sentimental, sino en todos los de mi vida, ya que ellos resolvían mis problemas. Aunque yo tenía 24 años, al lado de mis padres me sentía segura, con mi vida resuelta; pero cuando ellos me faltaron, me di cuenta de que una chica debe independizarse al llegar a su mayoría de edad, para que no le pase lo que a mí. Gracias a Dios salí adelante, pero me costó muchísimas lágrimas.»

Lorena C.M., Panamá

«Los padres tienen que adaptarse a la idea de que algún día los hijos abandonarán el hogar. Esto puede ser beneficioso para todos. Hace muchos años yo me fui a vivir sola, y no me convertí en una chica egoísta; al contrario, aprendí a valorizar las relaciones humanas.»

María L. Figueroa, Puerto Rico

«Yo creo que cuando uno cuenta con los recursos necesarios y la mayoría de edad, es bueno independizarse. Una chica debe vivir su propia vida. Por ejemplo, a mí me gusta oír música y cuando llega mi papá a casa, enseguida empieza a gritar que apague la música, que es un escándalo, etc. Yo a veces no soporto esa situación y estallo. Por eso pienso que cuando viva sola, todos podremos llevarnos mejor.»

Olivia, México

«¿Para qué quiere una mujer vivir sola? ¿Con quién compartirá sus alegrías, dudas, tristezas... ? Me parece que la chica que se va de la casa puede ganar en independencia, pero va a perder en comunicación y en calor humano.»

Ana Lorena Castillo, Costa Rica

EL RESULTADO

El 60% de las opiniones de nuestras lectoras está a favor de independizarse de los padres, cuando se llega a la mayoría de edad. Entre este porcentaje, hay dos bandos: Uno desea hacerlo para vivir su propia vida, para madurar emocionalmente y aprender a resolver todos sus problemas. El otro grupo está a favor de irse de la casa paterna, sólo cuando ésta deje de ser un hogar precisamente, donde falte la comprensión, el calor humano y la armonía; cuando los miembros de la casa no se respetan y el padre trata de imponer siempre su deseo. Es decir, ¡cuando se convierte en un campo de batalla!

El 40% restante sí está en contra de la independencia del hogar paterno. Estas chicas consideran que sólo van a encontrar soledad y muchas presiones económicas para las cuales no están preparadas, y que será perjudicial para su salud mental y emocional.

GRAMMAR SUMMARY FOR LECCIONES 4–6

Question Words

¿cuándo?   ¿qué?
¿dónde?   ¿quién(es)?
¿cómo?   ¿cuánto/a?
¿cuál(es)?   ¿cuántos/as?

Remember that prepositions (**a, de, en, con,** and so forth) appear in front of the question word when used. This is unlike English in which the preposition can "dangle" at the end of a phrase or utterance, far away from the question word.

¿**De** dónde es tu amigo?
*Where is your friend **from**?*

¿**Con** quiénes hablas si tienes un problema?
*Whom do you speak **to** if you have a problem?*

Pronouns

SUBJECT	DIRECT OBJECT	TRUE REFLEXIVE	RECIPROCAL
yo	me	me	
tú	te	te	
Ud.	lo/la	se	
él/ella	lo/la	se	
nosotros/as	nos	nos	nos
vosotros/as	os	os	os
Uds.	los/las	se	se
ellos/ellas	los/las	se	se

1. Remember that object and reflexive pronouns precede conjugated verbs. Don't mistake them for subject pronouns.

   Me llaman los padres.
   My parents call me.

   Se afeita regularmente.
   He shaves regularly.

2. Remember that not all true reflexives in Spanish translate into English with *-self/-selves.*

   María se levanta temprano.
   *María gets up early. (We don't say **gets herself up,** even though this would be a literal translation.)*

3. Remember that not all reciprocals in Spanish translate into English as *each other.*

   Nos abrazamos cuando nos vemos.
   *We hug when we see each other. (While both are reciprocal actions, only the second verb in English would normally take **each other.**)*

Object Marker a

Spanish uses **a** to mark objects of a verb when the object could be confused as a subject (i.e., when the object is theoretically capable of performing the action). It helps to indicate who did what to whom in Spanish, especially since Spanish has flexible word order.

> Manuel conoce bien **a** María. (*María is perfectly capable of knowing someone, but she is not the subject in this sentence.*)

El señor mata **al** león. (*The lion is perfectly capable of killing something else, but he is not the subject in this sentence.*)

The Conjunction que

Although English can often omit *that*, Spanish can never omit **que.**

> Creo que es verdad
> *I think (that) it's true.*

> Me parece que son gemelos.
> *It seems to me (that) they're twins.*

Imperfect Tense

	-ar	-er/-ir	ser	ir
yo	me acostaba	comía/asistía	era	iba
tú	te acostabas	comías/asistías	eras	ibas
Ud.	se acostaba	comía/asistía	era	iba
él/ella	se acostaba	comía/asistía	era	iba
nosotros/as	nos acostábamos	comíamos/asistíamos	éramos	íbamos
vosotros/as	os acostabais	comíais/asistíais	erais	ibais
Uds.	se acostaban	comían/asistían	eran	iban
ellos/ellas	se acostaban	comían/asistían	eran	iban

The imperfect is a past tense that signals that an action, event or activity occurred habitually in the past. It is frequently, though not always, rendered in English by *used to* and *would*.

> Las familias eran más grandes en épocas anteriores.
> *Families were/used to be larger in previous times.*

> Las mujeres en otras épocas sólo trabajaban en casa.
> *Women in earlier time periods worked (would work) only at home.*

Comparisons of Equality (Similar to English *as . . . as*)

WITH NOUNS	WITH ADJECTIVES AND ADVERBS
tanto dinero como	tan grande como
tantos hijos	tan frecuentemente
tantas mujeres como	como
tanta educación como	

Tanto como is used when no noun, adjective, or adverb is explicitly mentioned (similar to English *as much as*).

> Ahora las mujeres trabajan fuera de casa **tanto como** los hombres.

Grammar Summary for Lecciones 4–6

Plátanos amarillos (detalle, c. 1892–1893) por Francisco Oller
(puertorriqueño, 1833–1917)

EN LA MESA

Mira las siguientes fotografías. ¿Qué imágenes se te ocurren? ¿Qué comidas te gustan y no te gustan? ¿Cuánto sabes de los hábitos de comer en los países hispanos? Éstas son algunas de las ideas que vas a explorar en esta unidad.

La sandía (*watermelon*) es una fruta que se ve mucho en el arte de Rufino Tamayo. ¿Te gusta a ti la sandía? ¿Qué frutas forman parte de tu dieta? (*Bodegón* [1928] por Rufino Tamayo [mexicano, 1899–1991])

Una bodega de vinos en la Argentina. ¿Tomas vino tú? ¿Cerveza? ¿O evitas las bebidas alcohólicas completamente?

Cuando sales con los amigos, ¿adónde vas? ¿Qué comes?

¿QUÉ SUELES COMER?

his lesson focuses on food and eating habits. You will have an opportunity to

■ describe some basic foods and snacks

■ describe what you generally eat for breakfast, lunch, and dinner

■ examine how eating habits in Spanish-speaking countries differ from those in the United States

■ learn about other verbs like **gustar**

■ learn about indirect object pronouns

¡IDEAS PARA EXPLORAR

Look over the **Intercambio** activity on page 205. This is the activity you will be working toward throughout this lesson.

Los hábitos de comer

ENFOQUE LÉXICO

¿Cuáles son algunos alimentos básicos?

Talking About Basic Foods in Spanish

Calcio

Productos lácteos

Cognado: el yogur

el helado

la leche

el queso

Proteínas

Carnes

Aves

Cognado: la hamburguesa

el bistec

la carne de res

los huevos

el pollo

la chuleta de cerdo
(*pork chop*)

el jamón

Otros alimentos

los frijoles

las nueces

Pescados y mariscos

el atún

los camarones

la mantequilla de cacahuete
(*peanut butter*)

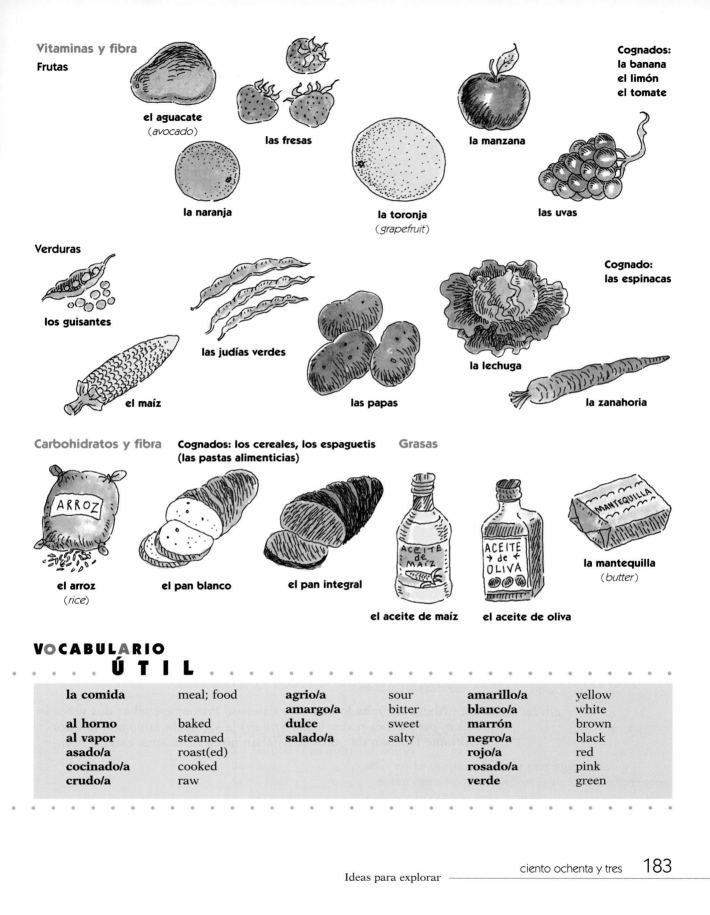

Vitaminas y fibra

Frutas

Cognados:
la banana
el limón
el tomate

el aguacate
(*avocado*)

las fresas

la manzana

la naranja

la toronja
(*grapefruit*)

las uvas

Verduras

Cognado:
las espinacas

los guisantes

las judías verdes

la lechuga

el maíz

las papas

la zanahoria

Carbohidratos y fibra

**Cognados: los cereales, los espaguetis
(las pastas alimenticias)**

Grasas

ARROZ

MANTEQUILLA

ACEITE de MAÍZ

ACEITE de OLIVA

la mantequilla
(*butter*)

el arroz
(*rice*)

el pan blanco

el pan integral

el aceite de maíz

el aceite de oliva

VOCABULARIO ÚTIL

la comida	meal; food	**agrio/a**	sour	**amarillo/a**	yellow
		amargo/a	bitter	**blanco/a**	white
al horno	baked	**dulce**	sweet	**marrón**	brown
al vapor	steamed	**salado/a**	salty	**negro/a**	black
asado/a	roast(ed)			**rojo/a**	red
cocinado/a	cooked			**rosado/a**	pink
crudo/a	raw			**verde**	green

Paso 2   Ahora, entrevista a un compañero (una compañera) de clase sobre sus hábitos de comer. Hazle preguntas para saber cómo ha completado (*has completed*) las oraciones del **Paso 1.** Anota (*Jot down*) sus respuestas. Luego tu compañero/a debe hacerte las mismas preguntas a ti para ver cómo has contestado (*you answered*).

MODELOS   ¿Qué comidas o alimentos sueles comer con pan?

¿Hay alimentos que te gusta comer crudos?

Paso 3   En conclusión, mi compañero/a y yo...

❑ tenemos hábitos de comer muy parecidos.
❑ tenemos algunos hábitos en común, pero no muchos.
❑ tenemos hábitos de comer muy distintos.

ENFOQUE LÉXICO

¿Qué meriendas?

Talking About Snacks and Snacking

los dulces	candies	**las papas/patatas fritas**	potato chips
las galletas	cookies		
las palomitas	popcorn	**los pasteles**	pastries

VOCABULARIO ÚTIL

la máquina vendedora	vending machine	**merendar (ie)**	to snack (on)
la merienda	snack	**tener hambre**	to be hungry

Actividad G   ¿Qué meriendas?

El profesor (La profesora) va a mencionar un alimento. Indica si comes este alimento como merienda o no.

1...   2...   3...   4...   5...   6...   7...   8...   9...

En el mundo hispano, la merienda de la tarde es muy típica.

Actividad H   Cuando tienes hambre...

Paso 1   Usando los números 1–12, indica con qué frecuencia comes de merienda lo siguiente (**12** = muy frecuentemente, **1** = nunca).

Cuando tengo hambre, meriendo...

**A S Í   S E
D I C E**

To say you are hungry or thirsty, Spanish does not use **estar** but rather **tener** with the feminine nouns **hambre** (*hunger*) and **sed** (*thirst*). The literal translations in English are *to have hunger* and *to have thirst*.

Tengo (mucha) hambre.
   I'm (very) hungry.
Tengo (mucha) sed.
   I'm (very) thirsty.

_____ palomitas.
_____ papas fritas.
_____ dulces.
_____ galletas.
_____ una porción de pastel.
_____ una manzana.

_____ una banana.
_____ una naranja.
_____ media (*half*) toronja.
_____ nueces.
_____ una zanahoria.
_____ yogur.

Paso 2   Entrevista a otras tres personas en la clase para averiguar qué comen con más frecuencia para merendar y qué comen con menos frecuencia.

MODELOS   De los alimentos del **Paso 1,** ¿cuál nunca comes como merienda?

¿Cuál comes con mayor frecuencia para merendar?

Paso 3   Compara tus resultados con los de otra persona (alguien a quien no entrevistaste en el **Paso 2**). Según los resultados, ¿qué suelen merendar las personas y qué no suelen merendar? ¿Pertenecen las meriendas favoritas a alguna de las categorías de alimentos básicos, por ejemplo, a las proteínas?

Actividad I   ¿Sabías que... ?

Paso 1   Lee la selección **¿Sabías que... ?** que aparece en la página 188. La selección trata del chicle que se usa en la preparación industrial de la goma de mascar (*chewing gum*) que en Estados Unidos conocemos bajo las marcas (*brand names*) Doublemint, CareFree, Bazooka y otras. Después de leer, contesta las siguientes preguntas. (Nota: Intenta [*Try to*] deducir el significado de las siguientes palabras mientras lees: **toneladas, savia, predecir.**)

a. La tecnología para cosechar el chicle es muy diferente hoy día en comparación con la manera en que los mayas lo cosechaban. ¿Sí o no?

b. ¿De qué idioma se deriva la palabra **chicle**? ¿Del latín, del maya o del azteca?

c. ¿Crees que la industria del chicle tiene un largo futuro?

Paso 2   Indica si estás de acuerdo o no con las siguientes declaraciones.

Mascar chicle...	SÍ	NO
a. es una costumbre vulgar.	❏	❏
b. es bueno para la salud.	❏	❏
c. es buen sustituto de los cigarrillos.	❏	❏
d. calma los nervios.	❏	❏
e. estimula el cerebro.	❏	❏
f. combate el mal aliento (*bad breath*).	❏	❏

Mascar chicle...   SÍ   NO

g. limpia los dientes (*teeth*) igual que un cepillo (*brush*).   ❑   ❑

h. ayuda (*helps*) con la buena digestión.   ❑   ❑

i. les molesta (*irrita*) a muchas personas.   ❑   ❑

j. es un mal hábito.   ❑   ❑

k. es más común entre los jóvenes que entre la gente mayor.   ❑   ❑

Paso 3   Comparte (*Share*) tus respuestas con la clase. En general, ¿tiene la clase una actitud positiva o negativa hacia el hábito de mascar chicle?

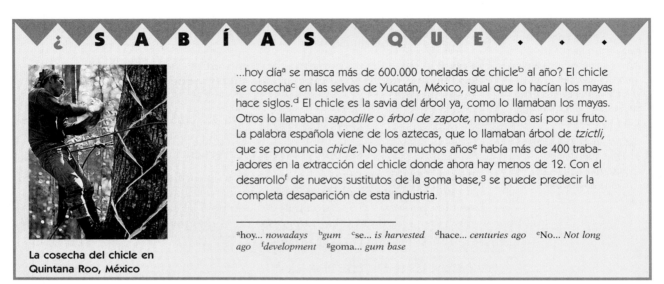

¿ S A B Í A S   Q U E . . .

...hoy día[a] se masca más de 600.000 toneladas de chicle[b] al año? El chicle se cosecha[c] en las selvas de Yucatán, México, igual que lo hacían los mayas hace siglos.[d] El chicle es la savia del árbol ya, como lo llamaban los mayas. Otros lo llamaban *sapodille* o *árbol de zapote*, nombrado así por su fruto. La palabra española viene de los aztecas, que lo llamaban árbol de *tzictli*, que se pronuncia *chicle*. No hace muchos años[e] había más de 400 trabajadores en la extracción del chicle donde ahora hay menos de 12. Con el desarrollo[f] de nuevos sustitutos de la goma base,[g] se puede predecir la completa desaparición de esta industria.

[a]*hoy... nowadays*   [b]*gum*   [c]*se... is harvested*   [d]*hace... centuries ago*   [e]*No... Not long ago*   [f]*development*   [g]*goma... gum base*

La cosecha del chicle en Quintana Roo, México

íDEAS PARA EXPLORAR

A la hora de comer

¿Qué desayunas?

Talking About What You Eat for Breakfast

Desayuno español (8.00–10.00 A.M.)

Bollería variada (*Assorted rolls*) (1), o **churros** (*type of fried dough*) (2), o **tostada** (3) con mantequilla y **mermelada** (4), **café con leche**

Desayuno norteamericano
(6.00–8.00 A.M.)

Dos **huevos fritos** (*fried*) (5) o **revueltos** (*scrambled*) (6),
cereal con leche o tres **panqueques** (7), **tocino** (*bacon*) (8) o
salchichas (9), **jugo de naranja** (10), café, **té** o leche

VOCABULARIO ÚTIL

el bollo	roll
el pan tostado	toast
desayunar	to have breakfast

ASÍ SE DICE

Confused about the use of **¿qué?** and **¿cuál?** Here's a handy rule that works in most cases: use **¿qué?** before a noun or to ask for a definition, and use **¿cuál?** everywhere else.

¿Qué alimentos prefieres para la merienda?
¿Cuál es mejor, el jugo de naranja o el jugo de toronja?

Actividad A   Dos desayunos muy diferentes

Paso 1   Lee los menús de los dos tipos de desayuno en el **Enfoque léxico.**

Paso 2   Contesta las siguientes preguntas con una X en la columna apropiada.

	LOS ESPAÑOLES	LOS NORTEAMERICANOS
1. ¿Quiénes comen más para el desayuno?	❑	❑
2. ¿Quiénes requieren menos tiempo para desayunar?	❑	❑
3. ¿Quiénes no comen huevos por la mañana?	❑	❑
4. ¿Quiénes no comen carne para el desayuno?	❑	❑
5. ¿Quiénes comen alimentos de los cuatro grupos básicos?	❑	❑

Actividad B ¿Quién habla?

Escucha las descripciones que va a leer el profesor (la profesora) e indica si son de una persona española o norteamericana.

1... 2... 3... 4...

Actividad C Firma aquí, por favor

¿Qué desayunaron los estudiantes de esta clase esta mañana?

1. ¿Comiste sólo un bollo?
2. ¿Comiste pan tostado con café?
3. ¿Comiste huevos?
4. ¿Comiste cereal con leche?
5. ¿Comiste carne?
6. ¿Comiste panqueques?
7. ¿Fuiste a McDonald's a desayunar?
8. ¿Comiste pizza?
9. ¿Tomaste sólo una taza (*cup*) de café o té?
10. ¿No tomaste nada esta mañana?

NOTA COMUNICATIVA

Sometimes you may want to verify what you heard or you may want someone to repeat part of what he or she said. To ask for a verification, you can say ¿**Dice(s) que** + *what you want to verify.* To get a partial repetition, use the question words you know to zero in on what you partially heard. Here are some examples.

¿Dices que comiste panqueques?
¿Dice (Ud.) que no tiene azúcar (*sugar*)?
¿Comió qué?
¿Fue adónde?

If you need someone to repeat an entire statement, don't say **¿Qué?** In Spanish, **¿Cómo?** is used.

¿Cómo?	*What?*
¿Cómo dice(s)?	*What did you say/are you saying?*

¿Qué comes para el almuerzo y para la cena?

Talking About What You Eat for Lunch and Dinner

Almuerzo español (2.00–4.00 P.M.)

Menú del día

PRIMER PLATO
lentejas (1) estofadas (*lentil stew*)
tortilla (*omelette*) (2) de chorizo
ensalada mixta

SEGUNDO PLATO
filete de **ternera** (*veal*) (3) con **patatas** (*potatoes, Sp.*)
emperador (*swordfish*) (4) a la plancha
medio pollo asado (*roast*)

POSTRE
helado
tarta (*pie*) (5)
fruta
flan (6) con nata (*whipped cream*) o café
barrita de pan y **vino** (7)

Cena española (9.00–11.00 P.M.)

huevos fritos, patatas fritas, salchichas, pan y vino

Almuerzo norteamericano (12.00–1.00 P.M.)

sandwich de carne (por ejemplo, jamón, pavo [*turkey*], rosbif) / sandwich de atún y fruta

o hamburguesa con queso, papas fritas

un **refresco** (*soft drink*) / café / leche

Cena norteamericana (5.00–7.00 P.M.)

pollo asado / bistec / langosta (*lobster*) / pescado frito / espaguetis
ensalada mixta
verduras al vapor
arroz / papas al horno (*baked*) /
puré (8) **de papas** (*mashed potatoes*)
cerveza (*beer*) (9) / vino y / o **agua**
tarta / helado / gelatina

o pizza

Ideas para explorar

VOCABULARIO ÚTIL

almorzar (ue)	to have lunch
cenar	to have dinner

Actividad D   ¿Español o norteamericano?

Paso 1   Analiza los dos tipos de almuerzos en el **Enfoque léxico.**

Paso 2   Escucha al profesor (a la profesora). ¿Habla de una persona norteamericana o española?

1...   2...   3...   4...   5...   6...

Paso 3   Mira otra vez los menús para las comidas norteamericanas y españolas en el **Enfoque léxico.** Luego contesta las preguntas que hace el profesor (la profesora).

1...   2...   3...   4...   5...

Actividad E   ¿Quién habla?

Escucha al profesor (a la profesora). ¿Expresa las opiniones de una persona española o norteamericana?

1...   2...   3...   4...

Actividad F   Los hispanos hablan

Paso 1   Lee la selección **Los hispanos hablan** que aparece en la página 193. Luego contesta las siguientes preguntas. (Nota: Trata de deducir el significado de **acostumbrarme.**)

1. ¿Cuál de las siguientes comidas es la comida de mediodía?
    a. el desayuno   **b.** el almuerzo   **c.** la cena   **d.** la merienda
2. Cuando Marisol dice «Me llevó tiempo acostumbrarme», ella quiere decir que...
    a. algo era fácil de hacer.   **b.** algo era difícil de hacer.

Paso 2   Ahora escucha lo que dice Marisol Vedrina. Luego contesta las siguientes preguntas.

Vocabulario útil

disfrutar	to enjoy
relajarme	to relax

1. Según lo que dice Marisol, indica si esperas (*you expect*) ver lo siguiente en España o no.
    a. familias reunidas en casa para el almuerzo
    b. personas que van a trabajar inmediatamente después del almuerzo

    c. restaurantes con «drive-up windows»
    d. gente que toma café mientras maneja al trabajo
  2. ¿Está Marisol «americanizada» ahora con respecto a los hábitos de comer?

Paso 3 Imagina que trabajas para una agencia de turismo. ¿Cómo terminarías (*would you complete*) la siguiente información para unos turistas españoles?

A diferencia de España, la comida principal de los Estados Unidos no es el almuerzo sino la cena...

LOS HISPANOS HABLAN

Al llegar a los Estados Unidos, ¿qué hábitos de comer de los norteamericanos te llamaron la atención?

    NOMBRE: Marisol Vedrina
    EDAD: 33 años
    PAÍS: España

«Me llevó tiempo acostumbrarme a los horarios y a la poca importancia de la comida de mediodía. Para mí la comida de mediodía siempre había sido[a] la más importante y... »

_____

[a]había... *had been*

COMUNICACIÓN

Actividad G ¿A quién describe?

Paso 1 Revisa los menús típicos para el almuerzo y la cena norteamericanos. ¿Son estos menús típicos del almuerzo y de la cena de un(a) estudiante? Si no, haz los cambios necesarios para mostrar (*show*) lo que come habitualmente un(a) estudiante de tu universidad. Comparte con la clase tu revisión.

Paso 2 Después de que todos presenten el menú que revisaron, indica tu conclusión.

  ❏ Hay un almuerzo típico de los estudiantes.
  ❏ No hay un almuerzo típico de los estudiantes.
  ❏ Hay una cena típica de los estudiantes.
  ❏ No hay una cena típica de los estudiantes.

Actividad H ¿Sabías que... ?

Paso 1 Escucha y lee la selección **¿Sabías que... ?** que aparece en la página 194. Luego, contesta las siguientes preguntas. (Debes deducir lo que significa **cuy** por la foto.)

1. En el Perú, el cuy es...
   a. una mascota.
   b. un animal de laboratorio.
   c. un alimento.
2. Personalmente, ¿qué piensas del cuy como comida?
   a. Me gustaría probar (*to try*) el cuy.
   b. No me apetece (*appeal to me*) para nada.
   c. Quiero probar el cuy pero sin saber que lo estoy probando.

Paso 2 El profesor (La profesora) va a dividir la clase en tres grandes grupos. A cada grupo le va a asignar una comida: el desayuno, el almuerzo o la cena. Cada grupo tiene que preparar un menú completo a base de cuy.

¿Cómo lo van a preparar? ¿asado? ¿frito? ¿De qué otros alimentos va a ir acompañado? ¿Van a preparar arroz con cuy? ¿huevos con cuy? ¿sandwich de cuy?

Paso 3 Cada grupo debe escribir su menú en la pizarra. ¿Cuál es el menú que les apetece más? ¿Cuál les apetece menos? Ahora, la clase entera va a decidir a quién(es) le(s) van a servir estas comidas.

Paso 4 (Optativo) Describe a la clase el alimento más exótico que has probado (*you have tried*) en tu vida.

MODELO Una vez probé _____. (No) Me gustó mucho. Sabía a _____.

¿Es ésta una clase de estudiantes a quiénes les gustan las aventuras gastronómicas o son estudiantes de gustos (*tastes*) conservadores?

¿SABÍAS QUE...

De crianza fácil y delicioso sabor, el cuy empieza a ser criado en gran escala.

...el cuy es un preciado alimento en los países de la región andina? Mientras que en los Estados Unidos el cuy o es una mascota (así como el perro y el gato) o usado en estudios de laboratorio, en el Perú se le cría[a] para el consumo alimentario. Es decir, el cuy forma parte de una industria alimentaria creciente.[b]

¿Cómo se compara con las demás[c] carnes? Mientras las aves tienen el 18 por ciento de proteínas, el cerdo 14 y el vacuno[d] poco más de 17, el cuy tiene el 20 por ciento. Desollado y deshuesado[e], el cuy tiene unos dos tercios (2/3) de su peso[f] en carne limpia, es decir, como el pollo. ¿A qué sabe? Pues, sabe a cuy, sabor indefinible que recuerda al del conejo[g] pero es mejor y delicioso.

---

[a]se... *it is raised* [b]*growing* [c]las... *other* [d]*beef* [e]Desollado... *Skinned and boned* [f]*weight* [g]*rabbit*

¡DEAS PARA EXPLORAR

Los gustos

ENFOQUE LINGÜÍSTICO

¿Que si me importan los aditivos?

Other Verbs like **gustar** and the Indirect Object Pronoun **me**

```
        apetece(n)
        importa(n)
me +    encanta(n)
        agrada(n)
        cae(n) bien/mal
        interesa(n)
```

—¿Que si **me importan** los aditivos? Todos vamos a morir algún día...
—Pues a mí **me importan** muchísimo.

In Spanish, many verbs require the use of indirect object pronouns to express how a person feels about something or the reaction that something causes in a person. This is true of **gustar,** which you already know means *to please.* (Remember that Spanish does not have a verb that literally means *to like.*)

Here are some others.

ASÍ SE DICE

In the way that **gustar** (*to please*) is often translated as *to like,* **agradar, encantar,** and **importar** are often translated by verbs other than *to please, to delight,* and *to matter.*

No me agrada el pescado.
I don't like fish.

Me encanta México.
I love Mexico.

No me importa eso.
I don't care about that.

agradar *to please*

No me agrada la avena.   *Oatmeal does not please me.*
     (I hate oatmeal.)

apetecer *to be appetizing; to appeal/be appealing* (*food*)

No me apetece el caviar.   *Caviar doesn't appeal to me.*

caer bien *to make a good impression; to agree with* (*food*)

No me caen bien las cebollas.   *Onions don't agree with me.*

encantar *to delight, be extremely pleasing*

¡Me encantan las ostras crudas!   *Raw oysters delight me!*
     (I love raw oysters!)

importar *to be important; to matter*

No me importan los aditivos.   *Additives don't matter to me.*

interesar *to be interesting*

Me interesa la cocina española.   *Spanish cuisine interests me.*

Ideas para explorar ——— ciento noventa y cinco   **195**

Remember that, like **gustar,** these verbs normally appear in the third person singular or plural since someone is affected by something (or things). Do not mistake **me** as a subject pronoun. When used with these verbs, **me** is equivalent to the phrase *to me* and is called an indirect object pronoun. (You will learn about and work with other indirect object pronouns and these verbs later in this lesson.)

Actividad A   Me importa...

Paso 1   Indica cuánto te importa cada cosa.

	MUCHO	UN POCO	NADA
1. Me importa el color de los alimentos.	❏	❏	❏
2. Me importa el sabor de los alimentos.	❏	❏	❏
3. Me importa el valor (*value*) nutritivo de los alimentos.	❏	❏	❏
4. Me importa la apariencia de la comida.	❏	❏	❏
5. Me importan las calorías.	❏	❏	❏
6. Me importan los aditivos.	❏	❏	❏
7. Me importan las grasas que contienen los alimentos.	❏	❏	❏
8. Me importan los gustos de otras personas en cuanto a la comida.	❏	❏	❏

Paso 2   Comparte tus respuestas con la clase.

MODELO   Me importan mucho el sabor de los alimentos y las grasas que contienen.

Actividad B   Los hispanos hablan

Paso 1   En la revista *Noticias* de Buenos Aires, hay una sección en la que personas célebres hablan de las comidas y restaurantes que prefieren. Lee lo que dicen Juan Carlos Harriot y Elsa Serrano en la página 197.

Paso 2   Con un compañero (una compañera) de clase, indica quién diría (*would say*) las siguientes oraciones.

	JUAN CARLOS	ELSA
1. Me encanta la variedad gastronómica.	❏	❏
2. No me agrada salir a comer.	❏	❏
3. Me importa comer bien.	❏	❏
4. Me agrada una copa de vino.	❏	❏
5. Me encanta salir a comer.	❏	❏
6. Me importan las calorías.	❏	❏
7. Me caen bien las carnes rojas.	❏	❏

Paso 3   ¿Quién tiene los gustos más parecidos a los tuyos (*yours*)?

Lección 7   ¿Qué sueles comer?

LOS HISPANOS HABLAN

Mis platos preferidos

En la revista *Noticias* de Buenos Aires, hay una sección en la que personas célebres hablan de las comidas y los restaurantes que prefieren. Aquí hablan dos personas.

Juan Carlos Harriott

Salgo poco a comer, ya que la mayor parte del tiempo estoy en mi campo de Coronel Suárez. También soy cómodo, así que no me alejo demasiado de mi casa. Frecuento "La Rueda", "Schiaffino", "San Michele". En esas oportunidades pido lo mismo que comería en mi casa: carne asada, preferentemente un bife de lomo o de "chorizo", y si hay parrillada, bien completa. Algunas veces pescado, como el lenguado frito. Siempre acompaño a la carne con ensaladas, tomates, zanahorias, remolachas. Soy muy simple en mi elección y generalmente como un solo plato.

La Rueda, Av. Quintana 456
Schiaffino, Schiaffino 2183
San Michele, Av. Quintana 257

Soy habitué de "Lola": una copa de champán primero, luego ensalada Mikada y cerdo con aromas, que son mis preferidos. Postres casi nunca, porque engordan y, además, no soy amante de los dulces. También me encantan las cantinas italianas. Si voy a "Luigi" pido *bocconcino* de pollo con cebollas de verdeo o pulpo al ajo negro. Si como pastas elijo las simples, fideos, ñoquis, nunca las rellenas. Raras veces tomo vino, pero cuando lo hago prefiero el tinto 'Selección López'. De "Fechoría" me encanta la pizza de pan alto, pero nunca dejo de comer langostinos, que siempre los tienen fresquísimos.

Elsa Serrano

Fechora, Córdoba 3921
Luigi, Pringles 1210
Lola, Roberto M. Ortiz 1801

Actividad C   Más sobre los gustos

Paso 1   Completa cada par de oraciones de acuerdo con tus gustos. Esta lección se enfoca en la comida y los gustos de comer, pero puedes completar las oraciones como quieras (*as you wish*).

1. **a.** No me cae bien...
   b. No me caen bien...
2. **a.** Me encanta...
   b. Me encantan...
3. **a.** No me apetece para nada...
   b. No me apetecen para nada...

Paso 2   Comparte tus oraciones con la clase. ¿Cuántas de las siguientes cosas mencionaron tú y tus compañeros de clase? Si no las mencionaron, di algo sobre algunas de ellas usando las frases del **Paso 1.**

el ajo (*garlic*)	la comida de la residencia
las ancas de rana (*frog legs*)	estudiantil
los caracoles (los escargots)	Mountain Dew
la comida casera (*homemade*)	el pescado crudo (el sushi)
	la salsa picante

¿Te importan los aditivos?

Te and **nos** as Indirect Object Pronouns

me	**nos** importan
te importan	os
le	les
le	les

—¿**Te importan** los aditivos?
—Sí.
—A mí, también. **Nos importan** las mismas cosas, ¿no?

Although indirect object pronouns can express a variety of meanings in Spanish, their most frequent English equivalents are *to* or *for* someone. For example, **te** and **nos** are used with many verbs to express *to* or *for you* and *to* or *for us.*

¿**Te** dan dinero tus padres?
La profesora **nos** da mucha tarea.
¿**Te** apetece la comida francesa esta noche?

As you may have noticed with verbs like **gustar,** indirect object pronouns are placed before conjugated verbs. (Remember that Spanish has flexible word order, so do not mistake indirect object pronouns for subjects.) In the following sentence, who is saying something to whom?

Nos dice Manuel que no hay clase mañana.

If you said Manuel was doing the telling and we were the ones being told, you were correct.

Indirect object pronouns can also be attached to the end of an infinitive.

Marta debe **decirnos** a qué hora llegar.
Tienen que **darte** su número de teléfono.

Remember that **le** is used instead of **te** when speaking to someone whom you would address as **Ud.**

¿**Le** importa a Ud. si llego tarde?

Actividad D   Entrevista al profesor (a la profesora)

La clase va a entrevistar al profesor (a la profesora). Primero, lee las preguntas a continuación y agrega (*add*) una más para completar el número 6.

Todas las preguntas tienen que ver con el trabajo. Quieres averiguar si al profesor (a la profesora) le gusta trabajar aquí. Luego, la clase debe hacerle las preguntas al profesor (a la profesora) y anotar sus respuestas. ¿Cuál es la conclusión de la clase?

1. ¿Te (Le) agrada esta universidad?
2. ¿Te (Le) caen bien tus (sus) colegas?
3. ¿Te (Le) caen bien los estudiantes?
4. ¿Te (Le) pagan un buen sueldo (*salary*)?
5. ¿Te (Le) agradan las clases que das (da)?
6. ¿ ?

COMUNICACIÓN

Actividad E   Reacciones

Paso 1   Entrevista a un compañero (una compañera) para averiguar sus gustos. Usa los verbos **encantar, agradar, caer bien, apetecer,** etcétera.

MODELO   los mariscos → E1: ¿Te agradan los mariscos?
                          E2: No me agradan para nada. (Ah, sí. Me encantan.)

1. el ajo
2. los refrescos sin azúcar (*sugar*)
3. las espinacas
4. el yogur natural (sin sabor de fruta)
5. el café espresso
6. los meseros (*waiters*) que hablan mucho
7. el cuy
8. el restaurante _____ (nombre)
9. ¿ ?

Paso 2   Prepara un resumen de la entrevista para compartir con la clase los gustos que tienen en común.

MODELO   A ninguno/a de los/las dos nos apetecen las espinacas. Nos caen bien los meseros (las meseras) que hablan mucho porque normalmente son interesantes.

Paso 3 (Optativo)   Escucha con atención mientras el profesor (la profesora) describe sus gustos en el **Paso 1.** Luego, compara tus gustos con los de él (ella).

MODELO   Al profesor (A la profesora) y a mí nos apetece el cuy.

A S Í   S E   D I C E

Indirect object pronouns are used with a variety of verbs to express *to* or *for* someone (or something). Be careful, though! English can move the indirect object around with certain common verbs. The result is that the indirect object in English may look like a direct object!

decir	Te dije la verdad.	*I told you the truth.*
		I told the truth to you.
dar	Me dieron el premio.	*They gave me the prize.*
		They gave the prize to me.
servir	Nos sirvieron un vino excelente.	*They served us a great wine.*
		They served a great wine to us.
traer	¿Te trajeron algo?	*Did they bring you something?*
		Did they bring something to you?

¿Le pones sal a la comida?

Le and **les** as Third Person Indirect Object Pronouns

me	nos
te	os
le	les

le	pones	**les**	pones

—¿Te gusta?
—Sí, está riquísima. ¿Qué **le** pusiste?

Lección 7   ¿Qué sueles comer?

Le and **les** are indirect object pronouns like **me, te** and **nos.** They frequently mean *to* or *for him/her/it* and *to* or *for them.* (**Les** can also be used to mean *to* or *for you* [*pl.*]).

Tus amigos quieren saber cuáles son los ingredientes especiales. **¿Les** vas a decir cuáles son? (**les** = a tus amigos)
A Juan no **le** gustan las verduras crudas. (**le** = a Juan)

When **le** and **les** are used with verbs like **poner** (*to put*) and **quitar** (*to remove, take away*), the English equivalent is *to put in* or *on* (*him, her, it,* and so forth) or *to take off of* (*him, her, it,* and so forth).

—¿Qué **le** pones a la comida, mucha sal (*salt*) o poca?
—No **le** pongo nada. (**le** = a la comida)
Cuando preparo el pollo, siempre **le** quito la piel. (**le** = al pollo)

Have you noticed that these pronouns are often redundant? That is, **le** and **les** are used even when the person to or for whom something happens is explicitly mentioned in the sentence.

Gloria Estefan **le** entregó **a su mamá** su primer sueldo.
A los perros les encanta comer huesos.

Indirect object pronouns can be used by themselves once the person or thing referred to has been established in context.

—¿Qué **le** vas a decir **a tu compañera de cuarto**?
—No sé. Creo que no **le** voy a decir nada.

In the second part of this exchange, the speaker did not repeat **a mi compañera** because that person was already referred to in the conversation.

Actividad F   ¿Qué le pones a la comida?

Paso 1   Marca la(s) respuesta(s) que mejor indica(n) lo que sueles hacer.

1. ¿Qué le pones a la comida?
   ❑ Le pongo un poco de sal.
   ❑ Le pongo mucha sal.
   ❑ No le pongo nada.
   ❑ Le pongo un poco de pimienta (*pepper*).
   ❑ Le pongo mucha pimienta.
2. ¿Qué les pones a las hamburguesas?
   ❑ Les pongo mayonesa.
   ❑ Les pongo salsa de tomate (*ketchup*).
   ❑ Les pongo mostaza (*mustard*).
   ❑ No les pongo nada.
   ❑ Soy vegetariano/a.
3. ¿Qué les pones a las papas fritas?
   ❑ Les pongo salsa de tomate.
   ❑ Les pongo mayonesa.
   ❑ Les pongo un poco de vinagre.
   ❑ Les pongo sal.
   ❑ Les pongo pimienta.
   ❑ No les pongo nada.
4. ¿Qué les pones a las palomitas?
   ❑ Les pongo sal.
   ❑ Les pongo margarina.
   ❑ Les pongo mantequilla.
   ❑ Les pongo queso parmesano.
   ❑ No les pongo nada.

5. Además de leche, ¿qué le pones al cereal preparado?
   - ❏ Le pongo azúcar.
   - ❏ Le pongo miel (*honey*).
   - ❏ Le pongo pasas (*raisins*).
   - ❏ Le pongo fruta fresca.
   - ❏ No le pongo nada.

Paso 2 Usando las respuestas que diste en el **Paso 1,** inventa cinco preguntas para hacerles a tus compañeros de clase de manera que ellos contesten sí o no. (En el **Paso 3,** cada persona va a firmar su nombre al lado de la pregunta.) Por ejemplo, si tú contestaste a la pregunta, «No les pongo nada», tu pregunta sería (*would be*) «¿Les pones algo a las palomitas?» Si contestaste «Les pongo mantequilla», tu pregunta sería «¿Les pones mantequilla a las palomitas?»

Paso 3 Ahora, busca a cinco personas en la clase que contesten sí a las preguntas que escribiste en **Paso 2.** Cada persona debe firmar su nombre al lado de la pregunta.

Actividad G   Los hispanos hablan

Paso 1 Lee la selección **Los hispanos hablan** que aparece en la página 203. ¿Sabes lo que es una salsa? En español la palabra salsa puede usarse para hablar de *sauces, dressings* y también *gravies*. Por lo poco que lees sobre lo que dice Cristina Breguera, ¿a qué conclusión llegas?

1. Las salsas son más populares en España que aquí.
2. Hay más variedad de salsas en los Estados Unidos y la gente las utiliza más.

Paso 2 Ahora, escucha lo que dice Cristina Breguera. Luego contesta las siguientes preguntas.

Vocabulario útil

    sano   healthy

1. ¿Qué crees que significa **ganar peso**?
   a. to earn money
   b. to gain weight
   c. to make a selection
2. ¿Cuál es la reacción de Cristina hacia el uso de las salsas?
   a. Le importa el uso de las salsas.
   b. No le importa el uso de las salsas.

Paso 3 A continuación está lo que dice Sofía Rueda, una colombiana de 32 años. ¿Tiene la misma opinión que Cristina Breguera?

«Cuando yo llegué, vi que a muchos norteamericanos les gustan los platos que llevan algún tipo de salsa como pollo con alguna salsa o la famosa *gravy* sobre el puré de papas. Eso me repugnó al principio porque en Colombia, al menos en mi familia, comemos cosas simples, sin salsas espesas (*thick*).»

Lección 7   ¿Qué sueles comer?

Paso 4 Indica a qué le pones tú alguna salsa.

Le pongo salsa...

- ❑ a las papas fritas.
- ❑ al puré de papas.
- ❑ a la carne.

- ❑ a las verduras.
- ❑ a la pasta.
- ❑ al/a la...

La clase debe escribir en la pizarra una lista de todos los tipos de salsas que hay. ¿Es verdad que a los norteamericanos les gustan las salsas?

LOS HISPANOS HABLAN

Al llegar a los Estados Unidos por primera vez, ¿qué hábitos de comer de los norteamericanos te llamaron más la atención?

NOMBRE: Cristina Breguera
EDAD: 33 años
PAÍS: España

«Algo que me llamó la atención es que todo lleva salsas, desde la ensalada hasta las verduras... »

Actividad H ¿Le pides... ?

El verbo **pedir** (*to request, ask for*) también toma un objeto indirecto aunque el significado no es *to* o *for someone.* Indica lo que haces en cada situación.

1. Mañana tienes que entregarle al profesor un trabajo, pero sabes muy bien que no lo vas a terminar para mañana. ¿Qué haces?
   a. Le pides una prórroga (*extension*) al profesor.
   b. Le pides una prórroga sólo si es un profesor que conoces bien.
   c. No le pides una prórroga. Le entregas tarde el trabajo y esperas a ver lo que pasa.
2. Es hora de volver a casa. Está lloviendo y no tienes paraguas (*umbrella*). Ves a una persona que conoces subir a (*get in*) su auto. ¿Qué haces?
   a. Le pides que te lleve (*takes you*) a tu casa.
   b. Le pides que te lleve a tu casa sólo si es una persona que conoces muy bien.
   c. No le pides que te lleve a tu casa. Tomas el autobús o un taxi.
3. En un restaurante, dejas caer (*you drop*) un tenedor (*fork*). ¿Qué haces?
   a. Le pides otro al mesero.
   b. No le pides otro al mesero. Tomas el tenedor de otra mesa donde no hay otros clientes.
   c. No le pides otro al mesero. Recoges (*You pick up*) el tenedor del suelo y lo limpias con la servilleta (*napkin*).

Actividad I Situaciones

Paso 1 En grupos de tres o cuatro, deben escribir, por lo menos, tres opciones que tienen para cada situación. ¡OJO! Deben utilizar objetos indirectos.

> MODELO SITUACIÓN: Estás en un restaurante elegante y el servicio es muy malo.
>
> POSIBLES OPCIONES: a. No le doy propina (*tip*) al mesero.
> b. Le digo al gerente (*manager*) que no voy a volver.
> c. Les digo a mis amigos que es un restaurante horrible.

1. Estás en un café con unos amigos. Llega la cuenta y descubres (*you discover*) que no tienes dinero.
2. Vas al supermercado para comprar verduras. Las verduras que tienen no son frescas y, además (*furthermore*), son caras.
3. Un amigo te invita a cenar a su casa pero sabes que no cocina muy bien.
4. Estás en un café con unos amigos. Llega la cuenta y uno de tus compañeros te dice que no tiene dinero. Es la tercera vez que te pide dinero.
5. Estás en la casa de un amigo (una amiga) y sus padres preparan una cena que no te gusta para nada.

Paso 2 Escojan una situación y escriban las opciones en la pizarra. Presenten las opciones a la clase indicando la opción que prefieren y por qué. ¿Es ésta la opción que prefiere la mayoría de la clase?

ASÍ SE DICE

Have you wondered how you might say in Spanish *I gave it to him* or *I asked him for it?* In Spanish, both direct object and indirect object pronouns precede conjugated verbs with the indirect always preceding the direct.

> —¿Te dio el dinero?
> —Sí, me lo dio ayer.

Spanish does not allow **le** and **les** to appear with **lo, la, los,** and **las.** In such cases, **se** is used instead of **le** and **les.** Here, this **se** is not used as a reflexive pronoun; it simply takes the place of **le** and **les.**

> —¿Le entregaste la composición a la profesora?
> —Sí, se la entregué esta mañana.

Lección 7 ¿Qué sueles comer?

Intercambio

Preferencias alimenticias

Propósito: escribir un artículo sobre las preferencias y hábitos de un compañero (una compañera) de clase con relación a la comida.

Papeles: dos estudiantes entrevistan a otro/a; entre los/las tres escriben el artículo.

Paso 1 Dos personas deben entrevistar a un tercer compañero (una tercera compañera) para conseguir los datos en el cuadro a continuación.

La información tiene que ver con salir a comer en vez de comer en casa.

	EL DESAYUNO	EL ALMUERZO	LA CENA
frecuencia con que sale a comer			
dónde come			
qué suele pedir (*orders*)			
sus preferencias en cuanto a la comida qué (no) le encanta qué (no) le cae bien qué (no) le agrada			

Paso 2 Ahora, los tres tienen que escribir, en forma de un artículo, las preferencias de la persona entrevistada. Pueden utilizar como modelo «Mis platos preferidos» que está en la página 197.

MODELO Esta persona sale muy poco a comer. Cuando va a un restaurante, suele ir a...

Paso 3 Los grupos deben entregarle al profesor (a la profesora) el artículo **sin indicar el nombre de la persona entrevistada.** El profesor va a leer cada entrevista a la clase para que entre todos adivinen a quién corresponde.

Vocabulario

The **Vocabulario** list in this lesson is long, since it presents much of the thematic vocabulary that you will have an opportunity to use throughout **Unidad tres.** You will find that the **Vocabulario** lists in **Lecciones 8** and **9** are shorter.

Los alimentos básicos — Basic Foods

Calcio — Calcium
productos lácteos — dairy products
   el helado — ice cream
   la leche — milk
   el queso — cheese
   el yogur — yogurt

Proteínas — Proteins
carnes — meats
   el bistec — steak
   la carne de res — beef
   la chuleta de cerdo — pork chop
   la hamburguesa — hamburger
   el jamón — ham
aves — poultry
   el huevo — egg
   el pollo — chicken
pescados y mariscos — fish and shellfish
   el atún — tuna
   los camarones — shrimp

   los frijoles — beans
   la mantequilla de cacahuete — peanut butter
   las nueces — nuts

Vitaminas y fibra — Vitamins and Fiber
frutas — fruits
   el aguacate — avocado
   la banana — banana
   la fresa — strawberry
   el limón — lemon
   la manzana — apple
   la naranja — orange
   el tomate — tomato
   la toronja — grapefruit
   la uva — grape

verduras — vegetables
   las espinacas — spinach
   los guisantes — peas
   las judías verdes — green beans
   la lechuga — lettuce
   el maíz — corn
   la papa — potato (*Lat. Am.*)
   la patata — potato (*Sp.*)
   la zanahoria — carrot

Carbohidratos y fibra — Carbohydrates and Fiber
el arroz — rice
los cereales — cereals; grains
los espaguetis — spaghetti
el pan blanco — white bread
el pan integral — whole wheat bread
las pastas alimenticias — pasta

Grasas — Fats
el aceite de maíz — corn oil
el aceite de oliva — olive oil
la mantequilla — butter

Para describir los alimentos — Describing Foods

agrio/a — sour
amargo/a — bitter
asado/a — roast(ed)
cocinado/a — cooked
crudo/a — raw
dulce — sweet

al horno — baked
al vapor — steamed

el gusto — taste (*preference*)
el hábito de comer — eating habit
el sabor — taste (*flavor*)

Sabe a... — It tastes like . . .

¿Qué desayunas? — What Do You Have for Breakfast?

la bollería — assorted breads and rolls
el bollo — roll

el churro	type of fried dough
el huevo frito (revuelto)	fried (scrambled) egg
el jugo (de naranja)	(orange) juice
la mermelada	jam, marmalade
el panqueque	pancake
el pan tostado	toast
la salchicha	sausage
el tocino	bacon
la tostada	toast
desayunar (R)	to have breakfast

¿Qué comes para el almuerzo y para la cena? — What Do You Have for Lunch and Dinner?

el emperador	swordfish
la ensalada	salad
el flan	baked custard
las lentejas	lentils
(medio) pollo asado	(half a) roast chicken
el postre	dessert
el puré de papas	mashed potatoes
el sandwich	sandwich
la tarta	pie
la ternera	veal
la tortilla	omelette (*Sp.*)
almorzar (ue) (R)	to have lunch
cenar (R)	to have dinner
el menú del día	daily menu
el primer (segundo) plato	first (second) course

Las comidas — Meals

el almuerzo	lunch
la cena (R)	dinner
el desayuno	breakfast

¿Qué meriendas? — What Do You Snack On?

los dulces	candy
la galleta	cookie
las palomitas	popcorn
las papas fritas	potato chips; french fries (*Lat. Am.*)
los pasteles	pastries
las patatas fritas	potato chips; french fries (*Sp.*)

la máquina vendedora	vending machine
la merienda	snack
merendar (ie)	to snack (on)

Y para tomar... — And To Drink . . .

el agua (*f.*)	water
el café (R) **(con leche)**	coffee (with milk)
la cerveza	beer
el refresco	soft drink
el té	tea
el vino	wine

Los condimentos — Condiments

el azúcar	sugar
la mayonesa	mayonnaise
la mostaza	mustard
la pimienta	pepper
la sal	salt
la salsa de tomate	ketchup

Los colores — Colors

amarillo/a	yellow
blanco/a	white
marrón	dark brown
negro/a (R)	black
rojo/a	red
rosado/a	pink
verde (R)	green

Verbos — Verbs

agradar	to please
apetecer	to be appetizing; to appeal, be appealing (*food*)
caer (*irreg.*) **bien/mal**	to make a good/bad impression; to (dis)agree with (*food*)
encantar	to delight, be extremely pleasing
importar	to be important; to matter
interesar	to be interesting
mascar (chicle)	to chew (gum)
poner (*irreg.*)	to put, place
quitar	to remove, take away
tener hambre	to be hungry

Actividad A «Oda a la alcachofa»°

artichoke

En el poema «Oda a la alcachofa», el poeta chileno Pablo Neruda nos ofrece una visión de un alimento con características humanas. En esta actividad vas a leer el poema parte por parte para ver lo que le pasa a la alcachofa. (Nota: Este poema es rico en imágenes, así que es muy importante visualizar el contenido mientras lees.)

Paso 1 Lee los versos del 1 al 9 del poema. ¿Cuál de los siguientes dibujos representa mejor la descripción de la alcachofa?

Paso 2 Ahora lee los versos del 10 al 27. ¿Qué hace el poeta aquí?

   a. Describe más a la alcachofa.
   b. Compara la alcachofa con otros vegetales.

Paso 3 Ahora lee los versos del 26 al 39. Al terminar el verso 39, ¿sientes (*do you feel*) que algo va a pasar? Según el verso, ¿qué va a hacer la alcachofa en el mercado?

Va a...

   a. luchar. **b.** dormir. **c.** jugar.

Paso 4 En los versos del 43 al 52, el poeta habla de unos hombres con camisas blancas. Si la alcachofa está ahora en el mercado, ¿quiénes podrían ser (*could be*) estos hombres?

Son...

   a. clientes que vienen a comprar vegetales.
   b. vendedores del mercado.

Paso 5 Lee ahora los versos del 53 al 69.

   1. ¿Quién es María? ¿Es una vendedora o una cliente?
   2. ¿Cuál de las siguientes afirmaciones representa la actitud de María hacia la alcachofa-guerrero?
      a. A María no le cae bien y no la quiere.
      b. Para María, la alcachofa simplemente es otro alimento más.

Paso 6 Ahora lee el resto del poema. ¿Terminó el poema como esperabas? ¿Realizó (*Did it achieve*) la alcachofa su «sueño de milicia»?

Paso 7 Lee el poema entero de nuevo. Luego, pon (*put*) las siguientes imágenes en el orden correcto según la narración de Neruda.

Paso 8   Neruda describe la alcachofa como guerrero. Busca en el poema todas las palabras y expresiones que aluden a esta personificación del vegetal. ¿Cuántas encuentras? Ahora, piensa en las frutas y los vegetales siguientes. ¿Cómo describirías (*would you describe*) cada uno en comparación con la alcachofa-guerrero?

la banana   la uva
el tomate

Oda a la alcachofa

La alcachofa
de tierno corazón[a]
se vistió de guerrero,[b]
erecta, construyó
5 una pequeña cúpula,
se mantuvo
impermeable
bajo
sus escamas,[c]
10 a su lado
los vegetales locos
se encresparon,[d]
se hicieron
zarcillos, espadañas[e]
15 bulbos conmovedores,
en el subsuelo[f]
durmió la zanahoria
de bigotes[g] rojos,
la viña
20 resecó los sarmientos[h]
por donde sube el vino,
la col[i]
se dedicó
a probarse faldas,[j]
25 el orégano
a perfumar el mundo, y la dulce
alcachofa
allí en el huerto,
vestida de guerrero,
30 bruñida
como una granada,[k]
orgullosa,[l]
y un día
una con otra
35 en grandes cestos
de mimbre,[m] caminó
por el mercado
a realizar su sueño:[n]
la milicia.
40 En hileras[o]
nunca fue tan marcial
como en la feria,

Pablo Neruda (1904–1973) es uno de los poetas más célebres de Latinoamérica. Natural de Chile, recibió el Premio Nobel de literatura en 1971.

los hombres
entre las legumbres
45 con sus camisas[p] blancas
eran
mariscales
de las alcachofas,
las filas apretadas,[q]
50 las voces de comando,
y la detonación
de una caja[r] que cae,
pero
entonces
55 viene
María
con su cesto,
escoge
una alcachofa,
60 no le teme,[s]
la examina, la observa
contra la luz como si fuera un huevo,
la compra,
la confunde
65 en su bolsa
con un par de zapatos,[t]
con un repollo[u] y una
botella
de vinagre
70 hasta
que entrando a la cocina
la sumerge en la olla.[v]
Así termina
en paz
75 esta carrera
del vegetal armado
que se llama alcachofa...

---

[a]tierno... *tender heart* [b]*warrior* [c]*scales* [d]se... *curled up* [e]zarcillos... *tendrils, bulrushes* [f]*subsoil* [g]*moustache* [h]resecó... *dried its shoots* [i]*cauliflower* [j]*skirts* [k]bruñida... *polished like a pomegranate* [l]*proud* [m]cestos... *wicker baskets* [n]*dream* [o]*rows* [p]*shirts* [q]filas... *tight ranks* [r]*box* [s]no... *she's not afraid of it* [t]par... *pair of shoes* [u]*cabbage* [v]*pot*

Actividad B «Tapas: ¡Algo para picar!»°

°¡Algo... *Something to munch on!*

Paso 1 ¿Sabes lo que son las tapas? Las tapas son un tipo de merienda muy típica de España. **¡OJO!** Aquí no estamos hablando de una merienda como la que suele tomar el norteamericano. Lee el primer párrafo del pequeño artículo «Tapas ¡Algo para picar!» para informarte sobre esta costumbre española de merendar tapas. Luego contesta la siguiente pregunta en tus propias palabras: ¿Qué son las tapas?

Paso 2 Las tapas tienen su origen en la Edad Media (*Middle Ages*). Lee el segundo párrafo para informarte sobre su origen. Nota: Alfonso X (1221–1284) fue un rey (monarca) español muy importante por los avances educativos, culturales y científicos que él realizó.

Paso 3 La clase debe indicar qué tipo de bebida (*drink*) debe tomar uno con las tapas. ¿Qué dice el profesor (la profesora)? ¿Sabes lo que diría (*would say*) un español?

agua	leche
café	refrescos
cerveza	té
champán	vino
jerez (*sherry*)	

Tapas: ¡Algo para picar!

Dada la hora de la cena española, los españoles tienen la costumbre de merendar a las cinco o seis de la tarde. La merienda consiste en comer tapas, porciones pequeñas de no más de cuatro onzas, perfectas para picar. Entre las tapas más conocidas están las gambas y los champiñones al ajillo, la famosa tortilla española, las croquetas y el jamón serrano. Comiendo unas cuantas tapas —y claro, charlando con amigos— el español se puede sostener hasta la típica hora tarde de cenar.

Las tapas se originan en la Edad Media. Alfonso X (el Sabio) notó que sus guerreros mostraban poca disposición para la lucha. El Rey descubrió que entre batallas sus soldados aprovechaban el vino que se producía en la región. Entonces, obligó a los taberneros que servían vino a las tropas a colocarles sobre la copa de vino una rebanada de pan con queso, jamón o chorizo, en porciones que las tropas debían ingerir antes de consumir la bebida alcohólica. Además de empezar la costumbre de las tapas, tal vez Alfonso el Sabio fue el primero en combatir los malos efectos del alcohol.

Las tapas consisten en porciones pequeñas de varias comidas como las que se ven en las fotos.

VÍSTAZOS

¿QUÉ SE HACE CON LOS BRAZOS?

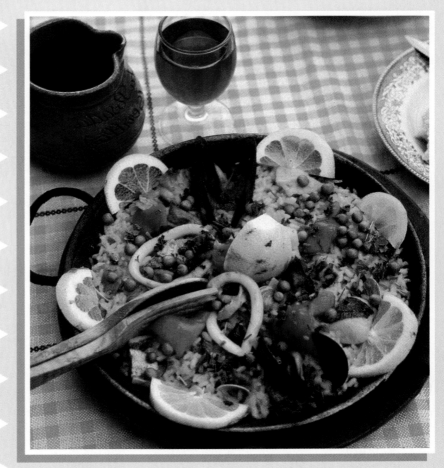

i n this lesson you will

■ learn vocabulary related to eating at the table

■ learn some vocabulary related to eating in restaurants

■ note some more differences between eating habits in Spanish-speaking countries and the United States

■ learn about the impersonal and passive **se** constructions in Spanish

211

¡IDEAS PARA EXPLORAR

Look over the **Intercambio** activity on pages 228–229. This is the activity you will be working toward throughout this lesson.

ENFOQUE LÉXICO

Los buenos modales

¿Qué hay en la mesa?

Talking About Eating at the Table

la jarra

el salero

el cuenco

la mesa

la copa

el vaso

el pimentero

la taza
el platillo

la servilleta

el tenedor

la cuchara

el cuchillo

el plato

el mantel

VOCABULARIO ÚTIL

la boca	mouth	**las manos**	hands
los brazos	arms	**cortar**	to cut
los buenos modales	good manners	**derramar**	to spill
los codos	elbows	**levantar la mesa**	to clear the table
los cubiertos	silverware	**poner la mesa**	to set the table

Actividad A ¿Cómo los utilizamos?

Escucha el nombre del objeto que menciona el profesor (la profesora). Indica para qué lo utilizamos según el modelo.

MODELO   Lo (La) utilizamos para...

1. cubrir (*to cover*) la mesa.
2. tomar café.
3. servir la comida principal.
4. comer la sopa.
5. limpiarnos la boca.
6. comer la comida principal.
7. servir agua o vino.

Actividad B Asociaciones

Empareja un nombre o una frase de la columna A con uno/a de la columna B.

A	B
1. _____ la carne	a. la copa
2. _____ ayudar antes de comer	b. cortar
3. _____ ayudar después de comer	c. derramar el vino en la mesa
4. _____ ser torpe (*to be clumsy*)	d. levantar la mesa
5. _____ el agua	e. poner la mesa
6. _____ el vino	f. la sopa
7. _____ la cuchara	g. el vaso

Actividad C Los hispanos hablan

Paso 1 Lee la selección **Los hispanos hablan** que aparece en la página 214. ¿Qué alimentos comemos en los Estados Unidos con las manos en vez de usar tenedor u otro cubierto? Haz una pequeña lista.

Paso 2 Ahora escucha lo que dice María. ¿Menciona ella algunas de las comidas que alistaste en el **Paso 1** o las menciona todas? Ahora, contesta la siguiente pregunta.

María dice que le llamó la atención que en los Estados Unidos comemos el postre con tenedor. ¿A qué tipo de postres crees que se refiere ella? ¿Qué suelen usar en el Perú entonces para comer el postre?

Paso 3 A continuación hay una lista de comidas típicas. Indica si comes cada uno/a con cubiertos o no. ¿Hay costumbres comunes a la mayoría de la clase?

MODELO   las papas fritas → Las como con las manos.

1. las papas fritas
2. los sándwiches de queso
3. las hamburguesas
4. el pollo a la barbacoa
5. las rosquillas (*donuts*)
6. la fruta fresca (manzana, naranja)
7. el pastel (*pie*) de manzana

***La modelo** = fashion model; **el modelo** = any other kind of model.
†**La radio** = the medium of radio; **el radio** = piece of equipment.

Paso 4 Ahora indica si para tomar alguna de las siguientes bebidas (*drinks*) la pones primero en un vaso o no. ¿Hay costumbres comunes a la mayoría de la clase?

> MODELO la cerveza → No la pongo en un vaso. La tomo directamente de la botella.

1. la cerveza
2. la leche
3. los jugos

4. el agua mineral
5. los refrescos

LOS HISPANOS HABLAN

Al llegar a los Estados Unidos, ¿qué hábitos o costumbres de comer notaste que eran diferentes?

NOMBRE: María Rodríguez
EDAD: 39 años
PAÍS: el Perú

«Una cosa que me llamó mucho la atención eran las tantas comidas que se comen sin cubiertos... »

Actividad D ¿Sabías que... ?

Paso 1 Lee la selección **¿Sabías que... ?** que aparece en la página 215. Luego contesta las siguientes preguntas.

1. Si entras a un restaurante en el Perú, ¿qué pides?
   a. un cuenco de sopa.
   b. una taza de sopa.
   c. un plato de sopa.
2. Si alguien hace algo malo y a ti te echa la culpa (*blame you*), ¿qué te diría (*would say*) un amigo?
   a. «Tú vas a pagar los platos rotos, amigo.»
   b. «Vamos a comer en un mismo plato.»
3. Si alguien te dice «No es plato de mi gusto», ¿qué quiere decir?
   a. Que le encanta algo.
   b. Que algo no le gusta.
   c. Que no sabe nada de lo que dices.

Paso 2 Escribe a continuación los nombres de tres personas o cosas que no te gustan. Pueden ser comidas, personas famosas, algún tipo de música o cualquier otra cosa. Luego busca entre tus compañeros de clase a los que dicen «No es plato de mi gusto» cuando tú nombras la cosa.

> MODELO TÚ: Barbra Streisand.
> E1: ¡Ay! Me encanta.
> E2: No es plato de mi gusto.

1... 2... 3...

...en el mundo hispano no se habla de un **cuenco** de sopa sino[a] de un **plato** de sopa? Sí, y además, la idea de tomar un rápido *cup-o-soup* no existe. La sopa siempre se come con cuchara, sentado[b] uno a la mesa. Con respecto a **plato,** el concepto de esta palabra es menos restringido[c] en español que el de la palabra *plate* en inglés, por lo menos cuando se habla de la comida. Aquí hay algunos ejemplos:

—Lo siento, pero no **eres plato de mi gusto.**

el plato de sopa	*bowl of soup*
el plato del día	*daily special*
el plato principal	*main dish*
lavar los platos	*to wash the dishes*

La palabra **plato** también se usa en algunas expresiones muy típicas.

comer en un mismo plato	*to be close friends*
pagar los platos rotos	*to pay the consequences or to be punished or blamed for something someone else did*
ser plato del gusto de uno	*to be one's cup of tea*

_____

[a]*but rather*   [b]*seated*   [c]*restricted*

E N F O Q U E   L I N G Ü Í S T I C O

¿Se debe... ?

Impersonal **se**

(no) se	debe	
	puede	
	suele	
	come	
	hace	

—Mira. El tenedor **se pone** al lado izquierdo del plato y el cuchillo **se pone** al lado derecho, ¿ves?

You have already seen the pronoun **se** used in reflexive sentences. It is also used in Spanish to make impersonal sentences, ones in which the verb is singular and the subject is not specified. In this usage, there is no reflexive meaning similar to *-self* or *-selves.* The rough equivalent in English would be sentences that use the non-specific subject pronouns *one, you,* or *they.*

No **se debe** comer mucha carne.

One (You) shouldn't eat a lot of meat.

Si **se come** bien, **se vive** bien.	*If one eats well, one lives well.* *(If you eat well, you live well.)*
En Carmon's **se sirve** una pizza magnífica.	*At Carmon's they serve a great pizza.*

What do you think the following sentences mean?

> No se debe poner los codos en la mesa.
> Se suele almorzar a las 12.00.

If you said *One (You) shouldn't put one's (your) elbows on the table* and *One usually eats lunch at noon (You/They usually eat lunch at noon)*, then you were right.

Actividad E   Los buenos modales

Paso 1   Indica en qué situación se observa cada regla.

- **a.** En toda circunstancia.
- **b.** Sólo en ocasiones formales.
- **c.** Sólo con la familia o con amigos muy íntimos.

1. _____ No se debe poner los brazos en la mesa mientras se come.
2. _____ No se debe comer el pollo frito o el pollo asado con las manos.
3. _____ Para comer las papas fritas, se debe utilizar tenedor.
4. _____ Al sentarse (*Upon sitting down*) uno a la mesa, se debe colocar (*place*) la servilleta en el regazo (*lap*) y no dejarla en la mesa.
5. _____ No se debe alcanzar con el brazo (*reach*) algo en la mesa si está lejos (*far away*).
6. _____ Si alguien quiere sal, se le debe pasar ambos (*both*) el salero y el pimentero.
7. _____ No se debe comenzar a comer si los demás (*the others*) no tienen su comida.
8. _____ Al terminar de comer, uno se debe ofrecer a ayudar al anfitrión (*host*) a levantar la mesa.

Paso 2   Ahora compara tus respuestas con las del resto de la clase. ¿Están todos de acuerdo con todas las afirmaciones? ¿Con cuáles no están de acuerdo?

Los errores que no debes cometer en la mesa

- No comas con los codos apoyados en la mesa. En primer lugar, porque limitas tus movimientos. Y en segundo, porque los alimentos pueden caerse de los cubiertos. Tus brazos tienen que moverse libremente. Sin embargo, cuando no estés comiendo puedes apoyarlos sobre la mesa.
- No dejes las cucharas dentro de la taza del café, del té o de la sopa.
- No pongas alimentos en cantidades exageradas en tu boca. ¡Es de muy mal gusto!
- No mastiques con la boca abierta y no hagas ruido con los labios y la lengua, porque es muy antiestético.
- No hables con la boca llena, porque se saldrá la comida. Si quieres hablar mientras comes, hazlo cuando tengas una mínima cantidad de comida en la boca. De otra manera, habla después de haber tragado los alimentos.

En los países hispanos, es costumbre apoyar los dos brazos en la mesa.

Actividad F   Los hispanos hablan

Paso 1   Lee la selección **Los hispanos hablan** que aparece abajo. Aunque hay muy poco que leer, sabes que Sofía Rueda va a hacer una comparación entre las costumbres de su país y las de los Estados Unidos. Según la primera oración, ¿de qué va a hablar Sofía?

Va a hablar de...

❑ dónde debe uno poner los brazos mientras come.
❑ cómo usar el tenedor y el cuchillo.
❑ cómo poner la mesa, es decir, dónde poner los cubiertos en relación con el plato.

Paso 2   Ahora escucha lo que dice Sofía Rueda para verificar si es eso lo que indicaste en el **Paso 1.** Luego contesta las siguientes preguntas. (Deberías poder deducir el significado de **derecho** y **derecha** por el contexto.)

Vocabulario útil

esconden	hide	**listos**	ready
izquierdo/a	left	**bocado**	bite

1. Según Sofía, en Colombia si se pone los dos brazos en la mesa quiere decir que se tiene buenos modales. ¿Sí o no?
2. El ejemplo que da Sofía muestra que en Colombia se usa la mano izquierda aunque la persona no sea zurda (*may not be left-handed*). ¿Sí o no?

Paso 3   Indica lo que (no) se suele hacer en tu familia o grupo familiar.

	SE SUELE HACER ESTO.	NO SE SUELE HACER ESTO.
a. tener los dos brazos listos mientras se come	❑	❑
b. esconder una mano debajo de la mesa	❑	❑
c. cortar la carne con una mano y usar la misma para llevarse el bocado a la boca	❑	❑
d. cortar la carne con una mano y cambiar de manos el tenedor para llevarse el bocado a la boca	❑	❑
e. apoyar (*to rest*) los codos en la mesa	❑	❑

L O S   H I S P A N O S   H A B L A N

¿Qué diferencias notas entre las costumbres de los Estados Unidos y las de tu país en cuanto a los modales en la mesa?

NOMBRE: Sofía Rueda   **EDAD:** 32 años   **PAÍS:** Colombia

«Una costumbre diferente entre aquí y mi país tiene que ver con los brazos... »

Actividad G ¿Cuándo se puede hacer eso?

¿Cuándo se puede hacer las cosas a continuación? Inventa algo para terminar cada oración y compara tus ideas con las de un compañero (una compañera). ¿Qué ideas tienen en común?

1. Se puede interrumpir a otra persona mientras habla cuando/si...
2. No se tiene que dejar propina (*tip*) cuando/si...
3. Se le puede pedir a un invitado que traiga* algo de comer cuando/si...
4. Se puede tutear (*address as* **tú**) a un profesor (una profesora) cuando/si...

¡DEAS PARA EXPLORAR

Las dietas nacionales

¿Hay que... ?

Expressing Impersonal Obligation

es (muy) buena idea	it's a (very) good idea
es imprescindible	it's essential
es necesario	it's necessary
es preciso	
hay que	one must, it's necessary
no se puede... sin...	you (one) can't . . . without . . .
se debe	you (one) should, must
se tiene que	you have to (one must)

ASÍ SE DICE

To enter a room politely, in English we say *Can I come in?* or *May I come in?* In Spanish one simply says **¿Se puede?**, which is short for **¿Se puede pasar?**

—¿Se puede, profesora?
—Sí. Pasa.

—Mira. Aquí dice que **no se puede** visitar Buenos Aires **sin** probar la parrillada.

---

*pedir... *ask a guest to bring;* **traiga** is the subjunctive form of **traer** (*to bring*). You will learn about the subjunctive in a future lesson.

Actividad A Nueva York: Lo positivo y lo negativo°

Lo... The positive and the negative

Paso 1 Empareja una frase de la columna A con una de la columna B para hablar de lo positivo de Nueva York.

A
1. En Nueva York hay que asistir a...
2. Al visitar Nueva York se tiene que dar un paseo por...
3. Si el dinero no es problema, es preciso quedarse en...
4. Y claro, es necesario probar (*to try*)...
5. No se puede visitar Nueva York sin ver...

B
a. los perritos calientes (*hot dogs*) que se venden (*are sold*) en cada esquina (*corner*).
b. una obra teatral en Broadway.
c. el Hotel Plaza.
d. el Parque Central.
e. la Estatua de la Libertad.

Paso 2 Esta vez, empareja una frase de la columna A con una de la columna B para hablar de lo negativo de Nueva York.

A
1. No se debe caminar...
2. No es buena idea llevar...
3. Hay que evitar (*avoid*)...

B
a. mucho dinero en el bolsillo (*pocket*) o bolsa (*purse*).
b. el metro entre las 5.00 y las 6.30 de la tarde.
c. solo/a por la noche.

Paso 3 La clase debe determinar si las cosas negativas del **Paso 2** son exclusivas de Nueva York o si se pueden aplicar (*apply*) a otras ciudades.

COMUNICACIÓN

Actividad B Hay que...

Paso 1 Elige una ciudad que conoces muy bien. Luego contesta las preguntas a continuación.

Si uno visita _____ (nombre de la ciudad),...

1. ¿hay que comer en algún restaurante en particular porque la comida es muy buena? ¿Cuál es? ¿Se debe probar algún plato en particular?
2. ¿se debe ver algún monumento o edificio (*building*) porque es histórico o interesante? ¿Cuál es?
3. ¿es preciso hacer alguna actividad especial? ¿Cuál es?

Paso 2 Ahora con las respuestas que diste en el **Paso 1,** forma un pequeño párrafo sobre la ciudad en cuestión. Trata de utilizar diferentes expresiones. Añade (*Add*) otros detalles si quieres. Luego, si hay tiempo, comparte tu párrafo con la clase.

¡IDEAS PARA EXPLORAR

En un restaurante

¿Para dos?

Talking About Eating in Restaurants

ASÍ SE DICE

Remember that **pedir** is an e → i stem vowel change verb in the present tense. **Traer** is also a verb that has an irregular **yo** form.

pido	pedimos
pides	pedís
pide	piden
pide	piden
traigo	traemos
traes	traéis
trae	traen
trae	traen

el/la camarero/a	
el/la mesero/a	waiter, waitress
el/la cliente	customer
el/la cocinero/a	chef, cook
la comida para llevar	food to go
la cuenta	bill, check
el primer (segundo, tercer) plato	first (second, third) course
la propina	tip
atender (ie)	to wait on (*a customer*)
dejar (propina)	to leave (a tip)
ordenar	to order
pedir (i, i)	to request, order
traer (*irreg.*)	to bring
¿Está todo bien?	Is everything OK?
¿Me podría traer... ?	Could you bring me . . . ?
¿Qué trae... ?	What does . . . come with?

Si el servicio es bueno, los clientes le dejan propina al camarero.

Actividad A   Definiciones

Escucha la definición que da el profesor (la profesora). Luego, empareja la definición con una palabra o expresión en el **Enfoque léxico.**

1...   2...   3...   4...   5...   6...

Actividad B   ¿En qué orden?

Paso 1   Pon en orden cronológico las siguientes actividades.

_____ Se pide la cuenta.
_____ El camarero trae el segundo plato.
_____ El cocinero prepara la orden.
_____ Se deja la propina en la mesa.
_____ Se pide la comida.
_____ Se toma un aperitivo.
_____ El camarero trae el primer plato.

Paso 2   Escucha mientras el profesor (la profesora) las lee cronológicamente. ¿Ordenaste bien las actividades?

Actividad C   ¿Quién lo dice?

Indica quién diría (*would say*) cada oración a continuación, un cliente o un mesero.

1. «¿Están listos para pedir?»
2. «¿Qué trae el filete?»
3. «La cuenta, por favor.»
4. «Como primer plato, me gustaría la sopa.»
5. «¿Está todo bien?»
6. «Me podría traer otro tenedor, por favor.»

Actividad D   ¿Sabías que... ?

Paso 1   Indica la frecuencia con que haces las siguientes actividades.

	CON FRECUENCIA	POCO	CASI NUNCA
1. Llamo por teléfono y pido comida para llevar.	❑	❑	❑
2. Llamo por teléfono y pido servicio a domicilio (*home delivery*).	❑	❑	❑
3. Si me queda algo de comida en el plato, pido una bolsita para llevar (*doggie bag*).	❑	❑	❑
4. Si voy a McDonald's, no me quedo a comer allí. Pido la comida para llevar.	❑	❑	❑

Paso 2   Ahora lee la selección **¿Sabías que... ?** que aparece en la página 226. Luego indica si cada afirmación a continuación se refiere al mundo hispano, a los Estados Unidos o a los dos.

1. En un restaurante, uno se sienta y come allí.
2. Se puede pedir comida para llevar.
3. Se puede llevar las sobras a casa.
4. Se puede llamar por teléfono y pedir servicio a domicilio.

Paso 3 Comparte sus respuestas del **Paso 1** con la clase. ¿Cuál parece ser la actividad más común entre todos? ¿y la menos común?

¿SABÍAS QUE...

Hasta en los restaurantes de comida rápida en los países de habla española, se sienta uno y come allí.

...los restaurantes en los países hispanos no funcionan igual que en los Estados Unidos? Hay varios aspectos en que se distinguen pero hay dos diferencias que realmente se destacan.[a] Primero, la idea de comida para llevar es algo extraño para la vasta mayoría de personas de habla española fuera de los Estados Unidos. En el mundo hispano, el restaurante es un lugar adonde uno va para comer allí. La idea de pedir algo para llevar o llamar por teléfono para pedir y luego ir al restaurante para recogerlo es ajena[b] en muchos países hispanos. Esto también se le aplica al relativamente nuevo fenómeno de la comida rápida. Lugares como McDonald's, Wendy's y otros aparecen con más y más frecuencia en el mundo hispano. Pero a diferencia de lo que pasa en los Estados Unidos, no se va a un McDonald's en Madrid para pedir una hamburguesa para llevar. Tampoco se conoce mucho el servicio a domicilio, ese servicio en que traen la comida a la casa del cliente. Sin embargo, se ve una excepción hoy día con respecto a algunas pizzerías que ahora proveen[c] ese servicio.

La otra manera en que se distinguen los restaurantes hispanos de los estadounidenses tiene que ver con lo que se hace con la comida dejada en el plato. En los Estados Unidos es costumbre pedir una bolsita para llevar las sobras[d] a casa, incluso en muchos restaurantes de primera categoría. En los países hispanos, no se hace esto. Lo que no se come se queda en el plato.

[a]se... *stand out*   [b]*foreign; strange*   [c]*provide*   [d]*leftovers*

Actividad E   Los hispanos hablan

Paso 1 Escucha y lee lo que dice Ana María Mariscal en la selección **Los hispanos hablan** que aparece en la página 227. Luego, indica cuál(es) de las siguientes afirmaciones se te aplica(n) y comparte la información con los demás. ¿Cómo son los meseros en los Estados Unidos?

❏ Trabajo como mesero/a ahora.
❏ Trabajaba como mesero/a antes.
❏ Tengo amigos/as que trabajan de meseros/as.

Lección 8   ¿Qué se hace con los brazos?

Paso 2 Ahora escucha y lee lo que dice Pilar Alcalá. Luego contesta las siguientes preguntas.

1. ¿Qué aspecto de las costumbres estadounidenses no le gusta a Pilar?
2. ¿Todavía tiene dificultades con esto?

Paso 3 La clase debe determinar si todos están de acuerdo o no con Pilar.

LOS HISPANOS HABLAN

¿En qué se diferencian los meseros de los Estados Unidos de los de tu país?

NOMBRE: Ana María Mariscal
EDAD: 45 años
PAÍS: Chile

«Los meseros en Chile sirven pero no participan. Es decir, no conversan con los clientes. Son de una clase distinta y no son estudiantes como en los Estados Unidos.»

NOMBRE: Pilar Alcalá
EDAD: 32 años
PAÍS: España

«En los Estados Unidos los meseros te hablan. Te saludan como familia.... »

COMUNICACIÓN

Actividad F ¿Y la propina?

En los Estados Unidos, es costumbre dejar el 15% del total de la cuenta como propina. En esta actividad, vamos a examinar esta costumbre.

Paso 1 Escribe la frase que se te aplica más y entrégasela al profesor (a la profesora). Si no comes mucho en restaurantes, escribe lo que harías (*would do*) en ese caso.

Con respecto a la propina,...

1. suelo dejar el 15% y nada más.
2. suelo dejar más del 15% si el servicio fue excelente.
3. suelo dejar menos del 15%.
4. suelo dejar menos del 15% si el servicio fue malo.
5. no suelo dejar nada.

Paso 2 Alguien va a leer las frases en voz alta mientras otra persona lleva la cuenta del (*keeps track of the*) número de ocasiones en que se lee cada frase. ¿Qué costumbre se menciona más? ¿Cuál se menciona menos?

Paso 3 Ahora entrevista a tres personas sobre lo que hacen en la siguiente situación. **¡OJO!** Hay que responder a las preguntas honestamente.

La cuenta es de $10.00, impuestos (*taxes*) incluidos. Tienes un billete de $10.00 y dos de $1.00. El restaurante no acepta ni cheques personales ni tarjetas de crédito. El servicio fue regular, ni malo ni excelente. ¿Cuánto dejas de propina?

		E1	E2	E3
1.	Dejo $1.00 y nada más.	❏	❏	❏
2.	Dejo los dos dólares.	❏	❏	❏
3.	Pido cambio (*change*) y dejo $1.50.	❏	❏	❏
4.	No dejo nada.	❏	❏	❏

Comparte los resultados con el resto de la clase.

NOTA COMUNICATIVA

Ordering a meal in a second language for the first time can be scary. Therefore, it is important to keep the routine of ordering a meal in mind. If you order a steak and the waiter says **¿A qué término?** he probably isn't asking you where the bus terminal is! (If you guessed that the expression means *How would you like it done?* you were right!)

Keeping the context of communication in mind and thinking ahead of what people might say to you will increase your chances of successful communication in routine situations. You might also consider looking up important words and phrases before entering a particular situation. For example, before going out to eat, how would you say *well-done, medium,* or *rare?* How would you say you are allergic to something?

¡Atención, turistas!

Propósito: compilar un folleto (*brochure*) de tu ciudad para turistas de habla española.

Papeles: cuatro grupos que hablan entre sí (*among themselves*) para formar una descripción.

Paso 1 La clase debe dividirse en cuatro grupos. A cada grupo se le va a asignar uno de los siguientes temas.

1. lugares que visitar
2. comidas que probar, restaurantes buenos, etcétera
3. costumbres en los restaurantes
4. otras costumbres (saludos, etcétera)

Usando el vocabulario y gramática de esta lección, cada grupo debe escribir unos párrafos (de 100 a 200 palabras) sobre su tema. La idea es dar toda la información posible sobre el tema para incluirla en un folleto para turistas de habla española.

Paso 2 Cada grupo debe leerles su información a los demás. Al terminar, el resto de la clase debe ofrecer comentarios sobre el contenido, sus reacciones, etcétera.

Paso 3 Cada grupo debe escribir de nuevo (*again*) su información e incorporar las sugerencias e ideas que se presentaron en el **Paso 2.**

Vocabulario

¿Qué hay en la mesa?	What's on the Table?
la copa	(wine) glass
los cubiertos	silverware
la cuchara	spoon
el cuchillo	knife
el cuenco	(*earthenware*) bowl
la jarra	pitcher
el mantel	tablecloth
la mesa	table
el pimentero	pepper shaker
el platillo	saucer
el plato	plate
el plato de sopa	soup bowl
el salero	salt shaker
la servilleta	napkin
la taza	cup
el tenedor	fork
el vaso	(water) glass
los buenos modales	good manners
cortar	to cut
derramar	to spill
lavar los platos	to wash the dishes
levantar la mesa	to clear the table
poner la mesa	to set the table

En un restaurante	In a Restaurant
el/la camarero/a	waiter, waitress
el/la cliente	customer
el/la cocinero/a	chef, cook
la comida para llevar	food to go
la cuenta	bill, check
el/la mesero/a	waiter, waitress
el plato del día	daily special
el plato principal	main dish

el primer (segundo, tercer) plato (R)	first (second, third) course
la propina	tip
atender (ie)	to wait on (a customer)
dejar (propina)	to leave (a tip)
ordenar	to order
pedir (i, i)	to request, order
traer (*irreg.*)	to bring

¿Está todo bien?	Is Everything OK?
¿Me podría traer... ?	Could you bring me . . . ?
¿Qué trae... ?	What does . . . come with?

La obligación impersonal	Impersonal Obligation
es...	it's . . .
imprescindible	essential
(muy) buena idea	a (very) good idea
necesario	necessary
preciso	necessary
hay que	one must, it's necessary
no se puede... sin...	you (one) can't . . . without . . .
se debe	you (one) should, must
se tiene que	you have to (one must)

Otras palabras y expresiones útiles	
la boca	mouth
la bolsita para llevar	doggie bag
el brazo	arm
el codo	elbow
la costumbre	custom, habit
la mano	hand
el servicio a domicilio	home delivery

derecho/a	right	invitar	to treat (pay)
educado/a	well-mannered, polite	probar (ue)	to try, taste
izquierdo/a	left	tener buena educación	to be well-mannered
		vender	to sell
ayudar	to help		
consumir	to consume		

Actividad A   Unas recetas°

recipes

Paso 1   Lee las recetas para el arroz con pollo y la tortilla española. ¿Cuál te apetece más? (Nota: Hay varias palabras nuevas que puedes deducir por el contexto o porque son cognados del inglés.)

Paso 2   Trata de preparar uno de los dos platos. ¿Cuál te parece más fácil de preparar? Si te sale bien, trae parte del plato que preparaste a la clase para que tus compañeros puedan probarlo.

Arroz con pollo

Ingredientes

1 muslo (*thigh*) de pollo asado
1 cucharadita de mantequilla o margarina
4 tazas de arroz hervido (*boiled*)
sal, cebollín (*green onion*)

Preparación

1. Deshuesar (*Debone*) el pollo y cortarlo al gusto.
2. Calentar (*Heat*) la mantequilla o margarina en una sartén (*frying pan*). Añadir (*Add*) la carne de pollo.
3. Agregar (*Add*) el arroz y sacudir (*shake*) de vez en cuando la sartén para distribuir el calor.
4. Sazonar con sal y cebollín picado.

Tortilla española

Ingredientes

2 patatas
6 huevos
1 cebolla (*onion*)
sal
1 cucharada de aceite de oliva

Preparación

1. Pelar las patatas y cortarlas en rodajas.
2. Calentar el aceite en una sartén y luego freír las patatas.
3. Picar (*Chop*) la cebolla y agregarla a las patatas.
4. Batir (*Beat*) los huevos con sal (al gusto) y echarlos sobre las patatas.
5. Dejar cocer (*cook*) hasta que cuaje (*it gels*).
6. Dar vuelta (*Turn over*) a la sartén sobre un plato y repetir el paso 5.

Actividad B   Otra receta

En el poema «La receta» en la página 232, la escritora Luz María Umpierre usa la idea de una receta para denunciar el racismo. Antes de leer el poema, debes saber algo del contexto en que el poema fue escrito: la escritora nació en Puerto Rico y se trasladó a Filadelfia para hacer estudios superiores en literatura en la Universidad de Bryn Mawr. Cuando llegó a esa universidad, Luz María era una de las pocas personas allí de ascendencia latina y pronto se dio cuenta de (*she realized*) las líneas divisorias que existían alrededor de Filadelfia.

Lee mientras escuchas el poema y luego completa los siguientes **Pasos.**

Paso 1   ¿A qué receta se refiere el título de este poema?

❑ a la manera en que algunas personas quieren amoldar a la autora a valores culturales diferentes
❑ a la manera en que la autora se conforma con lo que otros esperan de ella

Paso 2   Según la escritora, ¿son hombres, mujeres o personas de ambos (*both*) sexos los que quisieron amoldarla? ¿Cómo lo sabes?

Paso 3   Se dijo que la autora usa la idea de una receta para denunciar un problema sociopolítico. Busca las palabras y frases que ella usa para darle al poema la forma de una receta.

Paso 4   ¿Crees que hay personas o instituciones que quieren amoldarte a ti? ¿Cómo crees que te ven otras personas? ¿Cuál es tu «etiqueta»?

La receta

Moody, Puerto Rican
Spic, Hot Tempered,
Difficult, Unconformist,
Perfunctory and Sketchy,
5   Rebellious and Violent,
        Regionalist

Prepararon su receta las Betty Crocker gringas
y decidieron cocerme a fuego bajo y a lumbre lenta.[a]
Había que cocinarme y amoldarme,[b]
10 envasarme al vacío[c] con benzoato y BTZ
y mantenerme enlatada para que no me saliera.[d]

Y fue cuando prepararon aquel label,
una maldita etiqueta[e] con el símbolo de Goya
con sus cuatro enormes letras.

15 Quisieron meterme en la caja bring maldita,[f]
bien marcada y atadita[g] con sus signs en rojas letras:
        EXPLOSIVE
        HANDLE WITH CARE
Quisieron etiquetarme, las Julia Child cocineras,
20 para luego señalarme[h] en supermarkets y tiendas
como aquel producto raro que vino de lejanas tierras.[i]
Pero yo no quise amoldarme, ni conformarme a su esquema,
y yo misma me forjé[j] una bonita bandera[k]
que leía una palabra, seis letras:
25   HUMANA

---

[a]cocerme... *to cook me on a low flame and temperature*   [b]*shape me*
[c]envasarme... *vacuum-pack me*   [d]enlatada... *canned so that I
couldn't get out*   [e]*label*   [f]bring... *negative reference to Bryn Mawr
College*   [g]*tied*   [h]*point to me*   [i]vino... *came from faraway lands*
[j]me... *made*   [k]*flag*

Actividad C   La guía de restaurantes

Paso 1   ¿Qué información se encuentra en la guía en la página 233? Con un compañero (una compañera), lean esa guía de restaurantes de Madrid e indiquen si aparece en ella la siguiente información.

	SÍ	NO
1. la dirección (*address*)	❏	❏
2. el número de teléfono	❏	❏
3. el número de personas que pueden sentarse a una mesa	❏	❏
4. los precios	❏	❏
5. si es necesario hacer reservación	❏	❏
6. las especialidades del restaurante	❏	❏
7. el nombre del propietario (de la propietaria)	❏	❏
8. las tarjetas de crédito que se aceptan	❏	❏
9. las horas que está abierto (*open*)	❏	❏
10. una descripción del ambiente (*atmosphere*) del restaurante	❏	❏

Paso 2 Contesten las preguntas que va a hacerles el profesor (la profesora) sobre la guía de restaurantes.

1... 2... 3... 4... 5.

COCINA CASTELLANA

BOTIN: Cuchilleros, 17 (Pz. Mayor-Centro). Junto Pz. Mayor. Reserva: 266 42 17. De 13 a 16 y de 20 a 24 h. Especialidad, cochinillo y cordero asados al horno de leña. Precio aproximado: 1.500 a 2.000 ptas. No cierra ningún día. Diner's, Visa, American, Eurocard.

LA CASA GRANDE: (Museo de Iconos). Calle de la Cruz, 102. Torrejón de Ardoz. Tels. 675 27 95 y 675 39 00. De 13.30 a 16 y de 20.30 a 23.30 h. Bodas y banquetes. Precio aprox.: 1.500 a 2.000 ptas. Tarjetas de crédito. Abierto todos los días.

CASA PACO: Puerta Cerrada, 11. (Centro). Tels. 266 31 66 y 266 31 67. De 13.30 a 16 y de 20.30 a 24 h. Especialidad: Cebón de buey. Precio aprox.: 2.300 ptas. Cerrado domingos.

LAS CUEVAS DE LUIS CANDELAS: Cuchilleros, 1. (Pz. Mayor-Centro). Tel. 266 54 28. Abierto de 13 a 16 y de 19 a 1 de la madrugada. Espec. Asados al horno. Precio aprox.: 1.800 ptas. No cierra en todo el año. Diner's, Visa, American, Eurocard.

DARIO'S: Joaquín María López, 39. (Entre Blasco de Garay y Guzmán el bueno). Tel. 243 18 25 y 243 30 43. De 13 a 16 y de 21 a 24 h. Espec.: Cordero y cochinillo asados a la usanza segoviana. Precio aprox.: 1.200 ptas. Cierra domingos noche.

ITALIANA

DA NICOLA: Orense, 4. (Pz. Picasso). Tels. 455 77 53 y 455 76 37. De 12.45 a 16 y de 20.30 a 0.15 h. Pizzas para llevar. Precio aprox. 1.000 ptas. Abierto todos los días.

LA PIZZA D'ORO: Juan de Olías, 39. Tel. 270 25 95. De 13 a 16 y de 20 a 24 h. Espec.: Pastas caseras y carnes de Avila. Salón de reuniones. Abierto domingos y festivos mañana.

CATALANA

LA FONDA: Príncipe de Vergara, 211. Tel. 250 61 47. De 13.30 a 16 y de 21 a 0.30 h. Precio aprox.: 2.000 ptas. No cierra ningún día.

SACHA: Juan Hurtado de Mendoza, 11. (Jardín interior-entrada por Juan Ramón Jiménez). Tel. 457 72 00. De 13 a 16.30 y de 21 a 24 h. Precio aprox.: 2.300 ptas. Cerrado domingos. Visa. Terraza al aire libre.

CHINA

EL BUDA FELIZ: Tudescos, 5. (Gran Vía-Pz. Callao). Parking en el edificio. Tels. 231 95 24 y 232 44 75. De 13 a 16 y de 20 a 24 h. Espec.: Pato deshuesado del sur de China y besugo en salsa china. Precio aprox.: 1.200 ptas. No cierra ningún día. Platos preparados para llevar. Tarjetas: Visa, Diner's, American, E. Master.

HANG ZHOU: López de Hoyos, 14. (Esq. Serrano). Tel. 416 15 73. De 12 a 16.30 y de 20 a 0.30 h. Espec.: Pescado al vapor estilo Hang Zhou y pato laqueado. Platos preparados para llevar. Precio aprox.: 700 ptas. No cierra ningún día. Visa, Diner's, American.

FRANCESA

ALDABA: Alberto Alcocer, 5. Tels. 457 21 93 y 458 12 23. De 13 a 16 y de 21 a 24 h. Espec.: Filetes de lenguado Escocia y angulas Quebec. Precio aprox.: 2.000 ptas. Abierto todo el año, excepto sábados mediodía y domingos todo el día. Diner's, Visa y American.

LA MARMITE: Pz. de San Amaro, 8. (Altura de Orense, 47). Tel. 279 92 61. De 13 a 16 y de 21 a 24 h. Espec.: Ensalada de cangrejo, entrecot, marchant vin i soberte de limón al champán. Precio aprox.: 2.200 ptas. Cerrado domingos. Diner's, Visa, American Express.

GALLEGA

CASA GALLEGA: Bordadores, 11. (Frente iglesia San Ginés). Teléfono 241 90 55. De 13 a 16 y de 20 a 24 h. Espec.: Mariscos, pescados y carnes. No cierra ningún día. Visa y American.

O'PAZO: Reina Mercedes, 20. Tels. 253 23 33 y 234 37 48. De 13 a 16 y de 21 a 24 h. Espec.: Pescados, mariscos y jamón. Precio aprox.: 2.500 a 3.000 ptas. Cerrado domingos.

MARISQUERIAS

BAJAMAR: Gran Vía, 78. (Centro). Tels. 248 59 03 y 247 50 19. Abierto de 12 a 24 h. Precio aprox.: 2.500 ptas. No cierra ningún día.

MOAÑA: Hiloras, 4. (Centro Mayor, 40). Tels. 248 29 14 y 247 30 44. De 13 a 16.30 y de 20 a 24 h. Espec.: Mariscos. Precio aprox.: 2.500 ptas. Cerrado domingos. Visa.

PORTONOVO: Crta. de la Coruña, Km 10.500. Tels. 207 01 73 y 207 07 53. De 13 a 16 y de 20.30 a 24 h. Precio aprox.: 2.500 ptas. Cerrado domingos y festivos noche. Visa, Diner's, American.

LA TOJA: Siete de Julio, 3 (Pz. Mayor-Centro). Tels. 266 30 34 y 266 46 64. De 13 a 16 y de 20 a 24 h. Espec.: Mariscos. Precio aprox.: 2.800 ptas. No cierra ningún día. Diner's, Visa.

INTERNACIONAL

ALKALA: Valenzuela, 9 (esquina a Alfonso XII, Retiro). Tel. 232 45 09. Coc. internacional. Admite tarjetas. Cerrado sábados mediodía y domingos todo el día. (3).

EMBASSY: Paseo de la Castellana, 12. Tels. 435 94 80 y 276 00 80. Abierto de 10 a 22 h. Coc. internacional. Espec.: Chipirones en su tinta, vichyssoise. (2).

LORCA: Sagasta, 27 (Alonso Martínez). Tel. 445 55 43. Coc. internacional. Espec.: Berenjenas con chatka, salmón a la crema de berros. Admite tarjetas. Cerrado festivos noche y domingos. (3).

VEGETARIANA

LA GALETTE: Conde de Aranda, 11. (Salamanca-Serrano). Tel. 276 06 41. De 14 a 16.30 y de 21 a 24 h. Cocina no vegetariana y vegetariana, pastelería vienesa. Precio aprox.: 1.000 ptas. Cerrado domingos.

EL RESTAURANTE VEGETARIANO: Marqués de Sta. Ana, 34. (Esq. Espíritu Santo). Tel. 232 09 27. Sólo comidas, de 13.30 a 16 h. Zumos naturales. Autoservicio de ensaladas y platos exclusivamente vegetarianos. Precio aprox.: 700 ptas. Cerrado lunes.

¿Y PARA BEBER?

¿ *n this lesson you will*

■ learn and review vocabulary related to beverages

■ examine cultural aspects related to drinking

■ review regular preterite tense verb forms

■ learn about the history of tequila

■ discuss responsibilities related to drinking and other matters

■ review impersonal and passive **se**

Las bebidas

¿Qué bebes?

Talking About Favorite Beverages

Las bebidas con cafeína

el café
los refrescos
el té (helado)

Las bebidas sin cafeína

algunos refrescos
el café descafeinado
**el jugo de manzana
(naranja, tomate)**
la leche
el té de hierbas

Las bebidas alcohólicas

la cerveza
el licor fuerte
el vino (blanco, tinto)

VOCABULARIO ÚTIL

(bien) frío	(very) cold
(bien) caliente	(very) hot
con hielo	with ice
sin hielo	without ice
tener sed	to be thirsty

Actividad A   ¿Cuál es?

El profesor (La profesora) va a nombrar una bebida. Di qué tipo de bebida es según el **Enfoque léxico. ¡OJO!** A veces hay dos posibilidades.

MODELO   PROFESOR(A): la leche
           ESTUDIANTE: Es una bebida sin cafeína. (Es una bebida sin alcohol.)

1...   2...   3...   4...   5...   6...

Actividad B   ¿Qué marcas° conoces?

name brands

El profesor (La profesora) va a mencionar la marca de una bebida y la clase tiene que decir qué tipo de bebida es.

MODELO   PROFESOR(A): Nescafé
            ESTUDIANTE: té helado

1...   2...   3...   4...   5...   6...   7...   8...

COMUNICACIÓN

Actividad C   ¿Qué prefieres?

Paso 1   Entrevista a tres personas para saber qué bebidas prefieren o les gusta tomar en cada ocasión a continuación. Anota sus respuestas.

	E1	E2	E3
1. para el desayuno (por la mañana)	____	____	____
2. con una hamburguesa	____	____	____
3. para la merienda	____	____	____
4. cuando sale con unos amigos por la noche	____	____	____
5. mientras estudia (trabaja, lee)	____	____	____

Paso 2   La clase debe entrevistar al profesor (a la profesora). ¿Son diferentes las preferencias de él (ella) de las de tus compañeros o son iguales?

ENFOQUE LINGÜÍSTICO

¿Qué bebiste?

Review of Regular Preterite Tense Verb Forms and Use

	-ar	**-er**	**-ir**
(yo)	tom**é**	beb**í**	sal**í**
(tú)	tom**aste**	beb**iste**	sal**iste**
(Ud.)	tom**ó**	beb**ió**	sal**ió**
(él/ella)	tom**ó**	beb**ió**	sal**ió**
(nosotros/as)	tom**amos**	beb**imos**	sal**imos**
(vosotros/as)	tom**asteis**	beb**isteis**	sal**isteis**
(Uds.)	tom**aron**	beb**ieron**	sal**ieron**
(ellos/ellas)	tom**aron**	beb**ieron**	sal**ieron**

—¿Ya **tomaste** la leche que te **preparé**?
—Sí, abuelita.
—Bueno. Anoche no **dormiste** bien y no queremos repetir eso, ¿eh?

As you review the forms of the preterite tense in the shaded box, remember that regular **-er** and **-ir** verbs have the same endings. Also remember that the written accent indicates acoustic stress. In the present tense (with the exception of **nosotros** and **vosotros**) all forms carry stress on the stem (TOmo). All forms of the regular preterite carry stress somewhere on the ending (toME, tomASte, toMO). This is especially important when distinguishing between present tense (**tomo**) and preterite tense (**tomó**).

The preterite tense is used to talk about single events in the past or a sequence of events, ones that are viewed as having been completed at a particular point in the past.

Escribí la composición.
Leí unos capítulos y luego **miré** la televisión.
¿**Lavaste** la ropa ayer? No. La **lavé** esta mañana.
Probaron vinos de todo tipo en su viaje por Chile.

Actividad D   ¿Qué hiciste?

Paso 1   Mira el dibujo de la abuelita con su nieto en el **Enfoque lingüístico** en la página 236. ¿Qué hiciste tú la última vez que no dormiste bien?

1. ❑ Tomé una pastilla (*pill*).
2. ❑ Tomé una bebida.
3. ❑ Leí algo hasta que me dormí.
4. ❑ Miré la televisión.
5. ❑ Conté ovejas (*sheep*).
6. ❑ No hice nada. Me quedé en la cama hasta que me dormí.
7. ❑ Me levanté y empecé a estudiar (leer, trabajar).
8. ❑ ¿ ?

Paso 2   Escribe una pregunta con el pretérito y busca entre tus compañeros de clase a dos que respondieron como tú.

MODELO   La última vez que no dormiste bien, ¿leíste algo?

Paso 3   ¿Cuántos en la clase tomaron una bebida (leche caliente, té de hierbas, etcétera)? ¿Les ayudó este remedio casero (*home remedy*)?

ASÍ SE DICE

Remember that **-ir** verbs with **e** → **i** stem-vowel changes in the present tense keep the same stem-vowel change in the preterite in the following forms only: **Ud., él/ella, Uds., ellos/ellas.**

The more you see and hear verbs like these, the greater your chances are of internalizing this pattern. For now, you should simply be aware of this detail.

	Ud.	él/ella	Uds.	ellos/ellas
pedir	pidió	pidió	pidieron	pidieron
servir	sirvió	sirvió	sirvieron	sirvieron

The verb **dormir** has an **o** → **u** stem-vowel change in the preterite in these same forms.

	Ud.	él/ella	Uds.	ellos/ellas
dormir	durmió	durmió	durmieron	durmieron

ASÍ SE DICE

Do you remember that the verb **conocer** when used in the preterite translates as *met*? With events that theoretically have no real ending (when you know someone, you always know that person), the preterite signals the beginning of the event rather than its completion. What's the beginning of knowing someone? When you meet that person!

Conocí al profesor en agosto.   *I met the professor in August.*
                                       (I began to know the professor in August.)

Other verbs that work like this are listed below. Using what you know about **conocer**, see if you can restate the translated meaning given for each using the concept of *to begin to.*

VERB	PRESENT TENSE	PRETERITE TENSE
saber	*to know (something)*	*to find out (something)*
poder	*to be able to*	*to manage (to do something)*
comprender	*to understand*	*to grasp (a fact)*

Actividad E Firma aquí, por favor

Paso 1 Forma preguntas a base de las oraciones a continuación y hazlas a los miembros de la clase. Busca entre tus compañeros de clase a dos que puedan contestar **sí** a tus preguntas. **¡OJO!** Haz cada pregunta en la forma de **tú.**

MODELO   ¿Pediste café en un restaurante la semana pasada?

1. Pidió café en un restaurante la semana pasada.
2. Tomó café esta mañana.
3. Tomó más de dos tazas de café esta mañana.
4. Bebió un refresco con cafeína esta mañana.
5. No tomó nada con cafeína esta mañana.
6. Bebió un licor fuerte la semana pasada.
7. Bebió cerveza anoche.
8. Bebió vino con la cena recientemente.

Paso 2 Basándote en los resultados del **Paso 1,** compara y contrasta las experiencias y preferencias de la clase en cuanto a las bebidas con cafeína y las bebidas alcohólicas.

Actividad F   ¿Sabías que... ?

Paso 1   Escucha y lee la selección **¿Sabías que... ?** que aparece abajo. Mientras lees, trata de deducir el significado de las siguientes palabras: **experimentar** (¡OJO! Es un cognado falso.), **frutos y ramas, desprender.**

Paso 2   Sin volver a leer, empareja cada personaje de la columna A con las acciones apropiadas de la columna B. Después de hacer esto, ¿puedes combinar todas las oraciones para hacer una narración coherente basada en la leyenda?

A
1. las cabras
2. el pastor Kaldi
3. el abad

B
a. arrojó todo al fuego
b. comieron una planta
c. experimentaron euforia
d. experimentó euforia
e. llevó los frutos y las ramas a otra persona
f. no le gustó el sabor
g. observó algo raro
h. preparó una infusión con los frutos y las ramas
i. probó las hojas del arbusto
j. sin saberlo, inventó el método de tostar los frutos del café

Paso 3   ¿Experimentaste tú euforia la primera vez que probaste el café? Si no, completa la siguiente oración y compártela con la clase.

Experimenté euforia la primera vez que _____.

¿ S A B Í A S   Q U E . . .

...hay varias leyendas sobre el origen del café? La leyenda más conocida y antigua del nacimiento[a] del café como bebida se remonta a[b] 1440. En Etiopía, un pastor[c] llamado Kaldi notó en una ocasión que sus cabras[d] exhibían cierta euforia después de consumir un fruto pequeño color granate.[e] Intrigado, el pastor probó las hojas del arbusto[f] y experimentó los mismos efectos de euforia y «claridad mental». Kaldi tomó frutos y ramas del arbusto y se los entregó al abad de un convento cercano.[g] El abad preparó una infusión, y al probarla fue tan ingrata que arrojó al fuego[h] los restos de la planta y sus frutos. Con el calor, los frutos desprendieron un aroma muy agradable. Así nació[i] la idea de tostar los granos antes de preparar la infusión.

Se tostan las semillas (*seeds*) de los frutos del arbusto del café antes de preparar infusiones.

[a]*birth*   [b]*se... dates from*   [c]*shepherd*   [d]*goats*   [e]*maroon*   [f]*hojas... leaves of the bush*   [g]*nearby*   [h]*arrojó... he threw into the fire*   [i]*was born*

Actividad G   Los hispanos hablan

Paso 1   Pronto (*Soon*) vas a escuchar y leer algo sobre los hábitos relacionados con las bebidas. Primero, la clase va a hacer una encuesta para averiguar lo siguiente:

> Después de levantarte esta mañana, ¿tomaste algo? ¿Qué tomaste? ¿Sueles tomar algo con cafeína para «animarte»?

Paso 2   Ahora, lee la selección **Los hispanos hablan** en la página 241 y escucha lo que Sofía Rueda dice sobre su primera semana en los Estados Unidos. Luego contesta las siguientes preguntas.

Vocabulario útil

> **helado**   ice cold

1. Según Sofía, durante su primera semana en los Estados Unidos...
   a. vio algo muy raro.
   b. probó la Pepsi-Cola por primera vez.
2. ¿Cuál fue la reacción de Sofía?
   a. Le gustó mucho.
   b. Le sorprendió (*surprised*).
3. ¿Qué hizo Sofía después del incidente?
   a. Confirmó lo que había visto (*she had seen*) con un amigo.
   b. Decidió adoptar la costumbre.
4. Si fue una mañana típica de Sofía, ¿qué tomó ella esta mañana?
   a. Bebió un refresco.
   b. Tomó café.

Paso 3   Volviendo al **Paso 1,** ¿cuántos bebieron refrescos esta mañana? Si visitas un país hispano, ¿qué vas a tomar por la mañana?

Actividad H   Experiencias comunes

Paso 1   Completa las siguientes oraciones usando el pretérito. Las oraciones pueden referirse a algo que tomaste, comiste, probaste o hiciste; no importa lo que sea (*it may be*).

> MODELO   Una vez bebí mucho licor fuerte y me enfermé (*I got sick*).

1. Una vez _____ y me gustó mucho.
2. Una vez _____ y no me cayo* bien/no me gustó.
3. Una vez _____ y me enfermé.

Paso 2   En grupos de cuatro, compartan las oraciones. Al final deben escribir tres oraciones para describir experiencias verdaderas que han tenido (*have had*) todos los miembros del grupo. Si alguien dice algo que también tú hiciste, debes decirlo. Hay que reescribir cada oración en la primera persona plural.

---

*Remember that **-er** verbs whose stems end in a vowel replace the **i** of the **-ió** preterite endings with a **y** to avoid three written vowels (**ca-** + **-ió** → **cayó**).

MODELOS   Una vez bebimos licor fuerte y nos enfermamos.

Una vez probamos la paella y nos gustó.

Paso 3   Cada grupo debe escribir sus oraciones en la pizarra. Al final, ¿cuántas oraciones presentan ideas semejantes? ¿Hay oraciones en la pizarra que se les pueden aplicar a todos los miembros de la clase?

LOS HISPANOS HABLAN

Al llegar a los Estados Unidos, ¿qué hábitos notaste entre los norteamericanos en cuanto a las bebidas?

NOMBRE: Sofía Rueda   **EDAD:** 32 años   **PAÍS:** Colombia

«Bueno, recuerdo muy bien que vi algo muy raro durante mi primera semana en los Estados Unidos. Eran las 9.00 de la mañana y... »

Anticipación

Paso 1   El título del artículo es «La historia escondida del tequila». ¿Sabes lo que significa la palabra **escondida**? A continuación hay algunas claves.

Escondí el regalo (*present*) en mi cuarto. Así que mi hermano no sabrá (*won't know*) lo que le compré.

A mi perro le gusta esconder los huesos (*bones*) entre las flores del jardín.

Paso 2   Lee primero nada más que el primer párrafo del artículo en la página 244. Luego contesta las siguientes preguntas.

1. ¿Qué quiere decir **el dominio español**? ¿A qué se refiere?
    a. Se refiere a la época en que México fue parte del imperio español.
    b. Se refiere a la invasión de España el siglo pasado.

Si sabes algo de la historia de México, sabes que **a.** es la respuesta correcta.

2. Reflexionando sobre el primer párrafo del artículo, indica lo que crees que es el objetivo principal del artículo. El objetivo principal es explicar...
    a. de qué planta viene el tequila y cómo se destila.
    b. el origen de esta bebida alcohólica.

CONSEJO PRÁCTICO

Aside from the need to understand the title of an article, a good prereading strategy is to read and reflect on the first paragraph of an article before fully getting into it. Very often the first paragraph can orient your thinking so that you are "on the right track" as you read the rest of the text. For this reason, **Paso 2** of **Anticipación** revolves around the first paragraph only. Upon completion of this **Paso,** you should have a much better idea of what kind of information to expect in the reading.

---

c. cómo España intentó regular la producción del tequila en México.

d. recetas para preparar cócteles.

Si dices **c,** estás en lo correcto.

Paso 3   Antes de leer, es importante saber algo sobre la historia de México y también de la historia española. A continuación hay un breve cuestionario para averiguar lo que sabes.

1. Bajo el imperio español, el nombre de México era...
   a. Nuevo México.   **b.** Nueva España.   **c.** Nueva Iberia.
2. Los gobernantes de las colonias españolas se llamaban...
   a. alcaldes.   **b.** presidentes.   **c.** virreyes.
3. México ganó su independencia en...
   a. 1671.   **b.** 1789.   **c.** 1821.

Paso 4   Por el primer párrafo sabes que el tequila «sufrió persecución y prohibiciones» durante el dominio español. Sin leer el resto del artículo, ¿cuál de las siguientes afirmaciones te parece más lógica?

1. Se prohibió el consumo de tequila a causa de los malos efectos que producía en el individuo.
2. Se prohibió la producción de tequila para proteger la venta (*sale*) de vinos españoles.

Exploración

CONSEJO PRÁCTICO

Notice that the **Exploración** section asks you to read the article section by section. Reading bit by bit and then stopping to consolidate the information you have just read is a good habit to get into. The strategy helps you in two ways. First, as you verify and consolidate the information you have read, you are better able to anticipate the upcoming content of the next paragraph or section. Second, by stopping and reviewing as you go, you will remember more when you have finished reading.

Paso 1   Lee los tres primeros párrafos del artículo. Luego contesta las siguientes preguntas.

Vocabulario útil

antepasado	ancestor
registros	records

1. Los indígenas de México fueron los primeros en destilar el jugo del agave para producir tequila. ¿Sí o no?
2. El otro nombre del agave era...
   a. pulque.   **b.** mexcalli.   **c.** tepache.

Paso 2   Lee ahora los próximos dos párrafos. Luego contesta las siguientes preguntas.

Vocabulario útil

nobleza	nobility
apoderar	take over

1. ¿Qué le querían vender los españoles a la gente que vivía en Nueva España?
   Querían venderles _____.
2. ¿A quiénes quería proteger la Corona española con la prohibición de la producción de licores locales?
   Quería proteger a _____.
3. ¿Qué efecto tuvo la prohibición?
   Estimuló _____.

CONSEJO PRÁCTICO

Try to deduce the meaning of unknown words from context or use their cognate status with English words to figure them out. In addition, you can often skip over unknown words and still get the main idea. For example, in the third paragraph of the reading you will come across the phrase **a mediados de** in the sentence **Se tienen noticias de que a mediados del siglo XVI...** As you read this paragraph, you do not really need to understand **a mediados de** to grasp the relative time frame of events. All you need to understand is that something was going on sometime during the sixteenth century. Remember that in *¿Sabías que... ?* the **Pasos** and activities are designed to help you grasp content without having to read word for word.

Paso 3 Ahora lee los otros tres párrafos que siguen. Luego contesta las preguntas.

Vocabulario útil

auge	*peak of an event*
oidor de la audiencia	*district judge*
impuestos	*taxes*
mezcal	versión moderna de mexcalli
Nueva Galicia	nombre de una de las provincias durante la época colonial que comprendía el estado de Jalisco y su capital Guadalajara

1. Completa el siguiente párrafo con estas frases: **podía cobrar** (*charge*); **decidió reglamentar** (*to regulate*); **estableció; se podía ejercer.**

   Juan Canseco y Quiñones _____ª la producción de tequila. Haciendo esto, _____ᵇ control oficial sobre el producto. Esto tuvo dos efectos. Primero, el gobierno _____ᶜ impuestos, lo cual significaba más dinero para el virreinato. Segundo, _____ᵈ control sobre la calidad del producto.

2. ¿Qué tipo de argumentos utilizó Canseco y Quiñones para respaldar (*back up*) su decisión?
   a. Utilizó argumentos económicos.
   b. Utilizó argumentos políticos.
   c. Utilizó argumentos médicos.
3. Al final del **Paso 2** de **Exploración,** se te hizo la pregunta sobre la reacción de las autoridades ante la venta de tequila en el mercado negro. ¿Tenías razón?

Paso 4 Lee el resto del artículo y haz el pequeño ejercicio a continuación.

Vocabulario útil

cédula real	royal decree
estanco	state monopoly
reanudar	renew

Empareja los nombres de la columna A con lo que hicieron en la columna B y luego pon todas las oraciones en el orden cronológico correcto.

A	B
1. _____ El virreinato de Nueva España...	a. probó el tequila y le gustó.
	b. protestó por la suspensión del reglamento.
2. _____ La Corona española...	c. reanudó la producción estatal del licor.
3. _____ La Nueva Galicia...	d. suspendió la decisión de Canseco y Quiñones.

Paso 5 Vuelve a leer el artículo entero, desde el comienzo hasta el fin. Después de hacer esto, estarás listo/a (*you will be ready*) para la sección **Síntesis.**

La historia escondida del tequila

La historia del tequila —bebida mexicanísima desde sus orígenes— demuestra que éste sufrió persecución y prohibiciones durante el dominio español, situaciones que también contribuyeron a darle su identidad actual.

Los nativos de Mesoamérica, antes de la llegada de los españoles, conocían diversas bebidas alcohólicas, como el pulque —que se obtiene del aguamiel fermentado—, el pozol y el tepache, pero ninguna de éstas se destilaba.

Se tienen noticias de que a mediados del siglo XVI se elaboraban licores mediante la fermentación del agave, conocido entonces como "mexcalli", quizás el antepasado más lejano del tequila. Sin embargo, no existen registros al respecto, y para los investigadores es difícil conocer con precisión cuándo y dónde se instaló la primera refinería portátil, como las que

El agave

aún se encuentran en muchos lugares del sur del estado de Jalisco y con las cuales se obtiene el exquisito licor.

Durante mucho tiempo la Corona española, para proteger las ventas de vinos peninsulares producidos por la nobleza castellana, prohibió fabricar licores en Nueva España, incluso los que se elaboraban a base de coco y otros frutos, en especial en las costas mexicanas.

Esa restricción demuestra que los licores aztecas se habían apoderado de una gran parte del mercado español, y en ordenanzas reales posteriores, de las que existen registros, se observa que la prohibición logró estimular el mercado negro de las bebidas locales.

Ante el auge del tequila en el mercado negro, Juan Canseco y Quiñones, primer oidor de la audiencia de la Nueva Galicia entre 1636 y 1640, decidió reglamentar "la fábrica y comercio" del licor de mezcal y establecer el control oficial. De esa manera se cobraban impuestos al comercio que antes escapaban a la audiencia, así como se ejercía cierto control de calidad en la bebida.

Para argumentar su sabia decisión, Juan Canseco y Quiñones declaró que no había encontrado que ese licor produjera ningún mal a la salud, y dijo que varios médicos, que certificaron la utilidad de la bebida para atacar variados padecimientos, habían solicitado que se legalizara su venta.

Agregó también que cuando el consumo del tequila era ilegal, los indígenas se dirigían a las sierras, donde adquirían y bebían otros licores, como "vinganote, tepachi y tejuino, que hacían más mal que bien".

El virreinato de la Nueva España, al término del mandato de Canseco y Quiñones, suspendió el reglamento, pero la Nueva Galicia insistió en mantenerlo.

Ante tanta insistencia, en 1671 la Corona española pidió informes sobre el tequila, sin duda lo probó y le gustó... y en 1673 expidió una cédula real para reanudar el estanco de su producción, lo que hizo posible que el tequila llegara a Jalisco y a toda Nueva Galicia.

En 1821, con la independencia del país, el estancamiento desapareció, al igual que las instituciones del dominio español, y el impulso oficial al tequila lo convirtió en la bebida mexicana a escala internacional.

Síntesis

Revisa la información que aprendiste en **Exploración.** Luego completa el siguiente resumen sobre «La historia escondida del tequila.» Los espacios en blanco representan ideas, no sencillas (*simple*) palabras, así que tendrás que (*you will have to*) escribir frases en cada espacio. La idea es hacer un resumen breve pero completo del artículo.

La historia del tequila es muy interesante e incluye hechos políticos y económicos. Los indígenas conocían el agave (la planta de la cual se extrae el tequila) pero la destilación de esta planta para producir el tequila _____[1]. Más tarde, para proteger la venta de vinos, _____[2]. Sin embargo, esta acción tuvo un efecto negativo: _____[3].

No fue hasta mediados del siglo XVII que Juan Canseco y Quiñones _____[4] legalizando así la producción del tequila. Después de su término, el virreinato de la Nueva España _____[5] aunque _____[6]. En 1791, la Corona española _____[7]. Le gustó lo que encontró y _____[8].

¡Sigamos!

Actividad A   La bebida nacional

Paso 1   El artículo sobre la historia del tequila se refiere al tequila como una bebida mexicanísima. Esto quiere decir que esta bebida tiene una larga tradición en México e incluso se podría considerar (*it could be considered*) como la bebida nacional de este país. En grupos de tres personas, completen las siguientes oraciones con el nombre de una bebida según el país indicado.

El tequila es a México lo que...

- **a.** el/la _____ es a España.
- **b.** el/la _____ es a Inglaterra.
- **c.** el/la _____ es a Italia.
- **d.** el/la _____ es a China.
- **e.** el/la _____ es a Rusia.
- **f.** el/la _____ es a Puerto Rico.
- **g.** el/la _____ es al Japón.
- **h.** el/la _____ es a _____.

Paso 2   Compartan las oraciones con la clase. ¿Escogieron lo mismo?

Actividad B   Los hispanos hablan

Paso 1   En la selección **Los hispanos hablan** que aparece la página 246, ¡no hay nada escrito! Escucha lo que dicen las tres personas indicadas respecto a la bebida nacional de los Estados Unidos. Los tres dan diferentes respuestas. Anota lo que dicen.

NOMBRE	LO QUE CREE
1. Pedro	_____
2. María	_____
3. Soledad	_____

¿Cuál de los tres está más seguro/a de su respuesta? ¿Quién(es) vacila(n) (*hesitate*) en su respuesta?

**C O N S E J O
P R Á C T I C O**

Reading and writing are related academic activities, and a good skill to develop is that of summarizing briefly what you have read. In the present **Síntesis** section, you are beginning to develop this skill in Spanish. Although you may feel compelled to "stick to the text" and lift whole phrases and sentences out of it, the idea here is to state the main information in your own words.

Paso 2 En grupos de tres, escojan la bebida nacional de los Estados Unidos y den tres razones que apoyan (*support*) su elección. Luego, escriban el nombre de la bebida y las razones para escogerla en la pizarra. ¿Hay muchas opiniones en cuanto a la bebida nacional estadounidense? ¿Quiénes están de acuerdo con alguno de los hispanos?

LOS HISPANOS HABLAN

En tu opinión, ¿cuál es la bebida nacional de los Estados Unidos?

NOMBRE:	Pedro Iglesias
EDAD:	25 años
PAÍS:	Puerto Rico

« ... »

NOMBRE:	María Rodríguez
EDAD:	39 años
PAÍS:	el Perú

« ... »

NOMBRE:	Soledad García
EDAD:	30 años
PAÍS:	España

« ... »

¡IDEAS PARA EXPLORAR

Prohibiciones y responsabilidades

ENFOQUE LINGÜÍSTICO

¿Qué se prohíbe?

Review of Impersonal and Passive **se**

(no) se	permite	
	prohíbe	
	puede	

In **Lección 8** you learned two more uses of **se:** the impersonal and passive. In impersonal sentences, the verb is singular and the subject is not specified. The English counterpart is *you, one* or *they.*

| **Se vive** más si **se come** bien. | *One lives longer if one eats well. (You live longer if you eat well.)* |
| No **se puede** entrar. | *One can't enter. (You can't enter.)* |

In passive sentences, the verb is either singular or plural, depending on the subject. Singular passives are often indistinguishable from impersonal sentences.

| **Se comen** más verduras ahora que antes. | *More vegetables are eaten now than before.* |
| **Se habla** español aquí. | *Spanish is spoken here. (One speaks Spanish here.)* |

Nueva York

Actividad A   ¿Qué se prohíbe?

Paso 1   Pon una marca al lado de las oraciones que son ciertas.

a. ❑ Se prohíbe el consumo de bebidas alcohólicas en las calles y en los coches.

b. ❑ Se prohíbe el consumo de bebidas alcohólicas en las funciones universitarias.

c. ❑ No se permite el castigo (*punishment*) físico en las escuelas públicas.

d. ❑ No se permite fumar (*to smoke*) en edificios públicos.

e. ❑ Se prohíbe fumar en los vuelos (*flights*) nacionales.

f. ❑ Se prohíbe declarar que uno es homosexual mientras se presta servicio militar.

Paso 2   Ahora, indica con qué oraciones está de acuerdo o no la clase. ¿Piensa de la misma manera la mayoría de Uds.?

	NÚMERO DE LOS QUE ESTÁN DE ACUERDO	NÚMERO DE LOS QUE NO ESTÁN DE ACUERDO
a.	_____	_____
b.	_____	_____
c.	_____	_____
d.	_____	_____
e.	_____	_____
f.	_____	_____

Paso 3 (Optativo)   Inventa una prohibición que te gustaría ver convertida en ley.

Actividad B   Si se siguen estas recomendaciones...

Paso 1   Escoge las afirmaciones que mejor completen la oración.

Se puede gozar de (*enjoy*) buena salud si...

❑ se hace ejercicio regularmente.

❑ no se ve mucha televisión.

❑ se comen más carnes rojas y menos carbohidratos complejos.

❑ se toma leche descremada (*skimmed*) en vez de leche completa.

❑ no se beben bebidas alcohólicas.

❑ se toman refrescos dietéticos en vez de refrescos regulares.

❑ se comen verduras crudas en vez de cocidas.

Paso 2 Inventa tres frases lógicas más y compártelas con la clase escribiéndolas en la pizarra.

Paso 3 La clase debe agrupar las recomendaciones de los **Pasos 1** y **2** según su grado de importancia: (1) recomendaciones importantes (2) recomendaciones útiles, pero no muy importantes (3) recomendaciones poco importantes.

ASÍ SE DICE

So far you have learned or read about four different uses of **se** in Spanish and it may seem difficult to keep them apart! Here is a quick reference list to refresh your memory.

- True reflexive **se** (often equivalent to English *-self/-selves*)

  Alicia **se baña** por la mañana.   *Alice takes a bath (bathes herself) in the morning.*

- Reciprocal (equivalent to English *each other*)

  Pedro y sus padres no **se hablan.**   *Pedro and his parents don't speak to each other.*

- Substitute for **le(s)** when followed by **lo(s)** or **la(s)**

  —¿Qué hiciste con tu sueldo?   *What did you do with your salary (paycheck)?*

  —**Se lo** di a mi mamá.   *I gave it to my mother.*

- Impersonal and passive **se**

  No **se permite** eso.   *That is not permitted.*
  Se come el pollo con cuchillo y tenedor.   *One eats chicken with a knife and fork.*

COMUNICACIÓN

Actividad C ¿Qué se debe hacer?

Paso 1 Divídanse en grupos de cuatro o cinco. A cada grupo, el profesor (la profesora) le va a asignar una de las siguientes preguntas. El grupo debe contestar la pregunta y preparar una lista de razones que apoyan su opinión.

1. ¿A qué edad se debe legalizar el consumo de bebidas alcohólicas?
   - ❑ A los 16 años, la edad de obtener la licencia de manejar.
   - ❑ A los 18 años, la edad de ejercer el derecho (*right*) a votar.
   - ❑ A los 21 años, la mayoría de edad.
   - ❑ A los 25 años de edad.
   - ❑ El alcohol no debe ser legal.
2. ¿Se debe distinguir entre el consumo de cerveza y vino por un lado y de licores fuertes por otro en cuanto a la legalización del consumo de bebidas alcohólicas?
3. ¿Se debe educar a los alumnos de secundaria (*high school*) en cuanto al consumo de bebidas alcohólicas?

Paso 2 Compartan con la clase sus opiniones y las razones que las apoyan. ¿Cuántos de la clase están de acuerdo con Uds.? ¿Están de acuerdo Uds. con las opiniones de los otros grupos?

Actividad D ¿Quién es el responsable?

Paso 1 Contesta lo siguiente:

Si hay un accidente debido a que (*owing to*) el chófer (*driver*) maneja embriagado (*under the influence*), ¿quién es responsable? En otras palabras, ¿a quién se debe castigar (*punish*)?

- **a.** Se debe castigar solamente al chófer.
- **b.** Se debe castigar al chófer y al mesero (*bartender*) que le sirvió.
- **c.** Se debe castigar al chófer y a los otros con quienes tomaba.
- **d.** Se debe castigar al chófer y al anfitrión (*host*) de la fiesta a que asistía el chófer.
- **e.** ¿ ?

Paso 2 Forma un grupo con otros que comparten la misma opinión. Luego, el grupo debe preparar una lista de razones que apoyen su opinión y después escribirlas en la pizarra.

Paso 3 Evalúa las razones que proponen los otros grupos. ¿Te convencen? ¿Quieres cambiar de opinión?

Actividad E ¿Sabías que... ?

Paso 1 Lee la selección **¿Sabías que... ?** que aparece en la página 251. Luego, completa las siguientes oraciones sin referirte a la selección.

1. En comparación con los Estados Unidos, se fuma _____ que en los países hispanos.
2. El fumar se considera _____.
3. En los restaurantes no se puede ofrecer _____.
4. En los vuelos se permite _____.

Paso 2 Entrevista a diez personas fuera de la clase para averiguar si creen que se debe prohibir fumar en los lugares públicos. Trae los resultados a clase.

You may have noticed in **Actividad D** that the personal **a** is used with impersonal and passive **se** to mark objects of the verb.

> Se debe castigar al chófer. No se debe castigar a las demás personas.

The personal **a** is used in these sentences because the objects of the verb (the people mentioned) are capable of performing the activity represented by the verb. It is important to mark them clearly as objects and thereby distinguish them from the subject of the verb. Note that if the **a** is mistakenly omitted in some instances, the impersonal or passive **se** would be interpreted as a true reflexive.

> Se debe castigar el chófer.   *The driver should punish himself.*

Try to give English equivalents for each of the following. Do you see why the personal **a** is useful in Spanish?

Se conoce bien a Juan.	Se conoce bien Juan.
Se ayuda a la gente pobre.	Se ayuda la gente pobre.
Se mató al león.	Se mató el león.

Actividad F   Los hispanos hablan

Paso 1   Escucha y lee lo que dice Soledad García en la selección **Los hispanos hablan** que aparece en la página 252. Después, contesta las siguientes preguntas.

1. ¿Cuál es el ejemplo que da Soledad para mostrar (*show*) que en España las leyes sobre el consumo de bebidas alcohólicas no son tan restrictivas como las de los Estados Unidos?
2. ¿A quiénes se les prohíbe vender bebidas alcohólicas en España?

Paso 2   Ahora escucha y lee lo que dice María Rodríguez. Luego contesta las siguientes preguntas.

Vocabulario útil

trago	otra palabra por bebida alcohólica
vacilones	*funny*

1. ¿Habla María de las leyes como Soledad?
2. ¿Cuál de las siguientes frases parece captar mejor lo que dice María?
   a. En el Perú, no se toma mucho. El tomar se considera inaceptable.

b. En la cultura peruana, el tomar es una actividad social. Y si una persona toma mucho, no se le ve mal necesariamente.

3. En cuanto a las bebidas, ¿qué hábito notan María y su mamá en los Estados Unidos que no se ve en el Perú?

Paso 3 La clase debe contestar las siguientes preguntas.

1. En los bares cerca de tu universidad, ¿siempre le piden identificación a una persona que quiere comprar o consumir bebidas alcohólicas? Si no, ¿cuál parece ser la norma de los que trabajan en bares, licorerías y supermercados? (Nota: Si quieren, ¡pueden llevar a cabo (*carry out*) una pequeña investigación sobre esto entrando a esos lugares y apuntando lo que pasa!)

2. Para Uds., ¿qué quiere decir «tomar socialmente»? Traten de hacer una lista de ejemplos de lo que Uds. consideran que es tomar socialmente.

¿ S A B Í A S   Q U E . . .

...la preocupación por los efectos del fumar no es universal? En los países de habla española, por ejemplo, se fuma mucho más que en los Estados Unidos. El fumar, para muchos, es una actividad social. Por ejemplo, si estás con un amigo en España o en México, y éste saca[a] su paquete de cigarillos, automáticamente te va a ofrecer uno. El no hacerlo se considera falta de cortesía. La idea de restaurantes y lugares donde se prohíbe fumar es ajena a muchos hispanos. De hecho,[b] muchas veces no se puede sentarse en la sección de no fumar en un restaurante porque la mayoría no la tiene. Por estas mismas razones, en los vuelos internacionales, hasta en los de compañías norteamericanas como American Airlines y TWA, se permite fumar a bordo del avión.[c]

¿Cuál es tu reacción cuando alguien te ofrece un cigarrillo? ¿Cuál sería (*would be*) una reacción apropiada en el mundo hispano?

---

[a]éste... *the latter (your friend) takes out*   [b]De... *In fact*   [c]*airplane*

¿Hay diferencias entre la actitud de las personas de tu país y la de los norteamericanos en cuanto al consumo de bebidas alcohólicas?

NOMBRE: Soledad García
EDAD: 30 años
PAÍS: España

«Sí, hay diferencias. No hay leyes[a] tan restrictivas en cuanto al uso de bebidas alcohólicas... »

NOMBRE: María Rodríguez
EDAD: 39 años
PAÍS: el Perú

«¡Definitivamente sí! En el Perú la persona que no toma, como yo, es un pavo.[b]... »

—————————————————————
[a]*laws* [b]*dull person* (coll.; Lit. *turkey*)

Composición

Propósito: escribir una composición en la que expresas lo que has aprendido (*you have learned*) sobre las costumbres hispanas; comparar o contrastar las costumbres hispanas con las de los Estados Unidos.

Título sugerido: ¿Son semejantes las costumbres hispanas a las estadounidenses o son diferentes?

Antes de escribir

Paso 1 El propósito de la composición es informarle al lector (*reader*) sobre las semejanzas y diferencias que ves entre las costumbres hispanas y las estadounidenses. Tienes que convencer al lector de que hay más semejanzas que diferencias o viceversa. Primero, decide si vas a hablarle al lector directamente (¿Cree Ud. que... ?), en primera persona (Creo que...) o en tercera persona (Se cree que...).

Paso 2 A continuación aparece una lista de varios temas que exploraste en esta unidad. ¿Qué información vas a incluir?

- ❑ los desayunos, los almuerzos, las cenas
- ❑ el café
- ❑ las meriendas
- ❑ el cuy

- ❑ los meseros
- ❑ las comidas en los restaurantes
- ❑ las dietas nacionales
- ❑ la dieta mediterránea
- ❑ los modales
- ❑ la historia del tequila
- ❑ el consumo de bebidas alcohólicas
- ❑ el fumar
- ❑ ¿ ?

Paso 3   Una vez que decidas qué información vas a incluir, tienes que pensar en cómo vas a organizarla. ¿Cuál de las sugerencias te parece buena para esta composición?

- ❑ presentar las semejanzas y luego las diferencias
- ❑ presentar las diferencias y luego las semejanzas
- ❑ presentar semejanzas y diferencias punto por punto

Paso 4   Basándote en los **Pasos 2** y **3,** haz un breve bosquejo (*outline*) de lo que vas a escribir.

Al escribir

Paso 1   Al escribir el borrador (*draft*), trata de incluir los siguientes puntos gramaticales y expresiones.

1. los pronombres de objetos indirectos
2. **se** impersonal y pasivo
3. expresiones impersonales de obligación

Paso 2   Escribe el borrador dos días antes de entregar la composición. A continuación hay una lista de expresiones de transición que te podrán ser (*could be*) útiles en la composición.

a diferencia de	in contrast to
en cambio	on the other hand
en contraste con	in contrast to
igual que	the same as (equal to)
mientras	while
semejante a	similar to

Después de escribir

Paso 1   Un día antes de entregar la composición, revisa y corrige el borrador paso por paso. Puedes utilizar el siguiente esquema como guía.

I. Información
1. Cuenta las semejanzas que aparecen en la composición. Luego, cuenta las diferencias. ¿Son suficientes para convencer al lector de tu opinión?
2. Subraya (*Underline*) las palabras de transición que utilizaste. ¿Ayudan a clarificar la información?

II. Lenguaje
1. Pon un círculo alrededor de cada pronombre de objeto indirecto.
   a. ¿Es correcta la forma?
   b. ¿Es correcto su uso?
2. Marca cada **se** que aparece.
   a. ¿Es apropiado el uso de **se**?
   b. ¿Es correcta la forma del verbo?
3. Revisa los adjetivos que utilizaste. ¿Siempre concuerdan (*agree*) con los sustantivos que modifican?
4. Revisa el uso de la **a** personal.
   a. ¿La incluiste?
   b. ¿La usaste correctamente?

Paso 2 Haz los cambios necesarios y entrégale la composición al profesor (a la profesora).

Las bebidas	Beverages	Vocabulario relacionado con el tema	
la bebida alcohólica	alcoholic beverage	**la cafeína**	caffeine
el café (R)	coffee		
descafeinado	decaffeinated coffee	**(bien) frío**	(very) cold
la cerveza (R)	beer	**(bien) caliente**	(very) hot
el jugo (R)	juice	**con hielo**	with ice
de manzana	apple juice	**sin hielo**	without ice
de naranja (R)	orange juice		
de tomate	tomato juice	**beber**	to drink
la leche (R)	milk	**tener sed**	to be thirsty
el licor fuerte	hard alcohol		
el refresco (R)	soft drink	Otras palabras útiles	
el té (R)	tea	**castigar**	to punish
de hierbas	herbal tea	**fumar**	to smoke
helado	iced tea	**permitir**	to permit, allow
el vino (R)	wine	**prohibir**	to prohibit
blanco	white wine		
tinto	red wine		

Actividad A   Chile vende vinos

Paso 1   El artículo «Histórico: Chile vende vinos a los italianos» no es muy difícil de leer.

Utilizando todas las estrategias que sabes y siguiendo todos los **Consejos prácticos** sobre cómo leer un artículo en español, lee el artículo.

Histórico: Chile vende vino a los italianos

FOTO: CARMEN ESCUDERO © HOMBRE

Mundialmente conocido, el vino chileno quiere llegar a la excelencia máxima y figurar junto a los más finos y exquisitos del planeta. Sus productores se mueven rápido... tan rápido que este año incursionarán con más fuerza en el exigente mercado italiano. Es que "exportar nuestro vino a Italia parece increíble, ¡es como meterse en la boca de los leones!", afirma a HOMBRE el gerente general de la Asociación de Exportadores de Vino de Chile, Andrés Honorato.

Los mercados más importantes y tradicionales para el vino chileno son Estados Unidos, Canadá, Inglaterra y Suecia, que en conjunto han elevado sus compras anuales desde 23 millones de dólares en 1990 a más de 60 millones en 1993. El total de las ventas mundiales de vino embotellado chileno, que en 1980 alcanzó los 17.6 millones de dólares, se elevó a 44.3 millones en 1990, a 70 en 1991, a 103.9 en 1992 y a más de 100 millones de dólares durante 1993.

Si bien las ventas a Italia son todavía pequeñas, para Honorato "lo importante es estar allá... en la tierra que inventó el vino... eso significa que el vino chileno es apreciado. Que los italianos lo consuman le da a nuestro vino un nivel de prestigio, una posición destacada.

"Los vinos chilenos deben sentirse orgullosos de poseer un reconocimiento mundial, porque hemos sabido generar un excelente producto a muy buen precio", se ufana Honorato. "En realidad —agrega— la ventaja que tenemos es la relación precio-calidad y dentro de este esquema, competimos botella a botella en todo el mundo".

Andrés Honorato, gerente general de la Asociación de Exportadores de Vinos de Chile, afirma que es por la relación entre precio y calidad que los vinos chilenos son reconocidos mundialmente. «Hemos sabido generar un excelente producto a muy buen precio.»

FOTO: MIGUEL MARTIN © HOMBRE

Con unas 100.000 hectáreas destinadas a viñedos, Chile produce alrededor de 500 millones de litros de vino por año.

Los buenos vinos

Chile está en tercer lugar en ventas a EE.UU., detrás de Francia e Italia. 4) Alemania. 5) Australia.

9.7

7

Millones de cajas

3

1.4

0.9

Chile

La venta de vino chileno a Italia es comparada como si otro país latinoamericano llegase a vender kimonos a los japoneses. Increíble, sin duda.

Paso 2 Sin volver al artículo, ¿puedes completar las oraciones y contestar las preguntas a continuación? ¿Crees que has captado (*you have captured*) todas las ideas generales y también algunos detalles? Si no, ¡repite el **Paso 1** antes de leer las preguntas a continuación!

1. El país que más importa el vino chileno es _____.
2. Aunque la calidad de los vinos chilenos se reconoce en Italia, _____.
3. ¿Por qué es importante para el vino chileno ser reconocido en Italia? _____.
4. ¿Cómo describirías tú (*would you describe*) la actitud de Andrés Honorato? A propósito (*By the way*), ¿quién es Andrés Honorato?
5. Según Honorato, el éxito (*success*) del vino chileno en el mercado mundial se debe a la relación entre _____.

Paso 3 (Optativo) Ve (*Go*) a una licorería en tu ciudad e investiga cuáles son los vinos que se venden allí. ¿Hay vinos chilenos? ¿Qué dice el dueño (la dueña [*owner*]) sobre la venta (*sale*) de estos vinos?

Actividad B «Oda al vino»

Ya conoces el poema «Oda a la alcachofa» (**Vistazos, Lección 7**) por el poeta chileno Pablo Neruda. A la derecha aparece un fragmento de otra oda suya, «Oda al vino». Lee el poema y luego completa los pasos que siguen.

Paso 1 En los diez primeros versos, Neruda pinta imágenes del vino comparando su color y su textura con los de otras cosas. Indica cuáles son las referencias al vino tinto y cuáles al vino blanco.

Paso 2 En los últimos siete versos, Neruda ya no describe el vino comparándolo con objetos.

¿Por qué? ¿Qué aspectos del vino se describen en esta parte?

Paso 3 Escoge una de las siguientes bebidas a continuación. Luego trata de describirla usando lenguaje figurado como en los primeros cuatro versos del poema «Oda al vino». Comparte tu descripción poética con la clase.

MODELO la vodka

> Vodka color de sol,
> vodka color de luna,
> vodka con pies de hielo
> o sangre de diamante.

Bebidas posibles

cerveza	ron (*rum*)	capuchino
café	refrescos	sidra (*cider*)
limonada	champán	leche

Oda al vino

> Vino color de día,
> vino color de noche,
> vino con pies de púrpura[a]
> o sangre de topacio,[b]
> 5 vino, estrellado hijo
> de la tierra.[c]
> Vino, liso como una espada de oro,[d]
> suave como un desordenado terciopelo,[e]
> vino encaracolado[f]
> 10 y suspendido, amoroso,
> marino, nunca has cabido[g]
> en una copa, en un canto,
> en un hombre coral,[h]
> gregario eres, y cuando
> 15 menos mutuo.

_____

[a]pies... *purple feet* [b]sangre... *topaz-like blood* [c]estrellado... *starry (also crushed) child of the land* [d]liso... *smooth as a golden sword* [e]*velvet* [f]*spiraling* [g]nunca... *there has never been enough room for you* [h]*shrewd*

VISTAZOS

GRAMMAR SUMMARY FOR LECCIONES 7–9

Indirect Object Pronouns

SUBJECT PRONOUN	INDIRECT OBJECT PRONOUN
yo	me
tú	te
Ud.	le
él/ella	le
nosotros/as	nos
vosotros/as	os
Uds.	les
ellos/ellas	les

1. Indirect object pronouns have many uses in Spanish that differ from English. In this unit, you have learned to use indirect object pronouns mainly to mean *to* or *for* someone or something.

   No me importan los aditivos.
   Additives don't matter to me.

   You have also seen that with **poner,** the meaning in English is *on* and sometimes *in.*

   ¿Qué les pones a las papas fritas?
   What do you put on french fries?

   ¿Qué le pusiste a la sopa?
   What did you put in the soup?

2. With third person forms as well as with **Ud.** and **Uds., le** and **les** are used even if the person or thing represented by the pronoun is mentioned.

   Al profesor no le agradan los vinos franceses.
   French wines aren't pleasing to the instructor.

   Les pongo sal a las papas fritas.
   I put salt on french fries.

3. You have also learned a number of verbs that require indirect object pronouns. These verbs are often translated into English with verbs that do not require indirect object pronouns.

   agradar   *to please*
   No me agrada eso.
   That doesn't please me. (I don't like that.)

   apetecer   *to appeal, be appealing*
   No me apetece.
   It doesn't appeal to me.

   caer (*irreg.*) bien/mal   *to make a good/bad impression; to (dis)agree with* (food)
   No me cae bien el ajo.
   Garlic doesn't agree with me.

   encantar   *to delight, be extremely pleasing*
   Me encantan los vinos chilenos.
   Chilean wines really please me. (I love Chilean wines.)

   importar   *to be important; to matter*
   ¿Te importa si le pongo sal?
   Does it matter to you if I put salt on it? (Do you mind if I put salt on it?)

   interesar   *to be interesting*
   ¿Te interesa la música clásica?
   Does classical music interest you?

Impersonal se and Passive se

1. Impersonal se translates into English as *one, they* and *you,* meaning that there is no particular subject of the verb. The verb is always in the singular form.

   No se debe beber tanto café.
   One (You) shouldn't drink so much coffee.

2. Passive **se** translates into English as *is* (*are*) + *-ed/-en*. The object of the verb takes on the role of determining whether the verb is singular or plural.

> Se habla español aquí.
> *Spanish is spoken here.*
>
> Se hablan varias lenguas aquí.
> *Various languages are spoken here.*

3. In many instances, the impersonal **se** and a singular passive **se** construction are indistinguishable.

> No se debe hacer eso.
> *One (You) shouldn't do that. (That shouldn't be done.)*

4. With reflexive verbs, impersonal **se** cannot be used. **Uno** is used instead to avoid a "double **se**" construction.

> Uno se levanta tarde por aquí, ¿no?
> Uno no debe dormirse en clase.

Uno can also be used with just about any verb as a substitute for the impersonal **se.**

> Aquí uno toma café con los amigos para ser sociable.
> *One drinks coffee here with friends to be sociable.*

Preterite Review (Regular Forms)

	-ar	**-er**	**-ir**
(yo)	tom**é**	beb**í**	sal**í**
(tú)	tom**aste**	beb**iste**	sal**iste**
(Ud.)	tom**ó**	beb**ió**	sal**ió**
(él/ella)	tom**ó**	beb**ió**	sal**ió**
(nosotros/as)	tom**amos**	beb**imos**	sal**imos**
(vosotros/as)	tom**astais**	beb**isteis**	sal**isteis**
(Uds.)	tom**aron**	beb**ieron**	sal**ieron**
(ellos/ellas)	tom**aron**	beb**ieron**	sal**ieron**

1. Remember that in all regular preterite forms, the acoustic stress falls on the verb ending and not on the stem.
2. **-er** and **-ir** verbs share the same endings. Also note that for **-ar** and **-ir** verbs, the regular preterite form for **nosotros** is the same as the present tense form.

3. **-ir** verbs that have an **e** → **i** stem-vowel change in the present tense keep this change in the **Ud., él/ella, Uds.,** and **ellos/ellas** forms in the preterite. **Dormir** also has a stem-vowel change (**o** → **u**) in the **Ud., él/ella, Uds.,** and **ellos/ellas** forms.

pedir		**servir**		**dormir**	
pedí	pedimos	serví	servimos	dormí	dormimos
pediste	pedisteis	serviste	servisteis	dormiste	dormisteis
pidió	**pidieron**	**sirvió**	**sirvieron**	**durmió**	**durmieron**
pidió	**pidieron**	**sirvió**	**sirvieron**	**durmió**	**durmieron**

Grammar Summary for Lecciones 7–9

Saturno devorando a su hijo (1820–1824) por
Francisco de Goya (español, 1746–1828).

EL BIENESTAR

bserva las siguientes fotografías. ¿Qué imágenes se te ocurren? Ahora mira la obra de la página anterior. Cuando el artista la pintó (*painted*), ¿en qué pensaba? ¿En qué condición física y emocional se encontraba? En esta unidad vas a explorar algunos temas relacionados con el bienestar y el malestar.

¿Qué emoción sientes al ver este cuadro? ¿Crees que la mujer está triste (*sad*)? (*La tormenta* [1985] por Glugio Gronk Nicandro [estadounidense, 1954–   ])

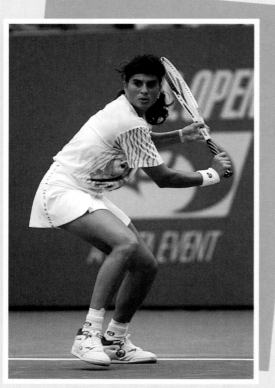

Para Gabriela Sabatini los deportes son una profesión. Para muchos, los deportes son solamente una diversión. ¿Practicas tú algún deporte? ¿Te ayuda a sentirte bien normalmente?

Una joven mexicana se ríe de algo. ¿Qué beneficios físicos y mentales hay en la risa (*laughter*)?

¿CÓMO TE SIENTES?

n esta lección, vas a examinar el tema de los estados de ánimo (states of mind). *También vas a*

- describir cómo te sientes
- identificar tus disposiciones de ánimo y las circunstancias que las afectan
- analizar las maneras en que tú y otros reaccionan frente a varios estados de ánimo
- describir nuevos pasatiempos que te hacen sentir mejor
- aprender nuevos verbos «reflexivos»
- utilizar los verbos **faltar** y **quedar**
- repasar el uso del imperfecto para describir los eventos habituales en el pasado

261

¡IDEAS PARA EXPLORAR

Look over the **Intercambio** activity on pages 283–284. This is the activity you will be working toward throughout this lesson.

Los estados de ánimo

ENFOQUE LÉXICO

¿Cómo se siente?

Talking About How Someone Feels

Las experiencias de Claudia

1. Son las 9.00 de la mañana. Claudia se prepara para un examen de física. **Está nerviosa** porque el examen va a ser difícil.

2. Su compañera de cuarto hace mucho ruido. Claudia no puede concentrarse y **se pone enfadada.**

3. A la 1.00 toma el examen. No tiene idea de cómo va a salir. **Está muy tensa** durante el examen.

4. Después del examen, va al gimnasio a hacer ejercicio. Después, **se siente más relajada.**

5. Por la tarde, va al trabajo. Trabaja hasta muy tarde y, naturalmente, **está cansada.**

6. Al día siguiente, va a la clase de historia. La voz de la profesora es monótona, y Claudia **está aburrida** (*bored*).

7. En la clase de física, el profesor le devuelve el examen. Su nota es el 55%. Claudia **se siente avergonzada** (*ashamed*).

8. Claudia **se siente deprimida** (*depressed*).

9. Al otro día Claudia habla de su nota con el profesor. Descubren que el profesor se equivocó (*made a mistake*). La nota debe ser el 95%, no el 55%. Claudia **se pone muy contenta.** El profesor le dice, «Perdona, todos nos equivocamos, ¿no?»

10. ¡Ahora Claudia **se siente muy orgullosa**!

Actividad A   ¿Cómo se siente Claudia?

A continuación aparece una lista de los pensamientos (*thoughts*) que tuvo Claudia durante los tres días que se describen en el **Enfoque léxico.** Relaciona los estados de ánimo que va a leer tu profesor(a) con los pensamientos de la lista.

> MODELO   PROFESOR(A): Está nerviosa.
> CLASE: Es el número 2.

1. Me gustaría dormir diez horas esta noche.
2. ¡Dios mío! ¡Sólo me quedan cuatro horas (*I only have four hours left*) para estudiar!
3. Van a pensar que soy muy tonta (*dumb*).
4. Si esa profesora dice «¡muy bien!» una vez más, me va a dar un ataque cardíaco.
5. ¡Fantástico! ¡Fue un error! Entonces sí saqué (*I got*) una buena nota.
6. No quiero ver a nadie. Quiero estar completamente sola.

Actividad B   ¿Por qué?

El profesor (La profesora) va a leer algunos estados de ánimo comunes a los estudiantes de hoy. Selecciona la actividad que puede provocar ese sentimiento en los estudiantes.

1. a. Estudia en la biblioteca.
   b. Tiene tres exámenes hoy.
   c. Durmió bien anoche.

2. **a.** Tiene que estudiar, pero su compañero/a de cuarto tiene la radio a todo volumen.
   b. Recibió una carta de una amiga esta mañana.
   c. Va de compras después de clase.
3. **a.** Asiste a clases.
   b. Va a la cafetería a almorzar.
   c. Ganó un millón de dólares en la lotería.
4. **a.** Va a una fiesta con los amigos.
   b. Comió en un buen restaurante anoche.
   c. Sacó una F en un examen.

Actividad C   ¿De buen o mal humor?°

¿De... In a good or bad mood?

Paso 1   Cuando sientes las siguientes emociones, ¿generalmente estás de buen o mal humor?

	...ESTOY DE BUEN HUMOR.	...ESTOY DE MAL HUMOR.
1. Si estoy aburrido/a	❑	❑
2. Si me siento cansado/a	❑	❑
3. Si estoy contento/a	❑	❑
4. Si me siento deprimido/a	❑	❑
5. Si estoy enojado/a (*angry*)	❑	❑
6. Si me siento relajado/a	❑	❑
7. Si me siento avergonzado/a	❑	❑
8. Si me siento orgulloso/a	❑	❑

Paso 2   Ahora compara tus respuestas con las de un compañero (una compañera) de clase.

ASÍ SE DICE

Remember that with conditions and states of being, Spanish uses **estar,** not **ser,** with adjectives.

Estoy aburrido. ¡No tengo nada que hacer!

¿Qué te pasa? ¿Estás triste?

COMUNICACIÓN

Actividad D   ¿Cómo estoy? ¡Adivina!°

Guess!

Paso 1   Trabaja con un compañero (una compañera) de clase. Escucha bien las instrucciones del profesor (de la profesora) y haz la primera parte de esta actividad.

E1	E2
1.	2.
3.	4.

Paso 2   Ahora, dale a tu compañero/a una situación que describe una de las frases que escribiste. Pero antes, lee el modelo.

> MODELO   E1: Mañana tengo dos exámenes difíciles. ¿Cómo estoy?
> E2: Estás nervioso.

El Estudiante 1 debe comenzar la actividad.

¿Te sientes bien?

More on "Reflexive" Verbs

me	siento aburro	nos	sentimos aburrimos
te	sientes aburres	os	sentís aburrís
se	siente aburre	se	sienten aburren
se	siente aburre	se	sienten aburren

—¿Qué te pasa, Luis? Te ves muy mal. **¿Te sientes** bien?

—Ay, Paco... Llegué tarde a mi primera clase y se me olvidó escribir la composición para la clase de inglés. Y al llegar a la clase de matemáticas, supe que íbamos a tener un examen hoy. **¡Me siento** fatal!

—Ah. Sí comprendo. ¡Amigo, te invito a otro café!

You learned in **Lección 5** that verbs like **sentirse** are not "true reflexives" because no one is doing anything to himself or herself. Nonetheless, these verbs require a reflexive pronoun. Here are some other common verbs that are useful for expressing how a person feels and that require reflexive pronouns.

aburrirse	*to get bored*
alegrarse	*to get happy*
cansarse	*to get tired*
enojarse	*to get angry*
irritarse	*to be (get) irritated*
ofenderse	*to be (get) offended*
preocuparse	*to worry, get worried*

Actividad E   ¿Cómo te sientes en estas circunstancias?

Marca cada frase que describe tu propia experiencia. Luego inventa una frase de acuerdo con tu personalidad.

1. Me siento bastante tenso/a...
   - ❑ cuando tengo mucho trabajo.
   - ❑ cuando tengo varios exámenes el mismo día.
   - ❑ cuando necesito dinero y no lo tengo.
   - ❑ al final del semestre/trimestre.
   - ❑ ¿   ?

2. Me pongo enojado/a cuando...
   - ❑ recibo una mala nota.
   - ❑ alguien habla mal de un amigo mío (una amiga mía).
   - ❑ alguien me promete (*promises*) hacer algo pero no lo hace.
   - ❑ alguien me llama por teléfono mientras duermo.
   - ❑ ¿   ?

3. Me siento triste cuando...
   - ❑ llega la época de Navidad.
   - ❑ muere un pariente.
   - ❑ mis amigos no recuerdan mi cumpleaños.
   - ❑ veo un animal muerto (*dead*) en la carretera (*road*).
   - ❑ ¿   ?

4. Me siento muy contento/a cuando...
   - ❑ compro algo nuevo.
   - ❑ me miro en el espejo.
   - ❑ manejo mi automóvil.
   - ❑ veo a mi familia.
   - ❑ ¿   ?

Actividad F   ¿Te aburres fácilmente?

Paso 1   Determina si cada comentario es típico de tu persona o no.

	ES TÍPICO	ES RARO
1. Me aburro fácilmente.	❑	❑
2. Me enojo por cosas pequeñas.	❑	❑
3. Me irrito cuando no duermo lo suficiente.	❑	❑
4. Me preocupo por mi situación económica.	❑	❑
5. Me alegro cuando mis amigos me invitan a una fiesta.	❑	❑
6. Me ofendo cuando la gente fuma.	❑	❑
7. Me canso fácilmente.	❑	❑

Paso 2   Ahora compara tus respuestas con las de un compañero (una compañera). Escribe dos oraciones en las que mencionas una cosa que Uds. tienen en común y una cosa que no tienen en común.

MODELO   Los (Las) dos nos irritamos cuando no dormimos lo suficiente. En cambio, Rick se ofende cuando la gente fuma, pero yo no.

Actividad G   Asociaciones

¿Qué emociones asocias con lo que te rodea (*surrounds you*)? Tu compañero/a de clase va a escoger cuatro elementos (uno de cada categoría) y te va a preguntar sobre la emoción o sentimiento que asocias con cada uno. Luego, tú le vas a hacer preguntas a tu compañero/a.

MODELO   E1: ¿Qué emoción asocias con el color rojo?
         E2: Asocio el color rojo con el enojo (*anger*). (Me siento tensa cuando pienso en el color rojo.)

Colores

amarillo	café	negro
azul	gris (*gray*)	rojo
blanco	morado (*purple*)	verde

Cosas

el chocolate	las computadoras	las novelas
una cita (*date*) con un amigo (una amiga)	el dinero	un objeto de arte
	la lluvia (*rain*)	los regalos (*gifts*)

Ocasiones

mi cumpleaños (*birthday*)	un funeral	los sábados
los exámenes	los lunes	las vacaciones

Personas

mi madre	mi pareja	mi compañero/a de cuarto
mi padre	mi hijo/a	el profesor (la profesora) de _____

ASÍ SE DICE

Remember that **tener** + *noun* may be used to express conditions and states of being. Here are two more examples.

tener celos
to be jealous

tener envidia
to be envious

NOTA
COMUNICATIVA

Just as in English, Spanish uses a variety of expressions to say how one is feeling. Many of the ones used by Spanish-speaking youth are slang expressions.

To express that you're feeling well, great, and so forth, you can use the following sayings.

¡Me va súper bien!	¡No puedo estar mejor!
¡Estoy súper contento!	¡Me siento como un campeón!
¡Estoy, pero, muy bien!	¡Estoy como un rey!

To express negative emotions or states of mind, you can use these expressions.

¡Me siento fatal!	¡Estoy que me tiro del último
¡Estoy que me muero!	piso!
¡No aguanto más!	¡Estoy que mato a cualquiera!
¡No puedo más!	¡Ni me preguntes cómo estoy!

Reacciones

ENFOQUE LÉXICO

¿Cómo se revelan las emociones?

Talking About How People Show Their Feelings

Luis mira una película en la televisión. La película tiene escenas muy variadas.

Un día en la vida de Luis

Durante las escenas cómicas

Durante las escenas románticas

Luis **se ríe.**

Luis se siente avergonzado y **se sonroja** (**se pone rojo**).

Durante una escena de suspenso

Luego, al llegar el final trágico

Luis **se come las uñas** porque **está asustado.**

Luis **llora** porque **está triste.**

Mientras Claudia está en su apartamento, ocurre una escena dramática entre su compañera de cuarto y el novio (ver la página 269).

Claudia está limpiando el apartamento.
Se siente muy contenta y por eso **está silbando.**

Llega su compañera de cuarto con el novio.
Están muy enojados.

Su compañera va directamente al cuarto
y **se encierra.**

«Silvia, háblame.» Silvia **permanece callada** (es decir, no habla, no contesta).

Finalmente cuando se va su novio, Silvia
sale de su dormitorio y comienza a
quejarse de él. «No lo puedo creer. Sólo
quiere hacer lo que él quiere. ¡Es tan egoísta!»

Claudia piensa, «¡Qué cómicos! No cambian.
Siempre la misma historia.»

VOCABULARIO ÚTIL

asustar	to frighten	**tener dolor de cabeza**	to have a headache
contar (ue) un chiste	to tell a joke	**tener miedo**	to be afraid (*Lit.* to have fear)
gritar	to shout		
pasarlo (muy) mal	to have a (very) bad time	**tener vergüenza**	to be ashamed, embarrassed (*Lit.* to have shame)

Actividad A   ¿Por qué?

Tu profesor(a) va a leer las reacciones de algunos estudiantes. Escoge la letra de la actividad que mejor explica por qué esta persona reaccionó de esta manera.

1. **a.** Tiene dolor de cabeza.
   b. Ve a un buen amigo.
   c. Recibió malas noticias.
2. **a.** Recibió un cheque de sus padres.
   b. Descubre que se ganó la lotería.
   c. El dependiente del supermercado no lo trató (*treated*) con respeto.
3. **a.** Se preparó un desayuno saludable.
   b. Ofendió a alguien sin quererlo.
   c. Sabe jugar bien al tenis.
4. **a.** Alguien le contó un chiste.
   b. Ve una escena de horror en la televisión.
   c. Se acostó temprano.

ASÍ SE DICE

In this section you are working with three more verbs that require a reflexive pronoun. Remember that the use of this pronoun does not mean that these verbs are true reflexives! Below is a quick comparison of reflexive **se** (*him/herself*) and non-reflexive **se.** The latter has no exact English equivalent.

REFLEXIVE **SE**	NON-REFLEXIVE **SE**
Juan se admira.	Juan se queja mucho.
John admires himself.	*John complains a lot.*
Luis se baña.	Luis se sonroja fácilmente.
Luis takes a bath/bathes himself.	*Luis blushes easily.*
María se ve en el espejo.	María se ríe sin motivo.
Mary sees herself in the mirror.	*Mary laughs for no reason.*

Actividad B   Definiciones

Fíjate otra vez en (*Note once again*) el nuevo vocabulario que aparece en las páginas 268–269. Da la palabra que corresponde a cada definición.

MODELO   llenarse los ojos de lágrimas (*tears*) → llorar

1. manifestar disgusto o inconformidad con algo o con alguien
2. no decir nada, guardar silencio, no contestar a los demás
3. cambiar de color la cara involuntariamente
4. levantar la voz cuando se está furioso/a
5. entrar en un cuarto y cerrar la puerta para estar solo/a

Lección 10   ¿Cómo te sientes?

Actividad C ¿Con qué frecuencia?

Entrevista a dos compañeros/as de clase para averiguar con qué frecuencia reaccionan a las siguientes situaciones.

1 = a menudo (*often*)   **2** = raras veces   **3** = nunca

	E1			E2		
	1	2	3	1	2	3
1. Cuando estás enojado/a, ¿con qué frecuencia gritas?	❏	❏	❏	❏	❏	❏
2. Cuando te sientes triste, ¿con qué frecuencia lloras?	❏	❏	❏	❏	❏	❏
3. Cuando tienes miedo, ¿con qué frecuencia te comes las uñas?	❏	❏	❏	❏	❏	❏
4. Cuando te sientes avergonzado/a, ¿con qué frecuencia te pones rojo/a?	❏	❏	❏	❏	❏	❏
5. Cuando no estás contento/a, ¿con qué frecuencia te quejas?	❏	❏	❏	❏	❏	❏
6. Cuando te sientes muy enfadado/a, ¿con qué frecuencia te encierras en tu cuarto?	❏	❏	❏	❏	❏	❏

Actividad D ¿Estás de acuerdo?

Paso 1 Di si estás de acuerdo o no con las siguientes opiniones.

	ESTOY DE ACUERDO.	NO ESTOY DE ACUERDO.	DEPENDE.
1. Es bueno gritar si uno está muy enojado.	❏	❏	❏
2. Si uno se siente deprimido, es importante llorar.	❏	❏	❏
3. Es bueno comerse las uñas cuando uno está tenso.	❏	❏	❏
4. Ponerse rojo es vergonzoso (*embarrassing*).	❏	❏	❏
5. Es necesario sonreír (*to smile*) cuando uno conoce a alguien por primera vez.	❏	❏	❏
6. No es malo reírse cuando otra persona se cae (*falls down*).	❏	❏	❏
7. Si alguien lo insulta a uno, es mejor permanecer callado en vez de gritar.	❏	❏	❏
8. Es aceptable silbar en un lugar público, como en un supermercado.	❏	❏	❏

Paso 2   Entrevista a otra persona en la clase para ver si está de acuerdo con tus opiniones. Puedes usar los siguientes modelos.

MODELOS   En tu opinión, ¿es bueno gritar... ?
¿Crees que es bueno gritar... ?

Paso 3   Ahora comparte tus resultados con los otros estudiantes de la clase. ¿Tiene la clase más o menos las mismas opiniones?

ENFOQUE LINGÜÍSTICO

¿Te falta energía?

The Verbs **faltar** and **quedar**

A esta chica chilena **le falta energía.** No tiene ganas de hacer nada.

me		
te		
le		**falta(n)**
le	+	
nos		**queda(n)**
os		
les		
les		

The verbs **faltar** and **quedar** are similar to **gustar** in that they require indirect object pronouns. Remember that **gustar** actually means *to please* or *to be pleasing.*

Me gusta ayudar a otras personas.

Lit. *Helping other people pleases me.*

Faltar actually means *to be absent* or *not to be present.* Like **gustar,** it can be literally rendered in English, but other preferred ways express the same concept.

Me **faltan** cinco dólares.

I'm missing five dollars. (Lit. *Five dollars are absent to me.*)

Me **falta** energía.

I lack energy. (Lit. *Energy is absent to me.*)

Note how you can say that someone is absent from class using **faltar** and that the English equivalent is very close in structure.

Angela **falta** hoy.

Angela is absent today.

The verb **quedar** means *to be remaining.* Like **gustar** and **faltar,** it has literal and preferred English equivalents. Compare the following.

Me **quedan** diez centavos.

I have ten cents left. (Lit. *Ten cents are remaining to me.*)

¿Te **quedan** muchas clases para terminar tu carrera?	*Do you have a lot of classes left to finish your degree?* (Lit. *Are there many classes remaining to you to finish your degree?*)

From the examples above, you may have noticed that **faltar** and **quedar** often appear in third person forms.

Actividad E   Al llegar a la universidad

Paso 1   Piensa en las cosas que les faltan a muchos cuando llegan a la universidad por primera vez. (Si quieres, puedes hablar de las cosas que les faltan a muchos cuando trabajan por primera vez después de graduarse.) Indica lo que piensas.

A muchos estudiantes cuando recién llegan a la universidad...

- ❏ les falta confianza (*confidence*).
- ❏ les falta disciplina.
- ❏ les falta una buena educación secundaria.
- ❏ les falta la habilidad de organizar el tiempo.
- ❏ les falta independencia económica.
- ❏ les falta(n) _____

Paso 2   Ahora piensa en las primeras semanas de tus estudios universitarios (o en las primeras semanas en tu trabajo). ¿Cuál(es) de las siguientes oraciones refleja(n) tu situación?

Cuando recién llegué a la universidad...

- ❏ me faltaba confianza.
- ❏ me faltaba disciplina.
- ❏ me faltaba una buena educación secundaria.
- ❏ me faltaba la habilidad de organizar el tiempo.
- ❏ me faltaba independencia económica.
- ❏ me faltaba(n) _____.

A S Í   S E
D I C E

You have already learned to use **¿Y tú?** to follow up a statement in order to get your partner to talk about him or herself: Yo corro para relajarme. ¿Y tú?

However, you cannot use **¿Y tú?** (**¿Y él? ¿Y Uds.?**, and so forth) with the verbs **faltar, quedar, gustar,** and others. Since these verbs require indirect objects, you must use a phrase with the preposition **a: a mí, a ti, a Ud.** and so forth.

Me falta energía durante el invierno. ¿Y a ti?
Sólo me quedan veinte créditos para terminar la carrera. ¿Y a Ud.?
Me gustan las novelas clásicas. ¿Y a Uds.?

Actividad F   ¿Te queda algo?

Paso 1   Indica lo que es verdad para ti.

1. Al final del mes normalmente...
   - ❑ me queda dinero.
   - ❑ no me queda dinero.
2. Después de estudiar por cuatro horas...
   - ❑ me queda energía.
   - ❑ no me queda energía.
3. Para terminar la carrera universitaria...
   - ❑ me quedan más de 30 créditos.
   - ❑ me quedan menos de 30 créditos.

Paso 2   Ahora busca a una persona en la clase que tenga tres de las mismas respuestas que tienes tú. ¿Puedes encontrar a alguien en menos de cuatro minutos hablando sólo en español? Nota: No te olvides de hacer las preguntas correctamente.

MODELO   Al final del mes, ¿normalmente te queda dinero?

Actividad G   ¿Sabías que... ?

Paso 1   Escucha y lee la selección **¿Sabías que... ?** que aparece en la página 275. Luego contesta las siguientes preguntas.

1. ¿Por qué se llama el malestar «el síndrome *invernal*»?
2. ¿Cuáles son los tres síntomas mayores de este síndrome?
   a. A muchos les falta...
   b. También les falta...
   c. Se consumen más...
3. ¿Cuál parece ser la causa del síndrome?
4. Según la selección, ¿en cuál de los siguientes países esperas encontrar más casos de este síndrome? Explica tu respuesta.
   a. México
   b. Chile
   c. Costa Rica

Paso 2   Busca los usos de **faltar** en el artículo. ¿Puedes indicar cuál es el sujeto del verbo en cada caso? ¿Puedes dar una equivalencia literal en inglés y también una equivalencia más estandard?

Paso 3   Indica si sufres del síndrome invernal o no. Completa lo siguiente con dos o tres oraciones. Luego, compara lo que escribiste con lo que escribieron otros miembros de la clase.

MODELO   Durante el invierno me siento...

Actividad H   La falta de ánimo

La palabra **ánimo** es similar a la palabra **energía.** Así que si uno dice: «Me falta ánimo», quiere decir que a esa persona le falta energía. En esta actividad, vas a trabajar con un compañero (una compañera) para formular un cuestionario que luego vas a dar a otras personas en la clase.

Paso 1 Con otra persona, escriban cinco oraciones a las cuales una persona pueda responder **siempre** (5), **con frecuencia** (4), **a veces** (3), **casi nunca** (2), **nunca** (1). La idea es hacer oraciones que parecen reflejar situaciones típicas para muchas personas. También deben tratar de variar las situaciones.

	5	4	3	2	1
MODELO Me falta ánimo después de tomar un examen.	❏	❏	❏	❏	❏
1. _____	❏	❏	❏	❏	❏
2. _____	❏	❏	❏	❏	❏
3. _____	❏	❏	❏	❏	❏
4. _____	❏	❏	❏	❏	❏
5. _____	❏	❏	❏	❏	❏

Paso 2 Ahora, dale el cuestionario a otra persona. ¿Funciona bien el cuestionario? ¿Necesitas hacer alguna modificación?

Paso 3 (Optativo) Alguien debe escribir su cuestionario en la pizarra. Luego, otras personas deben añadir otras oraciones, todas diferentes, con el propósito de hacer un cuestionario grande de diez a doce oraciones que refleje varias situaciones. Luego, si hay tiempo, deben entrevistar a varias personas fuera de clase (en inglés si es necesario) y presentar los resultados en la próxima clase.

¿SABÍAS QUE...

... existe algo llamado «el síndrome invernal»? El síndrome invernal se refiere al estado general de depresión en que se encuentran muchas personas durante el invierno. Según estudios psicológicos, los síntomas comienzan a aparecer a finales de otoño. ¿Cuáles son los síntomas? Primero, a muchos les falta energía. Les entra cierto letargo difícil de quitar. Segundo, les falta la habilidad de concentrarse en el trabajo y en los estudios. También se reporta que durante esta época, se consumen más drogas y bebidas alcohólicas que durante los demás meses del año. En fin, el síndrome produce cierto tipo de depresión en sus víctimas. Este síndrome es bastante conocido en Europa, y los países nórdicos son especialmente afectados. También se reporta su existencia en España, aunque no en grado tan alto como en los otros países mencionados.

¿Cuál es la causa del síndrome? Según los científicos, es la falta de luz. Como todos sabemos, el invierno no es solamente una época más fría sino también más oscura.[a] Hay menos luz solar y parece que es esta falta de luz lo que estimula la ocurrencia del síndrome en muchas personas.

—————————————
[a]*dark*

Para sentirte bien

¿Qué haces para sentirte bien?

Talking About Leisure Activities

Para sentirse bien Claudia participa en actividades físicas.

Hace ejercicios aeróbicos.

Levanta pesas.

Nada.

Juega al basquetbol.

Camina.

Juega al tenis.

También le gusta hacer otras cosas que la relajan.

Sale con los amigos.

Va al cine.

Va de compras.

Cuando se siente tenso, Luis, al igual que Claudia, hace actividades físicas como practicar deportes.

Corre.

Juega al fútbol.

Juega al béisbol.

Juega al boliche.

A veces se dedica a actividades artísticas en su casa.

Pinta.

Toca la guitarra.

Canta.

Actividad A Categorías

Paso 1 Tu profesor(a) va a leer una lista de actividades. Escribe cada actividad en la categoría apropiada.

SE PUEDE PRACTICAR A SOLAS (*ALONE*).	SE REQUIEREN DOS O MÁS PERSONAS.

Paso 2 Haz lo que hiciste en el **Paso 1,** pero con otras categorías.

SE REQUIERE UNA HABILIDAD ESPECIAL.	NO SE REQUIERE NINGUNA HABILIDAD.

Paso 3 Compara las respuestas que diste en los **Pasos 1** y **2** con las de un compañero (una compañera) de clase. ¿Están totalmente de acuerdo? ¿En qué actividades no están Uds. de acuerdo?

Actividad B Asociaciones

Tu profesor(a) va a leer varias actividades. Empareja los elementos de la siguiente lista con cada actividad.

1. _____ las raquetas
2. _____ los músculos
3. _____ las tarjetas de crédito
4. _____ el agua
5. _____ Pablo Picasso
6. _____ la Serie Mundial
7. _____ el Campeonato Mundial (*World Cup*)
8. _____ el violín

Actividad C ¿Qué actividad?

El profesor (La profesora) va a leer una lista de actividades. Di cuáles están relacionadas con las siguientes descripciones.

1. _____ Para hacer esto, se necesitan zapatos (*shoes*) especiales.
2. _____ Para practicar esta actividad, se necesitan dos equipos de nueve personas cada uno. Se dice que este deporte es el típico pasatiempo de los Estados Unidos.
3. _____ Para hacer esto, hay que decidir primero si se quiere ver una película romántica, cómica, de suspenso o de acción.

4. ____ Para hacer esto, es mejor tener inclinaciones artísticas.

5. ____ Esta actividad es más popular en el verano que en el invierno.

Actividad D ¿Qué les recomiendas?

Paso 1 Las siguientes personas quieren hacer algo, pero no saben exactamente qué. Según lo que dicen, sugiéreles por lo menos una actividad.

> MODELO Me siento triste hoy. Quiero hacer algo para animarme
> (*cheer me up*). No quiero estar solo. →
> Puedes jugar al boliche o al basquetbol con alguien.

1. Estoy muy tenso. Mañana es sábado y necesito hacer ejercicio, pero nada que requiera mucho esfuerzo físico.

2. No soy una persona activa. Prefiero hacer cosas intelectuales o artísticas.

3. Estoy bastante cansada. No quiero salir de casa, pero necesito hacer algo para relajarme.

4. Quiero hacer alguna actividad física pero hoy hace mal tiempo. Quiero hacer algo sin tener que salir al aire libre (*outside*).

5. Cuando me siento muy tenso, me encanta participar en cualquier deporte que requiera mucha energía y que sea competitivo.

Paso 2 Ahora inventa dos situaciones como las que aparecen en el **Paso 1.** Luego preséntaselas a otras dos personas. ¿Qué recomendaciones te dan? ¿Cuál es tu reacción personal? ¿Te gusta cada sugerencia?

¿Qué hacías de niño/a para sentirte bien?

Using the Imperfect for Habitual Events: A Review

ENFOQUE LINGÜÍSTICO

Para sentirse bien, Claudia **jugaba** con los muñecos. Ahora le encanta jugar al tenis.

(yo)	pintaba	(nosotros/as)	pintábamos
	corría		corríamos
	salía		salíamos
(tú)	pintabas	(vosotros/as)	pintabais
	corrías		corríais
	salías		salíais
(Ud.)	pintaba	(Uds.)	pintaban
	corría		corrían
	salía		salían
(él/ella)	pintaba	(ellos/ellas)	pintaban
	corría		corrían
	salía		salían

In **Lección 6** you learned that the imperfect can be used to talk about events that occurred repeatedly in the past. Such habitual events in the past, often translated into English as *used to + verb* or *would + verb*, are rendered in Spanish with a single verb.

Luis **se aburría** en la escuela secundaria.	*Luis would get bored (used to get bored) in high school.*
¿Qué **hacías** de niño para sentirte bien?	*What did you do (used to do) as a child to feel well?*

Remember that imperfect verb forms do not have stem vowel changes or repeat any irregularities from either the present or the preterite tense. However, the following verbs are irregular in the imperfect.

ir	iba, ibas, iba, iba, íbamos, íbais, iban, iban
ser	era, eras, era, era, éramos, erais, eran, eran

Actividad E   Luis: Antes y ahora

Paso 1   Empareja las frases de la columna A con las de la columna B para expresar lo que Luis hacía antes y lo que hace ahora.

A	B
1. _____ Cuando se ponía triste...	**a.** nadaba.
2. _____ Cuando quiere relajarse...	**b.** se encierra en su cuarto.
3. _____ Cuando estaba con sus amigos y hacía buen tiempo...	**c.** hablaba con su mamá.
	d. pinta o hace otra actividad artística.
4. _____ Cuando le faltaba energía...	**e.** se comía las uñas (¡todavía lo hace!).
5. _____ Cuando quiere estar solo...	**f.** le encantaba comer chocolate pero ahora prefiere hacer alguna actividad física para animarse.
6. _____ Cuando se ponía nervioso...	

Paso 2   Entre las actividades que Luis hacía antes en el **Paso 1,** escoge una que tú no hacías, y entre las actividades que hace él ahora, escoge una que tú tampoco/también haces. Ahora, escribe un párrafo con ellas según el modelo.

MODELO   Antes, cuando Luis se ponía triste, hablaba con su mamá. A diferencia de Luis, yo hablaba con mi papá. Ahora, cuando Luis quiere estar solo se encierra en su cuarto; yo también.

Actividad F   ¿Qué hacías y qué haces para sentirte mejor?

Paso 1   Completa las siguientes oraciones con detalles de tu vida.

DE ADOLESCENTE	AHORA
1. Cuando me enojaba con mis amigos...	Cuando me enojo con mis amigos...
2. Cuando me faltaba dinero...	Cuando me falta dinero...
3. Cuando me sentía tenso/a...	Cuando me siento tenso/a...
4. Cuando estaba muy alegre (*happy*)...	Cuando estoy muy alegre...
5. Cuando lo pasaba muy mal...	Cuando lo paso muy mal...

Paso 2   Trabaja con un compañero (una compañera) de clase. Sin leerle la primera parte de la oración, léele una de las frases que tú escribiste. Él/Ella tiene que determinar a qué pregunta te refieres.

MODELO   E1: ...escuchaba música sentimental en mi cuarto.
E2: ¿Escuchabas música sentimental cuando lo pasabas mal?
E1: ¡Exacto!

Actividad G   Los hispanos hablan

Paso 1   Lee la selección **Los hispanos hablan** que aparece en la página 282. Luego contesta las siguientes preguntas.

1. ¿Quién menciona algo que hizo en el pasado, Catalina o Martín?
2. ¿Cuáles son los posibles beneficios de la natación?

Paso 2   Ahora escucha lo que dicen los dos estudiantes. Después, contesta las preguntas que siguen.

1. ¿Qué deporte practicaba Catalina en el colegio?
2. Catalina dice que ahora le falta _____.
3. ¿Qué hace ahora?
   a. _____
   b. _____
4. Escribe las razones que menciona Martín para practicar la natación.
   a. _____
   b. _____

Paso 3   ¿Quién hace ejercicios por el bienestar emocional, Catalina o Martín?

Actividad H   ¿Cómo se sentían?

Se sabe que en este siglo muchas personas viven bajo muchas tensiones. Pero, ¿tenía la gente de otras épocas más tensiones que la gente de hoy?

Paso 1   Con un compañero (una compañera), piensen en la vida de los seres prehistóricos o primitivos. Escojan una de las siguientes oraciones. Los seres primitivos...

a. ❑ llevaban (*led*) una vida tranquila. No vivían tan tensos como la gente de hoy.
b. ❑ tenían muchas preocupaciones. Sentían las presiones propias de (*belonging to*) su época.

Actividad A Los alimentos y el estado de ánimo

Paso 1 ¿Crees que existe relación entre lo que comes y cómo te sientes? Indica los alimentos que tú crees que afectan tu estado de ánimo y cómo te afectan.

MODELO   Cuando consumo _____, me pongo _____ (No me afecta[n].)

	ENÉRGICO/A	TENSO/A	DISTRAÍDO/A	NO ME AFECTA(N).
a. bistec	☐	☐	☐	☐
b. huevos	☐	☐	☐	☐
c. pastas alimenticias	☐	☐	☐	☐

Paso 2 Ahora lee el artículo «Los alimentos y el estado de ánimo». Luego, contesta las preguntas según el artículo.

	CIERTO	FALSO
1. Si me falta energía durante el día, debo comer un plato de pastas alimenticias.	☐	☐
2. Si me falta la concentración, debo comer un bistec.	☐	☐

Paso 3 Compara tus respuestas del **Paso 1** con la información en el artículo. Escoge la respuesta que mejor representa tu punto de vista.

a. ☐ No hay relación alguna entre los alimentos y el estado de ánimo.

b. ☐ Hay relación entre los alimentos y el estado de ánimo, y mis experiencias con las proteínas y los carbohidratos confirman las mencionadas en el artículo.

c. ☐ Creo que sí hay relación, pero mis experiencias son diferentes.

LOS ALIMENTOS Y EL ESTADO DE ANIMO

¿Ha notado usted cómo influye el estado de ánimo en las actividades normales de cada día? Es seguro que más de una vez se ha sentido tensa e irritada sin causa aparente, o simplemente incapaz de concentrarse en las tareas que por lo regular realiza sin esfuerzo alguno. Tal vez desconozca, sin embargo, que muchas veces los estados de ánimo están directamente relacionados con la alimentación, y que basta tomar determinados alimentos para modificarlos. Esto no quiere decir, por supuesto, que pueda prescindir de una dieta balanceada, pero sí que existe una cierta "estrategia" en relación con los alimentos, y que saber utilizarla apropiadamente la ayudará a regular con más eficacia sus actividades de cada día.

Los alimentos ricos en proteína, solos o acompañados de carbohidratos, aumentan la energía y hacen que se piense y se actúe con más rapidez.

Los carbohidratos solos en cambio igual efecto tienen que un calmante: alivian la tensión y relajan los nervios.

Actividad B   Los estados de ánimo y el arte

Muchos opinan que existe relación entre los estados de ánimo y la dieta. Pero, ¿existe alguna relación entre los estados de ánimo y el arte? El pintor español Francisco de Goya (1746–1828) es un buen ejemplo de un artista cuyas obras demuestran los cambios emocionales que experimentó en su vida. Sus primeras obras representan escenas populares, tranquilas y llenas de luz y color. Reflejan una época de la vida de Goya en la cual él se sentía contento.

Más tarde, en los últimos años de su vida, cuando tenía más de 70 años, Goya no era feliz (*happy*). Las pinturas de esta época reflejan una actitud negativa y un profundo escepticismo. Es fácil ver en ellas que el pintor estaba triste, desilusionado y angustiado.

Paso 1   Mira los cuadros que aparecen a continuación y en la página 288. ¿Cuáles representan un estado de contento? ¿Cuáles representan un estado de angustia? Comenta las diferencias con un compañero (una compañera).

Paso 2   Con tu compañero/a, comenten el significado y el simbolismo que ven en los cuadros.

Paso 3 (Optativo)   ¡Ahora tú y tu compañero/a son pintores! Hagan un dibujo que represente cómo se sienten Uds. hoy.

El pelele, 1791–1792

La merienda a orillas del Manzanares, 1776

Dos viejos comiendo sopa (fecha desconocida)

Saturno devorando a su hijo,
1820–1824

Actividad C   «Sorpresa°»   *Surprise*

En el poema «Sorpresa», el famoso poeta español Federico García Lorca (1898–1936) se refiere a un hombre encontrado muerto (*found dead*) en la calle muy temprano por la mañana.

Paso 1   Lee el poema y luego contesta estas preguntas.

1. ¿Cómo es el tono del poema?
   ❏ cómico   ❏ irónico   ❏ triste
2. En el poema se repite dos veces la frase «no lo conocía nadie».
   a. ¿En qué tiempo verbal está el verbo **conocía**?
      ❏ el   ❏ el   ❏ el
      presente   pretérito   imperfecto
   b. ¿Qué significa «no lo conocía nadie»?
      ❏ *He didn't know*   ❏ *No one knew*
      anyone.   *him.*

Paso 2   Escoge la respuesta que mejor describe tu reacción personal.

Al leer el poema...
   ❏ me siento triste.
   ❏ siento horror.
   ❏ no me impresiona mucho.

Sorpresa

Muerto se quedó en la calle
con un puñal en el pecho.ª
No lo conocía nadie.
¡Cómo temblaba el farol!ᵇ
5 Madre.
¡Cómo temblaba el farolito
de la calle!
Era madrugada.ᶜ Nadie
pudo asomarseᵈ a sus ojos
10 abiertos al duro aire.ᵉ
Que muerto se quedó en la calle,
que con un puñal en el pecho
y que no lo conocía nadie.

ªpuñal... *dagger in his chest*   ᵇ¡Cómo... *How the streetlight trembled!*
ᶜ*early morning*   ᵈ*lean (into, toward)*   ᵉabiertos... *open to the harsh air*

11

¿CÓMO TE RELAJAS?

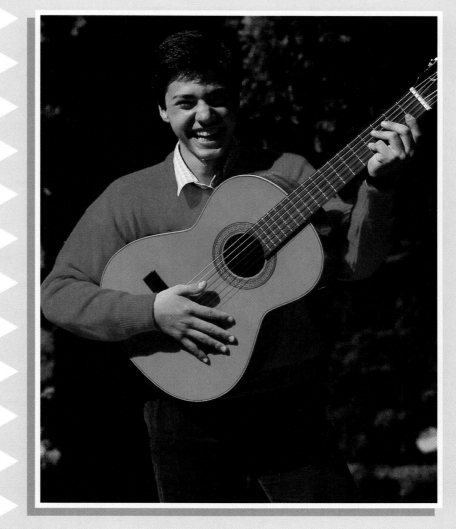

¿

Qué actividades te hacen sentirte bien? En esta lección vas a examinar este tema un poco más y también vas a

■ hablar de actividades y lugares que se asocian con relajarse

■ repasar el pretérito y aprender nuevas formas

■ aprender a narrar una historia en el pasado, usando el pretérito y el imperfecto

■ examinar los beneficios de la risa y varias diferencias culturales entre los Estados Unidos y el mundo hispánico con respecto al humor

289

Look over the **Intercambio** activity on page 307. This is the activity you will be working toward throughout this lesson.

El tiempo libre

¿Qué haces para relajarte?

More Activities for Talking About Relaxation

Para relajarse las siguientes personas practican deportes.

Juegan al golf,

al voleibol y...

también **saltan la cuerda.**

Para relajarse las siguientes personas...

esquían en las montañas o...

esquían en el agua.

A esta persona le gusta...

andar en bicicleta y...

patinar.

A esta persona le gusta...   A este chico le gusta...

dibujar y también...   **trabajar en el jardín.**   **meditar** o...   **bañarse en un jacuzzi.**

Actividad A   ¿Qué actividad es?

Escoge la actividad que describe tu profesor(a).

1. **a.** esquiar en el agua   **b.** esquiar en las montañas
   c. jugar al golf
2. **a.** jugar al tenis   **b.** dibujar   **c.** jugar al voleibol
3. **a.** trabajar en el jardín   **b.** jugar al tenis   **c.** saltar la cuerda
4. **a.** esquiar en el agua   **b.** dibujar   **c.** patinar
5. **a.** saltar la cuerda   **b.** trabajar en el jardín   **c.** jugar al golf
6. **a.** meditar   **b.** bañarse en un jacuzzi   **c.** andar en bicicleta

Actividad B   Actividades apropiadas

Usando la lista de actividades que se da en el **Enfoque léxico,** ¿qué
actividad *no* le recomiendas a cada una de las siguientes personas?

1. a alguien que sufre (*suffers*) de artritis
2. a alguien que tiene problemas cardíacos
3. a alguien a quien le gusta vivir una vida solitaria
4. a alguien que no sabe nadar
5. a alguien que pierde (*loses*) el equilibrio fácilmente
6. a alguien a quien no le gusta sudar (*sweat*)

COMUNICACIÓN

Actividad C   Firma aquí, por favor

Paso 1   Busca a personas en la clase que den (*give*) respuestas afirmati-
vas a tus preguntas.

1. ¿Patinas con frecuencia?
2. ¿Andas mucho en bicicleta?
3. ¿Te gusta trabajar en el jardín?
4. ¿Dibujas bien?
5. ¿Juega al golf tu mamá?
6. ¿Medita alguien en tu familia?
7. ¿Te molesta sudar?

Paso 2   Comparte los resultados con el resto de la clase.

¿Adónde vas para relajarte?

Talking About Places and
Related Leisure Activities

A estas personas les gusta hacer algo en el agua para relajarse. Por ejemplo...

pescan en el **río,**

navegan en un barco en el **lago** y...

bucean en el **mar (océano).**

Estas personas prefieren...

escalar montañas o...

hacer camping (acampar) en el **bosque.**

Estas personas se relajan cuando...

dan un paseo por el **desierto** o...

tienen un picnic en el **parque.**

292   doscientos noventa y dos   Lección 11   ¿Cómo te relajas?

Y estas personas se sienten más relajadas si hacen algo en la ciudad, por ejemplo, cuando...

visitan una exposición en el **museo** o...

conversan con los amigos en un café.

Actividad D   ¿Dónde se hace?

Escoge el lugar que se asocia con la actividad que describe tu profesor(a).

1. a. el lago	**b.** el café	**c.** las montañas
2. a. el bosque	**b.** el río	**c.** el museo
3. a. el museo	**b.** el mar	**c.** el parque
4. a. el desierto	**b.** el bosque	**c.** el café
5. a. el museo	**b.** el lago	**c.** el gimnasio

Actividad E   ¿Cierto o falso?

Paso 1   En grupos de dos, una persona va a leerle las siguientes oraciones a un compañero (una compañera). La persona que escucha las oraciones debe determinar si cada oración es cierta o falsa. Esta persona también debe cerrar (*close*) su libro.

1. Bucear es una actividad con que se asocia el desierto.
2. Se considera el acto de visitar un museo como una actividad cultural.
3. Es importante saber nadar si vas a navegar en un barco.
4. Escalar montañas es una actividad apropiada para la persona aventurera.

Paso 2   Ahora, cambien los papeles (*switch roles*) y continúen este **Paso** con las mismas instrucciones del **Paso 1.**

1. Se considera conversar en un café como una actividad física.
2. A muchas personas que tienen un picnic les molestan los insectos.
3. Pescar es una actividad apropiada para el individuo obsesionado con hacer ejercicio.
4. Esquiar en las montañas es una actividad con que se asocia el invierno.

Paso 3   Ahora los (las) dos pueden leer todas las oraciones. ¿Las contestaron bien todas?

Actividad F ¿Qué otras actividades?

Paso 1 Usando las actividades mencionadas en las dos secciones del **Enfoque léxico** de esta lección y otras lecciones anteriores, escribe cinco actividades para cada categoría.

1. Actividades acuáticas
2. Actividades artísticas o culturales
3. Actividades sociales
4. Actividades al aire libre (*outdoors*)
5. Otras actividades

Paso 2 Compara lo que escribiste con lo que escribió un compañero (una compañera) de clase. ¿Qué escribieron como otras actividades?

Paso 3 Ahora, toda la clase va a pensar en las actividades que ayudan a aliviar la tensión y a relajarse y que se pueden incluir en la categoría **Otras actividades.** No deben ser actividades físicas. ¿Cuántas más pueden añadir (*add*)?

Actividad G ¿Sabías que... ?

Paso 1 Escucha y lee le selección **¿Sabías que... ?** que aparece en la página 295. Luego haz lo siguiente.

1. Indica si esperas encontrar lo siguiente en una universidad hispana.
   a. un gimnasio grande y bien equipado
   b. un equipo de fútbol
   c. estadios grandes donde se celebran competencias por campeonatos
   d. clases de ejercicio aeróbico
2. Explica con tus propias palabras por qué muchos atletas vienen de otros países a los Estados Unidos para entrenarse.

Paso 2 Haz una encuesta entre cinco estudiantes de la clase. Escribe el número que indica cómo contestan tus compañeros las siguientes preguntas.

1. ¿Es muy importante para ti tener acceso a un gimnasio y a los deportes?
   Número de los que dicen...
   Sí _____
   No _____
2. ¿Usas las instalaciones deportivas de la universidad? Número de los que dicen...
   con frecuencia _____
   de vez en cuando _____
   nunca _____

El festival anual de bicicleta en Madrid, España

...por lo general hay mucho más interés por los deportes en las universidades norteamericanas que en las universidades de los países hispanos? Aunque en Hispanoamérica y en España los centros universitarios tienen instalaciones deportivas, éstas no son tan grandes ni tan bien equipadas como las instalaciones deportivas en los Estados Unidos. Las universidades hispanas, por lo general, mantienen equipos sólo cuando se trata de los deportes más populares, como el fútbol, el basquetbol, el béisbol y el voleibol. Los campeonatos[a] entre las ligas universitarias no reciben tanta atención como en los Estados Unidos. Por eso, muchos atletas extranjeros vienen a los Estados Unidos para entrenarse[b] porque en este país encuentran mejores instalaciones deportivas para el entrenamiento de cualquier deporte.

El fútbol es uno de los deportes más populares en México y en otros países hispanos.

_____

[a]*championships*   [b]*to practice, train*

COMUNICACIÓN

Actividad H   Para relajarme...

Paso 1   En tres minutos, haz una lista de por lo menos cuatro de las actividades que escribiste en la **Actividad F** que más te gustan. Puede ser algo que haces con frecuencia o sólo de vez en cuando.

MODELO   Para relajarme me gusta nadar en el mar (pescar, navegar en un barco, etcétera).

Paso 2   Compara tus respuestas con las de un compañero (una compañera). Indica las preferencias que los (las) dos tienen en común.

Paso 3   Mira la lista que escribiste en el **Paso 1.** Escoge tres de esas actividades y explica cómo cada una de ellas ayuda a relajarte. Menciona el lugar donde te gusta hacer la actividad y cuáles son sus beneficios. ¿Son físicos? ¿emocionales? ¿sociales? ¿económicos? (¿Cuesta mucho dinero? ¿poco dinero? ¿Es gratis [*free*]?)

Preguntas

1. ¿Dónde haces la actividad?
2. ¿Cuáles son sus beneficios...
   a. físicos?
   b. emocionales?
   c. sociales?
   d. económicos?

MODELO   Me gusta nadar en el mar. Nadar es una buena actividad porque da beneficios físicos. También es económico porque es gratis.

Paso 4   Divídanse en grupos de tres o cuatro personas. Una persona va a contestar las preguntas que le hacen los otros del grupo.

íDEAS PARA EXPLORAR

En el pasado

¿Qué hicieron el fin de semana pasado para relajarse?

More Leisure Activities in the Past (Preterite) Tense

ENFOQUE LÉXICO

Los chicos **jugaron a los naipes** el domingo pasado.

	DOS CHICOS...	UNA FAMILIA...	DOS CHICAS...
el sábado pasado	corrieron en el parque y fueron al supermercado porque más tarde **dieron una fiesta** en su apartamento.	meditó, jugó al voleibol por la tarde y se bañó en el jacuzzi.	patinaron por la mañana, **fueron de compras** por la tarde y tocaron la guitarra y cantaron hasta muy tarde.

	LOS CHICOS...	LA FAMILIA...	LAS CHICAS...
el domingo pasado	fueron a la iglesia, levantaron pesas en el gimnasio y después **jugaron a los naipes.**	trabajó en el jardín, anduvo en bicicleta y leyó.	pescaron en el río, jugaron al tenis y **fueron al teatro.**

VOCABULARIO ÚTIL

Repaso		hace + (*time*)	(*time*) ago
anoche	last night	hace unos años	a few years ago
ayer	yesterday	hace varios meses	several months ago
ayer por la mañana (tarde, noche)	yesterday morning (afternoon, evening)	el sábado (domingo) pasado	last Saturday (Sunday)
el fin de semana pasado	last weekend		

Actividad A   ¿Quién lo hizo?

Mira las descripciones en la página 296. Luego escucha la descripción que da tu profesor(a) e indica quién hizo cada actividad.

a = los chicos
b = la familia
c = las chicas

1. ____   **2.** ____   **3.** ____   **4.** ____   **5.** ____   **6.** ____   **7.** ____   **8.** ____

Actividad B   ¿Qué hicieron?

Paso 1   A continuación hay una lista completa de todas las actividades que hicieron los chicos el sábado pasado (página 296). ¿En qué orden hicieron las siguientes cosas probablemente? (**1** = la primera cosa que hicieron y **8** = la última cosa que hicieron)

_____ Se acostaron a las dos de la mañana.
_____ Compraron muchas comidas y bebidas.
_____ Sirvieron cosas de beber y comer.
_____ Limpiaron el apartamento antes de acostarse.
_____ Se levantaron relativamente temprano.
_____ Corrieron en el parque por la mañana.
_____ Prepararon varias meriendas para los invitados.
_____ Manejaron al supermercado.

Paso 2   Compara tu lista con la de un compañero (una compañera). ¿Están Uds. de acuerdo?

COMUNICACIÓN

Actividad C   ¿Quiénes hicieron estas actividades?

Paso 1   Piensa en dos personas famosas (por ejemplo, el presidente y la primera dama; una pareja o un matrimonio de algún programa de televisión). Piensa en lo que estas personas probablemente hicieron el fin de semana pasado.

Vocabulario útil

bebieron...	recibieron una llamada de...
cenaron...	se acostaron...
durmieron (bien, mal)	se relajaron...
fueron a...	tuvieron una visita de...
hablaron con (una persona)	vieron a (una persona)
leyeron...	volvieron...

Paso 2   Usando las frases de arriba u otras, si prefieres, describe por lo menos cinco cosas que estas personas posiblemente hicieron el fin de semana pasado. ¡Pero no menciones los nombres de las personas en tu descripción!

Paso 3   Ahora divídanse en grupos de tres o cuatro. Una persona va a leer lo que escribió en el **Paso 2,** y el resto del grupo tiene que identificar a las personas famosas.

¿Y qué hiciste tú para relajarte?

Preterite Tense: Review of Forms and Uses

(yo)	**me relajé** **comí** **dormí** **fui** **hice**	(nosotros/as)	-amos, -imos (*reg.*)
(tú)	**te relajaste** **comiste** **dormiste** **fuiste** **hiciste**	(vosotros/as)	-asteis, -isteis (*reg.*)
(Ud.)	-ó, -ió (*reg.*)	(Uds.)	-aron, -ieron (*reg.*)
(él/ella)	-ó, -ió (*reg.*)	(ellos/ellas)	-aron, -ieron (*reg.*)

ASÍ SE DICE

Do you remember that first person singular (**yo**) forms in the preterite experience spelling changes with verbs like **sacar, llegar** and **empezar**? Verbs whose infinitives end in **-car, -gar** or **-zar** have the following changes.

-car → -qué
sacar → saqué; buscar → busqué

-gar → -gué
llegar → llegué; jugar → jugué

-zar → -cé
empezar → empecé; almorzar → almorcé

—¿Qué **hiciste** para relajarte el fin de semana pasado?
—Pues, **pasé** casi todo el fin de semana en casa: **lavé** la ropa, **leí** mucho y **dormí** como un ángel.

In the next set of activities you will use mostly **yo** and **tú** forms. Your goal should be to be able to talk about what you did in the past as well as to ask someone else about his or her past activities.

Remember that regular preterite **yo** forms have an accented **-é** or **-í** in the ending and that **tú** forms end in **-aste** or **-iste.** Verbs that have one syllable in the **yo** form do not take written accents.

me acosté tarde	**te acostaste** tarde
me quedé en casa	**te quedaste** en casa
dormí mucho	**dormiste** mucho
escribí la tarea	**escribiste** la tarea
vi la televisión	**viste** la televisión

ASÍ SE DICE

Remember that **dar** is a unique **-ar** verb in Spanish: it takes **-er/-ir** endings in the preterite!

di	dimos
diste	disteis
dio	dieron
dio	dieron

A number of common verbs have irregular stems in the preterite and do not have a stressed ending.

andar   **Anduve** en bici. ¿**Anduviste** en bici?
estar   **Estuve** todo el día en casa. ¿Dónde **estuviste** tú?

hacer	**No hice** nada. ¿Qué **hiciste** tú?
ir	**Fui** al cine. ¿Adónde **fuiste** tú?
poder	**No pude** relajarme. ¿**Pudiste** relajarte?
tener	**Tuve** un sueño. ¿**Tuviste** un sueño?
venir	**Vine** temprano. ¿A qué hora **viniste**?

Actividad D   ¿Qué hice yo?

Lee cada descripción y determina cuál es la respuesta más lógica.

1. El viernes por la tarde fui al gimnasio y allí...
   a. vi la televisión.
   b. levanté pesas.
   c. fui al museo.
2. El sábado por la tarde compré algo nuevo cuando...
   a. fui de compras.
   b. hice ejercicio aeróbico.
   c. acampé en las montañas.
3. El sábado por la noche salí con mis amigos y me sorprendí cuando...
   a. vi a mi ex novio/a.
   b. volví tarde a mi casa.
   c. saqué una buena nota en el examen de física.
4. El fin de semana pasado terminé toda la tarea porque me quedé en casa y...
   a. bailé como un loco (una loca) en varias discotecas.
   b. pasé mucho tiempo trabajando con la computadora.
   c. conversé con muchos amigos a larga distancia.
5. Como soy fanático/a de las actividades acuáticas, fui al mar donde...
   a. escalé una montaña.
   b. corrí dos millas.
   c. nadé.
6. Me puse triste cuando supe que...
   a. la hija de una amiga sufrió (*suffered*) un accidente automovilístico.
   b. mis amigos se rieron mucho en el cine.
   c. un niño gritó en el supermercado.

Actividad E   El fin de semana pasado

Lee la lista de actividades a continuación. Marca cada actividad que hiciste. Si no la hiciste, sustitúyela por (*replace it with*) otra actividad.

MODELO   El fin de semana pasado...

		SÍ	NO
a.	fui al cine. _____	☑	❑
b.	corrí. *No corrí. Levanté pesas.*	❑	☑

El fin de semana pasado...		SÍ	NO
a.	hice ejercicio aeróbico. _____	❑	❑

			SÍ	NO
b.	di una fiesta.	_____	❑	❑
c.	me quedé en casa.	_____	❑	❑
d.	jugué a los naipes.	_____	❑	❑
e.	dibujé.	_____	❑	❑
f.	anduve en bicicleta.	_____	❑	❑

COMUNICACIÓN

Actividad F   ¿Dices la verdad o mientes?

Paso 1   Haz dos descripciones de tus actividades, reales o inventadas, del fin de semana pasado. Puedes usar las expresiones de la siguiente lista en tu narración.

primero   por fin
luego/entonces   finalmente
más tarde

MODELO   El sábado pasado me levanté temprano, fui al gimnasio y allí corrí y nadé. Después fui de compras con un amigo. Finalmente fui al cine y vi una película fabulosa.

Paso 2   Divídanse en grupos de tres o cuatro. Una persona del grupo va a leer su descripción, y los otros del grupo tienen que determinar si las actividades descritas (*described*) son reales o inventadas. La persona que más les toma el pelo (*pulls their leg*) a sus compañeros, ¡gana!

¡IDEAS PARA EXPLORAR

La buena risa

ENFOQUE LINGÜÍSTICO

¿Qué hacías que causó tanta risa?

Narrating in the Past: Using Both Preterite and Imperfect

—Una vez un hombre **entró** a un bar. No **conocía** a nadie y **no tenía** dinero para...
—Ya lo **oí**, Luis. Ese chiste es película vista...

PRETÉRITO	IMPERFECTO
Cuando mi mamá **llamó,**...	...yo **meditaba.** No **hacía** buen tiempo. **Llovía** y no **quería** salir de mi casa.
Ayer **fui** al gimnasio. **Levanté** pesas y luego **corrí** dos millas.	Mientras yo **hacía** ejercicio, mi compañera de cuarto **trabajaba** en el jardín.

As you know, there are two past tenses in Spanish: the preterite and the imperfect. Both tenses are needed and are used in combination when narrating events in the past because Spanish encodes what is called *aspect*. Aspect refers not to when an event happened, but to whether or not the event was in progress at the time referred to. As such, the use of the preterite and imperfect depends on how a narration unfolds and what relationship each event has to a time reference in the past.

Of the two, the imperfect signals that an event is being reported in progress at a specific point in time in the past. The point in time can be given as clock time (At 2:00 . . .) or it can be another event (When Daniel arrived . . .).

TIME REFERENCE	EVENT IN PROGRESS
A las 2.00 de la tarde...	todavía **dormía.**
At 2:00 in the afternooon . . .	*I was still sleeping.*
Cuando Daniel **llegó,**...	yo **estudiaba.**
When Daniel arrived, . . .	*I was studying.*

Because the imperfect means "in progress" it can be used to contrast two events occurring simultaneously. Typically, the word **mientras** (*while*) is used to connect these events.

IN PROGRESS	IN PROGRESS
Mientras yo **dormía,**...	mi compañero de cuarto **leía.**
While I was sleeping, . . .	*my roommate was reading.*
Mientras mi mamá **hablaba,**...	yo la **escuchaba** con atención.
While my mom was speaking, . . .	*I was listening to her carefully.*
¿Qué **hacías**...	mientras él **trabajaba?**
What were you doing . . .	*while he was working?*

The preterite does not signal events in progress but is used instead to refer to isolated events in the past, sequences of events, or to pinpoint a time in the past to which other events relate.

ISOLATED EVENT IN THE PAST	
Anoche **me quedé** en casa.	*Last night I stayed home.*
SEQUENCE OF EVENTS	
Ayer **jugué** al tenis y luego **me bañé** en el jacuzzi.	*Yesterday I played tennis and then I sat in the jacuzzi.*

CONSEJO PRÁCTICO

Acquiring the use of preterite and imperfect to narrate in the past takes time and much exposure to Spanish. For most learners of Spanish, the functions of the imperfect present the greatest challenge. One strategy to help your acquisition of these past tenses is to concentrate when reading on how the imperfect is used. Verify for yourself that the event expressed by the imperfect was in progress at the time another event took place and identify this latter point of reference.

Another suggestion is to focus not just on the verbs (**quería, tenía, hacía**) but also on the phrases that contain them and the events expressed (**no quería salir, no tenía ganas, hacía mal tiempo**). In this way, you get a clearer picture of what was happening, which in turn will help you acquire the functions of the imperfect.

PINPOINTING A TIME REFERENCE IN THE PAST

Cuando **salí** del cine...   *When I left the movie theater . . .*

Notice how in the following short narrative, the preterite and imperfect work together to show how the events relate to one another and to the time references included in the narrative. First, underline the preterite forms and circle the imperfect forms you see. Then, for each use of the imperfect, see if you can tell at what point in time the event was in progress. The answers follow but cover them up before you read.

> Ayer hacía mal tiempo, llovía y no tenía ganas de hacer nada. Decidí quedarme en casa. Miraba la televisión cuando sonó el teléfono. No quería hablar con nadie pero lo contesté. Oí la voz de un amigo que parecía estar muy triste...

EVENT IN PROGRESS	POINT IN TIME
hacía mal tiempo llovía no tenía ganas	decidí quedarme en casa
miraba la televisión	sonó el teléfono
no quería hablar	lo contesté
parecía estar triste	oí la voz

Actividad A   ¿Qué hizo Claudia ayer para relajarse?

Empareja cada frase en la columna A con una frase lógica en la columna B.

A
1. _____ Eran las siete de la mañana cuando Claudia...
2. _____ Se bañó, se vistió y...
3. _____ Hacía sol cuando...
4. _____ Manejó por una hora y después...
5. _____ Claudia pescaba cuando de repente (*suddenly*) vio una serpiente de cascabel (*rattlesnake*) y...
6. _____ Cuando se repuso (*she recovered*)...
7. _____ Eran las seis de la tarde cuando por fin volvió a casa. Estaba contenta y...

B
a. llegó a las montañas y encontró un lugar ideal para pescar.
b. gritó y se asustó.
c. se despertó.
d. salió de su casa a las ocho.
e. se sentía relajada después del bonito día en las montañas.
f. desayunó rápidamente.
g. pescó un rato más y después decidió regresar a casa.

Actividad B   Creando una narrativa

Paso 1   Las oraciones abajo forman una breve narrativa. La clase debe dividirse en cuatro grupos. Cada grupo debe completar como quiera (*as it wishes*) las oraciones que le corresponden.

Grupo 1

El otro día me sentía muy _____. Tenía ganas de _____.

Grupo 2

Así que decidí _____. Primero _____ y luego _____.

Grupo 3

Eran la(s) _____ de la _____ cuando por fin _____. No sabía si debía _____.

Grupo 4

Entonces empezó a hacer buen tiempo/llover (escojan uno). Decidí _____ y estaba muy _____.

Paso 2 Comenzando con el Grupo 1, cada grupo debe leer sus oraciones en voz alta. ¿Forman las oraciones una narrativa coherente y lógica?

Paso 3 Repitan el **Paso 1** pero esta vez la clase debe enfocarse en una de las posibles situaciones a continuación. ¿Cómo resulta la narrativa esta vez?

    a. Una estudiante salía de su clase de biología. En la mano tenía el examen del día anterior. La nota era una B+.

    b. Un señor estaba en su oficina. Acababa de tener (*He had just had*) una discusión muy fuerte con su jefe.

    c. Al final del día, una maestra de secundaria sólo pensaba en olvidarse del día tan agitado que tuvo.

Actividad C La última vez que alguien me llamó

Paso 1 Piensa en la última vez que alguien te llamó a ti por teléfono y contesta estas preguntas.

    1. La última vez que alguien me habló por teléfono fue...
        ❏ ayer. ❏ anoche. ❏ esta mañana. ❏ ¿ ?

    2. a. Cuando sonó el teléfono, yo...

        ❏ estudiaba.   ❏ dormía.
        ❏ leía.   ❏ miraba la televisión.
        ❏ comía.   ❏ escuchaba música.
        ❏ trabajaba.   ❏ ¿ ?

       b. ... y estaba...
        ❏ solo/a.   ❏ con un amigo (una amiga).
                        ❏ ¿ ?

    3. La persona y yo hablamos...
        ❏ por unos   ❏ por varios   ❏ por ¿ ?
          segundos.   minutos.

    4. Cuando colgué (*I hung up*) el teléfono,...
        ❏ (no) me sentía bien.   ❏ estaba tenso/a.
        ❏ estaba preocupado/a   ❏ estaba aburrido/a.
           por algo.   ❏ ¿ ?
        ❏ estaba enfadado/a
           (irritado/a).

Paso 2 Ahora trabaja con un compañero (una compañera). Usando la información del **Paso 1,** cuéntale qué pasó la última vez que alguien te llamó.

Actividad D   La última vez...

Paso 1 Piensa en la última vez que te reíste a carcajadas (*laughed loudly*). ¿Qué hacías? ¿Dónde estabas?

La última vez que me reí a carcajadas...

a. ❑ estaba en mi casa.	❑ no estaba en mi casa.
b. ❑ estaba solo/a.	❑ estaba con otra(s) persona(s).
c. ❑ leía algo.	❑ escuchaba algo.
d. ❑ veía algo.	❑ recordaba algo.

Después de reírme tanto...

a. ❑ me sentí muy bien.
b. ❑ me sentí avergonzado/a.
c. ❑ tenía dolor de estómago (*stomachache*).

Paso 2 Usando tus respuestas del **Paso 1,** escribe un párrafo breve.

MODELO   La última vez que me reí a carcajadas estaba solo. Veía...

Paso 3 Presenta una versión oral de tu narración a la clase. ¿Cuántos estaban en una situación similar cuando se rieron a carcajadas? ¿Cuántos se sintieron igual después?

Actividad E   Un chiste°

joke

Piensa en la última vez que oíste un buen chiste que te hizo reír mucho.

1. ¿Quiénes estaban presentes?
2. ¿Qué hacían Uds.? ¿Dónde estaban?
3. ¿Se rieron todos tanto como tú? ¿Se ofendió alguien?

Actividad F   ¿Sabías que... ?

Paso 1 Primero indica cuánto sabes sobre la risa contestando las siguientes preguntas.

1. Sólo los seres humanos poseen la capacidad de reír. ¿Sí o no?
2. ¿Es la risa buena o mala para la salud?
3. Cuando reímos, ¿nos sube (*goes up*) o nos baja (*goes down*) el pulso?

Paso 2 Ahora lee la selección **¿Sabías que... ?** que aparece en la página 305. Verifica las respuestas que aparecen arriba.

Paso 3 Vuelve a leer lo que escribiste acerca de la última vez que te reíste a carcajadas (**Actividad D,** esta página). ¿Puedes agregar (*add*) detalles ahora sobre cómo estabas y cómo te sentías mientras reías?

Recuerdo que...

- ❏ me faltaba aire.
- ❏ me dolían el pecho y las costillas (*my chest and ribs hurt*).
- ❏ abría toda la boca.
- ❏ probablemente me sonrojaba.
- ❏ tenía calor (*I was hot*).

¿ S A B Í A S   Q U E . . .

Al oír algo gracioso, ¿te ríes como este joven? ¿O eres una persona que prefiere mantenerse calma exteriormente?

...la risa es muy beneficiosa para tu salud física y mental? Según los médicos y científicos que se han dedicado[a] a este estudio, las personas que se ríen con frecuencia viven más que las que siempre tienen la cara seria. ¿Cuál es la razón científica de esta afirmación? Dice el Dr. William Fry de la Universidad Stanford, en California, que al reírnos se incrementa nuestra actividad muscular, la respiración y el trabajo del corazón.[b] Según Fry, la risa robusta es un magnífico ejercicio. El pulso se duplica de 60 a 120 y la presión aumenta de 120 a 200. Por eso, muchos expertos dicen que la risa es un tipo de ejercicio aeróbico, un «*jogging* interno».

Interesantemente, sólo los seres humanos poseen la capacidad de reír ante algo cómico. La risa es el resultado de un complejo juego de procesos neuroquímicos en el cerebro,[c] algo que no se produce en otras especies. Nuestros primos los gorilas y chimpancés pueden reír pero sólo si se les hace cosquillas.[d] Es decir, ríen por razones físicas solamente.

_____

[a]se... *have dedicated themselves*   [b]*heart*   [c]*brain*   [d]se... *they are tickled*

Actividad G Los hispanos hablan

Paso 1   Lee la selección **Los hispanos hablan** que aparece abajo. Luego contesta la siguiente pregunta.

Eduardo Contreras menciona tres clases de chistes. ¿Cuáles son?

1...   2...   3...

Paso 2   Escucha lo que dice Eduardo. Luego contesta las preguntas que hace tu profesor(a).

1...   2...   3...

LOS HISPANOS HABLAN

¿Crees que hay diferencias entre el humor de tu país y el de los Estados Unidos?

NOMBRE: Eduardo Contreras
EDAD: 28 años
PAÍS: el Uruguay

«En mi país, la política, la sexualidad y las funciones naturales del cuerpo son temas de los chistes. Es interesante ver la sutileza[a] con que hasta las señoras de cierta edad cuentan los llamados chistes verdes[b]... Naturalmente, los políticos (el presidente, los ministros, senadores y otras autoridades) son el blanco[c] de los chistes más crueles... »

_____

[a]*subtlety*   [b]los... *so-called off-color jokes*   [c]*target*

ASÍ SE DICE

Gracia is a common word in Spanish that means a variety of things. It is used with **hacer** to talk about things that strike one as funny and **tener** to talk about someone who is funny. Here are some ways to talk about funny events.

hacerle gracia a uno	Me hizo mucha gracia.
tener gracia	Tu padre tiene mucha gracia.
causar risa	Me causó mucha risa.
hacer reír (*a una persona*)	Nos hizo reír.
gracioso/a	Vi algo muy gracioso
chistoso/a	(chistoso, cómico)
cómico/a	el otro día.

La tensión y el estrés

Propósito: presentar una narración sobre un compañero (una compañera) a un grupo de estudiantes.

Papeles: una persona entrevistadora, una persona entrevistada y un grupo de estudiantes que escucha la narración.

Paso 1 Entrevista a un compañero (una compañera) de clase sobre la última vez que se sentía tenso/a. Obviamente necesitas hacerle preguntas, pero antes, piensa en qué es lo que quieres averiguar.

- ❑ cuándo se sentía tenso/a tu compañero/a
- ❑ dónde estaba
- ❑ con quién estaba
- ❑ qué fue lo que le causó la tensión y el estrés
- ❑ cómo se sentía física y emocionalmente
- ❑ qué hizo para aliviar la tensión y el estrés

Paso 2 Escribe las preguntas que le vas a hacer a tu compañero/a en la segunda persona singular (tú). ¿Puedes usar correctamente el pretérito y el imperfecto en tus preguntas?

Paso 3 Ahora entrevista a tu compañero/a. Escribe sus respuestas.

Paso 4 Piensa cómo vas a contar (*to tell*) lo que te dijo tu compañero/a a un grupo de tres estudiantes. Después de que todos presenten la narración sobre su compañero/a, determinen qué miembro del grupo presentó la narración más interesante.

¿Cómo te relajas?	How Do You Relax?
acampar	to go camping
andar en bicicleta	to ride a bicycle
bañarse (en el jacuzzi)	to bathe (in a jacuzzi)
bucear	to (scuba) dive
dar una fiesta	to throw (have) a party
dibujar	to draw
escalar montañas	to mountain climb
esquiar	to ski
en el agua	to water ski
en las montañas	to snow ski
hacer camping	to go camping

ir (R) al teatro	to go to the theater
jugar (R)	to play
a los naipes	cards
al golf	golf
al voleibol	volleyball
meditar	to meditate
navegar en un barco	to sail
patinar	to skate
pescar	to fish
saltar la cuerda	to jump rope
tener un picnic	to have a picnic
trabajar en el jardín	to garden

Repaso: dar un paseo, ir a la iglesia, leer, levantar pesas

Lugares	Places
el bosque	forest
el desierto	desert
el lago	lake
el mar	sea
las montañas	mountains
el museo	museum
el océano	ocean
el parque	park
el río	river

Otras palabras y expresiones útiles

cómico/a (R)	comic(al), funny
chistoso/a	funny
gracioso/a	funny, amusing

el chiste (R)	joke
la risa	laugh; laughter
el tiempo libre	free (spare) time
causar risa	to cause laughter, make laugh
hacer reír	to make laugh
hacerle gracia a uno	to strike someone as funny
reír(se) (i, i) a carcajadas	to laugh loudly
tener gracia	to be funny, charming

VISTAZOS

«Válium 10»

Paso 1 En la página 309 aparece el poema «Válium 10» por la poeta mexicana Rosario Castellanos (1925–1974). Antes de leer el poema, la clase debe contestar las siguientes preguntas.

1. ¿Qué es el Válium?
2. ¿Para qué se usa?
3. ¿Conocen Uds. a alguien que toma o tomaba Válium? ¿Cuáles son los efectos de esta droga?

Paso 2 Ahora lee el poema por secciones.

La primera sección (versos 1–9)

1. ¿Cuál de las siguientes declaraciones capta las ideas de esta primera sección?
   a. La vida está llena (*full*) de sorpresas. Nunca se sabe lo que va a pasar.
   b. Es posible perder (*to lose*) el control y hacer las cosas mecánicamente sin saber cómo ni por qué.
2. La poeta usa en el poema la forma personal **(tú),** como si estuviera (*as if she were*) hablando a otra persona. ¿A quién crees que se dirige (*she is addressing*)?

La segunda sección (versos 10–24)

3. ¿Qué tipo de actividades enumera la poeta en esta sección? ¿Son cosas de importancia, cosas de todos los días o una mezcla de ambas (*both*)?
4. En esta sección se presentan dos aspectos diferentes de la vida de la persona de quien se habla, el aspecto profesional y el aspecto personal. ¿Cuáles son las referencias a estos dos aspectos?

La tercera sección (versos 25–34)

5. Según el poema, ¿se duerme en seguida la persona de quien se habla?
6. ¿En qué piensa mientras espera el sueño? ¿Piensa en el día que tuvo?

La cuarta sección (versos 35–42)

7. En los versos 36–37, ¿por qué se puede decir que se interrumpen los pensamientos de la tercera sección?
8. ¿Qué hace esa persona al final para poder dormirse? ¿Entiendes ahora el significado del título del poema?

Paso 3 Lee el poema desde el principio hasta el fin. Después observa la estructura de los versos. La poeta habla de «funciones que vas desempeñando por inercia y por hábito». ¿Cómo ilustra esto la poeta en la estructura del poema? (Clave: Mira la primera palabra de los versos 10, 13, 15, 19, 21 y otros.) ¿Ves un patrón (*pattern*)? ¿Qué efecto tiene?

Paso 4 La clase debe determinar si el poema se aplica a la vida de las mujeres, de los hombres o a la de los dos sexos por igual.

Paso 5 Elige uno de los dos temas a continuación y escribe una breve narración sobre la situación.

1. la última vez que notaste que «se te extraviaba la brújula» (¿Cómo te sentías? ¿Cómo actuabas? ¿Qué hiciste al final para salir de ese estado?)
2. la última vez que no podías dormirte (¿En qué pensabas? ¿Cuál era la causa del insomnio? ¿Qué hiciste para poder dormirte?)

Válium 10

A veces (y no trates
de restarle importancia[a]
diciendo que no ocurre con frecuencia)
se te quiebra la vara con que mides,[b]
5 se te extravía la brújula[c]
y ya no entiendes nada.
El día se convierte en una sucesión
de hechos incoherentes, de funciones
que vas desempeñando[d] por inercia y por hábito.

10 Y lo vives. Y dictas el oficio[e]
a quienes corresponde. Y das la clase
lo mismo a los alumnos inscritos que al oyente.[f]
Y en la noche redactas[g] el texto que la imprenta
devorará[h] mañana.
15 Y vigilas[i] (oh, sólo por encima[j])
la marcha de la casa, la perfecta coordinación de múltiples
    programas
—porque el hijo mayor ya viste de etiqueta
para ir de chambelán[k] a un baile de quince años

Y el menor quiere ser futbolista y el de en medio
20 tiene un póster del Che[l] junto a su tocadiscos.[m]

Y repasas las cuentas del gasto y reflexionas,
junto a la cocinera, sobre el costo
de la vida y el ars magna[n] combinatoria
del que surge el menú posible y cotidiano.[o]

25 Y aún tienes voluntad para desmaquillarte[p]
y ponerte la crema nutritiva y aún leer
algunas líneas antes de consumir la lámpara.

Y ya en la oscuridad, en el umbral del sueño,[q]
echas de menos lo que se ha perdido:[r]
30 el diamante de más precio, la carta
de marear,[s] el libro
con cien preguntas básicas (y sus correspondientes
respuestas) para un diálogo
elemental siquiera[t] con la Esfinge.[u]

35 Y tienes la penosa[v] sensación
de que en el crucigrama se deslizó una errata[w]
que lo hace irresoluble.

Y deletreas[x] el nombre del Caos. Y no puedes
dormir si no destapas
40 el frasco de pastillas[y] y si no tragas[z] una
en la que se condensa,
químicamente pura, la ordenación del mundo.

---

[a]*restarle... to minimize its importance* [b]*se... your measuring stick breaks* [c]*se... your compass goes off kilter* [d]*vas... you go on carrying out* [e]*job* [f]*auditor (one who is not enrolled)* [g]*you draft* [h]*la... the press will devour* [i]*you watch over* [j]*por... cursorily* [k]*escort* [l]Ernesto «Che» Guevara (1928–1967), revolucionario argentino [m]*phonograph* [n]*ars... great (work of) art (Latin)* [o]*daily*

[p]*remove your makeup* [q]*umbral... threshold of sleep* [r]*echas... you miss what has been lost* [s]*carta... navigational chart* [t]*at least* [u]*Sphinx* [v]*painful* [w]*en... an error slipped by in the crossword* [x]*you spell* [y]*si... if you don't uncap the pill bottle* [z]*swallow*

12

¿EN QUÉ CONSISTE EL ABUSO?

¿Cómo reconocer a un hijo drogadicto?

¿**h**as pensado en lo que pasa si una persona no aprende a hacer las cosas con moderación? ¿Cuáles son las consecuencias de hacer algo en exceso? En esta lección vas a explorar esta cuestión y vas a

■ continuar usando el imperfecto y el pretérito para hablar del pasado

■ comenzar a comprender los mandatos (*commands*) orales y escritos

310

ÍDEAS PARA EXPLORAR

Hay que tener cuidado

¿Qué es una lesión?

More Vocabulary Related to Activities

DAÑINO *adj.* Se aplica a lo que causa un daño: *Algunos mariscos son dañinos si se comen crudos.*

DAÑO *m.* Efecto negativo. Detrimento: *Este problema puede causar mucho daño.* Dolor: *Estos zapatos me hacen mucho daño.*

HERIDA *f.* El resultado físico de la acción de herir: *Muchos atletas sufren heridas mientras practican.*

HERIR *v. tr.* Causar en un organismo un daño en que hay destrucción de los tejidos, como un golpe con un arma, etcétera: *El soldado hirió al enemigo con un disparo de pistola.*

LESIÓN *f.* Sinónimo de herida: *El corredor sufrió una lesión del tobillo.*[a]

[a] *ankle*

VOCABULARIO ÚTIL

el peligro	danger
peligroso/a	dangerous

Actividad A   Consecuencias

Paso 1   ¿Cuáles pueden ser las consecuencias de practicar estas actividades si uno no tiene cuidado? Indica tus respuestas y luego compáralas con las de un compañero (una compañera).

	ADICCIÓN FÍSICA	DAÑOS FÍSICOS	ADICCIÓN PSICOLÓGICA	OTROS PELIGROS PSICOLÓGICOS
1. hacer ejercicios aeróbicos	❏	❏	❏	❏
2. ir de compras	❏	❏	❏	❏
3. esquiar	❏	❏	❏	❏
4. comer	❏	❏	❏	❏
5. jugar a los videojuegos	❏	❏	❏	❏
6. estudiar	❏	❏	❏	❏
7. ingerir bebidas alcohólicas	❏	❏	❏	❏
8. dormir	❏	❏	❏	❏

Paso 2 Ahora compara tus respuestas con las de todos tus compañeros. Un(a) estudiante debe ir a la pizarra para escribir las actividades que indicaron los estudiantes en las cuatro columnas.

Actividad B ¿Peligroso o dañino?

Muchos opinan que las palabras **dañino** y **peligroso** no significan lo mismo. Según ellos, no son sinónimos. En esta actividad vas a ver si para ti significan lo mismo o no.

Paso 1 Indica si cada una de las actividades a continuación puede ser o dañina o peligrosa.

> MODELO Ver la televisión puede ser dañino.
> Escalar montañas puede ser peligroso.

1. practicar el paracaidismo (*skydiving*)
2. escuchar música a todo volumen con frecuencia
3. salir solo/a de noche en una ciudad grande
4. montar en motocicleta sin casco (*helmet*)
5. tomar el sol (*sunbathing*)
6. tomar más de tres tazas de café diariamente

Paso 2 Piensa en las clasificaciones que hiciste en el **Paso 1.** ¿Qué tendencias notas? ¿Cuál es la diferencia entre una actividad dañina y una peligrosa?

Paso 3 Indica cuál de las siguientes opiniones es la más apropiada.

❑ Para mí, una actividad dañina puede tener consecuencias mucho más graves que una actividad peligrosa. Por ejemplo, una actividad dañina puede conducir a (*lead to*) la muerte.

❑ Para mí, una actividad peligrosa puede tener consecuencias mucho más graves que una actividad dañina. Por ejemplo, una actividad peligrosa puede conducir a la muerte.

Actividad C ¿Sabías que... ?

Paso 1 Escucha y lee la selección **¿Sabías que... ?** que aparece en la página 313. Después, tu profesor(a) te va a hacer varias preguntas.

Paso 2 En cuanto a la práctica del *jogging* o la actividad de correr, ¿cuál de las siguientes oraciones describe mejor tu opinión?

❑ Creo que el correr, en términos generales, es una actividad saludable.

❑ Creo que el correr es una actividad que puede ser dañina.

❑ Creo que como cualquier otra actividad, el correr puede convertirse en adicción y así causar daños físicos y mentales.

Paso 3 Entrevista a tres compañeros/as de clase y averigua cómo contestan las siguientes preguntas.

		E1	E2	E3
1.	¿Con qué frecuencia corres?			
a.	a menudo (frecuentemente)	❏	❏	❏
b.	de vez en cuando	❏	❏	❏
c.	nunca	❏	❏	❏
2.	Comparando tus hábitos pasados con los presentes, escoge una respuesta.			
a.	¿Corrías más antes que ahora?	❏	❏	❏
b.	¿Corrías menos antes que ahora?	❏	❏	❏
c.	¿No hay ninguna diferencia entre los hábitos que tenías en el pasado y los que tienes en el presente?	❏	❏	❏

¿ S A B Í A S   Q U E . . . .

...en el mundo hispano el *jogging* no goza[a] de la misma popularidad que en los Estados Unidos? Mientras que los norteamericanos acostumbran correr en las calles de las ciudades, aun en las zonas de más tráfico, en los países hispanos los corredores se limitan, por lo general, a correr en las pistas[b] atléticas y en los campos deportivos. Aunque esta costumbre está cambiando, en la gran mayoría de las ciudades hispanas no se acostumbra llevar ropa deportiva y practicar un deporte en las vías[c] públicas. En muchos países hispanoamericanos, por otra parte, el calor sofocante hace difícil y peligrosa la práctica del *jogging*. Además, es común entre los españoles y los latinoamericanos la opinión de que el *jogging* es una obsesión propia de los norteamericanos. Como dijo en una ocasión un hispano: «Creo que los norteamericanos viven de prisa.[d] Tanta es la prisa que tienen, ¡que la han convertido en deporte!» ¿Estás de acuerdo con esta opinión?

---

[a]*enjoys*   [b]*tracks*   [c]*streets*   [d]de... *in a hurry*

Actividad D   ¡Cuidado!

¡Ciertas actividades, si se hacen en exceso, son más peligrosas que otras!

Paso 1   Haz una clasificación de las once actividades a continuación usando la escala. Escribe el número de cada categoría en el espacio indicado.

1 = No ofrece mucho peligro.
2 = Puede ser peligrosa.
3 = Es muy peligrosa.

a. _____ reír
b. _____ caminar
c. _____ jugar al tenis
d. _____ jugar al fútbol americano
e. _____ trabajar en una oficina
f. _____ trabajar en una fábrica (*factory*)

g. _____ tomar café
h. _____ ingerir bebidas alcohólicas
i. _____ estudiar un idioma
j. _____ ver la televisión
k. _____ jugar a los videojuegos

Paso 2 Con dos compañeros/as de clase, piensen en otras actividades que podrían agregarse (*could be added*) a las categorías del **Paso 1** y escríbanlas.

	NO OFRECE MUCHO PELIGRO.	PUEDE SER PELIGROSA.	ES MUY PELIGROSA.
l. _____	❑	❑	❑
m. _____	❑	❑	❑
n. _____	❑	❑	❑

Paso 3 Con tus compañeros/as del **Paso 2,** sigan el modelo y expliquen cuál es la más peligrosa de las actividades indicadas en el **Paso 2** y cuál es la que ofrece menos o ningún peligro.

MODELO Jugar al fútbol americano es la actividad más peligrosa porque puede causar daños físicos graves.

¿Están listos/as tus compañeros/as y tú para defender sus respuestas?

¿Veías la televisión de niño/a?

Imperfect Forms of the Verb **ver**

veía	veíamos
veías	veíais
veía	veían
veía	veían

314 trescientos catorce

Lección 12 ¿En qué consiste el abuso?

Like **ir** and **ser, ver** is a verb that has an irregular stem in the imperfect tense. For regular **-er** verbs the **-er** ending is dropped and the appropriate **-ía-** ending is added. For **ver,** however, the **e** is retained and **ve-** becomes the stem.

> —De niño, yo siempre **veía** mucha televisión. ¿Y tú?
> —En mi familia, no la **veíamos** tanto.

These three verbs are the only irregular Spanish verbs you will encounter in the imperfect tense. Here is a review of the imperfect forms of **ir** and **ser.**

ir	iba, ibas, iba, iba,	**ser**	era, eras, era, era,
	íbamos, ibais, iban, iban		éramos, erais, eran, eran

Actividad E   Los hispanos hablan

Paso 1   Lee la selección **Los hispanos hablan** que aparece abajo. Luego contesta la siguiente pregunta.

Graciela opina que los que ven las telenovelas lo hacen porque...
- ❏ quieren aprender algo.
- ❏ buscan una diversión.

Paso 2   Ahora escucha lo que dice Graciela. Luego contesta las siguientes preguntas.

Según Graciela, ¿son ciertas o falsas las siguientes oraciones?

1. _____ En las telenovelas mexicanas, casi todos los personajes son de la clase alta.
2. _____ Los personajes de las telenovelas mexicanas son más accesibles al televidente (*viewer*) porque suelen representar a individuos de su misma posición social y económica.

Paso 3   Escoge (o escribe) la oración que refleja mejor tu experiencia personal.

- ❏ Antes veía las telenovelas, pero ahora no las veo.
- ❏ Ahora veo las telenovelas, pero antes no las veía.
- ❏ Nunca he visto (*I have never watched*) las telenovelas porque no me interesan.

LOS HISPANOS HABLAN

¿Por qué son tan populares las telenovelas en México?

NOMBRE: Graciela Amante
EDAD: 38 años
PAÍS: México

«Mira, yo creo que la gente ve las telenovelas para divertirse... escaparse... »

Actividad F   Una preocupación materna

Si cuando eras niño/a veías la televisión demasiado, es lógico que tus padres se preocupaban (*worried*). Pero en el **Paso 1,** vas a ver una situación bastante diferente.

Paso 1   Mira la siguiente tira cómica. ¡**OJO!** Faltan los últimos dos cuadros (*frames*). La tira no está completa.

Paso 2   Busca la descripción que corresponde a cada cuadro de la tira cómica y escribe el número del cuadro (de los cuadros) en los espacios indicados. Hay descripciones que pueden aplicarse a más de un cuadro. (Presta atención al uso de los verbos en el pasado.)

a. _____ Le gustaba coser (*to sew*) porque frecuentemente veía coser a su abuela.

b. _____ El médico escuchó atentamente mientras Josefina le explicaba todo lo que observaba en María Luisa.

c. _____ Pero el médico no le encontró nada malo y estaba perplejo.

d. _____ Entonces el doctor comenzó a examinar a María Luisa.

e. _____ Le examinó el brazo.

f. _____ Le examinó la pierna (*leg*).

g. _____ María Luisa jugaba a solas con sus muñecas (*dolls*).

h. _____ Por fin Josefina no resistió más y llevó a María Luisa al médico.

i. _____ También leía mucho y veía muy poco la televisión.

j. _____ Una vez, Josefina estaba muy preocupada por su hija María Luisa.

Paso 3 Completa la tira cómica. Escribe algunas oraciones que describan lo que pasó al final. Recuerda usar el pretérito para expresar acciones aisladas (*isolated*) y/o en secuencia y el imperfecto para expresar acciones o eventos en proceso o que eran habituales. ¡Vas a leer tus oraciones en clase!

COMUNICACIÓN

Actividad G   Entrevistas

Según estadísticas recientes, los niños y los estudiantes universitarios pasan mucho tiempo mirando la televisión. ¿Es verdad?

Paso 1 Entrevista a un compañero (una compañera) de clase. Hazle las siguientes preguntas.

    1. ¿Cuál de estas descripciones se te puede aplicar a ti?
- De niño/a veía más televisión que ahora.
- De niño/a veía menos televisión que ahora.

    2. ¿Cuántas horas diarias de televisión veías cuando eras niño/a?

    3. ¿Cuántas horas diarias de televisión ves ahora? ¿Crees que en este sentido eres una persona como las demás?

Paso 2 Comparte los resultados obtenidos en el **Paso 1** con los de tus compañeros de clase. ¿Es verdad que los estudiantes ven muchas horas de televisión? ¿y los niños?

Paso 3 (Optativo) ¿Hay adictos a la televisión en tu clase? ¿Cómo llegaste a esta conclusión?

Anticipación

Paso 1 ¿Sabes lo que es un mapa conceptual? Un mapa conceptual es una representación visual de asociaciones. Por ejemplo, ¿qué asocias con el concepto del *jogging*? ¿correr? ¿ejercicio? ¿zapatos de correr? En un mapa conceptual, comienzas con el concepto central (en este caso, el *jogging*) y le vas agregando los conceptos relacionados a medida que se te ocurren.

1. **EL JOGGING** — correr

2. **EL JOGGING** — correr — millas, lento (*slow*)

3. **EL JOGGING** — correr — millas, lento; zapatos de correr

4. **EL JOGGING** — correr — millas, trotar, lento; sudar, zapatos de correr

La clase entera debe participar en la elaboración de un mapa conceptual del *jogging* en la pizarra. Deben incluir todo lo que saben acerca del *jogging* y sus efectos.

Paso 2 Ahora, todos deben organizar las ideas para producir un mapa en limpio. Copien y guarden el mapa.

Paso 3 La lectura en las páginas 320–321 viene de la revista *Hombre de mundo*. En el título del artículo aparece la palabra **mito.** El término equivalente en inglés es un cognado. ¿Puedes adivinar cuál es?

CONSEJO PRÁCTICO

Semantic maps **(mapas conceptuales)** are very useful ways of organizing what you know about a topic or concept. They are an excellent way to free-associate about a topic before reading and even before writing. Most people simply brainstorm the ideas, letting them fall where they will onto the map and organizing them after the period of free-association is over. Each node in the branch represents a connection between two concepts. When organizing your semantic map, you may wind up with different kinds of branches as in the following example.

Incidentally, semantic maps are also a good way to organize and study new vocabulary and phrases when learning Spanish.

Exploración

Paso 1 Lee rápidamente los dos primeros párrafos del artículo. No te preocupes si encuentras palabras y frases que no entiendes.

Paso 2 Vuelve al mapa conceptual de **Anticipación**. ¿Incluyeron tú y tus compañeros un efecto emocional negativo del *jogging*?

Paso 3 Con la participación de otros dos compañeros, dividan el texto en tres partes. Uno/a de Uds. debe leer la primera parte, hasta «El *clímax del corredor*». Otro/a estudiante debe leer la sección «El *clímax del corredor*» y el tercero (la tercera) debe leer la última parte. Cada uno/a debe leer rápidamente (no más de dos minutos) la sección que le fue asignada.

Paso 4 Cada miembro del grupo debe escoger dos ideas importantes de su sección y compartirlas con el grupo.

Primera parte   1. _____
                  2. _____
Segunda parte   1. _____
                  2. _____
Tercera parte   1. _____
                  2. _____

Paso 5 Ahora estás listo/a para leer todo el artículo. Lee la primera sección y luego contesta las siguientes preguntas. Recuerda que no debes preocuparte si encuentras palabras o expresiones que no comprendes.

1. ¿De qué es ejemplo el caso de Kate?
2. ¿Es muy alto el porcentaje de personas adictas al *jogging*?
3. Haz una lista de todos los beneficios del *jogging* mencionados en esta sección.
4. ¿Por qué motivo los especialistas prefieren el *jogging* a los ejercicios aeróbicos o a la natación?

Paso 6 Lee ahora la sección «El *clímax...* ». Indica si las siguientes oraciones son ciertas o falsas según lo que dice esta sección.

	C	F
1. El clímax que experimentan los corredores consiste en una sensación de euforia.	❑	❑
2. La euforia es causada por el exceso de oxígeno que se inhala al respirar profundamente.	❑	❑
3. Casi todos los corredores experimentan algún tipo de clímax al correr.	❑	❑
4. La adicción al *jogging* es parecida al vicio de ingerir drogas como la heroína y la morfina.	❑	❑

Paso 7 Ahora lee la última parte del artículo y contesta estas preguntas.

1. ¿Cuál es la diferencia básica entre una adicción positiva y una negativa?
2. ¿Cuáles son los síntomas que presenta una persona adicta al *jogging*?
3. ¿Cuáles de los síntomas anteriores presenta Kate?

MITOS Y VERDADES DEL JOGGING

POR MICHAEL L. SACHS

El *jogging* fue una gran parte de la vida de Kate durante tres años, ya que solía correr un promedio de 95 a 110 kilómetros a la semana. Inclusive, se sentía orgullosa de no perder un solo día aunque estuviera enferma. Cuando no podía correr, lo cual nunca ocurría con frecuencia, se sentía rara, desorientada y extraordinariamente irritable y culpable. Esto fue lo que precisamente comentó su marido, un día que Kate se vio forzada a permanecer en la casa debido a una tormenta de nieve. Ese día ella estaba tensa, preocupada, y consideraba que todo lo que él decía carecía de fundamento. Cuando finalmente su esposo preguntó qué le sucedía, Kate gritó: "Estoy de mal humor porque no he podido correr en todo el día".

La raíz del problema de Kate puede hallarse en su respuesta. La ansiedad de la muchacha, su irritabilidad, fueron producidas por el hecho de no haber podido correr ese día. En realidad, Kate forma parte de un pequeño porcentaje de corredores que son actualmente adictos a este ejercicio. Cuando ellos saben que no han de co-rrer en un día determinado, experimentan síntomas de retraimiento, parecidos a los que Kate describió furiosa a su marido.

Aunque pocos corredores (solamente el 3%), son adictos comprobados, este

Muchos corredores se entregan a su deporte como si se tratara de una adicción. Es algo que puede acarrear consecuencias de varios tipos: desde las negativas hasta las positivas. En usted está la decisión de inclinarse hacia la una o la otra.

fenómeno sirve como ejemplo poderoso de cómo el *jogging* puede afectar la salud mental. Si usted es un corredor, es importante que sepa que el ejercicio hace mucho más que fortalecer su sistema cardiovascular y quemar calorías. Podría tener también un profundo efec-to en su personalidad y en la manera en que usted enfrenta sus problemas diarios.

Varias investigaciones han demostrado que correr es una excelente herramienta contra el *stress*. Los que practican este ejercicio diariamente han dicho que la tensión acumulada en la oficina y en el hogar desaparece inmediatamente tras correr varios kilómetros. El *jogging* también ha sido asociado con reducciones de la ansiedad y depresiones moderadas, dos elementos emocionales que probablemente afectan a los corredores con la misma frecuencia que al resto de la población. Si usted es corredor, igualmente sabe que el *jogging* es bueno para su estimación propia. Varias encuestas realizadas entre corredores han revelado que su dedicación a este programa, así como el sentido de triunfo que se experimenta al alcanzar la meta de un número específico de kilómetros, ayuda a crear confianza y valor por uno mismo. Este aumento de estimación propia permite al corredor hacer cambios positivos en otros aspectos de la vida.

El *clímax del corredor*

Muchos corredores han descrito sensaciones de euforia, generadas durante la práctica de ese ejercicio. "De repente", me dijo una mujer que yo entrevisté, "me di cuenta del escenario que me rodeaba, pero de una manera muy peculiar. Una aguda sensibilidad invadía mi cuerpo y pude ver las cosas más claras, los colores eran más brillantes." Esta mujer describió la euforia típica del corredor al alcanzar su mayor nivel. Es, también, uno de los estados mentales más fascinantes que logra desarrollar el corredor habitual de grandes distancias.

Esta clase de experiencia metafísica descrita por la mujer explica la experiencia llamada "*clímax del corredor*". Es una rara forma de euforia y no todos los corredores logran disfrutarla. No obstante, casi todos los corredores que practican el *jogging* por espacio de seis o más meses, experimentan un *clímax* menos intenso que el mayor de todos. Esta forma de *clímax* es una sensación de bienestar y relajación, similar a la que describen los individuos que practican la meditación. Algunas investigaciones han indicado que este *clímax del corredor* es causado por endorfinas, sustancias químicas parecidas al opio, producidas por el cuerpo durante los ejerci-

cios aeróbicos. Muchas veces el corredor no percibe dolor o *stress*, experiencias totalmente diferentes a las reportadas por individuos que ingieren heroína o morfina.

Adicción positiva vs adicción negativa

La adicción a correr no es usualmente tan seria como lo sería al alcohol o las drogas. No obstante, uno de los aspectos sicológicos dañinos de un programa de *jogging* ocurre cuando se desarrolla una adicción negativa como la de Kate. Es importante que todo corredor analice su participación en este ejercicio, para determinar si tiene una adicción positiva o negativa.

William Glasser popularizó el término "adicción positiva" en 1976 cuando publicó el libro del mismo nombre. Glasser dijo que los hábitos positivos como el ejercicio de correr promovían el estímulo sicológico y aumentaban la satisfacción por vivir. En otras palabras, un individuo puede sentir la compulsión de correr, pero es una compulsión saludable. El término adicción positiva ha sido recientemente reemplazado por "hábito saludable" para cancelar el significado negativo de la palabra adicción.

Si usted es un corredor, debe saber que hay una gran diferencia entre tener un

hábito saludable y una adicción negativa. Usted padecería de una adicción negativa si existen las siguientes reacciones:

- Si no puede correr se siente irritado y culpable.
- Usted corre a pesar de estar agotado o enfermo.
- Usted corre aunque significa echar a un lado responsabilidades de familia o trabajo.
- Usted piensa más en el ejercicio que en ninguna otra cosa.
- Usted invierte tanto tiempo en correr, que otros aspectos de su vida se deterioran.
- Su necesidad por correr parece ser incontrolable.
- El correr controla su conducta, más de lo que usted puede controlar ese ejercicio.

Si usted es un corredor que ha experimentado estos sentimientos, debe consultar a un terapeuta. El correr, sin duda, puede aumentar su confianza, hacerlo más relajado e, inclusive, incrementar su creatividad. La llave para obtener estos maravillosos beneficios es, precisamente, hacer de este ejercicio una parte saludable de su vida.

Síntesis

Paso 1 Colabora con todos tus compañeros de clase para hacer un nuevo mapa conceptual sobre el *jogging*. Contribuye con la información que has aprendido (*you have learned*) al leer el artículo.

EL *JOGGING*

Paso 2 Compara este nuevo mapa conceptual con el que hicieron en la sección **Anticipación**. ¿Está más completo el nuevo mapa?

Paso 3 Haz y guarda una copia del nuevo mapa. ¡Es posible que necesites esta información más tarde para un examen!

Trabajando con el texto

Paso 1 Vuelve al primer párrafo y lee de nuevo lo que le pasó a Kate. Subraya (*Underline*) los verbos que aparecen en el pasado. ¿Qué verbos están en el pretérito y qué verbos están en el imperfecto?

Paso 2 Recuerda que el imperfecto tiene dos funciones importantes: (1) expresar una acción habitual en el pasado y (2) expresar una acción en proceso de realizarse (*happening*). Busca en el primer párrafo un ejemplo de cada función.

Paso 3 Ahora, con un compañero (una compañera), pongan las siguientes oraciones en orden cronológico para narrar lo que le sucedió a Kate.

_____ Cuando él vio que ella no le contestaba, le preguntó otra vez qué le pasaba.

_____ Su marido le preguntó qué le pasaba.

_____ Allí, encontró a Kate.

_____ Era un día horrible a causa de una tormenta de nieve.

_____ Estaba tensa, preocupada.

_____ Finalmente, Kate le gritó que estaba de mal humor porque no podía correr.

_____ No decía nada. Sólo miraba por la ventana.

_____ Pero ella permanecía callada.

_____ Un día el marido de Kate entró en la cocina.

¡Sigamos!

¿Es adicto/a o no?

Paso 1 A continuación se da una lista de los síntomas que, según el artículo, experimenta una persona adicta a un deporte u otra actividad física. Léelos rápidamente.

- Si no puede hacer la actividad se siente irritado/a o culpable.
- Hace la actividad a pesar de (*in spite of*) estar agotado/a (*exhausted*) o enfermo/a.
- Piensa más en la actividad que en ninguna otra cosa.
- La necesidad de hacer la actividad parece ser incontrolable.
- Otros aspectos de la vida se deterioran.

Paso 2 Escucha las narraciones de tu profesor(a). Luego, usando la lista del **Paso 1,** indica si la persona que se menciona es adicta o no a la actividad que practica. Explica tu respuesta.

MODELO Yo creo que la persona _____. En primer lugar, _____. Además, _____.

¿Eres adicto/a a alguna actividad física? ¿O la haces sólo para divertirte y mantenerte en forma?

Saliendo de la adicción

¿Qué debo hacer?
—Escucha esto.

Affirmative **tú** Commands

toma
acuéstate
come
escribe
haz
di

Jorge, si de veras quieres dejar ese vicio, primero **admite** que tienes un problema y luego **infórmate** sobre la manera de dejarlo.

Command forms (*Eat! Drink this! Do that!*) come in several forms: **tú, Ud., vosotros/as** (*Sp.*), and **Uds.** The affirmative **tú** forms are relatively easy to learn, since they are in most cases identical to third person singular verb forms. You are already familiar with some of these commands because they have been used in the instructions of many activities in this book.

> **Come** más ensalada si quieres ser más delgado.
> **Mira** más televisión si quieres comprender la cultura de este país.

Many commonly used verbs have irregular affirmative **tú** command forms.

decir	**Di** la verdad.	*Tell the truth.*
hacer	**Haz** dos más.	*Make two more.*
ir	**Ve*** a la tienda.	*Go to the store.*
poner	**Pon** tus libros aquí.	*Put your books here.*
salir	**Sal** si puedes.	*Get out if you can.*
tener	¡**Ten** cuidado!	*Be careful!*
venir	**Ven** conmigo.	*Come with me.*

Both direct and indirect object pronouns, as well as reflexive pronouns, are attached to the end of affirmative **tú** commands. Indirect objects always precede direct objects.

---

*The regular **tú** command form of the verb **ver** is also **ve.** Context will determine meaning.

Ve a la casa de tus abuelos.	*Go to your grandparents' house.*
¡**Ve** esto!	*Look at this!*

Cómelo, si quieres.	*Eat it if you want. (it =* **el sandwich***)*
Dámelas, por favor.	*Give them to me, please. (them =* **las páginas***)*
Cálmate.	*Calm down.*

 Actividad A Minilectura

Paso 1 Lee el artículo rápidamente. ¿Puedes deducir a qué tipo de adicción se aplican los consejos?

COMO SALIR DE LA ADICCION

1. Admite que eres una adicta. Según los médicos, nadie puede salir de una adicción si no admite que realmente la tiene. Hazte la siguiente pregunta: ¿El tiempo que empleas para hacer ejercicios, NO está balanceado con el resto de tus actividades? Si la respuesta es sí, eres una adicta.

2. Empieza a "cortar" tu entrenamiento gradualmente. Si te sientes dependiente de tu rutina, empieza a eliminar actividades lentamente. Quita primero la que disfrutes menos. Corta un poco el tiempo. Si practicas una hora y media diaria, empieza a cortar 30 minutos. Si te entrenas 5 días a la semana, corta un día. Comienza a tener sentido de la moderación.

3. Cambia tus actividades. Sustituye la parte que más te extenúa en tu entrenamiento. Digamos que es el pedaleo o el levantamiento de pesas… deja de hacerlo por un período de tiempo y, en cambio, ve integrando los ejercicios de relajación, toma clases de yoga o ensaya con un ejercicio que te permita socializar, como el tenis, el raquetbol o el baile.

Paso 2 Repasa el artículo y apunta todos los mandatos que encuentras. (Nota: Sólo debes escribir los verbos; no tienes que escribir toda la frase u oración entera.)

Paso 3 A base de los verbos simples del **Paso 2**, ¿puedes darle consejos a una persona adicta al ejercicio? Si no, repasa la selección de nuevo. Luego trata de dar un consejo utilizando los mandatos que anotaste en el **Paso 2.**

Paso 4 ¿Cuáles de las siguientes recomendaciones parecen lógicas según el contenido del artículo? Marca sólo las que te parezcan apropiadas.

- ❑ *Mírate* en un espejo y *di,* «Tengo un problema».
- ❑ *Habla* con un amigo para conseguir el nombre de un doctor (una doctora).
- ❑ *Limita* tu contacto con otros adictos y *busca* la amistad (*friendship*) de personas que tengan otros intereses.
- ❑ *Busca* otro tipo de ejercicio. Si corres, *toma* una clase de ejercicios aeróbicos. Si pedaleas, *empieza* a correr.
- ❑ *Come* más y *bebe* menos.
- ❑ *Elimina* los ejercicios que más te gustan. No vas a triunfar si no te sacrificas.

Actividad B Más consejos

Paso 1 Escoge una de las adicciones de la lista a continuación. Escribe por lo menos tres consejos en forma de mandatos afirmativos para dárselos a un amigo (una amiga) que sufre de esa adicción.

> adicción al tabaco (fumar)
> adicción al alcohol
> adicción a la televisión
> adicción a los tranquilizantes
> adicción al teléfono
> adicción a los videojuegos

Paso 2 Reúnete con otras dos personas para presentar tus consejos. Al final, el grupo debe hacer una sola lista de los consejos de los tres y compartirlos con la clase. ¿Hay variedad de consejos para cada adicción, o se repiten los mismos consejos para algunas de ellas?

¿Qué no debo hacer?
—¡No hagas eso!

Negative **tú** Commands

	tomes
	te acuestes
	comas
no	escribas
	hagas
	digas

No **pienses** más en los cigarrillos, Jorge, y no **te dejes caer** en la tentación.

Negative **tú** commands are formed by taking the **yo** form of the present tense indicative, dropping the **-o** or **-oy,** and adding what is called *the opposite vowel* + **s.** The opposite vowel is **e** if the verb is an **-ar** verb. The opposite vowel is **a** if the verb is an **-er** or **-ir** verb. Any stem changes or irregularities of the **yo** form in the present tense indicative are retained. And of course, reflexive verbs have the pronoun **te.**

> vengo → veng- + -as → **no vengas**
> me acuesto → acuest- + -es → **no te acuestes**
> doy → d- + -es → **no des**

Among the handful of verbs whose negative **tú** commands are not formed in this way are **ir** and **ser.**

> ir   **no vayas**
> ser   **no seas**

Unlike affirmative **tú** commands, negative **tú** commands require all pronouns to precede the verb.

No me digas eso.	*Don't tell me that.*
No te levantes tarde.	*Don't get up late.*
No me lo pidas.	*Don't request it of me.*

Actividad C Lo que no debes hacer

Según el artículo «Cómo salir de la adicción» en la página 324, ¿cuáles de las siguientes recomendaciones te parecen inapropiadas?

❑ No pases mucho tiempo con los amigos si quieres salir de la adicción, pues ellos pueden distraerte de tu propósito (*distract you from your purpose*).

❑ No elimines por completo los ejercicios de tu rutina.

❑ No hables de tu problema con nadie. Es un asunto personal que a nadie le interesa.

❑ No hagas nada radical. Salir de la adicción requiere tiempo y cambios graduales.

❑ No leas información sobre tu problema, ni tampoco pienses demasiado en ello. Es mejor no «intelectualizar» mucho respecto a una adicción.

COMUNICACIÓN

Actividad D La adicción al trabajo

Paso 1 Lee rápidamente el artículo que aparece en el margen.

Paso 2 Ahora completa las siguientes oraciones de una manera lógica.

1. No te mientas; _____
2. No seas esclavo a tu trabajo; _____
3. No te olvides de los amigos; _____
4. No te preocupes por las horas extra; _____

Paso 3 Inventa tres o cuatro consejos más para dar a un adicto (una adicta) al trabajo.

> MODELO No almuerces en tu oficina.

Paso 4 Con un compañero (una compañera) reúnan las ideas de los **Pasos 2** y **3** y formulen una serie de cinco a seis consejos más apropiados al adicto (a la adicta) al trabajo.

El trabajo como adicción

El adicto al trabajo se miente a sí mismo y les miente, por tanto, a los demás. En realidad, hace todo lo posible por no tener un instante libre, por ser un esclavo del trabajo. «No puede» tomar un café con el amigo porque hace horas extras; «no puede» escuchar a sus hijos porque no dispone de tiempo; «no puede» hacer el amor de manera relajada y libre porque está cansado. Mientras él huye de su insatisfacción se convierte, a su vez, en fuente de insatisfacción para los otros.

Christina Peri Rossi

Actividad E Consejos

A continuación hay varios consejos que se le podrían dar (*that could be given*) a un amigo (una amiga) que tiene problemas con el alcohol. Si pudieras (*If you could*) darle un solo consejo, ¿cuál de los cuatro sería (*would it be*)? ¿Puedes explicar por qué?

Ten esperanza.
Llámame cuando sientes la tentación de beber.
No salgas con amigos que les gusta beber mucho.
Busca tratamiento en un centro de rehabilitación.

Composición

En esta lección examinaste cómo algunas actividades diarias practicadas en exceso podrían ser dañinas, incluyendo el abuso del alcohol. Leíste un artículo sobre la adicción al correr y también examinaste los hábitos en cuanto a ver la televisión. Finalmente, te informaste de cómo se puede salir de una adicción.

Ahora vas a escribir una composición basada en las ideas que se presentaron en esta lección. Utiliza el siguiente título:

La televisión: ¿diversión o adicción?

Antes de escribir

Paso 1 Vas a escribir tu composición teniendo en cuenta a las personas que ven televisión en exceso. Tu propósito es convencer al lector de que existe la adicción a la televisión, describir las consecuencias negativas de esta adicción y después ofrecer algunas sugerencias sobre cómo salir de la adicción.

Piensa en los artículos que leíste en esta lección. ¿Cómo introducen el tema? ¿Con una pregunta? ¿Con una breve historia o narración del caso de una persona adicta (por ejemplo, Kate, la adicta a correr)? ¿Cómo vas a comenzar tu composición?

También piensa en el propósito de la composición y el tipo de persona que la va a leer. ¿Quién es el lector típico, adicto a la televisión? ¿En qué forma vas a dirigirte (*address*) a esa persona?

Paso 2 Antes de escribir, haz un bosquejo de tus ideas. Puedes colaborar con un compañero (una compañera) si quieres.

1. Síntomas de adicción a la tele
2. Consecuencias negativas
3. Cómo salir de esta adicción

Paso 3 ¿En qué orden piensas presentar tus ideas? ¿Quieres presentar primero las consecuencias y luego seguir con los síntomas y las sugerencias? ¿O piensas que es mejor presentar primero los síntomas seguidos por las consecuencias y por último las sugerencias?

Al escribir

Paso 1 Hay que poner atención al aspecto lingüístico de la composición. ¿Puedes utilizar los aspectos gramaticales que estudiaste en esta lección?

- **a.** el imperfecto del verbo **ver** (por ejemplo, **veía**)
- **b.** los mandatos afirmativos
- **c.** los mandatos negativos

Paso 2 Escribe la composición con dos días de anticipación. Un día antes de entregársela al profesor (a la profesora), lee la composición de nuevo. ¿Quieres cambiar o modificar...

- **a.** las consecuencias de la adicción que presentaste?
- **b.** la descripción de la adicción?
- **c.** los consejos sobre cómo salir de la adicción?
- **d.** el orden de tus ideas?
- **e.** algún otro aspecto?

Después de escribir

Paso 1 Lee la composición de nuevo para repasar...

- **a.** la concordancia entre formas verbales y sus sujetos y entre sustantivos y adjetivos.
- **b.** el uso del imperfecto del verbo **ver** y el uso del pasado en general.
- **c.** el uso de los mandatos afirmativos.
- **d.** el uso de los mandatos negativos.

Paso 2 Haz los cambios necesarios y entrégale la composición al profesor (a la profesora).

Vocabulario

Los daños físicos	Physical Injuries	¿Eres una fanática?	Are You a Fanatic?
la herida	wound, injury	**el abuso (de las drogas)**	(drug) abuse
la lesión	wound, injury	**la adicción**	addiction
el peligro	danger	**el alcoholismo**	alcoholism
		la consecuencia	consequence
dañino/a	harmful	**la estimación propia**	self-esteem
grave	serious		
peligroso/a	dangerous	**abusar de**	to abuse
		convertirse (ie, i)	to become addicted
consistir en	to consist of	**en adicto/a**	
herir (ie, i)	to wound	**mantener** (*irreg.*) **un**	to maintain a healthy
tener cuidado	to be careful	**equilibrio sano**	balance

salir de una adicción	to overcome an addiction	Otras palabras y expresiones útiles	
ser adicto/a	to be addicted	el/la corredor(a)	runner, jogger
sufrir	to suffer; to experience	mantenerse en forma	to stay in shape

Actividad A   ¿A qué eres adicto/a?

Toma el siguiente *test*. ¿Cuáles fueron los resultados?

¿A qué eres adicto/a?

TEST

Cada día son más las personas que sufren de algún tipo de adicción. Si no es porque tienen una dependencia hacia los refrescos carbonatados, es al cigarrillo, a la comida, a las bebidas alcohólicas, a la televisión o al trabajo. La cuestión es que siempre hay algo que las atrapa de tal manera que se vuelven adictas a ello. ¿Cómo puedes saber si tú eres una de estas personas? Haciendo este test para conocer tu potencial de adicción.

1. ¿Hay algo por lo que serías capaz de hacer cualquier cosa?
Sí _____   No _____

2. ¿Alguna vez has hecho algo en contra de tus principios o de las reglas establecidas en la sociedad y/o en tu casa?
Sí _____   No _____

3. ¿La gente siempre te está diciendo que dependes mucho de cierto aspecto o cosa en tu vida?
Sí _____   No _____

4. Cuando algo te sale mal, ¿realizas alguna actividad especial para levantarte el ánimo?
Sí _____   No _____

5. ¿Tienes alguna actividad secreta que acostumbras a hacer?
Sí _____   No _____

6. ¿Tienes que verificar las cosas unas tres veces antes de quedar totalmente satisfecho/a?
Sí _____   No _____

7. ¿Alguna vez has negado que tienes un problema, aun cuando sabes que éste no te beneficia?
Sí _____   No _____

8. ¿Existe algo en tu vida sin lo que no podrías vivir?
Sí _____   No _____

9. ¿Te sientes obligado/a a hacer ciertas cosas que sabes perfectamente que no son buenas para ti?
Sí _____   No _____

10. ¿Podrías decir que tienes la capacidad de levantarte el ánimo tú mismo/a?
Sí _____   No _____

11. ¿Hay alguien en tu familia que depende física y mentalmente de algo (alcohol, comida, cigarrillo, etc.) o que se ha sometido a un programa de rehabilitación?
Sí _____   No _____

PUNTUACION:
1. Sí-4	No-0	7. Sí-2	No-0
2. Sí-4	No-0	8. Sí-4	No-0
3. Sí-2	No-0	9. Sí-3	No-0
4. Sí-3	No-0	10. Sí-0	No-2
5. Sí-3	No-0	11. Sí-5	No-0
6. Sí-3	No-0		

Actividad B «La Jogocracia»

Paso 1 «La Jogocracia» es un poema por Luz María Umpierre (ver **Lección 8**). En este poema, Umpierre comenta sobre cierto tipo de individuos que se caracterizan por su dedicación al *jogging* y a otras actividades físicas. Lee el poema e indica cuál de las siguientes afirmaciones es correcta.

❏ El poema es una crítica.
❏ El poema es una recomendación de cómo vivir.

Paso 2 Lee el poema una vez más y contesta las siguientes preguntas.

1. ¿Critica la poeta a todos los que practican el *jogging* o sólo critica cierto tipo de personas que lo practican?

2. La palabra «jogocracia» es una palabra que inventó la poeta. ¿Cuál de las siguientes crees que tenía en mente (*she had in mind*) cuando la inventó?
   a. la democracia   **b.** la burocracia
   c. la aristocracia

Paso 3 La clase debe describir a una persona que pertenecería (*would belong*) a la jogocracia tal como la pinta Umpierre. ¿Cuáles son sus características? ¿Cómo pasa su tiempo?

La Jogocracia

Son los venerables miembros de la jogocracia activa,
los laudables teníscratas urbanos,
su inteligencia se mide en cuadras,[a] miles y Adidas,
su estatus son love-forties, las Wilsons y los warm-ups.

5 Hay que estar tan eslim como la misma Virginia,
ponerse bien en shape con el yogurt a mano.
La vida es malla,[b] muelle,[c] anorexia nervosa, aniquilación activa.

Castigan con sus trotes sus lujuriosas vidas
y descargan[d] con raquetas su racismo inhumano;
10 destrucción y desquite,[e] carente sin carencias,[f]
es el goismo-yoista de los gringos, nación en decadencia
que vive y se alimenta entre ZAPS ZAPS Y FLOPS FLOPS.

---

[a]se... *is measured in blocks*   [b]**malla** tiene doble sentido: *gymnast's tights* o *net*   [c]**muelle** también tiene doble sentido: *mechanical spring* (n.) o *comfortable, easy* (adj.)   [d]*unleash* [e]*vengeance* [f]carente... *needy without needs*

GRAMMAR SUMMARY FOR LECCIONES 10–12

Verbs That Require a Reflexive Pronoun

1. Remember that with true reflexive verbs, the subject and the object refer to the same person or thing (**me miro** = *I look at myself,* **se mira** = *she looks at herself*). But you have learned a number of verbs in this unit that require a reflexive pronoun (**me, te, se,** and so forth) even though they are not reflexive in meaning. Here is a list of such verbs.

aburrirse	*to get bored*	¿Te aburres fácilmente?	*Do you get bored easily?*
alegrarse	*to get happy*	Me alegro de oír eso.	*I'm happy to hear that.*
cansarse	*to get tired*	Jaime se cansa si hace calor.	*Jaime gets tired if it's hot.*
enojarse	*to get angry*	No quiero enojarme.	*I don't want to get angry.*
irritarse	*to be (get) irritated*	¡No te irrites!	*Don't get irritated!*
ofenderse	*to be (get) offended*	¿Se ofendió Ud.?	*Did you get offended?*
preocuparse	*to worry, get worried*	Me preocupo por eso.	*I worry about that.*
sentirse (ie)	*to feel*	Me siento bien.	*I feel good.*

2. **Ponerse** can be used with a number of adjectives to talk about changes of emotional states.

> Me puse irritado con ella.
> *I got irritated with her.*

> ¿Te pusiste contento?
> *Did you become happy?*

3. While the verbs in (1) above and the use of **ponerse** in (2) above are not true reflexives, most of them can be used without a reflexive pronoun to talk about how something affects someone else. Compare the following sentences.

> Me ofendí.
> *I got offended.*

> Ese comentario me ofendió.
> *That comment offended me.*

> ¿Te aburriste en la clase?
> *Did you get bored in class?*

> ¿Te aburrió la clase?
> *Did the class bore you?*

The Verbs **faltar** and **quedar**

The verbs **faltar** (*to be missing, lacking*) and **quedar** (*to be remaining*) are generally used with indirect object pronouns to express concepts equivalent to the English to have something missing or to have something remaining. Note both the literal and the more standard translations in English which will help you remember how these verbs work in Spanish.

> Me falta dinero.
> *I'm missing money. (Lit. Money is missing to me.)*

> ¿Le falta algo a Ud.?
> *Are you missing something? (Lit. Is something missing to you?)*

> No nos queda nada.
> *We have nothing left. (Lit. Nothing is left to us.)*

> ¿Cuánto dinero te queda?
> *How much money do you have left? (Lit. How much money is left to you?)*

Both **faltar** and **quedar** can be used without indirect object pronouns. Compare the following sentences to those above.

> ¿Queda pan?
> *Is there any bread left?*

> Algo falta...
> *Something is missing . . .*

> ¿Quién falta?
> *Who is absent? (Who is missing?)*

Estar + Adjective

Remember that to express a condition or state of being, whether emotional or physical, Spanish uses the verb **estar** and not **ser.**

> Estoy muy cansado.
> *I am very tired.*

> Siempre estoy contento.
> *I am always happy.*

> ¿Nunca estás aburrida?
> *Are you ever bored?*

Tener + Nouns

In this, as well as other units, you have seen **tener** used with nouns to express concepts that would require the verb *to be* in English. Don't make the mistake of using **estar** in these situations.

tener cuidado	*to be careful*
	(Lit. to have care)
tener gracia	*to be funny, charming*
	(Lit. to have charm, wit)
tener miedo	*to be afraid*
	(Lit. to have fear)
tener vergüenza	*to be ashamed, embarrassed*
	(Lit. to have shame)

Since the above expressions use nouns, **mucho/a** and **poco/a** are used as modifiers, as well as the phrases **un poco de** and **nada de.** Don't make the mistake of using **muy.**

> Ten mucho cuidado.
> *Be very careful.*

> Tengo un poco de miedo.
> *I'm a little bit afraid.*

> No tiene nada de gracia.
> *He's not at all funny.*

The Imperfect and the Preterite

Most students of Spanish have more difficulty with the functions of the imperfect as compared to the preterite. However, they also tend to have more problems with the forms of the preterite. For this reason, the functions of the imperfect and the forms of the preterite are emphasized in this summary.

1. The imperfect has two main functions in Spanish. The first is to talk about events that happened habitually in the past.

> De niño jugaba mucho.
> *As a child I played a lot.*

> ¿Dormías con la luz prendida?
> *Did you used to sleep with the light on?*

> Antes Juan se ofendía fácilmente.
> *John used to (would) get offended easily.*

While *used to* and *would* are often English translations of the Spanish imperfect, note in the first example that this is not always the case.

2. The second basic function of the imperfect is to convey that a past event was in progress at a particular point in time. That point in time can be clock time (at 2:00) or at the time another event ocurred. (When the door opened . . .).

> ¿Qué hacías anoche a las 9.00?
> *What were you doing last night at 9:00?*

> ¿A las 9.00? Estudiaba.
> *At 9:00? I was studying.*

> ¿Y qué hacías cuando yo llamé?
> *And what were you doing when I called?*

> Veía la televisión.
> *I was watching TV.*

3. The preterite is used in most other cases, such as when a habitual event is limited by a time frame or by a specific number of times, when an event is not recalled as in progress at a particular point in time, and so on.

> Jugué todo el verano.
> *I played all summer long.*

A las 9.00 empecé a estudiar.
I started studying at 9:00.

Cuando volví a casa, encontré una carta en la puerta.
When I got home, I found a letter on the door.

4. A handful of verbs undergo a slight change of meaning depending on whether the preterite or imperfect is used. But remember that since Spanish can inflect the verb to show whether an event was in progress or not, these "meaning changes" are actually due to the fact that English does not inflect verbs this way and thus uses different words to express the same concepts.

No sabía eso.
I didn't know that.
(*My knowing something was in progress at the time inferred.*)

Lo supe anoche.
I found out last night.
(*My knowing was not in progress last night. I literally began to know last night.*)

Ya la conocía.
I knew her already.
(*My knowing her was in progress at the time inferred.*)

Conocí a Roberto anoche.
I met Robert last night.
(*My knowing Robert was not in progress last night. I literally began to know him last night.*)

5. Clock time is always expressed in the imperfect in the past. This is because the hour "was in progress" when something else happened.

Eran las 10.00 cuando oí un sonido raro.
It was 10:00 when I heard a strange noise.

Regular Preterite Stems and Endings

cansarse	beber	salir
me cansé	bebí	salí
te cansaste	bebiste	saliste
se cansó	bebió	salió
se cansó	bebió	salió
nos cansamos	bebimos	salimos
os cansasteis	bebisteis	salisteis
se cansaron	bebieron	salieron
se cansaron	bebieron	salieron

Regular Preterite Verbs with Spelling Changes in the **yo** Form

buscar	busqué
criticar	critiqué
pagar	pagué
jugar	jugué
almorzar	almorcé

Certain Preterite Stem Vowel Changes with Regular Endings

dormir (**o** → **ue** in present)
durmió
durmieron

sentirse (**e** → **ie** in present)
se sintió
se sintieron

pedir (**e** → **i** in present)
pidió
pidieron

Irregular Preterite Stems and Irregular Endings

andar	anduv-	-e
estar	estuv-	-iste
hacer	hiz-*	-o
poder	pud-	-o
poner	pus-	-imos
querer	quis-	-isteis
saber	sup-	-ieron
tener	tuv-	-ieron
venir	vin-	

*Remember that Spanish does not allow the combination of **ze** or **zi.** The **yo** form of **hacer** in the preterite therefore becomes **hice (hiz- + -e → hice).**

Note that irregular preterite verbs whose stems end in **j** drop the **i** of **-ieron.**

conducir	conduj-	condujeron
decir	dij-	dijeron
traer	traj-	trajeron

Dar is completely irregular in the preterite and doesn't follow any of the above patterns.

di	dimos
diste	disteis
dio	dieron
dio	dieron

Commands

1. Affirmative tú command forms are the same as the present tense **él/ella** form.

Toma.
Here. (Take this.)

Bebe.
Drink up.

Escribe tu nombre aquí.
Write your name here.

Some common verbs have irregular affirmative **tú** command forms.

decir	Di algo.
hacer	Haz algo.
ir	Ve a clase.
poner	Pon esto allí.
salir	Sal si puedes.
tener	¡Ten cuidado!
venir	Ven conmigo.

2. All negative **tú** commands are regular. They are formed by taking the **yo** form of the present tense and adding **-es** if the verb is **-ar, -as** if the verb is **-er** or **-ir.**

INFINITIVE	YO FORM	NEGATIVE COMMAND STEM	COMMAND FORM
tomar	tomo	tom-	no tomes
venir	vengo	veng-	no vengas
hacer	hago	hag-	no hagas

Note that the **c → qu, g → gu** and **z → c** spelling changes apply here as in the case of the preterite verb forms.

almorzar	almuerzo	almuerc-	no almuerces
pagar	pago	pagu-	no pagues
criticar	critico	critiqu-	no critiques

3. If an object pronoun or a reflexive pronoun is used with the verb, then

    a. it is attached to the end if the command is affirmative.

    b. it goes in front of the verb if the command is negative.

Dime algo.
Tell me something.

Cálmate.
Calm down.

Levántate temprano.
Get up early.

Pruébalo.
Try it.

No me digas eso.
Don't tell me that.

No te ofendas.
Don't get offended.

No te levantes tarde.
Don't get up late.

No lo pruebes.
Don't try it.

Note that accent marks are added to preserve the stress where it normally falls on the command form.

Grammar Summary for Lecciones 10–12

cinco

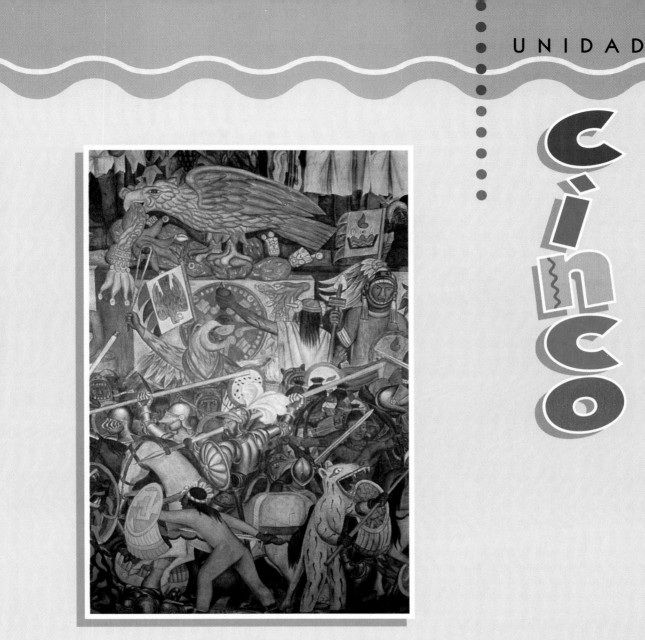

México a través de los siglos (detalle, 1929–1935)
por Diego Rivera

SOMOS LO QUE SOMOS

_P_ara muchas personas los animales son seres muy distintos del ser humano. Pero, ¿es esto cierto? ¿Hay casos en que los seres humanos y los animales se comportan de forma igual o parecida? ¿En qué se distingue el comportamiento de ambos? ¿En qué manera han utilizado los seres humanos a los animales como símbolos importantes de la personalidad humana? Éstas y otras preguntas forman el enfoque de la **Unidad cinco.**

Para muchos, las mascotas (*pets*) son como amigos o miembros de la familia. ¿Qué papel tienen en tu vida?

¿Es típico incluir a los animales en las fotos de familia? ¿en el arte? (*Las meninas,* o *Familia de Felipe IV* [1656] por Diego Velázquez [español, 1599–1660])

Los animales siempre han servido de símbolos para nosotros. Para ti, ¿qué representa una serpiente? ¿un jaguar? ¿una rata?

Dos elefantes se saludan. ¿En qué aspecto es este comportamiento típico de los animales? ¿Cómo se saludan los seres humanos?

13

¿CON QUÉ ANIMAL TE IDENTIFICAS?

¿*h**as pensado alguna vez en que los animales tienen personalidad? Por ejemplo, ¿en qué se diferencia la personalidad de una rata de la de un tigre? ¿Pueden las descripciones de la personalidad de los animales aplicarse a los seres humanos? En esta lección vas a examinar estos temas y también vas a*

■ *aprender a describir la personalidad de una persona*

■ *leer un poco sobre el uso de los animales como símbolos*

■ *aprender un tiempo verbal nuevo, el pretérito perfecto (present perfect)*

■ *aprender otros verbos "reflexivos"*

Mono

337

Look over the **Intercambio** activity on pages 354–355. This is the activity you will be working toward throughout this lesson.

El horóscopo chino (I)

ENFOQUE LÉXICO

¿Cómo eres?

Describing Personalities (I)

RATA

Son rata los nacidos en

1900
1912
1924
1936
1948
1960
1972
1984

Bajo una aparente calma se esconde una gran inquietud, ansiedad y nerviosismo. Ante todo es un ser optimista. Muy imaginativo, vital y creador. Gusta de aconsejar, aunque a veces convierte esta actitud en defecto y cae en la crítica. Más intelectual que sensual, pero muy sentimental. Prefiere vivir de su ingenio que de su trabajo. La rata es maligna y destruye todo lo que le sale al paso.

La rata

inquieta (*restless*)
imaginativa
creadora
optimista

Prefiere vivir de su ingenio (*ingenuity*) que de su trabajo.

BUEY

Son buey los nacidos en

1901
1913
1925
1937
1949
1961
1973
1985

Tranquilo, paciente, desconfiado, preciso, metódico y equilibrado, el buey esconde su inteligencia tras una máscara de sencillez. Inspira confianza. Observador e introvertido es, a veces, presa de la cólera. Mejor no enemistarse con él, podría ser peligroso. Va por la vida de jefe autoritario y radical; no tolerará rock duro ni moda punk en su familia.

El buey

desconfiado (*distrustful*)
paciente
metódico
equilibrado

No tolera *rock* duro ni moda *punk* en su familia.

VOCABULARIO ÚTIL*

esconder	to hide	**el mando**	control; order
aconsejar	to advise, give counsel	**a no ser que**	unless
la confianza	trust		

---

*The words given in **Vocabulario útil** here and in the next two **Enfoque léxico** sections will help you understand the Chinese horoscopes.

TIGRE

Son tigre los nacidos en

1902
1914
1926
1938
1950
1962
1974
1986

Rebelde, siempre en contra de lo establecido. Autoritario, violento y colérico; pero de un gran magnetismo, es irresistible. Siempre en el mando, sería un buen gangster, explorador, paracaidista, acróbata o torero, pues ama el riesgo. El dinero no le importa, lo suyo es la acción. Sensitivo y emocional, ama intensamente; pero sus amoríos no son felices.

El tigre

rebelde
autoritario
violento
irresistible

El dinero no le importa; lo suyo (lo que le interesa) es la acción.

CONEJO

Son conejo los nacidos en

1903
1915
1927
1939
1951
1963
1975
1987

Agradable, simpático, discreto, refinado, reservado, no muy ambicioso... es la compañía ideal, si no fuera por su superficialidad. Adora la vida en sociedad, son hombres y mujeres de mundo que brillan[a] en las reuniones. Egoísta, los problemas del mundo le dejan impasible... a no ser que le afecten personalmente. Calmado, plácido y pacífico necesita, sobre todo, comodidad y confort.

El conejo

calmado
superficial
discreto
no muy ambicioso

Los problemas del mundo le dejan impasible (indiferente).

[a]*shine*

Actividad A   ¿A quién se refiere?

Lee rápidamente los horóscopos simbolizados por los cuatro animales. Luego escucha las palabras descriptivas del profesor (de la profesora). ¿A quién se refiere en cada caso?

1...   2...   3...   4...   5...   6...   7...   8...

Actividad B   Dos animales distintos

Escucha a tu profesor(a). ¿Cuáles son los dos animales que está comparando?

MODELO   PROFESOR(A): Este animal es _____ mientras que este otro es _____.

ESTUDIANTE: Se refiere al (a la) _____ y al (a la) _____.

1...   2...   3...   4...   5...

Actividad C   Cualidades

Escucha la definición que da el profesor (la profesora). ¿Qué cualidad describe?

1...   2...   3...   4...   5...

Actividad D ¿Serían° compatibles?

Would they be

En grupos de dos, determinen si las siguientes parejas de animales serían buenos amigos. Expliquen por qué.

Parejas

a. conejo y tigre
b. tigre y buey
c. rata y buey

d. rata y conejo
e. rata y tigre
f. buey y conejo

Respuestas sugeridas

1. Claro que sí. Los dos son ____. También ____.
2. Es posible, porque los dos son ____, pero también hay que notar que ____.
3. En absoluto. Uno es ____ y ____. En cambio (*On the other hand*) el otro ____.

ENFOQUE LÉXICO

¿Cómo es la serpiente?

Describing Personalities (II)

DRAGÓN

Son dragón los nacidos en

1904
1916
1928
1940
1952
1964
1976
1988

Explosivo, vital e incapaz de hipocresías. Es un idealista, un perfeccionista. Pide mucho, pero da mucho. Puede llegar a ser irritable y cabezón. Altivo, impetuoso, detallista e inteligente, puede realizar cualquier actividad, lo que haga lo hará bien. Es siempre amado, pero raramente ama. Suele ser la causa de dramas amorosos. La mujer dragón desencadena° las pasiones.

El dragón

idealista
explosivo
perfeccionista
cabezón (obstinado)

Pide mucho, pero da mucho.

°*unleashes*

SERPIENTE

Son serpiente los nacidos en

1905
1917
1929
1941
1953
1965
1977
1989

Sabia, bella y peligrosa. Es una persona filosófica, intelectual y cerebral que no malgasta su tiempo en charlas frívolas. Confía sobre todo en su sexto sentido, por lo que toma rápidamente decisiones. A pesar de que no tendrá nunca problemas de dinero, detesta prestárselo a los demás. En el amor será celosa y posesiva.

La serpiente

sabia (*wise*)
cerebral
celosa (*jealous*)
posesiva

Confía en su sexto sentido por lo que toma rápidamente decisiones.

CABALLO

Son caballo los nacidos en

1906
1918
1930
1942
1954
1966
1978
1990

Es simpático, divertido, chismoso y siempre popular. Es más astuto que inteligente... y lo sabe. Tiene la sangre caliente y es impaciente. Sus cambios de humor son inevitables y un poco pueriles. Abandona pronto el círculo familiar para vivir su vida. Si no fuera por sus cambios bruscos de carácter conseguiría todo en el amor, profesión o negocios.

El caballo

divertido (*fun-loving*)
chismoso (*gossipy*)
impaciente
popular

Tiene la sangre caliente y sus cambios de humor son inevitables.

CABRA

Son cabra los nacidos en

1907
1919
1931
1943
1955
1967
1979
1991

Elegante, encantador, artista y amante de la naturaleza. Sería delicioso si no fuera por su pesimismo y vacilación continua. La cabra no será nunca feliz con su suerte, cosa que llega a desesperar a los que la rodean, al igual que sus caprichos, falta de control y su poco sentido del tiempo. Por lo demás es adaptable a tope, no necesita más que unos mínimos para sobrevivir. Tímida e insegura, adora ser guiada, porque nunca sabe qué camino tomar. Su responsabilidad es nula, nada de lo que sale mal es culpa suya.

La cabra

encantadora (*charming*)
adaptable
insegura
indecisa

Adora ser guiada porque nunca sabe qué camino tomar.

VOCABULARIO ÚTIL

realizar	to achieve	**la sangre**	blood
amar	to love	**si no fuera por**	if it weren't for
confiar	to trust	**conseguir (i, i)**	to get, obtain
detener (*irreg.*)	to stop, detain	**desesperar**	to exasperate

Actividad E ¿Qué animal es?

Lee rápidamente los horóscopos simbolizados por los cuatro animales. Luego escucha las palabras descriptivas del profesor (de la profesora). ¿A qué animal se refiere en cada caso?

1... 2... 3... 4... 5... 6... 7... 8...

Actividad F Más descripciones

Escucha lo que dice el profesor (la profesora). ¿A quién se refiere?

1... 2... 3... 4... 5... 6... 7...

ASÍ SE DICE

Remember that **ser** is used with adjectives to express inherent qualities and characteristics. Use **estar** if the characteristic is not typical of the person (or thing), or if someone's behavior or appearance strikes you as unusual and surprising. ¡OJO! English often uses expressions such as *is acting, seems,* and so forth, for cases in which Spanish uses **estar.**

EXPRESSIONS OF INHERENT QUALITY
La rata es muy inquieta.
El tigre es violento.

EXPRESSIONS OF NON-TYPICAL ATTRIBUTES
No sé qué le pasa al buey. Está muy inquieto.
Cuidado con el conejo. Está muy violento hoy.

COMUNICACIÓN

Actividad G Personalidades y profesiones

Paso 1 ¿Asocias ciertas profesiones con ciertos tipos de personas? Empareja los elementos de la columna A con los de la columna B. Luego explica por qué.

MODELO Un(a) _____ sería un buen (una buena) _____. Para ser _____, es necesario ser _____. También es importante ser _____. El (La) _____ posee estas cualidades.

A	B
actor/actriz	dragón
científico/a dedicado/a	cabra
revolucionario/a	caballo
activista político/a	serpiente
obrero/a de fábrica (*factory worker*)	

Paso 2 Presenta tus ideas a la clase. ¿Están de acuerdo tus compañeros con lo que les presentas?

Actividad H ¿Sabías que... ?

Paso 1 Escucha y lee la selección **¿Sabías que... ?** que aparece en la página 343. Explica las cualidades que se asocian con los siguientes animales.

el cardenal
el delfín
el halcón
el oso (*bear*)
el toro

Paso 2   ¿Puedes indicar en qué ciudades o estados están los equipos deportivos que han adoptado estos animales como símbolos?

Paso 3 (Optativo)   En grupos de tres o cuatro, busquen un animal que pueda simbolizar la clase de español. Comparen el símbolo que han escogido con los de los otros grupos. ¿Qué cualidades tienen los animales que escogieron?

¿ S A B Í A S   Q U E . . .

México a través de los siglos (detalle, 1929–1935) por Diego Rivera

... el ser humano siempre ha usado, y aún usa, los animales como símbolos? Entre los aztecas y los mayas, por ejemplo, el jaguar era un animal muy estimado por sus cualidades. Es astuto y feroz, las cualidades que los aztecas creían que eran importantes para ser un buen guerrero.[a] Los guerreros aztecas se ponían trajes y adornos que imitaban al jaguar. En los tiempos modernos, aunque con ciertas variantes, la costumbre continúa. Por ejemplo, ¿no has oído hablar de los Leones de Detroit, de los Potros de Indianapolis o de los Carneros de St. Louis?

Las grandes civilizaciones prehispanas usaban los animales como símbolos, incorporando su imagen en el arte, la arquitectura y en sus trajes ceremoniales.

---

[a]*warrior*

El horóscopo chino (II)

¿Y el gallo? ¿Cómo es?

Describing Personalities (III)

MONO

Son mono los nacidos en

1908
1920
1932
1944
1956
1968
1980
1992

De los doce signos del horóscopo, éste es el que produce la gente más extraordinaria. El mono es malicioso y ama la diversión. Muy sociable, es astuto, egoísta e interesante. Juguetón y detallista, cuando quiere puede destruir a cualquiera, porque se considera superior a todos. Es vanidoso y con una amplia sed de conocimientos. Su fantástica memoria le libra de su confusa mente. Inventa y resuelve a toda velocidad, y además con originalidad. Independiente y egoísta, es poco escrupuloso, no vacila en mentir cuando le interesa... pero resulta encantador. Cae fácilmente en el amor, pero no es constante.

El mono

malicioso
astuto
egoísta
poco escrupuloso

Es vanidoso y con una amplia sed de conocimientos.

GALLO

Son gallo los nacidos en

1909
1921
1933
1945
1957
1969
1981
1993

Todo un espectáculo de soñador arrogante al que le gusta ser adulado. Le importan un comino los sentimientos ajenos. Su excentricidad es, en el fondo, conservadurismo tanto en política como en costumbres. Lo peor de él es que siempre cree tener razón. Lo suyo son los castillos[a] en el aire. Es un compañero estimulante, a pesar de su fanfarronería.[b] Puede ser desde bombero hasta relaciones públicas porque posee un gran coraje. Lo que le salva es que es realmente sincero con sus sueños.

El gallo

soñador (*dreamer*)
conservador
estimulante
arrogante

Lo peor de él es que siempre cree tener razón.

[a]*castles* [b]*boasting*

PERRO

Son perro los nacidos en

1910
1922
1934
1946
1958
1970
1982
1994

Siempre preocupado, alerta, en guardia, mirando... Introvertido, no se sincera a no ser que sea absolutamente necesario. Sus observaciones y comentarios pueden llegar a ser mordaces. En realidad es el mayor pesimista del mundo. Le sublevan las injusticias y en él se conjugan los rasgos más nobles: leal, justo y respetuoso. Discreto, es la persona ideal para guardar un secreto. Sufre por lo que ha sucedido, está sucediendo y sucederá. Ningún signo reúne tanta honradez, rectitud y pasión, con una pizca de ambición personal.

El perro

pesimista
alerta
leal (*loyal*)
respetuoso

Es la persona ideal para guardar un secreto.

CERDO

Son cerdo los nacidos en

1911
1923
1935
1947
1959
1971
1983
1995

Galante, servicial y escrupuloso, el cerdo es un cúmulo de corrección e integridad. Pon tu confianza en él, no te defraudará nunca. Es un ingenuo, inocente, confidente e indefenso. Y tan increíblemente sincero que, a veces, arremete contra sí mismo. Un poco torpe en asuntos de dinero, suele tener problemas financieros. Lo suyo no son los negocios (demasiado íntegro para los chanchullos[a]). Lo curioso en él es que, a pesar de creer a pies juntillas[b] todo lo que le dicen, siempre necesita probar lo que él opina. Gran lector, pero de cosas superficiales.

El cerdo

ingenuo (*naive*)
confidente
indefenso
sincero

Pon tu confianza en él; no te defraudará nunca.

[a]*crooked deals, swindles* [b]*a... firmly, steadfastly*

VOCABULARIO ÚTIL

juguetón (juguetona)	playful	**la honradez**	honesty
librar	to free	**una pizca**	a pinch
la mente	mind	**torpe**	clumsy
resolver (ue)	to resolve	**importar un**	not to matter
mentir (ie, i)	to lie	**comino**	at all
ajeno/a	of another, belonging to someone else		
lo peor	the worst thing		

Actividad A ¿A quién se refiere?

Lee rápidamente los horóscopos simbolizados por los cuatro animales. Luego escucha las palabras descriptivas del profesor (de la profesora). ¿A quién se refiere en cada caso?

1... 2... 3... 4... 5... 6... 7... 8...

Actividad B   Los animales hablan

¿Quién diría (*would say*) y quién no diría cada una de las siguientes?

> MODELO   El (La) _____ diría esto porque indica que _____. Así, el (la) _____ no creo que lo diría.

1. «Acabo de leer una novela deliciosa... de Jackie Collins.»
2. «Realmente me da mucha pena (*it pains me*). Me duele oír eso.»
3. «No puedes decir que lo que yo digo no es así.» (Acaba de dar su opinión sobre algo.)
4. «Sabes que siempre puedes contar conmigo (*count on me*).»
5. «Diego Rivera, el gran muralista, era mi tío.» (¡La persona que lo dice no tiene ningún pariente famoso!)

COMUNICACIÓN

ASÍ SE DICE

To express abstract concepts such as *the important* (*good, curious*, and so forth) *thing*, Spanish uses **lo** plus a masculine singular adjective. This construction is useful when discussing personalities.

lo bueno/lo malo
the good thing/the bad thing

lo interesante
the interesting thing

lo importante
the important thing

lo curioso
the curious thing

Lo bueno del buey es que es paciente. Lo curioso de él es que no tolera muchas costumbres modernas.

Actividad C   En una fiesta

Paso 1   La clase debe dividirse en parejas. El profesor (La profesora) le va a asignar a cada pareja uno de los grupos de situaciones a continuación. Lean cada situación y determinen a qué animal del horóscopo chino se le aplica.

> MODELO   Esta descripción se le aplica al (a la) _____ porque _____.

GRUPO A

1. Bueno, en la fiesta, esta persona no habló mucho con los demás... pero sí lo escuchó todo. Mientras el dragón hablaba, esta persona pensaba que el dragón tenía razón, que había muchos problemas en el mundo que necesitaban la atención de los políticos. Pero a la vez (*at the same time*) creía que estos problemas no tenían solución. «¡Qué triste es la vida!» se decía.
2. Mientras el dragón hablaba de los problemas del mundo y criticaba a los políticos, esta persona hablaba aparte con otras tres personas dando su propia opinión sobre el tema. Todos la escuchaban atentamente, lo cual le gustaba mucho. No refutaba lo que decía el dragón, pues realmente no le interesaba lo que el dragón decía.
3. Esta persona era una de las tres que escuchaban atentamente a la persona del número 2. Mientras la escuchaba, pensaba: «¡Vaya! ¡Qué individuo tan inteligente! Tiene toda la razón en lo que dice.» Más tarde, la rata le pidió a esta persona que le prestara (*lend*) dinero. Pero esta persona le confesó a la rata que tenía dificultades económicas en ese momento.

GRUPO B

1. Esta persona se puso lívida tan pronto como se inició una discusión sobre el problema de los pobres. Acusó al conejo de ser egoísta y superficial. También dijo que si los políticos pusieran (*were to put*) más interés en las necesidades del pueblo que en las armas, no tendríamos (*we wouldn't have*) tantos problemas en este país.
2. Esta persona se encontraba entre las personas que discutían en el número 1, pero no dijo nada. Escuchó las soluciones propuestas

Lección 13   ¿Con qué animal te identificas?

pero no veía que una fuera mejor que otra. Se contentaba con no tener que tomar decisiones de ese tipo, de tener su trabajo, ganar su dinero, y regresar a su casa, tranquila, cada noche.

3. Mientras los demás discutían la política nacional, otro grupo escuchaba las historias cómicas sobre el buey que contaba esta persona.

GRUPO C

1. Esta persona conoció a un hombre en la fiesta. Lo observó y luego habló con él. Fue muy cortés (*polite*) con este hombre. Durante la conversación, el hombre se sintió tan cómodo (*comfortable*) con esta persona que le habló de su vida privada. Al despedirse, el hombre notó que esta persona no le había dicho (*hadn't told him*) nada de su propia vida.

2. Esta persona se dedicó a probar un poco de cada plato y a andar de grupo en grupo, hablando sólo unos minutos con cada grupo, pues no se sentía cómoda en ningún lugar. Alguien se ofendió ante uno de los comentarios de esta persona, pero esta persona no se dio cuenta porque nunca está consciente de lo negativo en ninguna situación.

3. Cuando esta persona llegó a la fiesta causó una gran impresión. Decidió no llevar un traje formal. Llegó con un vestido (*dress*) muy original, blanco y negro, y llevaba unas joyas (*jewels*) fabulosas. Siempre que hablaba en un grupo de personas, dominaba la conversación. Todos en la fiesta la admiraban.

Paso 2 Presenten a la clase sus conclusiones. ¿Están todos de acuerdo con Uds.?

Paso 3 (Optativo) Describan en un párrafo cómo se portaron (*behaved*) los otros tres animales en la fiesta.

Actividad D ¿A quién escogerías°?   *would you choose*

Paso 1 Con otra persona determinen cuáles son las cualidades esenciales para realizar cada uno de los siguientes cargos (*tasks*).

> MODELO   Para _____, es necesario _____.
> *o* Para _____, una persona tiene que _____.

a. manejar tus asuntos financieros
b. organizar una importante fiesta para el presidente (la presidenta) de la universidad
c. cuidar a unos niños pequeños cuando los padres no están en casa
d. decorar tu casa o apartamento
e. negociar un acuerdo político con otro país
f. ayudarte en un experimento que tú diriges (*direct*)
g. defenderte como abogado/a (*lawyer*) si se te acusa de un crimen

Paso 2 Repasen brevemente las doce descripciones del horóscopo chino. Luego, escojan el animal que creen que mejor puede realizar cada uno de esos cargos. También escojan el animal que no podría hacerlo.

Paso 3 Preparen una breve explicación y preséntenla a la clase.

MODELO Para ___1___, nosotros escogimos al (a la) ___2___. El (La) ___2___ tiene fama de ___3___. Esto es indispensable para realizar este trabajo. Nunca se debe considerar al (a la) ___2___ para hacer esto porque este tipo de personalidad es ___3___.

1 = la ocupación o cargo a realizar
2 = el nombre de un animal
3 = cualidad(es) atribuida(s) a este animal

Actividad E   Los hispanos hablan

Paso 1   Lee cómo se describe Karen Herrera en la selección **Los hispanos hablan** que aparece abajo. Luego, escucha lo que dice y contesta las siguientes preguntas.

1. Da uno o dos ejemplos de lo que hace Karen para mostrar su actitud realista.
2. Según lo que dice, ¿qué signo del horóscopo chino le viene mejor (*best suits her*)?

Paso 2   Ahora lee y escucha lo que dice Clara Martínez Silva. Luego contesta las siguientes preguntas.

1. ¿Estás de acuerdo con lo que dice Clara al final? ¿Crees que sería buena psicóloga?
2. Compara y contrasta las autodescripciones de Karen y Clara. Después determina si podrían (*they could*) trabajar juntas, ser amigas o tener cualquier otro tipo de relaciones.

Paso 3   Determina si tú eres optimista, realista o si tienes algo de las dos cualidades. Da uno o dos ejemplos para apoyar lo que dices.

LOS HISPANOS HABLAN

¿Cómo te describes a ti misma?

NOMBRE: Karen Herrera
EDAD: 21 años
PAÍS: Honduras

«Me considero realista. Para hacer algo, ... »

NOMBRE: Clara Martínez Silva
EDAD: 20 años
PAÍS: España

«Soy muy optimista. Pienso que... »

¡DEAS PARA EXPLORAR

La expresión de la personalidad

¿Has mentido alguna vez?

Introduction to the Present Perfect

```
he
has
ha
ha        hablado
hemos  +  leído
habéis    salido
han
han
```

—**He tomado** una decisión.
—¿Sí? ¿Cuál es?
—**He decidido** buscar otro tra-
bajo.
—¿Lo **has pensado** bien?

You may recall encountering in *¿Sabías que... ?* the present perfect (**el pretérito perfecto**) tense. Forms such as **ha investigado** and **han investigado,** roughly equivalent to English *has investigated* and *have investigated,* consist of the verb **haber** and a past participle.

In most past participles the **-ar, -er,** and **-ir** endings of the infinitive are replaced with **-ado, -ido** and **-ido,** respectively. There are no stem changes.

probar	**He probado** comidas muy exóticas.
poder	No **he podido** estudiar para el examen.
dormir	No **he dormido** bien esta semana.

A few common verbs have irregular past participles:

hacer	hecho	¿**Has hecho** la tarea?
escribir	escrito	No **hemos escrito** la composición.
poner	puesto	Mi papá ya **ha puesto** la mesa.
decir	dicho	¿**He dicho** algo incorrecto?
ver	visto	¿**Has visto** a la profesora recientemente?
morir	muerto	Su perro **ha muerto.**

Although the verb **ir** is irregular in many tenses, it has a regular past participle. What do you think is the past participle of **ir?** You were right if you guessed **ido.**

As you continue to describe your personality in this lesson, you will find the present perfect useful when talking about things you have and haven't done.

Actividad A ¿Cuánto sabes?

Escoge una respuesta para cada pregunta.

1. De los actores a continuación, ¿quién no ha muerto todavía?
   a. Raúl Julia   b. Rock Hudson   c. Paul Newman
2. Todas las cantantes a continuación han hecho un vídeo musical menos una. ¿Quién es esa persona?
   a. Bette Midler   b. Ethel Merman   c. Barbra Streisand
3. ¿Quién de las siguientes personas ha recibido el Premio Nobel dos veces?
   a. Marie Curie   b. Óscar Arias   c. Nelson Mandela
4. De los siguientes tenistas, ¿quién no ha ganado un campeonato del *Grand Slam* en la categoría de individuales?
   a. Conchita Martínez   b. Sergio Bruguera   c. Gigi Fernández
5. ¿Cuáles de los siguientes países hispanos han invadido los Estados Unidos?
   a. España, la Argentina y Puerto Rico   b. Cuba, México y Nicaragua   c. el Ecuador, el Perú y Colombia

Actividad B ¿Sí o no?

Empareja una frase de la columna A con una de la columna B para formar oraciones lógicas y gramaticalmente correctas. Luego indica si se te aplican o no.

A	B
1. He estudiado	a. a una persona famosa.
2. He hablado	b. con algunos amigos esta semana.
3. He visto	c. con algunos familiares por teléfono esta semana.
4. He salido	d. para varios exámenes este semestre.
5. He conocido	e. una película en el cine recientemente.
6. Me he acostado	f. tarde varias veces esta semana.

Actividad C ¿Lo has hecho tú?

Paso 1 Completa las siguientes frases con información que se te aplica.

Esta semana...

1. he escrito _____.
2. he mirado _____.
3. he ido al (a la) _____.
4. he visitado (a) _____.
5. he leído* _____.

_____

*When **-er** and **-ir** verb stems end in **-a**, **-e**, or **-o**, the **i** in the past participle ending **-ido** carries an accent.

A S Í   S E   D I C E

The present perfect in English and Spanish share many meanings and functions; however, they are not exactly equivalent. For example, English *I have lived in Champaign for ten years* would be rendered in Spanish as **Hace diez años que vivo en Champaign.** See whether you can give an English equivalent for each sentence below.

Hace un mes que no llueve.
Hace mucho tiempo que no veo a mi famillia.
Hace un año que no fumo.

Paso 2 La clase entera debe convertir las oraciones del **Paso 1** en preguntas y hacérselas al profesor (a la profesora) para averiguar si ha hecho cosas iguales a las que hicieron Uds. ¿Quién tiene más en común con el profesor (la profesora)?

MODELO ¿Ha escrito Ud. (Has escrito) una carta esta semana?

Actividad D Todos hemos leído...

Paso 1 Inventa dos oraciones para hablar de algo que crees que **todos** en la clase han hecho alguna vez en su vida. La primera oración debe referirse a algo bastante obvio. La otra debe referirse a algo que no es obvio (ver los modelos).

MODELOS ALGO QUE ES OBVIO: Todos hemos estudiado español alguna vez en la vida.

ALGO QUE NO ES OBVIO: Todos hemos dicho alguna estupidez alguna vez en la vida.

Paso 2 Cada persona debe compartir sus oraciones con la clase. ¿Cuáles ideas se repiten más, las que se refieren a lo obvio o las otras?

Actividad E Un perfil° breve

profile

Paso 1 Escoge a un compañero (una compañera) de clase y hazle las siguientes preguntas. Basándote en sus respuestas, determina en dónde lo/la pondrías (*you would put*) en la siguiente escala.

arriesgado/a (*daring*)   conservador(a)
espontáneo/a ←——————————→ tradicional
agresivo/a   reservado/a

1. ¿Cuál es el lugar más lejos de tu ciudad (pueblo) que has visitado?
2. ¿Cuál es el plato más exótico que has comido?
3. ¿Cuál es la hora de la noche más tarde en que has regresado a casa de tus padres?
4. ¿Has visto alguna película «escandalosa»? ¿Has leído algún libro «escandaloso»?*
5. ¿Has discutido (*argued*) con un profesor (una profesora) sobre la nota de un examen?

¿Qué piensa tu compañero/a de tu análisis? ¿Está de acuerdo?

Paso 2 Ahora, cambien papeles. Tú debes contestar las preguntas que te hace tu compañero/a, y él o ella va a analizar tus respuestas.

Paso 3 ¿Cuántas cosas iguales o parecidas han hecho tanto tú como tu compañero/a? ¿algunas? ¿ninguna? Escribe las oraciones apropiadas.

MODELO (número 5) Los dos hemos discutido...

---

*Si una pregunta te parece indiscreta, puedes contestar «Esta pregunta me parece indiscreta».

Actividad F Preguntas

Paso 1 En grupos de tres, hagan una lista de cinco preguntas. El propósito de las preguntas es determinar si una persona es discreta o indiscreta. (Si prefieren, pueden analizar si la persona es extrovertida o introvertida, optimista o pesimista, inquieta o tranquila, paciente o impaciente, desconfiada o confiada, etcétera.)

> MODELO ¿Le has ocultado (*hidden*) algo a un superior para proteger a un amigo?

Paso 2 Cada grupo debe compartir sus preguntas con la clase. Luego, la clase entera debe escoger las cinco preguntas que más pueden ayudar a determinar si una persona es discreta o no.

Paso 3 Ahora, un(a) estudiante debe ofrecerse como voluntario/a para que el resto de la clase lo/la entreviste. La clase le debe hacer las cinco preguntas y anotar las respuestas. Luego la clase debe determinar si la persona es discreta, según sus respuestas.

Paso 4 (Optativo) ¿Conoces a alguna persona discreta? ¿indiscreta? Si no habla español, hazle las preguntas del **Paso 2** en inglés. Después, presenta en español sus respuestas a la clase y determina si las preguntas tienen validez.

> MODELO Le hice las preguntas a _____, una persona discreta (indiscreta).
> He concluido que las preguntas _____.

¿Te atreves a... ?

More Verbs That Require a Reflexive Pronoun

atreverse a + *inf.*
burlarse de
comportarse
darse cuenta de
jactarse de
portarse

—...y lo peor es que nunca **se da cuenta de** sus errores.

You learned in **Lección 10** that a number of verbs in Spanish that are not reflexive in meaning/sense require a reflexive pronoun. Remember **quejarse (de)** (*to complain [about]*)? These verbs do not translate into English with *-self* or *-selves*, nor do they denote that someone is doing something to him or herself. You will always see the following verbs used in Spanish with a reflexive pronoun.

> **atreverse a** + *inf.* to dare to (*do something*)
>
> **¿Te atreves a** decir eso?

burlarse (de) to laugh (*at*), make fun (*of someone*)

Ella siempre **se burla de** mí.

comportarse to behave

Los niños no **se comportan** bien cuando van a la iglesia.

darse cuenta (de) to realize (*something*)

Nunca **se da cuenta de** sus errores.

jactarse (de) to boast (*about something*)

Se **jactan de** ser los mejores jugadores de fútbol.

portarse to behave

Siempre **me porto** bien en público.

Actividad G   ¿Quién?

Paso 1   Indica a cuáles de los animales del horóscopo chino describe cada frase a continuación. Tienes que defender tu opinión.

1. Se queja de la música contemporánea.
2. No se queja mucho.
3. Se burla de los demás muchas veces y se jacta de sus propios éxitos.
4. No se burla de los demás ni tampoco se jacta de sus propios éxitos.
5. No se da cuenta cuando los demás le mienten.

Paso 2   Ahora completa las siguientes oraciones de una manera lógica usando un adjetivo o varios que describa(n) a la persona.

1. Si una persona (no) se queja mucho es porque es _____.
2. Si una persona (no) se jacta mucho es porque es _____.
3. Si una persona (no) se da cuenta de que otros le mienten es porque es _____.

COMUNICACIÓN

Actividad H   En mi vida...

Paso 1   Completa las siguientes oraciones. Puedes escribir frases verdaderas o falsas.

1. Me he comportado mal _____.
2. Me he atrevido a _____.
3. Me he quejado de _____.
4. Me he burlado de _____.
5. Me he jactado de _____.

Paso 2   Algunos voluntarios deben leer algunas de sus oraciones a la clase. La clase tiene que determinar si la información es verdadera o falsa.

Paso 3 (Optativo)   En grupos, escriban oraciones que se le aplican al profesor (a la profesora). ¿Conocen Uds. bien al profesor (a la profesora)?

Intercambio

El horóscopo chino y tu compañero/a de clase

Propósito: escribir un breve párrafo categorizando a un compañero (una compañera) de clase según el horóscopo chino.

Papeles: una persona entrevistadora y una persona entrevistada.

Paso 1 A continuación hay una encuesta. Vas a entrevistar a un compañero (una compañera) de clase para descubrir su personalidad. Ahora, lee las preguntas de la encuesta para tener una idea de su contenido.

UN PERFIL

1. A esta persona le gusta leer...
- ❑ libros cómicos.
- ❑ ensayos filosóficos.
- ❑ novelas de ciencia ficción.
- ❑ libros de misterio.
- ❑ literatura clásica.
- ❑ novelas populares (corrientes).
- ❑ _____

2. A esta persona le gustan las películas...
- ❑ de misterio.
- ❑ cómicas.
- ❑ eróticas.
- ❑ documentales.
- ❑ románticas.
- ❑ *western*.
- ❑ extranjeras.
- ❑ _____

3. En cuanto a música, es probable que esta persona escuche...
- ❑ *rock*.
- ❑ música popular.
- ❑ *jazz*.
- ❑ música clásica.
- ❑ *country and western*.
- ❑ *rap*.
- ❑ _____

4. Esta persona prefiere estar...
- ❑ solo/a.
- ❑ con una sola persona.
- ❑ con un grupo pequeño de amigos íntimos.
- ❑ con muchas personas.

5. Esta persona busca _____ en una pareja (*partner*).
- ❑ inteligencia
- ❑ dinero
- ❑ buena apariencia física
- ❑ personalidad atractiva

6. Si se enfrenta con un problema, esta persona...
- ❑ actúa agresivamente.
- ❑ no hace nada.
- ❑ actúa con cuidado.

7. Por lo general, esta persona es...
- ❑ enérgica.
- ❑ perezosa.
- ❑ ni muy enérgica ni muy perezosa.

8. Esta persona _____ en el futuro.
- ❏ piensa mucho
- ❏ piensa algo
- ❏ no piensa nada

9. Para describir a esta persona en una palabra diría (*I would say*) que es...
- ❏ razonable.
- ❏ conservadora.
- ❏ emotiva.
- ❏ arriesgada.

10. Los sábados por la noche es probable que esta persona se encuentre...
- ❏ en casa frente al televisor.
- ❏ en casa con un libro.
- ❏ en el cine.
- ❏ en un concierto.
- ❏ en una fiesta.
- ❏ en casa de unos amigos.
- ❏ _____

Paso 2 Piensa un momento en las preguntas que le vas a hacer a la persona que entrevistas. ¡**OJO**! No debes hacerle preguntas directas, como «¿Lees novelas clásicas?» Hazle preguntas indirectas con la intención de deducir de sus respuestas la información que quieres. Por ejemplo: «¿Cuál es tu novela favorita? ¿Quién es tu escritor preferido (escritora preferida)?»

Paso 3 Entrevista a tu compañero/a. Anota sus respuestas y luego llena el formulario de la encuesta con los datos obtenidos.

Paso 4 Examina los datos que tienes. ¿Tienes lo suficiente como para categorizar a tu compañero/a según el horóscopo chino? Si la respuesta es no, entonces piensa en otras preguntas que le puedes hacer.

Paso 5 Con los datos que has obtenido, escribe un párrafo sobre la persona que has entrevistado. Puedes usar el siguiente modelo si quieres, modificándolo según los datos que has obtenido.

He entrevistado a ___1___. Según los datos que me ha dado, ___2___. Un ejemplo de esto es que cuando ___3___. También he descubierto (*discovered*) que ___4___. A la pregunta «___5___» su respuesta fue «___6___». Finalmente, ___1___ me ha dicho que ___7___. Por estas razones, yo diría que ___1___ es ___8___. Su signo debería (*should*) ser ___9___.

1 = el nombre de la persona
2 = una descripción de la persona
3 = una oración en la que se mencione algo que la persona hace que revele su personalidad
4 = una oración que lleve un adjetivo
5 = una pregunta que le has hecho
6 = su respuesta a la pregunta anterior
7 = otra cosa que revele algo más de su personalidad
8 = adjetivos que crees que describen a esa persona
9 = signo del horóscopo chino que le corresponde

Vocabulario

¿Cómo eres? — What Are You Like?

Spanish	English
adaptable	adaptable
alerta (*inv.*)	alert
ambicioso/a	ambitious
arrogante	arrogant
astuto/a	astute
autoritario/a	authoritarian
cabezón (cabezona)	obstinate
calmado/a	calm
celoso/a	jealous
cerebral	cerebral
confidente	trustworthy
conservador(a)	conservative
creador(a)	creative
chismoso/a	gossipy
desconfiado/a	distrustful
discreto/a	discreet
divertido/a	fun-loving
egoísta	egotistical, self-centered
encantador(a)	charming
equilibrado/a	balanced
escrupuloso/a	scrupulous; particular
estimulante	stimulating
explosivo/a	explosive
idealista	idealistic
imaginativo/a (R)	imaginative
impaciente	impatient
indeciso/a	indecisive
indefenso/a	defenseless, helpless
ingenuo/a	naive
inquieto/a	restless
inseguro/a	insecure
irresistible	irresistible
leal	loyal
malicioso/a	malicious
metódico/a	methodical
optimista (R)	optimistic
paciente	patient
perfeccionista	perfectionist
pesimista (R)	pessimistic
popular	popular
posesivo/a	possessive
rebelde	rebellious
respetuoso/a	respectful
sabio/a	wise
sincero/a (R)	sincere
soñador(a)	dreamer
superficial	superficial
violento/a	violent

El horóscopo chino — The Chinese Horoscope

Spanish	English
el buey	ox
el caballo	horse
la cabra	goat
el cerdo	pig
el conejo	rabbit
el dragón	dragon
el gallo	rooster
el mono	monkey
el perro (R)	dog
la rata	rat
la serpiente	snake
el tigre	tiger

Verbos para hablar de ciertos comportamientos — Verbs for Talking About Certain Kinds of Behavior

Spanish	English
atreverse (a)	to dare (to)
burlarse (de)	to make fun (of), laugh (at)
comportarse	to behave
darse cuenta (de)	to realize (*something*)
jactarse (de)	to boast, brag (about)
portarse	to behave

Otras palabras y expresiones útiles

Spanish	English
la confianza	trust
la honradez	honesty
el mando	control; order
la mente	mind
la pizca	pinch
la sangre	blood
ajeno/a	of another, belonging to someone else
juguetón (juguetona)	playful
torpe	clumsy
aconsejar	to advise, give counsel
amar	to love
confiar	to trust
conseguir (i, i)	to get, obtain
desesperar	to exasperate
detener (*irreg.*)	to stop, detain
esconder	to hide
librar	to free
mentir (ie, i)	to lie
realizar	to achieve
resolver (ue)	to resolve
a no ser que	unless
importar un comino	not to matter at all
lo peor	the worst thing
si no fuera por	if it weren't for

Actividad A «Los animales en el arte»

Paso 1 Lee la selección «Los animales en el arte» que aparece abajo. ¿Cuáles son tus sentimientos después de leer el fragmento de *La familia de Pascual Duarte*? ¿Qué piensas de la madre y de lo que hizo?

Paso 2 Empareja los nombres de la columna A con las acciones de la columna B.

A	B
1. _____ el gorila	**a.** anda muy lentamente
2. _____ la hormiga	**b.** se golpea el pecho (*beats his chest*)
3. _____ el buitre	**c.** trabaja sin cesar (*without stopping*)
4. _____ el lobo	**d.** siempre lo recuerda todo
5. _____ la tortuga	**e.** espera la muerte de otro animal con mucha paciencia
6. _____ el elefante	**f.** planea sus ataques silenciosamente

Paso 3 Para cada una de las siguientes personas, escoge uno de los animales del **Paso 2** cuyas (*whose*) cualidades podrían servirle mucho. Di por qué lo crees así.

a. un jefe militar (una jefa militar)
b. un secretario (una secretaria)
c. un(a) psiquiatra

Los animales en el arte

Como te puedes imaginar, los pintores y escritores hispanos han usado animales para describir a las personas. Por ejemplo, el pintor español Goya usó varios animales en sus famosos grabados[a] en los cuales satirizaba la sociedad de su época. En su grabado *Asta su abuelo* (ver página 358), la persona sentada en una silla es un asno.[b] Otro ejemplo es la novela *La familia de Pascual Duarte,* de Camilo José Cela. En una escena bastante gráfica, el novio de la madre, Rafael, le da una patada[c] muy fuerte al bebé, Mario, causándole una lesión en la oreja. Después de que se va el novio, la madre lamé[d] las heridas de su hijo así como lo hacen los perros para curar sus lesiones:

«Cuando el señor Rafael acabó por marcharse, mi madre recogió a Mario, lo acunó en el regazo[e] y le estuvo lamiendo la herida toda la noche, como perra parida a los cachorros...[f]»

¿Sabes tú de ejemplos semejantes en la literatura o el arte?

[a]*prints* [b]*donkey* [c]*le... kicks* [d]*licks* [e]*lo... she cradled him in her lap* [f]*parida... having birthed pups*

Asta su abuelo (1797–1798), uno de los numerosos grabados por Francisco de Goya (*Los caprichos*, plancha 39)

Actividad B El águila°

°eagle

Rubén Darío (1867–1916), nicaragüense, es uno de los poetas hispanoamericanos más conocidos universalmente. Su nombre se asocia con la corriente (*movement*) literaria llamada «Modernismo». A la derecha aparece un fragmento de un poema que escribió que se titula «Salutación al águila».

Paso 1 Antes de leer el poema, piensa en lo siguiente: ¿Qué representa el águila para ti? Escribe tres oraciones expresando lo que asocias con esta ave. Si no puedes hacer asociaciones, escribe tres oraciones para describir al águila.

  1... 2... 3...

Ahora haz lo mismo refiriéndote al cóndor.

  4... 5... 6...

Paso 2 Ahora lee el fragmento del poema. Luego contesta las siguientes preguntas.

  1. ¿Qué simboliza el águila en el poema?
   ❏ Europa ❏ los Estados Unidos
  2. ¿Qué simboliza el cóndor?
   ❏ Latinoamérica ❏ África

Paso 3 Compara el contenido del fragmento del poema con lo que escribiste en el **Paso 1**. ¿Hay alguna relación entre lo que escribiste y lo que escribió Darío?

Fragmento de «Salutación al águila»

Bien vengas, mágica Águila de alas[a] enormes y fuertes,
a extender sobre el Sur tu gran sombra[b] continental,
a traer en tus garras[c], anilladas[d] de rojos brillantes,
una palma de gloria, del color de inmensa esperanza[e],
en tu pico[f] la oliva de una vasta y fecunda paz.

* * *

Águila, existe el Cóndor. Es tu hermano en las grandes alturas.
Los Andes le conocen y saben que, cual tú, mira al Sol.
May this grand Union have no end! dice el poeta.
Puedan ambos[g] juntarse[h] en plenitud, concordia y esfuerzo,...

---

[a]*wings* [b]*shadow* [c]*talons* [d]*ringed* [e]*hope* [f]*beak* [g]*both* [h]*unite*

¿QUÉ RELACIONES TENEMOS CON LOS ANIMALES?

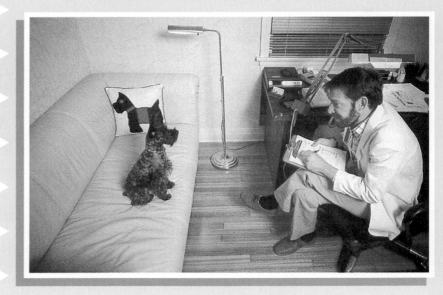

C *omo el título de esta lección lo sugiere, vas a examinar la forma en que los seres humanos tratan a los animales y lo que piensan de ellos. En esta lección, vas a*

■ ver cómo la presencia humana ha afectado a algunos animales salvajes (*wild*)

■ examinar lo que significa para el ser humano tener mascotas (*pets*)

■ describir dónde vives y por qué

■ aprender otra forma verbal, el condicional

■ repasar los objetos directos e indirectos

359

Look over the **Intercambio** activity on pages 376–377. This is the activity you will be working toward throughout this lesson.

Las mascotas (I)

ENFOQUE LINGÜÍSTICO

¿Sería buena idea?

Introduction to the Conditional Tense

		-ía
		-ías
tomar		-ía
ser	+	-ía
vivir		-íamos
		-íais
		-ían
		-ían

Me **gustaría** tener una mascota. Sí, un perro.

¿Pero, qué **haría** con un perro en este apartamento tan pequeño?

Además, no me **permitirían** tener un animal aquí.

Bueno, **podría** comprarme un canario, pero...

soy alérgica a las plumas (*feathers*)...

The conditional verb form is used to express hypothetical situations and is roughly equivalent to English *would* + verb. You have already used one conditional verb form in the expression **Me gustaría.** Here are other examples.

¿Cómo **sería** el mundo sin animales?

What would *the world* be *like without animals?*

¿Cómo **tratarías** a un chimpancé?

How would *you treat a chimp?*

The conditional is formed by adding **-ía** and person-number endings to the infinitive.

ser — sería, serías, sería, sería, seríamos, seríais, serían, serían

Note that the forms for **yo, él/ella,** and **Ud.** are the same. Context will often help determine the subject. Here are a few common verbs that are irregular in the conditional.

decir   diría, dirías, diría, diría,
          diríamos, diríais, dirían, dirían
hacer   haría, harías, haría, haría,
          haríamos, haríais, harían, harían
poder   podría, podrías, podría, podría,
          podríamos, podríais, podrían, podrían
tener   tendría, tendrías, tendría, tendría,
          tendríamos, tendríais, tendrían, tendrían

You will often see the conditional used with what is called the past subjunctive to make *if . . . then* statements of a hypothetical nature.

Si tuvieras un chimpancé,   *If you had a chimp, what*
    ¿qué nombre le **pondrías**?   *name would you give it?*

For now, we will concentrate on the conditional. You need not worry about the past subjunctive.

Actividad A   Sería mala idea...

Indica qué animal no sería apropiado tener como mascota en los lugares o situaciones indicados.

MODELO   Sería mala idea tener un(a) _____ como mascota si se viviera _____ porque _____.

1. ...si se viviera en un desierto...
2. ...si se viviera en un clima frío...
3. ...si se viviera en una selva (*jungle*) tropical...
4. ...si se viviera en un apartamento pequeño...
5. ...si se viviera en una mansión con muebles (*furniture*) antiguos y valiosos...
6. ...si se viviera solo/a y se tuviera que trabajar todo el día...
7. ...si se viviera con cinco niños...

Actividad B   Los hispanos hablan

Paso 1   Indica el nombre que le pondrías a cada animal si fuera (*it were*) tu mascota.

MODELO   Si yo tuviera un(a) _____, le pondría el nombre de _____.

1. chihuahua
2. serpiente de cascabel
3. araña (*spider*)
4. pez tropical
5. canario
6. caballo
7. pastor alemán (*German shepherd*)
8. gato
9. piraña
10. loro (*parrot*)
11. ratón
12. chimpancé

Paso 2 Selecciona tres o cuatro de los animales para hacer una encuesta. Una persona debe escribir en la pizarra los nombres que dan los miembros de la clase. ¿Hay un tipo de nombre que la mayoría de Uds. le pondría a ese animal? ¿Qué nombre se mencionó con más frecuencia?

Paso 3 Escucha lo que dice Julia Reyes en la selección **Los hispanos hablan** que aparece abajo. Según lo que han indicado Uds. en el **Paso 1,** ¿parece correcta la impresión de Julia?

Vocabulario útil

> **trato**   treatment

LOS HISPANOS HABLAN

¿Qué nombres se les ponen a los perros en tu país?

NOMBRE: Julia Reyes
EDAD: 28 años
PAÍS: España

«Creo que en los Estados Unidos he oído que a los perros se les llama... »

COMUNICACIÓN

Actividad C   Seleccionando una mascota

Paso 1 A continuación hay cuatro listas de animales. Formen grupos de tres personas. A cada persona del grupo se le va a asignar un animal de cada lista. Usando el modelo y la lista de razones que lo siguen, cada persona debe pensar en las razones por las cuales ese animal sería una buena o mala mascota.

A
chihuahua
gato
pastor alemán

B
canario
loro
pez tropical

C
caballo
cerdo
llama

D
araña (tarántula)
chimpancé
serpiente (boa)

MODELO   Un(a) _____ sería una buena mascota porque...

a. me daría poco trabajo.
b. me protegería.
c. sería exótico/a.
d. les fascinaría a mis amigos.
e. tendría apariencia agradable.
f. sería fácil de entrenar.
g. no me costaría mucho mantenerlo/la.
h. sería buena compañía.
i. ¿ ?

Lección 14   ¿Qué relaciones tenemos con los animales?

MODELO   Un(a) _____ sería una mala mascota porque...

a. me daría mucho trabajo.
b. tendría mala apariencia.
c. sería difícil de entrenar.
d. me costaría mucho mantenerlo/la.
e. no sería buena compañía.
f. no podría dejarlo solo (dejarla sola) en casa por largo tiempo.
g. sería aburrido/a porque no haría nada.
h. tendría mal olor (*smell*).
i. ¿ ?

Paso 2   Luego, comparte tus ideas con el grupo. Si alguien no está de acuerdo, debe explicar por qué.

Paso 3   Al final, deben decidir cuál de los animales de la lista escogerían de mascota y cuál no escogerían nunca. Den las razones por las cuales escogieron esos animales.

Paso 4   Cada grupo debe compartir con la clase el resultado de su elección.

Actividad D   Los hispanos hablan

Paso 1   Escucha lo que dice Julia Reyes en otra selección de **Los hispanos hablan** que aparece abajo. Apunta la frase que menciona Julia para describir cómo se trata a los animales en los Estados Unidos.

«... los animales domésticos son considerados... »

Paso 2   Escucha por segunda vez y apunta por lo menos dos de los cuatro ejemplos que da Julia para apoyar su opinión.

Paso 3   Comparte los ejemplos con el resto de la clase. ¿Puedes pensar en otros ejemplos?

Paso 4   Algunos de los ejemplos de los **Pasos 2** y **3** se refieren a cosas que son convenientes para los seres humanos como, por ejemplo, puertas especiales. Usando el tiempo condicional, indica qué haríamos o qué pasaría si no tuviéramos estas comodidades.

MODELO   Sin puertas especiales, tendríamos que... (los perros tendrían que...)

LOS HISPANOS HABLAN

¿Cómo se trata a los animales en tu país?

NOMBRE: Julia Reyes
EDAD: 28 años
PAÍS: España

«Mi impresión es que en los Estados Unidos los animales domésticos... »

Actividad E ¿Es algo más que un animal?

Paso 1 Entrevista a cinco personas. ¿Qué harían ellos si tuvieran un perro?

	PERSONA 1	2	3	4	5
1. Mi mascota dormiría...					
a. afuera.	❑	❑	❑	❑	❑
b. en el mismo cuarto en que yo duermo.	❑	❑	❑	❑	❑
c. en la misma cama conmigo.	❑	❑	❑	❑	❑
d. en mi cama bajo mis mantas (*blankets*).	❑	❑	❑	❑	❑
e. en su propia cama.	❑	❑	❑	❑	❑
f. ¿ ?	❑	❑	❑	❑	❑
2. Durante mis vacaciones...					
a. dejaría a mi mascota en una residencia para animales.	❑	❑	❑	❑	❑
b. dejaría a mi mascota en casa de unos amigos.	❑	❑	❑	❑	❑
c. les pediría a unos amigos que se quedaran en mi casa con la mascota.	❑	❑	❑	❑	❑
d. mi mascota me acompañaría.	❑	❑	❑	❑	❑
e. ¿ ?	❑	❑	❑	❑	❑
3. Le daría de comer a mi mascota...					
a. sólo la comida más barata.	❑	❑	❑	❑	❑
b. alimentos enlatados (*canned*).	❑	❑	❑	❑	❑
c. una combinación de **a** y **b**.	❑	❑	❑	❑	❑
d. las sobras de la mesa y **a**, **b** o **c**.	❑	❑	❑	❑	❑
e. la comida de mi plato mientras como.	❑	❑	❑	❑	❑
f. una dieta especial.	❑	❑	❑	❑	❑
g. ¿ ?	❑	❑	❑	❑	❑

(En los números 4 y 5, pon **S** si la persona haría lo que está indicado y **N** si la persona no lo haría.)

	1	2	3	4	5
4. Mi mascota...					
a. lamería (*would lick*) los platos después de que comiéramos.	❑	❑	❑	❑	❑
b. me lamería la cara.	❑	❑	❑	❑	❑
c. ¿ ?	❑	❑	❑	❑	❑
5. A mi mascota yo...					
a. le hablaría bastante.	❑	❑	❑	❑	❑
b. le hablaría sólo cuando hiciera algo malo.	❑	❑	❑	❑	❑
c. la educaría y le enseñaría a hacer cosas.	❑	❑	❑	❑	❑
d. ¿ ?	❑	❑	❑	❑	❑
6. Mi mascota sería...					
a. un animal y nada más.	❑	❑	❑	❑	❑
b. una mascota muy querida.	❑	❑	❑	❑	❑
c. como un miembro de la familia.	❑	❑	❑	❑	❑
d. ¿ ?	❑	❑	❑	❑	❑

Lección 14   ¿Qué relaciones tenemos con los animales?

Paso 2 ¿Puedes decir qué tipo de dueño serían las personas entrevistadas?

TIPOS DE DUEÑOS DE ANIMALES

«Somos iguales.» Este dueño quiere tanto a su animal que lo confunde con los seres humanos. Lo pasa mejor con su animal que con cualquier persona y le da a su mascota la misma atención que le daría a un niño.

«Lo quiero, pero... » Este dueño también quiere mucho a su mascota pero nunca olvida que es un animal. Cuida mucho a su mascota y en raras ocasiones la trata como a un ser humano.

«¡Fuera de aquí!» Este dueño no debería tener una mascota. El animal no recibe ningún afecto. Su dueño no hace nada más que darle de comer.

Actividad F   ¿Sabías que... ?

Paso 1   Lee la selección **¿Sabías que... ?** que aparece abajo. Luego contesta las siguientes preguntas.

1. Las corridas de toros son populares en todo el mundo hispano. ¿Sí o no?
2. ¿Quién era El Cordobés?
3. Si fueras (*you were to go*) a la Argentina, ¿podrías ver una corrida de toros? Explica tu respuesta.

Paso 2   Haz la siguiente pregunta a algunos compañeros de clase.

Si fueras a España o México, ¿asistirías a una corrida de toros?

Trata de encontrar a cinco personas que respondan afirmativamente a esta pregunta y a cinco personas que respondan negativamente.

¿ S A B Í A S Q U E . . .

−FÍJATE, PAPÁ: CUANTO MÁS MIRO AL ABUELO MÁS ME GUSTA EL FÚTBOL...

... no hay corridas de toros[a] en todos los países hispanos? Aunque hay cierto romanticismo relacionado con los grandes toreros, como El Cordobés, un torero español de fama internacional, es importante notar que muchos hispanos creen que la corrida es un acto cruel y bárbaro. En algunos países, como la Argentina, las corridas están prohibidas. En España hay un movimiento para terminar con las corridas. Si tú fueras[b] español(a), ¿cuál sería tu opinión?

[a]corridas... *bullfights*   [b]*you were*

¡DEAS PARA EXPLORAR

Las mascotas (II)

ENFOQUE LINGÜÍSTICO

¿Te hacen sentirte bien?

Review of Direct and Indirect Object Pronouns

objeto directo	objeto indirecto
me	me
te	te
lo, la	le
lo, la	le
nos	nos
os	os
los, las	les
los, las	les

Evidentemente, a este señor le hace sentir bien su perro. Lo acompaña a todas partes y lo quiere mucho.

You may remember that a verb can have a subject, direct object, and/or an indirect object.

María le da comida especial a su perro.
   ↓   ↓ ↓   ↓   ↓
   S   IO V   DO   IO

You may also remember that subject pronouns, direct object pronouns, and indirect object pronouns often replace them. These are used when subject, direct objects, and indirect objects are known to the speaker or have been previously mentioned. Often, third person indirect object pronouns are used jointly with the indirect objects to which they refer. This may seem redundant, but that's the way Spanish is! (Remember that subject pronouns may also be omitted.)

¿María bañó al perro?   Sí. Lo bañó esta mañana.
    ↓   ↓   ↓
    S   DO   DO

¿Y Fernando le dio de comer al perro?   Sí. Le dio de comer.
        ↓ ↓   ↓   ↓
        S IO ←——————→ IO   IO

In the previous examples, the speaker needed to choose between **le** and **lo** depending on whether the dog was a direct or indirect object of each verb. Note that **me, te, nos,** and **os** all function as both direct and indirect object pronouns. In the examples below, the speaker does not need to choose between two different pronouns because **me** is both a direct and an indirect object pronoun.

Me está mirando el niño.	*The child is watching me.*
El niño **me** trae su pelota.	*The child is bringing his ball to me.*

Remember that Spanish word order is flexible, so subjects can follow verbs. In addition, subject pronouns may be omitted once a referent is established. Thus, don't mistake object pronouns as subjects of sentences. In the sentence above, **Me está mirando el niño,** it is the child who is watching me; I am not watching the child!

Actividad A   ¿Qué animal es?

Paso 1   Completa cada oración con el nombre de un animal. Expresa tu opinión personal en las oraciones.

1. _____ me da(n) miedo (*frighten**).
2. _____ me da(n) compañía.
3. _____ me da(n) asco†.
4. _____ me hace(n) sentir bien.
5. _____ me hace(n) sentir mal.

Paso 2   Comparte tus respuestas con la clase. Luego, completa las siguientes oraciones basado en las opiniones de la clase.

1. A muchos en la clase, _____ nos da(n) miedo.
2. A muchos en la clase, _____ nos da(n) compañía.
3. A muchos en la clase, _____ nos da(n) asco.
4. A muchos en la clase, _____ nos hace(n) sentir bien.
5. A muchos en la clase, _____ nos hace(n) sentir mal.

Actividad B   ¿Qué animales nos entretienen°?   *entertain*

Paso 1   Completa cada oración con el nombre de un animal. Expresa tu opinión personal en las oraciones.

1. Me fascinan...   3. Me aburren...
2. Me entretienen...

Paso 2   Comparte tus respuestas con la clase. Luego, completa las siguientes oraciones basándote en las opiniones de la clase.

A muchos en la clase, nos fascinan _____.
A muchos en la clase, nos entretienen _____.
A muchos en la clase, nos aburren _____.

***Dar miedo** literally means *to give fear*.
†**Dar asco** literally means *to give revulsion*. It is used to talk about things that are repugnant. It can also be used in the sense of *That makes me sick!*

ASÍ SE DICE

In **Actividad C** you may have puzzled over the use of indirect object pronouns in sentences 1 and 2 because the English equivalents do not use indirect objects. In Spanish, indirect objects and definite articles are often used with parts of the body instead of possessive adjectives (**mi, tu, su,** and so forth).

Juan me lavó el pelo.
John washed my hair.

Le corté las uñas al perro.
I cut the dog's nails.

Le examiné las orejas al gato.
I checked the cat's ears.

Actividad C   ¿Qué les hacemos a los perros?

Indica qué les hacemos a los perros que no les hacemos a los gatos.

1. ❑ Les limpiamos los dientes (*teeth*).
2. ❑ Les cortamos las uñas.
3. ❑ Les compramos juguetes.
4. ❑ Les compramos ropa.
5. ❑ Les hablamos.
6. ❑ Les gritamos.
7. ❑ Les enseñamos a hacer trucos (*tricks*).
8. ❑ Les hacemos fiestas de cumpleaños.

¿Crees que los perros reciben trato diferente del que se les da a los gatos?

Actividad D   ¿Los tratamos igual?

Indica una vez más qué hacemos con los perros que no hacemos con los gatos.

1. ❑ Los acariciamos (*pet*).
2. ❑ Los besamos.
3. ❑ Los corregimos.
4. ❑ Los peinamos.
5. ❑ Los dejamos solos en casa por muchas horas.
6. ❑ Los dejamos solos en el jardín.
7. ❑ Los tratamos como personas.
8. ❑ Los bañamos.
9. ❑ Los llevamos a dar un paseo.
10. ❑ Los ¿ ?

Otra vez, ¿crees que los perros reciben un trato diferente del que se les da a los gatos?

Actividad E   ¿Sabías que... ?

Paso 1   Escucha y lee la selección **¿Sabías que... ?** que aparece en la página 369. Luego contesta las siguientes preguntas.

1. ¿Qué porcentaje de dueños reportan problemas con sus perros?
2. ¿Qué tipo de problemas reportan?
3. ¿Cuál es la causa principal?

Paso 2   Indica lo que harías si tuvieras problemas con tu perro como los que se reportan en la selección **¿Sabías que... ?** Nota: Se supone que pasas la mayor parte del día fuera de casa.

1. Lo llevaría al (a la) psiquiatra.
2. Lo llevaría al trabajo (a clase) conmigo.
3. Lo dejaría con los vecinos durante el día.
4. Lo pondría en una jaula (*cage*) mientras estoy ausente.
5. Lo encerraría en el jardín o en el garaje.
6. Lo cambiaría por un gato.
7. ¿ ?

... cada vez más dueños llevan a sus perros a un psiquiatra? A ciertas personas les parecería increíble, pero es verdad. ¿La razón? El año pasado el valor de los objetos destruidos por animales domésticos en los Estados Unidos ascendió a 10 millones de dólares. Resulta que las mascotas pueden sufrir y estar emocionalmente desequilibradas. Igual que sus dueños, tienen ataques de ansiedad, depresión y agresión, lo cual se traduce en la destrucción de las propiedades de su amo.[a] Una encuesta realizada hace algunos años mostró que el 42% de los dueños de animales domésticos

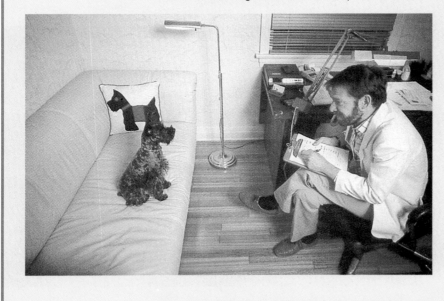

tenían problemas con sus perros, incluyendo agresión, ladridos[b] excesivos, destrucción, suciedad[c] y fobias. La causa principal de esos trastornos caninos es la soledad. Es decir, muchos perros pasan horas y horas en casa solos, sin contacto humano ni con otro animal.

Un psiquiatra californiano trata a su paciente canino, un schnauser enano de unos cuatro años.

[a]dueño   [b]*barking*   [c]*dirtiness*

COMUNICACIÓN

Actividad F   Las mascotas y los amigos

Paso 1   Divídanse en grupos de cuatro o cinco. A cada grupo el profesor (la profesora) le va a asignar uno de los siguientes temas. Cada grupo tiene que preparar una lista de cinco cosas para el tema asignado.

> Tema 1: ¿Qué nos hacen las mascotas que también los amigos nos hacen?

> MODELO   Los dos nos hacen sentir bien.

> Tema 2: ¿Qué nos hacen los amigos que no pueden hacernos las mascotas (y viceversa)?

> MODELO   Los amigos nos pueden criticar pero las mascotas, no.

Paso 2   Escriban las listas en la pizarra. ¿Sería mejor tener muchos amigos en vez de mascotas o viceversa?

¡IDEAS PARA EXPLORAR

La vivienda

ENFOQUE LÉXICO

¿La ciudad o el campo?

Talking About Where
You Live and Why

Un edificio urbano de muchos pisos en Montevideo, Uruguay

Una casa particular en San José, Costa Rica

Tipos de vivienda

la casa particular   la casa
   privada
el piso   el apartamento
la residencia estudiantil

Lugares

el barrio   la zona de
   una ciudad
el campo   el área rural
la ciudad   el centro
   urbano

El campo en Extremadura, España

Factores que influyen en la elección de un lugar para vivir

el costo de vida   lo que cuesta económicamente vivir,
   para mantenerse
los gastos   sustantivo derivado de **gastar**; lo que por lo
   general gastas en comida, ropa, carro, etcétera
el tamaño   grande, pequeño o regular
las tiendas   lugares donde se hacen las compras
   (comida, ropa)
la vida privada   la ausencia de otras personas «molestas»

370   trescientos setenta

Lección 14   ¿Qué relaciones tenemos con los animales?

| cercano/a | nearby |
| tomar en cuenta | to take into account |

Actividad A   ¿Qué buscabas?

En esta actividad vas a examinar los factores que influyeron en la elección de tu vivienda.

Paso 1   En grupos de cuatro, lean la siguiente lista. Cada persona debe indicar la importancia que tenía para él o ella al elegir su vivienda cada uno de estos factores. (Si vives con tus padres, escucha y anota lo que dicen los otros.)

1 = Me era(n) muy importante(s).
2 = No me era(n) muy importante(s).
3 = No me importaba(n) para nada.
4 = No lo(s)/la(s) tomé en cuenta.

MODELO   La tranquilidad era muy importante para mí cuando buscaba vivienda.

a. _____ el tamaño de la vivienda
b. _____ los gastos
c. _____ la vida privada
d. _____ la tranquilidad
e. _____ la seguridad
f. _____ el acceso a parques cercanos
g. _____ el acceso a tiendas o supermercados cercanos
h. _____ el acceso al transporte público
i. _____ la calidad de las escuelas en la zona
j. _____ la posibilidad de tener mascotas
k. _____ la distancia del campus universitario

Paso 2   ¿Qué diferencias y semejanzas hay en tu grupo? ¿Cuáles son los dos factores de mayor importancia que citan Uds.? ¿Y los dos factores de menor importancia?

Paso 3   Comparen las respuestas del **Paso 2** con las del resto de la clase. ¿Hay preferencias que se repiten más que otras?

Paso 4 (Optativo)   Imagina tu vida en diez años. ¿Cambiarían las respuestas que diste en el **Paso 1**? ¿Qué factores influirían en la elección de tu casa?

Actividad B   ¿Qué buscan los pájaros?

Paso 1   Piensa un momento en los pájaros. ¿Cómo escogen dónde van a vivir? ¿Cuáles son los factores que parecen tener más importancia para ellos cuando buscan dónde construir su nido (*nest*)? Usando los factores de la **Actividad A,** indica la importancia de cada uno.

FACTORES QUE INFLUYEN EN LOS PÁJAROS AL ELEGIR DÓNDE CONSTRUIR SU NIDO

Les es muy importante...	Tiene poca importancia...	No toman en cuenta...
_____	_____	_____
_____	_____	_____
_____	_____	_____
_____	_____	_____

Paso 2 Compara tu lista con las listas del resto de la clase. ¿En qué están de acuerdo? ¿En qué no están de acuerdo? ¿En realidad has tomado en cuenta el punto de vista de un pájaro?

Paso 3 Ahora, toda la clase debe determinar qué tienen los pájaros y los seres humanos en común respecto a la importancia de los factores que determinan el lugar en dónde van a vivir. Marquen con una **I** (igual) si es de igual importancia tanto para los pájaros como para los humanos. Marquen con una **D** (diferente) si no tiene la misma importancia para ambos.

a. _____ el tamaño

b. _____ el acceso a la alimentación

c. _____ la vida privada

d. _____ la seguridad

e. _____ las escuelas

f. _____ la distancia de su lugar de origen

¿Pueden explicar sus conclusiones? ¿Hay necesidades básicas o universales?

COMUNICACIÓN

Actividad C   ¿La ciudad o el campo?

A veces se discuten las ventajas y desventajas de vivir en la ciudad o en el campo. En esta actividad se examina este tema.

Paso 1 Primero, la clase entera debe indicar cuál es su reacción inicial. ¿Es mejor vivir en la ciudad o en el campo? No es necesario explicar la respuesta en este momento.

Paso 2 Busca a un compañero (una compañera) con quien trabajar. El profesor (La profesora) les va a asignar uno de los temas a continuación.

a. el espacio

b. el costo de vida

c. el trabajo

d. la vida privada

e. la tranquilidad

f. la seguridad

g. los parques

h. las tiendas y supermercados

i. las diversiones para adultos

j. las diversiones para niños

k. el transporte

l. las escuelas

Tu compañero/a y tú deben escribir dos oraciones sobre su tema. Una oración debe describir la ciudad y la otra el campo.

Paso 3 Presenten las oraciones a la clase. Después de presentarlas, voten para ver si es mejor la ciudad o el campo para...

- **a.** una persona soltera.
- **b.** una pareja.
- **c.** una familia.
- **d.** una persona con un impedimento físico (como, por ejemplo, alguien que necesita una silla de ruedas).
- **e.** una persona jubilada (*retired*) / un matrimonio jubilado.

Actividad D ¿Dónde vive la población humana? (I)

Paso 1 Estudia la siguiente tabla que describe el porcentaje de la población de tres países latinoamericanos que reside en centros urbanos.

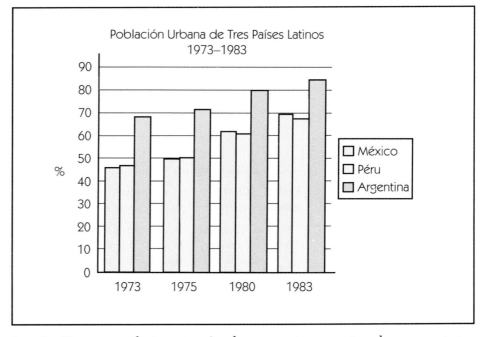

Paso 2 En grupos de tres, escojan la respuesta correcta a las preguntas que el profesor (la profesora) hace.

1. a. la Argentina	**b.** México	**c.** el Perú
2. a. la Argentina	**b.** México	**c.** el Perú
3. a. 80–83	**b.** 75–80	**c.** 73–75
4. a. 80–83	**b.** 75–80	**c.** 73–75
5. a. 80–83	**b.** 75–80	**c.** 73–75

Paso 3 Trabajando con el mismo grupo, den tres razones para explicar por qué creen que los centros urbanos han experimentado un aumento de población.

Actividad E   ¿Dónde vive la población humana? (II)

Paso 1   Estudia la siguiente tabla que describe el porcentaje de la población de España y los Estados Unidos que reside en centros urbanos.

Paso 2   Con algunos compañeros, escojan la respuesta correcta a las preguntas que el profesor (la profesora) les hace.

1. **a.** España   **b.** Estados Unidos
2. **a.** 50–60   **b.** 60–70   **c.** 70–80
3. **a.** 50–60   **b.** 60–70   **c.** 70–80
4. **a.** 50–60   **b.** 60–70   **c.** 70–80
5. **a.** 50–60   **b.** 60–70   **c.** 70–80

Paso 3   Comparen las cifras de los países latinos con las cifras de los Estados Unidos y España. ¿Es España como los Estados Unidos o se parece más a los países latinos respecto al aumento de la población urbana?

Actividad F   ¿Sabías que... ?

Paso 1   Cuando los animales pierden su hábitat tradicional, ¿qué hacen? ¿Se adaptan? ¿Se extinguen? Lee la selección **¿Sabías que... ?** sobre la cigüeña (*stork*) que aparece en la página 375. Luego contesta las siguientes preguntas.

1. En tus propias palabras, ¿puedes explicar cómo afectó la Guerra Civil española la población de cigüeñas ibéricas?
2. ¿Qué factor general parece ser la causa del descenso de la población de cigüeñas? Da también dos o tres ejemplos concretos de este factor.

Lección 14   ¿Qué relaciones tenemos con los animales?

Paso 2 (Optativo)   ¿Con cuál de las siguientes afirmaciones estás de acuerdo? Explica con ejemplos.

1. Igual que los animales, los seres humanos tienen dificultad en adaptarse a nuevos hábitats.
2. A diferencia de los animales, los seres humanos pueden vivir en cualquier lugar. O se adaptan al hábitat o lo modifican.

¿ S A B Í A S   Q U E . . .

La presión humana en Madrid ha hecho que las cigüeñas tengan que anidar en las torres (*towers*) de conducción eléctrica.

... los Estados Unidos no son el único país que se preocupa por la extinción de los animales? Así como ocurre en los Estados Unidos con el águila y el búho[a] en Oregón, en España hay una campaña para salvar a la cigüeña. La población de cigüeñas ibéricas comenzó a descender en la época de la Guerra Civil española (1936–1939) y en años posteriores. Muchos campanarios,[b] edificios y árboles—lugares donde estos pájaros nidificaban[c] tradicionalmente—fueron destruidos. Más tarde, otras causas aún más graves se vinieron a sumar: crecimiento progresivo de la población humana, destrucción del paisaje,[d] urbanización de zonas de campo, desecación[e] de zonas húmedas—de vital importancia biológica para estas aves—construcción de carreteras,[f] contaminación de ríos y arroyos,[g] en fin, la industrialización y modernización del terreno agrícola. Aunque las cigüeñas han intentado adaptarse a estas nuevas circunstancias y modificar su hábitat, no han tenido mucho éxito. Los censos de la parte central de España indican que ahora hay un poco menos de la mitad de nidos en comparación con los que había en 1940. A este paso, en el año 2000 la población de cigüeñas ibéricas estaría en claro peligro de desaparecer.

[a]*owl*   [b]*bell towers*   [c]*used to nest*   [d]*landscape*   [e]*drying*   [f]*highways*   [g]*creeks*

Tabla indicando el descenso del número de nidos en la provincia de Madrid

Nº de NIDOS

MADRID — (1940 – 1984)

- 435

318
310
302
293
282
267
247
226

1940 1945 1950 1955 1960 1965 1970 1975 1980 1984

íntercambío

Los animales y tú

Intercambio, Paso 1, Optional: Add other categories of people according to the preferences of your class.

Propósito: evaluar a una persona por sus relaciones con los animales usando una escala particular.

Papeles: dos personas entrevistadoras y otra persona entrevistada.

Paso 1 Todos deben leer las siguientes categorías de personas.

PERSONA A
Esta persona es el mejor amigo de los animales. No hay nadie que los quiera más que él (ella). Si pudiera, tendría muchas mascotas y trabajaría en defensa de los animales. Para esta persona, los seres humanos y los animales son iguales. Uno de sus sueños es poder comunicarse con los animales para entenderlos mejor.

PERSONA B
A esta persona no le importan los animales. No le interesa mucho tener mascotas ni contribuiría a causas relacionadas con la protección de los animales. Cree que los animales son especies inferiores a los seres humanos y no merecen ningún trato especial. Es indiferente, por ejemplo, a lo que la industria pesquera (*fishing industry*) hace con los delfines.

PERSONA C
Esta persona está en medio de los dos extremos. Le gustan los animales domésticos pero no tendría más de un perro, por ejemplo, para no complicarse mucho la vida. Ve a los animales como animales y no les concede atributos especiales. Le molesta la crueldad con los animales pero no haría nada por salvar a los búhos en Oregón, por ejemplo, porque, según esta persona, no se trata de una cuestión de crueldad.

Hagan una lista de las preguntas que pudieran usarse (*could be used*) para determinar a qué categoría corresponde cada persona. La clase debe seleccionar las mejores diez preguntas y alguien debe escribirlas en la pizarra.

MODELOS ¿Qué harías si vieras a un vecino maltratar a su perro?

¿Te mudarías a una casa más grande para tener animales?

Si fueras a casa de una persona para cenar, ¿le llevarías un regalito (*little gift*) a su perro?

Recibes una carta en la que te piden contribución para salvar a las ballenas (*whales*). Al leer la carta,

1. la tiras en la basura.
2. la guardas y piensas por unos días en lo que te piden.
3. les envías un cheque en seguida.

Paso 2 Formen grupos de tres. Dos personas del grupo deben entrevistar a la tercera persona usando las preguntas que escribieron en el **Paso 1**. Si es necesario, las dos personas deben inventar más preguntas. No se le debe preguntar a la tercera persona en qué grupo está.

Paso 3 Después de obtener las respuestas, las dos personas deben compartir con la clase los resultados de la entrevista, dando ejemplos para apoyar su conclusión. Al terminar la presentación, la tercera persona debe indicar si está de acuerdo o no con esa conclusión.

Vocabulario

Las mascotas	Pets
el animal doméstico (salvaje)	domestic (wild) animal
el/la dueño/a	owner
tratar	to treat

¿La ciudad o el campo?	The City or the Country?
el apartamento (R)	apartment
el área rural	rural area
el barrio	neighborhood
el campo	country(side)
la casa particular (privada)	private house
el centro urbano	urban center
la ciudad	city

el piso	apartment
la residencia estudiantil	student dormitory
el tamaño	size
la tienda	store
la vida privada	privacy
la vivienda	housing; house
la zona	zone
mantenerse (*irreg.*)	to support oneself

Otras palabras y expresiones útiles	
el costo de vida	cost of living
el gasto	expense
cercano/a	nearby
tomar en cuenta	to take into account

Vistazos

Actividad A «El Perro que deseaba ser un ser humano»

Paso 1 El escritor guatemalteco Augusto Monterroso (1921–) cuenta la fábula del perro que quería ser un ser humano. Lee y escucha la fábula (ver página 378) y luego piensa en la moraleja (*moral*) del cuento.

1. ¿Cuál de las siguientes oraciones resume la idea de la fábula?
   ❑ No es bueno que trates a tu animal como a una persona.
   ❑ Por mucho que se quiera cambiar lo que uno es, sigue siendo lo mismo.
   ❑ Sólo un experto debe tratar de amaestrar (*train*) a un perro.

2. El siguiente refrán español tiene que ver con esta fábula.

   Aunque la mona se vista de seda, mona se queda.
   Even though a monkey may dress in silk, she's still a monkey.

¿Cuál sería el refrán equivalente en inglés? ¿Puedes inventar un refrán nuevo en español usando al perro para expresar la misma idea?

Paso 2 En la fábula de Monterroso, un animal quería ser un ser humano. ¿Has pensado tú cómo sería tu vida si fueras un animal? Si pudieras ser un animal por un día nada más, ¿qué animal te gustaría ser? Explica tu respuesta.

MODELO   Me gustaría ser un delfín. Me atrae ser este animal porque me encanta nadar, pero sobre todo porque los delfines no tienen enemigos naturales. Parece que no tienen preocupaciones y que siempre están contentos.

El Perro que deseaba ser un ser humano

En la casa de un rico mercader[a] de la Ciudad de México, rodeado de comodidades y de toda clase de máquinas, vivía no hace mucho tiempo un Perro al que se le había metido en la cabeza[b] convertirse en un ser humano, y trabajaba con ahínco[c] en esto.

Al cabo de varios años, y después de persistentes esfuerzos sobre sí mismo, caminaba con facilidad en dos patas y a veces sentía que estaba ya a punto de ser un hombre, excepto por el hecho de que no mordía,[d] movía la cola[e] cuando encontraba a algún conocido, daba tres vueltas antes de acostarse, salivaba cuando oía las campanas de la iglesia, y por las noches se subía a una barda[f] a gemir[g] viendo largamente a la luna.

---

[a]*merchant*   [b]*se... had gotten it into his head*   [c]*zeal*   [d]*no... he didn't bite*   [e]*tail*   [f]*thatch (on a fence or wall)*   [g]*to moan*

Actividad B   Mafalda

Paso 1 Mira la tira cómica Mafalda que aparece abajo. Las personas que pasan se burlan de Mafalda porque saca de paseo a Burocracia, su tortuga. Por eso ella se enfada y les llama «racistas». En tu opinión, ¿sería buena mascota la tortuga? ¿Por qué sí o por qué no? Indica lo que harías con una tortuga.

- ❏ La sacaría de paseo.
- ❏ La acariciaría.
- ❏ La pondría en mi regazo (*lap*) al mirar la televisión.
- ❏ La ¿ ?
- ❏ Le daría besos.
- ❏ Le hablaría.
- ❏ Le ¿ ?

Paso 2 Entre todos, determinen para qué tipo de persona sería la tortuga una mascota ideal. Expliquen por qué.

Actividad C   «Acupuntura para animales»

Paso 1 Lee el breve artículo «Acupuntura para animales» que aparece en la página 379. Luego contesta las siguientes preguntas.

1. ¿Qué tipo(s) de animal(es) trata con acupuntura el doctor Urano?
2. En el caso de Charly,
   a. ¿cuándo hubo evidencia de que se curaba del problema del hombro?
   b. ¿cuántos tratamientos recibió en total?
   c. ¿le molestó mucho el tratamiento?

Paso 2 En tu opinión, ¿crees que es ridículo gastar dinero en acupuntura para un animal? ¿Lo harías tú con una mascota que no respondiera a tratamientos «convencionales»?

Paso 3 Como sabes, muchas personas también recurren a la acupuntura para curarse de diferentes enfermedades o problemas. Indica qué tipo de problemas se curan con la acupuntura. Luego haz una pequeña entrevista en la clase usando las siguientes preguntas como modelo. ¿Qué dice la mayoría de los miembros de la clase?

1. Si tuvieras un problema relacionado con los músculos o los huesos, ¿probarías la acupuntura?
   ❑ no
   ❑ sólo si los tratamientos convencionales no me ayudaran
   ❑ sí, y lo haría desde el principio

2. Si tuvieras una enfermedad grave como el cáncer o el SIDA, ¿probarías la acupuntura?
   ❑ no
   ❑ sólo si los tratamientos convencionales no me ayudaran
   ❑ sí, y lo haría desde el principio

3. Si tuvieras otro tipo de problemas como adicción al tabaco, a las drogas u otros problemas psicosomáticos, ¿probarías la acupuntura?
   ❑ no
   ❑ sólo si los tratamientos convencionales no me ayudaran
   ❑ sí, y lo haría desde el principio

Acupuntura para animales

fuente: *Geomundo,* febrero 1989

El Dr. Kikuo Urano, de 63 años, del Hospital Veterinario Urano, en Gotanda, Tokio, desarrolló la acupuntura para sus pacientes animales. En 1974 visitó China, y encontró muy práctico este tipo de tratamiento médico. Aprendió acupuntura ahí, y la desarrolló para perros y gatos. En la foto, Charly, un perro de seis años de edad, tenía un problema con su hombro[a] y no podía caminar. Su dueña, la señora Komiya, había acudido a[b] varios médicos, y el animal no había podido ser curado. Entonces, oyó hablar acerca del Dr. Urano, quien trató al animal 15 veces con acupuntura. Al séptimo día Charly pudo caminar, y ahora está completamente recobrado. Charly soportó el tratamiento por una hora sin molestias, al grado de que ni una sola vez ladró[c]. El Dr. Urano dice que puede curar hasta cinco animales diariamente. Las mascotas parecen preferir este tratamiento chino, en vez de los modernos de alta tecnología que se usan actualmente.

Esta técnica, antes sólo usada en humanos, ha tenido mucho éxito en los animales con problemas para caminar que trata el Dr. Urano.

[a]*shoulder* [b]*había... had gone to* [c]*did he bark*

15

¿EN QUÉ SE PARECEN LOS ANIMALES Y LOS SERES HUMANOS?

¿**C**uánto sabes del comportamiento de los animales? ¿Hacen todo guiados por el instinto o hay cosas que tienen que aprender? ¿Y los seres humanos? En la respuesta a estas preguntas se basa esta lección. Además, vas a

■ aprender cómo dar y seguir direcciones

■ aprender algunas preposiciones y repasar el uso de **estar**

■ aprender algo sobre el sentido de orientación de varios animales

■ examinar el comportamiento social de un animal en particular

■ comparar el comportamiento de esos animales con el de los seres humanos

ÍDEAS PARA EXPLORAR

De aquí para allá

¿Dónde está la biblioteca?

Telling Where Things Are

al lado (de)

enfrente (de)

detrás (de)

cerca (de)

lejos (de)

ASÍ SE DICE

Have you seen the word **quedar** used instead of **estar** to refer to location? Although both **estar** and **quedar** can be used to talk about the location of things (buildings, cities, places), only **estar** can be used to talk about animate beings.

estar/quedar

¿Dónde **está/queda** la oficina principal?
Colombia **está/queda** al norte del Perú.

estar

¿Dónde **está** el secretario?
Manuel **está** en Colombia ahora.

When talking about location, **estar** is normally used.

> El perro **está** al lado de la mesa.
> —¿Dónde **estás**?
> —**Estoy** cerca de la plaza.

Note that the preposition **de** is used with **al lado** (*next to, alongside*), **enfrente** (*in front*), **detrás** (*behind*), **cerca** (*near, close*), and **lejos** (*far*) when a point of reference is mentioned.

> La biblioteca está **enfrente de** la cafetería.

You can omit **de** if a point of reference is not explicitly mentioned.

> —¿Sabes dónde está la cafetería?
> —Sí...
> —Pues, la biblioteca está **al lado.**

Actividad A ¿Sí o no?

Escucha lo que dice el profesor (la profesora). ¿Es cierto o falso?

   1...   2...   3...   4...   5...   etcétera

Actividad B ¿Qué edificio es?

Escucha lo que dice el profesor (la profesora) y da la información que pide.

   1...   2...   3...   4...   5...   etcétera

COMUNICACIÓN

Actividad C   Una prueba

Con un compañero (una compañera), inventen una prueba para dar a la clase.

Paso 1   Escojan un punto de referencia en el campus o en la ciudad. **¡OJO!** Recuerden que no todos los estudiantes conocen bien la ciudad.

Paso 2   Decidan en qué posición van a poner a la persona que contesta la pregunta—es decir, si va a estar enfrente, detrás, a la derecha, etcétera, de este punto de referencia.

Paso 3   Escriban cinco preguntas.

> MODELOS   Estás enfrente de las residencias estudiantiles. ¿Qué edificio está detrás?
>
> Estás a la derecha del gimnasio. ¿Qué edificio queda más cerca de allí?

Paso 4   Den la prueba a la clase.

¿Cómo se llega al zoológico?

Giving and Receiving Directions

Here are some useful expressions for giving and following directions in Spanish.

Siga (Ud.) por...	*Continue . . . , Follow . . .*
Siga derecho/Siga recto*...	*Continue (Go) straight . . .*
Doble a la derecha/a la izquierda.	*Turn right/left.*
Cruce la calle...	*Cross the street . . .*
una cuadra/una manzana*	*block*
la bocacalle	*intersection*
la esquina	*corner*
el semáforo	*traffic light*
¿Me podría decir... ?	*Could you tell me . . . ?*
Perdón, ¿cómo se llega a... ?	*Excuse me, how do you get to . . . ?*
¿Dónde está/queda... ?	*Where is . . . ?*

If you were giving directions to a friend or if a friend were giving directions to you, the familiar form of the commands would be used (**sigue, dobla,** and so forth).

***Recto** and **manzana** are dialectal variants used in some places, including Spain and Central America.

—Por favor, ¿**dónde queda** el parque zoológico?

—A ver... **Siga Ud. por esta calle** hasta que llegue a una **bocacalle** con **semáforo.** Luego **doble a la izquierda** y **siga derecho** por siete **cuadras.** Allí en la **esquina** verá la entrada al parque zoológico. Pero está cerrado hoy...

Actividad D   ¿Adónde llegas?

Escucha las direcciones* que da el profesor (la profesora). ¿Adónde llegas?

1...   2...   3...   4...   etcétera

Actividad E   Los hispanos hablan

Paso 1   Lee la selección **Los hispanos hablan** que aparece en la página 384 y después escucha lo que dicen Ricardo Mojica y Miguel Valdés. Luego completa lo siguiente.

Vocabulario útil

parar	to stop
sospechosos	suspicious

Indica a qué país se refiere cada concepto según lo que dicen Ricardo Mojica y Miguel Valdés.

	EE.UU.	COLOMBIA	CHILE
1. gente amistosa	❑	❑	❑
2. gente sospechosa	❑	❑	❑
3. direcciones concretas	❑	❑	❑
4. se inventan direcciones	❑	❑	❑
5. gente cooperadora	❑	❑	❑
6. gente poco cooperadora	❑	❑	❑

Paso 2   Escucha las instrucciones del profesor (de la profesora).

Actividad F   ¿Lo pueden hacer?

Una persona voluntaria debe salir de la clase y esperar en el pasillo. Mientras tanto, la clase debe arreglar las sillas y mesas para formar una ruta que esa persona tendrá que (*will have to*) seguir según las direcciones que la clase le dará. Después de arreglar «la ruta», alguien debe

_____

*Other dialectal variants used to express *directions* include **indicaciones** and **instrucciones.**

salir al pasillo y vendarle los ojos (*blindfold*) al voluntario (a la voluntaria). Cuando vuelve a la clase, los demás deben darle direcciones para guiarle por la ruta. ¿Lo pueden hacer sin qué él/ella se tropiece con (*bumps into*) una silla?

Vocabulario útil

paso	step
¡Cuidado!	Watch out! Careful!

LOS HISPANOS HABLAN

¿Cómo se dan direcciones en tu país en comparación con la forma en que lo hacen en los Estados Unidos?

NOMBRE: Ricardo Mojica
EDAD: 32 años
PAÍS: Colombia

«Es muy diferente la manera en que te dan direcciones aquí en comparación con la forma en que lo hacen en mi país... »

NOMBRE: Miguel Valdés
EDAD: 34 años
PAÍS: Chile

«En los Estados Unidos la gente te da direcciones muy concretas... »

Actividad G   ¿Sabías que... ?

Paso 1   ¿Sabes lo que es el sentido de orientación? El sentido de orientación se refiere a la habilidad de saber dónde se está y no perderse. Indica si tienes tú buen sentido de orientación según la siguiente escala.

SENTIDO DE ORIENTACIÓN

excelente								**ninguno**
10	9	8	7	6	5	4	3	2	1

Paso 2   Ahora lee la selección **¿Sabías que... ?** que aparece en la página 385. Luego contesta las siguientes preguntas.

1. Explica con tus propias palabras lo que es «el tercer ojo». Explica qué es, qué animales lo tienen y qué habilidad le da al animal.
2. Indica cuál(es) de las siguientes afirmaciones sobre la abeja es (son) cierta(s).
   - ❏ La abeja nace con la habilidad de guiarse por el sol.
   - ❏ La abeja también puede usar las estrellas para guiarse durante la noche.
   - ❏ La abeja usa la colmena como punto de referencia.

384   trescientos ochenta y cuatro

Lección 15   ¿En qué se parecen los animales y los seres humanos?

Paso 3 Describe el sentido de orientación de los miembros de tu familia. Usa las palabras y frases a continuación que consideres apropiadas.

PARIENTE	ANIMAL	CATEGORÍA
madre	ave	cuando le dan direcciones
padre	reptil	cuando visita una ciudad
hermano/a	langosta (*locust*)	por primera vez
hijo/a	mariposa (*butterfly*)	para ir a la casa de un
abuelo/a	abeja	amigo por primera vez
	tortuga	sabe dónde queda el norte

MODELO   Mi padre tiene el sentido de orientación de una tortuga. Nunca necesita mapa. Es un misterio cómo él siempre sabe por donde ir y cómo llegar a cualquier lugar cuando visitamos por primera vez una ciudad.

¿ S A B Í A S   Q U E . . .

... muchos animales tienen excelente sentido de orientación? A nosotros los seres humanos nos parece que nunca se pierden, siempre saben dónde están y algunos hacen viajes de miles de millas sin tener problemas en llegar al destino deseado. ¿Cómo lo hacen? Varios animales poseen un «tercer ojo» situado en alguna parte de la cabeza. Es un órgano de origen antiquísimo, que existió en varios animales hace cuatrocientos millones de años, según indican los fósiles. Los científicos han descubierto este tercer ojo en diversos animales que existen ahora como la salamandra, varios tipos de peces (como la trucha[a]), las serpientes y otros reptiles. Este tercer ojo es muy sensible a la luz y parece que los animales que lo poseen se orientan por el sol.

En cambio, las abejas,[b] otra especie que parece tener un excelente sentido de orientación, poseen una «brújula[c] interna». Como en el caso del tercer ojo de los animales, esta brújula les permite a las abejas guiarse por el sol. A diferencia del tercer ojo, la brújula no funciona durante la noche. Como el tercer ojo es muy sensible a la luz, el animal que lo posee puede seguir orientándose por las estrellas.[d] La brújula interna de la abeja no le da esta habilidad.

Muchos creen que el sentido de orientación de los animales y su habilidad para viajar largas distancias son innatos, es decir, instintivos. Sin embargo, experimentos hechos con las abejas demuestran que no lo es. Cada abeja tiene que aprender a usar su brújula interna. Se ha comprobado que aun después de sesenta vuelos, la abeja se pierde si no puede ver la colmena.[e] Sólo después de quinientos vuelos aprende el funcionamiento de su brújula interna.

Las abejas se orientan por el sol.

———————————————

[a]*trout* [b]*bees* [c]*compass* [d]*stars* [e]*hive*

Ideas para explorar

trescientos ochenta y cinco   **385**

En esta lección la lectura está dividida en dos partes. En **Vamos a ver (I)** vas a leer la primera parte y en **Vamos a ver (II)** leerás la segunda.

Paso 1 El título del artículo en las páginas 388–389 es «El código oculto de los elefantes». ¿Sabes qué significa **oculto**? Lee lo que dice debajo del título y busca el sinónimo de **oculto.**

Paso 2 ¿Cuál crees que puede ser la idea general de este artículo?

❑ que hay una secta religiosa que tiene al elefante como símbolo
❑ que han estudiado a los elefantes y ahora saben más de su vida misteriosa
❑ que han demostrado que los Nazis usaban un código de radio basado en los sonidos emitidos por los elefantes
❑ que han descubierto trece elefantes gigantes en un área aislada en África

Paso 3 Ahora, lee los dos primeros párrafos. Según lo que se dice en estos dos párrafos, ¿cuál es el tema que se va a tratar en el artículo?

❑ la relación entre los elefantes y los habitantes de Kilimanjaro
❑ el comportamiento social de los elefantes
❑ la organización social de los elefantes y chimpancés comparada con la de los insectos
❑ una entrevista de Cynthia Moss y Joyce Pool
❑ un comentario sobre la nueva película *Elephant Memories*

Paso 4 Mira las fotos y lee lo que dice al pie de cada una. Indica si las siguientes oraciones son ciertas o falsas.

	CIERTO	FALSO
1. La lucha (el combate) entre los machos por la jefatura de la manada (el grupo de elefantes) es una lucha a muerte.	❑	❑
2. El uso de la trompa no es instintivo. Los elefantes pequeños no aprenden el uso de la trompa hasta los cuatro meses de vida.	❑	❑
3. Los elefantes nacen con una gran capacidad para la supervivencia (*survival*).	❑	❑

Paso 5 Como no es fácil deducir el significado de todas las palabras que aparecen en el artículo, aquí tienes algunas definiciones.

manada: un grupo de elefantes
machos: los elefantes
hembras: las elefantas
crías: los elefantes recién nacidos

386 trescientos ochenta y seis

Lección 15 ¿En qué se parecen los animales y los seres humanos?

una red de vínculos sociales

> **red:** en sentido figurado, organización de cosas relacionadas entre sí (En realidad, la red es un objeto que se usa en muchos deportes, como el tenis: La **red** divide la cancha de tenis en dos partes iguales.)
>
> **vínculos:** relaciones

desplazarse: ir de un lugar a otro
pezones: la parte del cuerpo de la madre por donde sale la leche
mamar: tomar la leche materna
ramas: partes de un árbol (*tree*)

Exploración

Paso 1 Divídanse en grupos de tres o cuatro. A cada grupo el profesor (la profesora) le va a asignar una de las tres secciones del artículo.

Paso 2 Lee la sección asignada, buscando las siguientes ideas.

1. «Luchas a veces mortales entre machos»
   a. pelear
   b. violencia
   c. *Musth*
2. «El matriarcado reina en la manada»
   a. la composición de una manada
   b. fuertes lazos de unión*
   c. las abuelas
3. «Los cuidados de los recién nacidos»
   a. mamar correctamente
   b. el parto
   c. el período de lactancia

Paso 3 Cada grupo debe hacer un resumen de la sección para después presentarlo a la clase. Para la presentación pueden usar la pizarra, fotos o cualquier cosa que les sirva de ayuda. La presentación debe limitarse a cinco minutos.

CONSEJO PRÁCTICO

By now you should be fairly familiar with two strategies for handling new words in a reading:

1. deducing the meaning of words relying on
   a. context
   b. cognate status
   c. and relationship to other words (e.g., **alejarse ↔ lejos**)
2. skipping words that aren't deducible while seeing if you can get the general idea(s) of the sentence or paragraph.

Remember to let the information asked of you guide you in your reading: What am I going to be asked about this reading? Which words are most important for me to understand right now? If necessary, you can look up some words during a second reading.

NOTA COMUNICATIVA

You have already used a number of ways of asking for clarification and repetition. Try to use them as your classmates summarize the sections they read.

1. asking for repetition: **¿Podrías repetir eso?**
2. asking for a word or phrase clarification: **Perdón, no entendí...** or **No entendí la parte sobre...**
3. verifying what you heard: **A ver si entendí bien. ¿Dices que... ?**

---

*__*Lazo__ (from which English *lasso* is derived) means *tie*. **Fuertes lazos de unión** is a concept similar to English *ties that bind*.

COMPORTAMIENTO

El código oculto de los elefantes (I)

Por primera vez, varias familias de elefantes han sido estudiadas durante trece años seguidos. Ahora ya podemos saber más cosas de estos gigantes terrestres. Desvelamos su código secreto.

Los elefantes son animales muy especiales: inteligentes, difíciles, activos, poderosos... y divertidos. Estas son las principales conclusiones de las científicas norteamericanas Cynthia Moss y Joyce H. Poole, después de haberlos estudiado durante trece años en el parque nacional de Amboseli, a los pies del Kilimanjaro, en Africa Oriental.

Esta investigación ha sacado a la luz sorprendentes facetas del comportamiento social de los elefantes. Un descubrimiento asombroso es, por ejemplo, el hecho de que poseen una red de vínculos sociales mucho más compleja que la de chimpancés y gorilas. Todo esto lo cuenta Cynthia Moss en su libro *Elephant Memories*, donde nos hace las revelaciones siguientes.

1 Luchas a veces mortales entre machos

«Nada resulta tan estremecedor como un choque entre dos machos furiosos», dice Cynthia Moss. «*Dionysius*, un magnífico ejemplar de 5.500 kilos de peso, no temía a ningún adversario. Hasta que se topó con *Iain*. Pelearon casi durante ocho horas, en el límite de un bosque de acacias, mientras el resto de la manada los contemplaba. Finalmente, *Dionysius* cayó al suelo. Había perdido, aunque, por esta vez, conservó su vida.»

Nunca hasta ahora los zoólogos habían sido testigos de esta extremada violencia en Africa por parte de los elefantes, entre otras cosas porque estas luchas cruentas entre machos se consideraban inexistentes.

Cynthia Moss y Joyce H. Poole atribuyen este comportamiento de estos supuestos pacíficos animales a un fenómeno llamado *Musth*, que sólo había sido observado en los elefantes asiáticos. Este fenómeno es provocado por el aumento de la hormona sexual testosterona, que excita en grado sumo al animal, haciéndole violento.

2 El matriarcado reina en la manada

Una familia de paquidermos se compone de diez a treinta individuos. Está dirigida por una inteligente y vieja elefanta, a manera de hembra líder, que manda sobre las abuelas, madres, tías y crías de ambos sexos. La pirámide generacional abarca desde los recién nacidos hasta los ejemplares de más de sesenta años.

Los machos jóvenes permanecen en el círculo familiar un máximo de doce años, edad en la que abandonan la manada para vivir solos casi todo el año. Existe una separación estricta de los sexos: no hay machos que lideren manadas mixtas.

Forzosamente, madres y lactantes, éstos necesitados de protección y cuidados especiales, conforman los vínculos más estrechos de una familia. La cría sigue a la madre por todas partes, no alejándose nunca más de unos pocos metros. La madre, mientras tanto, también mantiene fuertes lazos de unión con otros ejemplares no adultos, hasta que alcanzan la madurez sexual.

Cuando una hembra vieja, jefe de manada, es relevada en el mando por otra más joven, continúa siendo tolerada en la familia, incluso disfrutando de una alta consideración debido a su experiencia. No es extraño ver, además, abuelas que se encargan activamente de criar a los pequeños. Fuera de estos estrechos círculos familiares, una manada mantiene también contactos con otros grupos de elefantes, aunque, de nuevo, exclusivamente compuestos de hembras. Si la comida es abundante después de la época de lluvias, en los meses de enero y febrero, a menudo se llegan a reunir hasta cien animales para ramonear en grupo. Estas manadas tan numerosas cumplen también otra importantísima misión, como lo es la de proteger a las crías de los ataques de las especies depredadoras, como es el caso de los leones. Si se llegara a producir la agresión de un felino a una de las crías, las hembras, no importando su relación familiar o la jerarquía dentro de la manada, defenderán con inusitada fuerza al pequeño.

3 Los cuidados de los recién nacidos

Como especie profundamente gregaria que es, una cría de ele-

FEROCES LUCHAS ENTRE DOS TITANES
Con las trompas extendidas, dos gigantes comienzan la lucha por la jefatura de la manada. Las luchas casi siempre terminan cuando uno de los machos deja la lucha, reconociendo así la superioridad de su oponente.

Lección 15 ¿En qué se parecen los animales y los seres humanos?

EL MANEJO DE LA TROMPA REQUIERE UN APRENDIZAJE
No es nada sencillo para los pequeños elefantes aprender el manejo de la trompa. De hecho, hasta los cuatro meses de vida, cuando ya empiezan una alimentación mixta, no saben utilizarla. En ocasiones, igual que si un niño se chupara un dedo, se la llevan a la boca. Al principio, sólo la usan para jugar o para mover palos y ramas.

PRIMEROS E INSEGUROS PASOS DE UN BEBÉ
Con sus cien kilos de peso al nacer, las crías de elefantes son criaturas realmente desvalidas. Es muy frecuente que ni siquiera puedan encontrar las mamas de la madre, por lo que tienen que ser instruidas en esta misión. La subalimentación es uno de los problemas más graves del período de lactancia.

...fante viene al mundo de una manera un tanto precoz, aunque la gestación, sin embargo, haya sido inusitadamente larga: alrededor de veintidós meses. Ya a la hora de nacer la cría puede aguantarse sobre sus todavía tambaleantes patas y es capaz de desplazarse con los mayores de su manada en su primer día de existencia.

Pero las apariencias engañan. El bebé elefante necesita de muchos cuidados, de una esmerada y concienzuda protección. Lo más importante en esta fase crítica de su recién estrenada vida es encontrar los pezones de la madre y aprender a mamar correctamente. En su inexperiencia, a menudo una cría de elefante confunde a su madre con una tía que carece de leche en sus mamas. Y este error habitual suele resultar fatal. La tasa de mortalidad en las crías menores de dos años es por esta circunstancia muy elevada.

Cuando una hembra preñada se tumba en el suelo para el parto, las otras hembras de la manada realizan las funciones de comadronas: con sus colmillos y trompas ayudan a liberar al recién nacido de la bolsa amniótica. Aunque la cría es ayudada en su alimentación con materia vegetal a partir de los tres o cuatro meses, la leche es la energía vital para su desarrollo. En épocas de sequía, cuando el alimento y el agua escasean, la leche, por razones más que obvias, es menos nutritiva.

En el momento del parto, un macho sólo pesa un 2 por 100 de su volumen de adulto; una hembra, en cambio, un 4 por 100. Los machos más poderosos pueden alcanzar seis toneladas de peso y cuatro metros de altura en el lomo. Por el contrario, las hembras más voluminosas «sólo» llegan a las 3,6 toneladas de peso, con una altura de 3,5 metros.

También hay otras circunstancias secundarias que determinan la duración de dilatado período de lactancia, que normalmente suele durar tres años y termina cuando la madre de la cría alumbra un nuevo bebé.

Síntesis

Paso 1 Escucha las presentaciones de los otros grupos y toma apuntes sobre las diferencias entre los machos y las hembras. Si no entiendes algo, debes pedir explicación.

Paso 2 En la siguiente sección **Vamos a ver,** vas a leer la segunda parte de este artículo. Antes de leer, debes estar seguro/a de haber captado las ideas sobre la primera parte. Aunque has tomado apuntes, ahora puedes leer toda la primera parte de la lectura para verificar tus apuntes.

¡Sigamos!

¿En qué se parecen?

Aunque todavía no hayas leído todo el artículo, ya tienes algunas ideas sobre el comportamiento de los elefantes. Pero, ¿cómo se comparan con los seres humanos?

Paso 1 Con un compañero (una compañera), escriban por lo menos tres adjetivos para describir las semejanzas entre el elefante y el ser humano para cada categoría que da tu profesor(a). Después, compartan los adjetivos con la clase. ¿Están todos de acuerdo con los adjetivos que escogieron?

CARACTERÍSTICAS PARECIDAS	CARACTERÍSTICAS DIFERENTES
a. _____	a. _____
b. _____	b. _____
c. _____	c. _____

Paso 2 ¿A qué conclusión llegan? ¿Se parecen mucho entre sí los elefantes y los seres humanos? ¿Se parecen poco o no se parecen para nada?

Anticipación

Paso 1 Mira las fotos en la página 392 y lee lo que dice a la izquierda de ellas. Indica si las siguientes oraciones son ciertas o falsas.

	C	F
1. Es fácil confundir el saludo entre dos elefantas, viejas conocidas, con una lucha entre machos porque el uso de la trompa es importante en los dos encuentros.	❏	❏
2. Las elefantas guardan amistades estrechas (*close friendships*) por mucho tiempo.	❏	❏

Paso 2 Mira la sección del artículo, «Grandes privilegios para los machos.» Escribe tres privilegios que piensas encontrar en la sección. Comparte tus ideas con la clase.

Paso 3 Lee rápidamente la sección «Escalafones de ascenso según la edad» para aclarar el significado de **escalafones de ascenso.** Escribe su significado.

Escalafones quiere decir algo como _____.

Exploración

Paso 1 Lee el artículo sección por sección. Para ayudarte a recordar la información importante, apunta las palabras clave o frases importantes de cada sección.

390 trescientos noventa

Lección 15 ¿En qué se parecen los animales y los seres humanos?

CONSEJO PRÁCTICO

As you know, jotting down key words and concepts while you read is an important tool for better recall of information. However, don't forget to review your notes as you go! That is, when you finish a section, review your notes and think about what you have just read. Are your notes clear? Do you wish to add something? Will the words and phrases you jotted down help you recall all the main points and a few supporting ideas?

Paso 2 De los siguientes comportamientos descritos en el artículo, ¿cuáles son instintivos y cuáles son aprendidos?

	INSTINTIVO	APRENDIDO
luchas entre machos	❑	❑
mandar la manada	❑	❑
formar lazos de unión fuertes	❑	❑
proteger a las crías	❑	❑
encontrar los pezones de la madre	❑	❑
mamar	❑	❑
sobrevivir	❑	❑
chuparse la trompa	❑	❑
saludarse con la trompa	❑	❑
beber con la trompa	❑	❑
mover palos y ramas con la trompa	❑	❑

Paso 3 Según los dos párrafos introductorios de la primera parte de la lectura (ver página 388), los elefantes son animales inteligentes, difíciles, activos, poderosos y divertidos. ¿Cuál es la información en el artículo que apoya la idea de que los elefantes verdaderamente son así?

MODELO   Los elefantes son verdaderamente inteligentes porque _____.

Síntesis

Paso 1 Uno de los temas importantes en las dos partes del artículo es la organización social de la manada de elefantes. Usa la tabla que aparece a continuación para recopilar los datos pertinentes a este tema. Primero, sintetiza las ideas en una frase. Luego, escribe algunas palabras clave para ayudarte a recordar la información.

CONSEJO PRÁCTICO

By now you may have noticed the relationship between reading and writing as well as listening and writing established in ¿Sabías que... ? A good academic skill (in any language!) is to be able to use your own words to summarize information that you have received from another source. Can you take others' ideas and express them in your own words? Can you organize information into main ideas, supporting ideas, and details? In ¿Sabías que... ? you are working on skills that will help you not only in Spanish but in other courses as well!

LA ORGANIZACIÓN SOCIAL DE LOS ELEFANTES		
	Frase que sintetiza las ideas	*Palabras clave*
la jefatura		
el matriarcado		
el cuidado de las crías		
los escalafones según la edad		

Paso 2 Compara las frases que escribiste con las de un compañero (una compañera).

Paso 3 Escribe uno o dos párrafos en que describas la organización social de los elefantes. Incluye las frases que escribiste en el **Paso 1.**

COMPORTAMIENTO

El código oculto de los elefantes (II)

4 Grandes privilegios para los machos

Uno de los aspectos más sorprendentes de la investigación de las zoólogas norteamericanas fue el observar que un elefante macho de ocho años todavía seguía mamando, con la plena aprobación de su madre. En un principio, les extrañó enormemente esta circunstancia, pero después pudieron comprobar repetidas veces que estos casos no tenían nada de extraordinario.

Los jóvenes machos, por lo general, buscan con mayor insistencia las mamas que las hembras. En tiempos de sequía o escasez de alimentos, las madres ven agotadas sus reservas de leche inmediatamente. Al desaparecer las raciones extra de alimento materno, los más perjudicados son, evidentemente, los machos, por su mayor consumo. Así, la mortandad entre los elefantes jóvenes varía considerablemente según el sexo. Mientras que sólo el 50 por 100 de los machos llega al estado de adultos, las hembras tienen mejores expectativas de vida: sólo un tercio perecen antes de los doce años.

De esta manera, las madres intentan sistemáticamente privilegiar siempre a su descendencia masculina.

5 Escalafones de ascenso según la edad

Durante su juventud, los machos no cuentan para nada en la jerarquía social. Si bien es cierto que un joven macho ya puede reproducirse cuando abandone su familia, con diez o doce años, tendrá que armarse de mucha paciencia al incorporarse al «club de caballeros», donde manda el elefante más grande y más fuerte. Como estos animales crecen durante toda su vida o gran parte de ella, los jefes de la manada alcanzan a menudo la edad de cuarenta o cincuenta años. En función de esto, Cynthia Moss clasificó a los machos en cinco grupos de edades: 10-20 años, 21-25 años, 26-35 años, 36-50 años y mayores de 50.

Hasta los 25 años, los elefantes no representan competencia alguna para los mayores. Esto sucede, normalmente, cuando consiguen la categoría número tres, pero continúan sin tener posibilidades de éxito en un enfrentamiento con un macho viejo por los favores de una hembra. «Tan sólo pueden aspirar a copular algún día, a escondidas, con una hembra», asegura Cynthia Moss.

Es a partir de los 30 años cuando un macho empieza a competir por las hembras. A esta edad es cuando normalmente se le

EL SALUDO DE DOS VIEJAS CONOCIDAS

El reencuentro de dos grupos de elefantes es emotivo. Las zoólogas norteamericanas pudieron ver todo lo que sucedió entre dos viejas conocidas, en un ritual de salutación difícil de imaginar. Primero, las dos elefantas izaron sus trompas en señal de reconocimiento; después, chocaron sus colmillos, pausadamente, y a continuación entrelazaron firmemente sus trompas. Los lazos de amistad entre las hembras raramente se olvidan.

Lección 15   ¿En qué se parecen los animales y los seres humanos?

presenta el fenómeno anteriormente citado, que se conoce como *Musth*, que le excita sexualmente y se vuelve terriblemente violento. En este estado, un elefante de 30 años es temible, hasta el punto que otros machos más viejos, incluso con «jefatura de manada», eluden el enfrentamiento con el iracundo jovenzuelo.

Al margen de esta fase de excitación de una duración máxima de tres meses, los machos disfrutan de una vida pacífica, sólo dedicándose a comer y acumular energía.

6 Enseñanzas para el uso de la trompa

La trompa de los elefantes es como un brazo prensil que sirve para todo. Es igual a una herramienta con posibilidad de múltiples usos. Valiéndose de ella, pueden arrancar con suma habilidad hierbas y hojas, transportar o mover enormes troncos de madera. Además, la trompa es un utensilio imprescindible para beber. Los elefantes pueden succionar hasta quince o veinte litros de agua de una sola vez y retenerla en su interior durante unos instantes. A continuación, echarán la cabeza hacia atrás e introducirán la trompa en su boca.

Muy sociables y comunicativos, los elefantes se palpan y acarician continuamente con la trompa, que está surcada por innumerables conductos nerviosos que le confieren gran sensibilidad. No es raro, por ejemplo, ver cómo un elefante introduce su trompa confiadamente en la boca de otro congénere, casi igual como cuando dos personas se besan. En otras ocasiones, el apéndice nasal sirve para mostrar estados de ánimo: un elefante furioso o irritado suele golpear con gran fuerza su trompa contra el suelo repetidas veces.

Pero la correcta utilización de la trompa no corresponde a unas propiedades innatas. El elefante joven desconoce las posibilidades de este aparato. El manejo correcto de la trompa se aprende de forma definitiva con el juego.

¡Sigamos!

Actividad A   ¿Qué buscamos en la vida?

Paso 1   Con dos o tres compañeros, pongan el número que corresponde a sus propias opiniones al lado de las siguientes frases.

Creo que a la mayoría de la gente de mi edad...

1 = le importa mucho.
2 = le será importante algún día.
3 = realmente no le importa.

a. _____ ser el líder de cualquier grupo con el que está asociado.
b. _____ vivir en un área segura y protegida.
c. _____ tener varias oportunidades de llevar una vida social activa.
d. _____ contar con el cuidado de los niños de uno mientras se está en el trabajo.
e. _____ tener varias oportunidades de encontrar una pareja.
f. _____ tener lo suficiente para sobrevivir.
g. _____ hacer amigos.
h. _____ tener oportunidades para avanzar en la profesión.
i. _____ tener dónde vivir en la vejez.
j. _____ tener amigos en la vejez.
k. _____ tener seguridad económica en la vejez.

Paso 2   Comparen sus respuestas con las del resto de la clase. ¿Están todos de acuerdo con sus opiniones?

Paso 3   Lean las frases de nuevo y escriban la letra **E** al lado de cada frase que se puede aplicar a los elefantes y expliquen por qué. ¿Qué tienes en común con ellos?

Actividad B El tratamiento de los viejos

En «El código oculto de los elefantes», se menciona el tratamiento que se les da a los viejos en la manada. Aprendimos que los elefantes viejos son jefes y las elefantas viejas son respetadas. ¿Ocurre igual entre los seres humanos?

Paso 1 Con dos o tres compañeros, den argumentos a favor y en contra de cada declaración que da tu profesor(a).

Paso 2 Comparen sus argumentos con los del resto de la clase. ¿Quieren añadir otros argumentos a los que ya tienen?

Paso 3 Tomando en cuenta los argumentos a favor y en contra, ¿con cuáles de las opiniones del **Paso 1** estás de acuerdo?

Actividad C ¿Sabías que... ?

Paso 1 Escucha y lee la breve selección **¿Sabías que... ?** que aparece en la página 395. Luego contesta las siguientes preguntas.

1. El saludo entre _____ se parece más al saludo entre las hembras del elefante.
   a. los anglosajones
   b. los japoneses
   c. los hispanos
2. En las culturas anglosajonas y japonesas, la regla que se observa para saludarse, por lo general, parece basarse en _____.
   a. el contacto físico mínimo
   b. los escalafones de edad
   c. el tiempo de conocerse
3. Al encontrar a un amigo (una amiga) en la calle, normalmente recibes _____.
   a. un abrazo
   b. una inclinación de cabeza
   c. un simple «Hola»

Paso 2 Con los otros compañeros de clase, hagan una encuesta. ¿Cuántos regularmente...

❑ dan la mano al saludar a un amigo (una amiga)?
❑ abrazan a sus amigos/as cuando se encuentran?
❑ no tienen contacto físico con otra persona cuando se saludan?

Repitan la encuesta pero esta vez con relación a sus familiares. ¿Cómo saludas a tu papá? ¿a tu mamá? ¿a tus hijos? ¿a tus hermanos? etcétera.

394 trescientos noventa y cuatro

Lección 15 ¿En qué se parecen los animales y los seres humanos?

...los saludos varían de cultura a cultura? Entre los anglosajones, por ejemplo, cuando dos personas que no son familiares se saludan, por lo general no se tocan, excepto para darse la mano.[a] (Aun en muchas familias los parientes apenas se tocan al saludarse.) En la cultura japonesa, tampoco es frecuente el contacto físico. El concepto de «espacio personal» y contacto físico que ayudan a determinar cómo dos personas se saludan es diferente en la cultura hispana. Por ejemplo, en la mayoría de los países de habla española, es muy frecuente ver a dos amigos o amigas saludarse con un abrazo.[b] En algunos lugares se saludan con un beso en la mejilla. Aunque esto no es regla general, es más frecuente ver abrazos y besos entre amigos y familiares de habla española que entre los de la cultura anglosajona. ¿Cómo saludas tú a tus amigos o amigas?

_____

[a]darse... *shaking hands*   [b]*hug*

Composición

En esta lección examinaste los comportamientos de diferentes animales. Unos eran instintivos y otros eran aprendidos. Leíste información sobre el sentido de orientación y un artículo en dos partes sobre la organización social de una manada de elefantes. También examinaste el comportamiento de los animales con referencia a los seres humanos. Con la información que has aprendido, escribe una composición que se titule «Comportamientos universales».

Antes de escribir

Paso 1   El propósito de la composición es presentar ejemplos de comportamientos universales que sugieren que sí hay relación entre los seres humanos y los animales. Ten en mente (*Keep in mind*) a las personas que creen que no existe ninguna relación entre los seres humanos y los animales. ¿Qué ejemplos te pueden servir para demostrar la existencia de comportamientos universales? Decide qué tono vas a utilizar. ¿Es apropiado el uso de la primera persona? ¿Vas a dirigirte directamente al lector (a la lectora)?

Paso 2   Para cada punto que aparece a continuación, escribe algunas ideas que puedas incluir en la composición. Repasa la lección si no recuerdas todos los datos.

1. El sentido de orientación
   a. "el tercer ojo"
   b. las abejas

2. La organización social de la manada de elefantes
   a. los papeles de los machos y las hembras
   b. la crianza de los recién nacidos
   c. el cuidado de los viejos
   d. la jefatura
3. Otras ideas
   ¿ ?

Paso 3 Escribe el orden en el que vas a presentar tus ideas y ejemplos. ¿Está lógica esta organización?

Al escribir

Paso 1 Aquí tienes unas frases que pueden ayudarte a expresar las ideas.

en su mayor parte	*for the most part*
es evidente que	*it is evident that*
es lógico pensar que	*it is logical to think that*
está claro que	*it is clear that*

Paso 2 Al escribir la conclusión, debes tomar en cuenta el propósito de la composición y también el punto de vista de los lectores. Si quieres, puedes usar en la conclusión una de las siguientes frases.

después de todo	*after all*
en definitiva	*definitely*
por lo tanto	*therefore*

Paso 3 Escribe la composición dos días antes de entregársela al profesor (a la profesora).

Después de escribir

Paso 1 Antes de entregarla, lee la composición de nuevo. ¿Quieres cambiar o modificar...

- ❑ las ideas que presentaste?
- ❑ el orden en que presentaste las ideas?
- ❑ la conclusión?
- ❑ el tono?

Paso 2 Lee la composición otra vez más para verificar...

- ❑ la concordancia entre las formas verbales y sus sujetos.
- ❑ la concordancia entre adjetivos y sustantivos.
- ❑ el uso de **estar.**

Paso 3 Haz todos los cambios necesarios y entrégale la composición al profesor (a la profesora).

Lección 15   ¿En qué se parecen los animales y los seres humanos?

¿Dónde está... ?

el este	east
el oeste	west
el norte	north
el sur	south
al lado (de)	next to, alongside
cerca (de)	near, close
detrás (de)	behind
enfrente (de)	in front (of)
lejos (de)	far (from)
quedar	to be located

De aquí para allá   From Here to There

la bocacalle	intersection
la cuadra	block
la esquina	corner
la manzana	block
el semáforo	traffic light

Where Is . . . ?

Cruce la calle.	Cross the street.
Doble a la derecha (izquierda).	Turn right (left).
Siga derecho (recto).	Continue (Go) straight.
Siga (Ud.) por...	Continue . . . , Follow . . .
¿Dónde queda... ?	Where is . . . ?
¿Me podría decir... ?	Could you tell me . . . ?
Perdón, ¿cómo se llega a... ?	Excuse me, how do you get to . . . ?

Palabras útiles

el sentido	sense
la vejez	old age

 Actividad A   «Juan Darién»

En la página 398 aparece un fragmento del cuento «Juan Darién» por el escritor uruguayo Horacio Quiroga (1878–1937). El fragmento que vas a leer fue sacado de la primera parte del cuento. En el cuento, una mujer ha perdido a su bebé a causa de una epidemia de la viruela (*smallpox*). Una noche, sola y contemplando su vida, la mujer encuentra algo en la puerta de su casa...

Paso 1   Lee las líneas 1–12 y luego contesta las siguientes preguntas.

1. ¿Dónde vive la mujer? ¿Vive en un centro urbano?
2. ¿Por qué dice el autor «la pobre mujer»? ¿Se refiere a su situación económica?

3. El autor describe al tigrecito diciendo que era «de pocos días», lo cual quiere decir que era recién nacido. ¿Que otro(s) detalle(s) da el autor que comprueba(n) esto?

Paso 2   Ahora lee las líneas 12–23 y contesta las siguientes preguntas.

1. Quiroga hace un juego de contraste entre la naturaleza del tigre y su condición en el momento en que la mujer lo encuentra. Da todos los ejemplos de este contraste que puedas colocando (*placing*) palabras y frases del fragmento en una de las dos columnas a continuación.

EL TIGRE = BESTIA FEROZ	EL TIGRE = POBRE ANIMAL
MODELOS enemigo	runruneó

2. Sin leer más, ¿qué crees que va a hacer la mujer? ¿Va a echar (*throw*) «la bestia feroz» a la calle? ¿O va a quedarse con (*keep*) «el pobre animal»?

Paso 3 Lee el resto del fragmento y contesta las siguientes preguntas. Si quieres, puedes leer el fragmento desde el principio hasta el fin.

1. ¿Te sorprendió la acción de la mujer? ¿Por qué?

2. Según los pensamientos de la mujer, «una vida equivale a otra vida». ¿Qué es el doble sentido de esta frase dentro del cuento? (Clave: Un sentido es abstracto y filosófico mientras que el otro es concreto, relacionado con la situación particular de la mujer.)

Paso 4 Con los demás miembros de la clase, comenten la siguiente idea. ¿Les parece a Uds. apropiada o lógica?

La mujer hizo lo que hizo porque es mujer. Un hombre no haría lo mismo, es decir, no «adoptaría» al tigrecito.

 Fragmento de «Juan Darién»

Ahora bien; en la selva había
muchos animales feroces que rugían[a]
al caer la noche y al amanecer[b]. Y
la pobre mujer, que continuaba sentada,
5   alcanzó[c] a ver en la oscuridad
una cosa chiquita y vacilante que
entraba por la puerta, como un gatito
que apenas tuviera fuerzas[d] para
caminar. La mujer se agachó[e] y levantó
10 en las manos un tigrecito de
pocos días, pues aún tenía los ojos
cerrados. Y cuando el mísero cachorro[f]
sintió contacto de las manos,
runruneó[g] de contento, porque ya no
15 estaba solo. La madre tuvo largo
rato suspendido en el aire aquel
pequeño enemigo de los hombres, a
aquella fiera[h] indefensa que tan fácil
le hubiera sido exterminar[i]. Pero
20 quedó pensativa ante el desvalido[j]
cachorro que venía quién sabe de dónde,

y cuya madre con seguridad había
muerto. Sin pensar bien en lo que
hacía llevó al cachorrito a su seno[k]
25 y lo rodeó[l] con sus grandes manos.
Y el tigrecito, al sentir el calor del
pecho[m], buscó postura cómoda,
runruneó tranquilo y se durmió con la
garganta adherida[n] al seno maternal.
30   La mujer, pensativa siempre, entró
en la casa. Y en el resto de la noche,
al oír los gemidos[o] de hambre
del cachorrito, y al ver cómo
buscaba su seno con los ojos cerrados,
35 sintió en su corazón herido que,
ante la suprema ley del Universo,
una vida equivale a otra vida...
Y dio de mamar[p] al tigrecito.

Actividad B   Quino

Paso 1 Como sabes, Quino es un famoso caricaturista argentino. Has visto varias de sus tiras cómicas, incluso algunas de Mafalda. Con otra persona, miren la tira cómica en la página 399 en que se presentan los sentimientos de un señor, en diferentes situaciones, durante una jornada de trabajo. Usando el siguiente modelo, indiquen qué comportamiento humano se refleja en cada cuadro de la tira.

MODELO   En el primer cuadro, los seres humanos se parecen a las ovejas en que los dos...

Paso 2 Ahora escoge uno(s) de los siguientes espacios de tiempo e indica a qué animal(es) te pareces tú.

a. al despertarme y comenzar el día
b. las horas de la tarde después que salgo de clases hasta que ceno
c. los días del fin de semana
d. las horas entre el desayuno y el almuerzo
e. ¿ ?

---

[a]*roared* [b]*al... at daybreak* [c]*managed* [d]*apenas... hardly had the strength* [e]*se... bent down* [f]*cub* [g]*it purred* [h]*wild animal* [i]*tan... she could have easily destroyed* [j]*helpless* [k]*breast* [l]*surrounded* [m]*chest* [n]*garganta... throat stuck* [o]*moans* [p]*dio... she nursed*

VíSTAZOS

GRAMMAR SUMMARY FOR LECCIONES 13–15

The Present Perfect

he		
has		
ha		
ha	+	almorzado
hemos		leído
habéis		salido
han		
han		

1. The present perfect corresponds roughly to English *have + past participle.*

> Ya he comido.
> *I have eaten already.*

> ¿Te has mirado?
> *Have you looked at yourself?*

2. There are no stem-vowel changes with past participles: almorzar → almorzado, venir → venido, and so forth.

3. A number of common verbs have irregular past participles that do not end in **-ado** or **-ido.**

decir	dicho
escribir	escrito
hacer	hecho
morir	muerto
poner	puesto
ver	visto

4. There are two instances in which the present perfect is used in English where it is not used in Spanish.

> to have . . . for + *amount of time*

> Hace varios minutos que estoy aquí.
> *I have been here for a few minutes.*

> Hace dos años que vivo en Chicago.
> *I have lived in Chicago for two years.*

> to have just (*done something*)

> Acabo de limpiar eso. No lo toques.
> *I have just cleaned that. Don't touch it.*

> ¿Acabas de llegar?
> *Have you just arrived?/Did you just arrive?*

Verbs That Require a Reflexive Pronoun

Some verbs in Spanish require a reflexive pronoun. Because these verbs are not true reflexives or reciprocal reflexives, their English equivalents do not use *-self, -selves,* or *each other.*

atreverse a + *inf.*	*to dare to (do something)*
burlarse (de)	*to make fun (of)*
comportarse	*to behave*
darse cuenta (de)	*to realize*
jactarse (de)	*to boast (about)*
portarse	*to behave*

Note that some of these verbs use prepositions when followed by nouns or verbs.

> No me atreví.
> No me atreví a decirlo.
> No me di cuenta.
> No me di cuenta de eso.

The Conditional Tense

tomaría	me atrevería	viviría
tomarías	te atreverías	vivirías
tomaría	se atrevería	viviría
tomaría	se atrevería	viviría
tomaríamos	nos atreveríamos	viviríamos
tomaríais	os atreveríais	viviríais
tomarían	se atreverían	vivirían
tomarían	se atreverían	vivirían

1. The conditional in Spanish is roughly equivalent to English *would + verb* when the latter expresses a hypothetical event.

> No viviría allí nunca.
> *I would never live there.*

> ¿Te burlarías de mí?
> *Would you make fun of me?*

2. Remember that *would + verb* in English can also refer to a repeated action in the past. In this situation, you would use the imperfect in Spanish and not the conditional.

> Iba y venía mucho.
> *He would come and go a lot* (in those days).

> Nos comportábamos bien.
> *We would behave* (when we were children).

3. A few common verbs have irregular stems in the conditional tense.

decir	dir-
hacer	har-
poder	podr-
tener	tendr-

Direct and Indirect Object Pronouns

DIRECT OBJECT PRONOUNS	INDIRECT OBJECT PRONOUNS
me	me
te	te
lo, la	le
lo, la	le
nos	nos
os	os
los, las	les
los, las	les

1. Note that **me, te, nos** and **os** can function as either direct or indirect object pronouns.
2. Remember that object pronouns precede conjugated verbs. They can also be attached to the end of infinitives and present participles.

> ¿Lo tienes o lo has dejado en casa?
> *Do you have it or have you left it at home?*

> ¿Por qué no me saludas?
> *Why don't you greet me?*

> Carmen me está diciendo algo. (Carmen está diciéndome algo.)
> *Carmen is telling me something.*

> Nos van a llamar esta noche. (Van a llamarnos esta noche.)
> *They are going to call us tonight.*

3. Although you have not really used object pronouns with commands in *¿Sabías que... ?*, it may be helpful to know that object pronouns are attached to the end of affirmative commands but are placed in front of negative commands.

> Dime algo.
> *Tell me something.*

> ¡No me digas nada!
> *Don't tell me anything!*

4. Because **me, te, nos** and **os** function as both direct and indirect object pronouns, you need only distinguish between the two kinds using **Ud., Uds.** and third person pronouns.

> ¿El perro? No lo veo.
> *The dog? I don't see him.*

> ¿El perro? Ya le di de comer.
> *The dog? I already fed him.*

5. Remember that Spanish has flexible word order, so don't mistake object pronouns for subjects of a verb.

> ¿La va a llamar Juan?
> correct interpretation: *Is John going to call her?*
> incorrect interpretation: *Is she going to call John?*

> Ya nos vio el profesor.
> correct interpretation: *The professor already saw us.*
> incorrect interpretation: *We already saw the professor.*

6. You will often see indirect object pronouns used in situations in which English would use a

possessive construction (*my, your, his, Mary's,* and so forth), especially with parts of the body.

> Me sacó una muela el dentista.
> *The dentist pulled one of my molars out.*

> Le examiné las orejas al perro.
> *I checked out the dog's ears.*

> ¿Y le examinaste las patas?
> *And did you check his paws?*

Estar + location

Estar, and not **ser,** is normally used to talk about location.

> Buenos Aires está en la Argentina.
> Ahora mi mamá está en México.
> ¿Dónde está la oficina del profesor?

Quedar can be used to talk about the location of inanimate objects only.

> ¿Dónde queda la oficina del profesor?
> México queda al sur de los Estados Unidos.

Grammar Summary for Lecciones 13–15

Delirio febril urbanístico (1963) por José R. Oliver
(puertorriqueño, 1910–1979)

HACIA EL FUTURO

403

¿ as pensado en tu propio futuro? ¿Qué planes tienes? ¿Y has pensado en el futuro de la humanidad? ¿Cómo va a cambiar la vida en el futuro? ¿Qué ideas se te ocurren al mirar las fotos de esta sección?

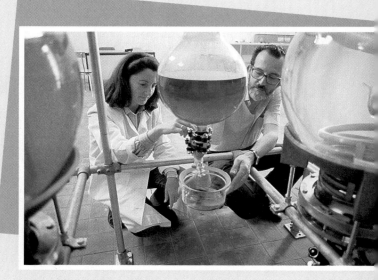

Más y más personas trabajan en las ciencias, la ingeniería y los campos técnicos, como se ve en la foto. ¿En qué profesión piensas trabajar tú? (¿En qué profesión trabajas? ¿Piensas cambiar de profesión?)

¿Qué le espera a esta joven texana (de Texas) en el futuro? ¿Cuáles serán sus aspiraciones? ¿sus metas (*goals*)?

La arquitectura contemporánea (Fundación Joan Miró, Barcelona, España). ¿Cómo serán los edificios del siglo que viene? ¿Cómo serán las casas?

¿ADÓNDE VAMOS?

 n esta lección, vas a

■ aprender vocabulario relacionado con la ropa

■ también aprender vocabulario relacionado con los viajes

■ repasar el condicional

■ hablar de tus preferencias en cuanto a viajar

■ examinar lo que harías y lo que no harías en varias situaciones hipotéticas

■ determinar con quién podrías hacer un viaje largo

PARA EXPLORAR

Look over the **Intercambio** activity on pages 420–421. This is the activity you will be working toward throughout this lesson.

La ropa

¿Cómo te vistes?

Talking About Clothing

Las prendas de vestir

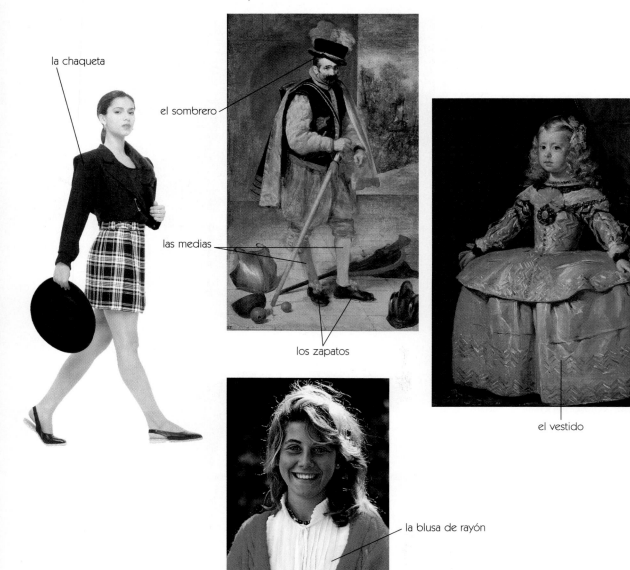

la chaqueta

el sombrero

las medias

los zapatos

el vestido

la blusa de rayón

El bufón llamado «Don Juan de Austria» (1632–1633) y La infanta Margarita de Austria (1653) por Diego Velázquez (español, 1599–1660).

la camisa de algodón
la corbata de seda
el traje de lana
los pantalones

la falda
los calcetines

VOCABULARIO ÚTIL

llevar	to wear	**el suéter**	sweater
vestirse (i, i)	to dress, get dressed	**el tacón (alto)**	(high) heel
		el traje de baño	bathing suit
barato/a	inexpensive	**Las telas de fibras naturales**	**Natural Fabrics**
caro/a	expensive		
		el algodón	cotton
los *bluejeans*	jeans	**la lana**	wool
la camiseta	T-shirt	**la seda**	silk
el cuero	leather		
el diseño	design	**Las telas de fibras sintéticas**	**Synthetic Fabrics**
el jersey	pullover		
los pantalones cortos	shorts	**el poliéster**	polyester
la sudadera	sweats	**el rayón**	rayon

Ideas para explorar

Actividad E El alojamiento en un hotel

Paso 1 Indica si cada una de las siguientes cosas es necesaria para ti o si sólo es preferible cuando te alojas en un hotel. Si no la tomas en consideración, indica eso.

	NECESARIO	PREFERIBLE	NO LA TOMO EN CONSIDERACIÓN
1. una cama matrimonial en vez de una sencilla	❏	❏	❏
2. la ayuda de un botones	❏	❏	❏
3. un baño privado	❏	❏	❏
4. un baño con ducha	❏	❏	❏
5. servicio de cuarto	❏	❏	❏
6. si el precio incluye el desayuno	❏	❏	❏
7. si tiene vista	❏	❏	❏
8. extras como champú gratis y televisión por cable	❏	❏	❏
9. armario grande	❏	❏	❏

Paso 2 ¿Cómo contestan las siguientes personas a cada número del **Paso 1**?

1. una persona de negocios que viaja frecuentemente y que normalmente se queda tres días en un hotel
2. dos jóvenes *yuppis* que van a Colorado para esquiar
3. una persona que viaja en auto y que solamente pasa una noche en el hotel antes de continuar su viaje
4. dos personas jubiladas (*retired*) que pasan una semana en Florida

Paso 3 ¿Hay diferencias en lo que tú consideras necesario y en lo que consideran necesario las personas del **Paso 2**? ¿Hay ciertas cosas que siempre son necesarias si uno se aloja en un hotel? Explica por qué.

Actividad F ¿Sabías que... ?

Paso 1 Hagan entre todos una lista de todas las comodidades que esperan encontrar en un hotel norteamericano. Digan también cuáles son las diferencias entre un hotel y un motel.

Vocabulario útil

el champú y el jabón	shampoo and soap
las toallas	towels
la televisión por cable	cable television
los pisos	floors

Paso 2 Escucha y lee la selección **¿Sabías que... ?** que aparece en la página 415. Luego contesta las siguientes preguntas.

1. El concepto de hotel en el mundo hispano es igual al de los Estados Unidos. ¿Sí o no?

2. ¿Cuál de los siguientes tipos de alojamiento no existen en los países hispanos?
      a. hoteles de lujo **b.** moteles **c.** pensiones
   3. ¿Cuáles son las características que distinguen una pensión de un hotel?

Paso 3 Piensa si te gustaría alojarte en una pensión por una semana. En tu opinión, ¿cuáles son las ventajas y desventajas de alojarse en una pensión?

¿ S A B Í A S   Q U E . . .

... los tipos de alojamiento en el mundo hispano varían mucho de país en país y también son diferentes de los que se encuentran en los Estados Unidos? En todos los países del mundo hispano hay grandes hoteles de lujo y también hoteles de diferentes categorías, pero en ninguna parte hay nada semejante al motel estadounidense. Muchos hoteles norteamericanos tienen piscina,ª gimnasio y otras comodidades para sus huéspedes. Esto normalmente no se encuentra en los hoteles hispanos, a menos que sean de tipo *resort* como los que hay en Acapulco, Cancún, San Juan y otras ciudades.

Hay un tipo de alojamiento que se encuentra sobre todo en España pero no en los Estados Unidos: la pensión. Las pensiones españolas suelen ser pequeñas y más baratas que un hotel. A veces consisten en nada más que el piso de un alto edificio urbano. Los dueños son una familia y muchas veces las habitaciones no tienen baño privado. Tampoco tienen televisor, radio, reloj despertador ni teléfono. Pero para el turista que quiere un alojamiento barato, una buena pensión cómoda ofrece una alternativa al hotel.

La fachada de una pensión típica en Barcelona. Las pensiones ofrecen alojamiento más económico en comparación con los hoteles.

ª*swimming pool*

COMUNICACIÓN

Actividad G ¿Te alojas allí o no?

Paso 1 Imagínate que te encuentras en la siguiente situación:

Estás de viaje y es muy de noche. Es verano y hace un poco de calor. No has comido y estás muy cansado/a. No has hecho ninguna reservación y encuentras un hotel que tiene un cuarto por $45 la noche. Tu plan es pasar la noche y continuar tu viaje por la mañana.

Indica cuál(es) de los siguientes factores afectarían tu decisión de alojarte en ese hotel. ¿Hay un problema en particular que te haría ir a buscar otro alojamiento?

   1. Al entrar en la habitación ves dos cucarachas, una sobre la cama y otra en el lavabo (*sink*).
   2. Al inspeccionar la habitación notas que la bañera (*bathtub*) está muy sucia y enmohecida (*mildewed*).

3. Al entrar en la habitación notas que se puede oír todo el tráfico incesante de la carretera.
4. Al poner el televisor ves que no funciona.
5. Al probar los grifos (*faucets*) notas que no hay agua caliente.
6. Al mirar por la ventana ves a algunos individuos que te hace sospechar que el hotel es un lugar de narcotraficantes (*drug dealers*).
7. Al probar el aire acondicionado, encuentras que no funciona.

Paso 2 En grupos de tres, compartan sus reacciones del **Paso 1.** ¿Están de acuerdo en sus reacciones? ¡No se olviden de la situación! Completen uno de los siguientes párrafos y preséntenselo a los demás miembros de la clase. (Pueden modificar los párrafos según la discusión entre Uds.)

1. Nosotros estamos de acuerdo en que si _____ es suficiente razón para buscar otro alojamiento. Pero si _____ creemos que no es suficiente razón.
2. No nos ponemos de acuerdo en nuestro grupo. Algunos creen/ Un compañero (una compañera) cree que si _____ es suficiente razón para buscar otro alojamiento. Otra(s) persona(s) cree(n) que si _____ es suficiente razón para buscar otro alojamiento. Todos estamos de acuerdo en que si _____ no habría problema en quedarse allí.

ÍDEAS PARA EXPLORAR

En el extranjero

¿Qué harías?

Review of the Conditional Tense

tomar		-ía
		-ías
ver	+	-ía
ir		-ía
		-íamos
		-íais
		-ían
		-ían

In a previous lesson you learned that the conditional is roughly equivalent to English *would* and that one of its functions is talking about hypothetical events.

En ese caso, **me quejaría.**	*In that case, I would complain.*
En un viaje por México, **probaría** la comida local.	*On a trip around Mexico, I would sample the local food.*

The conditional of regular verbs is easily formed. As the shaded box suggests, the conditional consists of the infinitive plus an **-ía** ending. Here are some examples of regular verbs in the conditional tense.

tomar	tomaría, tomarías, tomaría, tomaría, tomaríamos, tomaríais, tomarían, tomarían
ver	vería, verías, vería, vería, veríamos, veríais, verían, verían
ir	iría, irías, iría, iría, iríamos, iríais, irían, irían

Remember that a number of verbs have irregular stems in the conditional tense. Some useful ones for the present lesson include the following.

decir	dir-	Nunca **diría** eso.
hacer	har-	No **haría** eso.
poder	podr-	No **podría** comer eso.
salir	sald-	No **saldría** con él.
tener	tend-	No **tendría** que ser caro.

You will find the conditional useful in this lesson for talking about hypothetical situations while traveling.

Actividad A   Con 500 dólares...

Paso 1   Escoge una de las opciones a continuación.

Con 500 dólares...

1. me compraría _____.
2. pagaría mi cuenta de _____.
3. le compraría un regalo a _____.
4. iría a _____.
5. me gustaría _____.

Paso 2   Ahora busca por lo menos a dos personas que dieron una respuesta más o menos igual a la tuya. No te olvides de hacerles la pregunta correctamente.

MODELOS   Con 500 dólares, ¿te comprarías una videocasetera?

Con 500 dólares, ¿le comprarías un regalo a tu mamá? ¿Qué le comprarías?

Paso 3   Presenta los resultados del **Paso 2** a la clase.

MODELO   Con 500 dólares, Juan, Silvia y yo nos compraríamos un aparato electrónico. Yo me compraría una videocasetera, Juan un televisor y Silvia un disco compacto.

Actividad B   ¿Y con 5.000 dólares?

Repite la **Actividad A** pero esta vez con otra cantidad de dinero. Específicamente, ¿qué harías con 5.000 dólares? Comprueba si las mismas personas que dieron una respuesta como la tuya en la **Actividad A** también dan una respuesta similar ahora.

Actividad C ¿Podrías... ?

Paso 1 Contesta cada pregunta a continuación.

3 = Sí. Creo que podría hacerlo sin dificultad.
2 = Sí, creo que podría hacerlo.
1 = No, no podría hacerlo.

1. _____ ¿Podrías vivir sin teléfono por más de tres días?
2. _____ ¿Podrías pasar más de cuatro días sin ver la televisión?
3. _____ ¿Podrías pasar una semana o más sin tener contacto ninguno con otra persona?

Ahora escucha y contesta las preguntas que hace el profesor (la profesora).

4. _____
5. _____
6. _____

Paso 2 Usando tus respuestas del **Paso 1,** indica cuál de las siguientes oraciones te describe mejor.

15–18 puntos: Podría hacer *camping* a solas (*alone*). De hecho, me gustaría.

10–14 puntos: No sé si podría hacer *camping* a solas. Tendría que pensarlo.

6–9 puntos: Definitivamente no podría hacer *camping,* ¡ni a solas ni con otras personas!

Actividad D Lo que (no) harías

Paso 1 Indica lo que harías y lo que no harías si alguien te lo pidiera (*asked you to do it*).

	SÍ	NO
1. Comería un plato de gusanos (*worms*).	❏	❏
2. Me pondría ropa del sexo opuesto y saldría a caminar por la calle.	❏	❏
3. No me bañaría ni me ducharía por un mes.	❏	❏
4. Dejaría que otra persona copiara mi examen.	❏	❏
5. Iría a clase o al trabajo desnudo/a.	❏	❏
6. Suspendería un examen a propósito (*on purpose*).	❏	❏

Paso 2 Ahora indica cuál(es) de las cosas del **Paso 1** harías...

_____ por 500 dólares.   _____ por 50.000 dólares.
_____ por 5.000 dólares.   _____ por 500.000 dólares.

¿Cambia tu opinión sobre lo que (no) harías según la cantidad de dinero?

Paso 3 (Optativo) En grupos de tres, inventen tres o cuatro oraciones como las del **Paso 1** para presentarle al profesor (a la profesora) y repitan el **Paso 2.** ¿Cuáles son sus respuestas?

Actividad E Los hispanos hablan

Paso 1 Lee lo que dice Cristina Pereira en la selección **Los hispanos hablan** que aparece abajo. Luego contesta las siguientes preguntas.

1. ¿Por qué crees que Cristina escucharía más y hablaría menos? Imagina que vas a vivir en un país de habla española por un año. ¿Por qué sería útil escuchar todo el español que pudieras (*that you could*)?
2. ¿Tienes un horario fijo (*fixed*)? ¿Mantienes tú la disciplina?

Paso 2 Ahora escucha lo que dice Ana Teresa Suárez y contesta las siguientes preguntas.

Vocabulario útil

ruidoso	noisy
intimidad	privacy

1. ¿Por qué dice que no viviría de nuevo en una residencia estudiantil? ¿Estás de acuerdo con lo que dice?
2. ¿Por qué viviría de nuevo con estudiantes americanos? ¿Crees que es buena idea?

Paso 3 Imagina otra vez que vas a vivir en un país de habla española por un año. Haz una lista de por lo menos dos cosas que harías y dos cosas que no harías. Luego compara tu lista con los demás miembros de la clase. ¿Qué cosas tienen en común? ¿Mencionan algo semejante a lo que dicen Cristina y Ana Teresa?

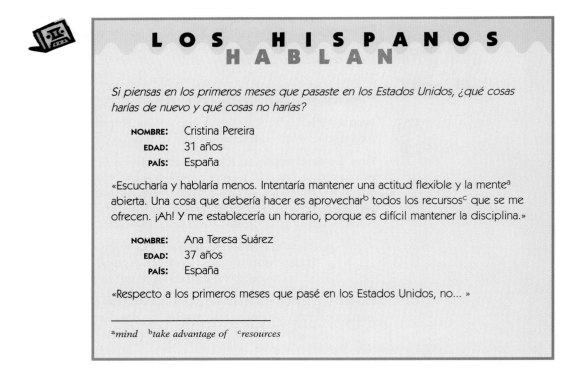

LOS HISPANOS HABLAN

Si piensas en los primeros meses que pasaste en los Estados Unidos, ¿qué cosas harías de nuevo y qué cosas no harías?

NOMBRE: Cristina Pereira
EDAD: 31 años
PAÍS: España

«Escucharía y hablaría menos. Intentaría mantener una actitud flexible y la mente[a] abierta. Una cosa que debería hacer es aprovechar[b] todos los recursos[c] que se me ofrecen. ¡Ah! Y me establecería un horario, porque es difícil mantener la disciplina.»

NOMBRE: Ana Teresa Suárez
EDAD: 37 años
PAÍS: España

«Respecto a los primeros meses que pasé en los Estados Unidos, no... »

———————————————

[a]*mind* [b]*take advantage of* [c]*resources*

Actividad F   En un país hispano

Escribe una breve descripción de lo que harías y de lo que no harías durante un viaje a un país hispano. Luego compártela con otras dos personas. ¿Cuál es su reacción? ¿Harían ellos (ellas) las mismas cosas o no? A continuación hay algunas posibilidades.

> alojarme en un hotel para turistas estadounidenses
> alquilar un auto
> beber el agua local sin precaución
> comprar muchos recuerdos (*souvenirs*)
> hacer autostop
> hacer camping
> hablar con personas desconocidas
> hablar sólo español
> probar toda la comida que se me presente
> salir con un chico hispano (una chica hispana)
> sacar muchas fotos
> visitar las ciudades grandes
> visitar los pueblos pequeños

Un viaje al extranjero

Propósito: determinar con quién podrías viajar al extranjero por un mes entero.

Papeles: una persona entrevistadora y otra persona entrevistada.

Paso 1   Piensa en las cosas que serían importantes para ti al viajar al extranjero. Haz una lista de por lo menos cinco cosas.

Paso 2   Basándote en lo que escribiste en el **Paso 1,** escribe varias preguntas para hacerle a otra persona sobre sus preferencias al viajar, para ver si los (las) dos serían compatibles durante un viaje largo. Por ejemplo, si para ti el precio del alojamiento sería un factor importante, puedes hacer preguntas como las siguientes:

> ¿Cuánto pagarías en un hotel la noche?
> ¿Harías camping para ahorrar dinero?
> ¿Podrías dormir en el tren durante la noche?

Busca a alguien en la clase para hacerle las preguntas y apunta sus respuestas. Trata de conseguir todos los detalles posibles.

Paso 3 Escribe un resumen de lo que averiguaste en el **Paso 2.** Puedes seguir el modelo a continuación, haciendo los cambios necesarios.

_____ y yo (no) seríamos buenos compañeros de viaje. En primer lugar, él/ella (no) _____ y _____. Yo también/tampoco _____. En segundo lugar,...

Paso 4 Antes de entregar tu resumen, deja que la otra persona lo lea. ¿Está de acuerdo con lo que has escrito?

Vocabulario

Las prendas de vestir — Articles of Clothing

los *bluejeans*	jeans
la blusa	blouse
los calcetines	socks
la camisa	shirt
la camiseta	T-shirt
la corbata	tie
la chaqueta	jacket
la falda	skirt
el jersey	pullover
las medias	stockings
los pantalones	pants
los pantalones cortos	shorts
el sombrero	hat
la sudadera	sweats
el suéter	sweater
el traje	suit
el traje de baño	bathing suit
el vestido	dress
los zapatos	shoes
los zapatos de tacón alto	high-heel shoes
llevar	to wear
ponerse (*irreg.*)	to put on (*clothing*)
vestir (i, i)	to wear
vestirse (i, i) (R)	to dress, get dressed

Las telas y materiales — Fabrics and Materials

el algodón	cotton
el cuero	leather
la lana	wool
el poliéster	polyester
el rayón	rayon
la seda	silk

Palabras útiles

barato/a (R)	inexpensive
caro/a	expensive
el diseño	design

De viaje — On a Trip

el aeropuerto	airport
el/la agente de viajes	travel agent
el/la asistente de vuelo	flight attendant
el autobús	bus
el avión	airplane
el barco	boat
la cabina	cabin
el/la camarero/a	flight attendant
el crucero	cruise ship
la estación	station
el extranjero	abroad
el maletero	porter
el/la pasajero/a	passenger
la sala de espera	waiting room
la sección de (no) fumar	(no) smoking section
el tren	train
alquilar	to rent
bajar de	to get off (*a bus, car, plane, etc.*)
facturar el equipaje	to check luggage
hacer autostop	to hitchhike
hacer cola	to stand in line
hacer escala	to make a stop (*flight*)
hacer la maleta	to pack one's suitcase
hacer un viaje	to take a trip
marearse	to get sick (nauseated)
sacar fotos	to take pictures
subir a	to get on/in (*a bus, car, plane, etc.*)
viajar	to travel

Palabras útiles **para los viajes**	**Useful Words** **for Trips**
el asiento	seat
el boleto (el billete)	ticket
de ida	one-way ticket
de ida y vuelta	round-trip ticket
la clase turística	economy class
la demora	delay
el equipaje	luggage
el pasaje	ticket; passage
la llegada	arrival
la primera clase	first class
la salida	departure
el vuelo	flight
El alojamiento	Lodging
el armario	closet
el botones	bellhop
la cama	bed
matrimonial	double bed
sencilla	twin bed
las comodidades	conveniences, amenities

la habitación	room
con baño (privado)	with a (private) bath
con ducha	with a shower
el hotel	hotel
de cuatro estrellas	four-star hotel
de lujo	luxury hotel
el/la huésped(a)	guest
el mozo	bellhop
la media pensión	room and breakfast (*often with one other meal*)
la pensión	boarding house, bed and breakfast
la pensión completa	room and full board
la recepción	front desk
el servicio de cuarto	room service
alojarse	to stay, lodge
confirmar	to confirm
reservar	to reserve (*time*)
con (*time* + **de**) **anticipación**	in advance
tener vista	to have a view
completo/a	full, no vacancy
desocupado/a	vacant, unoccupied

Actividad A «Pasaporte»

Paso 1 El pasaporte, como tú lo sabes, es un documento que se presenta en la aduana, ese lugar donde uno declara su nacionalidad y las cosas que ha comprado en el extranjero. La poeta mexicana Rosario Castellanos usa el pasaporte como una metáfora en su poema «Pasaporte» (ver página 423). Lee el poema y luego contesta las siguientes preguntas.

1. ¿A qué «viaje» alude el título «Pasaporte»?
   ❏ a la vida de la persona que habla
   ❏ a un recorrido por la historia
   ❏ a unas vacaciones al extranjero
2. ¿Da mucha importancia la poeta a lo que ha hecho en la vida?
3. En la segunda estrofa la poeta establece un contraste entre dos expresiones: **mujer de palabra** frente a **mujer de palabras.**

La primera expresión se refiere a la integridad. Una persona de palabra es una persona de honor, confiable. ¿Qué crees que quiere decir «mujer de palabras»?

Paso 2 Inventen entre todos metáforas sobre la vida. ¿Qué hechos o conceptos sobre la vida se pueden relacionar con el vocabulario abajo?

MODELOS La vida es un viaje de ida. No tiene vuelta.

En el llamado viaje de la vida, cargamos una maleta llena de pecados (*sins*) y malas intenciones.

Vocabulario útil

la salida	**el maletero**
hacer escala	**ida (y vuelta)**
la sala de espera	**alojarse**
el destino final	**la demora**

¿Mujer de ideas? No, nunca he tenido una.

Jamás repetí otras (por pudor[a] o por fallas nemotécnicas[b]).

¿Mujer de acción? Tampoco.

Basta[c] mirar la talla[d] de mis pies y mis manos.

Mujer, pues, de palabra. No, de palabra no.

Pero sí de palabras,

muchas, contradictorias, ay, insignificantes,

sonido puro, vacuo cernido de arabescos,[e]

juego de salón, chisme,[f] espuma,[g] olvido.

Pero si es necesaria una definición

para el papel de identidad, apunte

que soy mujer de buenas intenciones

y que he pavimentado

un camino directo y fácil al infierno.[h]

Actividad B   La camisa blanca

Paso 1   ¿Para qué usan los hombres la camisa blanca? Indica lo que piensas.

1. Los hombres suelen llevar la camisa blanca...
   - ❏ diariamente.
   - ❏ con *bluejeans*.
   - ❏ para ocasiones formales.
   - ❏ en el trabajo.
   - ❏ siempre con corbata.
2. La camisa blanca es más popular entre los hombres que tienen...
   - ❏ entre 16 y 21 años.
   - ❏ entre 21 y 40 años.
   - ❏ más de 40 años.
   - ❏ cualquier edad.
3. ¿Cuántos hombres en esta clase tienen una o varias camisas blancas? ¿Usan esta prenda para ir a clase?

Paso 2   Lee la breve selección «La camisa blanca» que aparece abajo. Luego contesta las siguientes preguntas.

1. ¿Quieres revisar las respuestas que diste en el **Paso 1**?
2. ¿Según la editora de *GQ*, ¿por qué son populares las camisas blancas? ¿Están de acuerdo con esta opinión los hombres de la clase?

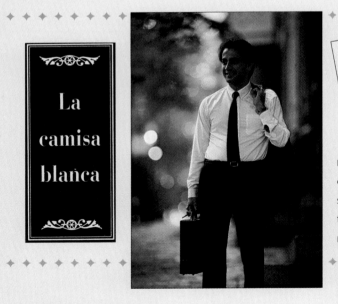

La camisa blanca

La famosa camisa blanca ha adquirido mucha popularidad últimamente, según un reporte que muestra que en los Estados Unidos solamente, la venta de camisas blancas de hombre se ha elevado en un 25 por ciento. Pero no creas que sólo las compran los hombres de negocios, para llevarlas con los trajes... los chicos también las compran. ¿La razón? «La camisa blanca le da una imagen segura al hombre. Y eso es lo que todos ellos quieren proyectar», dice Lisa Cohen, la editora de modas de la revista norteamericana para hombres *GQ*.

[a]*modesty*   [b]*fallas... memory lapses*   [c]*It's enough*   [d]*size*
[e]*vacuo... empty sieve of ornate designs*   [f]*gossip*   [g]*foam*   [h]*hell*

Paso 3 Según la selección, muchas veces la ropa proyecta algo de la personalidad o posición social de una persona. Observa lo que llevan por lo menos cinco personas que pertenecen a cada grupo incluido en el cuadro a continuación. Presenta tus observaciones a la clase. ¿Encontraste que la ropa de los profesores y la de los secretarios es diferente? ¿En qué se diferencian? ¿Hay diferencias en la ropa que usa cada grupo según el sexo?

Paso 4 Antes hiciste observaciones sobre la ropa de los estudiantes. Ahora has hecho observaciones sobre la ropa de dos diferentes grupos de personas. ¿Con cuáles de las siguientes afirmaciones estás de acuerdo?

		SÍ	NO
1.	La ropa indica con qué grupo se identifica la persona.	❑	❑
2.	La ropa refleja valores culturales y sociales.	❑	❑
3.	La ropa no está limitada por el sexo.	❑	❑
4.	La ropa es puramente utilitaria hoy en día.	❑	❑
5.	La ropa que se lleva depende de la situación en que se encuentra la persona.	❑	❑
6.	¿ ?	❑	❑

GRUPOS	ROPA				
	1	*2*	*3*	*4*	*5*
profesoras					
profesores					
secretarias					
secretarios					

VistAzos

¿A QUÉ PROFESIÓN U OCUPACIÓN QUIERES DEDICARTE?

*C*omo la pregunta lo sugiere, en esta lección vas a averiguar cuáles son las aspiraciones y esperanzas de tus compañeros de clase en cuanto a las profesiones y ocupaciones que van a decidir su futuro. En esta lección vas a

■ aprender el vocabulario relacionado con muchas profesiones y el trabajo

■ hablar de las cualidades necesarias para practicar ciertas profesiones u ocupaciones

■ explicar por qué quieres dedicarte a cierta profesión u ocupación

■ ver una nueva forma verbal: el subjuntivo

425

Look over the **Intercambio** activity on pages 440–441. This is the activity you will be working toward throughout this lesson.

Las profesiones

¿Qué profesión?

Talking About Professions

Campos	Profesiones
la psicología	el psicólogo (la psicóloga)
la asistencia social	el trabajador (la trabajadora) social
el arte	el pintor (la pintora) el escultor (la escultora)
la arquitectura	el arquitecto (la arquitecta)
la música	el/la músico
el cine la televisión el teatro	el director (la directora) el fotógrafo (la fotógrafa) el productor (la productora) el actor (la actriz)
los deportes	el/la atleta el jugador (la jugadora) de _____
la moda^c	el diseñador (la diseñadora)

Campos	Profesiones
los negocios	el hombre (la mujer) de negocios
la computación	el programador (la programadora) el/la técnico
la contabilidad^d	el contador (la contadora)
la agricultura	el granjero (la granjera)
el derecho^e	el abogado (la abogada)
el gobierno la política	el político (la política) el senador (la senadora) el/la representante el presidente (la presidenta)

---

^avos = *you (fam., sing.)*, used in Argentina and other Latin American countries   ^bapechugar... *to put up with*   ^c*fashion*
^d*accounting*   ^e*law*

Lección 17   ¿A qué profesión u ocupación quieres dedicarte?

el periodismo	el/la periodista	
la enseñanza	{ el profesor (la profesora) el maestro (la maestra)	
la medicina	{ el médico (la médica) el enfermero (la enfermera) el veterinario (la veterinaria)	
la farmacia	el farmacéutico (la farmacéutica)	
la terapia física	el/la terapeuta	

la ciencia { el científico (la científica)
el biólogo (la bióloga)
el físico (la física)
el químico (la química)
el astrónomo (la astrónoma)

la ingeniería el ingeniero (la ingeniera)

VOCABULARIO ÚTIL

el/la gerente	manager
el/la jefe/a	boss
el/la ayudante	assistant
el/la especialista (en algo)	specialist (in something)
el/la asesor(a)	consultant
consultar	to consult

Actividad A Asociaciones

Paso 1 El profesor (La profesora) va a mencionar una profesión. Indica el nombre que se asocia con cada profesión.

1. **a.** Lois Lane **b.** Amelia Earhart **c.** Jean Harlow
2. **a.** Bill Cosby **b.** Perry Mason **c.** Barbara Walters
3. **a.** Oprah Winfrey **b.** Donald Trump **c.** Michael J. Fox
4. **a.** José Canseco **b.** Julio Iglesias **c.** Juan Valdés
5. **a.** Ann Landers **b.** Mr. Rogers **c.** Liz Claiborne
6. **a.** Fidel Castro **b.** Lee Treviño **c.** Isabel Allende
7. **a.** Johnson y Johnson **b.** Sara Lee **c.** Federico García Lorca
8. **a.** Bill Clinton **b.** Jaime Escalante **c.** Jane Fonda

Paso 2 Indica lo que asocias con cada profesión que se menciona.

1. **a.** la máquina de escribir **b.** la ropa especial **c.** los animales
2. **a.** los pacientes **b.** el transporte **c.** la clase
3. **a.** los contratos **b.** el béisbol **c.** las revistas
4. **a.** el laboratorio **b.** el piano **c.** el dinero
5. **a.** la aspirina **b.** el congreso **c.** los dibujos

ASÍ SE DICE

Don't be fooled by professions that end in **-ista**: these can be either masculine or feminine.

Mi padre es dentista.
Mi madre es dentista.
Mi hermano es periodista.
Mi hermana es periodista.

Paso 3 Indica el lugar que asocias con cada profesión que se menciona.

1. a. la corte	**b.** la clase	**c.** la universidad
2. a. la playa	**b.** la escuela	**c.** el restaurante
3. a. el campo	**b.** la ciudad	**c.** el espacio
4. a. la clínica	**b.** la casa	**c.** el parque
5. a. el hospital	**b.** el océano	**c.** el estudio

Actividad B   ¿Cuál es?

El profesor (La profesora) va a leer la descripción de una profesión. Indica de qué profesión se habla en cada caso. ¡OJO! Es posible que exista más de una respuesta.

1...   2...   3...   4...

Actividad C   ¿Qué símbolo?

Paso 1 Busca a un compañero (una compañera) con quien trabajar. El profesor (La profesora) va a asignarle a cada pareja una profesión u ocupación.

Paso 2 Tu compañero/a y tú tienen cuatro minutos para inventar un símbolo gráfico que represente esa profesión u ocupación. Por ejemplo, si la profesión que el profesor (la profesora) les da es la de sacerdote (*priest*), Uds. podrían dibujar algo como el símbolo que se ve a la izquierda. No muestren su símbolo al resto de la clase.

Paso 3 Cada pareja debe poner su símbolo en la pizarra. El resto de la clase debe adivinar lo que representa.

COMUNICACIÓN

Actividad D   Firma aquí, por favor

Busca entre los estudiantes de la clase a los que tienen familiares que trabajan en campos específicos.

1. ¿Hay algún médico en tu familia?
2. ¿Hay alguna abogada en tu familia?
3. En tu familia, ¿hay alguna profesora?
4. ¿Es contador algún pariente tuyo?
5. ¿Hay alguna enfermera en tu familia?
6. ¿Hay algún ingeniero en tu familia?
7. ¿Es farmacéutica alguna mujer de tu familia?

Actividad E   De niño/a

Muchas personas tienen aspiraciones profesionales cuando son muy jóvenes. ¿Qué pensabas ser tú?

Paso 1 Completa la siguiente oración.

Recuerdo que de niño/a quería ser _____.

ASÍ SE DICE

Spanish does not use the indefinite articles **un** or **una** with the verb **ser** when talking about professions.

Quiero ser abogado.
Ella es arquitecta.

Un and **una** *are* used, however, when professions are modified in some way.

Quiero ser **un** abogado famoso.
Ella es **una** arquitecta bastante conocida.

Paso 2 ¿Han cambiado tus deseos? ¿Qué quieres ser ahora?

Ahora estudio para ser _____.

Paso 3 ¿Cuántas personas en la clase han cambiado de idea también? Comparte tus oraciones con la clase. Anota lo que dicen tus compañeros. Determina...

1. si algunos de los estudiantes respondieron de una manera semejante.
2. si la mayoría ha cambiado de idea o no.

Actividad F ¿Cuánto prestigio?

Algunas profesiones tienen más prestigio que otras. ¿Cómo calificas tú las siguientes profesiones?

Paso 1 Pon al lado de cada profesión el número que indique el prestigio que tú crees que tiene en la sociedad.

1 = poco prestigio
2 = algún prestigio
3 = mucho prestigio

_____ trabajador(a) social
_____ abogado/a
_____ maestro/a de secundaria
_____ enfermero/a
_____ piloto
_____ director(a) de cine
_____ policía

_____ veterinario/a
_____ hombre (mujer) de negocios
_____ contador(a)
_____ asistente de vuelo
_____ granjero/a
_____ taxista

Paso 2 Compara lo que escribiste con lo que escribieron otros dos compañeros de clase. ¿Tienen opiniones diferentes? ¿En qué basaron sus respuestas?

Actividad G ¿Sabías que... ?

Paso 1 ¿Hay nombres de profesiones u oficios en inglés que indican el sexo de una persona? Por ejemplo, ¿a qué sexo se refiere la palabra *stewardess*? Piensa en dos ejemplos más.

Paso 2 Escucha y lee la selección **¿Sabías que... ?** que aparece abajo. Luego contesta las siguientes preguntas.

1. ¿Es posible *no* indicar el sexo de una persona al referirse a su profesión u oficio en español?
2. La selección se refiere a «la doctrina académica de que deben decirse en femenino los nombres de profesión aplicados a una mujer». ¿Cómo se dirían **médico** o **piloto** si se les aplica la doctrina a estos nombres?

Paso 3 Preséntales la siguiente situación a varios amigos que no están en tu clase de español y pídeles que completen la oración con la primera palabra que se les ocurra. Luego reporta los resultados a la clase.

En un restaurante, resulta que una mujer los atiende a tus amigos y a ti. Tú vas al baño para lavarte las manos y les dices a tus amigos: —*If the _____ comes and takes our order while I'm gone, tell her I want my burger well done.*

¿Cuántos respondieron con una palabra que indica el sexo de la persona como, por ejemplo, *waitress*? ¿Hay mucho uso de *waitperson* o *server*?

¿ S A B Í A S Q U E • • •

Una médica española

...en español resulta problemática la formación del femenino en los nombres de algunas profesiones? Esto se debe a que ahora gran número de mujeres tienen cargos y profesiones que por tradición han sido casi exclusivas del sexo masculino. En el idioma inglés, el género[a] de un nombre no tiene la importancia que tiene en español. Por ejemplo, la palabra *doctor* no lleva en sí nada que indique si se refiere a un hombre o una mujer. Para hacer esta distinción es necesario decir *male doctor* o *female doctor*. En otros casos, para evitar relacionar el sexo con la profesión, se han creado nuevos nombres para ciertas ocupaciones y profesiones, como por ejemplo *flight attendant* en vez de *stewardess*.

En cambio, en español es indispensable distinguir el género, masculino o femenino, del nombre. ¿Y qué pasa cuando los nombres de algunas profesiones, que ahora practican las mujeres, tienen por lo general la forma masculina, como ocurre con **médico** y **piloto**? El resultado es que hay mucha discrepancia en su uso. A pesar de que existe la doctrina académica de que deben decirse en femenino los nombres de profesión aplicados a una mujer, algunos hispanohablantes dicen **una médico** o **la médico, una piloto** o **la piloto,** al referirse a las que tienen título oficial para curar o conducir un avión, respectivamente.

---

[a]*gender*

Lección 17 ¿A qué profesión u ocupación quieres dedicarte?

¿Qué características y habilidades se necesitan?

Talking About Traits Needed for Particular Professions

Bueno, quieren saber qué **habilidades** especiales tengo. Voy a poner que **hablo varios idiomas...** y que **sé usar una computadora...**

Below is a list of qualities and skills (or abilities) that are useful for talking about particular professions. Some of these expressions you already know.

Cualidades

pensar de una manera directa

ser carismático/a

ser compasivo/a (*compassionate*)

ser compulsivo/a

ser emprendedor(a) (*aggressive, enterprising*)

ser físicamente fuerte

ser hábil para las matemáticas

ser honesto/a

ser íntegro/a (*honorable*)

ser listo/a (*clever, smart*)

ser mayor

ser organizado/a

ser paciente

tener don de gentes (*to have a way with people*)

Habilidades

hablar otro idioma

saber dibujar

saber escribir bien

saber escuchar

saber expresarse claramente

saber mandar (*to know how to direct others*)

saber usar una computadora

tener habilidad manual (*para trabajar con las manos*)

Note that **saber** + *infinitive* means *to know how to do something* or *to be able to do something*. Spanish does not normally use **poder** + *infinitive* to talk about being able to do something that is related to talent or knowledge.

Sé escribir bien.	*I know how to write well.*
María **sabe escuchar.**	*Mary knows how to listen.*

but

María **puede levantar** cien libras fácilmente.	*Mary can lift a hundred pounds easily.*

Actividad H   ¿Qué profesional?

La clase entera debe determinar qué profesionales deben tener las siguientes cualidades.

1. Deben pensar de una manera directa.
2. Deben ser emprendedores.
3. Necesitan ser pacientes.
4. Deben ser físicamente fuertes.
5. Necesitan ser hábiles para las matemáticas.
6. Deben ser carismáticos.
7. Deben tener don de gentes.

Actividad I   Definiciones

El profesor (La profesora) va a dar unas definiciones. ¿De qué cualidad se habla en cada caso?

1...   2...   3...   4...   5...

Actividad J   ¿Qué cualidades?

Paso 1   La clase debe dividirse en grupos de tres. A cada grupo se le va a asignar una profesión.

Paso 2   Cada grupo debe pensar en por lo menos tres de las cualidades que se requieren para practicar esa profesión. Luego, debe llenar el siguiente párrafo.

La profesión de que hablamos es ____. En primer lugar, para practicar esta profesión, una persona tiene que ____. También debe ____. Y es muy bueno ____.

Paso 3   Cada grupo va a leer su párrafo a la clase. ¿Están los otros grupos de acuerdo con sus opiniones?

¡DEAS PARA EXPLORAR

Algunos deseos

ENFOQUE LINGÜÍSTICO

¿Qué tipo de trabajo buscas?

The Subjunctive After Indefinite Antecedents

Busco un trabajo	que me **pague** bien.
Necesito una jefa	que me **comprenda.**
Quiero un trabajo	que **esté** cerca de mi casa.
Prefiero una oficina	que **tenga** más iluminación.
¿Hay algún puesto	que me **ofrezca** todo esto?

—Necesitamos una persona que **sepa** comunicarse bien, que **escriba** claramente...
—Y que **tenga** don de gentes...

We can describe someone or something by using adjectives **(Tengo una secretaria bilingüe)** or using clauses also called subordinate sentences **(Tengo una secretaria que habla varios idiomas).** In each case, **bilingüe** and **habla varios idiomas** both describe the secretary and tell us something about her.

Clauses can describe two kinds of entities: a definite or known entity and an indefinite or unknown entity. A definite entity is someone or something you know personally, have contact with, can name, point to, and so forth. An indefinite entity is someone or something you hope exists, are searching for (but aren't sure it exists), would like, and so on. A verb form called the *subjunctive* is used in clauses that describe such indefinite entities. Compare the following examples.

DEFINITE ENTITIES
Tengo un profesor que me **entiende.**
Hay varios trabajos que **pagan** bien.
Vivo con una persona que **hace** mucho ruido.

ASÍ SE DICE

Spelling changes in the subjunctive serve to maintain the pronunciation of certain consonants. Remember that to maintain the hard "g" of **pagar, llegar, entregar** and other verbs, a **u** is added to the stem before the vowel **e**. To maintain the hard "c" of **buscar, indicar** and other verbs, again a **u** is added to the stem before the vowel **e**.

Indicative	Subjunctive
entrego	entregue
pago	pague
busco	busque
indico	indique

INDEFINITE ENTITIES

Quiero un profesor que me **entienda**.

Buscamos trabajos que **paguen** bien.

Prefiero vivir con alguien que no **haga** mucho ruido.

The forms of the present subjunctive are based on the **yo** form of the present indicative (the present tense verb forms with which you have been working).

tomar → tomo → tom-
conocer → conozco → conozc-
salir → salgo → salg-

What makes the subjunctive different from the indicative is that verbs in the subjunctive use the "opposite vowel" in their endings: **-ar** verbs use an **-e-** and **-er/-ir** verbs use an **-a-**. Here are some examples in the third person singular and plural.

-ar (→ -e)	-er (→ -a)	-ir (→ -a)
tome, tomen	coma, coman	viva, vivan
llegue, lleguen	tenga, tengan	salga, salgan
pague, paguen	entienda, entiendan	sirva, sirvan

Note that **-ar** verbs whose stem ends in **g** (**pagar** → **pag-**, **llegar** → **lleg-**) will add a **u** to maintain the hard **g** sound.

A few verbs in the present subjunctive have irregular forms. Here are the third person singular and plural forms of some of these verbs.

dar	dé, den	ir	vaya, vayan
estar	esté, estén	saber	sepa, sepan
haber	haya, hayan	ser	sea, sean

In this section, you will work with third person forms, both singular and plural.

Actividad A   ¡Te toca a ti!°

¡Te... *It's your turn!*

Forma todas las oraciones que puedas tomando palabras o frases de cada uno de los siguientes grupos. Luego compártelas con la clase. ¿Hay otras personas que formaron oraciones iguales a las tuyas?

GRUPO A	GRUPO B	GRUPO C
Tengo	parientes	que me comprenden.
Prefiero tener	amigos	que me comprendan.
	profesores	
	¿ ?	que no saben nada de nada.
		que no sepan nada de nada.
		que me quieren.
		que me quieran.
		que no tienen problemas en ayudarme.
		que no tengan problemas en ayudarme.
		que no me piden favores/dinero.
		que no me pidan favores/dinero.
		¿ ?

CONSEJO PRÁCTICO

Are you confused about when to use the indicative and when to use the subjunctive? Don't despair! For many learners of Spanish, it takes a long time to internalize the subjunctive. For now, just familiarize yourself with its forms and uses. Once again, mistakes while speaking are a natural part of learning another language; more than likely, such mistakes won't interfere with communication.

Actividad B   Los hispanos hablan

Paso 1   Esucha lo que dicen Mónica Muñoz e Isabel Díaz en la selección **Los hispanos hablan** que aparece abajo. Luego contesta las siguientes preguntas.

Vocabulario útil

becas	scholarships
confiar	to trust
tendré	*futuro de* **tengo**

1. **a.** ¿Cuál es la meta de Mónica?
   b. ¿Cuál es la meta de Isabel?
2. **a.** ¿Qué tipo de universidad necesita Mónica para realizar su sueño?
      Necesita una universidad que ofrezca _____.
   b. ¿Qué tipo de universidad necesita Isabel?
      Necesita una universidad que le permita _____.
3. ¿Cuál de las dos chicas probablemente diría lo siguiente?
      «Quiero un puesto que me permita viajar al extranjero.»

Paso 2   Indica lo que es verdad para ti.

❑ A los 17 años yo sabía muy bien lo que quería ser.
❑ A los 17 años yo no sabía lo que quería ser.
❑ A los 17 años tenía ciertas ideas de lo que quería ser pero entonces no estaba completamente seguro/a.

LOS HISPANOS HABLAN

¿Tienes algún ideal, tanto en lo social como en lo personal? ¿Cuál es?

NOMBRE: Mónica Muñoz
EDAD: 19 años
PAÍS: Honduras

«Mi gran ideal como mi meta[a] es... »

NOMBRE: Isabel Díaz
EDAD: 17 años
PAÍS   España

« ... »

_____

[a]*goal*

Actividad C   ¿Piensas así?

Paso 1   Determina si las siguientes oraciones expresan tus deseos o no.

1. Quiero un trabajo que...
   - ❏ esté cerca de donde vive mi familia.
   - ❏ esté lejos de donde vive mi familia.
2. Prefiero un puesto en el que yo...
   - ❏ tenga grandes responsabilidades.
   - ❏ tenga pocas responsabilidades.
3. Espero entrar en una profesión que...
   - ❏ ofrezca la oportunidad de viajar mucho.
   - ❏ no requiera viajes frecuentes.
4. Necesito un trabajo en el que...
   - ❏ yo tenga que relacionarme con muchas personas todos los días.
   - ❏ yo tenga que relacionarme muy poco con otras personas.
   - ❏ casi no tenga que relacionarme con otras personas.
5. Para mí es importante encontrar un trabajo que...
   - ❏ pague bien.
   - ❏ contribuya algo a la sociedad.
   - ❏ utilice mi inteligencia.
6. Si es posible, quiero un trabajo que _____.

Paso 2   Comparte tus respuestas con las del resto de la clase. Alguien debe anotar las respuestas en la pizarra.

Paso 3   ¿Qué buscan los estudiantes de la clase en un trabajo? ¿Qué aspectos les parece que son de mayor importancia? ¿Se puede generalizar a base de las respuestas dadas en los **Pasos 1** y **2**?

Paso 4 (Optativo)   Usa las preguntas del **Paso 1** para hacer una encuesta entre personas que no estén en tu clase. Entrevista a personas de diferentes edades, por ejemplo, adolescentes y recién graduados. Trae las respuestas a clase. ¿Cómo se comparan con la información del **Paso 3**?

ASÍ SE DICE

You now know what an indefinite antecedent is, but do you know what a non-existent antecedent is? A non-existent antecedent (also called a negated antecedent) is someone or something that is said not to exist. The subjunctive is used in clauses that describe non-existent antecedents. Here are some examples.

No hay familia que no tenga problemas.
No existen políticos que realmente se preocupen por el pueblo.
No hay nadie que aprenda el subjuntivo de la noche a la mañana.

ASÍ SE DICE

Remember that most subjunctive forms are based on the present tense **yo** form of verbs. The present tense **yo** stem is the same as the subjunctive stem.

hago	hag-
salgo	salg-
entiendo	entiend-
duermo	duerm-
pido	pid-
conozco	conozc-

What is the subjunctive stem of **repetir? venir?**

Algunas aspiraciones

¿Cuándo piensas... ?

The Subjunctive After
Expressions of Future Intent

antes (de) que	
cuando	
después (de) que	+ subjuntivo
en cuanto	
hasta que	
tan pronto como	

¿Y PARA QUÉ CUERNOS[a] QUIERO SER GRANDE CUANDO SEA GRANDE? ¡YO QUIERO SER GRANDE AHORA!

You already know a variety of ways to express future intent in Spanish.

> **Quiero ser** arquitecto.
> **Pienso ser** veterinaria.
> **Me gustaría** ser actor.
> **Voy a ser** asesora agrícola.

Whenever you express a future intent with a conjunction that refers to time, the subjunctive mood must follow the conjunction. Conjunctions of time, such as those in the shaded box, are essentially any temporal expressions that relate one event to another.

> No voy a estar contento **hasta que** (*until*) **sea** rico y famoso.
> **Tan pronto como** (*As soon as*) **termine** mis estudios, voy a hacer un viaje a Europa.
> ¿Qué piensas hacer **después de que** (*after*) **recibas** el diploma?

---

[a]para... *why the heck*

Compare the projected future events on the previous page with the following sentences in which either habitual events or something that occurred in the past are mentioned.

> Siempre hago la tarea hasta que llega mi novia.
> Cuando terminó el año escolar, fui a México para visitar a mis parientes.

Now that you are familiar with the subjunctive, you are ready to see and use other forms. Simply take the **él/ella** form and add the appropriate endings to refer to person and number. Note that the **yo, él/ella,** and **Ud.** forms are the same.

	-ar	-er	-ir
(yo)	termine	tenga	reciba
(tú)	termines	tengas	recibas
(Ud.)	termine	tenga	reciba
(él/ella)	termine	tenga	reciba
(nosotros/as)	terminemos	tengamos	recibamos
(vosotros/as)	terminéis	tengáis	recibáis
(Uds.)	terminen	tengan	reciban
(ellos/ellas)	terminen	tengan	reciban

You should now be able to fill in the missing forms for these irregular verbs.

ir: vaya, _____ (tú), _____ (Ud.), vaya, _____ (nosotros/as), vayáis, vayan

ser: sea, _____ (tú), _____ (Ud.), sea, _____ (nosotros/as), seáis, sean

Actividad A   ¿Quién lo diría?

Indica cuál de los siguientes diría cada oración si pudiera (¡algunos no pueden hablar!). En algunos casos, es posible que haya más de una respuesta.

> un bebé de 1 año
> una maestra de primaria
> un perro
> un niño de 10 años
> una persona de 50 años

1. «Me van a dar de comer tan pronto como vuelvan a casa.»
2. «No me van a dar dinero hasta que ayude con las tareas domésticas.»
3. «Pienso ser abogado como mi mamá cuando sea grande.»
4. «No puedo salir hasta que me abran la puerta.»
5. «Antes de que se vayan, quiero darles la tarea para mañana.»
6. «Después de que comamos quiero salir a jugar.»
7. «Voy a llorar hasta que me den algo de comer.»
8. «Cuando vengan los invitados, voy a hacer mucho ruido.»
9. «Tan pronto como Uds. terminen el ejercicio, vayan a la pizarra a escribir las respuestas.»

ASÍ SE DICE

What about verbs with stem-vowel changes? In the **nosotros/as** and **vosotros/as** forms the stem-vowel change does not appear except for **e** → **i** verbs.* However, the **e** → **i** stem vowel change does occur in these forms.

hasta que yo entienda	hasta que entendamos
antes de que vuelvas	antes de que volvamos
en cuanto se acueste	en cuanto nos acostemos
BUT	
hasta que sirvan	hasta que sirvamos

Actividad B   Para completar

Completa lógicamente cada oración a continuación. ¿Cuántos de tus compañeros de clase dicen algo similar?

1. _____ tan pronto como reciba (yo) el diploma.
2. _____ después de que terminemos este curso.
3. _____ hasta que digan que es seguro (*safe*).
4. _____ en cuanto tenga (yo) un poco de dinero.

Actividad C   Planes profesionales

Paso 1   ¿Qué vas a hacer en las siguientes circunstancias? Marca con una X las respuestas que reflejen mejor tus propias opiniones.

1. Cuando me gradúe,...
   - ❑ voy a buscar empleo inmediatamente.
   - ❑ voy a seguir estudiando para sacar un diploma avanzado.
   - ❑ pienso volver a casa a vivir con mi familia.
   - ❑ ¿ ?
2. Después de que obtenga cierta experiencia en un puesto,...
   - ❑ me gustaría ser jefe/a.
   - ❑ voy a buscar otro puesto en otro lugar.
   - ❑ creo que me gustaría cambiar de carrera para no aburrirme.
   - ❑ ¿ ?
3. Antes de que me decida a aceptar un trabajo o puesto,...
   - ❑ pienso consultar a mi familia.
   - ❑ pienso consultar a mis amigos.
   - ❑ pienso consultar a mis profesores.
   - ❑ ¿ ?

---

*Verbs such as **dormir** and **morir (o** → **ue)** *do* have different stems in these forms **(o** → **u): durmamos** and **muramos.**

4. Cuando por fin alcance todas mis metas (*goals*), yo...
   - ❑ voy a estar bastante joven.
   - ❑ voy a estar muy viejo/a.
   - ❑ voy a tener _____ años.
5. Me gustaría jubilarme (*retire*) cuando tenga...
   - ❑ 50 años.
   - ❑ 55 años.
   - ❑ 60 años.
   - ❑ ¿ ?

Paso 2 Entrevista a un compañero (una compañera) de clase. Formula preguntas basadas en las respuestas que tú diste en el **Paso 1.** Por ejemplo, si en el número 5 tú respondiste 55 años, tu pregunta sería «¿Te gustaría jubilarte cuando tengas 55 años?» Escribe tus preguntas antes de la entrevista.

Paso 3 A base de la información obtenida en el **Paso 2,** ¿son tu compañero/a y tú semejantes o diferentes? ¿Qué aspectos de la personalidad de Uds. se revelan a través de las respuestas?

Actividad D Las metas personales y profesionales

Cuando seas mayor, ¿cómo esperas ser y qué esperas hacer? Prepara una breve descripción en la que digas en dónde, cómo, cuándo, con quién, etcétera, vas a hacer lo que piensas.

MODELOS Cuando sea mayor, espero tener más paciencia. Me gustaría trabajar en medicina, como ayudante técnico, y me gustaría vivir en una ciudad grande.

Cuando sea mayor, quiero vivir en una granja (*farm*), lejos de la ciudad. No pienso casarme ni tener hijos.

Recomendaciones para elegir una profesión

Propósito: hacer una recomendación de trabajo o profesión basada en una entrevista.

Papeles: una persona entrevistadora y otra persona entrevistada.

Paso 1 Vas a escribirle unas recomendaciones a un compañero (una compañera) de clase con referencia a la profesión que debe seguir. Primero, lee el siguiente párrafo y piensa en los datos que necesitas obtener para hacer las recomendaciones.

Según nuestra conversación, veo que tú _____. También he observado que _____. Dices que tus metas personales son _____. Entonces, creo que puedes trabajar en los siguientes campos: _____. Una profesión ideal para ti sería _____.

Paso 2 Vas a entrevistar a una persona en la clase sobre la siguiente lista de temas. Lee la lista y escribe preguntas para cada tema que te ayudarán (*will help*) a obtener los datos que deseas sobre esa persona. Tus preguntas deben ayudarte a saber algo sobre la persona sin hacerle preguntas directas sobre su vida privada.

- ❏ personalidad de la persona
- ❏ metas de la persona
- ❏ cómo la persona se relaciona con los demás
- ❏ intereses
- ❏ aptitudes o habilidades especiales
- ❏ ¿ ?

Paso 3 Ahora, entrevista a esa persona y anota sus respuestas mientras habla. Pide aclaraciones cuando sea necesario.

Paso 4 Llena el párrafo del **Paso 1** con los datos que obtuviste. Agrega otras ideas para completarlo. Antes de entregarle tu párrafo al profesor (a la profesora), muéstraselo a la persona que entrevistaste. ¿Qué piensa de lo que escribiste? ¿Dice que le interesa el campo o profesión que le sugeriste?

Vocabulario

Campos	Fields
la arquitectura	architecture
la asistencia social	social work
la contabilidad	accounting
el derecho	law
la enseñanza	teaching
la farmacia	pharmacy
el gobierno	government
la medicina	medicine
la moda	fashion
los negocios	business
la política	politics
la terapia física	physical therapy

Repaso: la agricultura, el arte, la ciencia, el cine, la computación, los deportes, la ingeniería, la música, el periodismo, la psicología, el teatro, la televisión

Profesiones	Professions
el/la abogado/a	lawyer
el actor (la actriz)	actor (actress)
el/la arquitecto/a	architect
el/la asesor(a)	consultant
el/la astrónomo/a	astronomer
el/la atleta	athlete
el/la ayudante	assistant

el/la biólogo/a	biologist
el/la científico/a	scientist
el/la contador(a)	accountant
el/la director(a)	director
el/la diseñador(a)	designer
el/la enfermero/a	nurse
el/la escultor(a)	sculptor
el/la especialista	specialist
el/la farmacéutico/a	pharmacist
el/la físico/a	physicist
el/la fotógrafo/a	photographer
el/la gerente	manager
el/la granjero/a	farmer
el hombre (la mujer) de negocios	businessman (businesswoman)
el/la ingeniero/a	engineer
el/la jefe/a	boss
el/la jugador(a) de...	. . . player
el/la maestro/a	teacher (*elementary school*)
el/la médico/a	doctor
el/la músico	musician
el/la periodista	journalist
el/la pintor(a)	painter
el/la político/a	politician
el/la presidente/a	president
el/la productor(a)	producer
el/la profesional	professional

el/la profesor(a) (R)	professor
el/la programador(a)	programmer
el/la psicólogo/a	psychologist
el/la químico/a	chemist
el/la representante	representative
el/la senador(a)	senator
el/la técnico	technician
el/la terapeuta	therapist
el/la trabajador(a) social	social worker
el/la veterinario/a	veterinarian

Cualidades y habilidades   Qualities and Abilities

hablar otro idioma	to speak another language
pensar de una manera directa	to think in a direct (*linear*) manner
saber	to know how
dibujar (R)	to draw
escribir (R) bien	to write well
escuchar (R)	to listen
expresarse claramente	to express oneself clearly
mandar	to direct others
usar una computadora	to use a computer
ser	to be
carismático/a	charismatic
compasivo/a	compassionate
compulsivo/a	compulsive
emprendedor(a)	enterprising, aggressive
físicamente fuerte	physically strong

hábil para las matemáticas	good at math
honesto/a	honest
íntegro/a	honorable
listo/a	clever, smart
mayor (R)	older
organizado/a	organized
paciente (R)	patient
tener	to have
don de gentes	a way with people
habilidad manual	the ability to work with one's hands

Palabras útiles

consultar	to consult
dedicarse a	to dedicate oneself to

Para expresar la intención futura   Expressing Future Intent

antes (de) que	before
cuando (R)	when
después (de) que	after
en cuanto	as soon as
hasta que	until
tan pronto como	as soon as

Otras palabras y expresiones útiles

la meta	goal
o sea	that is to say
que yo sepa	as far as I know
sea lo que sea	be that as it may

Actividad A   ¿Tiene madera para ser buen jefe?

En español la expresión «tener madera» se refiere a la habilidad, capacidad y buena disposición de uno para realizar algo. En inglés corresponde a *to have what it takes.* Toma el test en las páginas 443–444 para saber si tienes madera para ser buen jefe (buena jefa).

Vocabulario útil

renunciar en el acto	to resign on the spot
hacerse el sueco	to pretend not to know
enterarse	to find out
perder el sueño	to lose sleep
sabrá	forma del futuro de saber

¿TIENE MADERA PARA SER BUEN JEFE?

¿TIENE POTENCIAL PARA CONVERTIRSE EN UN EJECUTIVO CON GRANDES RESPONSABILIDADES —Y MAYORES BENEFICIOS— ? LA RESPUESTA, SIN DUDA, PUEDE REPRESENTAR EL FUTURO DE SU VIDA. ESTE CURIOSO **TEST** LE AYUDARÁ A ENCONTRARLA DE MODO CIENTÍFICO. Y A TOMAR LAS DECISIONES PERTINENTES.

¿Es usted uno de esos individuos anónimos que forma parte del montón de empleados que hay en una empresa, pero posee el potencial suficiente para llegar a ser jefe y no lo ha desarrollado? Si usted se halla al final de la línea en su trabajo (en cuanto a consideración se refiere), y cree tener méritos para ser el primero, haga el siguiente *test* y salga de dudas.

1. Usted dedica valiosas horas del día a reorganizar su trabajo. Después de comunicárselo a su jefe, éste le contesta que ha perdido el tiempo en algo sin importancia. Usted...
a) se enfurece, pero no dice nada;
b) comienza una tenaz campaña para forzarlo a cambiar de idea;
c) se resigna sin presentar batalla;
d) renuncia en el acto;
e) decide buscar otro trabajo en el que sea más apreciado.

2. Su jefe sale de vacaciones. Usted...
a) habla mal de él con todo el mundo;
b) conspira abiertamente para quitarle el puesto;
c) no hace nada por aliviar su trabajo pendiente;
d) se mantiene discreto en su posición;
e) hace su trabajo y el de su jefe para que nada se complique.

3. ¿Hace listas de las cosas importantes que debe hacer?
a) ¿Todos los días?
b) ¿Sólo semanalmente?
c) ¿De vez en cuando?
d) ¿Sólo en casos de emergencia?
e) ¿Nunca?

4. Si hay un romance en la oficina, usted...
a) se hace el sueco;
b) lo estimula;
c) lo disfruta enormemente;
d) lo censura;
e) ha sido quien lo inició.

5. Si las cosas no marchan bien en el trabajo, usted...
a) se va a la casa con esa preocupación;
b) además de preocuparse, pierde el sueño;
c) además de a y b, pierde el apetito;
d) se olvida del problema tan pronto sale de la oficina;
e) deja de preocuparse sólo los fines de semana.

6. Ha cometido un terrible error. Su primera reacción es...
a) tratar de resolverlo sin ayuda ajena;
b) pensar que tiene que informar al jefe;
c) encubrirlo sin que nadie se entere;
d) que nunca se sabrá nada si no lo dice;
e) que nadie es perfecto.

7. Una buena tarde, descubre que ya no tiene nada más que hacer. En ese caso, usted...
a) pretende que está muy ocupado;
b) busca ayudar a alguien;
c) pregunta al jefe si puede ayudarlo con algo;
d) pide permiso al jefe para irse temprano a la casa;
e) pregunta al jefe si puede irse a la casa y trabajar esas horas en otra ocasión.

8. Cuando las cosas en la oficina se complican, usted...
a) se llena de pánico;
b) se siente un poco frustrado y nervioso;
c) conserva la calma;
d) Las presiones no lo afectan mucho.

RESULTADOS

De 0 a 70 puntos:

Usted nunca será jefe de nada y debe darle gran alivio el que puede confirmarlo ahora. De todas formas no se sienta descorazonado, porque se sentirá contento al saber que sí puede rendir el mismo trabajo de cualquier encargado. Ahora bien, si estuviera en sus zapatos se sentiría tan nervioso y sin control que seguramente se enfermaría. Dése por dichoso de ser quién es y lo que hace, porque es más que suficiente dado su temperamento.

De 75 a 120:

Usted podría llegar a ser ejecutivo, aunque tal vez no sea uno muy perfecto que digamos. Tiene habilidad para planificar y tomar decisiones cuando no se puede vacilar. Pero también es muy posible que no tome las más correctas cuando la presión se pone al rojo vivo, como cuando tenga que despedir a alguien que conoce. Ahora bien y recuerde esto: usted puede llegar bien lejos... si lo desea.

De 125 a 165:

Si usted no es ahora el jefe, no se preocupe en lo más mínimo. Lo será y pronto. Tiene la determinación y el impulso para llegar a la cima. Y si lo duda, haga preguntas indiscretas. Averiguará lo preocupado que está su jefe con usted.

Puntuación

1.	a	5	b	20	c	10	d	0	e	15
2.	a	10	b	0	c	0	d	20	e	5
3.	a	25	b	20	c	10	d	15	e	5
4.	a	15	b	5	c	10	d	20	e	0
5.	a	10	b	5	c	0	d	15	e	20
6.	a	20	b	0	c	5	d	10	e	15
7.	a	5	b	20	c	10	d	0	e	15
8.	a	0	b	5	c	10	d	20		

Actividad B «Señoras y señores»

Paso 1 Lee el poema «Señoras y señores», por el poeta chicano Miguel Molina. En él describe la tarde y noche típicas de una persona. Después, contesta las siguientes preguntas.

1. En el tercer verso, ¿de qué tiene ganas de olvidarse la persona?
2. ¿Cómo sabemos que la persona del poema tiene muy poca o ninguna interacción con otras personas por la tarde y por la noche?
3. Al final del poema, el poeta se refiere a las siete en el reloj. ¿Son las mismas siete a que se refiere en el primer verso? ¿Qué representan o indican estas dos horas?

Paso 2 Toda la clase debe comentar los dos puntos de vista a continuación.

a. El poema refleja la vida de personas que se dedican a ocupaciones o profesiones monótonas.

b. El poema puede aplicarse a cualquier individuo independientemente de su trabajo.

Señoras y señores

las siete en el reloj, qué tarde,
qué respetable gesto ante el volante,[a]
qué ganas de llegar y de olvidarse,
qué silencio en la cena, qué silencio,
qué malos los programas de la tele,
qué vacías[b] las noticias y las copas,
quién inventó el insomnio, japoneses,
qué ganas de soñar[c] y qué impotencia,
qué viaje a solas en la cama,
qué oscura oscuridad que espanta,[d]
qué triste es madrugar[e] (lo dijo Borges),
qué pobre luz, qué angustia todo otra vez,
las siete en el reloj, qué tarde,

---

[a]*steering wheel* [b]*empty* [c]*to dream* [d]*frightens* [e]*to wake up very early*

ViSTAzos

18

¿QUÉ NOS ESPERA EN EL FUTURO?

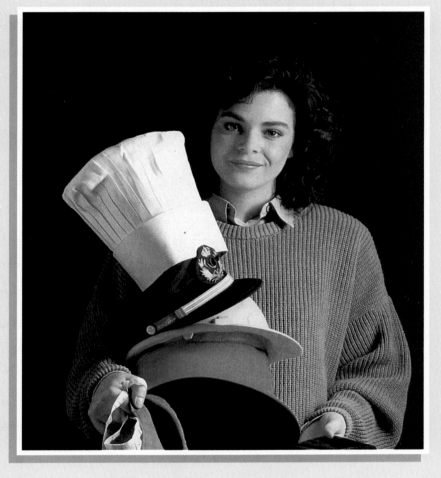

¿Cómo será el futuro? ¿Qué cambios ocurrirán que afectarán al individuo y a la sociedad en general? Mientras examinas estos temas, vas a

■ aprender el vocabulario relacionado con la apariencia personal

■ aprender algo sobre los posibles avances científicos y tecnológicos

■ ver cómo se forma el futuro de los verbos

■ ver otros usos del subjuntivo

445

Las posibilidades y probabilidades del futuro

¿Cómo será nuestra vida?

Introduction to the Simple Future Tense

ser	+	-é
		-ás
		-á
		-á
		-emos
		-éis
		-án
		-án

Creo que en el siglo XXI **habrá** avances médicos muy importantes. **Tendremos** nuevos métodos científicos y una tecnología capaz de tratar enfermedades muy graves.

You already know several ways to express future intent in Spanish.

> Muchos estudiantes **piensan especializarse** en las ciencias computacionales.
> La mayoría de la gente **espera llevar** una vida mejor dentro de unos años.
> El mundo **va a ser** muy diferente en el próximo siglo.

Spanish also has a simple future tense, equivalent to English *will + verb*.

> ¿Qué lenguas **serán** importantes en el mercado mundial del siglo XXI?
> —Bueno, el japonés **será** importante.

The future tense is formed by adding the endings **-é, -ás, -á, -emos, -án** to the infinitive of a verb.

> cambiar + é = cambiaré (*I will change*)
> ver + ás = verás (*you* [tú] *will see*)
> vivir + á = vivirá (*he/she/you* [Ud.] *will live*)
> ser + emos = seremos (*we will be*)
> trabajar + án = trabajarán (*they/you* [Uds.] *will work*)

The endings are the same regardless of whether the infinitive ends in **-ar, -er,** or **-ir.** A small number of frequently used verbs have irregular future stems. Among them are

decir	diré, dirás, dirá, dirá, diremos, diréis, dirán, dirán
hacer	haré, harás, hará, hará, haremos, haréis, harán, harán
poder	podré, podrás, podrá, podrá, podremos, podréis, podrán, podrán
salir	saldré, saldrás, saldrá, saldrá, saldremos, saldréis, saldrán, saldrán
tener	tendré, tendrás, tendrá, tendrá, tendremos, tendréis, tendrán, tendrán
haber	habrá (*there will be*)

Actividad A ¿Qué predices?

Paso 1 A continuación hay una lista de predicciones sobre lo que ocurrirá en los próximos diez años. Indica con cuáles estás de acuerdo y con cuáles no.

	ESTOY DE ACUERDO.	NO ESTOY DE ACUERDO.
1. Habrá la posibilidad de seleccionar un «hijo perfecto» por medio de los avances en la genética.	❏	❏
2. No se podrá encontrar comidas con conservantes artificiales, pues éstos serán prohibidos definitivamente.	❏	❏
3. Una mujer será presidenta de los Estados Unidos.	❏	❏
4. Desarrollarán una vacuna contra el SIDA.	❏	❏
5. Encontrarán el remedio para el cáncer.	❏	❏
6. Se resolverá el problema del efecto invernadero (*greenhouse effect*).	❏	❏
7. El español llegará a ser* la lengua mundial, reemplazando al inglés como la lengua de los negocios y la tecnología.	❏	❏
8. La ropa será más unisexo. Por eso, empezarán a desaparecer las secciones separadas para hombres y mujeres en los almacenes (*department stores*).	❏	❏

---

*__Llegar a ser__ means *to become,* in the sense of a process of evolution, promotion, or change over time.

Mercedes **llegó a ser** jefa después de mucho trabajo.
Buenos Aires **llegó a ser** la ciudad más importante de la Argentina.

Paso 2 Usando las ideas del **Paso 1,** averigua las opiniones de tus compañeros de clase.

> MODELO   E1: ¿Crees que una mujer será presidenta de los Estados Unidos?
> E2: Creo que sí. (No, no creo eso.)
> E1: Bien. ¿Y crees que... ?

Paso 3 Usa las preguntas del **Paso 2** para entrevistar a tres compañeros/as de clase y escribe sus respuestas.

Paso 4 Llena la tabla a continuación con los datos que escribiste en el **Paso 3.**

	A	B	C
E1: _____	☐	☐	☐
E2: _____	☐	☐	☐
E3: _____	☐	☐	☐

A = Está de acuerdo con la mayoría de las predicciones.
B = Está de acuerdo con algunas predicciones pero no con otras.
C = No está de acuerdo con ninguna de las predicciones.

Paso 5 (Optativo) Por sus respuestas, ¿puedes decir si tus compañeros son optimistas o pesimistas respecto al futuro? ¿Cuáles de las ideas expuestas en el **Paso 2** revelan optimismo o pesimismo?

Actividad B   ¿Y la ropa?

Se dice que si esperas suficiente tiempo la moda de anteayer volverá. ¿Qué opinas tú? ¿Qué ropa estará de moda en cinco años? ¿Bajarán o subirán las faldas? ¿Serán anchas (*wide*) o delgadas las corbatas?

Paso 1 Escribe seis oraciones sobre cómo será la moda en veinte años. Comenta por lo menos lo siguiente:

> colores
> telas
> tipos de zapatos
> dónde y cómo se comprará la ropa

Paso 2 Compara tus oraciones con las de otras dos personas. ¿Qué semejanzas y diferencias hay entre lo que escribieron Uds.?

Actividad C   Los hispanos hablan

Paso 1 Muchos norteamericanos dicen que los países latinoamericanos como México no son estables económicamente, y que nunca llegarán a ocupar un puesto «importante» en el futuro. Pero, ¿qué dicen los mexicanos? Escucha lo que dice Ricardo Castillo en la selección **Los hispanos hablan** que aparece en la página 449. ¿Es pesimista u optimista su actitud con respecto al futuro de México?

Vocabulario útil

el Tratado de Libre Comercio (TLC)	North American Free Trade Agreement (NAFTA)

Paso 2 ¿Qué dices tú con respecto al futuro de los Estados Unidos o de cualquier otro país? Escoge un país y escribe unas dos o tres líneas sobre su futuro político, económico y/o social.

Vocabulario útil

la tasa de inflación	rate of inflation	**la pobreza**	poverty
el desempleo	unemployment	**enfrentar**	to confront, face
el partido político	political party	**los derechos (civiles)**	(civil) rights

LOS HISPANOS HABLAN

¿Cómo ves el futuro de México?

NOMBRE: Ricardo Castillo
EDAD: 38 años
PAÍS: México

« ... »

COMUNICACIÓN

Actividad D ¿Sabías que... ?

Paso 1 Escucha y lee la selección **¿Sabías que... ?** que aparece en la página 450. Luego contesta las siguientes preguntas.

1. ¿Cuál es el estereotipo de la mujer hispana según la selección?
2. Describe con tus propias palabras lo que está pasando en los países hispanos según lo que has leído y escuchado.

Paso 2 ¿Es la situación en los Estados Unidos igual o diferente a la que se describe en la selección? Los hombres en la clase deben entrevistar a las mujeres usando las siguientes ideas para formular sus preguntas.

1. la carrera que estudia
2. sus aspiraciones y planes con relación al trabajo y la vida personal y familiar

Paso 3 Ahora las mujeres deben entrevistar a los hombres usando las mismas ideas del **Paso 2.** ¿Hay muchas diferencias entre las respuestas de las personas de cada sexo? Después la clase debe comentar lo siguiente y escribir la información en la pizarra.

1. las futuras carreras de los dos sexos
2. planes para el matrimonio u otro tipo de relaciones permanentes con otra persona
3. planes para tener hijos

Una foto de un folleto (*pamphlet*) distribuido por el Ministerio de Asuntos Sociales de España. ¿Por qué carga tantos sombreros la mujer? ¿Qué representan?

...en muchos países de habla española el futuro está en manos de las mujeres? La imagen estereotípica que se tiene de los países hispanohablantes es que son sociedades «machistas», donde el hombre ocupa todas las posiciones importantes y la mujer queda relegada a hacer los trabajos domésticos y a criar los hijos. Sin embargo, si analizamos las estadísticas de empleo más recientes, todo parece indicar que este estereotipo está muy lejos de ser realidad. Según varios estudios recientes, las mujeres en el mundo hispano están consiguiendo nuevos puestos a un ritmo tres veces mayor que los hombres. Además, cada día más mujeres ocupan puestos administrativos y técnicos, en los campos que eran territorio de los hombres.

Parece que ésta es una tendencia que continuará en las próximas décadas en todo el mundo hispano. En España, México, Costa Rica, Panamá, el Perú, la Argentina y otros países, las mujeres hispanas están entrando en grandes números a los campos de administración de empresas, derecho, medicina, ingeniería y ciencias. Los investigadores predicen que para el año 2000, el número de mujeres profesionales empleadas será mayor que el número de hombres.

ENFOQUE LINGÜÍSTICO

¿Es probable?
¿Es posible?

The Subjunctive With Expressions of Uncertainty

(No) Es probable que
(No) Es posible que
No es cierto que
Es dudoso que   +   subjuntivo
Dudo que
No creo que

...y **es poco probable que encontremos** una vacuna contra esta enfermedad en los próximos cinco años, pero hay esperanzas para el futuro lejano.

In previous lessons you learned about the use of the subjunctive with indefinite antecedents and with conjunctions of time. Another important use of the subjunctive is with expressions that indicate uncertainty, doubt, probability, and possibility.

(No) Es probable que una mujer **sea** presidenta para el año 2000.
(No) Es posible que lleguemos al planeta Marte para el año 2000.
Es dudoso que para el año 2010 **haya** colonias en la luna.

Although negation does not affect the use of the subjunctive with expressions of possibility and probability, it does affect the use of the subjunctive with expressions of doubt, disbelief, and uncertainty.

SUBJUNCTIVE REQUIRED	INDICATIVE REQUIRED
Es dudoso que...	No es dudoso que...
No es cierto que...	Es cierto que...
No creo que...	Creo que...
Dudo que...	No dudo que...

Actividad E ¿Estás de acuerdo?

Algunas personas dudan de muchas cosas, no sólo de lo que puede (o no puede) ocurrir en el futuro sino también del estado de ciertas cosas en el presente. Indica si estás de acuerdo o no con lo siguiente. ¿Y qué piensan tus compañeros?

	ESTOY DE ACUERDO.	NO ESTOY DE ACUERDO.
1. Es dudoso que para el año 2000 les encontremos solución a los problemas del medio ambiente.	❏	❏
2. No es muy cierto que en diez años se pueda seleccionar el sexo de los hijos.	❏	❏
3. Es dudoso que en diez años los Estados Unidos e Irak tengan relaciones diplomáticas.	❏	❏
4. No es cierto que todas las escuelas públicas sean tan malas como lo dicen las noticias.	❏	❏
5. Es muy dudoso que en este momento el gobierno comprenda los problemas de los que no tienen vivienda.	❏	❏

Actividad F ¿Qué es probable que ocurra para el año 2000?

Usando la siguiente «escala de probabilidades» y el subjuntivo, forma una nueva oración para indicar lo que opinas sobre cada idea.

ESCALA DE PROBABILIDADES

| No es probable. | Es poco probable. | Es probable. | Es muy probable. |

MODELO   Los carros dejarán de contaminar el ambiente para el año 2000. →
Es poco probable que los carros dejen de contaminar el ambiente para el año 2000.

1. Cada estudiante universitario en los Estados Unidos tendrá una computadora personal.
2. Con la eficiencia de la tecnología, el ser humano será más perezoso.
3. Todos usaremos teléfonos de bolsillo (*pocket phones*).
4. La mayoría de nosotros vivirá en casas «inteligentes».
5. No existirá la institución de la seguridad social en los Estados Unidos.
6. México mostrará evidencia de transformarse en un poder económico importante de Latinoamérica.
7. A causa de las videocaseteras, las salas de cine dejarán de existir.

Actividad G   ¿Dudas?

En la actividad previa indicaste la probabilidad de ciertos acontecimientos en el futuro. En esta actividad, vas a expresar tus dudas aun más.

Paso 1   Con un compañero (una compañera), indiquen si las expresiones a continuación implican que se tiene una gran duda, una ligera duda o ninguna duda.

Dudo...	Estoy seguro/a...
No creo...	No estoy seguro/a de...
Creo...	No me parece...

Paso 2   Refiriéndote al año 2010, combina cada una de las siguientes oraciones con una expresión de arriba.

MODELO   Creo... / No se venderán libros, sólo vídeos. →
Creo que no se venderán libros, sólo vídeos.

1. La energía solar será más común que la energía nuclear.
2. Los carros funcionarán con electricidad y no con gasolina.
3. La temperatura global subirá de forma permanente debido al efecto invernadero.
4. Habrá otra guerra en el Oriente Medio (*Middle East*).
5. Los hispanos llegarán a ser el grupo minoritario mayor de los EE.UU.
6. El español será considerado idioma oficial en California, Florida y otros estados.
7. (Inventa tú una oración relacionada con la condición política o social de los Estados Unidos o con la vida de todos los días.)

Paso 3   Usando la expresión **¿Crees que... ?,** pregúntales a dos compañeros de clase lo que opinan de las afirmaciones de arriba. Anota sus respuestas.

Paso 4   Escriban siete oraciones en las que describan lo que las otras dos personas y tú creen y lo que no creen.

MODELOS   Todos (no) creemos que/dudamos que...
Yo (no) creo que..., pero mis compañeros lo creen/dudan.
Marta y yo (no) creemos que..., pero Roberto lo cree/duda.

NOTA COMUNICATIVA

Here are some ways you can express your doubt about or rejection of an idea expressed by someone else.

No lo creo.
I don't think so.

¿Hablas en serio?
Are you serious?

¡No puede ser!
That can't be!

A otro perro con ese hueso.
Peddle that story somewhere else.

Sí. Y yo soy el Papa.
Sure. And I'm the Pope.

Lección 18   ¿Qué nos espera en el futuro?

Vamos a ver

Anticipación

Paso 1 Lee el título en la página 455. Ya sabes lo que quiere decir **hogar** (casa, domicilio). Ahora, ¿qué crees que es **el hogar electrónico**?

❏ un lugar donde se venden aparatos electrónicos para la casa
❏ una casa electrónica del futuro que está computarizada

Lee la primera parte del artículo hasta que estés seguro/a de la respuesta.

Paso 2 En la primera línea del segundo párrafo, encontrarás una expresión equivalente a hogar electrónico. Escríbela aquí.

_____

¿Qué sugiere esta expresión? ¿Qué imágenes de este tipo de casa se te ocurren? ¿Has leído alguna novela de ciencia ficción en la que había casas de este tipo? ¿Has visto el programa «Los Jetson»? ¿Cómo es la casa en que viven?

Paso 3 A continuación hay algunas palabras que te serán útiles para la lectura.

desfasado/a: obsoleto, ya no se usa
la Bolsa: institución financiera en que se realizan transacciones de compra y venta de acciones y otras inversiones de dinero. *El índice de Dow Jones nos indica si la Bolsa sube o baja.*
el lavavajillas: máquina que lava los platos
la pantalla: la parte del televisor en que se ve la imagen; en el cine, el gran rectángulo blanco en que se proyecta la película
el ocio: descanso, tiempo en que no se trabaja

Las siguientes palabras también son útiles; al leer podrás deducir su significado del contexto.

almacenado/a   desplazarse   el mando a
la calefacción   las lavadoras   distancia
el código grabado   el propietario

Exploración

Paso 1 Después de la introducción, en el artículo hay párrafos en que se tratan diferentes temas: los aparatos domésticos, lo que pasa cuando se llega a casa, el trabajo y el tiempo libre. Busca rápidamente en el artículo los párrafos en que se habla de cada uno de los temas mencionados. No es necesario leer cada párrafo; basta con identificarlos.

Paso 2   En grupos de cuatro estudiantes, dividan el artículo según los temas. Una persona leerá el párrafo que trata de lo que pasa cuando se llega a esa casa. Otra persona leerá el párrafo que trata del trabajo, etcétera. Cada persona debe anotar *tres* características de la casa «inteligente» que tienen que ver con su tema.

Paso 3   Después de anotar las tres características, piensa en cómo vas a explicárselas a tus compañeros. ¿Entenderán una nueva palabra? ¿Puedes explicarlo todo en español? ¿Puedes dar una descripción con tus propias palabras?

Paso 4   Los cuatro miembros de cada grupo deben reunirse para compartir la información que tienen. Pueden llenar un cuadro como el siguiente.

ALGUNAS CARACTERÍSTICAS DE LAS CASAS «INTELIGENTES»	
La llegada	EL TRABAJO
Los aparatos	EL TIEMPO LIBRE

Paso 5   Ya sabes algo de las casas «inteligentes», pero no lo sabes todo. Ahora, lee todo el artículo. ¿Puedes añadir más detalles al cuadro del **Paso 4**?

Síntesis

Paso 1   ¿Cuáles son las ventajas y desventajas de tener una casa «inteligente»? ¿Qué tipo de persona se beneficiará más con este tipo de casa? Usando el cuadro que completaste en la sección **Exploración,** escribe una composición en la que hables de las ventajas y desventajas de tener esta casa. Por ejemplo, ¿qué ventaja(s) hay en tener una puerta que se abre al reconocer la voz de una persona? Debes mencionar por lo menos un aspecto de cada uno de los cuatro temas ya mencionados.

Paso 2   Comparte tu composición con los miembros de tu grupo. ¿Tienen las mismas ideas? ¿Quieres añadir más datos o cambiar ciertas ideas en tu composición?

Paso 3   Revisa tu composición y escríbela de nuevo si quieres. Revisa la parte gramatical: uso de los verbos (tiempos, subjuntivo, etcétera), orden de las palabras, concordancia (*agreement*), uso de los pronombres del complemento directo e indirecto, uso del **se** impersonal o **se** pasivo, etcétera. ¿Está todo bien?

El hogar electrónico

Las llaves de la puerta, los televisores de 625 líneas y las *ruidosas* lavadoras se quedarán desfasadas en la próxima década, cuando el 60% de la población de los países desarrollados dependa de las telecomunicaciones.

Para entrar en la casa *inteligente*, totalmente informatizada, su propietario siquiera necesitará tarjetas magnéticas; la puerta se abrirá al reconocer el sonido de su voz, después de compararla con un código grabado. En el interior de la casa un terminal controlará las funciones domésticas: se ocupará de regular la calefacción, para que cada habitación mantenga la temperatura adecuada; de encender las luces, y de conectar el microondas para que la comida esté a punto, si así se lo ordenan mediante un telemando o una llamada telefónica.

Hitachi

Si durante la ausencia del propietario los sensores distribuidos por toda la casa detectan alguna fuga de gas o la presencia de humo, automáticamente telefonean a los tres números almacenados en su memoria.

Con las tecnologías telemáticas (teléfono, ordenador, fax, etcétera), cada vez más profesionales liberales practicarán el *teletrabajo*: invertirán en Bolsa, trazarán planos y participarán en videoconferencias sin desplazarse de su despacho. A cambio recibirán dinero electrónico para comprar nuevos electrodomésticos y nuevos periféricos para su *salón audiovisual*.

En la cocina, las lavadoras serán cada vez menos ruidosas, gracias a los nuevos materiales y al proceso de insonorización del centrifugado; un ordenador medirá las revoluciones del tambor para que cada tejido reciba el tratamiento que necesita. El lavavajillas y la tostadora incluirán un mando a distancia por infrarrojos y hasta los molinillos estarán asistidos por ordenador. En el baño, la báscula, además de señalar el peso actual, recordará también el del día anterior y los gramos ganados o perdidos a lo largo de la última semana.

A través de la pantalla de alta definición, alimentada por la televisión por cable y los satélites, cada persona recibirá en su casa todos los espectáculos y retransmisiones que sea capaz de asimilar. Desde el salón audiovisual, el *Homo electrónicus* recibirá clases de piano a distancia, jugará una partida de ajedrez con el maestro ruso de turno, o participará en juegos de aventuras a escala planetaria. El ocio privatizado, que garantiza reposo y seguridad, se impondrá frente al ocio participativo de las fiestas populares y los acontecimientos deportivos. Todo esto generará aislamiento social y necesidades de contacto personal, con consecuencias difíciles de prever.

J.A.M.

Trabajando con el texto

Ya sabes usar **para** + *infinitivo*. Por ejemplo, en la primera línea del segundo párrafo dice «Para entrar en la casa "inteligente"...» También en el segundo párrafo hay ejemplos de **para que** + *subjuntivo*. **Para que** quiere decir, más o menos, *so that* o *in order that*. El uso del subjuntivo después de **para que** es obligatorio.

Paso 1 Busca los ejemplos de **para que** + *subjuntivo* en el segundo párrafo y escríbelos aquí.

1. _____
2. _____

¿Qué quiere decir cada oración? ¿Cuál es el infinitivo de los dos verbos que están en el subjuntivo? ¿Cuáles son las formas correspondientes del indicativo?

Paso 2 Imagina que vas a escribir más sobre la casa «inteligente» y quieres explicar el **para qué** de varias características de la casa. ¿Cómo terminarás las siguientes oraciones?

1. Las lavadoras serán cada vez menos ruidosas para que Ud. y su familia _____.
2. Para que el propietario _____, cada casa vendrá equipada con fax y ordenador (computadora).
3. La báscula recordará el peso del día anterior para que cualquier persona _____.

¡Sigamos!

La residencia estudiantil «inteligente»

Paso 1 Con dos compañeros/as, hagan una lista de por lo menos tres características que tendrá la residencia estudiantil «inteligente» del futuro. ¿Qué se podrá hacer en esa residencia estudiantil que ahora no se puede hacer?

MODELO   Cada residencia estudiantil vendrá equipada con un sistema para sacar libros de la biblioteca sin que el estudiante tenga que salir de la residencia. Por ejemplo, el estudiante podrá mandar un fax a la biblioteca y los libros se le mandarán por mensajero/a (*by messenger*).

Paso 2 Compartan su lista con el resto de la clase.

Paso 3 Lean las características. ¿Hay alguna manera de clasificarlas? ¿Hay algunas características que se mencionan varias veces? ¿Por qué?

Anticipación

Paso 1   Las seis secciones en las páginas 458–459 vienen de un artículo largo que se publicó en la revista *Conocer* de España. El subtítulo del artículo dice: «Los próximos diez años se caracterizarán por los avances médicos y la conservación del medio ambiente.» Antes de leer, imagina para qué enfermedad se podrá encontrar un remedio para el año 2000. ¿Crees que se encontrará el remedio para el cáncer? ¿para el SIDA? ¿para las enfermedades cardiovasculares?

Paso 2   Haz una lista de por lo menos cinco avances científicos o cambios importantes que esperas que se efectúen para el año 2000.

Paso 3   Una persona de la clase debe escribir en la pizarra todos los avances o cambios que los estudiantes escribieron en el **Paso 2.** Ahora, comparen Uds. sus listas con las secciones que aparecieron en el artículo original (se encuentra la lista abajo). ¿Hay semejanzas y diferencias?

SECCIONES DE «HACIA EL AÑO 2000»

Cáncer	Alcoholismo
SIDA	Avión
Enfermedades cardiovasculares	Ocio
Transportes	Parkinson
Automóvil	Diabetes
Ordenador personal	Transplante
Selección del sexo	Prótesis
La década del planeta Tierra	Laser
Tratamientos genéticos	Estar en forma
Cirugía estética	Tecnogimnasia
Nuevas dietas	Alimentación
Alimentos irradiados	Agricultura biológica
Tren de alta velocidad	Tecnología
Teléfono	Disco compacto interactivo
Televisión	Cine
Parques de atracción	Música

Piensa un momento en el tipo de lector a quien le interesan estos temas. ¿Cuáles te interesan a ti? ¿Qué tipos de temas no aparecen? ¿Crees que los avances que el artículo presenta son positivos, negativos o hay tantos de los unos como de los otros?

Exploración

Paso 1   Formen grupos de dos o tres estudiantes. Cada grupo debe escoger una de las secciones del artículo «Hacia el año 2000». Después de leerla, escriban una sola oración en la que digan cuál es el avance científico o tecnológico o cambio futuro que Uds. consideren más importante.

Paso 2 Vuelvan a leer la sección y ahora escriban la siguiente información.

1. ¿Qué evidencia existe ahora que hace posible predecir ese avance o cambio? ¿Ya se ha experimentado o usado en alguna parte del mundo?
2. ¿En qué consiste ese avance? ¿Da detalles el artículo?

HACIA EL AÑO 2000

Los expertos piensan que antes del año 2000 se encontrará un remedio eficaz que frene al virus del SIDA

SIDA

Luc Montagnier y Robert Gallo opinan que antes del año 2000 se descubrirá algún remedio eficaz contra el SIDA. A 3.200 norteamericanos, en la fase de incubación de la enfermedad, se les suministró el fármaco AZT y al menos en la mitad de los afectados se detuvo la degeneración del sistema inmunológico. Los anticuerpos artificiales, como el CD4; el compuesto Q, importado de China; los derivados de algas y mil y una vacunas en fase experimental, tendrán que demostrar su eficacia.

SELECCIÓN DEL SEXO

Dos días después de la fecundación ya se conocerá la identidad del embrión, para que la pareja elija con absoluta fiabilidad el sexo de su hijo. Estos métodos de diagnóstico ya son habituales en el Hammersmith Hospital de Londres. El responsable de esta técnica, Robert Winston, indica que está reservada para aquellas parejas en las que se haya detectado alguna enfermedad hereditaria familiar, como la hemofilia o la atrofia muscular.

PARKINSON

El implante de células humanas en el cerebro para curar enfermedades degenerativas como el Parkinson es una de las aventuras quirúrgicas más prometedoras de la historia de la medicina. El mexicano Ignacio Madrazo ha sido pionero en estas intervenciones y España es el país europeo en el que se han efectuado mayor número de injertos. Generalmente, se le autoimplanta al paciente tejido de sus propias glándulas suprarrenales; pero en los últimos años ha saltado la polémica por la utilización de células de fetos humanos para mejorar los resultados. En un simposio celebrado el pasado mes de septiembre en Madrid, Madrazo reconoció que después de los éxitos obtenidos con el Parkinson se probará la misma técnica con otras enfermedades, entre ellas la corea de Huntington (popularmente conocida como *baile de San Vito*), el infarto cerebral y la enfermedad de Alzheimer.

TRANSPORTES

Volaremos de Nueva York a Tokio en tres horas y cogeremos el tren de alta velocidad en Madrid y llegaremos a Barcelona en otras cuatro, pero lo que de verdad le preocupa a la mayoría de la población es el problema del tráfico. Sólo en Europa, 130 millones de automóviles colapsan cada día las calles y las carreteras, demuestran la insuficiencia de aparcamientos y contaminan la atmósfera. Esta debería ser la prioridad absoluta, y así lo han entendido algunas ciudades como Burdeos, en Francia, donde se

458 cuatrocientos cincuenta y ocho

Lección 18 ¿Qué nos espera en el futuro?

Síntesis

Paso 1 Sin consultar de nuevo la sección que le correspondió, cada grupo debe organizar los datos obtenidos en **Exploración** para preparar un breve resumen oral. Luego, un miembro del grupo será elegido para presentar el resumen a la clase.

acaba de iniciar una experiencia cuanto menos original. Los responsables municipales han dividido las calles de la ciudad en tres categorías que corresponden a los colores rojo, verde y azul. La primera, de color rojo, corresponde a los cinturones de circunvalación y en ellas el automóvil tiene preferencia. En las calles azules todos los medios de transporte tendrán los mismos derechos, y en las verdes, que corresponden aproximadamente a la mitad del núcleo urbano, los coches circularán más despacio para que el ciclista y el peatón recuperen la ciudad.

El tráfico de Los Angeles, París y probablemente Madrid estará controlado por un ordenador que informará puntualmente a los *coches-inteligentes* de los accidentes, embotellamientos, y de la situación meteorológica. Si estas medidas funcionan, la circulación se podría duplicar y hasta triplicar.

ORDENADOR PERSONAL

El primer ordenador personal (PC) presentado en 1975 tenía 256 *bits* de memoria. Los actuales PCs de IBM superan los 640.000. Si en pocos años el ordenador ha experimentado una progresión tan espectacular, a

LA DÉCADA DE LA MEDICINA
Los expertos en prospectiva coinciden en sus pronósticos: el nuevo milenio traerá grandes avances en medicina con la ayuda de las más avanzadas tecnologías.

los propios ingenieros informáticos les resulta casi imposible imaginarlos al final de esta década. Para entonces, habrá ordenadores del tamaño de un reloj de muñeca, que entenderán el lenguaje humano y serán cada vez más sencillos de manejar y más baratos. Dejarán de ser instrumentos que la persona manipula para convertirse en *asesores electrónicos*. En el MIT (Instituto de Tecnología de Massachusetts, de Boston) operan con un sistema, el *NewsPeek*, que cada día edita un periódico *personalizado* después de relacionar las noticias que más le interesan a su propietario.

TELÉFONO

En Inglaterra ya funcionan los teléfonos inalámbricos de bolsillo, que pesan 130 gramos. Cuando el abonado se encuentra a menos de 500 metros de un *punto especial de telefonía*, en principio concentrados en aeropuertos, supermercados, bancos, restaurantes, hoteles y tiendas, telefoneará desde la calle a cualquier ciudad del mundo.

MODELO   En nuestra sección se habla del tratamiento del cáncer. No
se encontrará un remedio para el año 2000, pero los
tratamientos tradicionales avanzarán para reducir el número
de muertes. Ya han experimentado una nueva radioterapia y
los resultados son muy buenos.

Paso 2   A base de lo que se ha presentado en clase, ¿son todos los
avances positivos? ¿Tienen aspectos negativos? La clase entera debe
preparar una lista de lo positivo y lo negativo de cada avance. Pueden organizar la información así.

AVANCE	RESULTADOS POSITIVOS	RESULTADOS QUE PUEDEN SER NEGATIVOS
1. _____	_____	_____
2. _____	_____	_____

Paso 3 (Optativo)   Usando los apuntes del **Paso 2,** divídanse en dos grupos: los que creen que la mayoría de los avances tendrá consecuencias
positivas y los que creen que tendrá consecuencias negativas. Presenten
al resto de la clase su posición. ¿Cómo responden los estudiantes a su
posición?

....

¡Sigamos!

¿Y qué pasará con el ocio?

Paso 1   Vuelve a leer la última línea del artículo «El hogar electrónico»
en la página 455. ¿Qué dice el autor sobre el ocio, o sea, el tiempo libre?

Según el autor de «El hogar electrónico», tendremos _____.

Paso 2   A continuación hay una parte del artículo «Hacia el año 2000»
que no has leído. Léelo ahora y completa la oración sobre el ocio.

El autor de esta selección dice que tendremos _____.

OCIO

Nadie lo había previsto, pero así es. El tiempo libre, o de ocio, se convertirá en uno de
los bienes más escasos y, por tanto, más preciados. Hace menos de una década, los
prospectivistas anunciaron que la sociedad de los ordenadores, de la robótica y de los
satélites nos liberaría del trabajo, dejándonos cada vez más tiempo libre. Ha ocurrido
exactamente lo contrario, y lo más probable es que la aceleración de nuestras vidas se
mantenga, porque la tranquilidad no dependerá de los avances científicos, sino de las
actitudes personales y sociales.

Paso 3   La clase debe escribir en la pizarra las razones por las cuales
está de acuerdo con lo que se dice en el **Paso 1.** Luego la clase debe
hacer lo mismo respecto a lo que se dice en el **Paso 2.**

Paso 4   En grupos de tres, decidan cuál o cuáles de las razones es (son)
más importante(s). Escriban cuatro o cinco oraciones explicando con
quién están de acuerdo al final.

Composición

En esta lección has examinado cuestiones del futuro. En esta composición vas a escribir sobre «La vida diaria en el año 2050».

Antes de escribir

Paso 1   El propósito de la composición es predecir ciertos aspectos del futuro y describir cómo será la vida diaria en aquella época. Vas a dirigirte a los demás miembros de la clase. El tono que adoptes puede ser cómico o serio. La composición deberá limitarse a unas 250 palabras.

Paso 2   Como se trata de la vida diaria, ¿qué temas vas a tratar? ¿Qué temas vas a excluir? Haz una lista de los aspectos de la vida que se pueden considerar «diarios». ¿Cuántos vas a incluir?

Paso 3   Debes poner atención al aspecto lingüístico. ¿Sabes usar los puntos gramaticales que estudiaste en esta lección?

- ❑   el futuro
- ❑   el subjuntivo con expresiones de duda, posibilidad, etcétera

Al escribir

Paso 1   A continuación hay algunas expresiones para ayudarte a expresar tus ideas. No te olvides de tener en cuenta el tono de tu composición antes de usarlas.

más que nada	*above all*
se caracterizará por	*will probably be characterized by*
por ____ que + *subjunctive*	*as ____ as may ____*
por contentos que estemos	*as happy as we may be*

Paso 2   Las siguientes expresiones te pueden resultar útiles al escribir la conclusión.

venga lo que venga	*come what may . . .*
pase lo que pase	*come what may . . .*
lo que pasará, pasará, pero...	*whatever happens will happen, but . . .*

Paso 3   Escribe la composición dos días antes de entregársela al profesor (a la profesora).

Después de escribir

Paso 1   Un día antes de entregar la composición, léela de nuevo. ¿Quieres cambiar...

- ❑   los temas?
- ❑   la introducción?
- ❑   la organización?
- ❑   la conclusión?
- ❑   el tono?

Paso 2   Lee la composición una vez más para verificar...

- ❏ la concordancia entre verbos y sujetos.
- ❏ el uso del futuro.
- ❏ el uso del subjuntivo.

Paso 3   Haz todos los cambios necesarios y entrégale la composición al profesor (a la profesora).

Vocabulario

Las posibilidades y probabilidades del futuro	Future Possibilities and Probabilities
la duda	doubt
dudar	to doubt

(no) creo que...	I (don't) think that . . .
(no) es cierto que...	it's (not) certain that . . .
es dudoso que...	it's doubtful that . . .
(no) es posible que...	it's (not) possible that . . .
(no) es probable que...	it's (not) probable that . . .

VISTAZOS

Actividad A   «El viaje definitivo»

Paso 1   En la columna a la derecha y en la página 463 aparece un poema de Juan Ramón Jiménez (ver la **Lección 4**). Lee el poema y piensa en lo que el poeta quiere decir. ¿Cómo es el tono del poema? Entre todos, determinen cuáles pueden ser las circunstancias que permiten que una persona tenga pensamientos como los expresados en el poema. Es decir, ¿por qué piensa una persona en el futuro y por qué piensa en el futuro tal como lo hace aquí?

Paso 2   Aquí aparece el poema, pero esta vez ciertas partes se han omitido. ¿Cómo completarías el poema para hablar de tu propia vida?

...y yo me iré. Y se quedarán _____

_____;

y se quedará _____, con su _____,

y con su _____.

　Todas las tardes, _____;

y _____.

Se morirán aquéllos que _____;

y _____ se hará nuevo cada año:

y en el rincón aquel de _____,

mi espíritu errará, nostálgico...

　Y yo me iré; y estaré solo, sin _____, sin _____,

sin _____,

sin _____,

y se quedarán _____.

Lee tu poema al resto de la clase.

El viaje definitivo

　...y yo me iré. Y se quedarán los pájaros cantando;

y se quedará mi huerto,[a] con su verde árbol,

y con su pozo[b] blanco.

　Todas las tardes, el cielo será azul y plácido;

y tocarán, como esta tarde están tocando,

las campanas del campanario.

——————————————————

[a]*garden*   [b]*well*

Se morirán aquellos que me amaron;
y el pueblo se hará nuevo[c] cada año:
y en el rincón[d] aquel de mi huerto florido y encalado,[e]
mi espíritu errará,[f] nostálgico...

Y yo me iré; y estaré solo, sin hogar, sin árbol
verde, sin pozo blanco,
sin cielo azul y plácido...
y se quedarán los pájaros cantando.

Actividad B   La Real Academia defiende...

Paso 1   En los estudios académicos, ¿qué materias comprenden las humanidades? Con la ayuda de los miembros de la clase, un(a) estudiante debe hacer una lista en la pizarra de las materias que se incluyen en esta disciplina.

Paso 2   Todos deben indicar qué materias en el campo de las humanidades han estudiado. ¿Hay ciertas materias que no han estudiado? ¿Hay materias que parecen ser las preferidas por la mayoría dentro de este campo? ¿Cuántos créditos o unidades de humanidades se requieren en la escuela secundaria? ¿en la universidad?

Paso 3   Lee rápidamente la selección «La Real Academia defiende que se incrementen las humanidades en los planes de estudios». ¿Cuál es tu reacción a la declaración de la Real Academia Española?

Paso 4   En grupos de tres personas, escriban una serie de afirmaciones sobre el futuro de los estudios universitarios. ¿Serán los requisitos los mismos de hoy? ¿Qué cambios habrá en las carreras universitarias en el futuro?

La Real Academia defiende que se incrementen las humanidades en los planes de estudios

MADRID, 20. (Europa Press.) — La Real Academia Española publicó un documento, en el que sale en defensa de los estudios de humanidades frente a la reciente tendencia hacia los estudios predominantemente técnicos. El documento fue aprobado en la sesión celebrada el pasado 5 de marzo.

El documento afirma lo siguiente:

"La Real Academia Española considera un deber salir en defensa de los estudios de humanidades, amenazados por una reciente tendencia hacia estudios predominantemente técnicos, con olvido de las propias raíces culturales y entre ellas no sólo de las lenguas clásicas, que son un substrato común de lo que es nuestra civilización, sino incluso de los estudios de lengua y literatura española, como instrumento básico de comunicación y sustento de nuestra cultura, cuya importancia no puede ser ignorada, pues son el núcleo del proceso educativo."

FALSA IMPRESION

"El desarrollo científico y técnico ha creado la falsa impresión de que la sociedad actual sólo requiere conocimientos de tipo aplicado. Ahora bien, una simple ojeada panorámica a la obra de los grandes hombres de ciencias contemporáneos, físicos, biólogos, antropólogos y tecnólogos, que han sido o son los creadores de los vigentes conceptos acerca del universo y del hombre, muestra bien a las claras que su formación humanística es tan seria y profunda como sus conocimientos científicos. Si en España queremos crear ciencia y no simplemente imitarla, los futuros científicos y técnicos deberán recibir una sólida formación humanística, que necesariamente pasa por el idioma."

"Esta Real Academia considera, pues, que no sólo no deben desaparecer o re-ducir los estudios de humanidades en los bachilleres y en los universitarios, sino que deben ser fomentados y reforzados, y que las actuales escuelas de humanidades deben recibir los apoyos necesarios para ello."

MEDITACION PROFUNDA Y PAUSADA

"En consecuencia, solicitan de las autoridades competentes una meditación profunda y pausada, antes de introducir cambios en los planes de estudios, que están en vías de elaboración, para evitar daños irreparables a nuestra cultura y a la formación de futuras generaciones."

● **Se está olvidando no sólo el estudio de lenguas clásicas sino también la lengua y literatura españolas.**

● **Recuerda que los grandes científicos de la historia poseían también una profunda formación humanística.**

---

[c]se... *will renew itself*   [d]*corner*   [e]*whitewashed*   [f]*will wander*

GRAMMAR SUMMARY FOR LECCIONES 16–18

Review of the Conditional Tense

1. The use of the conditional tense in Spanish and English is roughly similar. Both languages use the conditional to refer to hypothetical events, that is, what you *would* do in a given circumstance.

> Con $50.000 me compraría una casa.
> *With $50,000 I would buy a house.*

> ¿Qué harías tú con $50.000?
> *What would you do with $50,000?*

> Me encantaría visitar la Argentina.
> *I would love to visit Argentina. (Lit. Visiting Argentina would really please me.)*

2. Forms of the conditional are highly regular. With the exception of a few verbs, the conditional is formed using the infinitive as the stem plus the endings listed below.

comprar comer vivir	+	-ía -ías -ía -ía -íamos -íais -ían -ían

3. The following verbs have irregular stems.

decir	dir-
hacer	har-
poder	podr-
salir	saldr-
tener	tendr-

The Subjunctive

USES

The subjunctive has a variety of uses in Spanish; in *¿Sabías que... ?* you have focused on the following uses.

1. The subjunctive with indefinite antecedents: The subjunctive is used in subordinate clauses that modify indefinite antecedents. *Indefinite* means that the person or thing mentioned in the main clause is not known to exist.

> Busco un trabajo que me permita viajar mucho.
> *I'm looking for a job that allows me to travel a lot.*

In the above example, the speaker is looking for a specific type of job, but he or she does not know if one exists or is hoping that one exists.

Here are some other examples. In each sentence, the indefinite antecedent is italicized and the clause **(que...)** describes the antecedent.

> Necesito *un amigo* **que me comprenda.**
> Quiero *un perro* **que no necesite mucho cuido.**
> Prefiero ver *una película* **que no tenga muchas escenas violentas.**

Compare the sentences above with the following ones in which the antecedent is not indefinite but is known by the speaker.

> Tengo un buen amigo que me comprende.
> Existen varias razas de perros que no necesitan mucho cuido.
> *Forrest Gump* es una película que no tiene muchas escenas violentas.

2. The subjunctive with conjunctions of time: A second use of the subjunctive is with conjunctions of time that express future intent. Here are some of these conjunctions.

> antes (de) que
> cuando
> después (de) que
> en cuanto

hasta que
tan pronto como

Tan pronto como tenga dinero, voy a hacer un viaje a Puerto Rico.

In the above example, the entire sequence of events is projected into the future. The speaker does not have the money now but thinks he or she will have some in the future. Here are some other examples.

Cuando terminen mis clases, pienso tomar unas vacaciones.
No quiero trabajar hasta que tenga que trabajar.

Compare the projected future events above with the following sentences in which either habitual events or something that occurred in the past are mentioned.

Siempre estudio hasta que mi amigo viene a visitarme.
Cuando terminaron las clases, decidí tomar unas vacaciones.

¡OJO! With **antes (de) que** the subjunctive is always used.

3. The subjunctive with expressions of uncertainty: A third use of the subjunctive is with clauses preceded by expressions of doubt, disbelief, uncertainty, probability, possibility, and so on. Here are some expressions that elicit the subjunctive.

dudar que   (no) es probable que
es dudoso que   no creer que
(no) es posible que   no es cierto que

No creo que tengas más días de vacaciones que yo.
Dudamos que ella pueda venir esta noche.
Es probable que ellos sepan cómo llegar a este lugar.

Note that if **dudar** and **es dudoso** are negated, then these become expressions of certainty and the subjunctive is not used.

No dudo que tu hermana es la mejor cantante entre todas.

FORMS
Like **Ud.** commands, the subjunctive stem is the same as that of the **yo** form of the present

indicative. The **nosotros/as** and **vosotros/as** forms of most stem-changing verbs do not have a stem-vowel change (see verb chart on p. 466).

1. Subjunctive endings take on the "opposite vowel": **-ar** verbs have **-e-** in the endings and **-er/-ir** verbs have an **-a-**. Spelling changes also appear in the subjunctive in order to maintain pronunciation of certain consonants in the stem (g → **gu**, c → **qu**, z → **c**).

2. Verbs with -ir endings that have an **e** → **ie** or **e** → **i** stem-vowel change in the present indicative will have an **-i-** instead of an **-e-** in the **nosotros/as** and **vosotros/as** stems of the subjunctive.

(yo)	me sienta	pida
(tú)	te sientas	pidas
(Ud.)	se sienta	pida
(él/ella)	se sienta	pida
(nosotros/as)	nos sintamos	pidamos
(vosotros/as)	os sintáis	pidáis
(Uds.)	se sientan	pidan
(ellos/ellas)	se sientan	pidan

3. The following verbs have irregular subjunctive stems.

dar	dé (but: des, den, and so forth)
estar	esté
haber	haya
ir	vaya
saber	sepa
ser	sea

The Future Tense

1. The Spanish and English future tenses have essentially the same function—to express events that will occur sometime in the future.

Creo que estaré contento.
I think I will be happy.

Algún día una mujer será presidenta de los Estados Unidos.
Someday a woman will be president of the United States.

¿Habrá clase mañana?
Will there be classes tomorrow?

2. The future is formed like the conditional. The infinitive is used as the stem and the endings below are added.

$$
\begin{array}{l}
\text{estar} \\
\text{ser} \quad + \\
\text{vivir}
\end{array}
\quad
\begin{array}{l}
\text{-é} \\
\text{-ás} \\
\text{-á} \\
\text{-á} \\
\text{-emos} \\
\text{-éis} \\
\text{-án} \\
\text{-án}
\end{array}
$$

3. Irrregular conditional verb stems are irregular in the future tense as well.

decir	dir-
hacer	har-
poder	podr-
salir	saldr-
tener	tendr-
haber	habrá (*there will be*)

Subjunctive Forms

	-ar	**-er**	**-ir**
(yo)	almuerce	tenga	viva
(tú)	almuerces	tengas	vivas
(Ud.)	almuerce	tenga	viva
(él/ella)	almuerce	tenga	viva
(nosotros/as	almorcemos	tengamos	vivamos
(vosotros/as)	almorcéis	tengáis	viváis
(Uds.)	almuercen	tengan	vivan
(ellos/ellas)	almuercen	tengan	vivan

Grammar Summary for Lecciones 16–18

APPENDIX

VERBS

A. Regular Verbs: Simple Tenses

INFINITIVE / PRESENT PARTICIPLE / PAST PARTICIPLE	INDICATIVE					SUBJUNCTIVE		IMPERATIVE
	PRESENT	IMPERFECT	PRETERITE	FUTURE	CONDITIONAL	PRESENT	IMPERFECT	
hablar hablando hablado	hablo hablas habla hablamos habláis hablan	hablaba hablabas hablaba hablábamos hablabais hablaban	hablé hablaste habló hablamos hablasteis hablaron	hablaré hablarás hablará hablaremos hablaréis hablarán	hablaría hablarías hablaría hablaríamos hablaríais hablarían	hable hables hable hablemos habléis hablen	hablara hablaras hablara habláramos hablarais hablaran	habla tú, no hables hable Ud. hablemos hablen
comer comiendo comido	como comes come comemos coméis comen	comía comías comía comíamos comíais comían	comí comiste comió comimos comisteis comieron	comeré comerás comerá comeremos comeréis comerán	comería comerías comería comeríamos comeríais comerían	coma comas coma comamos comáis coman	comiera comieras comiera comiéramos comierais comieran	come tú, no comas coma Ud. comamos coman
vivir viviendo vivido	vivo vives vive vivimos vivís viven	vivía vivías vivía vivíamos vivíais vivían	viví viviste vivió vivimos vivisteis vivieron	viviré vivirás vivirá viviremos viviréis vivirán	viviría vivirías viviría viviríamos viviríais vivirían	viva vivas viva vivamos viváis vivan	viviera vivieras viviera viviéramos vivierais vivieran	vive tú, no vivas viva Ud. vivamos vivan

B. Regular Verbs: Perfect Tenses

INDICATIVE										SUBJUNCTIVE			
PRESENT PERFECT		PAST PERFECT		PRETERITE PERFECT		FUTURE PERFECT		CONDITIONAL PERFECT		PRESENT PERFECT		PAST PERFECT	
he has ha hemos habéis han	hablado comido vivido	había habías había habíamos habíais habían	hablado comido vivido	hube hubiste hubo hubimos hubisteis hubieron	hablado comido vivido	habré habrás habrá habremos habréis habrán	hablado comido vivido	habría habrías habría habríamos habríais habrían	hablado comido vivido	haya hayas haya hayamos hayáis hayan	hablado comido vivido	hubiera hubieras hubiera hubiéramos hubierais hubieran	hablado comido vivido

C. Irregular Verbs

INFINITIVE PRESENT PARTICIPLE PAST PARTICIPLE	INDICATIVE					SUBJUNCTIVE		IMPERATIVE
	PRESENT	IMPERFECT	PRETERITE	FUTURE	CONDITIONAL	PRESENT	IMPERFECT	
andar andando andado	ando andas anda andamos andáis andan	andaba andabas andaba andábamos andabais andaban	anduve anduviste anduvo anduvimos anduvisteis anduvieron	andaré andarás andará andaremos andaréis andarán	andaría andarías andaría andaríamos andaríais andarían	ande andes ande andemos andéis anden	anduviera anduvieras anduviera anduviéramos anduvierais anduvieran	anda tú, no andes ande Ud. andemos anden
caer cayendo caído	caigo caes cae caemos caéis caen	caía caías caía caíamos caíais caían	caí caíste cayó caímos caísteis cayeron	caeré caerás caerá caeremos caeréis caerán	caería caerías caería caeríamos caeríais caerían	caiga caigas caiga caigamos caigáis caigan	cayera cayeras cayera cayéramos cayerais cayeran	cae tú, no caigas caiga Ud. caigamos caigan
dar dando dado	doy das da damos dais dan	daba dabas daba dábamos dabais daban	di diste dio dimos disteis dieron	daré darás dará daremos daréis darán	daría darías daría daríamos daríais darían	dé des dé demos deis den	diera dieras diera diéramos dierais dieran	da tú, no des dé Ud. demos den
decir diciendo dicho	digo dices dice decimos decís dicen	decía decías decía decíamos decíais decían	dije dijiste dijo dijimos dijisteis dijeron	diré dirás dirá diremos diréis dirán	diría dirías diría diríamos diríais dirían	diga digas diga digamos digáis digan	dijera dijeras dijera dijéramos dijerais dijeran	di tú, no digas diga Ud. digamos digan
estar estando estado	estoy estás está estamos estáis están	estaba estabas estaba estábamos estabais estaban	estuve estuviste estuvo estuvimos estuvisteis estuvieron	estaré estarás estará estaremos estaréis estarán	estaría estarías estaría estaríamos estaríais estarían	esté estés esté estemos estéis estén	estuviera estuvieras estuviera estuviéramos estuvierais estuviera	está tú, no estés esté Ud. estemos estén
haber habiendo habido	he has ha hemos habéis han	había habías había habíamos habíais habían	hube hubiste hubo hubimos hubisteis hubieron	habré habrás habrá habremos habréis habrán	habría habrías habría habríamos habríais habrían	haya hayas haya hayamos hayáis hayan	hubiera hubieras hubiera hubiéramos hubierais hubieran	
hacer haciendo hecho	hago haces hace hacemos hacéis hacen	hacía hacías hacía hacíamos hacíais hacían	hice hiciste hizo hicimos hicisteis hicieron	haré harás hará haremos haréis harán	haría harías haría haríamos haríais harían	haga hagas haga hagamos hagáis hagan	hiciera hicieras hiciera hiciéramos hicierais hicieran	haz tú, no hagas haga Ud. hagamos hagan

C. Irregular Verbs *(continued)*

INFINITIVE PRESENT PARTICIPLE PAST PARTICIPLE	INDICATIVE					SUBJUNCTIVE		IMPERATIVE
	PRESENT	IMPERFECT	PRETERITE	FUTURE	CONDITIONAL	PRESENT	IMPERFECT	
ir yendo ido	voy vas va vamos vais van	iba ibas iba íbamos ibais iban	fui fuiste fue fuimos fuisteis fueron	iré irás irá iremos iréis irán	iría irías iría iríamos iríais irían	vaya vayas vaya vayamos vayáis vayan	fuera fueras fuera fuéramos fuerais fueran	ve tú, no vayas vaya Ud. vayamos vayan
oír oyendo oído	oigo oyes oye oímos oís oyen	oía oías oía oíamos oíais oían	oí oíste oyó oímos oísteis oyeron	oiré oirás oirá oiremos oiréis oirán	oiría oirías oiría oiríamos oiríais oirían	oiga oigas oiga oigamos oigáis oigan	oyera oyeras oyera oyéramos oyerais oyeran	oye tú, no oigas oiga Ud. oigamos oigan
poder pudiendo podido	puedo puedes puede podemos podéis pueden	podía podías podía podíamos podíais podían	pude pudiste pudo pudimos pudisteis pudieron	podré podrás podrá podremos podréis podrán	podría podrías podría podríamos podríais podrían	pueda puedas pueda podamos podáis puedan	pudiera pudieras pudiera pudiéramos pudierais pudieran	
poner poniendo puesto	pongo pones pone ponemos ponéis ponen	ponía ponías ponía poníamos poníais ponían	puse pusiste puso pusimos pusisteis pusieron	pondré pondrás pondrá pondremos pondréis pondrán	pondría pondrías pondría pondríamos pondríais pondrían	ponga pongas ponga pongamos pongáis pongan	pusiera pusieras pusiera pusiéramos pusierais pusieran	pon tú, no pongas ponga Ud. pongamos pongan
querer queriendo querido	quiero quieres quiere queremos queréis quieren	quería querías quería queríamos queríais querían	quise quisiste quiso quisimos quisisteis quisieron	querré querrás querrá querremos querréis querrán	querría querrías querría querríamos querríais querrían	quiera quieras quiera queramos queráis quieran	quisiera quisieras quisiera quisiéramos quisierais quisieran	quiere tú, no quieras quiera Ud. queramos quieran
saber sabiendo sabido	sé sabes sabe sabemos sabéis saben	sabía sabías sabía sabíamos sabíais sabían	supe supiste supo supimos supisteis supieron	sabré sabrás sabrá sabremos sabréis sabrán	sabría sabrías sabría sabríamos sabríais sabrían	sepa sepas sepa sepamos sepáis sepan	supiera supieras supiera supiéramos supierais supieran	sabe tú, no sepas sepa Ud. sepamos sepan
salir saliendo salido	salgo sales sale salimos salís salen	salía salías salía salíamos salíais salían	salí saliste salió salimos salisteis salieron	saldré saldrás saldrá saldremos saldréis saldrán	saldría saldrías saldría saldríamos saldríais saldrían	salga salgas salga salgamos salgáis salgan	saliera salieras saliera saliéramos salierais salieran	sal tú, no salgas salga Ud. salgamos salgan

C. Irregular Verbs (*continued*)

Infinitive / Present Participle / Past Participle	Present	Imperfect	Preterite	Future	Conditional	Present Subjunctive	Imperfect Subjunctive	Imperative
ser siendo sido	soy eres es somos sois son	era eras era éramos erais eran	fui fuiste fue fuimos fuisteis fueron	seré serás será seremos seréis serán	sería serías sería seríamos seríais serían	sea seas sea seamos seáis sean	fuera fueras fuera fuéramos fuerais fueran	sé tú, no seas sea Ud. seamos sean
tener teniendo tenido	tengo tienes tiene tenemos tenéis tienen	tenía tenías tenía teníamos teníais tenían	tuve tuviste tuvo tuvimos tuvisteis tuvieron	tendré tendrás tendrá tendremos tendréis tendrán	tendría tendrías tendría tendríamos tendríais tendrían	tenga tengas tenga tengamos tengáis tengan	tuviera tuvieras tuviera tuviéramos tuvierais tuvieran	ten tú, no tengas tenga Ud. tengamos tengan
traer trayendo traído	traigo traes trae traemos traéis traen	traía traías traía traíamos traíais traían	traje trajiste trajo trajimos trajisteis trajeron	traeré traerás traerá traeremos traeréis traerán	traería traerías traería traeríamos traeríais traerían	traiga traigas traiga traigamos traigáis traigan	trajera trajeras trajera trajéramos trajerais trajeran	trae tú, no traigas traiga Ud. traigamos traigan
venir viniendo venido	vengo vienes viene venimos venís vienen	venía venías venía veníamos veníais venían	vine viniste vino vinimos vinisteis vinieron	vendré vendrás vendrá vendremos vendréis vendrán	vendría vendrías vendría vendríamos vendríais vendrían	venga vengas venga vengamos vengáis vengan	viniera vinieras viniera viniéramos vinierais vinieran	ven tú, no vengas venga Ud. vengamos vengan
ver viendo visto	veo ves ve vemos veis ven	veía veías veía veíamos veíais veían	vi viste vio vimos visteis vieron	veré verás verá veremos veréis verán	vería verías vería veríamos veríais verían	vea veas vea veamos veáis vean	viera vieras viera viéramos vierais vieran	ve tú, no veas vea Ud. veamos vean

D. Stem-Changing and Spelling Change Verbs

INFINITIVE PRESENT PARTICIPLE PAST PARTICIPLE	INDICATIVE					SUBJUNCTIVE		IMPERATIVE
	PRESENT	IMPERFECT	PRETERITE	FUTURE	CONDITIONAL	PRESENT	IMPERFECT	
construir (y) construyendo construido	construyo construyes construye construimos construís construyen	construía construías construía construíamos construíais construían	construí construiste construyó construimos construisteis construyeron	construiré construirás construirá construiremos construiréis construirán	construiría construirías construiría construiríamos construiríais construirían	construya construyas construya construyamos construyáis construyan	construyera construyeras construyera construyéramos construyerais construyeran	construye tú, no construyas construya Ud. construyamos construyan
dormir (ue, u) durmiendo dormido	duermo duermes duerme dormimos dormís duermen	dormía dormías dormía dormíamos dormíais dormían	dormí dormiste durmió dormimos dormisteis durmieron	dormiré dormirás dormirá dormiremos dormiréis dormirán	dormiría dormirías dormiría dormiríamos dormiríais dormirían	duerma duermas duerma durmamos durmáis duerman	durmiera durmieras durmiera durmiéramos durmierais durmieran	duerme tú, no duermas duerma Ud. durmamos duerman

D. Stem-Changing and Spelling Change Verbs (*continued*)

INFINITIVE / PRESENT PARTICIPLE / PAST PARTICIPLE	INDICATIVE PRESENT	IMPERFECT	PRETERITE	FUTURE	CONDITIONAL	SUBJUNCTIVE PRESENT	IMPERFECT	IMPERATIVE
pedir (i, i) / pidiendo / pedido	pido / pides / pide / pedimos / pedís / piden	pedía / pedías / pedía / pedíamos / pedíais / pedían	pedí / pediste / pidió / pedimos / pedisteis / pidieron	pediré / pedirás / pedirá / pediremos / pediréis / pedirán	pediría / pedirías / pediría / pediríamos / pediríais / pedirían	pida / pidas / pida / pidamos / pidáis / pidan	pidiera / pidieras / pidiera / pidiéramos / pidierais / pidieran	pide tú, no pidas / pida Ud. / pidamos / pidan
pensar (ie) / pensando / pensado	pienso / piensas / piensa / pensamos / pensáis / piensan	pensaba / pensabas / pensaba / pensábamos / pensabais / pensaban	pensé / pensaste / pensó / pensamos / pensasteis / pensaron	pensaré / pensarás / pensará / pensaremos / pensaréis / pensarán	pensaría / pensarías / pensaría / pensaríamos / pensaríais / pensarían	piense / pienses / piense / pensemos / penséis / piensen	pensara / pensaras / pensara / pensáramos / pensarais / pensaran	piensa tú, no pienses / piense Ud. / pensemos / piensen
producir (zc) / produciendo / producido	produzco / produces / produce / producimos / producís / producen	producía / producías / producía / producíamos / producíais / producían	produje / produjiste / produjo / produjimos / produjisteis / produjeron	produciré / producirás / producirá / produciremos / produciréis / producirán	produciría / producirías / produciría / produciríamos / produciríais / producirían	produzca / produzcas / produzca / produzcamos / produzcáis / produzcan	produjera / produjeras / produjera / produjéramos / produjerais / produjeran	produce tú, no produzcas / produzca Ud. / produzcamos / produzcan
reír (i, i) / riendo / reído	río / ríes / ríe / reímos / reís / ríen	reía / reías / reía / reíamos / reíais / reían	reí / reíste / rió / reímos / reísteis / rieron	reiré / reirás / reirá / reiremos / reiréis / reirán	reiría / reirías / reiría / reiríamos / reiríais / reirían	ría / rías / ría / riamos / riáis / rían	riera / rieras / riera / riéramos / rierais / rieran	ríe tú, no rías / ría Ud. / riamos / rían
seguir (i, i) (ga) / siguiendo / seguido	sigo / sigues / sigue / seguimos / seguís / siguen	seguía / seguías / seguía / seguíamos / seguíais / seguían	seguí / seguiste / siguió / seguimos / seguisteis / siguieron	seguiré / seguirás / seguirá / seguiremos / seguiréis / seguirán	seguiría / seguirías / seguiría / seguiríamos / seguiríais / seguirían	siga / sigas / siga / sigamos / sigáis / sigan	siguiera / siguieras / siguiera / siguiéramos / siguierais / siguieran	sigue tú, no sigas / siga Ud. / sigamos / sigan
sentir (ie, i) / sintiendo / sentido	siento / sientes / siente / sentimos / sentís / sienten	sentía / sentías / sentía / sentíamos / sentíais / sentían	sentí / sentiste / sintió / sentimos / sentisteis / sintieron	sentiré / sentirás / sentirá / sentiremos / sentiréis / sentirán	sentiría / sentirías / sentiría / sentiríamos / sentiríais / sentirían	sienta / sientas / sienta / sintamos / sintáis / sientan	sintiera / sintieras / sintiera / sintiéramos / sintierais / sintieran	siente tú, no sientas / sienta Ud. / sintamos / sientan
volver (ue) / volviendo / vuelto	vuelvo / vuelves / vuelve / volvemos / volvéis / vuelven	volvía / volvías / volvía / volvíamos / volvíais / volvían	volví / volviste / volvió / volvimos / volvisteis / volvieron	volveré / volverás / volverá / volveremos / volveréis / volverán	volvería / volverías / volvería / volveríamos / volveríais / volverían	vuelva / vuelvas / vuelva / volvamos / volváis / vuelvan	volviera / volvieras / volviera / volviéramos / volvierais / volvieran	vuelve tú, no vuelvas / vuelva Ud. / volvamos / vuelvan

A5

Vocabularies

The Spanish-English Vocabulary contains all the words that appear in the text, with the following exceptions: (1) most identical cognates that do not appear in the chapter vocabulary lists; (2) verb forms; (3) diminutives in **-ito/a;** (4) absolute superlatives in **-ísimo/a;** and (5) most adverbs in **-mente.** Active vocabulary is indicated by the number of the chapter in which a word or given meaning is first listed (**P = Lección preliminar**). Vocabulary that is glossed in the text is not considered to be active vocabulary, and no chapter number is indicated for it. Only meanings that are used in this text are given. The English-Spanish Vocabulary includes all words and expressions in the end-of-chapter vocabulary lists.

Gender is indicated except for masculine nouns ending in **-o,** feminine nouns ending in **-a,** and invariable adjectives. Stem changes and spelling changes are indicated for verbs: **dormir (ue, u); llegar (gu).**

Words beginning with **ch,**[*] **ll,** and **ñ** are found under separate headings, following the letters **c, l,** and **n,** respectively. Similarly, **ch, ll,** and **ñ** within words follow **c, l,** and **n,** respectively. For example, **coche** follows **cóctel, pantalla** follows **pantalones,** and **añadir** follows **anuncio.**

The following abbreviations are used:

adj. adjective	*m.* masculine
adv. adverb	*Mex.* Mexico
And. Andean region	*n.* noun
arch. archaic	*obj.* object
Arg. Argentina	*p.p.* past participle
conj. conjunction	*pl.* plural
d.o. direct object	*poss.* possessive
f. feminine	*P.R.* Puerto Rico
fam. familiar or colloquial	*prep.* preposition
gram. grammatical term	*pron.* pronoun
form. formal	*refl.* reflexive
inf. infinitive	*rel. pron.* relative pronoun
inv. invariable	*s.* singular
i.o. indirect object	*Sp.* Spain
irreg. irregular	*v.* verb
Lat. Am. Latin America	

---

[*]Although the **Real Academia** in Spain has recently decided that **ch** will not be considered a separate letter, it appears here in its traditional place (after **c**) in the end vocabulary.

Spanish-English Vocabulary

A

a to; at (*with time*)
abad *m.* abbot
abajo *adv.* below, underneath
abandonar to leave
abarcar (qu) to comprise
abeja bee
abierto/a *p.p.* open
abogado/a lawyer
abonado/a subscriber; consumer
abrazar (c) to hug (5)
abrazo hug; embrace
abril *m.* April
abrir (*p.p.* **abierto/a**) to open
absoluto/a absolute; **en absoluto** absolutely not
abstracto/a abstract
abuelo/a grandfather/grandmother
abundante abundant
aburrido/a boring (P); **estar** *irreg.* **aburrido/a** to be bored (10)
aburrirse *refl.* to get bored (10)
abusar de to abuse (12)
abuso abuse; **abuso de las drogas** drug abuse (12)
acabar to complete, finish, end; **acabar de** + *inf.* to have just (*done something*)
academia academy
académico/a academic
acampar to go camping (11)
acariciar to caress
acceso access
accidente *m.* accident
acción *f.* action; stock
aceite *m.* oil; **aceite de maíz** corn oil (7); **aceite de oliva** olive oil (7)
aceleración *f.* acceleration
aceptar to accept
acerca de *prep.* about, on, concerning
aclaración *f.* clarification
aclarar to clarify
acompañar to accompany
acondicionado/a conditioned; **aire** *m.* **acondicionado** air conditioning
aconsejar to advise, give counsel (13)
acontecimiento event
acostar (ue) to put to bed; **acostarse** *refl.* to go to bed (1)
acostumbrar to accustom; to be (get) used to
acróbata *m., f.* acrobat
actitud *f.* attitude
actividad *f.* activity
activista *m., f.* **político/a** political activist

activo/a active
acto act; **renunciar en el acto** to resign on the spot (17)
actor *m.* actor (17)
actriz *f.* actress (17)
actual actual; current
actuar (actúo) to act; to behave
acuático/a aquatic
acudir to go
acuerdo agreement; **de acuerdo** in agreement, agreed; **estar** *irreg.* **de acuerdo** to agree; **ponerse** *irreg.* **de acuerdo** to come to an agreement
acumular to accumulate
acunar to cradle; to rock
acupuntura acupuncture
acusar to accuse
adaptable adaptable (13)
adaptar to adapt, adjust (5)
adecuado/a adequate
adelante *adv.* ahead
además *adv.* besides, also; **además de** *prep.* besides, in addition to
adherido/a joined
adicción *f.* addiction (12); **salir** *irreg.* **de una adicción** to overcome an addiction (12)
adictivo/a addictive
adicto/a *n.* addict; **convertirse (ie, i) en adicto/a** to become addicted (12); *adj.* addicted; **ser** *irreg.* **adicto/a** to be addicted (12)
adiós good-bye (P)
aditivo additive
adivinanza riddle
adivinar to guess; to predict
adjetivo adjective **adjetivo de posesión** possessive adjective (P)
administración *f.* **de empresas** business administration (P)
administrativo/a administrative
admirar to admire
admitir to admit
adolescente adolescent
adonde *adv., conj.* where
¿adónde? (to) where?
adoptar to adopt
adoptivo/a adopted
adorar to adore, love
adorno decoration
adquirir (ie) to acquire
aduana *s.* customs
adular to adulate
adulto adult
adverbio adverb
adversario adversary
adversidad *f.* adversity

aeróbico/a aerobic; **hacer** *irreg.* **ejercicio aeróbico** to do aerobics (1)
aeropuerto airport (16)
afán *m.* **de realización** eagerness to get things done (5)
afectar to affect
afecto affection
afeitar(se) to shave (5)
afeminado/a effeminate
afición *f.* enthusiasm
aficionado/a fan
afirmación *f.* affirmation, statement
afirmar to affirm, assert; to firm up
afirmativo/a affirmitive
afortunado/a lucky, fortunate
África Africa
africano/a *n., adj.* African
afuera *adv.* outside
agacharse *refl.* to crouch
agave *m.* agave, century plant
agencia agency; **agencia de turismo** travel agency
agente *m., f.* agent; **agente de viajes** travel agent (16)
agitado/a agitated
agosto August (2)
agotado/a run down; exhausted
agradar to please (9)
agregado/a: impuesto al valor agregado (I.V.A.) value-added tax
agregar (gu) to add
agresión *f.* aggression
agresividad *f.* aggressivity (5)
agresivo/a aggressive (5)
agrícola *adj. m., f.* agricultural
agricultura agriculture
agrio/a sour (7)
agronomía agriculture (P)
agrupar to group, assemble
agua *f.* (*but* **el agua**) water (7); **agua mineral** mineral water; **esquiar (esquío) en el agua** to water ski (11)
aguacate *m.* avocado (7)
aguamiel *m.* cane sugar and water
aguantar to stand
agudo/a sharp
águila *f.* (*but* **el águila**) eagle
ahí *adv.* there
ahínco: con ahínco earnestly, hard
ahora *adv.* now
ahorrar to save
aire *m.* air; **aire acondicionado** air conditioning; **al aire libre** outdoors
aislado/a isolated
aislamiento isolation
ajedrez *m.* chess

ajeno/a of another, belonging to someone else (13)

ajillo: al ajillo cooked in garlic sauce

ajo garlic

ajustarse *refl.* to adapt oneself

al (*contraction of* **a** + **el**) to the; **al** + *inf.* upon, while, when + *verb form*; **al (mes, año)** per (month, year)

ala *f.* (*but* **el ala**) wing

alcachofa artichoke

alcalde, alcaldesa mayor

alcanzar (c) to reach; to get, obtain; to be sufficient

alcohol *m.* alcohol

alcohólico/a *n., adj.* alcoholic

alcoholismo alcoholism (12)

alegrar to make happy; **alegrarse** *refl.* to get happy (10)

alegre happy (10); **sentirse (ie, i) alegre** to feel happy (10)

alegría happiness

alejarse *refl.* to move away

alemán *m.* German (*language*) (P)

alemán, alemana *n., adj.* German; **pastor** *m.* **alemán** German shepherd (*dog*)

Alemania Germany

alérgico/a allergic

alerta *inv.* alert (13)

alga seaweed

álgebra *m.* algebra

algo something

algodón *m.* cotton (16)

alguien someone

algún, alguno/a some, any (P); **algunas veces** sometimes

alienación *f.* alienation

aliento breath

alimentación *f.* food, diet

alimentar to feed

alimentario/a *adj.* food

alimenticio/a nutritional; **pasta alimenticia** pasta (7)

alimento food; **alimento básico** basic food

alistar to enlist

aliviar to relieve; to lessen

alivio relief

almacenado/a stored

almacén *m.* department store

almohada pillow

almorzar (ue) (c) to have lunch (1)

almuerzo lunch (7)

alojamiento lodging (16)

alojarse *refl.* to stay, lodge

alquilar to rent (16)

alrededor de *prep.* around

alternativa alternative

altivo/a haughty, proud

alto/a tall (5); high; **el/la más alto/a (de)** the tallest (5); **en voz alta** out loud; **más alto/a (que)** taller (than) (5); **zapato de tacón alto** high-heeled shoe (16)

altruista *m., f.* altruist

altura height; elevation

aludir to allude

alumbrar to give birth to

alumno/a student

allá *adv.* there (*far away or vague*); **de aquí para allá** from here to there (15)

allí *adv.* there

amaestrar to train

amanecer *m.* dawn, daybreak

amante *m., f.* lover

amar to love (13)

amargo/a bitter (7)

amarillo/a yellow (7)

ambición *f.* ambition

ambicioso/a ambitious (13)

ambiente surroundings, environment; **medio ambiente** environment, surroundings (5)

ambivalente ambivalent

ambos/as *adj.* both

amenazado/a threatened

americanizado/a Americanized

americano/a American; **fútbol** *m.* **americano** football; **jugar (ue) (gu) al fútbol americano** to play football (2)

amigo/a friend (P)

amistad *f.* friendship

amistoso/a friendly

amniótico/a amniotic

amo/a owner; **ama** *f.* (*but* **el ama**) **de casa** housewife

amoldar to mold; **almoldarse** *refl.* to adapt oneself

amor *m.* love

amorío *fam.* love affair, crush

amoroso/a loving, affectionate

amplio/a ample; wide

análisis *m.* analysis

analizar (c) to analyze

ancas *f. pl.* **de rana** frog's legs

anciano/a elderly person

ancho/a wide

andar *irreg.* to walk (3); to go; **andar en bicicleta** to ride a bicycle (11)

andino/a *n., adj.* Andean

anfitrión, anfitriona host, hostess

ángel *m.* angel

anglosajón, anglosajona Anglo-Saxon

angula baby eel

angustia anguish

angustiado/a anguished

anidar to build a nest

anillado/a ringed

animado/a: dibujo animado cartoon

animal *m.* animal; **animal doméstico** domestic animal (14); **animal salvaje** wild animal (14)

animar to vitalize

ánimo spirit; **estado de ánimo** state of mind (10)

aniquilación *f.* annihilation

anoche *adv.* last night (3)

anónimo/a anonymous

anotar to make a note of, write down

ansiedad *f.* anxiety

ante *prep.* before; **ante todo** first of all

anteayer *adv.* yesteryear (*figurative*)

antepasado ancestor

anterior previous

antes *adv.* before; **antes (de) que** *prep.* before (17)

anticipación *f.:* **con anticipación** in advance (16); **reservar con (un mes de) anticipación** to reserve (a month) in advance (16)

anticipar to anticipate

anticuerpo antibody

antiestético/a unaesthetic

antiguamente long ago; formerly

antiguo/a old; ancient

antología anthology

antropología anthropology (P)

antropólogo/a anthropologist

anual *adj.* annual

anunciar to announce

anuncio advertisement; **anuncio comercial** commercial (ad)

añadir to add

año year; **hace unos años** a few years ago; **los años 20** the twenties (6); **tener** *irreg.* _____ **años** to be _____ years old (6)

apagar (gu) to turn off

aparato apparatus, device, appliance; **aparato doméstico** household appliance

aparcamiento *n.* parking

aparecer (zc) to appear

aparente apparent

apariencia appearance

apartamento apartment (14); **limpiar el apartamento** to clean the apartment (2)

aparte separate; **aparte de** besides; **punto y aparte** period and new paragraph (*dictation*)

apechugar (gu) con to put up with

apegarse (gu) to become attached to

apellido last name (4)

apenas *adv.* barely, just
apéndice *m.* appendix
aperitivo appetizer; apperitif
apertura *n.* opening
apetecer (zc) to be appetizing (7), to appeal, be appealing (*food*) (7); **no me apetece** it doesn't appeal to me
apetito appetite
aplicado/a *adj.* devoted; *p.p.* applied
aplicar (qu) to apply
apoderarse de *refl.* to appropriate, take possession of
apoyar to rest, lean; to support (*emotionally*) (5)
apoyo support
apreciado/a appreciated
apreciar to esteem; to appreciate
aprender to learn
aprendizaje *m.* learning period
apretado/a tightly packed
aprobación *f.* approval
aprobar (ue) to pass; to approve
apropiado/a appropriate
aprovechar to take advantage of
aproximado/a approximate
aptitud *f.* aptitude, ability
apuntar to jot down
apuntes *m. pl.* notes; **tomar apuntes** to take notes
aquel, aquella *adj.* that
aquél, aquélla *pron.* that one
aquello that, that thing, that fact
aquí here (P); **de aquí para allá** from here to there (15)
árabe *adj.* Arab
arabesco *m.* arabesque
araña spider
arbitrariedad *f.* arbitrariness
árbol *m.* tree; **árbol genealógico** family tree
arbusto shrub, bush
área *f.* (*but* **el área**) area; **área rural** rural area (14)
arete *m.* earring
argentino/a Argentine
argumentar to argue
argumento argument; plot
aristocracia aristocracy
aritmético/a arithmetic
arma *f.* (*but* **el arma**) weapon
armado/a armed; **fuerzas armadas** armed forces
armario closet (16)
armarse *refl.* to arm oneself
armonía harmony
aroma *m.* aroma
arquitecto/a architect (17)
arquitectura architecture (17)
arrancar (qu) to pull up

arreglar to arrange; to fix
arremeter to rush forth
arriba *adv.* up above
arribar to arrive
arriesgado/a daring
arrogante arrogant (13)
arrojar to throw
arroyo stream
arroz *m.* rice (7)
arte *m., f.* art (P); **artes plásticas** fine arts; **objeto de arte** work of art
artesanía *s.* crafts
artesano/a *adj. having to do with crafts, arts*
artículo article
artista *m., f.* artist
artístico/a artistic
artritis *f.* arthritis
asado/a roast(ed) (7); **(medio) pollo asado** (half a) roast chicken (7)
ascendencia ancestry
ascender (ie) to ascend
ascenso promotion
asco disgust; **dar** *irreg.* **asco** to disgust
asegurar to assure (5)
asesor(a) consultant (17)
aseveración *f.* affirmation
así *adv.* thus, so
asiático/a Asiatic
asiento seat (16); **tomar asiento** to take a seat
asignar to assign
asimilar to assimilate
asimismo likewise
asistencia social social work (17)
asistente *m., f.* **de vuelo** flight attendant (16)
asistir (a) to attend (1); to assist
asno donkey
asociación *f.* association
asociar to associate
asomarse *refl.* to look
asombroso/a astonishing
aspecto aspect, appearance
aspiración *f.* aspiration
aspirina aspirin
astronomía astronomy (P)
astrónomo/a astronomer (17)
astuto/a astute (13)
asunto topic, matter
asustado/a afraid (10); **estar** *irreg.* **asustado/a** to be afraid (10)
asustar to frighten
atacar (qu) to attack
atado/a tied
ataque *m.* attack; **ataque cardíaco** heart attack; **ataque de nervios** nervous breakdown

atención *f.* attention; **poner** *irreg.* **atención** to pay attention; **prestar atención** to pay attention
atender (ie) to wait on (*a customer*) (8)
ateneo athenaeum (*cultural or scientific association*)
atentamente attentively
Atlántico Atlantic (Ocean)
atleta *m., f.* athlete (17)
atmósfera atmosphere
atracción *f.*: **parque** *m.* **de atracciones** amusement park
atractivo/a attractive (P)
atraer (*like* **traer**) to attract
atrapar to catch, trap
atrás: hacia atrás *adv.* backward
atravesar (ie) to go through
atreverse (a) to dare (to) (13)
atributo attribute
atribuir (y) to attribute
atrofia atrophy
atún *m.* tuna (7)
audiencia royal tribunal
auditorio auditorium
auge *m.* rise
aumentar to increase
aun *adv.* even
aún *adv.* still, yet
aunque even though
ausencia absence
ausente absent
auto car
autobús *m.* bus (16)
autodescripción *f.* self-description
autoevaluación *f.* self-evaluation
autoexamen *m.* self-exam
autoimplantar to transplant
automático/a automatic
automóvil *m.* automobile
automovilístico/a *adj.* automobile
autor(a) author
autoridad *f.* authority
autoritario/a authoritarian (13)
autorizado/a authorized
autoservicio self-service
autostop *m.*: **hacer** *irreg.* **autostop** to hitchhike (16)
auxiliar auxiliary
avance *m.* advance
avanzar (c) to advance
ave *f.* (*but* **el ave**) bird; *pl.* poultry (7)
avena *s.* oats
aventura adventure
aventurero/a adventurous (5)
avergonzado/a ashamed, embarrassed (10); **sentirse (ie, i) avergonzado/a** to feel ashamed, embarrassed (10)
avión *m.* airplane (16)

avisar to inform
ayer *adv.* yesterday (3); **ayer por la mañana / tarde / noche** yesterday morning / afternoon / night) (11)
ayuda help
ayudante assistant (17)
ayudar to help (8)
azteca *n., adj. m., f.* Aztec
azúcar *m.* sugar (7)
azul blue; **ojos azules** blue eyes (5)

B
bachiller(a) *holder of a bachelor's degree*
bailar to dance (2)
baile *m.* dance
bajar to lower; to go down; **bajar de** to get off (*a bus, car, plane*) (16)
bajo *prep.* under
bajo/a short (*height*) (5); **a fuego bajo** slowly (*cooking*)
balanceado/a balanced
ballena whale
banana banana (7)
banco bank
bandera flag
bando faction
banquete *m.* banquet
bañar to bathe (*someone or something*); **bañarse** *refl.* to bathe oneself; **bañarse en un jacuzzi** to bathe in a jacuzzi (11)
bañera bathtub
baño bathroom; **habitación** *f.* **con baño privado** room with a private bath (16); **traje** *m.* **de baño** bathing suit (16)
bar *m.* bar
barato/a inexpensive (P)
barbacoa barbecue
bárbaro/a barbarous
barco boat (16); **navegar (gu) en un barco** to sail (11)
barda thatch (*on fence or wall*)
barrer to sweep
barrera barrier
barrio neighborhood (14)
barrita small loaf (*bread*)
barro mud, clay
basar to base; **basarse en** to base one's opinions on
báscula platform scale
base *f.* base; **a base de** on the basis of
básico/a basic; **alimento básico** basic food
basquetbol *m.* basketball; **jugar (ue) (gu) al basquetbol** to play basketball (10)

bastar to be enough
bastante *adj., adv.* enough
basura garbage
batalla battle; **campo de batalla** battlefield
batir to beat
bebé *m., f.* baby
beber to drink (9)
bebida drink, beverage (9)
beca scholarship (17)
béisbol *m.* baseball; **jugar (ue) (gu) al béisbol** to play baseball (10)
belga *inv.*: **el Congo Belga** Belgian Congo
Bélgica Belgium
bello/a beautiful
bendición *f.* blessing
beneficiar to benefit
beneficio benefit
beneficioso/a beneficial
benzoato benzoate
berenjena eggplant
berro watercress
besar to kiss
beso kiss
bestia beast
besugo sea bream; red porgy (*type of fish*)
biblioteca library (1)
bicicleta bicycle; **andar** *irreg.* **en bicicleta** to ride a bicycle (11); **montar en bicicleta** to ride a bicycle
bien *adv.* well; **caer** *irreg.* **bien** to make a good impression (7); to agree with (*food*) (7); **pasarlo bien** to have a good time
bienes *m. pl.* goods, possessions
bienestar *m.* well-being
bife *m. Arg.* steak
bigotes *m. pl.* whiskers
bilingüe bilingual
billar *m.*: **jugar (ue) (gu) al billar** to play pool
billete *m.* ticket; **billete de ida** one-way ticket (16); **billete de ida y vuelta** round-trip ticket (16)
biográfico/a biographical
biología biology (P)
biológico/a biological
biólogo/a biologist (17)
bistec *m.* steak (7)
blanco *n.* butt (*of a joke*)
blanco/a *adj.* white (7); **pan** *m.* **blanco** white bread (7); **vino blanco** white wine (9)
bloque *m.* block
bluejeans *m. pl.* jeans (16)
blusa blouse (16)
boa: serpiente *f.* **boa** boa constrictor

boca mouth (8)
bocacalle *f.* intersection (15)
bocado morsel (*of food*)
boda wedding
bodega wine cellar
bodegón *m.* tavern
boleto ticket; **boleto de ida** one-way ticket (16); **boleto de ida y vuelta** round-trip ticket (16)
boliche *m.*: **jugar (ue) (gu) al boliche** to bowl (10)
bolsa bag; sack; stock market
bolsillo pocket; **teléfono inalámbrico de bolsillo** portable cordless telephone
bolsita para llevar doggie bag (8)
bollería assorted breads and rolls (7)
bollo roll (7)
bombero/a firefighter
bonito/a pretty (P)
borde *m.*: **al borde de** on the verge of
bordo: a bordo on board
borracho/a drunk
borrador *m.* rough draft
bosque *m.* forest (11)
bosquejo outline
botella bottle
botones *m. s.* bellhop (16)
brazo arm (8)
breve brief
brillante brilliant
brillantez *f.* brilliance
brillar to shine
brincar (qu) to jump
brújula compass
bruñido/a *p.p.* polished
brusco/a abrupt
bucear to dive (11)
Buda *m.* Buddha
buen, bueno/a good (1); **buenas noches** good evening (P); **buenas tardes** good afternoon (P); **buenos días** good morning (P); **buenos modales** good manners (9); **estar** *irreg.* **de buen humor** to be in a good mood (10); **hace buen tiempo** the weather's good (2); **tener** *irreg.* **buena educación** to be well-mannered (8)
buey *m.* ox (13)
bufón, bufona buffoon
búho owl
buitre *m.* vulture
bulbo bulb
burlarse (de) to make fun (of), laugh (at) (13)
burocracia bureaucracy
burro donkey
buscar (qu) to look for (3)

C

caballero gentleman

caballo horse (13)

caber *irreg.* to fit; **no cabe dudas** there's no doubt

cabeza head; **meterle a uno en la cabeza** to get into one's head; **tener** *irreg.* **dolor de cabeza** to have a headache (10)

cabezón, cabezona obstinate (13)

cabina cabin (16)

cable *m.* cable; **televisión** *f.* **por cable** cable television

cabo end; cape; **al cabo de** at the end of; **al fin y al cabo** in the end, when all is said and done; **llevar a cabo** to carry out

cabra goat (13)

cacahuete *m.*: **mantequilla de cacahuete** peanut butter (7)

cachorro/a puppy

cada *inv.* each (2); every

cadena channel

caer *irreg.* to fall (down); **caer bien/mal** to make a good/bad impression (7); to (dis)agree with (*food*) (7)

café *m.* coffee (9); café; **café con leche** coffee with milk (7); **café descafeinado** decaffeinated coffee (9); **color** *m.* **café** brown; **tomar un café** to drink a cup of coffee (2)

cafeína caffeine (9)

cafetería cafeteria

caja box

calcetín sock (16)

calcio calcium (7)

calcular to calculate

cálculo calculus (P); calculation

calefacción *f.* heat; heating

calendario calendar

calentar (ie) to heat

calidad *f.* quality

caliente hot; **bien caliente** very hot (9); **perrito caliente** hot dog

calificar (qu) to rate

californiano/a Californian

calma calm

calmado/a calm (13)

calmante *m.* sedative

calmar to soothe

calor *m.* heat; warmth; **hace (mucho) calor** it's (very) hot (weather) (2); **tener** *irreg.* **calor** to be (feel) hot

caloría calorie

calórico/a caloric

calvo/a bald (5)

callado/a quiet; **permanecer (zc) callado/a** to keep quiet (10)

calle *f.* street; **cruce la calle** cross the street (15)

callejero/a fond of walking about the streets

callejón *m.* alley

cama bed (16); **hacer** *irreg.* **la cama** to make the bed; **cama matrimonial** double bed (16); **cama sencilla** twin bed (16)

cámara camera; chamber; **cámara fotográfica** camera

camarero/a waiter, waitress (8); flight attendant (16)

camarón *m. Lat. Am.* shrimp (7)

cambiar to change; **cambiar de idea** to change one's mind

cambio change; **en cambio** on the other hand

caminar to walk (10)

camino road, path

camión *m.* truck; bus (*Mex.*)

camisa shirt (16)

camiseta T-shirt (16)

campana bell

campanario bell tower

campaña campaign

campeón, campeona champion

campeonato championship

camping: hacer *irreg.* **camping** to go camping

campo country(side) (14); field (17); **campo de batalla** battlefield

campus *m.* campus

canal *m.* channel

canario canary

cancelar to cancel; to strike out

cáncer *m.* cancer

cancha de tenis tennis court

cangrejo crab

canino/a canine

canoso/a gray (*hair*) (5)

cansado/a tired (10); **estar** *irreg.* **cansado/a** to be tired (10)

cansarse *refl.* to get tired (10)

cantante *m., f.* singer

cantar to sing (10)

cantidad *f.* quantity; **de cantidad** *adj.* quantifying (P)

cantina canteen

canto song

caos *m.* chaos

capacidad *f.* ability; capacity; **capacidad** *f.* **para** ability to (5)

capaz (*pl.* **capaces**) capable; **capaz de dirigir a otros** able to direct others (5)

capital *f.* capital (*city*)

capítulo chapter

capricho whim

captar to capture; to understand

cara face (5)

caracol *m.* snail

carácter *m.* (*pl.* **caracteres**) character

característica trait, characteristic; **característica de la personalidad** personality trait (5); **característica física** physical characteristic, trait (5)

caracterizar (c) to characterize

carbohidrato carbohydrate

carbonatado/a carbonated

carcajadas: reír(se) (i, i) a carcajadas to laugh loudly (11)

cardenal *m.* cardinal

cardíaco/a cardiac; **ataque** *m.* **cardíaco** heart attack

carecer (zc) to lack

carencia lack

carente *adj.* lacking

cargar (gu) to carry; to charge

cargo occupation; charge

Caribe *m.* Caribbean (Sea)

caribeño/a *adj.* Caribbean

caricaturista *m., f.* cartoonist

cariño affection

cariñoso/a affectionate

carismático/a charismatic (17); **ser carismático/a** to be charismatic (17)

carne *f.* meat (7); flesh; **carne de res** beef (7) **carne roja** red meat

carnero ram

caro/a expensive (16)

carrera major (P); career; race; **¿qué carrera haces?** what's your major? (P)

carretera highway

carro car

carta letter; **carta de marear** navigational chart

cartero/a mail carrier

casa house; home; **casa particular** private house (14); **casa privada** private house (14); **en casa** at home (1); **limpiar la casa** to clean the house (2)

casado/a married (4)

casarse *refl.* to get married

cascabel: serpiente *f.* **de cascabel** rattlesnake

casco helmet

casero/a homemade; domestic

casi *adv.* almost

caso case

castaño/a brown (5); **ojos castaños** brown eyes (5)

castellano *n.* Castilian, Spanish (*language*)

castellano/a *adj.* Castilian, Spanish

castigar (gu) to punish (9)

castigo físico corporal punishment
castillo castle
catalán, catalana Catalan
categoría category; class
categorizar (c) to categorize
catorce fourteen
caudillo leader, chief
causa cause; **a causa de** because of
causar to cause; **causar risa** to cause laughter, make laugh (11)
caviar *m.* caviar
cebolla onion
cebollín *m.* green onion
cebón, cebona fattened (*animal*)
cédula real royal letters patent
celebrar to hold (*a meeting*)
célebre famous
celos: tener *irreg.* **celos** to be jealous
celoso/a jealous (13)
célula cell
cena dinner (7); **preparar la cena** to prepare dinner (3)
cenar to have dinner (1)
censo census
censura censorship
centavo cent
centígrado/a *adj.* centigrade
centrifugado centrifuge
centro center; **centro comercial** shopping mall; **centro urbano** urban center (14)
Centroamérica Central America
cepillo brush
cerca (de) near, close (15)
cercano/a nearby (14)
cerdo pig (13); **chuleta de cerdo** pork chop (7)
cereal *m.* cereal, grain (7)
cerebral cerebral (13)
cerebro brain
cernido sieve
cero zero (P)
cerrado/a closed
cerrar (ie) to close
certificar (qu) to certify
cerveza beer (9)
cesar to cease, stop
cesta basket
cesto basket
ciclista *m., f.* cyclist
cielo sky
cien(to) one hundred (6); **por ciento** percent
ciencia science; **ciencia ficción** science fiction; **ciencias** *pl.* **naturales** natural sciences (P); **ciencias** *pl.* **políticas** political science (P); **ciencias** *pl.* **sociales** social sciences (P)
científico/a scientist (17)

cierto/a true; certain (5); **(no) es cierto que** _____ it's (not) certain that _____ (18)
cifra number (6); figure
cigarrillo cigarette
cigüeña stork
cima top
cinco five (P)
cincuenta fifty (6)
cine *m.* movie theater; **ir** *irreg.* **al cine** to go to the movies; **sala de cine** movie theater
cínico/a cynical
cinturón *m.* **de circunvalación** bypass (*highway*)
circulación *f.* circulation; traffic
circular to circulate; to move
círculo circle
circunstancia circumstance
circunvalación *f.*: **cinturón** *m.* **de circunvalación** bypass (*highway*)
cirugía surgery; **médico/a cirujano/a** surgeon
cisneriano/a of or pertaining to Francisco Jiménez de Cisneros (Spanish dignitary, 1436–1517)
cita appointment; date
citar to cite
ciudad *f.* city (14)
civil civil; **derecho civil** civil right (18); **guerra civil** civil war
civilización *f.* civilization
claramente clearly; **expresarse** *refl.* **claramente** to express oneself clearly (17)
claridad *f.* clarity
clarificar (qu) to clarify
claro *adv.* clearly; **claro que sí** of course; **está claro** it's clear (5)
claro/a *adj.* clear; light **a las claras** openly
clase *f.* class (P); type, kind; **clase turística** economy class (16); **compañero/a de clase** classmate (P); **primera clase** first class (16)
clásico/a classic
clasificación *f.* classification
clasificar (qu) to classify
clave *n. f., adj. inv.* key; **palabras clave** key words
cliente *m., f.* customer (8)
clima *m.* climate
climatizado/a air conditioned
clímax *m.* climax
clínica clinic
club *m.* club
cobrar to collect; to charge
cobro paycheck
cocaína cocaine
cocer (ue) (z) to cook

cocido/a cooked
cocina kitchen; cuisine
cocinado/a cooked (7)
cocinar to cook
cocinero/a chef, cook (8)
coco coconut
cóctel *m.* cocktail
coche *m.* car
cochinillo suckling pig
código code
codo elbow (8)
coger (j) to catch
cognado cognate
coherente coherent
coincidir to coincide
col *f.* cabbage
cola tail; line; **hacer** *irreg.* **cola** to stand in line (16)
colaborar to collaborate
colapsar to collapse
colección *f.* collection
coleccionar to collect
colega *m., f.* colleague
colegio high school
cólera *f.* anger
colérico/a angry, bad-tempered
colesterol *m.* cholesterol
colgar (ue) (gu) to hang (up)
colmena beehive
colmillo tusk
colocar (qu) to place, arrange
colombiano/a Colombian
colonia neighborhood; colony
color *m.* color (7); **color café** brown; **¿de qué color es/son** _____? what color is/are _____? (5)
columna column
comadrona midwife
comando commando
combate *m.* battle
combatir to fight
combinación *f.* combination
combinar to combine
combinatorio/a *adj.* combining
comedia comedy
comentar to comment on
comentario commentary
comenzar (ie) (c) to begin; **comenzar a** + *inf.* to begin to (*do something*)
comer to eat (1); **comerse las uñas** to bite one's nails (10); **hábito de comer** eating habit (7)
comercial: anuncio comercial commercial (ad); **centro comercial** shopping mall
comercio commerce; **Tratado de Libre Comercio (TLC)** North American Free Trade Agreement (NAFTA)

cometer to commit

cómico/a comic(al), funny (P); **tira cómica** comic strip

comida meal (7); food (7); **comida para llevar** food to go (8); **comida rápida** fast food

comienzo beginning

comino: importar un comino not to matter at all (13)

como *prep.* like; **tal como** just as; **tan _____ como** as _____ as (6); **tan pronto como** as soon as (10); **tanto/a _____ como** as much _____ as (6); **tantos/as _____ como** as many _____ as (6)

¿cómo? *adv.* how?; pardon me? (P); **¿cómo te llamas/se llama usted?** What's your name? (P) **cómo te sientes?** how do you feel? (10); **perdón, ¿cómo se llega a _____?** excuse me, how do you get to _____? (15)

comodidad *f.* convenience, amenity (16)

cómodo/a comfortable

comoquiera *adv.* however

compacto/a: disco compacto compact disc

compañero/a companion; **compañero/a de clase** classmate (P); **compañero/a de cuarto** roommate (P)

compañía company; **hacer** *irreg.* **compañía** to keep company

comparación *f.* comparison (6)

comparar to compare

compartir to share

compasivo/a compassionate (17)

competencia competition

competente competent

competidor(a) competitor

competir (i, i) to compete

competitivo/a competitive

compilar to compile

complejo/a complex

complemento *gram.* object

completar to complete

completo/a complete; full, no vacancy (16) **pensión** *f.* **completa** room and full board (16)

complicar (qu) to complicate

componerse (*like* **poner**) *refl.* to be composed of

comportamiento behavior (13)

comportarse *refl.* to behave (13)

composición *f.* composition; writing (P)

compra *n.* buying; shopping; purchase; **compra y venta** buying and selling; **hacer** *irreg.* **las compras** to go shopping; **ir** *irreg.* **de compras** to go shopping (2)

comprender to understand (5); **no comprendo** I don't understand (P)

comprensión *f.* comprehension, understanding

comprobante *m.* receipt

comprobar (ue) to verify, check; to prove

comprometerse *refl.* to make an appointment

compromiso engagement, date

compuesto *n.* compound

compuesto/a *p.p.* composed

compulsión *f.* compulsion

compulsivo/a compulsive (17)

computación *f.* computer science

computadora computer; **usar una computadora** to use a computer (17)

computarizado/a computerized

común common

comunicación *f.* communication; *pl.* communications (P)

comunicarse (qu) *refl.* to communicate

comunicativo/a communicative

comunidad *f.* community

con with (1); **con frecuencia** often (2); **con hielo** with ice (9); **¿con qué frecuencia?** how often? (2); **con quien** with whom

conceder to give

concentración *f.* concentration

concentrado/a *p.p.* centered

concentrar to concentrate; **concentrarse** *refl.* to be focused

concepto concept

concienzudo/a conscientious

concierto concert

concluir (y) to conclude

conclusión *f.* conclusion

concordancia concordance, agreement

concordar (ue) to agree

concordia harmony

concreto/a *adj.* concrete

concurso contest

conde, condesa count, countess

condensar to condense

condición *f.* condition

condicional *m. gram.* conditional (*tense*)

condimento condiment (7)

cóndor *m.* condor

conducir *irreg.* to drive (1)

conducta conduct, behavior

conectar to connect

conejo rabbit (13)

conferencia lecture

conferir (ie, i) to confer

confesar (ie) to confess

confiado/a *p.p.* trustful

confianza trust (13); confidence

confiar (confío) to trust (17)

confidente trustworthy (13)

confirmar to confirm (16)

conflicto conflict

conformar to form; **conformarse** *refl.* to conform; to resign oneself

confort *m.* comfort

confundir to mix up; to confuse; to mistake

confusión *f.* confusion

confuso/a confused

congénere *adj.* of the same sort

Congo Belga Belgian Congo

congreso congress

conjugar (gu) *gram.* to conjugate

conjunto: en conjunto as a whole

conmigo with me

conmovedor(a) *adj.* moving

connotación *f.* connotation

conocer (zc) to meet; to know (*someone*) (1)

conocimiento knowledge

conquistador(a) conqueror

conquistar to conquer

consciente conscious

consecuencia consequence (12)

conseguir (i, i) (g) to get, obtain (13)

consejo advice

conservación *f.* conservation

conservador(a) conservative (13)

conservadurismo conservatism

conservante *m.* preservative

conservar to maintain

consideración *f.* consideration

considerar to consider

consistir en to consist of (12)

conspirar to conspire, plot

constante constant

construcción *f.* construction

construir (y) to construct

consultar to consult (17)

consumir to consume

consumo consumption

contabilidad *f.* accounting (17)

contacto contact

contador(a) accountant (17)

contaminación *f.* contamination, pollution

contaminar to contaminate, pollute

contar (ue) to count; to tell; **contar con** to count on; **contar un chiste** to tell a joke (10)

contemplar to contemplate

contemporáneo/a contemporary

contener (*like* **tener**) to contain

contenido content
contentarse *refl.* to be pleased
contento *n.* happiness
contento/a *adj.* happy (10); content; **ponerse** *irreg.* **contento/a** to be (get) happy (10)
contestar to answer, reply
contexto context
contigo with you (*fam.*)
continuación *f.*: **a continuación** following
continuar (continúo) to continue
continuo/a continuous
contra *prep.* against; *n. m.* **los pros y los contras** pros and cons
contradicción *f.* contradiction
contradictorio/a contradictory
contraer (*like* **traer**) **matrimonio** to marry
contrario/a *adj.* contrary; opposite; **al contrario** on the contrary; **por el contrario** on the contrary
contrastar to contrast
contraste *m.* contrast
contrato contract
contribución *f.* contribution
contribuir (y) to contribute
control *m.* control
controlar to control
controversia controversy
convención *f.* convention
convencional conventional
conveniente convenient
convento convent
conversación *f.* conversation
conversar to converse, chat
convertir (ie, i) to convert; **convertirse** *refl.* to become, turn into; **convertirse en adicto/a** to become addicted (12)
cooperador(a) cooperative
coordinación *f.* coordination
copa cup; (wine) glass (8); drink
copia copy
copiar to copy
copla verse, stanza
copularse *refl.* to copulate
coraje *m.* courage
coral shrewd
corazón *m.* heart
corbata tie (16)
cordero lamb
Corea Korea
corona crown
coronel *m.* colonel
corrección *f.* correction
correcto/a correct
corredor(a) runner, jogger (12)
corregir (i, i) (j) to correct
correo mail

correr to run (2); **zapato de correr** running shoe
correspondencia correspondence
corresponder to belong to; to correspond
correspondiente corresponding
corrida de toros bullfight
corriente *f.* current; *adj. m., f.* current, present
cortar to cut (8); to cut down; to clip
corte *f.* court; *m.* cut, cutting
cortés *inv.* polite
cortesía courtesy
corto/a short; **pantalones** *m. pl.* **cortos** shorts (16)
cosa thing; **es cosa sabida** it is a known fact (5)
cosechar to harvest
coser to sew
cosmopolita *adj. m., f.* cosmopolitan (P)
cosquilla: hacer *irreg.* **cosquillas** to tickle
costa coast
costar (ue) to cost; to be difficult
costilla rib
costo de vida cost of living (14)
costumbre *f.* custom, habit (8)
cotidiano/a daily
creación *f.* creation
creador(a) *n.* creator; *adj.* creative (13)
crear to create
creatividad *f.* creativity
crecer (zc) to grow
creciente *adj.* growing
crecimiento growth
crédito credit; **tarjeta de crédito** credit card
creer (y) to believe (5); **creer a pies juntillas** to believe firmly; **(no) creo que _____** I (don't) think that _____ (18); **creo que sí** I think so
crema cream
cría offspring, young (*of animals*)
crianza nurturing; breeding
criar (crío) to raise
criatura creature
crimen *m.* crime
crítica criticism
criticar (qu) to criticize
crítico/a critical
cromosoma chromosome
crónica chronicle
cronológico/a chronological
croqueta croquette, fritter
cruce *m.* crossing
crucero cruise ship (16)
crucigrama *m.* crossword puzzle
crudo/a raw (7)

crueldad *f.* cruelty
cruento/a bloody
cruz *f.* cross
cruzar (c) to cross; **cruce la calle** cross the street (15)
cuaderno notebook
cuadra block (*of houses*) (15)
cuadro painting; square; table
cuajar to jell, set
cual *rel. pron.* which; who
¿cuál? which? (4); what? (4); **¿cuál es tu nombre?** what's your *fam.* name? (P)
cualidad *f.* quality (17)
cualquier *adj.* any
cualquiera *pron.* anyone
cuando when; **de vez en cuando** from time to time (2)
¿cuándo? when? (1)
cuanto *adv.* as much as; **en cuanto** as soon as (17); **en cuanto a** as for
cuanto/a: unos/as cuantos/as a few
¿cuánto/a? how much?
¿cuántos/as? how many? (P)
cuarenta forty (6)
cuarteto quartet
cuarto room (1); quarter; **compañero/a de cuarto** roommate (P); **menos cuarto** quarter to (1); **servicio de cuarto** room service (16); **y cuarto** quarter past (1)
cuarto/a fourth
cuatro four (P)
cuatrocientos/as four hundred (6)
cubano/a Cuban
cubiertos *pl.* silverware (8)
cubrir (*p.p.* **cubierto/a**) to cover
cucaracha cockroach
cuchara spoon (8)
cucharada tablespoon
cucharadita teaspoon
cuchillo knife (8)
cuello neck
cuenco (earthenware) bowl (8)
cuenta bill, check (8); count; **darse** *irreg.* **cuenta (de)** to realize (*something*) (13); **pagar (gu) la cuenta** to pay the bill (3); **tomar en cuenta** to take into account (14)
cuento story
cuerda: saltar la cuerda to jump rope (11)
cuerno: ¿para qué cuernos _____? *fam.* why the heck _____?
cuero leather (16)
cuerpo body
cuestión *f.* question; matter
cuestionario questionnaire
cueva cave

cuidado care; **¡cuidado!** watch out!, careful!; **tener** *irreg.* **cuidado** to be careful (12)

cuidadoso/a careful

cuidar to take care of

cuido care, minding

culpa fault; guilt

culpable guilty

culpar to blame

cultura culture

cumpleaños *m. s.* birthday

cumplir to perform

cúmulo heap

cuñado/a brother-in-law, sister-in-law (4)

cuota payment, installment

cupón *m.* coupon

cúpula dome, cupula

curar to cure; to treat; to heal

curioso/a curious, strange

curso course (*of study*)

cuy *m. And.* guinea pig

cuyo/a whose

CH

chambelán *m.* escort

champán *m.* champagne

champiñón *m.* mushroom

champú *m.* shampoo

chanchullo dirty business deal

chaqueta jacket (16)

charla chat

charlar to chat (2)

chau ciao (P)

cheque *m.* check

chicle *m.* gum; **mascar (qu) chicle** to chew gum (7)

chico/a *n.* boy, girl (P); *adj.* small

chileno/a Chilean

chimpancé *m.* chimpanzee

chino/a Chinese; **horóscopo chino** Chinese horoscope

chipirón *m.* squid

chisme *m.* rumor

chismoso/a gossipy (13)

chiste *m.* joke (11); **contar (ue) un chiste** to tell a joke (10); **chiste verde** off-color joke

chistoso/a funny (11)

chocar (qu) to strike

chocolate *m.* chocolate

chófer *m.* driver

choque *m.* clash

chorizo sausage

chuleta de cerdo pork chop (7)

chupar to suck; **chuparse** to waste away

churro *type of fried dough* (7)

D

dama lady; **primera dama** First Lady

dañino/a harmful (12)

daño damage; **daño físico** physical injuries (12); **hacer** *irreg.* **daño** to hurt

danzar (c) to dance

dar *irreg.* to give (3); **dar asco** to disgust; **dar una fiesta** to throw (have) a party (11); **dar hambre/sed** to make hungry/thirsty; **dar igual** to be the same to (*someone*), not to care; **dar la mano** to shake hands; **dar miedo** to frighten; **dar un paseo** to take a walk (2); **dar un paso** to take a step; **dar pena** to sadden; **dar vuelta (a)** to turn around (over); **darse cuenta (de)** to realize (*something*) (13)

dato fact; *pl.* data

de *prep.* of, from (P)

debajo (de) *prep.* below; **por debajo** *adv.* underneath

deber *v.* + *inf.* should, must, ought to (*do something*) (1); **deberse a** to be due to; *n. m.* obligation

debido a due to, because of

débil weak

década decade (6)

decadencia decadence

decidir to decide

decir *irreg.* (*p.p.* **dicho/a**) to say, tell (3); **es decir** that is; **¿me podría decir _____?** could you tell me _____? (15)

decisión *f.* decision

declaración *f.* declaration, statement

declarar to declare; **declararse** *refl.* to declare oneself

decorar to decorate

dedicación *f.* dedication

dedicar (qu) to dedicate; **dedicarse a** *refl.* to dedicate oneself to (17)

dedo finger

deducir *irreg.* to deduce

defecto defect

defender (ie) to defend

defensa: en defensa de in defense of

definición *f.* definition

definir to define

definitivo/a definitive; **en definitiva** once and for all

defraudar to defraud, cheat

degeneración *f.* degeneration

degenerativo/a degenerative

dejar to leave; **dejar de** + *inf.* to stop (*doing something*); **dejar propina** to leave a tip (8)

del (*contraction of* **de** + **el**) of, from the

deleitar to delight, charm

deletrear to spell

delfín *m.* dolphin

delgado/a thin

delicado/a delicate

delicioso/a delicious

demás: los/las demás the others

demasiado/a *adv.* too much

democracia democracy

demografía demography

demográfico/a demographic

demógrafo/a demographer

demonio: ¿qué demonios? what the heck?

demora delay (16)

demostrar (ue) to demonstrate, show

demostrativo/a demonstrative

dentista *m., f.* dentist

dentro de *adv.* inside

denunciar to denounce

departamento compartment (*train*)

dependencia dependence

depender (de) to depend (on)

dependiente *adj.* dependent

dependiente/a salesclerk

deporte *m.* sport; **practicar (qu) un deporte** to practice, play a sport(2)

deportivo/a *adj.* sports

depredar to plunder

depresión *f.* depression

deprimido/a depressed (10); **sentirse (ie, i) deprimido/a** to feel depressed (10)

derecha right (8); **a la derecha** to the right

derecho *n.* law (17); right; *adv.* straight; **derecho civil** civil right (18); **siga derecho** continue (go) straight (15)

derivado *n.* derivative

derivar to derive, come from

derramar to spill (8)

derrumbarse *refl.* to collapse

desaparecer (zc) to disappear

desaparición *f.* disappearance

desarrollar to develop

desarrollo development

desastre *m.* disaster

desayunar to have breakfast (7)

desayuno breakfast (7)

descafeinado/a decaffeinated; **café descafeinado** decaffeinated coffee (9)

descansar to rest

descanso rest

descargar (gu) to unburden

descendencia offspring
descender (ie) to go down, descend
descenso decline
desconfiado/a distrustful (13)
desconocer (zc) to not know, be ignorant of
descorazonado/a dejected, discouraged
descremado/a skim, lowfat
describir (*p.p.* **descrito**) to describe (5)
descripción *f.* description
descriptivo/a descriptive
descubrimiento discovery
descubrir (*p.p.* **descubierto/a**) to discover
desde *prep.* since; from
desear to desire
desecación *f.* dessication, drying
desempeñar to fulfill, carry out
desempleo unemployment (18)
desencadenar to unleash, let loose
deseo desire, wish
desequilibrado/a unbalanced
desequilibrio imbalance
desesperar to exasperate (13)
desfasado/a obsolete
desgraciadamente unfortunately
deshuesar to bone (*meat*)
desierto desert (11)
desilusionado/a disillusioned
deslizar (c) to slip in
desmaquillarse *refl.* to take off one's makeup
desmedido/a excessive
desnudo/a nude
desocupado/a vacant, unoccupied (16)
desollado/a skinned
desordenado/a unruly
desorientado/a disoriented
despacho office
despedida leave-taking (P)
despedir (i, i) to say good-bye (5)
despejado/a clear; **está despejado** it's clear (*weather*) (2)
despertador *m.* alarm clock
despertar (ie) (*p.p.* **despierto/a**) to wake; **despertarse** *refl.* to wake up (1)
despierto/a *p.p.* awake; **soñar (ue) despierto/a** to daydream
desplazarse (c) to move
desprender to release
después *adv.* after, afterward (2); **después (de) que** *prep.* after (17)
desquite *m.* vengeance
destacado/a *p.p.* outstanding
destacar (qu) to stand out

destapar to take the lid off
destilación *f.* distillation
destilar to distill
destinar to designate
destino destination
destrucción *f.* destruction
destruir (y) to destroy
desválido/a helpless
desvelar to stay awake
desventaja disadvantage
detalle *m.* detail
detallista detail-oriented
detectar to detect
detener (*like* **tener**) to stop, detain (13)
deteriorarse *refl.* to deteriorate
determinación *f.* determination
determinado/a definite, specific
determinar to determine
detestar to detest, hate
detonación *f.* detonation
detrás (de) *prep.* behind (15)
detrimento detriment
devolver (ue) (*p.p.* **devuelto**) to return (*something*)
devorar to devour
día *m.* day; **buenos días** good morning (P); **día de fiesta** holiday; **día de trabajo** workday (1); **día festivo** holiday; **hoy (en) día** nowadays, today; **menú** *m.* **del día** daily menu (7); **plato del día** daily special (8); **¿qué día es hoy?** what day is it today? (1)
diabetes *f.* diabetes
diafragma *m.* diaphragm
diagnóstico diagnosis
dialéctica dialectic(s)
dialecto dialect
diálogo dialogue
diamante *m.* diamond
diario/a daily
dibujar to draw (11)
dibujo drawing; **dibujo animado** cartoon
diccionario dictionary
diciembre *m.* December (2)
dictar to dictate
dichoso/a fortunate
didáctico/a didactic
diecinueve nineteen (P)
dieciocho eighteen (P)
dieciséis sixteen (P)
diecisiete seventeen (P)
diente *m.* tooth
dieta diet
dietético/a *adj.* diet
diez ten (P)
diferencia difference; **a diferencia de** in contrast to

diferenciar to differentiate
diferente different
difícil difficult
dificultad *f.* difficulty
digestión *f.* digestion
dilatado/a extended, long
dimensión *f.* dimension
diminutivo/a diminutive
Dinamarca Denmark
dinámica *s.* dynamics
dinastía dynasty
dinero money; **gastar dinero** to spend money (2)
dinosaurio dinosaur
dios(a) god(dess); **Dios mío** my goodness; **gracias a Dios** thank God
diploma *m.* diploma
diplomático/a diplomatic
dirección *f.* address; direction
directo/a direct; **pensar (ie) de una manera directa** to think in a direct (linear) manner (17)
director(a) director (17)
dirigir (j) to direct; to manage; **capaz de dirigir a otros** able to direct others (5); **dirigirse** *refl.* to address, speak to
disciplina discipline
disco record; **disco compacto** compact disc
discoteca discotheque (2)
discrepancia discrepancy
discreto/a discreet (13)
disculpar to excuse, pardon
discusión *f.* discussion; argument
discutir to discuss; to argue
diseñador(a) designer (17)
diseñar to design
diseño design (16)
disfrutar to enjoy
disgusto disagreement
disminución *f.* decrease
disminuir (y) to decrease
disparo shot
dispensar to dispense
disponer (*like* **poner**) to have available
disponible available
disposición *f.* disposition
disquera record company
distancia distance; **mando a distancia** remote control
distinción *f.* distinction
distinguir (g) to distinguish
distinto/a distinct, different
distraer (*like* **traer**) to distract
distraído/a distracted
distribuir (y) to distribute

diversión diversion; entertainment

diverso/a diverse

divertido/a fun-loving (13); fun

divertirse (ie, i) *refl.* to have fun

dividir(se) to divide

divisorio/a divisional, dividing

divorciado/a divorced (4)

doblar to turn; **doble a la izquierda** turn left (15)

doble double; **doble sentido** double meaning

doce twelve (P)

doctor(a) doctor

doctrina doctrine

documental documentary (*film*)

documento document

dólar *m.* dollar

doler (ue) to hurt

dolor *m.* pain; **tener** *irreg.* **dolor de cabeza** to have a headache (10); **tener** *irreg.* **dolor de estómago** to have a stomachache

doméstico/a domestic; household; **animal** *m.* **doméstico** domestic animal (14); **aparato doméstico** household appliance; **quehacer** *m.* **doméstico** household chore; **tarea doméstica** household chore

domicilio home; **servicio a domicilio** home delivery (8)

dominar to dominate

domingo Sunday (1); **domingo pasado** last Sunday (11)

Dominicana: República Dominicana Dominican Republic

dominio dominion

don *m.* *title of respect before a man's first name*; talent; **tener** *irreg.* **don de gentes** to have a way with people (17); **don de mando** talent for leadership (5)

donde where

¿dónde? where?; **¿de dónde eres/es usted?** where are you from? (P); **¿dónde queda _____?** where is _____? (15); **¿dónde vives?** where do you live? (14)

dormir (ue, u) to sleep (1); **dormirse** *refl.* to fall asleep (3)

dormitorio room; dormitory

dos two (P); **a las dos** at two o'clock (1); **dos veces** twice; **son las dos** it's two o'clock (1)

doscientos/as two hundred (6)

dragón *m.* dragon (13)

drama *m.* drama

dramático/a dramatic

droga drug; **abuso de las drogas** drug abuse (12)

drogadicto/a drug addict

ducha shower; **con ducha** with a shower (16)

ducharse *refl.* to shower, take a shower

duda doubt (18); **no cabe dudas** there's no doubt; **sin duda** without a doubt

dudar to doubt (18)

dudoso/a doubtful; **es dudoso que...** it's doubtful that . . . (18)

dueño/a owner (14)

dulce *n. m.* candy (7); *adj.* sweet

duplicar (qu) to duplicate

duración *f.* duration

durante during (1)

durar to last

duro/a hard

E

e and (*used instead of* **y** *before words beginning with* **i** *or* **hi**)

ecología ecology

economía *s.* economics (P)

económico/a economic; inexpensive

ecuación *f.* equation

echar to throw; **echar de menos** to miss

edad *f.* age (6); **edad media** Middle Ages

edición *f.* edition

edificio building

editar to edit; to publish

editor(a) editor; publisher

editorial *f.* publishing house

educación *f.* education; **educación física** physical education (P); **tener** *irreg.* **buena educación** to be well-mannered (8)

educado/a educated; well-mannered, polite (8)

educar (qu) to educate

educativo/a educational

EE.UU. (Estados Unidos) United States

efectivo/a effective

efecto effect; **efecto invernadero** greenhouse effect

efectuar (efectúo) to carry out

eficacia effectiveness

eficaz (*pl.* **eficaces**) effective

eficiencia efficiency

egocéntrico/a egocentric

egoísta egotistical, self-centered (13)

ejecutivo/a executive (17)

ejemplar *m.* copy; example

ejemplo example; **por ejemplo** for example

ejercer (z) to exercise (*one's rights*); to practice (*a profession*)

ejercicio exercise; **hacer** *irreg.* **ejercicio** to exercise (1); **hacer ejercicio aeróbico** to do aerobics (1)

el *m. s.* the

él *m. sub. pron.* he (P); *obj. of prep.* him

elaboración *f.* production

elaborar to produce

elección *f.* election; choice

electricidad *f.* electricity

electrodoméstico/a electric home appliance

electrónico/a electronic

elefante/a elephant

elegante elegant

elegir (i, i) (j) to elect; to choose

elemental elemental; simple

elemento element

elevar to elevate

eliminar to eliminate

eludir to avoid

ella *f. sub. pron.* she (P); *obj. of prep.* her

ello *neuter pron.* it

ellos/as *sub. pron.* they (P); *obj. of prep.* them

embargo: sin embargo however, nevertheless

embarque *m.*: **tarjeta de embarque** boarding pass

emblema *m.* emblem

embotellado/a *p.p.* bottled

embotellamiento traffic jam

embriagado/a drunk

embrión *m.* embryo

emergencia emergency

emitir to emit

emoción *f.* emotion

emocional emotional

emotivo/a emotional

emparejar to match

emperador *m.* swordfish (7)

empezar (ie) (c) to begin (3)

empleado/a *n.* employee; *adj.* employed

emplear to employ; to use

empleo employment; job

emprendedor(a) enterprising, aggressive (17)

empresa company; **administración** *f.* **de empresas** business administration (P)

en in (1); at (1)

enamorado/a *adj.* in love

enano/a dwarf

encalado/a whitewashed

encantado/a pleased to meet you (P)

encantador(a) charming (13)

encantar to delight, be extremely pleasing (7)

encaracolado/a spiraling

A18

encargado/a manager
encargar (gu) (de) to take charge (of)
encender (ie) to turn on
encerrar (ie) to shut or lock in; **encerrarse** *refl.* **(en su cuarto)** to shut oneself up (in one's room) (10)
enciclopedia encyclopedia
encima: por encima on top
encogerse (j) *refl.* to shrink
encontrar (ue) to find; to meet
encresparse *refl.* to become enraged
encubrir to hide
encuentro meeting
encuesta survey; poll
endorfina endorphin
enemigo/a *n., adj.* enemy
enemistarse (con) *refl.* to become an enemy of
energético/a energetic
energía energy; **energía nuclear** nuclear energy
enérgico/a energetic
enero January (2)
enfadado/a angry (10); **ponerse** *irreg.* **enfadado/a** to be (get) angry (10)
enfadarse *refl.* to get angry
enfermar(se) to fall ill
enfermedad *f.* illness
enfermero/a nurse (17)
enfermo/a ill, sick
enfocar (qu) to focus
enfoque *m.* focus
enfrentamiento confrontation
enfrentar to confront, face (18)
enfrente (de) in front (of) (15)
enfurecerse (zc) *refl.* to become infuriated
engañar to deceive
engordar to be fattening
enlatado/a canned
enmarcar (qu) to frame
enmohecido/a moldy
enojado/a angry (10); **estar** *irreg.* **enojado/a** to be angry (10)
enojarse *refl.* to get angry (10)
enojo anger
enorme enormous
ensalada salad (7); **ensalada mixta** mixed salad
ensayar to try
ensayo essay
enseñanza *n.* teaching (17)
enseñar to teach
entender (ie) to understand (1); **no entiendo** I don't understand (P)
enterarse (de) *refl.* to find out (about)
entero/a entire, whole
entomología entomology
entonces *adv.* then; next (*in a series*)

entrada ticket; entrance
entrar to enter, go in
entre *prep.* between, among
entrecot *m.* sirloin
entrega *n.* surrender
entregar (gu) to give, hand over
entrelazar (c) intertwine
entrenamiento training
entrenar to train
entretener (*like* **tener**) to entertain
entrevista interview
entrevistador(a) interviewer
entrevistar to interview
enumerar to enumerate
envasar to pack; **envasar al vacío** to vacuum-pack
enviar (envío) to send
envidia envy; **tener** *irreg.* **envidia** to be envious
epidemia epidemic
época epoch, age; time (*period*) (6)
equilibrado/a balanced (13)
equilibrio balance; **mantener** (*like* **tener**) **un equilibrio sano** to maintain a healthy balance (12)
equipaje *m.* luggage (16); **facturar el equipaje** to check the luggage (16)
equipo team; equipment; **equipo fotográfico** photographic equipment, camera; **equipo de música** stereo system
equivalencia *n.* equivalent
equivalente *adj.* equivalent
equivaler *irreg.* to equal; to be equivalent
equivocado/a incorrect
equivocarse (qu) to make a mistake; to be wrong
erecto/a erect
erótico/a erotic
errar *irreg.* to make a mistake
errata erratum
error *m.* error, mistake
escala scale; **hacer** *irreg.* **escala** to make a stop (*on a flight*) (16)
escalafón *m.* rank; seniority
escalar montañas to mountain climb (11)
escama scale
escándalo scandal
escandaloso/a scandalous
escapar(se) to escape
escasear to be scarce
escasez *f.* (*pl.* **escaseces**) scarcity, shortage
escaso/a scarce
escena scene
escenario scenery
escenográfico/a scenographic

escepticismo scepticism
esclavo/a slave
Escocia Scotland
escoger (j) to choose
escolar *adj.* school
esconder to hide (13)
escondidas: a escondidas secretly
escribir (*p.p.* **escrito/a**) to write (1); **escribir a máquina** to type; **escribir la tarea** to write the assignment; **máquina de escribir** typewriter
escrito/a *p.p.* written
escritor(a) writer
escrupuloso/a scrupulous, particular (13)
escuchar to listen (to) (1)
escuela school; **escuela secundaria** secondary school, high school
escultor(a) sculptor (17)
escultura sculpture
ese/a *adj.* that (P)
ése/a *pron.* that (one)
esencial essential
esfinge *f.* sphinx
esfuerzo effort
esmerado/a meticulous
eso that, that thing, that fact; **por eso** therefore, that's why
esos/as *adj.* those (P)
ésos/as *pron.* those (ones)
espacio space; blank
espada sword
espadaña reed
espaguetis *m. pl.* spaghetti (7)
espantar to frighten, scare
espantoso/a scary (P)
España Spain
español *m.* Spanish (*language*)
español(a) *n.* Spaniard; *adj.* Spanish
españolizar (c) to Hispanicize
especial special; **en especial** specially
especialidad *f.* specialty
especialista *m., f.* **(en)** specialist (in) (17)
especialización *f.* major (P)
especializarse (c) to specialize; to major
especie *f.* species
específico/a specific
espectacular spectacular
espectáculo show; spectacle
espejo mirror
espera wait; **sala de espera** waiting room (16)
esperanza hope; **esperanza de vida** life expectancy
esperar to expect; to hope
espeso/a thick
espinacas *f. pl.* spinach (7)

espíritu *m.* spirit
espontáneo/a spontaneous
esposo/a husband, wife (4); *m. pl.* married couple (4)
espuma foam
esquema *m.* chart, outline
esquiar (esquío) to ski (11); **esquiar en el agua** to water ski (11); **esquiar en las montañas** to snow ski (11)
esquina corner (15)
estable *adj.* stable
establecer (zc) to establish
estación *f.* season (2); station (16)
estadio stadium
estadística statistic; statistics
estado state; **estado de ánimo** state of mind (10)
Estados Unidos United States
estadounidense *n., m., f.* American; *adj.* of or from the United States
estallar to explode
estancamiento state monopoly
estanco monopoly
estándar standard
estar *irreg.* to be; **estar aburrido/a / asustado/a / cansado/a / enojado/a / nervioso/a / tenso/a** to be bored/afraid/tired/angry/nervous/tense (10); **estar de acuerdo** to agree; **estar de buen/mal humor** to be in a good/bad mood (10); **estar listo/a para** to be ready for; **estar de vacaciones** to be on vacation
estatal *adj.* state
estatua statue
estatura height (5); **de estatura mediana** of medium height (5)
este *m.* east (15)
este/a *adj.* this (P); **esta noche** tonight
éste/a *pron.* this (one)
estereotípico/a stereotypical
estereotipo stereotype
estético/a aesthetic
estilo style
estimación *f.* **propia** self-esteem (12)
estimado/a esteemed
estimulante stimulating (13)
estimular to stimulate
estímulo stimulus; encouragement
estirar to stretch; **estirarse** *refl.* to stretch oneself
esto this, this thing, this matter
estofado/a stewed
estómago stomach; **tener** *irreg.* **dolor de estómago** to have a stomachache
estos/as *adj.* these (P)
éstos/as *pron.* these (ones)

estrategia strategy
estrecho/a narrow; close
estrella star; **hotel** *m.* **de cuatro estrellas** four-star hotel (16)
estrellado/a starry, star-studded
estremecedor(a) frightening
estrenado/a released
estrés *m.* stress
estricto/a strict
estrofa stanza
estructura structure
estudiante *m., f.* student (P); **soy estudiante de _____** I am a(n) _____ student (P)
estudiantil *adj.* student; **residencia estudiantil** student dormitory (14)
estudiar to study (1); **estudio _____** I am studying _____ (P); **¿qué estudias?** what are you studying? (P)
estudio study; **estudios** *pl.* **superiores** higher education
estupidez *f.* (*pl.* **estupideces**) stupidity
Etiopía Ethiopia
etiqueta label; **vestirse (i, i) de etiqueta** to dress formally
etiquetar to label
euforia euphoria
Europa Europe
europeo/a *n., adj.* European
evaluar (evalúo) to evaluate
evento event
evidencia evidence
evidente evident (5)
evitar to avoid; **tendencia a evitar riesgos** tendency to avoid risks (5)
evocar (qu) to evoke
exacto/a *adj.* exact; *adv.* exactly
exagerado/a exaggerated
examen *m.* test (P); **tener** *irreg.* **un examen** to take a test (3)
examinar to examine
excelencia excellence
excelente excellent
excentricidad *f.* eccentricity
excepción *f.* exception
excepcional exceptional
excepto *adv.* except
excesivo/a excessive
exceso excess
excitación *f.* excitement
excitar to excite
exclamar to exclaim
excluir (y) to exclude
exclusivo/a exclusive
exhibir (exhíbo) to exhibit
exigente demanding
exigir (j) to demand
existencia existence
existir to exist

éxito success; **tener** *irreg.* **éxito** to be successful
exótico/a exotic
expectativa expectation
expedir (i, i) to issue
experiencia experience
experimentar to experience; to experiment
experto/a *n., adj.* expert
explicación *f.* explanation
explicar (qu) to explain
exploración *f.* exploration
explorador(a) explorer
explorar to explore
explosión *f.* explosion
explosivo/a explosive (13)
exportador(a) exporter
exportar to export
exposición *f.* exhibition
expresar to express; **expresarse** *refl.* **claramente** to express oneself clearly (17)
expresión *f.* expression (P)
expuesto/a *adj.* on display
exquisito/a exquisite
extender (ie) to extend
extendido/a extended; **familia extendida** extended family (4)
extenso/a extensive
extenuar (extenúo) to tire
exteriormente outwardly
exterminar to exterminate
extinción *f.* extinction
extinguirse (g) to become extinct
extracción *f.* extraction
extraer (*like* **traer**) to extract
extranjero abroad (16) **extranjero/a** *n.* foreigner; *adj.* foreign; **idioma** *m.* **extranjero** foreign language (P); **lengua extranjera** foreign language (P)
extraño/a strange
extraordinario/a extraordinary
extraviar (extravío) to mislead
extremado/a *adj.* extreme
extremo *n.* extreme
extroversión *f.* extroversion (5)
extrovertido/a extroverted (5)

F
fábrica factory
fabricar (qu) to manufacture, make
fábula fable
fabuloso/a fabulous
faceta facet
fácil easy
facilidad *f.* facility, ease
factor *m.* factor
factura bill

facturar el equipaje to check the luggage (16)
facultad *f.* school, university
fachada facade
falda skirt (16)
falso/a false
falta lack
faltar to be missing, lacking (10); to be absent
falla failure
fama fame; **tener** *irreg.* **fama de** to have a reputation for
familia family; **familia extendida** extended family (4); **familia nuclear** nuclear family (4)
familiar *n. m.* relative; *adj.* familiar, pertaining to a family
famoso/a famous (P)
fanático/a fan; fanatic
fanfarronería *n.* bragging
fantástico/a fantastic
farmacéutico/a pharmacist (17)
farmacia pharmacy (17)
fármaco *m.* medication, drug
farol *m.* streetlight
fascinante fascinating
fascinar to fascinate
fase *f.* phase
fatal fatal; awful
favor *m.* favor; **a favor de** in favor of; **por favor** please (P)
favorito/a favorite (P)
fax *m.* fax
febrero February (2)
fecundación *f.* fertilization
fecundo/a productive
fecha (*calendar*) date
fechoría villainy, misdeed
felino/a feline
feliz (*pl.* **felices**) happy
fenomenal phenomenal
fenómeno phenomenon
feria fair
fermentación *f.* fermentation
fermentado/a fermented
feroz (*pl.* **feroces**) ferocious
festival *m.* festival
festivo: día *m.* **festivo** holiday
feto fetus
fiabilidad *f.* reliability
fibra fiber (7); **telas de fibras naturales** natural fabrics (16)
ficción *f.* fiction; **ciencia ficción** science fiction
fideo noodle
fiel faithful
fiera wild animal
fiesta party (2); **dar** *irreg.* **una fiesta** to throw (have) a party (11); **día** *m.* **de fiesta** holiday

figura figure
figurado/a figurative
figurar to figure, appear
fijarse to notice
fijo/a fixed
fila row
filete *m.* fillet, steak
Filipinas Philippines
filosofía philosophy (P)
filosófico/a philosophical
fin *m.* end; **al fin y al cabo** in the end, when all is said and done; **en fin** finally; **fin de semana** weekend (1); **fin de semana pasado** last weekend (3); **por fin** finally
final *m.* end; **al final (de)** at the end (of); *adj.* final
finalista *m., f.* finalist
financiero/a financial
Finlandia Finland
fino/a fine
firma signature
firmar to sign
firmemente firmly
física physics (P)
físicamente fuerte physically strong (17)
físico/a *n.* physicist (17); *adj.* physical; **característica física** physical characteristic, trait (5); **daño físico** physical injuries (12); **educación** *f.* **física** physical education (P); **rasgo físico** physical trait; **terapia física** physical therapy (17)
flaco/a thin
flan *m.* baked custard (7)
flor *f.* flower
florido/a full of flowers
fobia phobia
folklórico/a folk, folkloric
folleto pamphlet
fomentado/a encouraged
fonda restaurant
fondo: en el fondo basically
forjar to make
forma form; way; **de todas formas** in any case; **en forma** in shape; **mantenerse** (*like* **tener**) **en forma** to stay in shape (12)
formación *f.* formation; training, education
formar to form
fórmula formula
formular to formulate
formulario form
fortalecer (zc) to fortify, strengthen
forzar (ue) (c) to force
forzosamente inescapably
fósil *m.* fossil

foto(grafía) *f.* photo(graph); **sacar (qu) fotos** to take pictures (16)
fotográfico/a photographic; **cámara fotográfica** camera; **equipo fotográfico** photographic equipment, camera
fotógrafo/a photographer (17)
fragmento fragment
francés *m.* French (language) (P)
francés, francesa *n.* Frenchman, Frenchwoman; *adj.* French
Francia France
frasco bottle
frase *f.* phrase; sentence
fraterno/a fraternal
frecuencia frequency; **con frecuencia** often (2); **¿con qué frecuencia?** how often? (2)
frecuentar to frequent
frecuente frequent
frecuentemente frequently (1)
freír (i, i) (*p.p.* **frito**) to fry
frenar to stop
frente *prep.* in front of; **frente a** facing; compared with (1)
fresa strawberry (7)
fresco/a fresh; cool; **hace fresco** it's cool (weather) (2)
frijol *m.* bean (7)
frío/a cold (9); **bien frío** very cold (9); **hace (mucho) frío** it's (very) cold (weather) (2)
frito/a *p.p.* fried; **huevo frito** fried egg (7); **papa frita** *Lat. Am.* potato chip (7); **patata frita** *Sp.* potato chip (7)
frívolo/a frivolous
frustración *f.* frustration
frustrado/a frustrated
fruta fruit (7)
fruto fruit
fuego fire; **a fuego bajo** slowly (*cooking*)
fuente *f.* source; fountain
fuera (de) *adv.* outside (of)
fuerte strong; **físicamente fuerte** physically strong (17); **licor** *m.* **fuerte** hard alcohol (9)
fuerza strength; force; **fuerzas armadas** armed forces
fuga leak
fumar to smoke (9); **sección** *f.* **de (no) fumar** (no) smoking section (16)
función *f.* function
funcionamiento *n.* functioning, operation
funcionar to function, work
fundamento foundation
funeral *m.* funeral

furioso/a furious

fútbol *m.* soccer; **fútbol americano** football; **jugar (ue) (gu) al fútbol** to play soccer (2); **jugar (ue) (gu) al fútbol americano** to play football (2)

futbolista *m., f.* soccer player; football player

futuro *n.* future

futuro/a *adj.* future

G

galante gallant; charming

gallego/a Galician (*from Galicia*)

galleta cookie (7)

gallo rooster (13)

gamba *Sp.* shrimp

ganancias *pl.* earnings

ganar to earn (1); to win; **ganar peso** to gain weight; **ganarse la vida** to support oneself (*financially*)

gana desire, wish; **tener** *irreg.* **ganas de** + *inf.* to feel like (*doing something*)

garaje *m.* garage

garantizar (c) to guarantee

garganta throat

garra claw

gas *m.* gas

gasolina gasoline

gastar (dinero) to spend (money) (2)

gasto expense (14)

gastronómico/a gastronomical

gato/a cat

gazpacho *soup prepared with olive oil, tomatoes, vinegar, salt, garlic, onions, and bread and served cold*

gelatina gelatine

gemelo/a *n., adj.* twin (4)

gemir (i, i) to howl

gen *m.* gene

genealógico/a: árbol *m.* **genealógico** family tree

generación *f.* generation

generacional generational

general general; **en general** in general; **por lo general** generally

generalización *f.* generalization

generalizar (c) to generalize

generalmente generally (1)

generar to generate, produce

género gender

genético/a genetic; **herencia genética** genetic inheritance (5)

gente *f. s.* people; **rozar (c) con la gente** to rub shoulders with people, mingle; **tener** *irreg.* **don de gentes** to have a way with people (17)

geografía geography (P)

geográfico/a geographical

gerente *m., f.* manager (17)

gestación *f.* gestation

gesto gesture

gigante *n., m.* giant; *adj.* gigantic, huge

gigantesco/a gigantic, huge

gimnasio gym(nasium)

giro postal money order

glándula gland

gobernante *m., f.* ruler

gobierno government (17)

golf *m.* golf; **jugar (ue) (gu) al golf** to golf (11)

golpe *m.* blow

golpear to hit, strike

goma gum; **goma de mascar** chewing gum

gorila *m.* gorilla

gozar (c) to enjoy, have

grabado *n.* engraving

grabado/a engraved; recorded

gracia humor; **hacerle** *irreg.* **gracia a uno** to strike someone as funny (11); **tener** *irreg.* **gracia** to be funny, charming (11)

gracias thank you, thanks (P); **gracias a Dios** thank God; **muchas gracias** thanks a lot, thank you very much

gracioso/a funny, amusing (11)

grado grade; degree

graduarse *refl.* **(me gradúo) (en)** to graduate (from)

gráfico *n.* graphic

gráfico/a *adj.* graphic

gramática grammar

gramo gram

gran, grande big (5); impressive; great; **el/la menos grande** the smallest (5); **menos grande (que)** smaller (than) (5); **televisor** *m.* **de pantalla grande** large-screen TV

granada pomegranate

granate garnet (*color*)

granja farm

granjero/a farmer (17)

grano grain

grasa fat (7)

gratis *inv.* free

grato/a pleasant

gratuito/a free

grave serious (12)

Grecia Greece

gregario/a gregarious (5)

griego/a Greek (*person*)

grifo faucet, tap

gringo/a *n., adj.* American (*often pejorative*)

gripe *f.* flu

gris gray

gritar to shout (10)

grito *n.* shout

grupo group

guardar to keep; **guardar silencio** to keep quiet

guardia: en guardia on guard

guatemalteco/a Guatemalan

guayabera *type of loose-fitting man's shirt*

guerra war; **guerra civil** civil war

guerrero/a warrior

guerrillero/a guerrilla

guía *m., f.* guide; *f.* guidebook

guiarse *refl.* **(me guío)** to be guided

guineo (*P.R.*) banana

guisante *m.* pea

guitarra guitar; **tocar (qu) la guitarra** to play the guitar (1)

gusano worm

gustar to be pleasing; **no me gusta(n) _____** I don't like _____ (P); **sí, me gusta(n) _____** yes, I like _____ (P); **¿te gusta(n) _____ do you like _____ ?** (P); **no me gusta(n) para nada** I don't like it (them) at all (P)

gusto taste, preference (7); pleasure; **al gusto** according to taste; **mucho gusto** pleased to meet you (P)

H

haber *irreg.* to have (*auxiliary*)

habichuela kidney bean

hábil para las matemáticas good at math (17)

habilidad *f.* ability (17); **habilidad manual** ability to work with one's hands (17)

habitación *f.* room (16); **habitación con baño privado** room with a private bath (16)

habitante *m., f.* inhabitant

habitar to inhabit; to live

hábitat *m.* (*pl.* **hábitats**) habitat

hábito habit; **hábito de comer** eating habit (7)

habitué *n. m., f.* regular, habitual customer

hablar to speak (1); **hablar otro idioma** to speak another language (17); **hablar por teléfono** to speak on the phone (1)

hacer *irreg.* (*p.p.* **hecho/a**) to do (1); to make (1); **hace** + *time _____* ago (3); **hace buen tiempo** the weather's good (2); **hace (mucho) calor/frío** it's (very) hot/cold

(weather) (2); **hace fresco** it's cool (weather) (2); **hace mal tiempo** the weather's bad (2); **hace sol** it's sunny (2); **hace unos años** a few years ago; **hace varios meses** several months ago; **hace viento** it's windy (2); **hacer auto-stop** to hitchhike (16); **hacer camping** to go camping (11); **hacer cola** to stand in line (16); **hacer compañía** to keep company; **hacer cosquillas** to tickle; **hacer daño** to hurt; **hacer ejercicio** to exercise (1); **hacer escala** to make a stop (*on a flight*) (16); **hacer la cama** to make the bed; **hacer la maleta** to pack one's suitcase (16); **hacer las compras** to go shopping; **hacer memoria** to try to remember; **hacer preguntas** to ask questions (4); **hacer reír** to make laugh (11); **hacer ruido** to make noise (10); **hacerle gracia a uno** to strike someone as funny (11); **hacerse el sueco** to pretend not to know; **no hacer nada** to do nothing (2); **¿qué carrera haces?** what's your major? (P); **¿qué tiempo hace?** what's the weather like? (2)
hacia *prep.* toward
halcón *m.* falcon
hallar to find
hambre *f.* (*but* **el hambre**) hunger; **dar** *irreg.* **hambre** to make hungry; **tener** *irreg.* **hambre** to be hungry (7)
hamburguesa hamburger (7)
hasta *adv.* even; *prep.* until; **hasta mañana** see you tomorrow (P); **hasta pronto** see you soon (P); **hasta que** until (17); **hasta (muy) tarde** until (very) late (2)
hay there is, there are (P)
hectárea hectare
hecho fact; deed; **de hecho** in fact
hecho/a *p.p.* made; done
helado ice cream (7)
helado/a *p.p.* frozen; iced; **té** *m.* **helado** iced tea (9)
hembra female
hemisferio hemisphere
hemofilia hemophilia
heredar to inherit
hereditario/a hereditary (5)
herencia genética genetic inheritance (5)
herida wound, injury (12)
herir (ie, i) to wound (12)
hermanastro/a stepbrother, stepsister (4)

hermano/a brother, sister (4); *pl.* brothers and sisters, siblings (4); **medio/a hermano/a** half brother, half sister (4)
héroe, heroína hero, heroine
heroína heroin
herramienta tool
hervido/a boiled
hielo ice; **con hielo** with ice (9); **sin hielo** without ice (9)
hierba herb; **té** *m.* **de hierbas** herbal tea (9)
hígado liver
hijo/a son/daughter (4); *pl.* children; **hijo único** only child
hilera row
hipocresía hypocrisy
hipotético/a hypothetical
hispánico/a Hispanic
hispano/a Hispanic
Hispanoamérica Latin America
hispanoamericano/a *n., adj.* Latin American
hispanohablante *m., f.* Spanish speaker; *adj.* Spanish-speaking
historia history (P); story
histórico/a historical
hogar *m.* home
hoja sheet (of paper); leaf
hola hello (P)
hombre *m.* man; **hombre de negocios** businessman (17)
hombro shoulder
hondureño/a Honduran
honesto/a honest (17)
honradez *f.* honesty (13)
hora hour; time; **¿a qué hora?** at what time? (1); **hora límite** time limit; **¿qué hora es?** what time is it? (1)
horario schedule
hormiga ant
hormona hormone
horno: al horno baked (7)
horóscopo horoscope (13); **horóscopo chino** Chinese horoscope
hospicio hospice
hospital *m.* hospital
hotel *m.* hotel (16); **hotel de cuatro estrellas** four-star hotel (16); **hotel de lujo** luxury hotel (16)
hoy *adv.* today (1); **hoy (en) día** nowadays, today; **hoy es _____** today is _____ (1); **¿qué día es hoy?** what day is it today? (1)
huérfano/a orphan
huerto orchard
hueso bone
huésped(a) guest (16)

huevo egg (7); **huevo frito** fried egg (7); **huevo revuelto** scrambled egg (7)
humanidad *f.* humanity; *pl.* humanities (P)
humanístico/a humanistic
humano/a human; **ser** *m.* **humano** human being
húmedo/a humid
humo smoke
humor *m.* humor; mood; **estar** *irreg.* **de buen/mal humor** to be in a good/bad mood (10)

I

ibérico/a Iberian
ida: boleto/billete *m.* **de ida** one-way ticket (16); **boleto/billete** *m.* **de ida y vuelta** round-trip ticket (16)
idea idea; **(muy) buena idea** a (very) good idea (8); **cambiar de idea** to change one's mind
ideal *n. m.* ideal; *adj. m., f.* ideal
idealista *n. m., f.* idealist; *adj. m., f.* idealistic (13)
idéntico/a identical
identidad *f.* identity
identificación *f.* identification
identificar (qu) to identify
idioma *m.* language; **hablar otro idioma** to speak another language (17); **idioma extranjero** foreign language (P)
iglesia church; **ir** *irreg.* **a la iglesia** to go to church (2)
ignorado/a ignored
igual equal, same; **dar** *irreg.* **igual** to be all the same to, not to care; **por igual** equally
igualmente likewise (P)
ilícito/a illicit, illegal
iluminación *f.* illumination
ilustrar to illustrate
imagen *f.* image
imaginación *f.* imagination (5)
imaginar to imagine
imaginario/a imaginary
imaginativo/a imaginative (5)
imitar to imitate
impaciente impatient (13)
impasible impassive
impedimento impediment
imperfecto *gram.* imperfect (*tense*)
imperio empire
impermeable impervious
impetuoso/a impetuous
implante *m.* implant
implicar (qu) to imply
imponer (*like* **poner**) to impose (5)

importancia importance
importante important
importar to be important (7); to matter (7); to import; **importar un comino** not to matter at all (13)
importe *m.* price
imposible impossible
impotencia impotence
imprenta press
imprescindible essential (8)
impresión *f.* impression
impresionante impressive
impresionar to impress
improvisar to improvise
impuesto tax; **impuesto al valor agregado (I.V.A.)** value-added tax
impulsividad *f.* impulsiveness
impulsivo/a impulsive (5)
impulso impulse
inaceptable unacceptable
inalámbrico/a: teléfono inalámbrico de bolsillo portable cordless telephone
inapropiado/a inappropriate
incapaz (*pl.* **incapaces**) incapable
incesante incessant
incidencia incidence
incidente *m.* incident
inclinación *f.* inclination
incluir (y) to include
inclusive including
incluso *adv.* even
incoherente incoherent
inconformidad *f.* nonconformity
incontrolable uncontrollable
inconveniente inconvenient
incorporar to incorporate; **incorporarse** *refl.* to join
incorrecto/a incorrect
increíble incredible
incrementar to increase
incubación *f.* incubation
incursionar to make an incursion into
indeciso/a indecisive (15)
indefenso/a defenseless, helpless (13)
indefinible undefinable
indefinido/a indefinite
independencia independence
independiente independent
independizarse (c) *refl.* to become independent
indicación *f.* indication
indicar (qu) to indicate
indicativo/a *gram.* indicative (*tense*)
índice *m.* index; rate
indiferente indifferent
indígena *n. m., f.* indigenous person; *adj. m., f.* indigenous

indirecto/a indirect
indiscreto/a indiscreet
individuo *n.* individual
inducir *irreg.* to induce
indudable without a doubt (5)
industria industry
industrialización *f.* industrialization
inercia inertia
inevitable unavoidable
inexistente nonexistent
infante/a *any son or daughter of a king of Spain or Portugal, except the eldest*
infantil infantile
infarto cerebral stroke (*medical*)
inferioridad *f.* inferiority
infierno hell
infinitivo *gram.* infinitive
inflación *f.* inflation; **tasa de inflación** rate of inflation (18)
influencia influence
influenciado/a influenced
influir (y) to influence
información *f.* information
informar to inform
informático/a *adj.* computer
informativo/a informative
informatizado/a computerized
informe *m.* report
infrarrojo/a *adj.* infrared
ingeniería engineering (P)
ingeniero/a engineer (17)
ingenio ingenuity
ingenioso/a ingenious, clever
ingenuo/a naïve (13)
ingerir (ie, i) to ingest, eat
Inglaterra England
inglés *m.* English (*language*) (P)
inglés, inglesa *adj.* English
ingrato/a unpleasant
ingrediente *m.* ingredient
ingreso income
inhalar to inhale
inhumano/a inhuman
inicial *adj.* initial
iniciar to initiate
injerto graft
injusticia injustice
inmediato/a immediate
inmenso/a immense
inmunológico/a immunological
innato/a innate
inocente innocent
inquietante disquieting
inquieto/a restless (13)
inquietud *f.* anxiety; restlessness
insatisfacción *f.* dissatisfaction
inscrito/a *p.p.* enrolled
insecto insect
inseguro/a insecure (13)

insignificante insignificant
insincero/a insincere (P)
insistencia insistence
insistir to insist
insomnio insomnia
insonorización *f.* soundproofing
inspeccionar to inspect
inspirar to inspire
instalación installation
instalar to install
instantánea snapshot
instante *m.* instant
instintivo/a instinctive
instinto instinct
institución *f.* institution
instituto institute
instrucción *f.* instruction; *pl.* directions
instruir (y) to train
instrumento instrument
insuficiencia lack, shortage
insultar to insult
integral integral; **pan** *m.* **integral** whole-wheat bread (7)
integrar to integrate
integridad *f.* integrity
íntegro/a honorable (17)
intelectualizar (c) to intellectualize
inteligencia intelligence
inteligente intelligent (P)
intención *f.* intention; intent
intenso/a intense
intentar to try, attempt
interacción *f.* interaction
interactivo/a interactive
intercambiar to exchange
intercambio exchange
interés *m.* interest
interesante interesting (P)
interesar to interest, be interesting (9)
interferir (ie, i) to interfere
interior *n. m., adj. m., f.* interior
internacional international
interno/a internal
interrumpir to interrupt
intervención *f.* operation (*medical*)
intimidad *f.* privacy
íntimo/a close
intrigado/a intrigued
introducción *f.* introduction
introducir *irreg.* to introduce, bring in; to put (into)
introductorio/a introductory
introvertido/a introverted (5)
inusitado/a unusual
invadir to invade; to enter
invasión *f.* invasion
inventar to invent
invento invention

invernadero: efecto invernadero greenhouse effect

invernal *adj.* winter; **síndrome** *m.* **invernal** winter syndrome (*depression*)

inversión *f.* investment

invertir (ie, i) to invest

investigación *f.* investigation

investigador(a) investigator

investigar (gu) to investigate

invierno winter (2)

invitado/a *n.* guest

invitar to invite; to treat (*pay*) (8)

involuntario/a involuntary

ir *irreg.* to go; **ir al cine** to go to the movies (2); **ir al teatro** to go to the theater (11); **ir de compras** to go shopping (2); **irse** to leave

iracundo/a angry

irónico/a ironic

irradiado/a irradiated

irresistible irresistible (13)

irresoluble unsolvable

irritabilidad *f.* irritability

irritado/a irritated

irritarse to be (get) irritated (10)

isla island

Italia Italy

italiano *n.* Italian (*language*) (P)

italiano/a *n., adj.* Italian

itinerario itinerary

izar (c) to raise

izquierda *f.* left; **doble a la izquierda** turn left (15)

izquierdo/a left

J

¡ja! ha!

jabón *m.* soap (16)

jactarse (de) *refl.* to boast, brag (about) (13)

jacuzzi *m.* jacuzzi; **bañarse** *refl.* **en un jacuzzi** to bathe in a jacuzzi (11)

jaguar *m.* jaguar

jamás never (2)

jamón *m.* ham (7)

Japón *m.* Japan

japonés *m.* Japanese (*language*) (P)

japonés, japonesa *n., adj.* Japanese

jardín *m.* garden; yard; **trabajar en el jardín** to garden (11)

jarra pitcher (8)

jaula cage

jefatura leadership

jefe/a boss (17)

jerarquía hierarchy

jerez *m.* (*pl.* **jereces**) sherry

jersey *m.* pullover (16)

jirafa giraffe

jogging *m.* jogging

jornada day's work

jornalero/a day laborer

joven *n. m., f.* young person; *adj.* young (6)

jovenzuelo/a youngster

joya jewel

jubilación *f.* retirement

jubilarse *refl.* to retire

judeocristiano/a Judeo-Christian

judía bean; **judía verde** green bean (7)

juego game; **juego de sala/salón** board game

jueves *m.* Thursday (1)

jugador(a) player (17)

jugar (ue) (gu) to play (*sports*) (1); **jugar a los naipes** to play cards (11); **jugar a los videojuegos** to play video games (3); **jugar al basquetbol** to play basketball (10); **jugar al béisbol** to play baseball (10); **jugar al billar** to play pool; **jugar al boliche** to bowl (10); **jugar al fútbol** to play soccer (2); **jugar al fútbol americano** to play football (2); **jugar al golf** to golf (11); **jugar al tenis** to play tennis; **jugar al voleibol** to play volleyball (11)

jugo juice (7); **jugo de manzana** apple juice (9); **jugo de naranja** orange juice (7); **jugo de tomate** tomato juice (9); **jugo de toronja** grapefruit juice

juguete *m.* toy

juguetón, juguetona playful (13)

julio July (2)

junio June (2)

juntarse *refl.* to come together

juntillas: creer (y) a pies juntillas to believe firmly

junto *adv.* near; **junto con** together with

junto/a *adj.* together

Júpiter *m.* Jupiter

justo/a just, fair

juventud *f.* youth

K

kilómetro kilometer

L

la *f. s.* the; *d.o.* you (*form. s.*); her, it (*f.*)

labio lip

laboratorio laboratory (1)

laborioso/a laborious

lacio/a straight (*hair*) (5)

lactancia lactation

lactante *m., f.* unweaned infant

lácteo/a: producto lácteo dairy product (7)

lado side; **al lado (de)** next to, alongside (15); **por otro lado** on the other hand; **por un lado** on the one hand

ladrar to bark

ladrido bark, barking

lago lake (11)

lágrima tear

lamer to lick

lámpara lamp

lana wool (16)

langosta lobster; locust

langostino prawn

laqueado/a: pato laqueado glazed duck

largamente for a long time

largo/a long; **a lo largo de** throughout the course of

las *f. pl.* the; *d.o. f. pl.* you (*form.*); them

láser *m.* laser

latín *m.* Latin (*language*)

latino/a Hispanic; Latin

Latinoamérica Latin America

latinoamericano/a *n., adj.* Latin American

lavabo bathroom sink

lavadora washing machine

lavar to wash; **lavar la ropa** to wash clothes (2); **lavar los platos** to wash the dishes (8)

lavavajillas *m. s.* dishwasher

lazo tie (15); **lazo de unión** tie that binds

le *i.o. s.* to/for him, her, it, you (*form. s.*)

leal loyal (13)

lección *f.* lesson

lector(a) reader (*person*)

lectura *n.* reading

leche *f.* milk (7); **café** *m.* **con leche** coffee with milk (7)

lechuga lettuce (7)

leer (y) to read (1)

legalización *f.* legalization

legalizar (c) to legalize

legumbre *f.* vegetable

lejano/a faraway

lejos (de) far (from) (15)

lengua tongue; language; **lengua extranjera** foreign language (P)

lenguado sole (*fish*)

lenguaje *m.* language

lenteja lentil (7)

lento *adv.* slowly

lento/a *adj.* slow
leña firewood
león, leona lion, lioness
les *i.o. pl.* to/for you (*form.*), them
lesión *f.* wound, injury (12)
letargo lethargy
letra letter; handwriting; *pl.* letters (*humanities*) (P)
levantamiento de pesas weightlifting
levantar to raise; to lift; **levantar la mesa** to clear the table (8); **levantar pesas** to lift weights (10); **levantarse** *refl.* to get up (1); **levantarse de malas pulgas** to wake up in a bad mood
léxico/a lexical
ley *f.* law
leyenda legend
liberador(a) liberating
liberar to free, liberate
libertad *f.* liberty
libertador(a) liberator
libra pound
librar to free (13)
libre free; **al aire libre** outdoors; **tiempo libre** free (spare) time (11); **Tratado de Libre Comercio (TLC)** North American Free Trade Agreement (NAFTA)
librería bookstore
libro book (P)
licencia license; **licencia de manejar** driver's license
licor *m.* liquor; **licor fuerte** hard alcohol (9)
licorería liquor store
líder *m.* leader
liderar to lead, head (*a movement*)
ligamento ligament
liga league
ligero/a light
limitar to limit
límite *m.* limit; boundary; **hora límite** time limit
limón *m.* lemon (7)
limonada lemonade
limpiar to clean; **limpiar la casa/el apartamento** to clean the house/ apartment (2)
limpio/a clean
línea line
lingüístico/a linguistic
liso/a smooth
lista list
listo/a clever, smart (17); ready; **estar** *irreg.* **listo/a para** to be ready for
literario/a literary
literato/a man, woman of letters
literatura literature (P)
litro liter

lívido/a livid
lo *d.o. m.* you (*form. s.*); him, it; **lo peor** the worst thing (13)
lobo wolf
localidad *f.* locality
loco/a *n.* crazy person; *adj.* crazy
lógico/a logical
lograr to attain, achieve
lomo loin
Londres *m.* London
longevidad *f.* longevity
loro parrot
los *m. pl.* the; *d.o. m.* you (*form. pl.*); them
lotería lottery
lucha fight
luchar to fight
luego then, therefore (2)
lugar *m.* place (11); **en primer lugar** in the first place
lujo luxury; **hotel** *m.* **de lujo** luxury hotel (16)
lujurioso/a luxurious
lumbre *f.* fire
luminoso/a luminous, bright
luna moon
lunes *m.* Monday (1)
luneta crescent moon
luz *f.* (*pl.* **luces**) light

LL
llamada call; **llamada telefónica** telephone call
llamar to call; **¿cómo se llama usted?** what's your (*form.*) name? (P); **¿cómo te llamas?** what's your (*fam.*) name? (P); **llamar por teléfono** to call on the phone (3); **llamarse** *refl.* to be called, named; **me llamo** my name is (P); **se llama** his (her) name is (P)
llave *f.* key
llegada arrival (16)
llegar (gu) to arrive (3); to reach; **llegar a ser** to become; **perdón, ¿cómo se llega a _____?** excuse me, how do you get to _____? (15)
llenar to fill; to fill out
llevar to carry (5); to keep; to wear (16); **bolsita para llevar** doggie bag (8); **comida para llevar** food to go (8); **llevar a cabo** to carry out; **llevar de paseo** to take for a walk; **llevar una vida** to lead a life; **llevarse** *refl.* **con** to get along with; **llevarse bien/mal** to get along well/poorly (5)
llorar to cry
llover (ue) to rain
lluvia rain

M
macho male
madera wood; **tener** *irreg.* **madera** *fam.* to have what it takes
madrastra stepmother (4)
madre *f.* mother (4); **madre patria** mother-country; **madre soltera** single mother (4)
madrugada dawn; early morning
madrugar (gu) to get up early
madurar to mature
madurez *f.* maturity
maestro/a teacher (*elementary or secondary school*) (17); master
mágico/a magical
magnético/a magnetic
magnetismo magnetism
magnífico/a magnificent
mago wizard
maíz *m.* corn (7); **aceite** *m.* **de maíz** corn oil (7)
mal *n. m.* evil; damage; *adv.* badly
mal, malo/a *adj.* bad (P); **caer** *irreg.* **mal** to make a bad impression (7); to disagree with (*food*) (7); **estar** *irreg.* **de mal humor** to be in a bad mood (10); **hace mal tiempo** the weather's bad (2); **llevarse** *refl.* **mal** to get along poorly (5); **pasarlo (muy) mal** to have a (very) bad time (10); **sacar (qu) una mala nota** to get a bad grade (10)
maldecir (*like* **decir**) to curse
maldito/a damned
malestar *m.* malaise, indisposition
maleta suitcase; **hacer** *irreg.* **la maleta** to pack one's suitcase (16)
maletero porter (16)
malgastar to waste
malicioso/a malicious (13)
maligno/a malignant
maltratar to mistreat
malla gymnast's tights; net
mama mammary gland
mamá mom, mother
mamar to nurse
manada herd
mandar to send; to direct others (17); to lead, command
mandato order, command
mando command, leadership; control, order (13); **don** *m.* **de mando** talent for leadership (5); **mando a distancia** remote control
manejar to drive (1); to manage; **licencia de manejar** driver's license
manera manner, way; **de tal manera** in such a manner; **pensar (ie) de una manera directa** to think in a direct (linear) manner (17)

manifestar (ie) to manifest, show
manipular to manipulate
mano *f.* hand (8); **con las manos en la masa** red-handed; **dar** *irreg.* **la mano** to shake hands
mansión *f.* mansion
manta blanket
mantel *m.* tablecloth (8)
mantener (*like* **tener**) to maintain; to support (*financially*) (5); **mantener un equilibrio sano** to maintain a healthy balance (12); **mantenerse** *refl.* to support oneself (14); **mantenerse en forma** to stay in shape (12)
mantequilla butter (7); **mantequilla de cacahuete** peanut butter (7)
manual *n. m.* manual; *adj. m., f.* manual; **habilidad** *f.* **manual** ability to work with one's hands (17)
manzana apple (7); block (*of houses*) (15); **jugo de manzana** apple juice (9)
mañana morning; tomorrow (1); **ayer por la mañana** yesterday morning (11); **hasta mañana** see you tomorrow (P); **mañana es _____** tomorrow is _____ (1); **por la mañana** in the morning (1); **todas las mañanas** every morning (1)
mapa *m.* map
máquina machine; **escribir a máquina** to type; **máquina de escribir** typewriter; **máquina vendedora** vending machine (7)
mar *m.* sea (11)
maravilla marvel
maravilloso/a marvelous
marca brand; mark
marcado/a marked
marcar (qu) to mark
marcial martial
marcha *n. s.* goings-on
marchar to go, proceed; **marcharse** *refl.* to leave
marea tide
marear: carta de marear navigational chart
marearse *refl.* to get sick, become nauseated (16)
marejada swell (*sea*)
margarina margarine
margen: al margen de outside, apart from
marido husband (4)
marihuana marijuana
marino/a *adj.* marine
mariposa butterfly
mariscal *m.* marshall

marisco shellfish (7)
marisquería seafood bar
marítimo/a maritime
marqués, marquesa marquis, marquise
marrón (dark) brown (7)
Marte *m.* Mars
martes *m.* Tuesday (1)
marzo March (2)
más more (1); **el/la más alto/a (de)** the tallest (5); **más alto/a (que)** taller than (5); **más o menos** more or less; **más tarde** later; **más vale prevenir** an ounce of prevention is worth a pound of cure
masa: con las manos en la masa red-handed
masaje *m.* massage
mascar (qu) to chew (7); **goma de mascar** chewing gum; **mascar chicle** to chew gum (7)
máscara mask
mascota pet (14)
masculino/a masculine
matar to kill; **matar dos pájaros de un tiro** to kill two birds with one stone
matemáticas *pl.* mathematics (P); **hábil para las matemáticas** good at math (17)
materia subject (P); material
material *m.* material (16)
materno/a maternal
matriarcado matriarchy
matrimonial: cama matrimonial double bed (16)
matrimonio marriage; married couple; **contraer** (*like* **traer**) **matrimonio** to marry
máximo *n.* maximum
máximo/a *adj.* maximum
maya *n. m.* Mayan (*language*); *n., adj. m., f.* Mayan
mayo May (2)
mayonesa mayonnaise (7)
mayor older (4); greater; main; **el/la mayor** the older, oldest (4); **la mayor parte** majority
mayoría majority
mayormente mainly
me *d.o.* me; *i.o.* to, for me; *refl. pron.* myself
mecánico/a mechanical
media: _____ y media half past _____ (1)
mediados: a mediados de in the middle of
mediano/a *adj.* medium; **de estatura mediana** of medium height (5)
mediante by means of, through

medias *pl.* stockings (16)
medicina medicine (17)
médico/a *n.* doctor (17); *adj.* medical; **médico/a cirujano/a** surgeon
medida measure, measurement; **a medida que** as
medio *n.* half; *pl.* means; resources **en medio de** in the middle of; **medio ambiente** environment, surroundings (5); **medios de transporte** means of transportation; **por medio de** by means of
medio/a *adj.* half; medium, average; **edad** *f.* **media** Middle Ages; **media pensión** room and breakfast (*often with one other meal*) (16); **(medio) pollo asado** (half a) roast chicken (7); **medio/a hermano/a** half brother, half sister (4); **oeste** *m.* **medio** Midwest; **Oriente** *m.* **Medio** Middle East; **y media** half past (1)
mediodía *m.* midday, noon; half-day
medir (i, i) to measure
meditación *f.* meditation
meditar to meditate (11)
mediterráneo/a Mediterranean
mejilla cheek (5)
mejillón *m.* mussel
mejor better; **el/la mejor** the best
mejorana marjoram
mejorar to improve
melón *m.* melon
memoria memory; **hacer** *irreg.* **memoria** to try to remember
mención *f.* mention
mencionar to mention
menor younger (4); less; smaller; **el/la menor** the youngest (4)
menos less (1); least; **al menos** at least; **echar de menos** to miss; **el/la menos grande** the smallest (5); **más o menos** more or less; **menos cuarto** quarter to (1); **menos grande (que)** smaller (than) (5); **por lo menos** at least
mensajero/a messenger
mente *f.* mind (13); **tener** *irreg.* **en mente** to keep in mind
mentir (ie, i) to lie (13)
mentón *m.* chin (5)
menú *m.* menu; **menú del día** daily menu (7)
menudo: a menudo often
mercader(a) merchant
mercado market
Mercurio Mercury
merecer (zc) to deserve
merendar (ie) to snack (on) (7); **¿qué meriendas?** what do you snack on? (7)

merienda snack (7)

mérito merit

mermelada jam, marmalade (7)

mes *m.* month (2); **hace varios meses** several months ago

mesa table (8); **levantar la mesa** to clear the table (8); **poner** *irreg.* **la mesa** to set the table (8)

mesero/a waiter, waitress (8)

Mesoamérica Meso-America

meta goal (17)

metafísico/a metaphysical

metáfora metaphor

meteorológico/a meteorological

meter to put; **meterle a uno en la cabeza** to get into (*one's*) head

metódico/a methodical (13)

método method

metro subway; meter

mexicano/a *n., adj.* Mexican

México Mexico

mezcal *m.* mescal

mezcla mixture

mi(s) *poss.* my (P)

mí *obj. of prep.* me

microondas *m. s.* microwave oven

miedo fear; **dar** *irreg.* **miedo** to frighten; **tener** *irreg.* **miedo** to be afraid (10)

miel *f.* honey

miembro member

mientras *adv.* while; **mientras tanto** meanwhile

miércoles *m.* Wednesday (1)

migrar to migrate

mil one thousand (6)

milenio millenium

milicia militia

militar *m.* soldier; *adj.* military; **servicio militar** military service

milla mile

millón *m.* million

mimbre *m., f.* wicker

mineral: agua *f.* (*but* **el agua**) **mineral** mineral water

mínimo *m.* minimum; **en lo más mínimo** at all

mínimo/a *adj.* minimum

ministerio ministry (*government*)

ministro/a minister

minoritario/a *adj.* minority

minuto *n.* minute

mío/a *poss.* mine, of mine; **Dios mío** my goodness

mirar to look, look at, watch; **mirar la televisión** to look at, watch TV (1); **mirar un vídeo** to watch a video

mísero/a unfortunate

misión *f.* mission

mismo/a same

misterio mystery

misterioso/a mysterious

mitad *f.* half

mito myth

mitología mythology

mixto/a mixed; **ensalada mixta** mixed salad

moda fashion (17)

modales *m. pl.* manners (8); **buenos modales** good manners (8)

modelo *m.* model; *m., f.* fashion model

moderación *f.* moderation

moderado/a moderate

modernismo modernism

modernización *f.* modernization

moderno/a modern

modificación *f.* modification

modificar (qu) to modify

modo manner

mojarse *refl.* to get wet

moler (ue) to grind

molestar to bother, annoy

molestia annoyance

molesto/a annoying

molido/a *p.p.* ground

molinillo grinder

momento moment

monarca *m.* monarch

mono monkey (13)

monotonía monotony

monótono/a monotonous

montaña mountain (11); **escalar montañas** to mountain climb (11); **esquiar (esquío) en las montañas** to snow ski (11)

montar to ride; **montar en bicicleta/motocicleta** to ride a bicycle/motorcycle

montón *m.* large amount

monumento monument

morado/a purple

moraleja moral (*of a story*)

mordaz (*pl.* **mordaces**) *adj.* biting

morder (ue) to bite

moreno/a dark (5); dark-haired (5)

morfina morphine

morir (ue, u) (*p.p.* **muerto/a**) to die; **ya murió** he (she) already died (4)

moro/a Moor

mortalidad *f.* mortality; **tasa de mortalidad** death rate

mortandad *f.* loss of life

mostaza mustard (7)

mostrar (ue) to show

motel *m.* motel

motivo motive, reason

motocicleta motorcycle; **montar en motocicleta** to ride a motorcycle

mover(se) (ue) to move

movimiento movement

mozo bellhop (16)

muchacho/a boy, girl

mucho *adv.* a lot (P)

mucho/a much (P); **mucho gusto** pleased to meet you (P)

muchos/as many (P); **muchas gracias** thanks a lot, thank you very much

mudarse to move

muebles *m. pl.* furnishings, furniture

muela molar

muelle *m.* mechanical spring; *adj.* comfortable, easy

muerte *f.* death

muerto/a *p.p.* dead; died

mujer *f.* woman; wife (4); **mujer de negocios** businesswoman (17)

múltiple *adj.* multiple

mundial *adj.* world

mundialmente world-wide

municipal *m.* city official

muñeca doll; wrist; **reloj** *m.* **de muñeca** wrist watch

muñeco stuffed animal

muralista *m., f.* muralist

muralla city wall

museo museum (11)

música music (P)

músico/a musician (17)

muslo thigh

mutuo/a mutual

muy very (P); **muy tarde** very late (1); **muy temprano** very early (1)

N

nacer (zc) to be born

nacido/a *p.p.* born; **recién nacido/a** *n.* newborn

nacimiento birth

nación *f.* nation

nacional national; **vuelo nacional** domestic flight

nacionalidad *f.* nationality

nada nothing, not anything (2); **no hacer nada** to do nothing (2); **no me gusta(n) para nada** I don't like it (them) at all (P)

nadar to swim (2)

nadie no one, not anyone (5)

naipe *m.* playing card; **jugar (ue) (gu) a los naipes** to play cards (11)

naranja *n.* orange (7); **jugo de naranja** orange juice (7)

narcisista *adj. m., f.* narcissistic

narcotraficante *m., f.* drug dealer

nariz *f.* nose (5)

narración *f.* narration, story

narrar to tell, recount
narrativa narrative
nata whipped cream
natación *f.* swimming
nativo/a native
natural natural; plain; **ciencias naturales** natural sciences (P); **telas de fibras naturales** natural fabrics (16)
naturaleza nature
navegar (gu) en un barco to sail (11)
Navidad *f.* Christmas
necesario/a necessary (8); **es necesario** it's necessary (8)
necesidad *f.* necessity
necesitado/a de in need of
necesitar to need (1)
necio/a silly
negación *f.* negation (2)
negar (ie) (gu) to deny
negativo/a negative
negociar to negotiate
negocio business (17); **hombre** *m.*, **mujer** *f.* **de negocios** businessman, businesswoman (17)
negro/a black (5)
nemotécnico/a *having to do with memory improvement*
nene/a baby, small child
nervio nerve; **ataque** *m.* **de nervios** nervous breakdown
nerviosismo nervousness, restlessness
nervioso/a nervous (10); **estar** *irreg.* **nervioso/a** to be nervous (10)
neuroquímico/a neurochemical
nevar (ie) to snow; **está nevando** it's snowing (2); **nieva** it's snowing (2)
ni neither, nor
nicaragüense *n., adj. m., f.* Nicaraguan
nidificar (qu) to build a nest
nido nest
nieto/a grandson, granddaughter (4) *m. pl.* grandchildren (4)
nieve *f.* snow
ningún, ninguno/a none, not any (2); **ninguna parte** nowhere
niñez *f.* childhood
niño/a boy, girl, child
nivel *m.* level
no no, not (P)
nobleza nobility
noche *f.* night; **ayer por la noche** last night; **buenas noches** good evening (P); **esta noche** tonight; **por la noche** in the evening, at night (1); **todas las noches** every night (1)

nombrar to name
nombre *m.* name; **¿cuál es tu nombre?** what's your (*fam.*) name? (P); **mi nombre es** _____ my name is _____ (P); **su nombre es** _____ his (her) name is _____ (P)
nordeste *m.* northeast
nórdico/a Nordic
norma norm
normalmente normally (1)
noroeste *m.* northeast
norte *m.* north (15)
norteamericano/a *n., adj.* North American
nos *d.o.* us; *i.o.* to, for us; *refl. pron.* ourselves; **nos vemos** we'll be seeing each other (P)
nosotros/as we (P)
nostálgico/a nostalgic
nota note; grade; **sacar (qu) una buena (mala) nota** to get a good (bad) grade (10)
notar to notice; to jot down
noticia(s) news
novecientos/as nine hundred (6)
novedoso/a *adj.* novel
novela *n.* novel
noventa ninety (6)
noviembre *m.* November (2)
novio/a boyfriend, girlfriend
nublado/a cloudy; **está nublado** it's cloudy (2)
nuclear: energía nuclear nuclear energy; **familia nuclear** nuclear family (4)
núcleo nucleus
nudo knot
nuestro/a *poss.* our
nueve nine (P)
nuevo/a new (4); **de nuevo** again
nuez *f.* (*pl.* **nueces**) nut (7)
nulo/a null
número number (P); **número de teléfono** telephone number
numeroso/a numerous
nunca never (2)
nutricionista *m., f.* nutritionist
nutritivo/a nutritious

Ñ
ñoquis *m. pl.* gnocchi

O
o or (P)
obedecer (zc) to obey
objetivo objective
objeto object; **objeto de arte** work of art
obligación *f.* obligation
obligado/a obligated

obligar (gu) to obligate
obligatorio/a obligatory
obra work; **obra de teatro** play
obrero/a worker
observación *f.* observation
observador(a) observer
observar to observe
obsesión *f.* obsession
obsesionado/a obsessed
obsoleto/a obsolete
obstante: no obstante nevertheless
obstinado/a obstinate, stubborn
obtener (*like* **tener**) to obtain
obvio/a obvious (5)
ocasión *f.* occasion
océano ocean (11)
ocio leisure, leisure time
octubre *m.* October (2)
ocultar to hide
oculto/a *adj.* secret
ocupación *f.* occupation
ocupado/a busy
ocupar to occupy; **ocuparse de** to take charge of
ocurrencia occurrence
ocurrir(se) to occur
ochenta eighty (6)
ocho eight (P)
ochocientos/as eight hundred (6)
oda ode
odiar to hate
oeste *m.* west (15); **oeste medio** Midwest
ofenderse *refl.* to be (get) offended (10)
oferta offer
oficina office
oficio job
ofrecer (zc) to offer
oidor *m. arch.* judge
oír *irreg.* to hear; **oír la radio** to listen to the radio
ojeada glance
ojo eye; **¡ojo!** careful!, watch out!; **ojos azules/castaños/verdes** blue/brown/green eyes (5)
ola wave
oleaje *m.* swell, surf
oliva olive; **aceite** *m.* **de oliva** olive oil (7)
olor *m.* smell, odor
olvidar to forget
olvido forgetfulness, forgetting
olla pan
ominoso/a ominous
omitir to omit
once eleven (P)
onza ounce
opción *f.* option
operación *f.* operation

operar to operate

opinar to think, have the opinion (5)

opinión *f.* opinion

opio opium

oponente *m., f.* opponent

oportunidad *f.* opportunity

optar to choose

optativo/a optional

optimismo optimism

optimista *adj. m., f.* optimistic (P)

opuesto/a opposite

oración *f.* sentence

oratoria speech (*school subject*) (P)

orden *m.* order

ordenación *f.* arrangement

ordenado/a orderly, tidy

ordenador *m. Sp.* computer

ordenanza ordinance

ordenar to order (8); to put in order

orégano oregano

oreja ear (5)

organismo organism

organización *f.* organization

organizado/a organized (15)

organizar (c) to organize

órgano organ

orgulloso/a proud (10); **sentirse (ie, i) orgulloso/a** to feel proud (10)

orientación *f.* orientation, direction

oriental eastern, from the Orient

orientar to orientate; **orientarse** *refl.* to get one's bearings; to stay on course

Oriente *m.* **Medio** Middle East

origen *m.* origin

originalidad *f.* originality

orilla: a orillas de on the banks of

oro gold

orquesta orchestra

os *d.o. pl. Sp.* you (*fam.*); *i.o. pl. Sp.* to, for you (*fam.*); *refl. pron. pl. Sp.* yourselves (*fam.*)

oscuridad *f.* darkness

oscuro/a dark

oso bear

ostra oyster

otoño fall, autumn (2)

otorgar (gu) to grant

otro/a other, another; **capaz** (*pl.* **capaces**) **de dirigir a otros** able to direct others (5); **hablar otro idioma** to speak another language (17); **otra parte** somewhere else; **otra vez, por favor** again, please (P); **por otra parte** on the other hand

oveja sheep

oxígeno oxygen

oyente *m., f.* listener

P

paciencia patience

paciente *n., adj. m., f.* patient (13)

pacífico/a peaceful, pacific

padecer (zc) to suffer

padecimiento ailment

padrastro stepfather (4)

padre *m.* father (4); *pl.* parents (4); **padre soltero** single father (4)

paella *Valencian rice dish with meat, fish or seafood and vegetables*

pagar (gu) to pay (3); **pagar la cuenta** to pay the bill (3)

página page

pago payment

paisaje *m.* landscape

país *m.* country (P); **el País Vasco** Basque region

pájaro bird; **matar dos pájaros de un tiro** to kill two birds with one stone

palabra word (P); **palabras clave** key words

paleta de helado ice-cream bar

paliza beating

palma palm

palo stick

palomitas *pl.* popcorn (7)

palpar to touch

pan *m.* bread; **pan blanco** white bread (7); **pan integral** whole-wheat bread (7); **pan tostado** toast (7)

panameño/a Panamanian

pánico panic

panorámico/a panoramic

panqueque *m.* pancake (7)

pantalones *m. pl.* pants (16); **pantalones cortos** shorts (16)

pantalla screen; **televisor** *m.* **de pantalla grande** large-screen TV

papa *Lat. Am.* potato (7); **papa frita** *Lat. Am.* potato chip (7); **puré** *m.* **de papas** mashed potatoes (7)

papá *fam.* dad

papel *m.* paper; role

paquete *m.* pack

paquidermo pachyderm

par *m.* pair

para *prep.* for (1); in order to; **bolsita para llevar** doggie bag (8); **capacidad** *f.* **para** ability to; **comida para llevar** food to go (8); **de aquí para allá** from here to there (15); **no me gusta(n) para nada** I don't like it (them) at all (P); **para que** so that

paracaidismo *n.* skydiving

paracaidista *m., f.* skydiver

paraguas *m. s.* umbrella

parar to stop (15)

parcial partial

parecer (zc) to seem, appear (5); **parecerse** *refl.* to resemble, look alike (5)

parecido/a similar (5)

pareja couple

parida *adj.* having recently given birth

pariente *m.* relative (4)

parmesano/a Parmesan (cheese)

parque *m.* park (11); **parque de atracciones** amusement park; **parque zoológico** zoo

párrafo paragraph

parrillada *Arg.* assorted grilled meats

parte *f.* part; **la mayor parte** majority; **ninguna parte** nowhere; **otra parte** somewhere else; **por otra parte** on the other hand; **por todas partes** everywhere

participación *f.* participation

participar to participate

participativo/a participatory

particular personal; private; particular; **casa particular** private house (14)

partida match (*sports*)

partido game; **partido político** political party

partir to leave; **a partir de** from; starting on

parto birth

pasa raisin

pasado *n.* past

pasado/a *adj.* last; past; **el fin de semana pasado** last weekend (3); **el sábado (domingo) pasado** last Saturday (Sunday) (11); **la semana pasada** last week (3); **el siglo pasado** last century (6)

pasaje *m.* ticket, passage (16)

pasajero/a passenger (16)

pasaporte *m.* passport

pasar to spend (time) (1); to happen; to pass; **pasar tiempo** to spend time; **pasarlo bien** to have a good time; **pasarlo (muy) mal** to have a (very) bad time (10); **¿qué te pasa?** what's the matter? (10)

pasatiempo pastime, hobby (2)

pasear to take a walk

paseo walk; avenue; **dar** *irreg.* **un paseo** to take a walk (2); **llevar de paseo** to take for a walk; **sacar (qu) de paseo** to take for a walk

pasillo hallway

pasión *f.* passion

pasivo/a passive

paso step (15); passage (*time*); **dar** *irreg.* **un paso** to take a step

pasta alimenticia pasta (7)

pastel *m.* pastry (7); pie

pastelería bakery

pastilla pill

pastor(a) shepherd, shepherdess; **pastor** *m.* **alemán** German shepherd (*dog*)

pata paw; leg

patada *n.* kick

patata *Sp.* potato (7); **patata frita** *Sp.* potato chip (7)

paterno/a paternal

patinar to skate (11)

pato/a duck; **pato laqueado** glazed duck

patria native land; **madre** *f.* **patria** mother-country

patrón *m.* pattern

pausado/a slow, deliberate

pavimentar to pave

pavo turkey; teetotaler

paz *f.* (*pl.* **paces**) peace

peatón *m.* pedestrian

peca freckle (5)

pecado sin

pecho chest

pedalear to pedal (*a bike*)

pedaleo *n.* pedaling

pedir (i, i) to ask for, request (1); to order (8)

peinar to comb

pelar to peel

pelear to fight

pelele *m. stuffed figure made of straw*

película film, movie

peligro danger (12)

peligroso/a dangerous (12)

pelirrojo/a redheaded (5)

pelo hair (5); **tomarle el pelo a uno** to pull someone's leg

pelota ball

pena: dar *irreg.* **pena** to sadden

pendiente pending; unsettled

peninsular *from the Iberian Peninsula*

penoso/a distressing

pensamiento thought

pensar (ie) (en) to think (about) (1); **pensar de una manera directa** to think in a direct (linear) manner (17)

pensativo/a pensive

pensión *f.* boarding house, bed and breakfast (16); **media pensión** room and breakfast (*often with one other meal*) (16); **pensión completa** room and full board (16)

peor: lo peor the worst thing (13)

pepino cucumber

pequeño/a small (4)

percepción *f.* perception

percibir to perceive

perder (ie) to lose; **perder el sueño** to lose sleep; **perderse** *refl.* to get lost

perdón *m.* pardon; excuse me; **perdón, ¿cómo se llega a _____?** excuse me, how do you get to _____? (15)

pereza laziness (5)

perezoso/a lazy (5)

perfeccionista *n., adj. m., f.* perfectionist (13)

perfecto/a perfect

perfil *m.* profile

perfumar to perfume

periférico/a peripheral

periódico newspaper (1)

periodismo journalism (P)

periodista *m., f.* journalist (17)

período period

perjudicado/a harmed

perjudicial harmful

permanecer (zc) to stay, remain; **permanecer callado/a** to keep quiet (10)

permisivo/a permissive

permiso permission

permitir to permit, allow (9)

pero *conj.* but (1)

perplejo/a perplexed

perrito caliente hot dog

perro/a dog (4)

persecución *f.* persecution

persistente persistent

persona person

personaje *m.* character

personalidad *f.* personality; **característica de la personalidad** personality trait (5)

personalizado/a personalized

personificación *f.* personification

personificar (qu) to personify

perspectiva perspective

pertenecer (zc) to belong

pertinente pertinent

peruano/a *n., adj.* Peruvian

pesa weight; **levantamiento de pesas** weightlifting; **levantar pesas** to lift weights (10)

pesar to weigh; **a pesar de** in spite of

pescado fish (*food*)

pescar (qu) to fish (11)

peseta *unit of Spanish currency*

pesimismo pessimism

pesimista *n., adj. m., f.* pessimist (P)

peso weight; burden; **ganar peso** to gain weight

pesquero/a *adj.* fishing

pez *m.* (*pl.* **peces**) fish (*alive*)

pezón *m.* nipple

picante spicy, hot

picar (qu) to chop; to nibble

picnic *m.* picnic; **tener** *irreg.* **un picnic** to have a picnic (11)

pico beak

pie *m.* foot; **al pie de** at the bottom of

piedra stone

piel *f.* skin

pierna leg

piloto *m., f.* pilot

pimentero pepper shaker (8)

pimienta pepper (7)

pintar to paint (10)

pintor(a) painter (17)

pintura *n.* painting

pionero/a pioneer

pirámide *f.* pyramid

piraña piranha

piscina pool

piso apartment (14); floor (16)

pista track

pistola pistol

pizarra blackboard

pizca pinch (13)

placer *m.* pleasure

plácido/a placid, calm

plan *m.* plan

plancha: a la plancha grilled

planear to plan

planeta *m.* planet; **planeta tierra** planet Earth

planetario/a planetary

planificar (qu) to plan

plano city map

planta plant

plantar to plant

plástico plastic; **artes** *f. pl.* **plásticas** fine arts

plátano banana

platillo saucer (8)

plato plate (8); dish; **lavar los platos** to wash the dishes (8); **plato de sopa** soup bowl (8); **plato del día** daily special (8); **plato principal** main dish (8); **el primer (segundo, tercer) plato** first (second, third) course (7)

playa beach

plaza plaza, square

pleno/a full, complete

plenitud *f.* plenitude

pluma feather

población *f.* population; town

pobre *n. m.* poor person; *adj.* poor

pobreza poverty

poco/a little (P); **pocas veces** rarely (2)

pocos/as few (P)

poder *n. m.* power

poder *v. irreg.* to be able, can (1); **¿me podría decir _____?** could you tell me _____? (15) **¿me podría traer _____?** could you bring me _____? (8); **no se puede _____ sin _____** you (one) can't _____ without _____ (8)

poderoso/a powerful

poema *m.* poem

poesía poetry

poeta *m., f.* poet

poético/a poetic

polémica controversy

policía *m.,* **mujer** *f.* **policía** police officer

poliéster *m.* polyester

política *s.* politics

político/a *n.* politician (17); *adj.* political; **activista** *m., f.* **político/a** political activist; **ciencias** *pl. s.* **políticas** political science (P); **partido político** political party

pollo chicken (7); **(medio) pollo asado** (half a) roast chicken (7)

poner *irreg.* to put, place (7); **poner atención** to pay attention; **poner el televisor** to turn on the TV; **poner la mesa** to set the table (8); **ponerse** *refl.* to put on (*clothing*) (16); to be (get) (10); **ponerse contento/a / enfadado/a / triste** to be (get) happy/angry/sad (10); **ponerse de acuerdo** to come to an agreement; **ponerse rojo/a** to blush (10)

popular popular (13)

popularidad *f.* popularity

popularizar (c) to popularize

por *prep.* for; by; through; during; on account of; per; **ayer por la mañana/tarde/noche** yesterday morning/afternoon/night; **otra vez, por favor** again, please (P); **por ciento** percent; **por ejemplo** for example; **por favor** please (P); **por fin** finally; **por igual** equally; **por la mañana/noche/tarde** in the morning/night/afternoon (1); **por lo general** generally; **por lo menos** at least; **por lo tanto** therefore; **por medio de** by means of; **por otro lado** on the other hand; **¿por qué?** why; **por supuesto** of course; **por todas partes** everywhere; **por último** finally; **por un**

lado on the one hand; **repita, por favor** repeat, please (P); **tengo una pregunta, por favor** I have a question, please (P)

porcentaje *m.* percentage

porción *f.* portion

porque because (1)

portada cover

portarse to behave (13)

portátil portable

portugués *m.* Portuguese (*language*) (P)

poseer (y) to possess (5)

posesión *f.*: **adjetivo de posesión** possessive adjective (P)

posesivo/a possessive (13)

posguerra postwar period

posibilidad *f.* possibility

posible possible; **(no) es posible que _____** it's (not) possible that _____ (18)

posición *f.* position

positivo/a positive

postal postal; **giro postal** money order

poste *m.* pole, post

póster *m.* poster

posterior subsequent

postre *m.* dessert (7)

postura posture

potencial potential

potencialidad *f.* potentiality

pozo *n.* well

pozol *m. Mex. drink made from red corn and sugar*

práctica *n.* practice

practicar (qu) to practice; **practicar un deporte** to practice, play a sport (2)

práctico/a practical

precaución *f.* precaution

preciado/a esteemed

precio price

precisamente exactly

preciso necessary (8); **es preciso** it's necessary (8)

precoz (*pl.* **precoces**) precocious

predecir (*like* **decir**) to predict

predeterminado/a predetermined

predicción *f.* prediction

predominar to predominate

preferencia preference (P)

preferentemente preferably

preferible preferable

preferido/a favorite

preferir (ie, i) to prefer (1)

pregunta question; **hacer** *irreg.* **preguntas** to ask questions (4); **tengo una pregunta, por favor** I have a question, please (P)

preguntar to ask a question (1)

prehispánico/a prehispanic (*before the arrival of the Spanish in the New World*)

prehistórico/a prehistoric

preliminar *adj.* preliminary

premio prize

prenda garment; **prenda de ropa** article of clothing; **prenda de vestir** article of clothing (16)

prendido/a *p.p.* turned on (*switch, light*)

prensa press

prensil prehensile

preñada pregnant

preocupación *f.* worry, preoccupation

preocupado/a worried

preocuparse *refl.* to worry, get worried (10)

preparación *f.* preparation

preparar to prepare; **preparar la cena** to prepare dinner (3)

preposición *f.* preposition

prescindir de to do without

presencia presence

presentación *f.* presentation

presentar to present; to introduce

presente *n. m., adj. m., f.* present

presidente/a president (17)

presión *f.* pressure

preso/a prisoner

prestar to lend; to render; **prestar atención** to pay attention

prestigio prestige

pretender to pretend; to try

pretensión *f.* pretension

pretérito *gram.* preterite, past (*tense*)

pretexto pretext

prevenir (*like* **venir**): **más vale prevenir** an ounce of prevention is worth a pound of cure

prever (*like* **ver**) to foresee

previo/a previous

primaria primary (school)

primavera spring (2)

primer, primero/a first; **en primer lugar** in the first place; **primera clase** first class (16); **primera dama** First Lady; **primer plato** first course (7)

primitivo/a primitive

primo/a cousin (4)

principal main, principal; **plato principal** main dish (8)

príncipe *m.* prince

principio *n.* beginning; principle

prioridad *f.* priority

prisa haste; **de prisa** quickly

privado/a private; **casa privada** private house (14); **con baño privado** with a private bath; **vida privada** privacy (14)

privatizado/a privatized

privilegiar to favor, grant privilege to

privilegio privilege

pro: los pros y los contras pros and cons

probabilidad *f.* probability

probable probable; **(no) es probable que** _____ it's not probable that _____ (18)

probar (ue) to try, taste (8); **probarse** *refl.* to try on (*clothes*)

problema *m.* problem

problemático/a problematic

proceso process

procurar to try

producción *f.* production

producir *irreg.* to produce

producto product; **producto lácteo** dairy product (7)

productor(a) producer (17)

profesión *f.* profession (17)

profesional *n., adj. m., f.* professional (17)

profesor(a) professor (P)

profundo/a profound; deep

programa *m.* program

programación *f.* programming

programador(a) programmer (17)

progresar to progress

progresión *f.* progression

progresivo/a progressive

prohibición *f.* prohibition

prohibir (prohíbo) to prohibit (9)

proliferación *f.* proliferation

promedio average (6); **tamaño promedio** average size

prometedor(a) promising

prometer to promise

promover (ue) to promote

pronombre *m.* pronoun (P)

pronóstico prediction; **pronóstico del tiempo** weather forecast

pronto soon; **hasta pronto** see you soon (P); **tan pronto como** as soon as (17)

pronunciación *f.* pronunciation

pronunciar to pronounce

propiedad *f.* property

propietario/a owner

propina tip (8); **dejar propina** to leave a tip (8)

propio/a *adj.* own; **estimación** *f.* **propia** self-esteem (12)

proponer (*like* **poner**) to propose

propósito purpose; **a propósito** on purpose; by the way

propuesto/a (*p.p.* of **proponer**) proposed

prórroga extension

prospectiva: en prospectiva in conclusion

prospectivista *m., f.* futurist

protección *f.* protection

protector(a) *adj.* protective

proteger (j) to protect

proteína protein (7)

prótesis *f.* prosthesis

protestar to protest

proveer (y) to provide

proveniente (de) *adj.* originating (from)

provincia province

provocar (qu) to provoke; to cause

próximo/a next

proyectar to project

prueba test

psicoanálisis *m.* psychoanalysis

psicología psychology (P)

psicológico/a psychological

psicólogo/a psychologist (17)

psicosomático/a psychosomatic

psiquiatra *m., f.* psychiatrist

publicación *f.* publication

publicar (qu) to publish

publicidad *f.* advertising

público *n.* public

público/a public; **transporte** *m.* **público** public transportation; **vías públicas** public roads

pudor *m.* modesty

pueblo town; people

pueril childish

puerta door

puertorriqueño/a *n., adj.* Puerto Rican

pues... well . . .

puesto position, job

pulga: levantarse *refl.* **de malas pulgas** to wake up in a bad mood

pulmón *m.* lung

pulpo octopus

pulque *m. fermented juice of the agave or maguey plant*

pulso pulse

puntaje *m.* score

punto point; period; **a punto** cooked, ready (*food*); **a punto de** on the verge of; **punto de vista** point of view; **punto y aparte** period and new paragraph (*dictation*)

puntual punctual

puntuación *f.* score (*sports*)

puñal *m.* dagger

puré *m.* **de papas** mashed potatoes (7)

puro/a pure

púrpura purple

Q

que *rel. pron.* that, which (P); *conj.* that

¿qué? what? (P); which?; **¿a qué hora?** at what time? (1); **¿por qué?** why?; **¿qué hora es?** what time is it? (1); **¿qué meriendas?** what do you snack on? (7); **¿qué tal?** what's up? (P); **¿qué te pasa?** what's the matter? (10); **¿qué tiempo hace?** what's the weather like? (2); **¿qué trae** _____? what does _____ come with? (8)

quebrado/a *Mex.* curly, kinky (*hair*)

quebrar (ie) to break

quedar to be remaining (10); to be located (15); **¿dónde queda** _____? where is _____? (15); **quedarse** *refl.* to stay (2)

quehacer *m.* **doméstico** household chore

quejarse (de) *refl.* to complain (about) (10)

quemar to burn

querer *irreg.* to want (1); to like, love

queso cheese (7)

quien *rel. pron.* who, whom; **con quien** with whom; **¿quién(es)?** who?, whom? (P); **¿a quién?** to whom?

química chemistry (P)

químico/a *n.* chemist (17); *adj.* chemical

quince fifteen (P)

quinientos/as five hundred (6)

quirúrgico/a surgical

quitar to remove, take away (7)

quizás perhaps

R

ración *f.* ration

racismo racism

racista *m., f.* racist

radio *f.* radio (*broadcasting*); *m.* radio (*set*); **oír** *irreg.* **la radio** to listen to the radio

radioterapia radiotherapy (*X-rays*)

raíz *f.* (*pl.* **raíces**) root

rama branch

ramonear to graze

rana frog; **ancas** *pl.* **de rana** frog's legs

rapidez *f.* rapidity

rápido/a rapid, fast; **comida rápida** fast food

raqueta racket

raquetbol *m.* racquetball

raro/a strange (P); **raras veces** rarely (2)

rasgo trait (5); **rasgo físico** physical trait

rata rat (13)
rato little while, short time (3)
ratón *m.* mouse
raya stripe
rayón *m.* rayon (16)
raza breed
razón *f.* reason; **tener** *irreg.* **razón** to be right
razonable reasonable
reacción *f.* reaction (10)
reaccionar to react
real real; royal
realidad *f.* reality; **en realidad** in fact, actually
realista *n. m., f.* realist; *adj. m., f.* realistic (P)
realización *f.*: **afán** *m.* **de realización** eagerness to get things done (5)
realizar (c) to carry out; to achieve (13)
reanudar to resume
rebanada slice
rebelde rebellious (13)
recepción *f.* front desk (16)
receta recipe
recibir to receive (3)
recién *adv.* recently; **recién nacido/a** *n.* newborn
reciente recent
recíproco/a reciprocal
recital *m.* recital
recitar to recite
recobrar to recover
recoger (j) to pick up; to retrieve
recomendación *f.* recommendation
reconocer (zc) to recognize
reconocimiento recognition
recopilar to compile
récord *m.* record (*sports*)
recordar (ue) to remember (15)
recorrer to travel
recorrido journey
recortar to clip
recreación *f.* recreation
rectángulo rectangle
rectitud *f.* rectitude
recto: siga recto continue (go) straight (15)
recuerdo souvenir; memory
recuperar to regain
recurrir a to resort to
recurso resource
red *f.* network; net
redactar to write, draft
reducción *f.* reduction
reducir *irreg.* to reduce
reemplazado/a replaced
reencuentro chance meeting
reescribir to rewrite

referencia reference
referirse (ie, i) a *refl.* to refer to
refinado/a refined
refinería refinery
reflejar to reflect
reflexionar to reflect
reflexivo/a *gram.* reflexive
reforzado/a reinforced
refrán *m.* proverb, saying
refresco soft drink (7)
refrigerador *m.* refrigerator
refutar to refute
regalar to give as a gift
regalo gift
regazo lap
región *f.* region
registro record
regla rule
reglamentar to regulate
reglamento regulation
regresar to return (*to a place*) (1)
regular *v.* to regulate; *adj.* regular, average
regularmente usually (1)
rehabilitación *f.* rehabilitation
reina queen
reinar to reign; to prevail
reír(se) (i, i) to laugh (10); **hacer** *irreg.* **reír** to make laugh (11); **reír(se) a carcajadas** to laugh loudly (11)
relación *f.* relation, relationship
relacionar to relate; to associate
relajación *f.* relaxation
relajado/a relaxed (10); **sentirse (ie, i) relajado/a** to feel relaxed (10)
relajarse *refl.* to relax (10)
relatar to report
relativo/a *adj.* relative
relegado/a relegated
relevar to relieve
religión *f.* religion (P)
religioso/a religious
reloj *m.* clock; watch; **reloj de muñeca** wrist watch
relleno/a stuffed
remedio cure
remolacha beet
remontar to go back (*to some date in the past*)
remoto/a remote
rendir (i, i) to produce
renunciar to renounce; **renunciar en el acto** to resign on the spot
reorganizar (c) to reorganize
repasar to review
repaso review
repente: de repente suddenly
repetición *f.* repetition

repetir (i, i) to repeat; **repita, por favor** repeat, please (P)
repollo cabbage
reponer (*like* **poner**) to recover
reportar to report
reporte *m.* report
reportero/a reporter
reposo rest
representante *m., f.* representative (17)
representar to represent
reproducir *irreg.* to reproduce
reptil *m.* reptile
república republic; **República Dominicana** Dominican Republic
repugnar to disgust
requerir (ie, i) to require
requisito requirement
res: carne *f.* **de res** beef (7)
reseco/a thoroughly dry
reserva reservation
reservación *f.* reservation
reservado/a reserved (5)
reservar to reserve (16); **reservar con (un mes de) anticipación** to reserve (a month) in advance (16)
resfriado *n.* cold (*illness*)
residencia residency; dormitory; **residencia estudiantil** student dormitory (14)
residir to reside
resignar to resign
resistir to be able to withstand
resolver (ue) (*p.p.* **resuelto/a**) to resolve (13)
respaldar to back up
respectivamente respectively
respecto: al respecto about the matter; **(con) respecto a** with respect to, concerning
respetable respectable
respetar to respect
respetuoso/a respectful (13)
respiración *f.* breathing, respiration
respirar to breathe
responder to respond
responsabilidad *f.* responsibility
responsable responsible
respuesta answer
restante *adj.* remaining
restar to take away
restaurante *m.* restaurant
resto rest, remainder
restricción *f.* restriction
restrictivo/a restrictive
restringido/a restricted
resuelto/a *p.p.* resolved
resultado result
resultar to result; to turn out

resumen *m.* summary
resumir to summarize
retener (*like* **tener**) to keep
retraído/a solitary, reclusive (5)
retraimiento reclusiveness (5)
retransmisión *f.* rebroadcast
reunión *f.* reunion, meeting
reunir (reúno) to assemble, unite
revelación *f.* revelation
revelar to reveal
revés *m.*: **al revés** backward
revisar to review
revisión *f.* revision
revista magazine
revolución *f.* revolution
revolucionario/a revolutionary
revuelto: huevo revuelto scrambled egg (7)
rey *m.* king
rico/a rich; delicious
ricurita *fam.* beautiful girl
ridículo/a ridiculous
riesgo risk; **tendencia a evitar riesgos** tendency to avoid risks (5)
rifle *m.* rifle
rincón *m.* corner
río river (11)
risa laugh, laughter (11); **causar risa** to cause laughter, make laugh (11)
ritmo rhythm
ritual *m.* ritual
rizado/a curly (5)
robótica *s.* robotics
robusto/a robust
rodaja slice
rodear to surround
rojo/a red (7); **carne** *f.* **roja** red meat; **ponerse** *irreg.* **rojo/a** to blush (10)
romance *m.* romance
romano/a Roman
romanticismo romanticism
romántico/a romantic
romper (*p.p.* **roto/a**) to break (1)
ron *m.* rum
ropa clothes; **lavar la ropa** to wash clothes (2); **prenda de ropa** article of clothing
rosado/a pink (7)
rosbif *m.* roastbeef
rosquilla doughnut
roto/a *p.p.* broken
rozarse (c) *refl.* **con la gente** to rub shoulders with people, mingle
rubio/a blond(e) (5)
rueda wheel; **silla de ruedas** wheelchair
rugir (j) to roar
ruido noise; **hacer** *irreg.* **ruido** to make noise (10)

ruidoso/a noisy (16)
runrunear to purr
rural rural; **área** (*f., but* **el área**) **rural** rural area (14)
Rusia Russia
ruso/a Russian
ruta route
rutina routine (1)

S

sábado Saturday (1); **el sábado pasado** last Saturday (11)
saber *irreg.* to know (3); **no lo sé todavía** I don't know yet (P); **no sé** I don't know (P); **que yo sepa** as far as I know (17); **sabe a _____** it tastes like _____ (7); **saber +** *inf.* to know how (*to do something*) (17); **saber a** to taste like; **supe que _____** I found out that _____
sabido/a: es cosa sabida it is a known fact (5)
sabio/a wise (13)
sabor *m.* taste, flavor (7)
sacar (qu) to take out; **sacar de paseo** to take for a walk; **sacar fotos** to take pictures (16); **sacar una buena (mala) nota** to get a good (bad) grade (10); **sacar vídeos** to rent videos (2)
sacerdote *m.* priest
sacrificarse (qu) to sacrifice oneself
sacudir to shake
sal *f.* salt (7)
sala room; **juego de sala** board game; **sala de cine** movie theater; **sala de espera** waiting room (16)
salado/a salty (7)
salamandra salamander
salario salary
salchicha sausage (7)
salero salt shaker (8)
salida departure (16); exit
salir *irreg.* to go out, leave (1); to come out; **salir de una adicción** to overcome an addiction (12)
salivar to salivate
salmón *m.* salmon
salón *m.* room; hall; **juego de salón** board game
salsa sauce; salsa (*music*); **salsa de tomate** ketchup (7)
saltar to jump; to spring; **saltar la cuerda** to jump rope (11)
salud *f.* health
saludable healthy
saludar to greet (5)
saludo greeting (P)
salutación *f.* salutation, greeting

salvaje wild, savage; **animal** *m.* **salvaje** wild animal (14)
salvar to save
san *apocopated form of* **santo**
sandía watermelon
sandwich *m.* sandwich (7)
sangre *f.* blood (13)
sano/a healthy; **mantener** (*like* **tener**) **un equilibrio sano** to maintain a healthy balance (12)
santo/a saint
sarmiento vine shoot
sartén *f.* frying pan
sastrería tailor's shop
satélite *m.* satellite
satirizar (c) to satirize
satisfacción *f.* satisfaction
satisfacer (*like* **hacer;** *p.p.* **satisfecho/a**) to satisfy
satisfecho/a *p.p.* satisfied
Saturno Saturn
savia sap
sazonar to season
se *refl. pron.* yourself (*form.*); himself, herself, yourselves (*form.*); themselves; (*impersonal*) one
sección *f.* section; **sección de (no) fumar** (no) smoking section (16)
secretario/a secretary
secreto *n.* secret
secreto/a *adj.* secret
secta sect
secuencia: en secuencia in order
secundaria secondary; **escuela secundaria** secondary school, high school
sed *f.* thirst; **dar** *irreg.* **sed** to make thirsty; **tener** *irreg.* **sed** to be thirsty (9)
seda silk (16)
seguido/a followed; **en seguida** right away
seguir (i, i) (g) to follow; to continue; **siga (Ud.) por _____** continue, follow _____ (15); **siga derecho (recto)** continue (go) straight (15)
según according to
segundo *n.* second
segundo/a *adj.* second; **segundo plato** second course (7)
seguridad *f.* security
seguro/a sure, secure
seis six (P)
seiscientos/as six hundred (6)
selección *f.* selection
seleccionar to select, choose
selectivo/a selective
selva jungle
semáforo traffic light (15)

semana week; **fin** *m.* **de semana** weekend (1); **fin** *m.* **de semana pasado** last weekend (3); **semana pasada** last week (3)

semanalmente weekly

semántico/a semantic; conceptual

semejante similar

semejanza similarity

semestre *m.* semester

semierecto/a semi-erect

semilla seed

semitropical semi-tropical

senador(a) senator (17)

sencillo/a simple; **cama sencilla** twin bed (16)

sencillez *f.* simplicity

seno bosom, breast

sensación *f.* sensation, feeling

sensibilidad *f.* sensibility

sensible sensitive

sensitivo/a sensitive

sensor *m.* sensor

sentado/a *p.p.* seated

sentarse (ie) *refl.* to sit down

sentido sense (15); **doble sentido** double meaning; **sexto sentido** sixth sense

sentimentalismo sentimentalism

sentimiento feeling

sentir (ie, i) to feel; to feel sorry; **¿cómo te sientes?** how do you feel? (10); **para sentirse bien** to feel well (10); **sentirse** (*refl.*) to feel (10); **sentirse alegre / avergonzado/a / deprimido/a / orgulloso/a / relajado/a** to feel happy/ ashamed, embarrassed/depressed/ proud/relaxed (10)

señal *f.*: **en señal de** as a sign of

señalar to point out; to indicate

señor *m.* sir, Mr.; man

señora ma'am, Mrs.; woman

separación *f.* separation

separado/a separated; **por separado** separately

separar to separate

septiembre *m.* September (2)

séptimo/a seventh

sequía drought

ser *n. m.* being; **ser humano** human being

ser *irreg.* to be (P); **a no ser que** unless (13); **llegar (gu) a ser** to become; **o sea** that is to say (17); **sea lo que sea** be that as it may (17); **ser adicto/a** to be addicted (12); **ser carismático/a** to be charismatic (17); **si no fuera por** if it weren't for (13); **son las dos (tres)** it's two (three) o'clock (1);

soy I am (P); **soy de** I'm from (P); **soy estudiante de** _____ I am a(n) _____ student (P)

serie *f.* series

serio/a serious (P); **en serio** seriously

serpiente *f.* snake (13); **serpiente boa** boa constrictor; **serpiente de cascabel** rattlesnake

serrano/a *adj.* mountain

servicial helpful

servicio service; **servicio a domicilio** home delivery (8); **servicio de cuarto** room service (16); **servicio militar** military service

servilleta napkin (8)

servir (i, i) to serve

sesenta sixty (6)

sesión *f.* session

setecientos/as seven hundred (6)

setenta seventy (6)

sexo sex

sexto sentido sixth sense

sexualidad *f.* sexuality

si if

sí yes (P)

sicológico/a psychological

sicólogo/a psychologist

SIDA *m.* **(síndrome de inmunodeficiencia adquirida)** AIDS; **vacuna contra el SIDA** AIDS vaccine

sidra cider

siempre always (2)

siete seven (P)

siglo century; **el siglo pasado** last century (6)

significado meaning

significar (qu) to mean

signo sign

siguiente following, next

silbar to whistle (10)

silencio silence; **guardar silencio** to keep quiet

silencioso/a silent

silla chair; **silla de ruedas** wheelchair

simbolismo symbolism

simbolizar (c) to symbolize

símbolo symbol

simpático/a nice, pleasant (4)

simposio symposium

sin *prep.* without; **no se puede** _____ **sin** _____ you (one) can't _____ without _____ (8); **sin duda** without a doubt; **sin embargo** however, nevertheless; **sin hielo** without ice (9)

sincero/a sincere (P)

síndrome *m.* syndrome; **síndrome invernal** winter syndrome (*depression*)

sino *conj.* but, instead

sinónimo synonym

síntesis *f.* synthesis

sintético/a synthetic

sintetizar (c) to synthesize

síntoma *m.* symptom

siquiera *adv.* even; **ni siquiera** not even

sistema *m.* system

sistemático/a systematic

situación *f.* situation

situarse *refl.* to be located

sobras *pl.* leftovers

sobre *prep.* about; on; **sobre todo** above all

sobrecogedor(a) startling

sobrevivir to survive

sobrino/a nephew, niece (4)

sobrio/a sober

social social; **asistencia social** social work (17); **ciencias** *pl.* **sociales** social sciences (P); **trabajador(a) social** social worker (17)

socializar (c) to socialize

sociedad *f.* society

sociología sociology (P)

sociopolítico/a sociopolitical

sofá *m.* sofa

sofocante suffocating

sol *m.* sun; **hace sol** it's sunny (2); **tomar el sol** to sunbathe

solamente only

soldado, mujer *f.* **soldado** soldier

soleado/a sunny

soledad *f.* solitude

soler (ue) + *inf.* to be in the habit of (*doing something*) (1)

solicitar to ask for, request

sólido/a solid

solitario/a solitary

sólo *adv.* only

solo/a alone (1); single, sole; **a solas** alone

soltero/a *adj.* single (4); **madre** *f.* **soltera** single mother (4); **padre** *m.* **soltero** single father (4)

solución *f.* solution

sombra shadow

sombrero hat (16)

someter to submit

sonámbulo/a sleepwalker

sonar (ue) to sound; to ring

sonido sound

sonreír (i, i) to smile (10)

sonrojarse *refl.* to blush (10)

soñador(a) dreamer (13)

soñar (ue) to dream (1); **soñar despierto/a** to daydream

sopa soup; **plato de sopa** soup bowl (8)

soportar to endure, put up with

sorbete *m.* sherbet

sorprendente surprising

sorprender to surprise

sorpresa surprise

sospechar to suspect

sospechoso/a suspicious (15)

sostener (*like* **tener**) to sustain, hold up

su(s) *poss.* his, her, its, your (*form., s., pl.*), their (P)

suave soft

suavizar (c) to soften

subalimentación *f.* undernourishment

subir to go up; to lift up; **subir a** to get on/in (*a bus, car, plane, etc.*) (16)

subjuntivo/a subjunctive

sublevar to stir up

subrayar to underline

substrato substratum

subsuelo subsoil

subtítulo subtitle

succionar to suck

suceder to happen; **sucederle a uno** to be the matter (*with someone*)

sucesión *f.* succession

suciedad *f.* dirtiness

sucio/a dirty

sudadera *s.* sweats (*clothing*) (16)

Sudamérica South America

sudamericano/a *n., adj.* South American

sudar to sweat

Suecia Sweden

sueco/a: hacerse *irreg.* **el sueco** to pretend not to know

suegro/a father-in-law, mother-in-law (4); *m. pl.* in-laws (4)

sueldo salary

suelo ground; floor

sueño dream; **perder (ie) el sueño** to lose sleep

suerte *f.* luck; **tener** *irreg.* **suerte** to be lucky

suéter *m.* sweater

suficiente sufficient

sufrir to suffer (12); to experience (12)

sugerencia suggestion

sugerir (ie, i) to suggest

sujeto subject

sumar to add

sumergir (j) to submerge

suministrar to supply

sumo/a supreme, highest

superar to surpass

superficial superficial (13)

superficialidad *f.* superficiality

superior *n. m., adj. m., f.* superior; **estudios** *pl.* **superiores** higher education

superioridad *f.* superiority

supermercado supermarket

supervivencia survival

suplemento supplement

suponer (*like* **poner**) to suppose

suprarrenal suprarenal (*situated above or on the kidney*)

supremo/a supreme

supuesto/a supposed; **por supuesto** of course

sur *m.* south (15)

surcado/a criss-crossed

surgir (j) to spring up, present itself

suroeste *m.* southwest

suscribir to subscribe

suscripción *f.* subscription

suspender to suspend; to fail (*an exam*)

suspensión *f.* suspension

suspenso suspense

sustancia substance

sustantivo *gram.* noun

sustento support

sustituir (y) to substitute

sutileza subtlety

suyo/a your, yours (*form. s., pl.*); his, of his; her, of hers; its; their, of theirs

T

tabaco tobacco

tabernero/a tavern keeper

tabla table

tacón *m.* heel; **zapato de tacón alto** high-heeled shoe (16)

tal such; **de tal manera** in such a manner; **¿qué tal?** what's up? (P) **tal como** just as; **tal vez** perhaps

talla size

tamaño size (6); **tamaño promedio** average size

tambaleante unsteady

también also (2)

tambor *m.* drum

tampoco neither, not either (2)

tan as, so; **tan _____ como** as _____ as (6); **tan pronto como** as soon as (17)

tanto/a as much, so much; **mientras tanto** meanwhile; **por lo tanto** therefore; **tanto/a _____ como** as much _____ as (6)

tantos/as as many; so many; **tantos/as _____ como** as many _____ as (6)

tapa *Sp.* snack

tapar to conceal

taquillero/a *adj.* box office

tarántula tarantula

tarde *n. f.* afternoon; *adv.* late; **ayer por la tarde** yesterday afternoon; **buenas tardes** good afternoon (P); **hasta (muy) tarde** until (very) late (2); **más tarde** later; **(muy) tarde** (very) late (1); **por la tarde** in the afternoon (1); **todas las tardes** every afternoon (1)

tarea homework (1); **escribir la tarea** to write the assignment; **tarea doméstica** household chore

tarifa fare

tarjeta card; **tarjeta de embarque** boarding pass; **tarjeta de crédito** credit card

tarta pie (7)

tasa rate; **tasa de inflación** rate of inflation; **tasa de mortalidad** death rate

taxi *m.* taxi

taxista *m., f.* taxi driver

taza cup (8)

te *d.o.* you (*fam. s.*); *i.o.* for you (*fam. s.*); *refl. pron.* yourself (*fam. s.*)

té *m.* tea; **té de hierbas** herbal tea (9); **té helado** iced tea (9)

teatral theatrical

teatro theater (P); **ir** *irreg.* **al teatro** to go to the theater (11); **obra de teatro** play

técnica technique

técnico/a *n.* technician (17); *adj.* technical

tecnogimnasia technologically assisted exercise

tecnología technology

tecnólogo/a technologist

tejido body tissue; fabric

tela fabric (16); **telas de fibras naturales** natural fabrics (16)

telecomunicación *f.* telecommunication

telefonear to telephone

telefonía telephony

telefónico/a *adj.* telephone; **llamada telefónica** telephone call

teléfono telephone; **hablar por teléfono** to speak on the phone (1); **llamar por teléfono** to call on the phone (3); **número de teléfono** telephone number; **teléfono inalámbrico de bolsillo** portable cordless telephone

telemando remote control

telemático/a *adj.* telecommunication

telenovela soap opera; **ver** *irreg.* **una telenovela** to watch a soap opera (3)

telescopio telescope
teletrabajo electronic commuting
televidente *m., f.* viewer
tele(visión) *f.* television; **mirar la televisión** to look at, watch TV (1); **televisión por cable** cable TV; **ver** *irreg.* **la televisión** to watch television (2)
televisor *m.* television (set); **poner** *irreg.* **el televisor** to turn on the TV; **televisor de pantalla grande** large-screen TV
tema *m.* topic, theme
temblar (ie) to shake
temer to fear
temible fearsome
temperamento temperament
temperatura temperature (2)
templo temple
temprano/a early (1); **(muy) temprano** (very) early (1)
tenaz (*pl.* **tenaces**) tenacious
tendencia tendency; **tendencia a evitar riesgos** tendency to avoid risks (5)
tender (ie) a to tend to
tendón *m.* tendon
tenedor *m.* fork (8)
tener *irreg.* to have (1); **tener _____ años** to be _____ years old (6); **tener buena educación** to be well-mannered (8); **tener calor** to be (feel) hot (*person*); **tener celos** to be jealous; **tener cuidado** to be careful (12); **tener dolor de cabeza** to have a headache (10); **tener dolor de estómago** to have a stomachache; **tener don de gentes** to have a way with people (17); **tener en mente** to keep in mind; **tener envidia** to be envious; **tener éxito** to be successful; **tener fama de** to have a reputation for; **tener ganas de** + *inf.* to feel like (*doing something*); **tener gracia** to be funny, charming (11); **tener hambre** to be hungry (7); **tener madera** *fam.* to have what it takes; **tener miedo** to be afraid (10); **tener que** + *inf.* to have to (*do something*) (1); **tener razón** to be right; **tener sed** to be thirsty (9); **tener suerte** to be lucky; **tener un examen** to take a test (3); **tener un picnic** to have a picnic (11); **tener vergüenza** to be ashamed, embarrassed (10); **tener vista** to have a view (16); **tengo** I have (P); **tengo una pregunta, por favor** I have a question, please (P); **tienes** you have (P)

tenis *m.* tennis; **cancha de tenis** tennis court; **jugar (ue) (gu) al tenis** to play tennis; **zapato de tenis** tennis shoe
tenista *m., f.* tennis player
tensión *f.* tension
tenso/a tense (10); **estar** *irreg.* **tenso/a** to be tense (10)
tentación *f.* temptation
teoría theory
tepache *m., Mex. beverage made of pulque, water, pineapple, and cloves*
tequila *m.* tequila
terapeuta *m., f.* therapist (17)
terapia therapy; **terapia física** physical therapy (17)
tercer, tercero/a third; **tercer plato** third course (8)
tercio one-third
terciopelo velvet
terminal *m.* terminal
terminar to finish, end
término term; end
ternera veal (7)
terraza terrace
terreno land
terrestre *adj. m., f.* terrestrial
territorio territory
tesoro treasure
testigo *m., f.* witness
testosterona testosterone
texano/a *n., adj.* Texan
texto text
textura texture
tez *f.* (*pl.* **teces**) skin
ti *obj. of prep.* you (*fam. s.*)
tiempo time; weather; tense; **hace buen tiempo** the weather's good (2); **hace mal tiempo** the weather's bad (2); **pasar tiempo** to spend time; **pronóstico del tiempo** weather forecast; **¿qué tiempo hace?** what's the weather like? (2); **tiempo libre** free (spare) time (11)
tienda store (14)
tierno/a tender
tierra land; earth; **planeta tierra** planet Earth
tigre *m.* tiger (13)
timidez *f.* timidity (5)
tímido/a timid, shy (5)
tinta ink
tinto: vino tinto red wine (9)
tío/a uncle, aunt (4); *pl.* aunts and uncles (4)
típico/a typical
tipo type
tira cómica comic strip
tirar to throw

tiro: matar dos pájaros de un tiro to kill two birds with one stone
titán *m.* Titan
titulado/a titled
titular to title
título title
toalla towel (16)
tobillo ankle
tocadiscos *m. s.* record player
tocar (qu) to touch; to play; to knock; to toll; **tocar la guitarra** to play the guitar (1); **tocarle a uno** to be one's turn
tocino bacon (7)
todo/a all, every; **de todas formas** in any case; **por todas partes** everywhere; **sobre todo** above all
todas las mañanas/tardes/noches every morning/afternoon/night (1)
todavía *adv.* yet, still; **no lo sé todavía** I don't know yet (P)
tolerar to tolerate, put up with; to permit
tomar to take; to drink; **tomar apuntes** to take notes; **tomar asiento** to take a seat; **tomar el sol** to sunbathe; **tomar en cuenta** to take into account (14); **tomar un café** to drink a cup of coffee (2); **tomarle el pelo a uno** to pull someone's leg; **¿y para tomar?** and to drink? (7)
tomate *m.* tomato (7); **jugo de tomate** tomato juice (9); **salsa de tomate** ketchup (7)
tonelada ton
tono tone
tonto/a foolish (P)
topacio topaz
topar to run into
tope: a tope to the maximum
torax *m.* thorax
torero/a bullfighter
tormenta storm
toro bull; **corrida de toros** bullfight
toronja grapefruit (7); **jugo de toronja** grapefruit juice
torpe clumsy (13)
torre *f.* tower
tortilla *Lat. Am.* tortilla; *Sp.* omelette
tortuga turtle
tostada toast (7)
tostado/a toasted; **pan** *m.* **tostado** toast (7)
tostadora toaster
tostar (ue) to toast; to roast
total *m.* total
trabajador(a) worker; **trabajador(a) social** social worker (17)
trabajar to work (1); **trabajar en el jardín** to garden (11)

trabajo work; job; **día** *m.* **de trabajo** workday (1)
tradición *f.* tradition
tradicional traditional
traducir *irreg.* to translate; to express
traer *irreg.* to bring (8); **¿me podría traer** _____? could you bring me _____? (8); **¿qué trae** _____? what does _____ come with? (8)
tráfico traffic
tragar (gu) to swallow
trágico/a tragic
trago drink
traje *m.* suit (16); costume; **traje de baño** bathing suit (16)
tranquilidad *f.* tranquility
tranquilizante *m.* tranquilizer
tranquilo/a tranquil, calm
transacción *f.* transaction
transeúnte *m., f.* passer-by
transformarse *refl.* to become transformed
transición *f.* transition
transplante *m.* transplant
transportar to transport
transporte *m.* transport, transportation; **medios de transporte** means of transportation; **transporte público** public transportation
tras *prep.* after; behind
trascender (ie) to transcend, go beyond
trasladarse *refl.* to move
trastorno disturbance
Tratado de Libre Comercio (TLC) North American Free Trade Agreement (NAFTA)
tratamiento treatment
tratar to treat; to discuss; **tratar de** to try; to speak about
trato treatment (14)
través: a través de through
trazar (c) to draw
trece thirteen (P)
treinta thirty (6)
tren *m.* train (16)
tres three (P); **a las tres** at three o'clock (1); **son las tres** it's three o'clock (1)
trescientos/as three hundred (6)
trimestre *m.* trimester, quarter
triplicar (qu) to triple
triste sad (10); **ponerse** *irreg.* **triste** to be (get) sad (10)
tristeza sadness
triunfar to be successful
triunfo triumph
trompa trunk (*elephant*)
tronco trunk (*tree*)
tropas *pl.* troops

tropezarse (ie) (c) con *refl.* to trip over
trotar to jog
trote *m.* jog
truco trick
trucha trout
tú *fam. s.* you (P)
tu(s) *poss.* your (*fam. s.*) (P)
tumbarse *refl.* to lie down
túnel *m.* tunnel
turismo: agencia de turismo travel agency
turista *n., m. f.* tourist
turístico/a: clase *f.* **turística** economy class (16)
tutear *to address with the familiar form* **tú**
tuyo/a *poss.* your, of yours (*fam. s.*)

U

u or (*used instead of* **o** *before words beginning with* **o** *or* **ho**)
ubicado/a placed
Ud. *form. s.* you (P)
Uds. *form pl.* you (P)
ufanarse *refl.* to boast
últimamente lately, recently
último/a last; highest; **por último** finally; **última vez** last time (3)
umbral *m.* threshold
un, uno/a one, an (P); **a la una** at one o'clock (1); **es la una** it's one o'clock (1)
único/a only; **hijo único** only child
unidad *f.* unit
unido/a united, close-knit; **Estados Unidos** United States
unión *f.*: **lazo de unión** tie that binds
unisexo unisex
universidad *f.* university
universitario/a *n.* university student; *adj.* university
universo universe
unos/as some (P)
uña fingernail; **comerse** *refl.* **las uñas** to bite one's nails (10)
urbanización *f.* urbanization
urbano/a urban; **centro urbano** urban center (14)
uruguayo/a *n., adj.* Uruguayan
usanza manner
usar to use; **usar una computadora** to use a computer (17)
uso use
usted *form. s.* you (P)
ustedes *form. pl.* you (P)
usualmente usually
utensilio utensil

útil useful
utilidad *f.* usefulness
utilitario/a utilitarian
utilización *f.* use
utilizar (c) to use
uva grape (7)

V

vaca cow
vacaciones *f. pl.* vacation; **estar** *irreg.* **de vacaciones** to be on vacation
vacilación *f.* vacillation
vacilante hesitant
vacilar to hesitate
vacilón, vacilona partier
vacío: envasar al vacío to vacuum-pack
vacío/a *adj.* empty
vacuna vaccine; **vacuna contra el SIDA** AIDS vaccine
vacuo/a empty
valer *irreg.* to be worth; **más vale prevenir** an ounce of prevention is worth a pound of cure
validez *f.* validity
válido/a valid
valioso/a valuable
Válium *m.* Valium
valor *m.* value; courage; **impuesto al valor agregado (I.V.A.)** value-added tax
valorizar (c) to value
vanidoso/a vain
vapor: al vapor steamed (7)
vara yardstick
variación *f.* variation
variado/a varied
variante *f.* difference
variar (varío) to vary
variedad *f.* variety
varios/as *pl.* various, several; **hace varios meses** several months ago
vasco/a: el País Vasco Basque region
vaso (water) glass (8)
vasto/a vast
vecino/a neighbor (2)
vegetal *m.* vegetable
vegetariano/a *n., adj.* vegetarian
veinte twenty (P)
veinticinco twenty-five (P)
venticuatro twenty-four (P)
veintidós twenty-two (P)
veintinueve twenty-nine (P)
veintiocho twenty-eight (P)
veintiséis twenty-six (P)
veintitrés twenty-three (P)
veintiún, veintiuno/a twenty-one (P)
vejez *f.* old age (15)

velocidad *f.* velocity, speed
vencer (z) to expire
vendar los ojos to blindfold
vendedor(a) salesperson; **máquina vendedora** vending machine (7)
vender to sell (8)
venerable respected
venezolano/a *n., adj.* Venezuelan
venir *irreg.* to come (1)
venta sale; **compra y venta** buying and selling
ventaja advantage
ventana window
Venus *m.* Venus
ver *irreg.* (*p.p.* **visto/a**) to see; **a ver** let's see; **nos vemos** we'll be seeing each other (P); **ver la televisión** to watch television (2); **ver una telenovela** to watch a soap opera (3)
verano summer (2)
veras: de veras truly, really
verbo verb (P)
verdad *f.* truth
verdadero/a true
verde green (7); **chiste** *m.* **verde** off-color joke; **judía verde** green bean (7); **ojos verdes** green eyes (5)
verdeo: de verdeo unripened
verdura vegetable (7)
vergonzoso/a shameful
vergüenza: tener *irreg.* **vergüenza** to be ashamed, embarrassed (10)
verificar (qu) to verify; to check
versión *f.* version
verso verse; line (*of a poem*)
vestido dress (16)
vestir (i, i) to wear (16); **prenda de vestir** article of clothing (16); **vestirse** *refl.* to dress, get dressed (1); **vestirse de etiqueta** to dress formally
vestuario wardrobe
veterinario/a veterinarian (17)
vez *f.* (*pl.* **veces**) time; **a veces** sometimes (2); **algunas veces** sometimes; **de vez en cuando** from time to time (2); **en vez de** instead of; **otra vez, por favor** again, please (P); **pocas (raras) veces** rarely (2); **tal vez** perhaps; **última vez** last time (3); **una vez** once (3)
vía way; **vías públicas** public roads
viajar to travel (16)
viaje *m.* trip (16); **agente** *m., f.* **de viajes** travel agent (16); **de viaje** on a trip (16)

vibrador *m.* vibrator
vicepresidente/a vice-president
viceversa vice versa
vicio vice, bad habit
víctima *m., f.* victim
vid *f.* grapevine
vida life; **costo de vida** cost of living (14); **esperanza de vida** life span; life expectancy; **ganarse la vida** to support oneself (financially); **vida privada** privacy (14)
vídeo video; **mirar un vídeo** to watch a video; **sacar (qu) vídeos** to rent videos (2)
videocasetera videocassette recorder (VCR)
videoclub *m.* video rental store
videoconferencia video conference
videojuego video game; **jugar (ue) (gu) a los videojuegos** to play video games (3)
viejo/a *n.* old person; *adj.* old (6)
vienés, vienesa Viennese
viento wind; **hace viento** it's windy (2)
viernes *m.* Friday (1)
vigente present, current
vigilar to keep an eye on
vigor *m.* vigor, strength
villa municipality
vinagre *m.* vinegar
vinculado/a connected
vínculo bond, tie
vino wine (7); **vino blanco** white wine (9); **vino tinto** red wine (9)
viña vineyard
violencia violence
violento/a violent (13)
violín *m.* violin
virreinato viceroyalty
virrey *m.* viceroy
viruela smallpox
virus *m., inv.* virus(es)
visión *f.* vision
visita visit
visitar to visit
vista view; **punto de vista** point of view; **tener** *irreg.* **vista** to have a view (16)
vistazo glance
visualizar (c) to visualize
vitamina vitamin (7)
viudo/a widower, widow (4)
vivienda housing, house (14)
vivir to live; **¿dónde vives?** where do you live? (14)
vivo/a alive (4); vivid
vocabulario vocabulary

vodka *m.* vodka
volante *m.* steering wheel
volar (ue) to fly
voleibol *m.* volleyball; **jugar (ue) (gu) al voleibol** to play volleyball (11)
volumen *m.* volume; size
voluminoso/a voluminous
voluntad *f.* will
voluntario/a *n.* volunteer; *adj.* voluntary
volver (ue) to return (*to a place*) (1); **volver a** + *inf.* to do (*something*) again
vomitar to vomit
vos *s. fam.* you (*used instead of* **tú** *in certain countries of Central and South America*)
vosotros/as *pl. fam.* you (*Sp.*) (P)
votar to vote
voto vote
voz *f.* (*pl.* **voces**) voice; **en voz alta** out loud
vuelo flight (16); **asistente** *m., f.* **de vuelo** flight attendant (16); **vuelo nacional** domestic flight
vuelta turn; return; **boleto/billete** *m.* **de ida y vuelta** round-trip ticket (16); **dar** *irreg.* **vuelta a** to turn over
vulnerabilidad *f.* vulnerability (5)

Y

y and (P); **y cuarto/media** quarter/half past (1); **¿y tú/usted?** and you? (P)
ya now; already; **ya murió** he (she) already died (4)
yo *sub. pron.* I (P)
yoga *m.* yoga
yogur *m.* yogurt (7)
yuppi *m., f.* yuppie

Z

zanahoria carrot (7)
zapato shoe (16); **zapato de correr** running shoe; **zapato de tacón alto** high-heeled shoe (16); **zapato de tenis** tennis shoe
zapote *m.* sapote tree (*from which chicle is extracted*)
zarcillo tendril
zona zone (14)
zoológico zoo; **parque** *m.* **zoológico** zoo
zoólogo/a zoologist
zumo *Sp.* juice
zurdo/a left-handed

English-Spanish Vocabulary

A

a **un(a)** (P); a lot **mucho** (P)
ability **capacidad** *f.* (5), **habilidad** *f.* (17); ability to _____ **capacidad** *f.* **para** _____ (5); ability to work with one's hands **habilidad** *f.* **manual** (17)
able **capaz** (*pl.* **capaces**) (5); able to direct (others) **capaz de dirigir (a otros)** (5)
about **sobre** (P)
abroad **extranjero** (16)
abuse *n.* **abuso** (12); *v.* **abusar (de)** (12); drug abuse **abuso de las drogas** (12)
account: to take into account **tomar en cuenta** (14)
accountant **contador(a)** (17)
accounting **contabilidad** (17)
achieve **realizar (c)** (13)
actor **actor** *m.* (17)
actress **actriz** *f.* (17)
adapt **adaptar** (5)
adaptable **adaptable** (13)
addicted: to be addicted **ser** *irreg.* **adicto/a** (12); to become addicted **convertirse (ie, i) en adicto/a** (12)
addiction **adicción** *f.* (12); to overcome an addiction **salir** *irreg.* **de una adicción** (12)
adjective **adjetivo** (P); demonstrative adjective **adjetivo demostrativo** (P); descriptive adjective **adjetivo descriptivo** (P); possessive adjective **adjetivo de posesión** (P); quantifying adjective **adjetivo de cantidad** (P)
adjust **adaptar** (5)
administration **administración** *f.* (P); business administration **administración** *f.* **de empresas** (P)
advance: to reserve (amount of time) in advance **reservar con** (*time* + **de**) **anticipación** (16)
adventuresome **aventurero/a** (5)
adventurous **aventurero/a** (5)
advise **aconsejar** (13)
afraid: to be afraid **estar** *irreg.* **asustado/a** (10), **tener** *irreg.* **miedo** (10)
after *adv.* **después** (2); *conj.* **después (de) que** (17)
afternoon **tarde** *f.* (1); every afternoon **todas las tardes** (1); good afternoon **buenas tardes** (P); in the afternoon **por la tarde** (1)

again **otra vez** (P); again, please **otra vez, por favor** (P)
age **edad** *f.* (6); old age **vejez** *f.* (15)
agent **agente** *m., f.* (16); travel agent **agente de viajes** (16)
ago: _____ ago **hace** (+ *time*) (3)
aggressive **agresivo/a** (5), (enterprising) **emprendedor(a)** (17)
aggressiveness **agresividad** *f.* (5)
agree: to agree with (*food*) **caer** *irreg.* **bien** (7)
agriculture **agricultura** (P), **agronomía** (P)
airplane **avión** *m.* (16)
airport **aeropuerto** (16)
alcohol: hard alcohol **licor** *m.* **fuerte** (9)
alcoholic beverage **bebida alcohólica** (9)
alcoholism **alcoholismo** (12)
alert **alerta** *inv.* (13)
alive: he/she is alive **está vivo/a** (4)
allow **permitir** (9)
alone **solo/a** (1)
along: to get along well/poorly **llevarse bien/mal** (5)
alongside **al lado (de)** (15)
already **ya** (4)
also **también** (2)
always **siempre** (2)
ambitious **ambicioso/a** (13)
amenities **comodidades** *f.* (16)
amusing **gracioso/a** (11)
an **un(a)** (P)
and **y** (P); and you? **¿y tú?** (P), **¿y usted?** (P)
angry **enfadado/a** (10), **enojado/a** (10); to be angry **estar** *irreg.* **enojado/a** (10), **ponerse** *irreg.* **enfadado/a** (10); to get angry **enojarse** (10)
another: to speak another language **hablar otro idioma** *m.* (17)
anthropology **antropología** (P)
any: not any **ninguno/a** (2)
anyone: not anyone **nadie** (2)
anything: not anything **nada** (2)
apartment **apartamento** (2), **piso** (14); to clean the apartment **limpiar el apartamento** (2)
appeal **apetecer (zc)** (7)
apple **manzana** (7); apple juice **jugo de manzana** (9)
April **abril** (2)
architect **arquitecto** (17)
architecture **arquitectura** (17)
area **área** *f.* (*but* **el área**) (14); rural area **área rural** (14)

arm **brazo** (8)
arrival **llegada** (16)
arrive **llegar (gu)** (3)
arrogant **arrogante** (13)
art **arte** *f.* (*but* **el arte**) (P)
article **artículo** (P); article of clothing **prenda de vestir** (16); definite article **artículo definido** (P); indefinite article **artículo indefinido** (P)
as: as _____ as **tan _____ como** (6); as many _____ as **tantos/as _____ como** (6); as much _____ as **tanto/a _____ como** (6); as soon as **en cuanto** (17), **tan pronto como** (17)
ashamed: to be ashamed **tener** *irreg.* **vergüenza** (10); to feel ashamed **sentirse (ie, i) avergonzado/a** (10)
ask (*a question*) **preguntar** (1); to ask for **pedir (i, i)** (1)
asleep: to fall asleep **dormirse (ue, u)** (3)
assistant **ayudante** *m., f.* (17)
assure **asegurar** (5)
astronomer **astrónomo/a** (17)
astronomy **astronomía** (P)
astute **astuto/a** (13)
at **en** (1); at home **en casa** (1); at night **por la noche** (1)
athlete **atleta** *m., f.* (17)
attend **asistir (a)** (1)
attendant: flight attendant **asistente** *m., f.* **de vuelo** (16), **camarero/a** (16)
attractive **atractivo/a** (P)
August **agosto** (2)
aunt **tía** (4); aunts and uncles **tíos** (4)
authoritarian **autoritario/a** (13)
autumn **otoño** (2)
average *n.* **promedio** (6)
avocado **aguacate** *m.* (7)
avoid **evitar** (5); tendency to avoid risks **tendencia a evitar riesgos** (5)
away: to take away **quitar** (7)

B

bacon **tocino** (7)
bad **malo/a** (P); to be in a bad mood **estar** *irreg.* **de mal humor** *m.* (10); to get a bad grade **sacar (qu) una mala nota** (10); to have a bad time **pasarlo mal** (10); to make a bad impression **caer** *irreg.* **mal** (7)
baked **al horno** (7)

A41

balance **equilibrio** (12); to maintain a healthy balance **mantener** *irreg.* **un equilibrio sano** (12)

balanced **equilibrado/a** (13)

bald **calvo/a** (5)

banana **banana** (7)

baseball **béisbol** (10); to play baseball **jugar (ue) (gu) al béisbol** (10)

basketball **basquetbol** *m.* (10); to play basketball **jugar (ue) (gu) al basquetbol** *m.* (10)

bathe (*someone or something*) **bañar** (5); (*oneself*) **bañarse** (11); to bathe in a jacuzzi **bañarse en el jacuzzi** (11)

bathing suit **traje** *m.* **de baño** (16)

bathroom **baño** (16); room with a private bathroom **habitación** *f.* **con baño privado** (16)

be **ser** *irreg.* (P); **estar** *irreg.* (3); be that as it may **sea lo que sea** (17); to be able **poder** *irreg.* (1); to be addicted **ser** *irreg.* **adicto/a** (12); to be afraid **estar** *irreg.* **asustado/a** (10), **tener** *irreg.* **miedo** (10); to be angry **estar** *irreg.* **enojado/a** (10), **ponerse** *irreg.* **enfadado/a** (10); to be appetizing/appealing **apetecer (zc)** (7); to be ashamed **tener** *irreg.* **vergüenza** (10); to be bored **estar** *irreg.* **aburrido/a** (10); to be careful **tener** *irreg.* **cuidado** (12); to be embarrassed **tener** *irreg.* **vergüenza** (10); to be happy **ponerse** *irreg.* **contento/a** (10); to be hungry **tener** *irreg.* **hambre** *f.* (7); to be important **importar** (7); to be in a good/bad mood **estar** *irreg.* **de buen/mal humor** *m.* (10); to be interesting **interesar** (7); to be in the habit of (*doing something*) **soler (ue)** (+ *inf.*) (1); to be irritated **irritarse** (10); to be located **quedar** (15); to be missing/lacking **faltar** (10); to be nervous **estar** *irreg.* **nervioso/a** (10); to be offended **ofenderse** (10); to be remaining **quedar** (10); to be sad **ponerse** *irreg.* **triste** (10); to be tense **estar** *irreg.* **tenso/a** (10); to be thirsty **tener** *irreg.* **sed** *f.* (9); to be tired **estar** *irreg.* **cansado/a** (10); to be very/extremely pleasing **encantar** (7); to be well-mannered **tener** *irreg.* **buena educación** *f.* (8); to be _____ years old **tener** *irreg.* _____ **años** (4)

bean **frijol** *m.* (7); green beans **judías verdes** (7)

because **porque** (1)

become addicted **convertirse (ie, i) en adicto/a** (12)

bed **cama** (16); bed and breakfast **pensión** *f.* (16); double bed **cama matrimonial** (16); to go to bed **acostarse (ue)** (1); twin bed **cama sencilla** (16)

beef **carne** *f.* **de res** (7)

beer **cerveza** (7)

before *conj.* **antes (de) que** (17)

begin **empezar (ie)** (3)

behave **comportarse** (13), **portarse** (13)

behavior **comportamiento** (13)

behind **detrás (de)** (15)

believe **creer (y)** (5)

bellhop **botones** *m. s.* (16), **mozo** (16)

belonging to someone else **ajeno/a** (13)

beverage **bebida** (9); alcoholic beverage **bebida alcohólica** (9)

bicycle **bicicleta** (11); to ride a bicycle **andar** *irreg.* **en bicicleta** (11)

big **grande** (5)

bill **cuenta** (3); to pay the bill **pagar (gu) la cuenta** (3)

biologist **biólogo/a** (17)

biology **biología** (P)

bite one's nails **comerse las uñas** (10)

bitter **amargo/a** (7)

black **negro** (5); black hair **pelo negro** (5)

block (*of houses*) **cuadra** (15), **manzana** (15)

blond hair **pelo rubio** (5)

blood **sangre** *f.* (13)

blouse **blusa** (16)

blue **azul** (5); blue eyes **ojos azules** (5)

blush *v.* **ponerse** *irreg.* **rojo/a** (10), **sonrojarse** (10)

board: room and full board **pensión** *f.* **completa** (16)

boarding house **pensión** *f.* (16)

boast (about) **jactarse (de)** (13)

boat **barco** (16)

book **libro** (P)

bored: to be bored **estar** *irreg.* **aburrido/a** (10); to get bored **aburrirse** (10)

boring **aburrido/a** (P)

boss **jefe/a** (17)

bowl *v.* **jugar (ue) (gu) al boliche** (10); *n.* (earthenware) **cuenco** (8); (soup) **plato de sopa** (8)

boy **chico** (P)

brag (about) **jactarse (de)** (13)

bread: assorted breads and rolls **bollería** (7); white bread **pan** *m.*

blanco (7); whole wheat bread **pan** *m.* **integral** (7)

breakfast **desayuno** (7); bed and breakfast **pensión** *f.* (16); room and breakfast (often with one other meal) **media pensión** *f.* (16); to have breakfast **desayunar** (1)

bring **traer** *irreg.* (8); could you bring me _____? **¿me podría traer _____?** (8)

brother **hermano** (4); brothers and sisters **hermanos** (4)

brother-in-law **cuñado** (4)

brown **castaño/a** (5); brown eyes **ojos castaños** (5); dark brown **marrón** (7)

bus **autobús** *m.* (16)

business **negocios** (17); business administration **administración** *f.* **de empresas** (P)

businessman **hombre** *m.* **de negocios** (17)

businesswoman **mujer** *f.* **de negocios** (17)

but **pero** (1)

butter **mantequilla** (7); peanut butter **mantequilla de cacahuete** (7)

C

cabin **cabina** (16)

caffeine **cafeína** (9)

calcium **calcio** (7)

calculus **cálculo** (P)

call **llamar** (3); to call on the phone **llamar por teléfono** (3)

calm **calmado/a** (13)

camping: to go camping **acampar** (11); **hacer** *irreg.* **camping** (11)

can *v.* (to be able) **poder** *irreg.* (1)

can't: one/you (impersonal) can't _____ without _____ **no se puede _____ sin _____** (8)

candy **dulce** *m.* (7)

carbohydrate **carbohidrato** (7)

card (*playing*) **naipe** *m.* (11); to play cards **jugar (ue) (gu) a los naipes** (11)

careful: to be careful **tener** *irreg.* **cuidado** (12)

carrot **zanahoria** (7)

carry **llevar** (5)

cause laughter **causar risa** (11)

center **centro** (14); urban center **centro urbano** (14)

century **siglo** (6); last century **el siglo pasado** (6)

cereal **cereal** *m.* (7)

cerebral **cerebral** (13)

certain **cierto/a** (13); it is certain **es cierto** (5); it's (not) certain that

(no) es cierto que (18)
charismatic **carismático/a** (17)
charming **encantador(a)** (13); to be charming **tener** *irreg.* **gracia** (11)
chat **charlar** (2)
check *n.* (*restaurant*) **cuenta** (8); *v.* to check luggage **facturar el equipaje** (16)
cheek **mejilla** (5)
cheese **queso** (7)
chef **cocinero/a** (8)
chemist **químico/a** (17)
chemistry **química** (P)
chew **mascar (qu)** (7); to chew gum **mascar chicle** (7)
chicken **pollo** (7); (half a) roast chicken **(medio) pollo asado** (7)
children **hijos** (4)
chin **mentón** *m.* (5)
Chinese horoscope **horóscopo chino** (13)
chips: potato chips **papas fritas** *Lat. Am.* (7), **patatas fritas** *Sp.* (7)
chop: pork chop **chuleta de cerdo** (7)
church **iglesia** (2); to go to church **ir** *irreg.* **a la iglesia** (2)
ciao **chao** (P)
city **ciudad** *f.* (14)
class **clase** *f.*; economy class **clase turística** (16); first class **primera clase** (16); in class **en la clase** (P)
classmate **compañero/a de clase** (P)
clean (the apartment) **limpiar (el apartamento)** (2)
clear *v.* to clear the table **levantar la mesa** (8); *adj.* it's clear (*obvious*) **está claro** (5); (*weather*) **está despejado** (2)
clearly **claramente** (17)
clever **listo/a** (17)
climb: mountain climb **escalar montañas** (11)
close **cerca (de)** (15)
closet **armario** (16)
clothes: to wash clothes **lavar la ropa** (2)
clothing: article of clothing **prenda de vestir** (16)
cloudy: it's cloudy (*weather*) **está nublado** (2)
clumsy **torpe** (13)
coffee **café** *m.* (2); coffee with milk **café con leche** (7); decaffeinated coffee **café descafeinado** (9)
cold **frío** (9); it's cold (*weather*) **hace frío** (2); very cold **bien frío** (9)
color **color** *m.* (5); what color is/are _____? **¿de qué color es/son _____?** (5)

come **venir** *irreg.* (1); what does _____ come with? **¿qué trae _____?** (8)
comic(al) **cómico** (P)
communications **comunicaciones** *f.* (P)
comparison **comparación** *f.* (6)
compassionate **compasivo/a** (17)
complain (about) **quejarse (de)** (10)
compulsive **compulsivo/a** (17)
computer **computadora** (17); computer science **computación** *f.* (P); to use a computer **usar una computadora** (17)
condiment **condimento** (7)
confirm **confirmar** (16)
consecuence **consecuencia** (12)
conservative **conservador(a)** (13)
consist of **consistir en** (12)
consult **consultar** (17)
consultant **asesor(a)** (17)
consume **consumir** (8)
continue: continue _____ **siga (Ud.) por _____** (15); continue straight **siga derecho/recto** (15)
control *n.* **mando** (13)
conveniences **comodidades** *f.* (16)
cook **cocinero/a** (8)
cooked **cocinado/a** (7)
cookie **galleta** (7)
cool: it's cool (*weather*) **hace fresco** (2)
corn **maíz** *m.* (7); corn oil **aceite** *m.* **de maíz** (7)
corner **esquina** (15)
cosmopolitan **cosmopolita** (P)
cost of living **costo de la vida** (14)
cotton **algodón** *m.* (16)
could: could you bring me _____? **¿me podría traer _____?** (8); could you tell me _____? **¿me podría decir _____?** (15)
counsel: to give counsel **aconsejar** (13)
country **país** *m.* (P)
country(side) **campo** (14)
couple: married couple **esposos** (4)
course: first/second/third course **primer/segundo/tercer plato** (7)
cousin **primo/a** (4)
cream: ice cream **helado** (7)
creative **creador(a)** (13)
cross the street **cruce la calle** (15)
cry *v.* **llorar** (10)
cup **taza** (8)
curly hair **pelo rizado** (5)
custard: baked custard **flan** *m.* (7)
custom **costumbre** *f.* (8)
customer **cliente** *m., f.* (8)
cut *v.* **cortar** (8)

D
daily: daily menu **menú** *m.* **del día** (7); daily special **plato del día** (8)
dairy products **productos lácteos** (7)
dance **bailar** (2)
danger **peligro** (12)
dangerous **peligroso/a** (12)
dare (to) **atreverse (a)** (13)
dark: dark brown **marrón** (7); dark hair **pelo moreno** (5)
day **día** *m.* (1); every day **todos los días** (1); what day is it today? **¿qué día es hoy?** (1)
decade **década** (6)
decaffeinated coffee **café** *m.* **descafeinado** (9)
December **diciembre** (2)
dedicate oneself to **dedicarse (qu) a** (17)
defenseless **indefenso/a** (13)
definite article **artículo definido** (P)
delay **demora** (16)
delight *v.* **encantar** (7)
delivery: home delivery **servicio a domicilio** (8)
demonstrative adjective **adjetivo demostrativo** (P)
departure **salida** (16)
depressed **deprimido/a** (10); to feel depressed **sentirse (ie, i) deprimido/a** (10)
describe **describir** (4)
descriptive adjective **adjetivo descriptivo** (P)
desert **desierto** (11)
design *n.* **diseño** (16)
designer **diseñador(a)** (17)
desk: front desk **recepción** *f.* (16)
dessert **postre** *m.* (7)
detain **detener** *irreg.* (13)
died: he/she already died **ya murió** (4)
dinner **cena** (3); to have dinner **cenar** (1); to prepare dinner **preparar la cena** (3)
direct **dirigir (j)** (5); to direct others **mandar** (17); able to direct (others) **capaz de dirigir (j) (a otros)** (5)
director **director(a)** (17)
disagree: to disagree with (*food*) **caer** *irreg.* **mal** (7)
discotheque **discoteca** (2)
discreet **discreto/a** (13)
dish **plato** (8); main dish **plato principal** (8); to wash the dishes **lavar los platos** (8)
distrustful **desconfiado/a** (13)
dive (*scuba*) *v.* **bucear** (11)
divorced: he/she is divorced **está divorciado/a** (4)

do **hacer** *irreg.* (1); to do aerobics **hacer** *irreg.* **ejercicio aeróbico** (1); to not do anything **no hacer** *irreg.* **nada** (2)

doctor **médico/a** (17)

dog **perro** (4)

doggie bag **bolsita para llevar** (8)

domestic **doméstico/a** (14); domestic animal **animal** *m.* **doméstico** (14)

dormitory: student dormitory **residencia estudiantil** (14)

double bed **cama matrimonial** (16)

doubt *n.* **duda** (18); *v.* **dudar** (18); it is without a doubt **es indudable** (5)

doubtful: it's doubtful that _____ **es dudoso que** _____ (18)

dough: type of fried dough **churro** (7)

dragon **dragón** *m.* (13)

draw **dibujar** (11)

dreamer **soñador(a)** (13)

dress *n.* **vestido** (16); *v.* **vestirse (i, i)** (1); to get dressed **vestirse (i, i)** (1)

drink: *n.* soft drink **refresco** (7); *v.* **tomar** (2), **beber** (9); to drink a cup of coffee **tomar un café** (2); and to drink? **¿y para tomar?** (7)

drive **conducir** *irreg.* (1), **manejar** (1)

drug abuse **abuso de las drogas** (12)

during **durante** (1)

E

each **cada** (2); we'll be seeing each other **nos vemos** (P)

eagerness: eagerness to get things done **afán** *m.* **de realización** (5)

ear **oreja** (5)

early **temprano** (1); very early **muy temprano** (1)

earthenware bowl **cuenco** (8)

east **este** *m.* (15)

eat **comer** (1)

eating habit **hábito de comer** (7)

economics **economía** (P)

economy class **clase** *f.* **turística** (16)

education: physical education **educación** *f.* **física** (P)

egg **huevo** (7); fried egg **huevo frito** (7); scrambled egg **huevo revuelto** (7)

egotistical **egoísta** (13)

eight **ocho** (P)

eight hundred **ochocientos/as** (6)

eighteen **dieciocho** (P)

eighty **ochenta** (6)

either: not either **tampoco** (2)

elbow **codo** (8)

eleven **once** (P)

embarrassed: to be embarrassed **tener** *irreg.* **vergüenza** (10); to feel embarrassed **sentirse (ie, i) avergonzado/a** (10)

engineer **ingeniero/a** (17)

engineering **ingeniería** (P)

English (*language*) **inglés** *m.* (P)

enterprising **emprendedor(a)** (17)

environment **medio ambiente** *m.* (5)

essential: it's essential **es imprescindible** (8)

esteem: self-esteem **estimación** *f.* **propia** (12)

evening: good evening **buenas noches** (P); in the evening **por la noche** (1)

everyday life **la vida de todos los días** (1)

everything: is everything OK? **¿está todo bien?** (8)

evident: it is evident **es evidente** (5)

exasperate **desesperar** (13)

excuse me, how do you get to _____ ? **perdón, ¿cómo se llega a _____?** (15)

exercise *v.* **hacer** *irreg.* **ejercicio** (1)

expense **gasto** (14)

expensive **caro/a** (16)

experience *v.* **sufrir** (12)

explosive **explosivo/a** (13)

express oneself clearly **expresarse claramente** (17)

expression **expresión** *f.* (P)

extended family **familia extendida** (4)

extroversion **extroversión** *f.* (5)

extroverted **extrovertido/a** (5)

eye **ojo** (5); blue/brown/green eyes **ojos azules/castaños/verdes** (5)

F

fabric **tela** (16)

face **cara** (5)

fact: it is a known fact **es cosa sabida** (5)

fall *n.* (*season*) **otoño** (2); *v.*: to fall asleep **dormirse (ue, u)** (3)

family **familia** (4); extended family **familia extendida** (4); nuclear family **familia nuclear** (4)

famous **famoso/a** (P)

fanatic **fanático/a** (12)

far **lejos** (15); as far as I know **que yo sepa** (17); far from **lejos de** (15)

farmer **granjero/a** (17)

fashion **moda** (17)

father **padre** *m.* (4)

father-in-law **suegro** (4)

fat **grasa** (7)

favorite **favorito/a** (P)

February **febrero** (2)

feel **sentirse (ie, i)** (10); how do you feel? **¿cómo te sientes?** (10); to feel ashamed (depressed, embarrassed, happy, proud, relaxed) **sentirse avergonzado/a (deprimido/a, avergonzado/a, alegre, orgulloso/a, relajado/a)** (10); to feel like (*doing something*) **tener** *irreg.* **ganas de** (+ *inf.*) (10) to feel well **para sentirse bien** (10)

few **pocos/as** (P)

fiber **fibra** (7)

field **campo** (17)

fifteen **quince** (P)

fifty **cincuenta** (6)

film **cine** *m.* (17)

first **primero/a (primer)** (7); first class **primera clase** *f.* (16); first course **primer plato** (7)

fish *n.* **pescado** (*caught*) (7); *v.* **pescar (qu)** (11)

five **cinco** (P)

five hundred **quinientos/as** (6)

flight **vuelo** (16); flight attendant **asistente** *m., f.* **de vuelo** (16), **camarero/a** (16)

follow _____ **siga (Ud.) por** _____ (15)

food **alimento** (7), **comida** (8); basic foods **alimentos básicos** (7); food to go **comida para llevar** (8)

foolish **tonto/a** (P)

football **fútbol** *m.* **americano** (2); to play football **jugar (ue) (gu) al fútbol americano** (2)

for **para** (1)

foreign: foreign languages **lenguas extranjeras** (P)

forest **bosque** *m.* (11)

fork **tenedor** (8)

forty **cuarenta** (6)

four **cuatro** (P); four-star hotel **hotel** *m.* **de cuatro estrellas** (16)

four hundred **cuatrocientos/as** (6)

fourteen **catorce** (P)

freckle **peca** (5)

free *v.* **librar** (13)

free time **tiempo libre** (11)

French (*language*) **francés** *m.* (P)

french fries **papas fritas** *Lat. Am.* (7), **patatas fritas** *Sp.* (7)

frequently **frecuentemente** (1)

Friday **viernes** *m.* (1)

friend **amigo/a** (P); to go out with friends **salir** *irreg.* **con los amigos** (10)

fries: french fries **papas fritas** *Lat. Am.* (7), **patatas fritas** *Sp.* (7)

frighten **asustar** (10)

from **de** (P); from here to there **de aquí para allá** (15); I'm from _____ **soy de** _____ (P); where are you from? **¿de dónde eres?** (P), **¿de dónde es usted?** (P)

front: front desk **recepción** *f.* (16); in front (of) **enfrente (de)** (15)

fruit **fruta** (7)

full (*no vacancy*) **completo/a** (16)

fun: to make fun (of) **burlarse (de)** (13); fun-loving **divertido/a** (13)

funny **cómico/a** (P), **chistoso/a** (11), **gracioso/a** (11); to be funny **tener** *irreg.* **gracia** (11); to strike someone as funny **hacerle** *irreg.* **gracia a uno** (11)

future **futuro** (18); future intent **intención** *f.* **futura** (17)

G

garden *v.* **trabajar en el jardín** (11)

generally **generalmente** (1)

genetic inheritance **herencia genética** (5)

geography **geografía** (P)

German (*language*) **alemán** *m.* (P)

get **conseguir (i, i) (g)** (13); eagerness to get things done **afán** *m.* **de realización** (5); how do you get to _____? **¿cómo se llega a** _____? (15); to get along well/poorly **llevarse bien/mal** (5); to get angry **enojarse** (10), **ponerse** *irreg.* **enfadado/a** (10); to get bored **aburrirse** (10); to get dressed **vestirse (i, i)** (1); to get happy **alegrarse** (10), **ponerse** *irreg.* **contento/a** (10); to get irritated **irritarse** (10); to get off (*a bus, car, plane, etc.*) **bajar de** (16); to get offended **ofenderse** (10); to get on/in (*a bus, car, plane, etc.*) **subir a** (16); to get sad **ponerse** *irreg.* **triste** (10); to get sick (*nauseated*) **marearse** (16); to get tired **cansarse** (10); to get up **levantarse** (1); to get worried **preocuparse** (10);

girl **chica** (P)

give: **dar** *irreg.* (3); to give counsel **aconsejar** (13); giving opinions **para dar opiniones** (5)

glass: water glass **vaso** (8); wine glass **copa** (8)

go **ir** *irreg.* (1) food to go **comida para llevar** (8); go straight **siga derecho/recto** (15); to go camping **acampar** (11), **hacer** *irreg.* **camping** (11); to go out (*with friends*) **salir** *irreg.* **(con los amigos)** (1);

to go shopping **ir de compras** (2); to go to bed **acostarse (ue)** (1); to go to church **ir a la iglesia** (2); to go to the movies **ir al cine** (2); to go to the theater **ir al teatro** (11)

goal **meta** (17)

goat **cabra** (13)

golf **golf** *m.* (11); to play golf **jugar (ue) (gu) al golf** (11)

good **bueno/a (buen)** (P); good afternoon **buenas tardes** (P); good at math **hábil para las matemáticas** (17); good-bye **adiós** (P); good evening **buenas noches** (P); good manners **buenos modales** (8); good morning **buenos días** (P); it's a good idea **es buena idea** (8); to be in a good mood **estar** *irreg.* **de buen humor** (10); to get a good grade **sacar (qu) una buena nota** (10); to make a good impression **caer** *irreg.* **bien** (7); to say good-bye **despedir (i, i)** (5)

good-bye **adiós** (P); to say good-bye **despedir (i, i)** (5)

gossipy **chismoso/a** (13)

government **gobierno** (17)

grade **nota** (10); to get a good/bad grade **sacar (qu) una buena/mala nota** (10)

grains **cereales** *m.* (7)

grandchildren **nietos** (4)

granddaughter **nieta** (4)

grandfather **abuelo** (4)

grandmother **abuela** (4)

grandparents **abuelos** (4)

grandson **nieto** (4)

grape **uva** (7)

grapefruit **toronja** (7)

gray hair **pelo canoso** (5)

green **verde** (5); green beans **judías verdes** (7); green eyes **ojos verdes** (5)

greet **saludar** (5)

greetings **saludos** (P)

gregarious **gregario/a** (5)

guest **huésped(a)** (16)

H

habit **costumbre** *f.* (8); eating habit **hábito de comer** (7); to be in the habit of (*doing something*) **soler (ue)** (+ *inf.*) (1)

hair **pelo** (5); straight/curly hair **pelo lacio/rizado** (5); gray/dark/black/blond hair **pelo canoso/moreno/negro/rubio** (5)

half: half a roast chicken **medio pollo asado** (7); half brother/sister

medio/a **hermano/a** (4); half past **y media** (1)

ham **jamón** *m.* (7)

hamburger **hamburguesa** (7)

hand **mano** *f.* (8); ability to work with one's hands **habilidad** *f.* **manual** (17)

happy **contento/a** (10), **alegre** (10); to be happy **ponerse** *irreg.* **contento/a** (10); to feel happy **sentirse (ie, i) alegre** (10); to get happy **alegrarse** (10), **ponerse** *irreg.* **contento/a** (10)

hard alcohol **licor** *m.* **fuerte** (9)

harmful **dañino/a** (12)

hat **sombrero** (16)

have **tener** *irreg.* (1); I have a question, please **tengo una pregunta, por favor** (P); to have a bad time **pasarlo mal** (10); to have a headache **tener dolor de cabeza** (10); to have a party **dar** *irreg.* **una fiesta** (11); to have a picnic **tener un picnic** (11); to have a view **tener vista** (16); to have breakfast **desayunar** (1); to have dinner **cenar** (1); to have just (*done something*) **acabar de** (+ *inf.*) (10); to have lunch **almorzar (ue)** (1); to have the opinion **opinar** (5); to have to (*do something*) **tener que** (+ *inf.*) (1)

he **él** (P)

headache **dolor** *m.* **de cabeza** (10); to have a headache **tener** *irreg.* **dolor de cabeza** (10)

healthy **sano/a** (12); to maintain a healthy balance **mantener** *irreg.* **un equilibrio sano** (12)

height **estatura** (5); of medium height **de estatura mediana** (5); what height is he/she? **¿de qué estatura es?** (5)

hello **hola** (P)

help *v.* **ayudar** (8)

helpless **indefenso/a** (13)

her *poss.* **su(s)** (P)

herbal tea **té** *m.* **de hierbas** (9)

here **aquí** (P); from here to there **de aquí para allá** (15)

hereditary **hereditario/a** (5)

hide **esconder** (13)

high-heel shoe **zapato de tacón alto** (16)

his *poss.* **su(s)** (P)

history **historia** (P)

hitchhike **hacer** *irreg.* **autostop** (16)

hobby **pasatiempo** (2)

home: at home **en casa** (2); home delivery **servicio a domicilio** (8)

homework **tarea** (1)
honest **honesto/a** (17)
honesty **honradez** *f.* (13)
honorable **íntegro/a** (17)
horoscope: Chinese horoscope **horóscopo chino** (13)
horse **caballo** (13)
hot *adj.* **caliente** (9); it's (very) hot (weather) **hace (mucho) calor** (2); very hot **bien caliente** (9)
hotel **hotel** *m.* (16); four-star hotel **hotel de cuatro estrellas** (16); luxury hotel **hotel de lujo** (16)
house **casa** (14), **vivienda** (14); boarding house **pensión** *f.* (16); private house **casa particular/privada** (14)
housing **vivienda** (14)
how **¿cómo?** (4); how do you feel? **¿cómo te sientes?** (10); how do you get to _____? **¿cómo se llega a _____?** (15); how do you relax? **¿cómo te relajas?** (11); how do you say _____ in Spanish? **¿cómo se dice _____ en español?** (P); how many? **¿cuántos/as?** (P); how often? **¿con qué frecuencia?** (1); how's it going? **¿qué tal?** (P)
hug *v.* **abrazar (c)** (5)
humanities **humanidades** *f.* (P)
hungry: to be hungry **tener** *irreg.* **hambre** *f.* (7)
husband **esposo** (4), **marido** (4)

I
I *pron.* **yo** (P)
ice **hielo** (9); ice cream **helado** (7); with ice **con hielo** (9); without ice **sin hielo** (9)
iced tea **té** *m.* **helado** (9)
idea: it's a (very) good idea **es (muy) buena idea** (8)
idealistic **idealista** (13)
if it weren't for **si no fuera por** (13)
imagination **imaginación** (5)
imaginative **imaginativo/a** (5)
impatient **impaciente** (13)
important: to be important **importar** (7)
impose **imponer** *irreg.* (5)
impression: to make a good/bad impression **caer** *irreg.* **bien/mal** (7)
impulsive **impulsivo/a** (5)
in **en** (1); in front (of) **enfrente (de)** (15); in the morning/afternoon/evening **por la mañana/tarde/noche** (1)
indecisive **indeciso/a** (13)
indefinite article **artículo indefinido** (P)

inexpensive **barato/a** (P)
injury **herida** (12), **lesión** *f.* (12); physical injury **daño físico** (12)
in-laws **suegros** (4)
insecure **inseguro/a** (13)
insincere **insincero/a** (P)
intelligent **inteligente** (P)
intent: future intent **intención** *f.* **futura** (17)
interesting **interesante** (P); to be interesting (to someone) **interesarle (a alguien)** (P)
intersection **bocacalle** *f.* (15)
introverted **introvertido/a** (5)
irresistible **irresistible** (13)
irritated: to be (get) irritated **irritarse** (10)
Italian (*language*) **italiano** (P)

J
jacket **chaqueta** (16)
jacuzzi **jacuzzi** *m.* (11); to bathe in a jacuzzi **bañarse en el jacuzzi** (11)
jam **mermelada** (7)
January **enero** (2)
Japanese (*language*) **japonés** *m.* (P)
jealous **celoso/a** (13)
jeans **bluejeans** *m.* (16)
jogger **corredor(a)** (12)
joke *n.* **chiste** *m.* (10); to tell a joke **contar (ue) un chiste** (10)
journalism **periodismo** (P)
journalist **periodista** *m., f.* (17)
juice **jugo** (7); apple juice **jugo de manzana** (9); orange juice **jugo de naranja** (7); tomato juice **jugo de tomate** (9)
July **julio** (2)
jump *v.* **saltar** (11); to jump rope **saltar la cuerda** (11)
June **junio** (2)
just: to have just (*done something*) **acabar de** (+ *inf.*) (10)

K
keep quiet **permanecer (zc) callado/a** (10)
ketchup **salsa de tomate** (7)
kiss *v.* **besar** (5)
knife **cuchillo** (8)
know **saber** *irreg.* (3); as far as I know **que yo sepa** (17); it is a known fact **es cosa sabida** (5); to know (*someone*) **conocer** *irreg.*

L
laboratory **laboratorio** (1)
lacking: to be lacking **faltar** (10)
lake **lago** (11)

language **idioma** *m.* (P); foreign languages **lenguas extranjeras** (P); to speak another language **hablar otro idioma** (17)
last: last name **apellido** (4); last night **anoche** (3); last time **última vez** (3); last week **la semana pasada** (3); last weekend **el fin de semana pasado** (3)
late **tarde** (1); until (very) late **hasta (muy) tarde** (2); very late **muy tarde** (1)
laugh *n.* **risa** (11); *v.* **reírse** (10); to laugh (at) **burlarse (de)** (13); to laugh loudly **reír(se) (i, i) a carcajadas** (11); to make laugh **causar risa** (11), **hacer** *irreg.* **reír** (11)
laughter **risa** (11); to cause laughter **causar risa** (11)
law **derecho** (17)
lawyer **abogado/a** (17)
laziness **pereza** (5)
lazy **perezoso/a** (5)
leadership: talent for leadership **don** *m.* **de mando** (5)
leather **cuero** (16)
leave **salir** *irreg.* (1); to leave a tip **dejar propina** (8) leave-takings **despedidas** (P)
left *adj.* **izquierdo/a** (8); turn left **doble a la izquierda** (15)
lemon **limón** *m.* (7)
lentils **lentejas** (7)
less **menos** (1)
letters **letras** (P)
lettuce **lechuga** (7)
library **biblioteca** (1)
lie *v.* **mentir (ie, i)** (13)
life **vida** (1); everyday life **la vida de todos los días** (1)
lift weights **levantar pesas** (10)
light: traffic light **semáforo** (15)
like: do you like _____? **¿te gusta(n) _____?** (P); I don't like _____ **no me gusta(n) _____** (P); I don't like it (them) at all **no me gusta(n) para nada** (P); what are you like? **¿cómo eres?** (13)
likewise **igualmente** (P)
line: to stand in line **hacer** *irreg.* **cola** (16)
linear: to think in a linear manner **pensar (ie) de una manera directa** (17)
listen (to) **escuchar** (1)
literature **literatura** (P)
little **poco/a** (P); little while **un rato** (3)
living: cost of living **costo de la vida** (14)

located: to be located **quedar** (15)
lodge v. **alojarse** (16)
lodging **alojamiento** (16)
look: to look at **mirar** (1); to look for **buscar (qu)** (3); to look like **parecerse (zc)** (5); what does he/she look like? **¿cómo es?** (5)
lot: a lot **mucho** (P)
loudly: to laugh loudly **reír(se) (i, i) a carcajadas** (11)
love v. **amar** (13)
loyal **leal** (13)
luggage **equipaje** m. (16); to check luggage **facturar el equipaje** (16)
lunch **el almuerzo** (7); to have lunch **almorzar (ue)** (1)
luxury hotel **hotel** m. **de lujo** (16)

M
machine: vending machine **máquina vendedora** (7)
main dish **plato principal** (8)
maintain a healthy balance **mantener** irreg. **un equilibrio sano** (12)
major **carrera** (P), **especialización** f. (P); what is your major? **¿qué carrera haces?** (P)
make **hacer** irreg. to make a good/bad impression **caer** irreg. **bien/mal** (7); to make a stop (flight) **hacer escala** (16); to make fun (of) **burlarse (de)** (13); to make laugh **causar risa** (11), **hacer reír** (11); to make noise **hacer** irreg. **ruido** (10)
malicious **malicioso/a** (13)
manager **gerente** m., f. (17)
manner: good manners **buenos modales** (8); to think in a direct/linear manner **pensar (ie) de una manera directa** (17)
many **muchos/as** (P); how many? **¿cuántos/as?** (P)
March **marzo** (2)
marmalade **mermelada** (7)
married: he/she is married **está casado/a** (4); married couple **esposos** (4)
mashed potatoes **puré** m. **de papas** (7)
material **material** m. (16)
math(ematics) **matemáticas** (P); good at math **hábil para las matemáticas** (17)
matter v. **importar** (7); not to matter at all **importar un comino** (13); what's the matter (with you)? **¿qué te pasa?** (10)
May **mayo** (2)

may: be that as it may **sea lo que sea** (17)
mayonnaise **mayonesa** (7)
meal **comida** (7)
meat **carne** f. (7)
medicine **medicina** (17)
meditate **meditar** (11)
medium: of medium height **de estatura mediana** (5)
meet: pleased to meet you **encantado/a** (P), **mucho gusto** (P)
menu **menú** m. (1); daily menu **menú del día** (7)
methodical **metódico/a** (13)
milk **leche** f. (7)
mind n. **mente** f. (13); state of mind **estado de ánimo** (10)
missing: to be missing (lacking) **faltar** (10)
Monday **lunes** m. (1)
monkey **mono** (13)
month **mes** m. (2)
mood: to be in a bad/good mood **estar** irreg. **de mal/buen humor** m.(10)
more **más** (1)
morning **mañana** (1); every morning **todas las mañanas** (1); good morning **buenos días** (P); in the morning **por la mañana** (1)
mother **madre** f. (4); single mother **madre soltera** (4)
mother-in-law **suegra** (4)
mountains **montañas** (11); to mountain climb **escalar montañas** (11)
mouth **boca** (8)
movie **cine** m. (2); to go to the movies **ir** irreg. **al cine** (2)
much **mucho** (P); very much **mucho** (P)
museum **museo** (11)
music **música** (P)
musician **músico/a** (17)
must (do something) **deber** (+ inf.) (1); one must **hay que** (8), **se debe** (8), **se tiene que** (8); you (impersonal) must **se debe** (8)
mustard **mostaza** (7)
my poss. **mi(s)** (P)

N
nails: to bite one's nails **comerse las uñas** (10)
naive **ingenuo/a** (13)
name **nombre** m.; his/her name is _____ **se llama** _____ (P), **su nombre es** _____ (P); last name **apellido** (4); my name is _____ **me llamo** _____ (P), **mi nombre es** _____ (P); what's your name?

¿cómo te llamas? (P), ¿cómo se llama usted? (P), ¿cuál es tu/su nombre? (P)
napkin **servilleta** (8)
natural sciences **ciencias naturales** (P)
nauseated: to get nauseated **marearse** (16)
near **cerca (de)** (15)
nearby **cercano/a** (14)
necessary: it's necessary **es necesario** (8), **es preciso** (8), **hay que** (8)
need v. **necesitar** (1)
negation: word of negation **palabra de negación** (2)
neighbor **vecino/a** (2)
neighborhood **barrio** (14)
neither **tampoco** (2)
nephew **sobrino** (4)
nervous **nervioso/a** (10); to be nervous **estar** irreg. **nervioso/a** (10)
never **jamás** (2), **nunca** (2)
new **nuevo/a** (4)
newspaper **periódico** (1)
next to **al lado (de)** (15)
nice (person) **simpático/a** (4)
niece **sobrina** (4)
night: at night **por la noche** (1); every night **todas las noches** (1); last night **anoche** (3)
nine **nueve** (P)
nine hundred **novecientos/as** (6)
nineteen **diecinueve** (P)
ninety **noventa** (6)
no **no** (P); no one **nadie** (2)
noise **ruido** (10); to make noise **hacer** irreg. **ruido** (10)
none **ninguno/a** (2)
normally **normalmente** (1)
north **norte** m. (15)
nose **nariz** f. (5)
not anything **nada** (2)
nothing **nada** (2)
November **noviembre** (2)
number **cifra** (6), **número** (P)
nurse **enfermero/a** (17)
nut **nuez** f. (pl. **nueces**) (7)

O
o'clock: at one o'clock **a la una** (1); at (two, three) o'clock **a las (dos, tres)** (1); it's one o'clock **es la una** (1); it's (two, three) o'clock **son las (dos, tres)** (1)
obligation **obligación** f. (8); impersonal obligation **obligación impersonal** (8)
obstinate **cabezón (cabezona)** fam. (13)
obtain **conseguir (i, i) (g)** (13)
obvious: it is obvious **es obvio** (5)

ocean **océano** (11)
October **octubre** (2)
of **de** (P); of medium height **de estatura mediana** (5)
offended: to be (get) offended **ofenderse** (10)
often **con frecuencia** (2); how often? **¿con qué frecuencia?** (1)
oil **aceite** *m.* (7); corn oil **aceite de maíz** (7); olive oil **aceite de oliva** (7)
OK: is everything OK? **¿está todo bien?** (8)
old **viejo/a** (6); old age **vejez** *f.* (15); to be _____ years old **tener _____ años** (4)
older **mayor** (4)
oldest **el/la mayor** (4)
olive oil **aceite** *m.* **de oliva** (7)
omelette **tortilla** *Sp.* (7)
once **una vez** (3)
one **uno** (P); at one o'clock **a la una** (1); it's one o'clock **es la una** (1)
one hundred **cien(to)** (6)
one thousand **mil** (6)
opera: soap opera **telenovela** (3)
opinion: to have the opinion **opinar** (5)
optimistic **optimista** (P)
or **o** (P)
orange **naranja** (7); orange juice **jugo de naranja** (7)
order *n.* **mando** (13); *v.* **pedir (i, i)** (8), **ordenar** (8)
organized **organizado/a** (17)
ought to (*do something*) **deber** (+ *inf.*) (1)
overcome an addiction **salir** *irreg.* **de una adicción** (12)
owner **dueño/a** (14)
ox **buey** *m.* (13)

P

pack one's suitcase **hacer** *irreg.* **la maleta** (16)
paint *v.* **pintar** (10)
painter **pintor(a)** (17)
pancake **panqueque** *m.* (7)
pants **pantalones** *m.* (16)
pardon me? **¿cómo?** (P)
parents **padres** (4)
park **parque** *m.* (11)
particular **escrupuloso/a** (13)
party **fiesta** (2); to throw/have a party **dar** *irreg.* **una fiesta** (11)
passage (*ticket*) **pasaje** *m.* (16)
passenger **pasajero/a** (16)
past: half past **y media** (1)
pasta **pasta alimenticia** (7)
pastime **pasatiempo** (2)

patient *adj.* **paciente** (13)
pay **pagar (gu)** (3); to pay the bill **pagar la cuenta** (3)
peanut butter **mantequilla de cacahuete** (7)
peas **guisantes** *m.* (7)
people **gente** *f.* (6); to have a way with people **tener** *irreg.* **don de gentes** (17)
pepper **pimienta** (7); pepper shaker **pimentero** (7)
perfectionistic **perfeccionista** (13)
permit **permitir** (9)
personality **personalidad** *f.* (5); personality trait **característica de la personalidad** (5)
pessimistic **pesimista** (P)
pet (*animal*) **mascota** (14)
pharmacist **farmacéutico/a** (17)
pharmacy **farmacia** (17)
philosophy **filosofía** (P)
phone: to call on the phone **llamar por teléfono** (3)
photographer **fotógrafo/a** (17)
physical **físico/a;** physical characteristic **característica física** (5); physical education **educación** *f.* **física** (P); physical injury **daño físico** (12); physical therapy **terapia física** (17)
physically strong **físicamente fuerte** (17)
physicist **físico/a** (17)
physics **física** *s.* (P)
picnics: to have a picnic **tener** *irreg.* **un picnic** (11)
picture: to take pictures **sacar (qu) fotos** (16)
pie **tarta** (7)
pig **cerdo** (13)
pinch *n.* **pizca** (13)
pink **rosado/a** (7)
pitcher **jarra** (8)
place *n.* **lugar** *m.* (11); *v.* **poner** *irreg.* (7)
plate **plato** (8)
play (*sports*) **jugar (ue) (gu)** (1), **practicar (qu)**; (*an instrument*) **tocar (qu)** (1); to play basketball/baseball/golf/soccer/volleyball **jugar al basquetbol** (10) / **béisbol** (10) / **golf** (11) / **fútbol** (2) / **voleibol** (11); to play cards **jugar a los naipes** (11); to play football **jugar al fútbol americano** (2); to play the guitar **tocar (qu) la guitarra** (1); to play video games **jugar a los videojuegos** (3)
player: _____ player **jugador(a) de _____** (17)

playful **juguetón, juguetona** (13)
pleasant **simpático/a** (4)
please *v.* **agradar** (7); *adv.* **por favor** (P); again, please **otra vez, por favor** (P); I have a question, please **tengo una pregunta, por favor** (P); repeat, please **repita, por favor** (P)
pleased: pleased to meet you **encantado/a** (P), **mucho gusto** (P)
pleasing: to be very/extremely pleasing **encantar** (7)
polite **educado/a** (8)
political science **ciencias políticas** *pl.* (P)
politician **político/a** (17)
politics **política** *s.* (17)
poorly **mal** (5); to get along poorly **llevarse mal** (5)
popcorn **palomitas** (7)
popular **popular** (13)
pork chop **chuleta de cerdo** (7)
porter **maletero** (16)
Portuguese (*language*) **portugués** *m.* (P)
possess **poseer (y)** (5)
possessive **posesivo/a** (13); possessive adjective **adjetivo de posesión** (P)
possibility **posibilidad** *f.* (18)
possible: it's (not) possible that _____ **(no) es posible que _____** (18)
potato **papa** *Lat. Am.* (7), **patata** *Sp.* (7); mashed potatoes **puré** *m.* **de papas** (7); potato chips **papas fritas** *Lat. Am.* (7), **patatas fritas** *Sp.* (7)
poultry **aves** *f.* (7)
practice: to practice a sport **practicar un deporte** (3)
prefer **preferir (ie, i)** (1)
preferences **preferencias** (P)
prepare: to prepare dinner **preparar la cena** (3)
president **presidente/a** (17)
pretty **bonito/a** (P)
privacy **vida privada** (14)
private **particular** (14), **privado/a** (14); private house **casa particular/privada** (14); room with a private bath **habitación** *f.* **con baño privado** (16)
probability **probabilidad** *f.* (18)
probable: it's (not) probable that _____ **(no) es probable que _____** (18)
producer **productor(a)** (17)
profession **profesión** *f.* (17)
professional **profesional** *m., f.* (17)

professor **profesor(a)** (P)
programmer **programador(a)** (17)
prohibit **prohibir (prohíbo)** (9)
pronoun **pronombre** *m.* (P); subject pronoun **pronombre de sujeto** (P)
proteins **proteínas** (7)
proud **orgulloso/a** (10); to feel proud **sentirse (ie, i) orgulloso/a** (10)
psychologist **psicólogo/a** (17)
psychology **psicología** (P)
pullover **jersey** *m.* (16)
punish **castigar (gu)** (9)
put **poner** *irreg.* (7); put on (*clothing*) **ponerse** *irreg.* (16)

Q

quality **cualidad** *f.* (17)
quantifying adjective **adjetivo de cantidad** (P)
quarter: quarter to **menos cuarto** (1); quarter past **y cuarto** (1)
question: I have a question, please **tengo una pregunta, por favor** (P)
quiet: to keep quiet **permanecer (zc) callado/a** (10)

R

rabbit **conejo** (13)
rain *v.*: it's raining **llueve** (2), **está lloviendo** (2)
rare **raro/a** (P)
rarely **pocas veces** (2), **raras veces** (2)
rat **rata** (13)
raw **crudo/a** (7)
rayon **rayón** *m.* (16)
reaction **reacción** *f.* (10)
read **leer (y)** (1)
realistic **realista** (P)
realize (*something*) **darse** *irreg.* **cuenta (de)** (13)
rebellious **rebelde** (13)
receive **recibir** (3)
reclusive **retraído/a** (5)
reclusiveness **retraimiento** (5)
red **rojo/a** (7); red wine **vino tinto** (9)
redheaded **pelirrojo/a** (5)
related (to) **relacionado/a (con)** (9)
relative **pariente** *m.* (4)
relax **relajarse** (10); how do you relax? **¿cómo te relajas?** (11)
relaxed **relajado/a** (10); to feel relaxed **sentirse (ie, i) relajado/a** (10)
religion **religión** *f.* (P)
remaining: to be remaining **quedar** (10)
remember **recordar (ue)** (3)

remove **quitar** (7)
rent *v.* **alquilar** (16); to rent videos **sacar (qu) vídeos** (2)
repeat, please **repita, por favor** (P)
representative *n.* **representante** *m., f.* (17)
request *v.* **pedir (i, i)** (1)
resemble **parecerse (zc)** (5)
reserve *v.* **reservar** (16); to reserve (*amount of time*) in advance **reservar con** (*time* + *de*) **anticipación** (16)
reserved **reservado/a** (5)
resolve **resolver (ue)** (13)
respectful **respetuoso/a** (13)
restaurant **restaurante** *m.* (8)
restless **inquieto/a** (13)
return (*to a place*) **regresar** (1), **volver (ue)** (1)
rice **arroz** *m.* (7)
ride: to ride a bicycle **andar** *irreg.* **en bicicleta** (11)
right (*direction*) *adj.* **derecho/a** (8); turn right **doble a la derecha** (15)
risk **riesgo** (5); tendency to avoid risks **tendencia a evitar riesgos** (5)
river **río** (11)
roast(ed) **asado/a** (7); roast chicken **pollo asado** (7)
roll **bollo** (7); assorted breads and rolls **bollería** (7)
room **cuarto** (1), **habitación** *f.* (16); room and breakfast (*often with one other meal*) **media pensión** *f.* (16); room and full board **pensión** *f.* **completa** (16); room service **servicio de cuarto** (16); room with a (private) bath **habitación con baño (privado)** (16); room with a shower **habitación con ducha** (16)
roommate **compañero/a de cuarto** (P)
rooster **gallo** (13)
rope: to jump rope **saltar la cuerda** (11)
routine **rutina** (1)
run **correr** (2)
runner **corredor(a)** (12)
rural **rural** (14); rural area **área** *f.* (*but* **el área**) **rural** (14)

S

sad **triste** (10); to be (get) sad **ponerse** *irreg.* **triste** (10)
sail *v.* **navegar (gu) en un barco** (11)
salad **ensalada** (7)
salt **sal** *f.* (7); salt shaker **salero** (8)

sandwich **sandwich** *m.* (7)
Saturday **sábado** (1)
saucer **platillo** (8)
sausage **salchicha** (7)
say **decir** *irreg.* (3); to say good-bye **despedir (i, i)** (5); how do you say _____ in Spanish? **¿cómo se dice _____ en español?** (P); that is to say **o sea** (17); what did you say? **¿cómo dice?** (P)
scary **espantoso/a** (P)
science **ciencia** (P); computer science **computación** *f.* (P); natural sciences **ciencias naturales** (P); political science **ciencias políticas** *pl.* (P); social sciences **ciencias sociales** (P)
scientist **científico/a** (17)
scrupulous **escrupuloso/a** (13)
sculptor **escultor(a)** (17)
sea **mar** *m.* (11)
season (*of the year*) **estación** *f.* (2)
seat **asiento** (16)
second course **segundo plato** (7)
section: (no) smoking section **sección** *f.* **de (no) fumar** (16)
see: see you soon **hasta pronto** (P); see you tomorrow **hasta mañana** (P); we'll be seeing each other **nos vemos** (P)
seem **parecer (zc)** (5)
self-centered **egoísta** (13)
self-esteem **estimación** *f.* **propia** (12)
sell **vender** (8)
senator **senador(a)** (17)
sense **sentido** (15)
September **septiembre** (2)
serious (*person*) **serio/a** (P); (*situation*) **grave** (12)
service: room service **servicio de cuarto** (16)
set the table **poner** *irreg.* **la mesa** (8)
seven **siete** (P)
seven hundred **setecientos/as** (6)
seventeen **diecisiete** (P)
seventy **setenta** (6)
shaker: pepper shaker **pimentero** (8); salt shaker **salero** (8)
shape: to stay in shape **mantenerse** *irreg.* **en forma** (12)
shave (*someone*) **afeitar** (5)
she *pron.* **ella** (P)
shellfish **mariscos** *m. pl.* (7)
ship: cruise ship **crucero** (16)
shirt **camisa** (16)
shoe **zapato** (16); high-heeled shoe **zapato de tacón alto** (16)
shopping: to go shopping **ir** *irreg.* **de compras** (2)

short **bajo/a** (5); short time **un rato** (3)

shorts **pantalones** *m.* **cortos** (16)

should (*do something*) **deber** (+ *inf.*) (1); one/you (*impersonal*) should **se debe** (8)

shout *v.* **gritar** (10)

shower: room with a shower **habitación** *f.* **con ducha** (16)

shrimp **camarones** *m. pl.* (7)

shut oneself up: to shut oneself up in one's room **encerrarse (ie) en su cuarto** (10)

shy **tímido/a** (5)

silk **seda** (16)

silverware **cubiertos** *pl.* (8)

similar **parecido/a** (5)

sincere **sincero/a** (P)

sing **cantar** (10)

single: he/she is single **es soltero/a** (4); single father **padre** *m.* **soltero** (4); single mother **madre** *f.* **soltera** (4)

sister **hermana** (4); sisters and brothers **hermanos** (4)

sister-in-law **cuñada** (4)

six **seis** (P)

six hundred **seiscientos/as** (6)

sixteen **dieciséis** (P)

sixty **sesenta** (6)

size *n.* **tamaño** (6)

skate *v.* **patinar** (11)

ski: to snow ski **esquiar (esquío) en las montañas** (11); to water ski **esquiar en el agua** (11)

skirt **falda** (16)

sleep **dormir (ue, u)** (1)

small **pequeño/a** (4)

smaller (than) **menos grande (que)** (5)

smallest **el/la menos grande (de)** (5)

smart **listo/a** (17)

smile *v.* **sonreír (i, i)** (10)

smoke **fumar** (9)

smoking: (no) smoking section **sección** *f.* **de (no) fumar** (16)

snack (on) *n.* **merienda** (7); *v.* **merendar (ie)** (7)

snake **serpiente** *f.* (13)

snow *v.*: it's snowing **nieva** (2), **está nevando** (2); to snow ski **esquiar (esquío) en las montañas** (11)

soap opera: to watch a soap opera **ver** *irreg.* **una telenovela** (3)

soccer **fútbol** *m.*; to play soccer **jugar (ue) (gu) al fútbol** (2)

social **social** (P); social sciences **ciencias sociales** (P); social work **asistencia social** (17); social worker **trabajador(a) social** (17)

sociology **sociología** (P)

sock **calcetín** *m.* (*pl.* **calcetines**) (16)

soft drink **refresco** (7)

solitary **retraído/a** (5)

some **algunos/as** (P), **unos/as** (P)

sometimes **a veces** (2)

soon: as soon as **en cuanto** (17); see you soon **hasta pronto** (P)

soup bowl **plato de sopa** (8)

sour **agrio/a** (7)

south **sur** *m.* (15)

spaghetti **espaguetis** *m. pl.* (7)

Spanish (*language*) **español** *m.* (P); how do you say _____ in Spanish? **¿cómo se dice _____ en español?** (P)

spare time **tiempo libre** (11)

speak **hablar** (1); to speak another language **hablar otro idioma** *m.* (17)

special: daily special **plato del día** (8)

specialist **especialista** *m., f.* (17)

speech (*school subject*) **oratoria** (P)

spend (money) **gastar (dinero)** (2); (*time*) **pasar** (1)

spill *v.* **derramar** (8)

spinach **espinacas** *pl.* (7)

spoon **cuchara** (8)

sport **deporte** *m.* (3)

spring (*season*) **primavera** (2)

stand in line **hacer** *irreg.* **cola** (16)

star: four-star hotel **hotel** *m.* **de cuatro estrellas** (16)

state: state of mind **estado de ánimo** (10)

station **estación** *f.* (16)

stay **quedarse** (2); (*in a hotel or boarding house*) **alojarse** (16); to stay at home **quedarse en casa** (2); to stay in shape **mantenerse** *irreg.* **en forma** (12)

steak **bistec** *m.* (7)

steamed **al vapor** (7)

stepbrother **hermanastro** (4)

stepfather **padrastro** (4)

stepmother **madrastra** (4)

stepsister **hermanastra** (4)

stimulating **estimulante** (13)

stockings **medias** (16)

stop *v.* **detener** *irreg.* (13); to make a stop (*flight*) **hacer** *irreg.* **escala** (16)

store **tienda** (14)

straight **derecho** (15), **recto** (15); continue/go straight **siga derecho/recto** (15); straight hair **pelo lacio** (5)

strange **raro/a** (P)

strawberry **fresa** (7)

street **calle** (15); cross the street **cruce la calle** (15)

strike someone as funny **hacerle** *irreg.* **gracia a uno** (11)

strong **fuerte** (17); physically strong **físicamente fuerte** (17)

student **estudiante** *m., f.* (P); I am a(n) _____ student **soy estudiante de** _____ (P); student dormitory **residencia estudiantil** (14)

study **estudiar** (1); I'm studying _____ **estudio** _____ (P); what are you studying? **¿qué estudias?** (P)

subject **materia** (P); subject pronoun **pronombre** *m.* **de sujeto** (P)

suffer **sufrir** (12)

sugar **azúcar** *m.* (7)

suit **traje** *m.* (16); bathing suit **traje de baño** (16)

suitcase **maleta** (16); to pack one's suitcase **hacer** *irreg.* **la maleta** (16)

summer **verano** (2)

Sunday **domingo** (1)

sunny: it's sunny **hace sol** (2)

superficial **superficial** (13)

support *v.*: (*emotionally*) **apoyar** (5); (*financially*) **mantener** *irreg.* (5); to support oneself **mantenerse** *irreg.* (14)

surroundings **medio ambiente** *m.* (5)

sweater **suéter** *m.* (16)

sweats **sudadera** *s.* (16)

sweet **dulce** (7)

swim **nadar** (2)

swordfish **emperador** *m.* (7)

T

table **mesa** (8); to clear the table **levantar la mesa** (8); to set the table **poner** *irreg.* **la mesa** (8)

tablecloth **mantel** *m.* (8)

take: to take a test **tener** *irreg.* **un examen** (3); to take a trip **hacer** *irreg.* **un viaje** (16); to take a walk **dar** *irreg.* **un paseo** (2); to take away **quitar** (7); to take into account **tomar en cuenta** (14); to take pictures **sacar (qu) fotos** (16)

talent: talent for leadership **don de mando** (5)

talk *v.* **hablar**; to talk on the phone **hablar por teléfono** (1)

tall **alto/a** (5)

taller (than) **más alto/a (que)** (5)

tallest **el/la más alto/a (de)** (5)

taste *n.*: (*flavor*) **sabor** *m.* (7); (*preference*) **gusto** (7)

taste *v.* (*sample, try*) **probar (ue)** (8); it tastes like _____ **sabe a** _____ (7)

English-Spanish Vocabulary

tea **té** *m.* (7); herbal tea **té de hierbas** (9); iced tea **té helado** (9)

teacher (*elementary school*) **maestro/a** (17)

teaching (*profession*) **enseñanza** (17)

technician **técnico** (17)

television **televisión** *f.* (1)

tell **decir** *irreg.* (3); to tell a joke **contar (ue) un chiste** (10); could you tell me _____ ? **¿me podría decir _____?** (15)

temperature **temperatura** (2)

ten **diez** (P)

tendency: tendency to avoid risks **tendencia a evitar riesgos** (5)

tense **tenso/a** (10); to be tense **estar** *irreg.* **tenso/a** (10)

test **examen** *m.* (*pl.* **exámenes**) (P); to take a test **tener** *irreg.* **un examen** (3)

thank you **gracias** (P)

thanks **gracias** (P)

that **ese/a** *adj.* (P); **que** *conj.* (P); that is to say **o sea** (17)

theater (*school subject*) **teatro** (P); to go to the theater **ir** *irreg.* **al teatro** (11)

their *poss.* **su(s)** (P)

theme **tema** *m.* (9)

then **luego** (2)

therapist **terapeuta** *m., f.* (17)

therapy: physical therapy **terapia física** (17)

there: from here to there **de aquí para allá** (15); there is, there are **hay** (P)

therefore **luego** (2)

these **estos/as** *adj.* (P)

they *pron.* **ellos/ellas** (P)

thing: the worst thing **lo peor** (13)

think **pensar (ie)** (1); (*have the opinion*) **opinar** (5); to think about **pensar (ie) en** (1); to think in a direct (linear) manner **pensar (ie) de una manera directa** (17); I (don't) think that _____ **(no) creo que _____** (18)

third course **tercer plato** (7)

thirsty: to be thirsty **tener** *irreg.* **sed** (9)

thirteen **trece** (P)

thirty **treinta** (P)

this **este/a** *adj.* (P)

those **esos/as** *adj.* (P)

three **tres** (P); at three o'clock **a las tres** (1); it's three o'clock **son las tres** (1)

three hundred **trescientos/as** (6)

throw a party **dar** *irreg.* **una fiesta** (11)

Thursday **jueves** *m.* (1)

ticket **billete** *m.* (16), **boleto** (16), **pasaje** *m.* (16); one-way ticket **billete/boleto de ida** (16); round-trip ticket **billete/boleto de ida y vuelta** (16)

tie **corbata** (16)

tiger **tigre** *m.* (13)

time: at what time? **¿a qué hora?** (1); free/spare time **tiempo libre** (11); from time to time **de vez en cuando** (2); last time **última vez** (3); short time **un rato** (3); time period **época** (6); to have a (very) bad time **pasarlo (muy) mal** (10); what time is it? **¿qué hora es?** (1)

timid **tímido/a** (5)

timidity **timidez** *f.* (5)

tip *n.* **propina** (8); to leave a tip **dejar propina** (8)

tired **cansado/a** (10); to be tired **estar** *irreg.* **cansado/a** (10); to get tired **cansarse** (10)

toast **pan** *m.* **tostado** (7); **tostada** (7)

today is _____ **hoy es** _____ (1)

tomato **tomate** *m.* (7); tomato juice **jugo de tomate** (9)

tomorrow **mañana** (1); see you tomorrow **hasta mañana** (P); tomorrow is _____ **mañana es** _____ (1)

traffic light **semáforo** (15)

train **tren** *m.* (16)

trait **característica** (5), (*usually facial feature*) **rasgo** (5); personality traits **características de la personalidad** (5)

travel agent **agente** *m., f.* **de viajes** (16)

travel **viajar** (16)

treat *v.* **tratar** (14), (*pay for someone*) **invitar** (8)

trip *n.* **viaje** *m.* (16); on a trip **de viaje** (16) to take a trip **hacer** *irreg.* **un viaje**

trust *n.* **confianza** (13); *v.* **confiar** (13)

trustworthy **confidente** (13)

try (*taste*) **probar (ue)** (8)

T-shirt **camiseta** (16)

Tuesday **martes** *m.* (1)

tuna **atún** *m.* (7)

turn right/left **doble a la derecha/izquierda** (15)

twelve **doce** (P)

twenties **los años 20** (6)

twenty **veinte** (P)

twenty-eight **veintiocho** (P)

twenty-five **veinticinco** (P)

twenty-four **veinticuatro** (P)

twenty-nine **veintinueve** (P)

twenty-one **veintiuno** (P)

twenty-seven **veintisiete** (P)

twenty-six **veintiséis** (P)

twenty-three **veintitrés** (P)

twenty-two **veintidós** (P)

twin **gemelo/a** (4); twin bed **cama sencilla** (16)

two **dos** (P); at two o'clock **a las dos** (1); it's two o'clock **son las dos** (1)

two hundred **doscientos/as** (6)

U

uncle **tío** (4); uncles and aunts **tíos** (4)

understand **comprender** (5), **entender (ie)** (1), I don't understand **no comprendo** (P), **no entiendo** (P)

unless **a no ser que** (13)

unoccupied **desocupado/a** (16)

until *conj.* **hasta que** (17); until (very) late **hasta (muy) tarde** (2)

up: what's up? **¿qué tal?** (P)

urban **urbano/a** (14); urban center **centro urbano** (14)

use a computer **usar una computadora** (17)

useful **útil** (P)

usually **regularmente** (1)

V

vacancy: no vacancy **completo/a** (16)

vacant **desocupado/a** (16)

veal **ternera** (7)

vegetable **verdura** (7)

vending machine **máquina vendedora** (7)

verb **verbo** (P)

very **muy** (P)

veterinarian **veterinario/a** (17)

video game **videojuego** (3); to play video games **jugar (ue) (gu) a los videojuegos** (3)

view: to have a view **tener** *irreg.* **vista** (16)

violent **violento/a** (13)

vitamin **vitamina** (7)

vocabulary **vocabulario** (P)

volleyball: to play volleyball **jugar (ue) (gu) al voleibol** (11)

vulnerability **vulnerabilidad** *f.* (5)

W

wait on (*a customer*) **atender (ie)** (8)

waiter **camarero** (8), **mesero** (8)

waitress **camarera** (8), **mesera** (8)

wake up (*awaken*) **despertarse (ie)** (1)

walk **andar** *irreg.* (3), **caminar** (10); to take a walk **dar** *irreg.* **un paseo** (2) want *v.* **querer** *irreg.* (1)

wash *v.*: to wash clothes **lavar la ropa** (2); to wash the dishes **lavar los platos** (8)

watch *v.* **mirar** (1), **ver** (2); to watch a soap opera **ver** *irreg.* **una telenovela** (3); to watch television **mirar la televisión** (1), **ver** *irreg.* **la televisión** (2)

water **agua** *f.* (*but* **el agua**) (7); to water ski **esquiar (esquío) en el agua** (11)

way: one-way ticket **billete** *m.*/**boleto de ida** (16); to have a way with people **tener** *irreg.* **don** *m.* **de gentes** (17)

we *pron.* **nosotros/as** (P); we'll be seeing each other **nos vemos** (P)

wear **llevar** (16), **vestir (i, i)** (16)

weather **tiempo** (2); the weather's bad **hace mal tiempo** (2); the weather's good **hace buen tiempo** (2); what's the weather like? **¿qué tiempo hace?** (2)

Wednesday **miércoles** *m.* (1)

week **semana** (3); last week **la semana pasada** (3)

weekend **fin** *m.* **de semana** (1); last weekend **el fin de semana pasado** (3); weekend activities **actividades** *f.* **para el fin de semana** (2)

weights: to lift weights **levantar pesas** (10)

well **bien** (5); to get along well **llevarse bien** (5)

well-mannered **educado/a** (8); to be well-mannered **tener** *irreg.* **buena educación** (8)

west **oeste** *m.* (15)

what? **¿qué?** (P); **¿cuál?** (4); **¿cuáles?** (4); what are you like? **¿cómo eres?** (13); what are you studying? **¿qué estudias?** (P); what color is/are _____? **¿de qué**

color es/son _____? (5); what did you say? **¿cómo dice?** (P); what does _____ come with? **¿qué trae _____?** (8); what does he/she look like? **¿cómo es?** (5); what height is he/she? **¿de qué estatura es?** (5); what is your major? **¿qué carrera haces?** (P); what's the matter (with you)? **¿qué te pasa?** (10); what's up? **¿qué tal?** (P); what's your name? **¿cómo te llamas?** (P), **¿cómo se llama usted?** (P), **¿cuál es tu nombre?** (P); what time is it? **¿qué hora es?** (1)

wheat: whole wheat bread **pan** *m.* **integral** (7)

when? **¿cuándo?** (1)

where? **¿dónde?** (4); where are you from? **¿de dónde eres?** (P), **¿de dónde es usted?** (P); where is _____? **¿dónde está _____?** (15), **¿dónde queda _____?** (15)

which **que** *conj.* (P)

which? **¿cuál(es)?** (4), **¿qué?** (4)

while: little while **un rato** (3)

whistle *v.* **silbar** (10)

white **blanco/a** (7); white bread **pan** *m.* **blanco** (7); white wine **vino blanco** (9)

who? **¿quién(es)?** (P)

whole wheat bread **pan** *m.* **integral** (7)

whom? **¿quién?** (P)

widow: she is a widow **es viuda** (4)

widower: he is a widower **es viudo** (4)

wife **esposa** (4), **mujer** (4)

wild: wild animal **animal** *m.* **salvaje** (14)

windy: it's windy **hace viento** (2)

wine **vino** (7); red/white wine **vino tinto/blanco** (9); wine glass **copa** (8)

winter **invierno** (2)

wise **sabio/a** (13)

with **con** (1); with ice **con hielo** (9)

without **sin** (9); it is without a doubt **es indudable** (5); one/you (*impersonal*) can't _____ without _____. **no se puede _____ sin _____** (8); without ice **sin hielo** (9)

wool **lana** (16)

word **palabra** (P)

work *v.* **trabajar** (1); ability to work with one's hands **habilidad** *f.* **manual** (17); *n.* social work **asistencia social** (17)

workday **día** *m.* **de trabajo** (1)

worker: social worker **trabajador(a) social** (17)

worry *v.* **preocuparse** (10)

worst: the worst thing **lo peor** (13)

wound *n.* **herida** (12), **lesión** *f.* (12); *v.* **herir (ie, i)** (12)

write **escribir** (1)

writing *n.* **composición** *f.* (P)

Y

year **año** (2); to be _____ years old **tener** *irreg.* _____ **años** (4)

yellow **amarillo/a** (7)

yes **sí** (P)

yesterday **ayer** (3)

yet **todavía** (P); I don't know yet **no lo sé todavía** (P)

yogurt **yogur** *m.* (7)

you *pron.* **tú** *fam. s.* (P), **usted (Ud.)** *form. s.* (P), **ustedes (Uds.)** *form. pl.*, **vosotros/as** *fam. pl. Sp.*; and you? **¿y tú?** (P), **¿y usted?** (P)

young **joven** *m., f.* (*pl.* **jóvenes**) (6)

younger **menor** (4)

youngest **el/la menor** (4)

your **tu(s)** *fam. poss.* (P), **su(s)** *form. s., pl. poss.* (P)

Z

zero **cero** (P)

zone **zona** (14)

Index

Grammar Index

Topic Index

About the Authors

Bill VanPatten is Professor of Spanish at the University of Illinois at Urbana-Champaign, where he is Director of Graduate Studies in the Department of Spanish, Italian, and Portuguese, and the Advisor for the undergraduate program in Spanish teacher education. He received his Ph.D. in Hispanic Linguistics from the University of Texas at Austin in 1983. His areas of research are input and input processing in second language acquisition, and the acquisition of Spanish syntax and morphology. He teaches a wide range of courses from beginning Spanish to doctoral seminars on language acquisition. He has published numerous articles and chapters in books, and is the coauthor of several McGraw-Hill Spanish textbooks. He is also the designer of *Destinos*, a television course for PBS. Along with James F. Lee, he is the coauthor of *Making Communicative Language Teaching Happen* (1995) and its accompanying workbook.

James F. Lee is Associate Professor of Spanish at the University of Illinois at Urbana-Champaign, where he served as Director of Basic Language Instruction in the Department of Spanish, Italian, and Portuguese from 1986 to 1993. He is currently the Director of Lesbian, Gay, and Bisexual Concerns, and Associate Ombuds Officer at the University. He received his Ph.D. in Hispanic Linguistics from the University of Texas at Austin in 1984. His research field is second language reading comprehension, and he has published many articles and chapters in this area. He has published articles and a monograph on language program direction and TA training, coedited several research volumes, designed and developed the *Spanish Placement Examination* for American College Testing, and coauthored several McGraw-Hill textbooks. Along with Bill VanPatten, he is the coauthor of *Making Communicative Language Teaching Happen* (1995) and its accompanying workbook.

Terry Ballman is Associate Professor of Spanish in the Department of Hispanic Studies at the University of Northern Colorado. She teaches undergraduate and graduate courses in Spanish language and linguistics, as well as methods courses for foreign language, ESL, and bilingual teachers. She also coordinates the elementary language program and supervises student teachers. Professor Ballman has received two outstanding teaching awards from UNC, and another from the University of Texas, where she earned her Ph.D. in Spanish Linguistics. She has presented numerous papers and workshops, and has published articles in research volumes and journals. She is currently coeditor of *PEALS*, the journal of the Colorado Congress of Foreign Language Teachers.